2022

上海信息化年鉴

《上海信息化年鉴》编纂委员会 编

2022 SHANGHAI
INFORMATIZATION

上海人民出版社　　学林出版社

经营有"浦"
慧启未来

浦慧税贷

最高300万信用贷款随心贷

连续稳定开票纳税或已办理我行线下抵押类
经营性贷款的客户均可申请

信用贷款

无需抵押，纯信用贷款

线上贷款

全流程线上申请，无需提供纸质材料，
实时审批放款

践行普惠

年化利率4.49%（单利）起，
期限最长两年

现在扫码申请贷款
享受更多便利融资服务！

*具体放款以实际审批结果为准。

卓 然 天 成

卓信钻石卡

浦发银行卓信

卓而有

财富管理

挚诚守信

卓信白金卡

宾卡卓越为您

就财富人生

扫码了解
卓信臻享服务

集成电路与汽车零部件
一站式整合验证分析服务平台

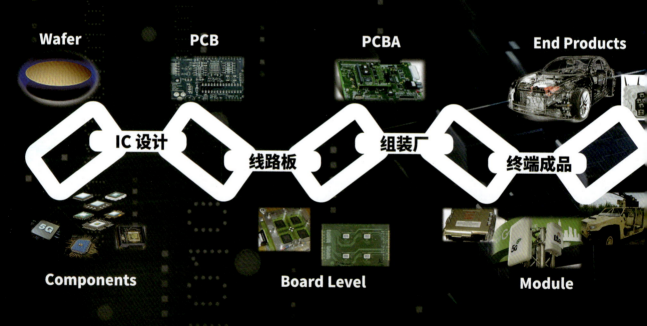

Wafer   PCB   PCBA   End Products

IC 设计   线路板   组装厂   终端成品

Components   Board Level   Module

苏试宜特检测技术股份有限公司

上海 - 深圳 - 北京 - 天津 - 成都 - 西安

苏试宜特提供芯片线路修改、失效分析、可靠性验证、晶圆微结构与材料分析、车用元器件可靠性验证、板级可靠性等，同时也建构先进封装 DPA 分析技术。服务客群覆盖范围包括芯片设计、晶圆制造、封装厂与高端晶圆设备商，提供集成电路全方位一站式分析与验证技术服务。

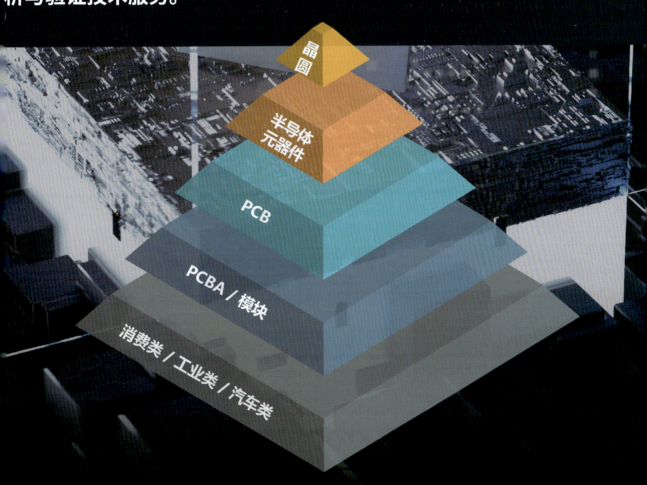

▶晶圆切割　▶快速封装　▶样品制备　▶失效分析　▶芯片线路修改　▶可靠度验证
▶板阶可靠度验证　▶汽车电子可靠度验证　▶先进封装DPA分析　▶晶圆微结构与材料分析

上海市档案局

全力推进档案事业数字化转型

在上海市委、市政府的重视关心和支持下，2021 年 6 月 9 日，上海市档案馆浦东新馆正式投入运行，开启了上海档案事业发展和档案信息化建设的新篇章。

围绕"世纪精品、标杆一流"建设总目标，上海市档案馆把档案信息化作为新馆建设的重要内容，突出重点，兼顾全面，基本构建起资源丰富多样、管理智慧高效、利用共享便捷、管理安全可靠的信息化建设发展体系框架，全面打造具有科技感、智慧化、人文气息的"城市记忆空间"。

在档案资源建设方面，上海市档案馆按照"存量档案数字化、增量档案电子化"的要求，加快推进馆藏传统载体档案数字化，加大电子档案、档案数字化副本及其他数字档案资源的接收力度，全方位丰富馆藏数字档案资源。截至 2021 年底，上海市档案馆馆藏资源总库中已保存各类档案条目 2700 多万条，保存电子档案、数字化副本等 1.8 亿幅，数据总量达 35TB。

在基础设施建设方面，上海市档案馆积极落实"可持续发展"战略，围绕涉密和非涉密数字档案资源的不同管理要求，分别建设了屏蔽机房和非屏蔽机房。按照屏蔽机房 C 级要求建设的屏蔽机房作为政务内网和内部业务工作网的汇聚中心，存放涉密信息系统的服务器、存储系统和网络及安全设备；按照国家计算机机房 B 级标准建设的非屏蔽机房作为新馆的政务外网和互联网的汇聚中心，存放非涉密信息系统的服务器、存储系统和网络及安全设备。采用"模块化机房"建设模式，将机柜、配电、制冷、监控、综合布线、消防等无缝集成，实现智能、高效、节能运行。在硬件设备建设上，积极贯彻落实国家信息安全战略，在全国档案行业率先开展信创替代，按照自主可控的要求搭建了政务内网、业务网、政务外网和互联网四网网络平台，为档案应用系统建设提供了安全、高效、稳定的基础架构支撑。

在档案应用系统建设方面，上海市档案馆按照《上海市政务信息系统整合实施方案》的要求，以《数字档案馆系统测试办法》为指引，基于四网平台建设了档案资源管理大系统、协同办公大系统、"一网通办"大系统、综合管理大系统，避免"信息孤岛""数据烟囱"，使馆内信息系统管理更加规范、应用更加高效、服务更加智能，促进了档案业务工作高效、有序开展。秉持"智慧"发展理念，以新一代信息技术驱动档案管理创新发展，依托大数据分析、物联网、AI 等技术，建立起了人、档案、档案馆之间的智慧互联，实现了"一屏管全馆"和"一屏观全馆"。"一屏管全馆"，实现所有馆藏的定位查询、快速存取等智能化管理，每一间库房的温湿度、防火、安全，每一个出入口的安全保卫、人流物流，实现一键远程调节管控；"一屏观全馆"，基于智慧档案管理综合平台，可横向覆盖市级立档单位，纵向连通市、区 17 家综合档案馆，构建起一体化档案收集、管理、保存、利用体系，为领导决策提供有效直观的数据分析。

在档案服务体系建设方面，上海市档案馆坚持"人民档案为人民"的服务理念，建立广覆盖、多途径、多样化的档案利用服务体系。新馆档案查阅服务中心设立了数字化档案查阅区，共有 36 台查阅终端，利用者可通过终端登录馆藏档案检索系统，进入上海市档案馆数字档案资源库，查询并浏览 94 万卷馆藏开放档案目录和 23156 件馆藏开放档案数字化全文；针对民生档案服务，不断优化完善基于政务外网的民生档案全市通办公共服务平台，覆盖全市所有社区事务受理服务中心，全市 20 项民生档案查询服务接入市"一网通办"平台，并向长三角地区辐射，推进长三角地区档案工作一体化高质量发展；为推进开放档案的便捷利用，基于互联网部署了数字档案公共查阅平台，94 万余卷馆藏开放档案案卷级目录，23156 件馆藏开放档案数字化全文、档案史料汇编的数字化全文、5 万余条"老字号"企业档案目录可在线查阅、浏览。同时，基于智能终端的"上海档案"App 已上线运行，"档案春秋"微信公众号提供查档、参观预约服务，为公众提供更便捷、更快速的数字档案馆入口。

下一步，上海市档案馆将以新馆信息化建设成果为起点，按照《"十四五"全国档案事业发展规划》《上海市档案事业发展"十四五"规划》和《上海市档案事业数字化转型方案》的要求，重点探索人工智能等新技术在开放档案审核、涉密档案筛查、多媒体档案开发利用等方面的应用，不断完善档案治理体系、档案资源体系、档案利用体系和档案安全体系的建设，推进档案事业的数字化转型升级。

中国华信邮电科技有限公司

China Huaxin Post and Telecom Technologies Co., Ltd.

中国华信邮电科技有限公司（以下简称"保利华信"）作为保利集团信息科技板块的"排头兵"，植根浦东，立足上海，以行业领先的技术优势和专业保障能力，积极建设移动高速互联的 5G 网络，推动智慧城市的发展建设，赋能各行业数字化转型，为创造人民美好生活不懈贡献保利华信的智慧和力量。

保利华信始终坚持创新驱动，走出了一条"引进、消化、吸收、再创新"的发展道路，为我国信息通信行业的跨越式发展做出了积极贡献。目前旗下研发人员近 10000 人，在国内外设有 16 个研发中心，年度研发投入占比 10% 以上，累计获得核心发明专利 3400 余项，承担或参与国家科技重大专项课题近 70 项，主持或参与起草国际、国家、行业标准超过 260 项。

经过多年的运营和积累，保利华信孕育并发展了上海诺基亚贝尔、长飞、阿尔卡特朗讯企业通信等知名企业，拥有丰富的跨国运营管理经验，业务网络覆盖全球 130 余个国家和地区，已成为中国信息产业领域对外合作和科技创新的重要投资发展平台。

科技智绘
New Technology
Better Future
美好未来

汇聚全球资源，
INTEGRATING PROMOTING INDUSTRY
GLOBAL RESOURCES DEVELOPMENT
助力产业发展

远东宏信有限公司（以下简称"远东宏信"）在中国香港注册成立，是一家横跨金融和产业的综合集团，主要业务布局在中国内地及香港地区，并致力于在全球拓展业务，2011 年在香港联交所主板上市，股票代码 03360.HK。公司以"汇聚全球资源、助力产业发展"为使命，专注于服务实体经济，多年来引领行业发展，蝉联《财富》中国 500 强、《福布斯》全球 2000 强。

远东宏信扎根基础产业，在城市公用、医疗健康、文化旅游、工程建设、机械制造、化工医药、电子信息、民生消费、交通物流等领域，提供融资租赁、商业保理、海外业务、基础设施投资、股权投资、普惠金融、资产业务等综合金融服务；同时开展设备运营、医院运营、健康养老、教育等产业运营服务。

远东宏信总部位于中国香港，于上海和天津设立运营中心，在中国近 30 个核心城市设立办事处，下属机构布局广泛，形成辐射内地的服务网络。公司资产规模超 3000 亿元，员工超 2 万人，服务客户超 2 万家，累计向实体经济投放资金超万亿元。

中国太平洋保险（集团）股份有限公司（以下简称"中国太保"）是中国领先的综合性保险集团，2020年成功发行全球存托凭证并登陆伦敦证券交易所，成为在上海、香港、伦敦三地上市的保险公司，位列2020年《财富》世界500强第193位。公司坚持专注保险主业，做精保险专业，坚守价值，坚信长期，持续深化以客户需求为导向的战略转型，着力推动高质量发展。作为上海最重要的国资金融机构之一，中国太保一直以来重视信息化建设及金融科技创新，2020年科技赋能进一步深入，通过不断优化科技治理体系、完善科技效能指数、积极拓展科技合作生态圈，在保障生产安全的基础上积极营造创新文化，进一步提升科技赋能能级。

中国太平洋保险(集团)股份有限公司
China Pacific Insurance (Group) Co.,Ltd.

启动大数据战略

依据大数据建设蓝图初步搭建形成业界领先的大数据技术平台，支持批量计算、实时计算、多维分析、大屏展示、数据探索等场景应用；建立覆盖全集团的多级数据治理体系和数据治理平台，持续推动开展数据治理工作；实现全域数据入湖，完成全集团范围内 1.7 亿的客户数据整合；基于数据中台初步打造形成 IFRS17 国际会计准则、智能物联网、智能两核等大数据标杆应用，深入挖掘提升数据价值。

赋能数字化经营

拓展科技应用场景，全面赋能数字化经营。承保方面，完成新一代非车险核心业务系统推广运行，通过配置式产品工厂支持保险条款超过 1000 款；营运方面，建立大营运集约 2.0 平台，实现车、意、责、人伤一体化作业，进一步提升车险现场查勘理赔效率和客户体验；营销方面，通过 NBS 销售支持系统提供客户计划、销售管理、团队管理等核心销售作业功能，有效赋能寿险代理人升级；风控方面，积极引入金融科技成果，优化完善信用风险、流动性风险和市场风险评估模型，探索实现投资风控智能化；决策方面，建立"产险大脑"门户，整合超过 30 个数字化能力组件，为数智化经营提供全方位决策支持。

夯实科技基础

圆满完成罗泾数据中心应用搬迁，实现应用系统全面上云，并以"两地三中心"数据中心布局为基础，正式启动新一代太保云规划建设；完成关键信息基础设施和等保测评，开展实战化安全攻防演练，圆满完成全国两会、上海两会、建党 100 周年、国庆等重要时间节点的网络安全保障工作；疫情期间安排技术人员在数据中心进行封闭式值守，确保数据中心 7×24 小时安全稳定运行，并对远程办公设备进行扩容，实现视频会议日均 200 多场，VPN 远程登录日均次数 6700 多次，有效支撑了疫情期间的远程办公。

强化科技创新

制定分布式数据库发展路线，超过 200 个数据库实例实现去 O 改造；完成基础技术中台七大类标准研发组件开发推广，实现研发环境自主可控；全新打造超过 70 个 AI 原子能力，构建形成覆盖八大领域的全功能 AI 中台；推动科技创新，初步打造形成可信计算平台、区块链平台、安全风控大脑、信用风控平台等新型技术平台；加强与研究机构、科技公司和战略伙伴科技生态合作，新建 6 个联合实验室，共同研发、孵化出网络安全保险、智能化换车预测、两核风控机器学习模型、标准化信用风险评分、AI 量化选股等具有重大业务价值的创新成果。

上海电气智慧城市信息科技有限公司
Shanghai Electric Smart City Information Technology Co.,Ltd

企业概况
Enterprise overview

上海电气智慧城市信息科技有限公司（以下简称"上海电气"）是上海电气自动化集团（以下简称"电气集团"）直属的以发展智慧城市解决方案为主要内容的核心产业板块。秉承着上海电气"坚持第一梯队为第一战略"的宗旨，深耕智慧城市领域，依托电气集团先进技术，运用物联网、云计算、大数据、空间地理信息集成等技术优势，从智慧城市顶层设计、项目建设、运营三大层面提供服务。上海电气主营四大业务板块，智慧政务、智慧公安、智慧社区、智慧教育，致力于推动智慧城市发展，赋能城市数字化转型，用科技创造美好生活。

智慧政务

紧跟城市数字化转型步伐，把事关城市运行的各类数据、系统集成至"一网统管"平台上。根据"一屏观天下，一网管全城"的目标定位，按照"三级平台、五级应用"的基本架构，围绕数字治理、数字生活、数字经济三大领域布局智慧化应用场景。打牢"云数网端"新基建基座，完善升级网格化管理信息系统，为城市运行"观""管""防""治"提供有效支撑。运用"物联、数联、智联"三位一体的驱动模式，搭载泛在感知、互联互通、资源共享等系统和设备，将公共安全、公共管理和公共服务的需求纳入智慧城市整体架构中，通过业务流程再造，落实"线上线下高效处理一件事"，结合人工智能、大数据、区块链等技术打造城市大脑，为智慧城市建设赋能。

智慧公安

对多源视频数据融合分析，帮助城市管理者实现可视化感知。智能调动和管理各项设施、器材、人员。做到事前积极预防、事中实时感知、事后快速调查分析，提升感知预警能力和应急指挥能力，以大数据、物联网、人工智能为技术支持，为公安客户打造"大数据＋警务"体系。依托城市运行"一网统管"赋能公安政务、道路交通管理、社区安防等，有效提供平安城市、雪亮工程系统解决方案，打造更有序、更安全、更干净的城市，同时打造现代公共安全治理新模式。

智慧社区

利用物联网、云计算、移动互联网等技术手段，解决防疫、养老、停车、垃圾分类、办事难等社区实际痛点问题。打造社区智慧联勤联动平台，提供智能化、综合化、信息化、经济化、增值化、可持续、可运营的智慧社区环境。提升居民获得感、幸福感以及安全感。为社区居民提供一个安全、舒适、便利的智慧化生活环境。

智慧教育

科技赋能教育，通过人工智能等新一代信息技术，充分赋能教育局、学校、家长、学生各方面。提供教学、考评、管理等多个维度的信息化解决方案，使得资源全球化、教材多媒体化、教学个性化、学习自主化、活动协作化、管理自动化、环境虚拟化。全面提升教学质量与学习体验。为学校提供教学、考评、管理等多个维度的信息化解决方案，全面提升教学质量与学习体验。

产品介绍
Product introduction

公司自主研发核心产品 iCity-UDIB（城市数智化底座）

　　包含数字基座、视频基座、IoT 基座、AI 算法仓、业务基座及可视化引擎六大产品。依托视频基座和 IoT 基座，形成城市的"一套神经元"，运用数字基座和 AI 算法仓技术，打造"一个城市大脑"，经过数据采集、数据汇聚、存算资源统筹、城市运行规则、城市服务的重构，最终建立"一数一源、一源多向、一数多用"的城市底座，通过业务基座及可视化引擎将城市生命体征展现出来，实现智慧化无死角覆盖，助力城市治理能力和治理水平的提升，赋能城市数字化转型。

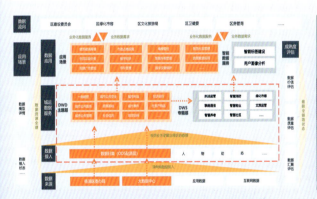

数字基座 / Digital base

视频基座 / Video base

可视化引擎 / Visualization engine

上海烟草机械有限责任公司

"5G + 智慧工厂"

上海烟草机械有限责任公司

"5G + 智慧工厂"

　　上海烟草机械有限责任公司位于浦东金桥，是一家专业从事各类先进包装机械设备研发制造的国有企业，属于典型的小批量、多品种、离散型机械加工制造企业。

　　近年来，公司在智能制造领域开展了系列探索实践，明确提出了"5G+ 智慧工厂"的总体建设目标，遵循"智能产线—智能车间—智能工厂"的升级迭代路径，充分运用 5G、工业互联网等先进技术，打造以"少人 / 无人值守"为特色的智能制造新模式，并在快速迭代升级过程中，逐步形成了一套符合离散型制造业特点的智能制造解决方案，力求为传统制造企业的转型升级和创新发展贡献自己的智慧和力量。

上海复深蓝软件股份有限公司

上海复深蓝软件股份有限公司（以下简称"复深蓝"）成立于2004年，目前拥有20个中心/事业部、15家分/子公司，员工规模超2800名。复深蓝立足长三角作为国际金融、保险、现代制造业中心的区位优势，依托人工智能、大数据、云计算等先进技术，为金融、零售/电商、现代制造等多个行业提供软件综合解决方案、产品及服务，以创新软件科技赋能创新经济。目前已居于国内保险软件行业科技企业领先梯队。

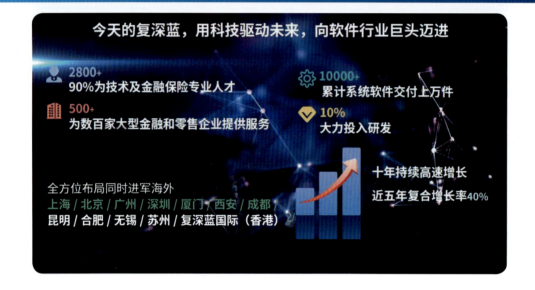

发 展 战 略

公司已经初步建立了针对研发创新的组织架构，包括两个委员会、两个研发中心、一个创新研究院和多个联合研发实验室。与此同时，公司已经形成了包括保险科技、测试服务、测试工具、深蓝云中心等在内的七大科技品牌矩阵，将在未来三年进一步推广到全国以及海外市场，目前正在加快企业转型发展，并积极引入资本力量助推 IPO 进程。

产 品 全 线

复深蓝产品范围涵盖了金融核心业务系统、金融渠道业务系统、互联网金融平台、电子商务平台、智慧营销系统、智能学习平台、行业大数据平台、企业数据中台等，并且公司正在"AI+ 大数据"领域研发创新，积极推行整体云化战略。

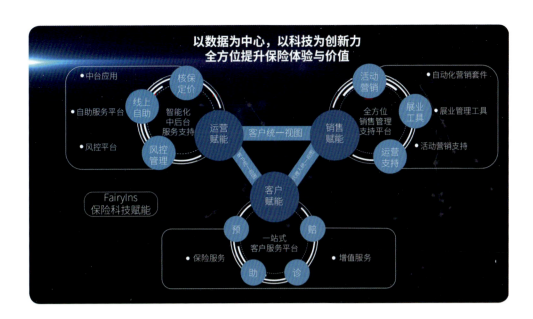

核心业务

构建自主可控的智能测试大平台系列

经过十余年的技术积累与创新，复深蓝在 2019 年搭建出了自主可控的智能测试大平台系列，包括技术框架、管理工具、管理平台等在内的统一测试平台门户，并描绘出了复深蓝的测试之道，可以为各个行业提供全流程、全路径的测试解决方案。复深蓝正逐步投入建设安全运营中心、安全扫描、安全等保测试、移动安全测试及 5G 安全测试。

数字化转型推动新一代信息技术企业升级

复深蓝已经初步实现了自身的数字智能化改造，正在升级为一家面向 AI 时代的新一代信息技术企业。同时，基于数字智能化管理体系（IDM）和用户体验提升体系（UEI），将管理与服务贯穿企业内部，连通员工和客户。

五大引擎赋能数字智能化保险

《2022 上海信息化年鉴》编辑部

主　　编：吴剑栋

副 主 编：邵　娟

编　　辑：李　燕　　李丹文　　蔡晶静　　殷晓磊

　　　　　魏百慧　　王　婷

承办单位：上海市经济和信息化发展研究中心

2021 年 11 月 5 日至 10 日，第四届中国国际进口博览会在上海举办。本届进博会以数字赋能，体现上海城市治理的温度与智慧，展示新产品、新技术、新服务 422 项。

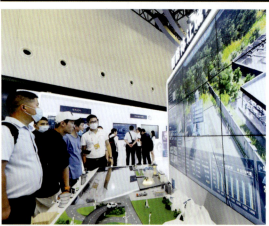

2021 年 7 月 8 日至 10 日，以"智联世界·众智成城"为主题的 2021 世界人工智能大会在上海召开。大会以技术"向善"为目标，描绘人工智能世界共治共享新蓝图。

2021 年 2 月 23 日至 25 日，2021 世界移动通信大会在上海举办。大会集中呈现人工智能、物联网、智能家居等领域的 5G 创新产品，展现 5G 在技术创新、应用场景探索、跨界合作和投资方面的发展与实践。

2021年12月14日，2021上海数字创新大会在上海举行。大会以"数智上海　蝶变普陀"为主题，共话未来数字创新蓝图。

2021年，上海加快数字化发展，打造数字经济新优势。图为中国宝武宝钢股份上海宝山基地的无人驾驶重载框架车及无人仓库。

2021 年，长三角互联网医疗加快建设，其以长三角（上海）智慧互联网医院为"数字枢纽"，借助长三角医疗健康数字共享与交换平台，联合上海市级优质医疗资源，贯穿"防、诊、治、管、健"五大环节。

2021 年，上海推进教育信息化建设与应用。图为上海市闵行区教育学院附属友爱实验中学智能学习舱。

2021 年 4 月 14 日，上海市"乐龄申城·G 生活"志愿服务活动启动。图为上海联通助力老年人跨越"数字鸿沟"，融入数字化生活的浪潮。

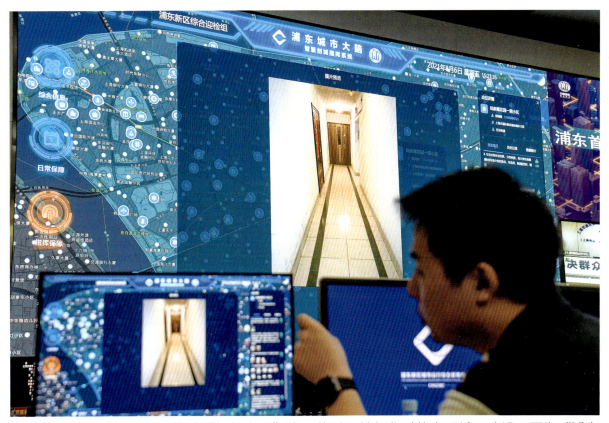

2021 年，上海市浦东新区打造"智慧文明"应用体系，精细化赋能文明城区建设。图为"浦东城市大脑智慧创城指挥系统"后台图像信息。

2021 年，上海市崇明区横沙乡农资封控中心打造"农业·生态云平台"。该平台集田间实时监测、气象监测、数据浏览等功能于一体，可实现农田水利设施标准化、信息化、自动化管理。

2021 年，中国（上海）自由贸易试验区临港新片区积极推进国际数据产业发展和国际数据港建设，加快研究创新数据跨境流动领域相关制度，力促产业数字化和数字产业化融合发展。

目录 · CONTENTS

第四编　数字生活

第六编 数字安全

第七编 信息化环境

第八编　区数字化建设

附 录

索 引

2021 年上海市国民经济和社会信息化工作综述

在经济和行业新常态局势下，数字化以不可逆转的趋势改变人类社会，越来越成为推动经济社会发展的核心驱动力。在"十四五"规划开局之年，上海围绕经济、生活、治理三大领域，全面推进城市数字化转型建设，各项工作进展顺利并取得阶段性成果，加快推动建设具有世界影响力的国际数字之都。

数字基础设施

2021 年，上海市持续推进"三张网、两平台、一中心"建设，加快构建高速泛在、智能绿色、安全可靠的新型信息基础设施，为全面推进经济、生活、治理三大领域数字化转型融合发展提供强大、夯实的数字底座。

基础信息网络

持续推动物联网在全市域覆盖和创新应用。上海市物联网数据卡终端数约 7 200 万个，截至 2021 年 11 月末，三家基础电信企业物联网终端用户 10 008.9 万户，同比增长 8.5%；主要应用于智能制造、智慧交通、智慧公共事业，分别占比 22.9%、20.7%、14.7%。围绕物联网场景应用，揭牌成立国内首家"城市物联感知服务中心"，启动上线"城市物联感知场景服务平台"，为对接能力提供和应用需求双方提供支撑服务，同时完成编制《新型城域物联基础设施建设导则》(2021 年版)、《新型城域物联感知基础设施综合测评导则》。

5G 发展进入规模化应用关键期。截至 2021 年底，上海累计建设超 5.4 万个 5G 室外基站、14 万个室内小站。近年来上海市 5G 基站年均增速超过 65%。稳步推进两大机场、地铁等交通枢纽，上海体育场等 58 个重点场所，32 个隧道（地道）及 4 个跨江大桥，中共一大会址、中共二大会址、中共四大会址、龙华烈士纪念馆等重点红色场馆，30 家"5G+ 医疗健康"应用试点医院，"浦江游览"区域重点码头、外滩及浦东滨江、长江口及周边水域的 5G 建设，提升信息传输覆盖度、实时性和可靠性。随着 5G 与经济社会生活各领域的不断融合，在智能制造、健康医疗、智慧教育等垂直行业累计推进 700 余项 5G 创新应用。

高水平建设"双千兆"宽带网络。按照《上海"双千兆宽带城市"加速度三年行动计划（2021—2023 年）》任务要求，截至 2021 年底，上海千兆接入能力覆盖家庭 961 万户，家庭宽带用户平均接入带宽 387 Mbps，固定宽带用户下载速率 65.42 Mbps，在全国排名第一，加速构建全球领先的新一代网络基础设施布局。同时，上海有线电视用户总数超 750 万户，其中宽带用户约 59 万户、高清用户约 463 万户。随着全国有线电视数字化改造大力推进，东方明珠电视调频发射台完成 700 MHz 频段省级地面数字电视频率迁移工作，新的数字电视频率覆盖效果良好。

网络传输设施

信息通信架空线入地整治建设取得阶段性成果。持续统筹规划综合杆基站建设布局，上海市累计建设超 2 000 个 5G 综合杆基站。全市架空线入地和杆箱整治工作有序推进，东方有线网络有限公司（以下简称"东方有线"）完成 79 条道路、共 95.42 公里的架空线入地工作，上海市信息管线有限公司（以下简称"信息管线公司"）累计开工架空线入地信息管道建设项目 248 公里，有效支撑城市运行的精细化管理。

统筹推进全市新型通信枢纽建设。有序推动全市"小散老旧"数据中心淘汰改造和拟新建数据中心征集工作，并出台支持 10 个新建数据中心名单，新型数据中心建设有效支撑城市各领域数字化转型。完成上海市人工智能计算公共服务平台建设方案制定，有序指导上海人工智能计算公共服务平台建设，为上海人工智能产业建设提供支撑圈强链。积极推进信息基础设施动态监测平台建设，形成宽带测速监测和发布的长效机制，指导各区、各运营商推动宽带网速不断提升。

上海超级计算中心（以下简称"上海超算中心"）计算资源建设和计算平台服务取得成

效。"魔方Ⅱ""魔方Ⅲ"全系统月均 CPU 使用率分别为 68.4%、85.5%，分别提供 4 822.39
万、18 473.93 万核小时的计算资源；累计服务用户 1 678 个。2021 年科研机构用户通过算力平台在各专业领域的杂志或网站发表论文 169 篇，其中重点论文 31 篇。上汽乘用车、麦格纳、中国商飞上海飞机设计研究院等 60 余家工业企业通过中心算力平台开展自主创新研发活动，加快推动重点企业数字化转型。同时，中心开展了"云游科普馆"、主题党日活动、"少先队庆祝中国共产党成立 100 周年主题寻访"等系列活动，承担向社会普及高性能计算、云计算、大数据等科学知识的职能。

数字基础设施管理

编制信息基础设施专业规划和管理办法。编制《基于用户感知的 5G 网络质量测试方法》《上海市深入推进 IPv6 规模部署和应用 2021 年工作安排》《上海市信息基础设施管理办法》《上海市新一代信息基础设施"十四五"发展规划》《长三角一体化示范区信息基础设施专项规划》等一系列信息基础设施工作方案和专业规划，进一步规范了全市数字基础设施的统筹建设标准，推进信息基础设施同步规划、同步建设和规范管理，为城市数字化转型提供强大支撑。

持续加强全市无线电管理建设。组建了一支由民航、海事、铁路、移动通信、轨道交通等多个跨行业单位组成的电磁频谱管控专业队伍，进一步完善上海市无线电管理体制。加大"黑广播"等违法犯罪行为打击力度，全年共定位并捣毁不法人员自行架设的"黑广播"49处。有序做好第四届中国国际进口博览会（以下简称"进博会"）等重要活动和高考等重要考试的无线电安全保障，同时保障宝钢宝山基地智能铁水运输系统专用频率、上海迪士尼室内游乐项目专用频率等典型应用场景频率使用需求。持续强化无线电发射设备监管，2019—2021 年三年累计推动 389 户市场主体落实备案责任，完成设备备案型号 28 567 个，为产业发展营造良好的环境。编制发布《上海市无线电管理"十四五"规划》，形成"十四五"期间七大任务和七项工程。

数字经济

聚焦全市经济高质量发展，坚持数字产业化和产业数字化"双轮驱动"，抓住数据要素和数字生态"两大支撑"，以推动数字技术与实体经济深度融合为主线，全力打造数字经济核心优势，形成数字经济的上海样板，推动经济高质量发展。

产业数字化

贸易数字化建设稳步推进。2021 年第一季度，上海数字贸易额达到 127.7 亿美元，同比增长 36.9%。上海市国际贸易"单一窗口"服务贸易板块上线，推出服务贸易出口退税、购付汇以及生物医药研发用物品进口等功能，为企业提供更为便利的服务。深化自贸试验区贸易投资便利化改革创新，全国首个自贸试验区"离岸通"平台上线运行，支持浦东新区内企业离岸贸易的真实性判断，更有望辐射长三角地区乃至全国。闵行区与微软中国联合打造的虹桥数字贸易产业创新赋能中心揭牌，为数字企业出海提供技术赋能、创新孵化和人才对接服务。"十四五"期间，上海紧紧围绕城市数字化转型的发展目标，加快建设要素有序流动、功能完善、总部聚集的数字贸易国际枢纽港。

制造业数字化转型应用服务创新走深向实。截至 2021 年 9 月，上海培育 26 个有行业影响力的工业互联网平台，链接全国 120 多万家企业、820 万台设备。上海 14 个应用案例入选工业和信息化部（以下简称"工信部"）2021 年工业和互联网平台创新领航应用案例名单，占全国总数十分之一。上海建成多家 5G 全链接工厂，智能制造系统集成服务能力全国领先，智能制造推动上海市制造业高质量发展卓有成效。在人工智能（AI）领域，上海在工业机器人、故障监测、敏捷反应等场景推进相关工业应用，计划 2022 年加快工业互联网创新发展，打造 30 个制造业数字化赋能平台，新建 40 家示范性智能工厂。按照上海制造业数字化转型计划，未来三年推动全市 70% 的规模以上制造企业实现数字化转型，打造数百个标杆企业、1 000 个标志性应用场景，从而以新一代信息技术赋能的"数字密度"助推高质量发展的经济密度。

农业数字化应用有效支撑全市现代农业发展。综合利用 GIS（Geographic Information System，地理信息系统）、北斗、物联网等先进信息技术，完成对 2017—2021 年全市购置的 3 400 台自走式农业机械安装北斗定位终端，基于高精度地理位置信息、农业生产经营信息和农机作业信息相互联通，辅以经验算法，在国内率先实现所有自走式农业机械全面物联。畜牧全产业构建一套集生产、防疫、检疫、屠宰、无害化处理等为一体的畜牧监管体系，实现畜牧闭环监管。启动长江禁捕智能管理系统，该系统集成雷达、光电、无人机等先进技术装备和边缘计算、大数据分析等现代信息技术，为全面贯彻落实关于加强长江水生生物保护和做好长江禁捕有关工作等规定提供智能化管控的有效手段。光明集团上海农场（无人农场）、正义园艺（农园管理平台）、华维节水（ACA 可控农业）3 家单位获 2021 年度全国农业农村信息化示范基地称号，加快推动全市农业数字化示范应用。

金融行业全力推进数字化转型建设。上海市顺利完成金融科技应用试点工作，有效助力中小微企业融资、优化民生服务，充分展示了上海市金融科技发展水平。2021年新增8个金融科技创新监管工具项目登记，16个创新项目测试运行。聚焦于便民惠民、服务中小微企业等方面的数字金融产品创新、业务流程升级，成为上海银行业发力的重点方向之一，各银行机构在电信反欺诈、信用风险预警、跨境汇款、数字化人民币跨区域服务、信用就医无感支付等应用场景均取得良好成果。上海证券业、期货业、基金业、保险业相继开展数字化转型，基于人工智能、大数据、区块链等信息技术深化金融服务平台建设，有效提升在客户服务、投资管理、风险管理、业务创新等方面的智能化能力。上海市金融局落地多个数字人民币场景，在白名单客户数、钱包数、钱包交易量等方面均领先全国，在数字新基建方面加快推进智能算力平台建设，上海金融新科技专项行动有望进一步深化数字人民币试点场景。

航运数字化成为上海航运发展的重要方向。2021年上海电子口岸平台海运业务报文交换数9.68亿个，报文发送量6.03亿个，同比增长3.79%。2021年全市跨境电商进出口交易2.1亿单、1328.8亿元，金额同比增长33.7%。上海国际贸易单一窗口被上海市商务委（口岸办）列为商务数字化转型典型案例。全年上海国际贸易"单一窗口"货申报量超2390万票，船申报超41万票，船舶进出港超3.8万艘次，服务企业数超过54万家，共有925家企业在196个口岸完成超26万次货申报。落实长三角国际贸易"单一窗口"合作共建，试点上线长三角国际贸易"单一窗口"合作专区，实现四省市企业账户贯通，提供长三角主要口岸海运货物状态跟踪、口岸收费公示等功能。截至2021年底，亚太示范电子口岸网络（APMEN）发展至14个经济体、24个成员。

数字产业化

电子信息制造业

集成电路产业保持高速发展。2021年，上海集成电路产业营收达到2578.85亿元，同比增长24.50%，占全国（除港澳台地区外）比重超过1/5，为21.9%。其中，设计业1222.28亿元，同比增长28.1%，占全国（除港澳台地区外）比重达到27.05%；制造业596.04亿元，同比增长27.58%，占全国（除港澳台地区外）比重达到18.77%；封测业470.7亿元，同比增长9.24%；受到下游产业需求增长影响，设备材料业289.83亿元，同比增幅较大，达到32.28%。截至2021年底，上海集成电路产业累计总投资额为448亿美元，其中2021年净增投资额为32亿美元；累计总注册资金额为326亿美元，其中2021年净增注册资金额为99亿美元。上海集成电路企业共有39家上市，其中，科创板22家（设计企业 15 家，占比 68.18%；材料企业 4 家，占比 18.18%；设备企业 2 家，制造企业 1 家），创业板和主板 11 家，其他板块 6 家。在区域合作方面，沪、苏、浙、皖共同成立"长三角集成电路融合创新发展产业联盟"，推动长三角集成电路产业一体化发展。

通信和网络设备制造业加快产业转型升级。通信设备制造业是城市数字经济的基础，也是信息技术得以快速发展的重要支撑，2021 年上海市通信设备制造业工业总产值（可比价）1 427.32 亿元，工业总产值 1 344.96 亿元，可比价格比去年下降 21.9%，上海市通信和网络设备制造业呈现出显著的结构调整、转型升级的特征。全行业积极备战 5G 产业生态发展，在智能交通、智慧教育、智慧商圈、智慧医疗、智能制造、高清直播等重点领域开展试点示范，进入"以建促用、以用促建"双循环发展新格局。同时，上海通信和网络设备制造业产业链企业积极支持配合 5G 国家战略，部分企业作为 IMT-2020（5G）成员，在工信部 5G 测试规范制定工作中发挥了重要作用。

以超高清视频为核心的数字音视频产业高速发展。《上海市先进制造业发展"十四五"规划》将新型显示及超高清视频列入电子信息产业集群重点发展领域。为贯彻落实国家六部委印发的《关于开展"百城千屏"超高清视频落地推广活动的通知》，进一步推动超高清应用落地，在上海市重要商圈、大型交通枢纽等人流密集的地方，改造或新设立超高清公共大屏，展播社会主义核心价值观、党的建设、文化旅游等优质超高清内容，促进超高清视频产业全面升级。同时，超高清与 5G、AI 等技术深度融合，在文教娱乐、远程医疗、工业检测、城市精细化管理等领域催生出了更多创新应用场景，尤其在疫情常态化背景下，超高清视频在空中课堂、远程医疗、远程办公等场景发挥了关键作用，进一步激发了超高清视频更多的应用空间和价值。

物联网产业进入规模化融合创新发展阶段。常态化新型冠状病毒肺炎疫情防控促进相关物联网终端设备需求提升，截至 2021 年 11 月，全市物联网终端用户 10 008.9 万户，同比增长 8.5%，较 10 月末增加 286.8 万户，其中应用于智能制造、智慧交通、智慧公共事业的终端用户占比分别达 22.9%、20.7%、14.7%。上海在无线传感网工程化、实用化关键技术、物联网技术标准化等方面取得重大突破，全市物联网产业由概念设计、碎片化应用、闭环式发展进入跨界融合、集成创新和规模化发展新阶段，着力构建提供公共服务的物联网网络体系，并推进各类行业应用。上海市科技创新行动计划项目"共享雾计算框架下的物联网共性技术研究和应用示范项目""新型城域物联专网管理平台关键技术研究与应用示范项目"通过上海市科学技术委员会（以下简称"市科委"）组织的综合绩效评价，在推动物联网技术研发和应用领域具有重要意义。

信息服务业

软件和信息服务业保持增长态势。全年营业收入达到13 098.4亿元，同比增长20%，增速为2011年以来最高。其中，软件行业实现营收7 149.6亿元，增长11.8%，互联网信息服务业实现营收4 717.4亿元，增长35.4%。上海市软件和信息服务业规模以上企业数量超过3 000家，其中，经营收入超过100亿元企业22家，超10亿元企业128家。全市软件和信息技术服务业企业2021年研发投入超过1 500亿元，企业平均研发强度达到12.8%，科技创新持续深入发展。截至2021年底，全行业从业人员88.7万人，增长9.6%。全年软件和信息服务业投融资470笔，其中公布具体金额的135笔投融资合计超过600亿元，主要集中在行业应用软件和智能软件领域等。从融资轮次看，除战略投资外，主要以A轮、B轮和天使轮为主。上海市软件和信息服务业上市企业达到105家，市值超过3.06万亿元。

电信传输服务业整体保持稳中有进的发展态势。2021年上海全年电信业务收入累计完成633.6亿元，同比增加6.3%，增速较2020年提升4.0个百分点，电信业务总量（2020年不变单价）为557.7亿元，同比增加18.8%。全年电信利润总额累计达到100.2亿元，同比增长1.7%，增速较2020年提升6.2个百分点。从电信业务收入结构变动情况来看，上海固定通信业务收入增速稳定，移动通信业务收入增幅收窄，数据及互联网业务收入有所增长，2021年共完成固定增值业务收入173.1亿元，同比增长13.3%，在电信业务中占比为27.3%，拉动电信业务收入增长3.4%。三家基础电信企业积极发展互联网数据中心、大数据、云计算、人工智能等新兴业务，共建成5G基站总数4.8万个，全年新增5G基站17 276个，全市5G投资44.2亿元，5G投资在行业总投资中占比为40.0%。

大数据产业形成规模化发展。上海大数据"五位一体"发展战略经过五年实践，2021年初，全市大数据产业规模超过2 300亿元，核心企业超1 000家，主要集聚于静安区、杨浦区、浦东新区、徐汇区和闵行区。形成了一定规模产业基础，同时在建立健全公共数据治理体系、推动产业集群集聚发展、完善数据交易生态体系方面成果显著。上海有11个项目成功入选工信部2021年大数据产业发展试点示范，入选项目涉及工业企业、大数据技术等，主要分布在工业大数据应用、大数据重点产品、数据管理及服务等行业领域。智慧医疗、数据治理、智能停车、公共安全、证券投资等领域涌现一大批上海市科技创新行动计划项目，项目研究成果极大推动大数据赋能百业进程。

上海人工智能产业整体保持增长态势。2021年规模以上产值达3 056.8亿元，较去年同期增长17.2%，年内共155个人工智能项目签约，总投资达1 107亿元，其中26个重大产业项目在世界人工智能大会上签约，总投资额达120亿元。全市人工智能重点企业1 149

家，其中，基础类企业占 17%，技术类企业约占 10%，产品类企业占 13%，应用类企业占 60%，龙头企业以及市属国资为代表的传统行业企业也在积极布局，丰富场景、完善产业链。2021 年，上海通过"揭榜挂帅"工作机制发布 3 批 58 个单位的人工智能场景需求，完成 280 余家企业、500 余个解决方案的对接。在芯片领域，上海集聚全国最多的智能芯片创新企业，全年有 8 块芯片流片点亮成功；在算法领域，基础算法、应用算法等领域发布一系列国际领先的研发成果，上海人工智能实验室联合商汤等单位发布国际领先的开源平台体系 OpenXLab、新一代通用视觉技术体系"书生"等；在赋能平台方面，作为亚洲最大 AI 算力的商汤"新一代计算赋能平台"在推动人工智能的应用赋能、驱动产业升级方面发挥出巨大作用。

数字生活

　　围绕交通出行、健康医疗、教育、民生、文旅等领域人民群众最迫切需求、最急难问题、最高频事项，加快以数字化促进智惠基本民生、智享质量民生、智达底线民生，着力打造需求精准响应、服务均衡惠及、潜能有效激发、价值充分实现的数字生活新图景，让人民生活更有品质、更有尊严、更加幸福。

数字化出行

　　加快推动交通行业数字化转型。由上海市交通委员会、相关骨干企业共同成立交通行业数字化转型工作领导小组，通过工作机制协同推进行业数字化转型工作。编制交通行业数字化转型实施意见，提出 20 项主要任务、60 个重点项目。完成"随申码"在上海市 1 560 条地面公交线路及 17 条轮渡线路的全面应用，公交乘车码、"随申码"可在具备条件的 10 条地铁线路和磁悬浮"两进两出"闸机开展试点应用；上海市 1 560 余条公交线路合计 17 000 余辆公交车实现社保卡刷卡乘车。上海停车"停车预约"功能覆盖全市 32 家医院，并在部分医院试点停车预约系统与挂号系统打通，提供精准的医院停车预约服务；"错峰共享"功能上线签约项目 150 家；"停车缴费"功能覆盖全部 1 200 个收费道路停车场、2 000 多个大型经营性停车场（库）。完成"一键叫车"场景服务在相关社区 200 个智能叫车屏以及 4 家医院的合作试点。上海交通城运系统 1.0 版上线运行，功能涵盖对外交通、市内交通、道路交通、智能协同、交通保障等五大功能，汇聚对外交通、市内交通各类数据要素 300 余项，实现交通领域"观管防"。

数字化健康

健康领域数字化转型成效显著。持续完善电子健康档案和电子病历两个基础数据库，累计汇聚3 000多万份居民电子健康档案、400多亿条各类医疗卫生服务数据，形成了国内规模最大的卫生健康大数据中心。截至2021年10月，上海412家医疗卫生机构全部完成数字化转型工作，其中包括市级医院36家，区属医院376家，"便捷就医服务"数字化转型全面完成七大重点应用场景建设，包括精准预约、智能预问诊、互联互通互认、医疗付费"一件事"、电子病历卡与电子出院小结、线上申请核酸监测及疫苗接种、智能急救，涵盖了从预约、就诊到付费的各个环节，实现全市公立医疗机构全覆盖。依托健康信息网和医联平台，实现全市所有公立医疗机构诊疗数据互联互通，全市各级各类医疗机构医生工作站100%接入，检查检验互认项目达111项，市级医院互认率达到96.2%，区级医院达到94.9%，在促进全市医学检验和影像检查标准化同质化的同时，显著简化患者就医环节，提高医疗资源利用效率。全市申领并激活个人医保电子凭证人数近1 088万人，信用就医签约逾37万人，共支付费用约4 172万元。医疗付费"一件事"与医疗电子票据形成有效闭环，付费、票据"一次办"，切实做到"告别往返跑，支付零排队"，实现"减环节、减时间""一部手机走全院"目标。

数字化教育

2021年8月，教育部批复上海成为教育数字化转型试点区，这也是国内首个、唯一的教育数字化转型试点区。9月，上海市教育委员会发布《上海市教育数字化转型实施方案（2021—2023）》，明确了创新教育场景示范应用、打造教育数字基座等8项主要任务，为整体性推进教育数字化转型、全方位赋能教育综合改革擘画蓝图。全市高校加速推进数字化进程，上海交大聚焦网络、算力、数据等进行数字化转型，率先构建领先的新一代网络基础设施；华师大建成全链路在线学习平台——水杉在线，平台支持慕课、交互式实训、在线编程自动评测、代码协作与创新项目等全链路的教学过程；上海大学自主建设贯通4个校区的120公里"环状"互联光缆，率先建成集数据中心、超算中心、视频会议中心等一体化智能信息大楼。上线"金色学堂"全媒体学习平台，内容涵盖上海老年大学、上海市学习型社会建设服务指导中心办公室、上海学习网等提供的优质课程，为中老年用户提供了一个立体化的终身学习平台。"学习强国"电视端"强国TV"在上海上线，覆盖全市100多万台东方有线智能终端，实现内容、积分、账号与手机App和电脑端打通，海量学习资源和优质视听服务大小屏联动，实现单位、社区、家庭等多场景覆盖，适用不同用户群体。

数字化民生

民政条线建成 22 个主要业务应用系统，实现上接民政部、横接 10 多个市级委办局、下接各区民政部门及街镇的互联互通网络应用格局，每年服务各类民政对象近 2 000 万人次。完成"社会救助一件事"流程再造，合力推动 9 部门 14 大项 23 小项的政务服务事项业务流程深度融合，推出"困难残疾人生活补贴和重度残疾人护理补贴""好办"服务和"公益护照发放""快办"服务，构建"住有所居""弱有所扶""老有所养"全方位服务体系应用场景。持续推进"社区云"平台建设，建立全市统一的"实名实户认证"体系，开设社区公告、议事厅、身边事、左邻右舍、志愿服务、居村换届等功能板块，有效提升社区治理规范化精细化水平。截至 2021 年底，全年共制发（包括补换）各类卡证 241.69 万张，其中社保卡 145.17 万张，敬老卡 33.84 万张，居住证 62.68 万张。"962222"服务热线并入"12345"服务热线，截至 2021 年底，"12345"专席服务热线接听市民各类咨询、投诉、建议电话 83.49 万话次，处理转派工单 1.58 万笔。

数字化文旅

数字化全面推动文化和旅游融合发展。"乐游上海"微信公众号推送 1 931 条推文，阅读量约 937 万。中国共产党第一次全国代表大会纪念馆、上海科技馆、东方明珠广播电视塔等 21 家单位经评定成为首批上海市数字景区，后续持续推动首批数字景区与"随申码·文旅"公共服务平台、"文旅通"平台、"乐游上海"等平台对接，为游客提供"一码畅游"、文旅宣传营销等服务。建成上海市文旅综合检测平台系统，接入辖区内 4A 级以上旅游景区实时数据，并整合全行业数据，打造了"一屏观文旅""文旅全景图""景区综合监测""OTA 舆情分析""服务质量动态"等 11 个不同的场景。文化领域涌现出许多新业态、新模式，云直播、云剧场、云音乐会、云观展、云游览方式等层出不穷，文化惠民的同时也助力优质文化内容频频"出圈"。网络视听领域，喜马拉雅 2021 年全场景平均月活跃用户达 2.68 亿户，音频内容累计包含了 98 个品类 3.4 亿条；哔哩哔哩 2021 年第四季度月活跃用户同比增长 35%，达 2.72 亿户，其中移动端月活跃用户同比增长 35%，达 2.52 亿户；小红书注册用户达 7.4 亿户，2021 年上传视频笔记超 17 000 万篇，成为国内最大的生活分享平台和消费决策平台。

数字治理

按照超大城市治理体系和治理能力现代化建设的总体要求，上海持续把治理数字化作为推进城市治理现代化的关键路径，把提高城市治理的科学化、精细化、智能化水平作为主攻方向，政务服务"一网通办"、城市运行"一网统管"建设取得明显成效，为加快构建超大城市"数治"新范式奠定了基础。

电子政务云

持续强化"1+16"市、区两级统筹联动格局。1个市级电子政务云，实现3家运营商6个高品质数据中心共同支撑，华为和阿里两种技术架构"双核驱动"，全力支撑相关信息系统稳定运行。16个区级电子政务云，各区构建以华为、浪潮等多元化技术共同支撑的区级政务云平台，形成市、区两级政务云统筹规划和集约建设能力，实现跨部门、跨层级、跨区域数据共享和业务协同。制定《上海市电子政务云管理办法（暂行）》确立全市电子政务云建设的管理框架，以及《市级政务云资源管理办法》《市级政务云PaaS服务管理规范》和《市级政务云安全管理办法》等配套文件，健全政务云制度规范体系。

"一网通办"

2021年"一网通办"总门户接入3 458项服务事项，网办率达70.18%，全程网办率达63.05%，分别比2020年同期增加14.58个和15.9个百分点；"一网通办"个人实名用户超6 195万，法人用户超过249万，"一网通办"累计服务达136.68亿人次。市级12个"一件事"全部按期上线，"一件事"办件超265万件。完成市级"好办"事项104项、"快办"事项123项。完成归集市、区两级各类电子证照超1.65亿张，累计调用量突破7.65亿次，全市103个高频事项实现一键调取电子证照，实现身份证、驾驶证、行驶证等30类高频电子证照在长三角区域互认共享。百万人次长者智能技术运用提升行动累计服务60.28万人次，超过计划50.7%，加快推动"一网通办"适老化和无障碍改造。推出长三角政务服务地图，推进长三角异地购房提取住房公积金服务和医保关系转移接续全覆盖，长三角"一网通办"累计办件量超537万件。

移动端"随申办"进一步优化长者专版、无障碍专版、国际版建设，针对不同特定人群提供精准化服务，截至2021年底，"随申办"提供自助服务事项1 018项，与八家银行合作覆盖上海市1 416个银行网点、3 111台终端，累计服务24.8万次。"随申码"累计使用数超过57亿次，累计用户数6 137万人，推出"随申码"离线服务，完成"随申码""公交码""地铁码"三码整合，试点上线"随申码"企业服务，并拓展"随申码"在医疗卫生、交通出行、文化旅游、社会治理、花博会等领域的场景应用。"两页"服务累计访问量超过

126.9 亿次，其中，企业专属网页累计访问 4 486 万次。"一人（企）一档"方面，市民主页共上线 7 大类、96 小类信息项，企业专属网页拓展至 9 大类、62 小类信息项，完成千余项主动提醒服务和精准政策推送。

"一网统管"

持续完善"一网统管""三级平台、五级应用"架构。城市运行数字体征系统建成投用，宏观层面将各项城市运行体征细分为 55 类 1 000 多项指标，中观层面汇聚分散在 55 个管理主体的 198 个系统、1 050 个应用以及 TB 级数据资源，不断加强信息分析、智能研判、全维认知，为城市全生命周期管理奠定坚实基础。"一网统管"城运平台汇集各类应用 1 150 个，例如市公安"城市之眼"视频智能应用累计向市城运中心提供视频调阅服务 982 万次，基本形成贯通市、区、街镇三级，覆盖经济治理、社会治理、城市治理的城市工作体系，有力提升城市治理能力和治理体系现代化水平。为了支撑更多最小管理单元快速建设，上海市"一网统管"城市智能体应用与服务赋能中心正式成立，中心定位生态培育，搭建基层治理供需交流平台，摸索多方共赢的市场化长效机制，最小管理单元建设聚合 50 多家生态伙伴，首批提供消防安全、房屋安全、大客流安全、高空坠物、非机动车安全、电梯安全等 20 多种数字治理解决方案，探索出了可复制、可推广的城市安全管理新机制。围绕治理数字化，16 个区加快深化"一网统管"建设，推动区城运中心与相关系统整合和业务梳理，实现跨部门、跨层级、跨区域的数据汇聚共享、流程再造和业务协同，有效提升城区治理能力和治理水平。

公共数据

持续深化公共数据治理与跨部门共享应用。积极运用好"目录 + 清单"治理机制，全年有效数据目录达 1.8 万余个，累计汇聚数据 1 344 余亿条。强化数据共享，实现跨部门数据共享调用 120 亿条、跨层级数据下发 6 005 亿条，与长三角共享数据 2.9 亿条，国家接口调用量 42 亿条，上报国家数据 3.6 亿条。进一步完善大数据资源平台运维规范、平台性能及用户体验，同时升级门户"找数据""管数据"功能，夯实城市级数据资源底座。2021 年新建居家养老、法人标签、生态环境等 13 个专题库，自然人综合库覆盖 2 730 万余个自然人，法人综合库覆盖 310 万余家企业，空间地理综合库覆盖 250 万余个标准门牌地址、1 400 万余间建筑房屋、6 000 余个行政区划范围，全年形成 83 个权威"数源目录"，全力支撑政务服务"一网通办"、城市运行"一网统管"等应用场景。上海市公共数据开放平台累计上线 54 个数据应用，5 500 多个数据集，超过 9.9 亿条数据。坚持深化普惠金融应用试点工作，向 18 家银行开放 8

个委办局 386 项公共数据，为超 16 万户次企业 1 100 亿元贷款提供数据支撑。数据驾驶舱前端用户体验和后端管理功能持续优化，数据治理融合分析成效提升。

数字化环境

随着城市数字化转型工作的稳定推进和各类创新资源的整合应用，全市在政策法规、信息化人才培养、信息化研究咨询以及合作交流等方面取得阶段性成果，为城市数字化建设各项工作开展营造良好的数字化环境，有效支撑生活数字化、治理数字化、经济数字化的联动闭环和融合发展。

政策法规

相继出台一系列数字化领域的规划和政策法规。上海市政府办公厅印发《上海市全面推进城市数字化转型"十四五"规划》，统筹经济、生活、治理 3 个领域数字化转型相互促进、相互赋能，整体推进城市数字化转型。2021 年 7 月相继配套出台了《2021 年上海市城市数字化转型重点工作安排》《推进上海经济数字化转型赋能高质量发展行动方案（2021—2023年）》《推进上海生活数字化转型　构建高品质数字生活行动方案（2021—2023 年）》《上海市推进商业数字化转型实施方案（2021—2023 年）》等一批与数字化转型相适应的政策、法规和标准，围绕数字化转型的经济、生活、治理 3 个方面，全面铺开一系列具体举措。《上海市促进城市数字化转型的若干政策措施》提出全面激发经济数字化创新活力、全面提升生活数字化服务能力、全面提高治理数字化管理效能、数字化转型建设多元化参与、系统全面的数字化转型保障 5 个方面共 27 项政策制度和保障措施。根据市级要求，杨浦、徐汇、闵行、金山等各区相继出台数字化转型方案，稳步推进城区数字化建设。

信息化人才

上海实施更加开放便利的人才政策。2021 年上海面向全球积极引进高层次人才、拔尖人才和团队，特别是青年才俊，探索形成贯通高技能人才与工程技术人才的职业发展通道，支持民营企业参与制定有关专业职称评审标准。上海推出新时代人才引领发展战略以来，市人社局及时修订完善国内人才直接落户、居转户、留学回国人员落户等政策，推动上海引才用才环境进一步优化。人才落户办理开启"网上预审，线上服务"新模式，实现"办事流程一目了然，材料清单一点就有，现场办理一次即可，审批进度一键通查，疑难杂症一帮到底"；

高层次人才"进一门、到专窗"实现生活安居落地各种手续"一口受理、一站办结"，同时为海外专家提供居留、出入境、落户、社保、医疗、税收、安居、子女就学等一条龙上门服务。

聚焦城市数字化举办一系列信息化人才赛事活动。成功举办2021上海城市数字化转型"智慧工匠"选树、"领军先锋"评选活动，活动参赛人数近700名，覆盖软件开发、通讯信息、生物技术、金融科技、航空、建筑、医疗、高校、文化传媒、传统手工艺制作等不同领域的数字化工作者，最终产生上海城市数字化转型"智慧工匠"10名、"智慧工匠"提名奖10名。有序开展"上海产业菁英"高层次人才选拔推荐，选拔对象聚焦市"十四五"规划确定的重点产业领域，以产业化项目为载体，在全市各类企业中选拔产业化创新成果显著、经济效益明显、团队成长性好、市场认可度高的国内创新创业人才。此外，相继举办了上海市集成电路EDA（Electronic Design Automation，电子设计自动化）开发应用技术技能大赛、上海开放数据创新应用大赛（SODA）、2021年上海市产业青年创新大赛和2021年上海市经济和信息化系统职业技能竞赛等赛事活动，为城市数字化建设和产业创新发展提供有力的信息化人才支撑。

构建政府、职校、企业三方联动机制，多维发力培养技术技能人才。上海市15所中等职业学校、2所高等职业院校被上海市教委立项为上海市教育信息化应用标杆培育校，在教育体系、教育内容、教育形式、教育方法、教育评价等方面不断实践、探索与创新。上海市工商外国语学校授牌成立首个上海市中职校智能制造人才培养基地，成为首个智能制造研发设计型人才与工匠技能型人才联合培养战略合作签约单位，通过统筹政府、学校和企业资源，依托智能制造人才培养基地，计划每年培养200名智能制造规划师、咨询师，加快为上海制造业数字化、智能化、网络化发展培养输送更多技能人才。上海信息技术学校打造人才培养大数据分析平台，引入"人工智能"和大数据科学分析技术，并基于大数据结果开展大规模个性化学习支持和教学指导，实现从模板化教育到个性化教育的革新。

信息化研究与咨询

持续深化数字化领域研究与咨询服务。中国社会科学院—上海市人民政府上海研究院与上海市经济和信息化发展研究中心签订项目合作协议，从国家战略、中国共产党上海市委员会（以下简称"市委"）、上海市人民政府（以下简称"市政府"）需求出发，基于双方长远高质量发展考虑，在智库共建、课题合作、共建研究平台、活动推进、国情调研以及人员交流互助等方面开展深入合作。借助上海市经济和信息化发展研究中心、上海市人工智能战略咨询专家委员会及行业协会等第三方专业机构，为各区数字化转型相关项评审和工作开展提供全流程专业咨询服务，有效指导推进政务、城市治理、新型冠状病毒肺炎疫情防控等相关领域项目建设。

经信系统各行业（专业）协会稳步开展数字化支撑服务。上海市经济信息化系统各行业（专业）协会围绕城市数字化转型要求，积极发挥好行业协会的平台作用，全面推动政府、企业、专业机构等主体在经济、生活、治理数字化转型领域的咨询研究与产研合作，进一步支持和推动上海市产业高质量发展、城市数字化转型。如上海市无线电协会完成上海市无线电考试保障、运营商基站外部干扰排查、开展5G基站规划和建设电磁辐射技术规范编制等；上海信息化发展研究协会围绕城市数字化转型与信息产业发展，拓展人工智能产业发展、企业数字化转型等领域的专业咨询服务，为实施数字化转型战略、强化数字思维、建设新型智慧城市提供支撑。

信息化合作交流及宣传

多策并举对口合作工作取得实效。上海与大连在智能制造、船舶和海洋工程制造、石化、高端装备零部件等领域开展深度合作，产业链协同供应链配套建设取得良好成绩，通过2021世界人工智能大会、中国大连服装纺织品博览会、2021年中国国际服装服饰展览会（CHIC 2021秋季上海服装展）和上海时装周等平台，沪连合作进一步加深。在东西对口支援方面，上海市委相关领导相继赴新疆、云南、西藏等地开展调研考察，并签署战略合作框架协议，通过东西协作有力推动上海与对口帮扶地区的产业交流合作。上海—新疆呼叫产业生产性服务业功能区形成"1+3+N"的整体布局，即1个喀什总部、3个功能园区、引入N个生产性服务业产业，为喀什地区解决超1 000人就业，其中98%为少数民族员工。成功举办藏品入沪品鉴会，推广西藏特色产品，推动上海企业与西藏企业开展产能合作。同步开展东西部协作和对口支援地区产业协作的相关课题研究与喀什地区经济和社会信息化"十四五"规划编制等工作，通过智库方式推动上海东西部协作和对口支援地区产业协作。

有序推进长江经济带绿色发展。以同步推动重点区域调整和转型发展为导向，确定600项重点区域专项调整年度实施计划，并超额完成任务。各区持续加强对辖区内相关塑料生产企业的日常监督管理，促进废塑料综合利用企业和替代产品生产企业健康发展。三省一市经信部门联合开展产业链补链固链强链行动，通过成立重点产业链联盟、开展重点产业链研究、开展重点产业链对接活动等方式，全力推动长三角集成电路、生物医药、人工智能、机器人、新型电力装备、新能源汽车等区域创新协同和产业链协作。沪苏大丰产业联动聚集区确立新能源、新基建、新农业为代表的三大主导产业，划定智能制造区、高新农业区、现代产业物业配套区、市政功能配套区"四大"功能区，并成功入选首批国家级绿色产业示范基地。

持续优化经济和信息化领域信息发布和宣传推广工作。通过召开新闻通气会、组织媒体实地采访、向媒体提供新闻通稿、利用微信公众号等多种方式，及时报道产业经济和信息化领域重点工作，广泛传递上海产业经济和信息化领域最新动态。政务新媒体平台应用形成"1+3+X"立体传播矩阵，即以微信公众号为核心，同步在微博号、门户网站、抖音号等新媒体平台发布信息，同时向各主流媒体推送，切实增强传播声量。2021年，借助世界人工智能大会、上海国际生物医药产业周、中国国际工业博览会等全球重大展会平台，聚焦上海产业优势，以重大活动持续强化新闻传播效能。其中，2021世界人工智能大会举办近20个学术论坛，布局74个应用体验项目，全网信息总量达254 207条，新闻8 829篇，微信公众号5 580篇，视频4 914条，大会线上观看量达3.83亿人次、同比上浮153.2%。在国际宣传方面，通过有效整合全市外宣优势资源，积极协调上海日报、上海电视台外语频道、新民晚报海外版、东方卫视国际频道等外宣媒体及第六声、一财全球、东方网海外头条等外宣新媒体，运用海外社交媒体账号，讲好上海、中国乃至世界人工智能、生物医药产业发展的生动故事。

上海产业发展和信息化建设 2021 年工作总结和 2022 年工作要点（摘要）

2021 年工作总结

2021 年，上海市以习近平新时代中国特色社会主义思想为指导，全面贯彻落实党的十九大和十九届历次全会精神，深入贯彻落实习近平总书记考察上海重要讲话精神和对上海工作重要指示要求，认真落实上海市委和市政府决策部署，按照国家工信部等要求，聚力稳增长、促投资、抓创新、调结构、优生态，推动产业经济和信息化高质量发展，实现"十四五"良好开局。

稳增长抓投资促融合，产业经济稳中有进、进中提质

产业经济实现"两个高于"：全市规模以上工业增加值增长 11%，高于全国工业增速、高于全市 GDP 增速。实现"三个万亿级"突破：工业增加值达到 1.07 万亿元，工业总产值超过 4.2 万亿元；三大先导产业总规模超过 1.2 万亿元；软件和信息服务业营收超过 1.26 万亿元，增长 15% 以上。生产性服务业重点领域营收增长 15% 以上，创意设计产业总产出增长 12% 以上。

保障产业链供应链畅通稳定。发挥稳增长工作专班机制作用，用好"稳增长 10 问""促投资 10 问"，落实稳增长"30 条"等措施，聚焦重点区域、重点行业、重点集团、重点企业，市、区联动协调解决海运运力保障、汽车零部件进口、企业用工等诉求。稳住上汽、特斯拉、电气等千亿级重点企业，稳住百家影响大的规模以上工业企业，稳住出口导向型企业，推动经济平稳运行。全力做好电力等能源稳定保供，加强通信、无线电等保障。

投资促进和重点区域建设提速。举办全市重大项目集中开工活动，52 个重大产业项目总投资 2 492 亿元；举办全球投资促进大会，总投资 4 898 亿元的 216 个重大产业项目签约，80% 以上的项目已注册或开工。举办 65 场进博招商投资推介活动，签约 190 个重大产业项目，总投资超 930 亿元。中芯临港、宁德时代、中航机载、联影二期、美团、格科、闻泰等项目开工，中船长兴二期、华为青浦研发中心、药明生物、禾赛科技、大丝束碳纤维、商汤超算中心等项目加快建设。支持浦东新区打造世界级创新产业集群和数字化转型示范区，支持中国（上海）自由贸易试验区临港新片区（以下简称"临港新片区"）加快建设开放型创新产业体系。集中推出五个新城"一城一名园"，全力打响嘉定国际汽车智慧城、青浦长三角数字干线、松江 G60 科创走廊、奉贤东方美谷、南汇数联智造品牌；发布第二批 14 个特色产业园区，推出 2 900 万方产业发展新空间，40 个园区地均产出超过 140 亿元 / 平方公里。

产业绿色、融合、协同发展深入推进。发布绿色制造体系建设实施方案，新增 42 家绿色工厂、1 个绿色园区、17 项绿色产品。发布推进先进制造业和现代服务业深度融合发展实施意见，服务型制造示范深入推进。举办第二届中国（上海）工业品在线交易节，实现交易 310 亿元，同比增长 65%。成立长三角集成电路、生物医药、人工智能、新能源汽车产业链联盟以及长三角医药创新发展联盟，联合开展机器人等产业链补链固链强链行动。建立全市产业外经工作网络和联络机制。深化东西部协作以及对口支援地区产业链协同发展。拓展与新加坡、日本横滨、中国香港等地产业和信息化合作交流。

持续强韧产业链，新发展动能加快培育壮大

发布先进制造业发展"十四五"规划，制定实施全力打响"上海制造"品牌新一轮三年行动计划，加快构建"3+6"新型产业体系，推动产业基础高级化、产业链现代化能力不断提升。

三大产业创新高地建设取得新突破。集成电路：先进工艺产能、核心芯片能级、关键设备和基础材料配套支撑能力不断提升，兆芯 CPU 量产突破 200 万颗，重要基础软硬件产品加快替代；加大汽车电子芯片攻关力度，5G 基带芯片、千万门级 FPGA（Field-Programmable Gate Array，现场可编程门阵列芯片）芯片批量供应，RISC-V（基于精简指令集计算原理建立的开放指令集架构）指令集 IP 达到国际先进水平；离子注入机、电子束和 OCD 量测设备、12 英寸大硅片、厚膜光刻胶等装备材料实现产业化突破；全年产业规模 2 500 亿元，增长约 20%。生物医药：促进生物医药发展支持政策发布实施，新增获批 1 类创新药 8 个，创历年新高；新增 12 项产品进入国家创新医疗器械特别审批通道，占全国总数 1/5，完成 ECMO 原型样机研制；上生所灭活疫苗获批上市，上药康希诺疫苗实现规模量产；推动浦东生物医药立法颁布实施，举办首届（2021）上海国际生物医药产业周，签约 86 个项目总投资 613 亿元，全年生物医药产业投资增长 90% 以上；全年产业规模 7 000 亿元，增长约 20%。人工智能：成功举办 2021 世界人工智能大会，发布实施国内首个新一代人工智能算法创新计划、首个标准化体系建设指导意见；超过 150 个项目签约，总投资超过 1 100 亿元，引进地平线、小冰、出门问问等一批领军企业；依图、天数智芯、燧原等芯片成功发布，人工智能实验室"书生"、天壤蛋白质结构预测平台、小度对话式 AI 操作系统等关键技术取得突破；全年产业规模 2 800 亿元，增长约 18%。

六大重点产业竞相发展。8K 超高清芯片、智能座舱、5G 通信模组等一批产品达到国际领先水平。国家燃料电池汽车示范应用城市群获批，新能源汽车累计推广超过 67 万辆。发布民用航空产业链建设、北斗产业发展三年行动计划，C919 大型客机签署全球首单，首艘国产大型邮轮船体建造贯通。工业机器人年产量、海上风电机组市场占有率位居全国第一，重型燃气轮机试验基地加快建设。实施先进材料产业三年行动计划，世界首条 35 千伏公里级高温超导电缆示范工程正式投运。制定世界一流"设计之都"建设若干意见、化妆品产业三年行动计划，举办东方美谷国际化妆品大会，国货潮品、文创精品、新锐品牌等持续涌现。六大重点产业工业总产值超过 2.87 万亿元，增长超过 10%。

产业基础能力加快提升。成立产业基础再造工作专班领导小组和战略专家咨询委员会，中国工程院院士专家成果展示与转化中心首批创新成果加快产业化落地。大力实施产业基础再造工程，编制集成电路核心装备、光刻胶、新能源汽车等 14 个重点领域白皮书，实施战略性重点领域联合创新计划。新认定超导、船舶动力两家市级制造业创新中心、106 家市级企业技术中心。高端医疗装备无机闪烁晶体材料、自动驾驶激光雷达等实现国产化，大型五轴联动数控装备技术性能达到国际先进水平，集成电路制造用高端抛光液、航空玻璃原片、低损耗光纤涂料等实现量产应用突破。战新制造业产值超过 1.6 万亿元，增长 14.6%，占工业总产值比重提高到 40.7%。

统筹联动立柱架梁，城市数字化转型纵深推进

充分发挥数字化办职能，推动构建形成"1+1+3+3"政策框架（即数字化转型意见，

"十四五"规划，经济、生活、治理三年行动方案，促进政策、数据条例、数据交易所），召开生活、经济、制造业等数字化转型现场会。

产业数字化加速推进。落实制造业十大领域"一业一策"，建设智能工厂40家，打造灯塔工厂5家，上汽乘用车、华谊新材料2家企业获评国家级智能制造标杆企业，推广智能制造优秀场景200个。形成20个具有影响力的工业互联网平台，打造一批"5G+AI+工业互联网"创新应用。建设便捷就医少等待、快捷停车助通畅、数字酒店智管家等11个数字生活标杆应用，多措并举弥合"数字鸿沟"。推动五个新城数字化转型，加快市北数智园、临港数字孪生城、普陀海纳小镇等首批7个市级数字化转型示范区建设。加快国际数据港建设，发布全国首个智能网联汽车数据跨境流动操作指引和正面清单。

数字产业化蓬勃发展。制定网络安全产业创新高地行动计划、工业软件高质量发展三年行动计划，上海数据交易所挂牌成立。张江在线、长阳秀带等在线新经济生态园建设深入推进，布局建设虹桥在线新经济生态园。推动字节跳动、美团点评、哔哩哔哩等一批新生代互联网总部项目和上下游生态落地，在线新经济核心企业营收增速约40%，联合发布在线新经济灵活就业新政。成立上海国际金融科技创新中心—区块链实验室，新华三、绿盟、南大通用等信创企业集聚发展，云安全联盟、深信服等网络安全国际性组织、专业机构相继落户。

新一代信息基础设施加快建设。累计建设5.4万个5G室外基站，推进5G+智能制造、健康医疗、智慧教育等700余项创新应用。"为困难家庭免费升级百兆宽带"实事项目完成92万户，超额完成80万户年度任务。成立国内首家城市物联感知服务中心，上线城市物联感知场景服务平台，物联网数据卡终端数达到7 200万个。发布数据中心建设导则，成立IPv6+联合创新中心，启动建设IPv6+创新之城。

完善综合保障，企业服务效能不断提升

企业发展环境不断优化。2020年全国中小企业发展环境评估上海综合排名第一，首次开展16个区中小企业发展环境评估。完善市企业服务云功能，实现7×24小时线上帮办，服务企业超过1.5万家。建立中小企业服务专员机制，服务专员超过6 200名，为9.4万家企业提供诉求流转、政策推送、企业赋能、融通对接等服务，举办首届市中小企业服务专员技能比武大赛。

重点企业培育力度加强。加快建设南虹桥、张江、市北高新民营企业总部集聚区，举办6场知名民企走进3个集聚区、五个新城活动，美的、海尔、集度汽车、威高、云南白药、正大天晴等一批创新企业项目落地。建立全国民营500强"一企一档"135家，市级"专精

特新"企业累计 3 005 家、专精特新"小巨人"企业 262 家、重点"小巨人"企业 103 家、制造业单项冠军企业 26 家，评选表彰 30 位"上海市优秀企业家"。落实中央财政资金支持中小企业近 3.2 亿元，受惠企业 1.5 万余家；市中小企业专项资金 1 亿元，受惠企业 7 500 余家。

央企服务成效显现。推动中船集团总部、中国电气装备集团总部落户。上海市政府与中国电信、中国联通、中国移动、中海油、国家电网等深化战略合作，推动国家海工装备创新发展平台、中国船舶集团海舟系统自主工业软件发展开放创新平台、中化集团先正达、国网英大等二级子公司及板块落户。

金融服务不断探索创新。3 家国家中小企业发展子基金落户，总规模超过 50 亿元。12 家商业银行推出"引航贷"等"专精特新"和专精特新"小巨人"企业专属金融产品。"千家百亿信用融资计划"和"科创企业上市贷"余额 1 142 亿元，惠及 4 726 户。首批 5 条供应链融资授信 112 亿元，132 家链上企业融资 41 亿元。提升"浦江之光"行动能级，全年新增上市企业 50 家。科创板上市企业 59 家，居全国第二位。

产业人才队伍建设提速。贯彻落实中央、上海市人才工作会议精神，制定新时代上海加强产业人才队伍建设的实施意见，实施集成电路、生物医药、人工智能三大先导产业人才培育专项，200 人入选首批"上海产业菁英"高层次人才，引领产业发展的示范带动效应逐步显现。

2022 年工作要点

指导思想和主要目标

指导思想。以习近平新时代中国特色社会主义思想为指导，深入落实习近平总书记考察上海重要讲话和在浦东开发开放 30 周年庆祝大会上的重要讲话精神，全面贯彻落实党的十九大和十九届历次全会精神及中央经济工作会议精神，完整、准确、全面贯彻新发展理念，服务构建新发展格局，贯彻落实制造强国、网络强国、数字中国战略，按照国家工信部和上海市委、市政府决策部署，坚持稳中求进工作总基调，坚持以供给侧结构性改革为主线，围绕强化"四大功能"、深化"五个中心"建设、发展"五型经济"，加快提升产业和信息化发展能级和核心竞争力。坚持稳字当头、稳中求进，把工业稳增长摆在最重要的位置，保持制造业比重基本稳定；抢占赛道布局、强韧动能，加快数字经济、绿色低碳、元宇宙新赛道及未来产业布局，以智能终端牵引芯片、软件和生态集聚发展；加快高端引领、集群发展，加强招商引资和投资促进，加快培育新增长点、打造重要增长极；深化数字转型、全面赋能，以超级应用场景引领为"牛鼻子"，做强做优做大数字经济；稳健政策体系、优化生态，着力构建全要素生态资源池，实现"五好五不缺"，加快打造"三区一高地"，即现代化经济体系的引领区，产业基础高级化和产业链现代化的先导区，产业高质量发展的示范区，创新型企业集聚的新高地。

主要目标。三大先导产业引领功能显著增强，数字经济等新赛道、新功能加速培育，经济发展质量、效益进一步提升，全市规模以上工业增加值增长 5% 以上，工业投资增长 5%，战略性新兴制造业产值占规模以上工业总产值比重达到 41%；数字经济核心产业增加值占 GDP 比重达到 13% 以上，软件和信息服务业营收增长 20% 左右，在线新经济核心企业营收增长 30% 以上；创意设计产业总产出增长 10% 左右，生产性服务业营业收入增长 10% 左右；工业园区单位土地产值约 83 亿元 / 平方公里，特色产业园区集聚集群发展前沿阵地作用更加显现，实施产业结构调整 500 项，规模以上单位工业增加值能耗、碳排放强度力争有所下降；家庭宽带用户平均接入带宽达到 400 M，固定宽带平均可用下载速率达到 70 M。

强化高端产业引领功能，勇当高质量发展主力军

加快落实三大产业"上海方案"，推动六大重点产业创新发展，构建现代化产业体系，打造世界级产业集群。

打造三大产业创新高地。一是聚焦"全链发展＋芯机联动"，推进集成电路自主创新发展。实施国产设备、零部件、材料补链强链计划，强化关键产业链底线支撑能力，提升 EDA 设计工具供给能力。完善国产芯片软硬件生态，开展芯片、整机、系统联动工程。加快建设集成电路产业创新带，高标准建设电子化学品专区，提升基础材料本地化配套水平。推进汽车电子芯片自主发展，组织实施汽车芯片重点项目。完善张江、临港、嘉定"一体两翼"产业布局，加快建设 G60 电子信息国际创新产业园、浦江创芯之城等特色产业园区。筹办全球 IC 企业家大会等重要产业活动。

二是聚焦"张江研发＋上海制造"，推动生物医药产业链布局。落实《上海市浦东新区促进张江生物医药产业创新高地建设规定》，推动部分事项先行先试，加强高端原料药、体外诊断等细分领域布局。深化产医协同，挂牌产医融合示范基地，启动建设 1—3 家试点医院，加快打通临床研究及应用快通道。落实生物医药产业园区特色化发展方案，推进"1+5+X"产业空间联动发展。推动张江创新成果产业化，加速本地转化落地，促进创新药、高端医疗器械成果涌现。举办 2021 上海国际生物医药产业周，集聚全球生物医药创新资源和龙头企

业，打造生物医药产业标志性国际峰会。

三是聚焦"算法创新＋场景赋能"，推进人工智能深度赋能应用。实施新一代人工智能算法创新行动，推动人工智能产业发展条例制定、可信 AI 等地方标准立项。推进华为昇思、云从全球创新总部、瑞莱智慧等重点项目落地。推动商汤超算中心建成运行，构建软硬件协同自主生态。推进人工智能计算公共服务平台建设。围绕智能芯片、前沿算法、智能硬件、AI 辅助药物研发等领域布局重点攻关项目。组织开展"揭榜挂帅"，加快畅通 AI 医疗器械三类许可证取证渠道。推动优势企业科创板上市。编制创新算法示范目录，促进供需对接，探索共建综合性应用场景新机制。持续优化张江人工智能岛、徐汇西岸、临港"信息飞鱼"、马桥 AI 创新试验区等"4+X"产业空间布局。举办 2022 世界人工智能大会，首发前沿成果、落地重大应用、激活创新要素，更高水平打造人工智能开放合作和国际交流平台。

推动六大重点产业集群发展。加快电子信息产业转型升级。全面落实超高清行动计划，推动 8K 全产业链发展，加快超高清机顶盒推广；推动和辉光电二期 45K 产能提升。加速域控制器、车载智能计算系统产品前装产业化。落实工信部、民政部、卫健委相关政策，推动企业围绕智慧养老应用场景试点示范。大力推进生命健康产业发展。推动斯微生物等疫苗研发攻关和产业化，促进上药康希诺、上生所等疫苗上市和产能提升。推动君实生物、迈威生物新冠中和抗体、小分子药物研发与产业化能力建设。加快推进健康物联网等研发及产业化。推动汽车产业提质发展。支持上汽大众、上汽通用传统品牌焕新；新建智能充电桩 10 万个，新建换电站 50 座以上，新增推广新能源汽车 12 万辆以上。开展燃料电池汽车示范应用，新建加氢站超过 10 座，推广应用燃料电池汽车 1 000 辆。推动高端装备重大项目建设。推动建立重大技术装备产业发展部市合作协调机制，加快落实北斗、航空产业链建设三年行动计划。推进智慧天网创新工程（二期）建设。聚焦临港打造"全球动力之城"，支持 ARJ21 和 C919 生产交付，推动通航动力项目落地建设、中航机载项目加快建设，推进江南造船、沪东中华、外高桥造船等新项目布局。积极发展工业机器人、服务机器人、数控机床等智能制造装备，实施装备数字化融合与生产数字化提升工程，推动重燃试验基地、发那科三期等重大项目建设，发展智慧能源产业。做强先进材料产业优势。加快宝武吴淞园新材料基地、无取向硅钢产品结构优化、高性能弹性体等先进基础材料重大项目建设。加快万吨级大丝束碳纤维、上海榕融、晖晓、中复神鹰、金发科技研发总部及汽车新材料中心等复合材料重点项目落地。面向集成电路、民用航空、新能源汽车等战略领域需求，加快 193 nm 光刻胶、航空级碳纤维等关键材料开发与生产。推动时尚消费品向价值链中高端迈进。发布实施时尚消费品产业高质量发展三年行动计划，打造一批绿色食品、时尚美品、智慧用品、文创精品。举办"上海制造佳品汇"、中国品牌经济（上海）论坛，遴选发布"上海时尚100+"，持续推进上海工业博物馆筹备建设。筹办首届世界设计之都大会，成立"国际设计百人"组织，推出一批重磅设计新品，加快培育设计创新中心和设计引领示范企业，打造国内外优秀设计首发地、"设计+"新业态新模式策源地。

增强产业链供应链韧性，激发创新策源新动能

聚焦构建"3+6"新型产业体系，优化政策支持，激发市场主体活力，保持产业链供应链稳定，促进上中下游、大中小企业融通创新，集聚更多央企和民企总部。

加快布局数字经济新赛道。制定数字经济产业新赛道行动计划，着力推进数要素、数创意、云智算、智慧网、新场景、新循环、元安全等重点产业发展，布局若干特色产业园区。实施高能级数字经济企业培育工程，打造5家以上在线新经济领军企业，打响40个新生代互联网经济品牌，加快张江在线、长阳秀带、虹桥在线新经济生态园建设，推进平台灵活就业市场登记试点。发展流量型经济，深化国际数据港建设，试点数据跨境流通。优化上海数据交易所运行，完善交易平台和配套规则。着力发展网络安全产业，推进信息安全示范工程建设，加快数字安全场景开放，推动保险试点落地。加快工业软件高质量发展，建立创新产品推广应用机制，营造工业软件发展生态。

加快布局绿色低碳新赛道。发布工业、新型基础设施领域碳达峰实施方案，实施工业和通信业节能降碳"百一"行动计划。制定绿色低碳产业发展工作方案，加快新能源、新能源汽车、储能和智能电网、碳捕集及资源化利用、循环再生利用等绿色低碳循环相关制造和服务业发展。探索二氧化碳资源化利用试点。大力提升氢能、风能、太阳能、核能等清洁能源技术水平和装备制造能力。推动以绿色低碳为特色的产业园区布局发展。加快在建、拟建、存量"两高"项目的评估、会审和升级改造。推动石化、钢铁等重点行业能源审计、节能诊断和能效对标达标。推动企业和园区建设光伏电站、分布式能源和能源管理中心。创建"四绿"企业50家，零碳示范工厂10家，开展1—2条绿色产业链建设示范。提高废旧动力电池循环利用能力，推进宝山再生资源利用中心项目建设。

加快布局元宇宙新赛道。制订元宇宙相关产业发展行动计划，推进链接、交互、计算、工具、生态"五位一体"布局，鼓励领军企业加强前沿布局，搭建元宇宙开发平台，打造试点应用场景。推动设立元宇宙主题论坛，鼓励企业、行业组织等融入开源社区建设。探索设立元宇宙特色产业园区，推动元宇宙相关企业、行业生态龙头集聚发展。

打造智能终端新动能。着力发展智能网联汽车，实施消费终端爆款打造、商用终端加速

落地、核心系统部件突破、协同产业生态建设、数字工具终端赋能、重点终端项目支撑六大创新突破行动；推动上汽飞凡、智己等打造精品爆款产品，推动特斯拉扩大产能，加快集度、威马等新势力造车发展；加快智能公交、智能驾驶、无人配送、AGV（Automated Guided Vehicle，自动导引运输车）、智能座舱、车载交互、高精度地图、5G-V2X等协同发展，提升Robotaxi、洋山港智能重卡等示范应用规模。加快培育智能终端优势，推进服务机器人、智能家居、智能穿戴、虚拟显示等终端布局，提升智能手机、国产服务器等市场占有率，培育新技术新产品新应用；探索设立浦东智能终端产业园等特色产业园区，着力引育科技创新型企业，打响上海智能终端品牌。

深入实施产业基础再造工程。实施"强基工程"，推进智能芯片、光子芯片等技术攻关，实施高端医疗器械等"揭榜挂帅"。实施"突破工程"，着力引进培育重点行业研发设计软件项目，加快张江实验室、生物医药产业创新平台、重型燃气轮机联合创新中心等建设。实施"融合工程"，发挥国有龙头企业引领带动作用，开展核电、汽车、航空、集成电路等产业链协同攻关，打造长三角产业基础创新共同体。围绕14个重点攻关方向，推进一批破解"卡脖子"瓶颈项目、一批落实国家重大战略项目、一批供应链本地化项目、一批锻长板优势项目，持续提升产业基础能力。

完善产业创新策源和转化体系。加快发展创新型经济，培育燃气轮机、海工装备等国家级制造业创新中心，高端制剂与绿色制药、产业用纺织、智慧医疗、碳纤维、航空复合材料等4—6家市级制造业创新中心，发布实施企业技术中心管理办法。依托展示与转化中心等平台载体，推动院士创新成果加快转化。优化目录条件，加快更多创新产品推广应用。面向民用航空、汽车、生物医药等领域，鼓励国有企业、重大项目应用国产基础产品和技术。推动首台套装备、首版次软件、首批次新材料在产业基础领域应用。推进未来产业布局，加强氢能与储氢、基因和细胞技术、未来材料、生物3D打印、光子芯片与器件、新型海洋经济、类脑智能、6G技术、空天技术等未来产业谋划，围绕关键核心技术梳理创新链，培育创新主体和平台，推动未来产业成果转化和产品应用。研究认定未来产业企业技术中心、建立硬核科技评价体系，加强科技、产业、金融良性循环，支持硬核科技企业科创板上市。

激发民营和中小企业创新活力。促进民营经济高质量发展。举办服务民营企业促进经济高质量发展市长民企座谈会。加快推进民企500强"一企一档"建设，持续开展知名民企走进民企总部集聚区、走进五个新城活动，推动更多优质民营企业入驻和创新发展。发挥民营经济发展战略咨询委"思想库""智囊团"作用。促进中小企业向"专精特新"发展。推进实施科创引领、数字赋能、质量提升、融资普惠、卓越服务等重点工程，建设首批中小企业特色产业集群。优化完善创新型中小企业、"专精特新"中小企业、专精特新"小巨人"企业、制造业单项冠军企业梯度培育体系，累计培育"专精特新"企业5 000家。强化精准服务。深化企业服务云建设，提升"惠企政策一窗通"功能。落实"专精特新"企业办实事清单，协调解决企业诉求。聚焦碳达峰碳中和、数字化等重点领域，推出中小企业服务券，赋能"专精特新"企业发展。举办中小企业服务专员技能比武大赛，扩大服务覆盖面，提升服务实效。深入推进"浦江之光"行动，促进"专精特新"等中小企业上市融资。推动国家中小企业发展基金子基金落地，引导社会资本优化企业全生命周期融资服务。

推动央地融合发展。服务国家战略任务落实，深化战略对接合作，推动更多央企总部和重要项目落户，拓展央企服务保障"一企一方案"覆盖范围。筹备成立"上海市央企发展联合会"，打造在沪央企信息交流和项目合作平台。组织开展"央企进新城"活动，推动央企与新城融合发展。

推动外资优化产业布局。探索部市合作共建制造业外资重大项目协调服务机制。吸引更多外资核心板块、功能平台和关键环节落户。设立市企业服务云"外商投资企业"服务专栏，推动综合服务向一线延伸覆盖，促进外资企业更好融入产业和信息化发展。

推动产业稳增长促发展，打造实体经济主战场

继续做好"六稳""六保"工作，深入开展"促发展、保安全"大走访、大排查，强化城市安全运行保障，加快投资促进和重大产业项目建设，提升产业园区发展能级，推动产业经济实现质的稳步提升和量的合理增长。

深入推进"促发展"大走访。协同建立大走访企业数据库，完善数据库分类管理，提升企业智能推荐、诉求收集、协调办理等功能。深化标杆企业、初创企业等各类企业的走访覆盖，保障"促发展"大走访顺利推进。发挥市服务企业联席会议机制作用，构建"市级部门横向互联、市区两级纵向贯穿"工作网络，强化企业问题诉求分发、督办和反馈，形成稳增长工作政策建议。

全力保持经济运行在合理区间。制订工业稳增长时间任务清单，强化目标任务分解和督促落实。实施工业稳增长保开局工作方案，振作工业经济运行，提升汽车、机械、轻工、电子等重点行业支撑作用。鼓励有市场、有效益、有订单的企业增加生产计划，指导企业优化节假日期间生产组织安排。制订年产值10亿元以上重点企业服务清单，确保链主企业运行稳定。制订稳增长政策清单，鼓励规模以上企业不断提升能级，发展制造业总部经济。开展产业链对接，推动企业承接市政工程订单；支持工程机械企业拓展非洲、东南亚等"一带一路"沿线市场；指导出口导向型企业优化生产组织。发挥产业经济运行调度平台作用，着力打通产业链供应链堵点卡点，保障产业链供应链稳定。建立央企经济运行监测平台，完善央企运行动态评估。

全力推动投资促进和项目建设。依托中国国际进口博览会、世界人工智能大会、中国国际工业博览会等重大平台，组织策划高质量招商引资活动，筹办全球投资促进大会，推进重点区域和园区、央企、民企主题招商。围绕数字经济、绿色低碳、元宇宙等新赛道，以及智能网联汽车、智能手机、智能家居等终端带动领域，持续引进一批具有重要影响力的产业项目。实施新一轮高水平技术改造行动计划，精准连续支持一批重点技改项目。推动审批流程持续优化，复制推广项目开工建设"芯速度"，加快中芯临港、沪东中华、上药生物医药基地、美团总部、和辉、格科、闻泰等建设进度，推动中船总部、中国电气装备、宁德时代、超硅半导体、康希诺、通航动力、正大天晴等开工建设，加快浦东新区、五个新城等重点区域开工项目建设。全年力争10亿元以上签约、开工、在建项目达到200个以上。

全力提升产业园区发展能级。构建品牌园区引领、特色园区支撑、精品微园联动的园区发展体系，认定第三批特色产业园区，评估前两批特色产业园区建设成效。推动建立"一城一名园"统筹发展工作机制，聚力打响嘉定国际汽车智慧城、青浦长三角数字干线、松江G60科创走廊、奉贤东方美谷、南汇数联智造品牌，加快一批重大项目和载体建设，认定一批特色产业园区功能平台。用好市统筹指标，提高项目认定效率。制定重点产业发展区域城市更新行动计划，优化存量低效用地盘活政策，推进产业结构调整。探索编制资源利用效率评价成果图，通过差别化政策工具推动低效用地处置。支持功能性国企、工业企业、社会资本等各类主体参与园区二次开发，扩大产业园区REITS试点范围，探索设立产业园区高质量发展引导基金。建设产业用地数据库，推进国家新型工业化产业示范基地、先进制造业集群创建。

全力推进"两业融合"高质量发展。发展服务型经济，打造一批快递业和制造业深度融合示范典型，持续推进服务型制造培育和遴选，制订生产性服务业功能区、服务型制造团体标准。制定总集成总承包、工业洁净行业三年行动计划。举办第三届中国（上海）工业品在线交易节，开展"工业品牌周"等系列活动。

全力强化城市安全运行保障。积极应对能源短缺和价格上涨，协调电煤稳定供应，保障迎峰度冬和迎峰度夏电力运行。制定实施新版电力改革方案，优化"获得电力"营商环境。落实电力直接交易市场化改革，修订电力直接交易规则，开展年度交易。加强煤油盐等行业管理，完善成品油供应体系，优化未加碘盐供应。

深化城市数字化转型，增强全方位赋能主动力

按照"整体性转变、全方位赋能、革命性重塑"的总体要求，加快经济、生活、治理数字化转型向纵深推进，不断提升国际数字之都建设的广度、深度、显示度和体验度。

加快经济数字化转型。支持数字技术创新，推动链主企业运用数字技术对传统产业全方位、全链条改造，促进数字经济和实体经济融合发展。创建国家级智能制造先行区，新增5家灯塔工厂，建设40家智能工厂，推广200个智能制造优秀场景。推动规模以上制造企业DCMM（数据管理能力成熟度评估服务）达标率超过30%。加快工业互联网创新应用，壮大一批工业互联网标杆平台，推动工业互联网"平台＋园区"融合创新，打造3—5个综合场景标杆。建设行业开放平台PaaS（Platform as a Service，平台即服务）能力体系，发展工业大数据。加快培育经济数字化转型专业服务商，助力中小企业上平台上云。推动商务、金融、科创、航运、农业等重点领域数字化转型，打造数字商圈、云上会展等一批应用场景。

加快生活数字化转型。建设8个市民群众最关心、最直接、最受用的应用场景链，深化11个标杆场景2.0版建设。拓展"便捷就医服务"应用，打造智能分诊断等七大场景。推动体育公共数据资源共享，实现"随身码＋"体育场馆100%覆盖。打造"云网边端"教育数字基座，推动5所5G校园应用试点。加快交通出行MaaS（Mobility as a Service，出行即服务）系统上线运行，推进地铁、公交乘车码和随身码"三码整合"。推动"红途"平台升级。深化数字酒店建设，打造数字景区、数字博物馆。实施数字伙伴计划，丰富为老服务一键通服务场景。打造一批数字家园、数字商圈商街，优化智慧早餐、智慧菜场等场景建设。

加快治理数字化转型。深化"一件事"业务流程再造，打造20个"高效办成一件事"标杆场景。加快长三角"一网通办"，推进电子证照长三角地区互认共享。推动"随身码"在交通、文旅、私发、信用、监管等领域深度应用。深化"一网统管"观管防一体化建设，打造10个"高效处置一件事"标杆场景，探索建立城市风险智能预警清零机制。加快推动智能安防感知"神经元"建设。打造居村数字化平台，依托"社区云"拓展个人事项服务场景。推进政法系统数字化转型，提升社会治理数字化水平。

完善数字发展环境。加快五个新城、七个市级数字化转型示范区建设，打造综合性、特色化数字化转型标杆区域。打造数字化转型"一区一长板"，加快经验模式复制推广。落实《上海市数据条例》，健全数字法规、制度、标准和政策体系。推进数据交易所运行，完善交易平台和配套规则，挂牌金融、航运、工业等领域数据产品500项以上，开展数据资产会计核算试点。

夯实城市数字新底座。加快建立智能协同、开放共享的城市数字底座开发生态平台，支持重点行业、重点区域率先启动数字底座重大项目和综合场景建设。制定 IPv6 流量提升二年专项行动计划，累计建设 6 万个 5G 室外基站，推动 500 M 以上家庭宽带用户占比达到40%。加快新型智能终端布局建设，新建城市公共安全视频终端 3 万个。推进物流仓储设施智能升级建设，新建 4 000 组智能快件箱。推动商务楼宇、产业园区智能取餐柜设置。

全力做好无线电管理和保障。挖掘频率供给潜力，保障典型应用场景及频率使用需求。提升频谱资源配置能力，开展频率使用率评价，推动频率使用分区域、分时段，可回收、可复用。做好中国国际进口博览会重大活动、北京冬奥会等重要赛事无线电安全保障。优化重要台站设置，完善事中事后监管体系。完成无线电频率台站管理系统改造，增强基站电子数据交互平台功能，实现重点地区 5G 基站和行业无线电台站兼容并存。建设行政执法全过程监管智慧办案系统，推进无人机无线电反制设备专项整治行动，深入开展无线电、监控化学品生产经营等执法检查。

融入国际产业竞争合作，强化新发展格局支撑力

优化完善产业人才、资金等综合服务保障，推进重要战略任务落实，发展开放型经济，拓展国际交流合作，助力构建新发展格局的中心节点和战略链接。

加快重要改革试点落实推进。贯彻落实中央 13 号文，争取国家工信部等部委支持浦东在产业和信息化领域的改革创新，探索建立符合发展趋势的数字经济规则，争取人工智能、智能网联汽车等领域更大的立法改革权，加快打造世界级创新产业集群和数字化转型示范区。支持临港新片区实行更大程度压力测试，完善重点产业企业所得税优惠政策，建设重点产业企业所得税认定管理平台，促进前沿产业发展。建设临港新片区国际数据港先导区，围绕数据交易所打造全球数据资源配置重要节点，建设大规模人工智能算力平台，支持构建自主产业生态。深入推进"五个中心"、中国（上海）自由贸易试验区（以下简称"上海自贸试验区"）等改革事项。推进高端制造业增长极方案发布实施，发布产业地图 2.0 版，推动五个新城投资上规模、建设上水平、产业上能级，临港新片区工业总产值增长 25% 以上，嘉定、青浦、松江、奉贤新城增长 8% 以上，力争 10%；金山工业增速高于新城，宝山达到新城平均水平。召开长三角产业协同发展高端峰会，联合发布三大产业协同发展实施方案，深入开展长三角产业链补链固链强链行动，加快长三角工业互联网一体化发展示范区建设，加强沪西五区与 G60 科创走廊产业联动。

深化对外合作交流。筹办第 23 届中国国际工业博览会，展示产业领域创新成果，促进

产业合作交流。深化东西部协作和对口支援地区产业协作，编制上海与对口地区产业协作地图，开展优势特色产业和示范项目对接活动。落实"上海—横滨经济技术交流会议"机制，促进与新加坡和中国港澳台地区等产业和信息化合作交流。

加强督查督办和政务公开。优化完善重点督查工作系统，梳理督查督办重点，运用"互联网＋督查"手段，提高精准督办水平。加强与上海市委、市政府督查工作互联互通，建立完善处室督办联系人制度，促进协同联动落实。发布《政务公开标准目录》，加强政策解读，完善信息公开。优化"一网通办"办理模式，推进高频事项"好办服务"，持续提高"12345"市民热线响应速度和市民满意度。做好市人大代表建议和市政协委员提案办理工作。

优化资金管理保障。持续推进专项资金改革，加强工作统筹、资金统筹、项目统筹。围绕产业技术攻关、数字化转型、高端供给能力提升等方向，发挥财政资金带动作用，加强市、区联动，引导专项资金提升合力，优化对重大产业项目支持。

优化产业人才队伍建设。制定产业菁英人才计划管理办法，推进"上海产业菁英"高层次人才选拔，完善项目资助和服务保障，打响"上海产业菁英"品牌。落实三大先导产业人才培育专项，推进2—3个重点产业集群人才培育专项制定。加大重点产业人才支持力度，拓展人才奖励数量和资金规模。继续培育一批市级重点产业学院，建设1—2家国家级现代产业学院，促进产教融合发展。

优化政策研究和法治保障。加强经济信息化智库建设，进一步发挥上海市政府决策咨询研究合作的平台作用，统筹安排重点研究项目。推进重要政策研究和重点工作报告起草，加强重要会议、重大活动综合服务保障。推动人工智能产业发展、信息基础设施管理、城市数字化转型等产业信息化立法调研论证和草案起草。

上海市全面推进城市数字化转型

上海市经济和信息化委员会

2020 年 11 月，中共上海市委第十一届十次全会首次提出要全面推进城市数字化转型，全力打造具有世界影响力的国际数字之都，这是上海市委、市政府全面把握当前形势和未来趋势做出的重大战略部署。2021 年，上海市上下密集发力、加速成势，在经济、生活、治理三大领域取得扎实成果。

以高规格协同推进构建转型生态

成立领导小组，高位统筹推进

上海市成立最高规格的城市数字化转型工作领导小组，由市委书记、市长担任双组长，并设立办公室，负责统筹协调和推进全市数字化转型工作。各部门、各区成立主要领导牵头的工作领导小组。上海市数字化办公室组织召开三大领域转型现场推进会，开展全市大调研、设立数字化转型专项资金等，营造浓厚转型氛围，推动形成转型共识。

构建政策体系，强化发展引领

上海搭建起"2+3+4"的四梁八柱："2"是《关于全面推进上海城市数字化转型的意见》

和《上海市全面推进城市数字化转型"十四五"规划》，"3"是经济、生活、治理3个领域数字化转型三年行动方案，"4"是促进城市数字化转型政策举措、上海市数据条例、上海数据交易所和数字化转型标准体系。同时，各级、各领域数字化转型方案迅速到位，形成了全市一盘棋协同有序推进的工作格局。

制度能力并重，全面保障安全

上海始终坚持在推进城市数字化转型的同时，牢牢守住安全底线。一方面，制度体系日益健全，建立关键信息基础设施网络安全重大事项报告制度，制定公共数据安全分级指南等安全系列标准，开展数据跨境流动安全评估试点，《上海市数据条例》强化数据安全保护。另一方面，保障能力显著提升，依托上海市网络安全态势感知预警平台，形成全方位全天候态势感知能力。

提升供给水平，夯实基础设施

实施"双千兆宽带城市加速度计划"，实现连接、计算、融合能力"三提升"，优化算力设施布局（阿里飞天云、腾讯长三角人工智能超算中心、商汤临港超算中心），统筹推进人工智能计算公共服务平台建设（计划首期算力规模为100P）。累计建设5.4万个5G室外基站、14万个室内小站，实现中心城区和郊区重点区域连续覆盖，宽带用户下载速率总体达66.35 Mbps（全国第一），新建一批智能终端（智慧零售终端362台、智能取餐柜305个、智能快件箱2 819组）。

加快区域示范，推动全域转型

围绕"一区一特"，打造特色转型示范区，遴选出首批7个市级示范区（市北数智生态园、普陀海纳小镇、杨浦大创智数字创新实践区、张江数字生态园、临港数字孪生城、嘉定未来·智慧出行示范区、松江G60数字经济创新产业示范区）。围绕五个新城先行先试，研究编写新城数字化转型建设导引。围绕重大项目，打造标杆项目试点区，以具体项目为牵引，深度发掘一批值得全市推广复制的应用场景（如市便捷就医2.0七场景之一的"黄浦智慧中药云"等）。落地海纳工程院、同济数字城市研究院，提升区域数字创新能级。

加强开放合作，扩大发展格局

上海在长三角一体化中的龙头带动作用凸显，长三角政务服务"一网通办"持续深化。同时，国际合作和对外开放格局不断完善，开放层级不断提高，在中国国际进口博览会、世

界人工智能大会、世界顶尖科学家论坛等世界顶级国际交流合作平台上，在与新加坡、日本大阪、中国台北等城市的友好交流中，城市数字化转型成为热议话题。

以经济数字化转型推动高质量发展

上海把握城市数字化转型重要窗口期，积极布局数字经济新赛道，围绕"五个中心"建设，坚持"双轮驱动"，一手抓激活数字产业化引擎动力，促进数字技术由"单点突破"向"集智赋能"转变；一手抓激发产业数字化创新活力，推动一二三产业从"线性迭代"向"跨界融合"转变。同时，努力提升转型生态承载力，布局新供给、服务新需求。

持续释放数字产业化动能

硬核新技术方面：加强关键数字技术突破，加快软件和智能产品升级，打造人工智能、区块链、工业软件、量子通信等领域近 100 个重点项目，人工智能产业规模超 3 000 亿元（增长超 17%），软件与信息服务业产业规模约 12 000 亿元（增长 14%）。

在线新经济方面：推动品牌建设、载体建设、业态融合，张江在线、长阳秀带、虹桥等在线新经济生态园加快建设，打造形成 30 家新生代互联网领军企业及 7 家千亿级电商平台（上海有色金属交易中心、拼多多、欧冶云商、携程、有色网、钢银电商、饿了么）。

持续推动产业数字化向纵深演进

制造新模式提质增效：实施"工赋上海"行动，对标综合性、特色型、专业化，分类分层建成宝信、电气星云智汇、致景等 26 个工业互联网平台，带动 20 万家中小企业上平台，培育发展上汽延锋、海立集团等 60 家智能工厂，为保障制造业增加值占 GDP 比例处于合理区间提供了有力支持。

商务新业态创优增值：深化数字商圈、口岸服务，打造"五五购物节"等线上线下联动平台，全年实现电子商务交易额 3.2 万亿元。

金融新科技提效增值：深化数字人民币试点，落地进博会、"两街四圈"等多个数字人民币场景，白名单客户数、钱包数、钱包交易量等领先全国，大数据普惠金融 2.0 参与金融机构增至 33 家，上线机构服务企业数约 20 万户次，普惠金融贷款超 1 100 亿元。

航运新枢纽连接增效：推进机场大脑工程，促进航运全球协同；洋山港智能重卡示范投入 14 辆智能重卡，并完成 4 万 TEU（Twenty feet Equivalent Units，20 英尺国际标准集装箱）转运任务。

农业新体验智慧精准：加快建设农业"一图""一库""一网"，农业用地数据采集和上图累计绘制 100 多万个地块。

以生活数字化转型塑造高品质生活

上海践行"人民城市"理念，聚焦市民最关心、最直接、最受用的需求，2021 年重点打造 11 项标杆应用场景，分别建立工作专班推进建设。坚持"以人为本"的导向，强化应用牵引、数据赋能和关键支撑，构建起由政府、市民、企业共同参与的推进工作格局，形成人人共享的数字生活新图景。推进过程中，始终强调五个"体现"。

一是体现流程再造，如"便捷就医少等待"，以诊疗知识库为核心，支撑就诊流程再造，重点打造精准预约、智能预问诊、电子病历卡等 7 大场景，实现全市 412 家医疗机构全覆盖，门诊平均排队时间压缩到 29 分钟以内。

二是体现深度转型，如"智能出行即服务"，上海停车 App 100% 覆盖全市道路停车场，通过打通航运、铁路、公交等数据，打造数据共享、实时互动的 MaaS 平台。"数字赋能示范校"则聚焦教育数字基座、学科知识图谱、数据驱动教与学、虚拟仿真实训、高等学校智能综合评价、大规模智慧学习等场景，推动教育体系深度转型。

三是体现跨部门协同，如"为老服务一键通"，融通全市为老服务资源，打造一键就医、订车、政策通等高频服务集成，开展"一码一屏一机"改造，满足长者"医疗照护、健康生活、出行文娱"等需求；实施"数字伙伴计划"，招募 1 200 余名"信息助力员"，建设首批 153 个数字助老"微站点"，推动全市 66 个政府网站、47 个政府移动端应用和 23 家企业应用适老化改造，弥合"数字鸿沟"。

四是体现市场化参与，如"数字酒店智管家"，充分发挥企业创新作用，通过数字酒店建设，帮助企业每年节省人力成本 2 500 万元。"智慧早餐惠民心"充分调动企业主体积极性，累计在全市布局网订柜（店）取网点 1 145 个，建成智能取餐柜 900 个。

五是体现市民参与，营造百姓共建、共创、共享的数字化转型环境。坚持以市民评价作为生活数字化转型成效的第一考量，依托社会组织打造市民代表组成的"数字体验官"（超过 600 人）队伍，形成了发现问题和监测监督的"啄木鸟"作用。同时，关注老年人、残障人士等弱势群体的数字化感受，组织 100 万人次长者数字化技能提升培训，提升城市温度。

以治理数字化转型实现高效能治理

上海聚焦"高效办成一件事"和"高效处置一件事",运用数字科技解决城市治理难题,以"一网通办""一网统管"建设推动城市治理模式变革、治理体系重构。

深化政务服务"一网通办"改革

经过数年努力,"一网通办"平台个人实名用户数突破5 700万,实际网办比例超70%。一是推进业务流程再造,共推出27个"高效办成一件事"场景(2020年15个、2021年12个,办件量破200万件),全面实施"两个免于提交"(原则上,上海市政府核发的材料免于提交,能提供电子证照的免于提交实体证照)。二是提供主动精准服务,实现服务、资金、补贴、税收等政策"免申即享"。三是提升数据治理能力,打通国家、市、区之间数据通道,归集公共数据202亿条,完成数据调用102亿次、下发492亿条;通过"随申码"识别疫情风险人员,并拓展至医疗、交通、文旅等场景,累计使用超46亿次。

提升城市运行"一网统管"效能

按照"三级平台、五级应用"逻辑架构,构建起市、区、街镇三级城运中心体系。一是宏观层面管全城,上线城市运行数字体征系统,汇集67个部门的210个系统1 150个应用,每天采集超3 400万条实时动态数据,接入城市神经元达1.79亿个,将各项体征细分为55类1 000多项指标,形成全域覆盖的城市运行泛感知神经元体系。二是中观层面强感知,进一步强化区级层面问题感知和态势分析能力,依托区级数据共享交换体系,突出应用场景导向,科学运用阈值管理、颜色管理、闭环管理等多种方式。三是微观层面重实用,推动城市最小管理单元数字治理试点,创新实践优化闭环管理机制,探索政府与市场主体有机联动的城市数字治理新道路,着力打通城市治理的"最后一公里"。

以数据要素创新驱动全市深度转型

上海数据资源要素市场创新发展在全国保持领先,为城市数字化转型向纵深推进提供了持续动力。

《上海市数据条例》发布实施

成为《数据安全法》与《个人信息保护法》正式施行后的首个数据领域的省级人大综合

性地方立法。聚焦数据权益保障、数据流通利用、数据安全管理三大环节，为破除数据流通和开发利用的制度障碍，保障规范安全发展提供制度保障。

上海数据交易所正式揭牌

启动全数字化交易系统，配套首发数据交易配套制度、数据产品登记凭证和首发数据产品说明书，聚焦确权难、定价难、互信难、入场难、监管难等关键共性难题，形成系列创新安排，打造引领全国数据要素市场发展的"上海模式"。同时，成立首届数据交易专家委员会，涵盖法律合规、金融交易、数据产业、数据安全、公共管理、综合经济等领域。

国际数据港加快建设

推进发布全国首个智能网联汽车数据跨境流动操作指引和正面清单。推动 IDC（Internet Data Center，互联网数据中心）、CDN（Content Delivery Network，内容分发网络）等 5 项增值电信业务试点对外资 100% 开放并获工信部批复同意。完成国际互联网专用通道建设，启动国家新型互联网交换中心等重点项目建设，启动信息飞鱼特色园区建设，引进 SAP（思爱普）等 50 余个龙头企业重点项目，意向投资总额达 200 亿元。

"数商"新业态加速构建

召开全球数商大会并完成全球首批 100 家数商企业签约，涵盖数据发现者、价值赋能者、联结者和服务提供者等各类经济主体，涉及数据交易、合规咨询、质量评估、资产评估、交付等多领域，推动数据市场活跃发展。浦东新区出台支持全球数商创新发展的 8 项举措，积极构建"交易所＋基地＋企业集聚"的数字产业生态圈模式。

大数据创新生态持续优化

深化国家大数据综合试验区建设，打造 11 个行业领域的大数据联合创新实验室。公共数据开放连续五年排名全国第一，累计开放近 6 000 项公共数据集，11 个公共数据开放应用试点项目成效显著，启动第二批 9 个试点项目建设。举办 SODA 开放数据创新应用大赛等系列赛事，联合国内七大赛事共同组建"开放数据赛事联盟"。相继建成大数据应用创新中心、大数据产业基金、上海大数据联盟等功能性机构和行业组织。复旦大学、上海交通大学、同济大学等 10 余所高校开设大数据学院、大数据专业和人才基地。

第一编　数字基础设施

SHANGHAI INFORMATIZATION

综　述

2021年，上海围绕《上海"双千兆宽带城市"加速度三年行动计划（2021—2023年）》任务目标，夯实网络基础设施，加强平台能力建设，培育应用创新生态，强化规划法治保障，加快建设"三张网（5G网、固网宽带、物联网）、两平台（人工智能计算公共服务平台、信息基础设施动态监测平台）、一中心（互联网数据中心）"，为"十四五"时期基本建成高速泛在、智能绿色、安全可靠的新型信息基础设施，全面提升赋能经济社会数字化转型升级能力开好局、起好步。

2021年末，上海千兆接入能力覆盖家庭961万户，家庭宽带用户平均接入带宽387 M，固定宽带用户下载速率为65.42 M，在全国排名第一。

（王慧婷）

第一章　基础信息网络

概　述

2021 年，上海累计建设超 5.4 万个 5G 室外基站、14 万个室内小站。上海市经济和信息化委员会（以下简称"市经济信息化委"）促进物联网在全市域覆盖和创新应用，物联网数据卡终端数约 7 200 万个，组织各区、运营商实施 2021 年上海市为民办实事项目"为困难家庭免费升级百兆宽带"。

2021 年，上海市信息通信行业持续推进千兆光网和 5G 网络建设，积极为产业数字化转型升级提供强大动力，为数字经济高质量发展贡献行业力量。截至 2021 年底，移动电话基站物理站址 4.4 万个，同比增长 4.8%；移动电话基站达到 19.9 万个，同比增长 11.9%，其中 4G 基站 10.1 万个，同比增长 5.9%，新增 5G 基站 1.7 万个。互联网宽带接入端口 2 322.0 万个，同比增长 14.5%，其中 FTTH/O（Fiber To The Home/Office，光纤到户／办公室）端口 2 340.4 万个，同比增长 0.8%；互联网城域出口带宽总规模约为 30 900G，与 2020 年同比增加 3.6%，互联网国际出入口带宽总规模约为 7 233.388G，与 2020 年同比增加 18.99%。

（王慧婷　杜　昊）

一、数据通信网

【物联感知基础设施建设推进】 市经济信息化委促进物联网在全市域覆盖和创新应用，物联网数据卡终端数约 7 200 万个。一是围绕物联场景应用需求，开展《新型城域物联基础设施建设导则》2021 年版本修编，重点围绕城市生命体征感知等重要类型场景，提出智能感知终端的设备选型、部署和联网方式。同步组织编制形成《新型城域物联感知基础设施综合测评导则》初稿，提出面向智能感知终端建设第三方测试评估的建议方法，在部分场所开展测试验证。二是指导相关企业举办"新一代感知基础设施加速城市数字化转型论坛"，揭牌成立国内首家"城市物联感知服务中心"，启动上线"城市物联感知场景服务平台"，尝试对接能力提供和应用需求双方，做好支撑服务。指导有关研究机构和企业

共同举办"数智·创新"物联感知应用大赛，努力发掘在设施功能和平台管理方面好的物联应用案例。

【民办实事项目实施】 组织各区、运营商实施 2021 年上海市为民办实事项目"为困难家庭免费升级百兆宽带"，提升家庭宽带网速。共有 92 万户上网困难家庭受益。

【重要会议活动信息网络技术保障】 完成庆祝中国共产党成立 100 周年、第十届中国花卉博览会、2021 世界人工智能大会（WAIC 2021）、第四届中国国际进口博览会、第四届顶尖科学家云论坛等活动的信息通信保障工作。

（王慧婷）

二、移动通信网

【加快推进全市 5G 网络建设】 至 2021 年底，上海累计建设超 5.4 万个 5G 室外基站、14 万个室内小站。印发《优化 5G 基站科学布局 提升 5G 网络供给能力工作方案》。持续推进两大机场、地铁等交通枢纽，以及上海体育场等 58 个重点场所 5G 网络覆盖，研究地铁隧道 5G 改造方案。推进全市 32 个隧道（地道）及 4 个跨江大桥的

5G 覆盖。推进中共一大会址、中共二大会址、中共四大会址、上海市龙华烈士纪念馆等重点红色场馆 5G 建设，于中国共产党成立 100 周年节点前，圆满完成 5G 建设任务。推进 30 家"5G+ 医疗健康"应用试点医院 5G 建设。推进"浦江游览"区域重点码头、外滩及浦东滨江的 5G 网络建设。研究长江口及周边水域通信覆盖。组织中

国移动通信集团上海有限公司（以下简称"上海移动"）、东方有线网络有限公司推进 700 MHz 频段 5G 网络建设。组织运营商就上海部分重要路段及浦东、虹桥两大机场至人民广场线路开展了专项优化。建立临港新片区信息通信建设推进联席会议制度。

（王慧婷）

三、有线电视网

东方有线网络有限公司于 1998 年 12 月成立，是上海市唯一的有线电视网络运营商，业务涵盖高清互动电视、个人宽带、企业数据、智慧城市、物联网等相关领域，是国内业务品种最丰富的全业务有线网络运营商之一。公司承担上海政务服务"一网通办"、城市运行"一网统管"全市一张网的建设运维。作为上海城市信息化综合服务商，致力于为上海智慧城市发展、企业信息化建设增添助力。

东方有线拥有丰富的网络资源，光缆皮长总量约 11.38 万公里，构成覆盖全市的有线广播电视网、互动电视 / 宽带业务网以及各类政企业务的数据传输交换网。同时，东方有线建有完善的资源管理系统，对机房、机柜、内线设备、外线设备、光缆、电缆、管沟、设备间连接关系等进行全面管理。

2021 年是"十四五"规划的开局之年，东方有线紧抓"长三角一体化"发展机遇，积极做好广电特色 5G 移动业务运营准备，多措并举开拓大众业务新局面，努力提升用户体验。全力拓展智慧城市等政企业务，进一步开拓产品渠道，建立新型的渠道关系，确保公司年度经营任务全面完成。截至 2021 年 12 月底，上海全市有线电视用户总覆盖用户数超 750 万户，宽带用户规模约 59 万户，高清用户规模约 463 万户。

（毛占刚）

四、广播电视网

2020 年 12 月底，东方明珠电视调频发射台完成 700 MHz 频段省级地面数字电视频率迁移工作，迁移工作通过对地面数字电视发射系统的信号、发射机、天馈等系统的调整，将原有地面数字电视频率按国家广播电视总局（以下简称"广电总局"）频率指配方案进行了迁移，将原来 7 个数字电视频率上的电视节目，迁移到新的 6 个数字电视频率上进行发射。新电视发射系统各项功能可靠、性能安全稳定，符合广电总局 62 号令及相关标准的要求。经测试，新的数字电视频率覆盖效果良好。

2021 年 7 月，东方明珠电视调频发射台调频 FM2 发射系统投入使用，将原系统"5+1"备份方式改为"1+1"备份方式，从根本上解决原系统备份冗余不足的问题。同时，发射系统采用了可插拔式同轴开关，突破了原有的系统瓶颈，大大提升了 FM2 系统 5 个调频节目的保障应急水平。

（毛占刚）

第二章　网络传输设施

概　述

2021 年，按照上海新一轮架空线入地行动计划的建设任务要求，上海市信息管线有限公司全年累计开工架空线入地信息管道建设项目 248 公里。东方有线全年完成 79 条道路，共 95.42 公里的架空线入地工作。上海超级计算中心计算资源建设和计算平台服务取得成效，2021 年全年，"魔方 Ⅱ""魔方Ⅲ"全系统月均 CPU 使用率分别为 68.4% 和 85.5%。

一、信息通信管线

【信息通信架空线入地整治工作推进】 印发《2021 年上海市综合杆基站建设计划及需求汇总》，进一步统筹规划本市综合杆基站建设布局，科学、合理、有序、有效地利用综合杆资源搭载 5G 等新型基础设施，累计建设超 2 000 个 5G 综合杆基站。召开老旧住宅小区架空线入地改造工作联席会议，开展老旧住宅小区架空线入地改造调研，研究制定实施方案。指导督促东方有线等通信运营企业推进老旧住宅加装电梯的信息通信管线迁移工作。

（王慧婷）

【架空线落地建设】 根据上海市政府第175次常务会议精神，为进一步加强城市精细化管理，上海将加快推进重要区域、内环内主次干道以及内外环间射线主干道架空线入地及合杆整治工作。

上海市信息管线有限公司按照上海基础通信管线集约化建设和管理的要求成立，担负着全市信息通信基础设施建设"主力军"的使命任务。2018年以来，上海市启动架空线入地和杆箱整治工作，信息管线公司作为全市信息通信架空线入地的总牵头实施单位，将"直面困难挑战、敢打硬仗胜仗"的工作精神发挥到架空线入地和杆箱整治工作的第一线。新一轮（2021—2023年）架空线入地行动计划的建设任务较上一轮更加艰巨，信息管线公司在全市重要区域内完成整治道路600多公里。另外，跨苏州河的成都路桥、武宁路桥等33座桥梁的架空线入地整治一并纳入2021年计划。公司在项目推进过程中积极与各区指挥部、各权属单位以及项目参建单位沟通，做好"一路一方案"制定工作，合理安排项目推进中的各个时间节点，按时高效地完成各项建设任务。2021年，信息管线公司全年累计开工架空线入地信息管道建设项目248公里，同时稳步推进架空线入地整治专项相关工作，截至2021年底，按市指挥部要求，东方有线圆满完成79条道路、95.42公里的架空线入地工作。

（徐阿怀　毛占刚）

二、通信枢纽

【数据中心建设统筹推进】 市经济信息化委印发《上海市数据中心建设导则（2021版）》。完成2021年拟新建数据中心项目征集、建设导则符合性评估和专家评审工作，出台支持10个新建数据中心名单。组织召开全市数据中心政策宣贯及工作推进会。落实工信部新型数据中心建设三年行动计划的相关政策文件起草。启动编制《上海市老旧数据中心升级改造导则》，研究小散老旧数据中心改造等相关工作，探索边缘数据中心部署模式。组织开展国家新型数据中心（2021年）典型案例征集和专家评审工作。研究推进全国一体化算力网络长三角国家枢纽节点建设落地举措。研究启动上海数据中心运行监测平台建设。定期开展项目建设进展情况的跟踪协调，开展10余次数据中心企业调研和近百次企业来电来访咨询接待。开展2021年上海市互联网数据中心行业数据中心基础设施维护操作技能竞赛。

【人工智能计算公共服务平台建设】 以"提供普惠算力资源、扶持国产算法框架、打造算法孵化平台、创新数据应用模式"为目标，制定全市人工智能计算公共服务平台建设方案，指导上海超算中心完成可研报告。

【信息基础设施动态监测平台构建】 为全面掌握有线/无线宽带速率状况，形成宽带测速监测和发布的长效机制，指导各区、各运营商推动宽带网速不断提升，上海积极推进信息基础设施动态监测平台建设。

（王慧婷）

三、上海超级计算中心

【概况】 上海超级计算中心在上海市经济和信息化工作党委、上海市经济和信息化委员会的领导下，认真学习贯彻落实党的十九届五中全会精神以及习近平总书记考察上海重要精神，坚决贯彻落实国家、上海及上级机关关于新冠肺炎疫情防控工作决策部署安排，围绕科技创新计算平台服务和大数据产业发展重点任务，全面提升高性能计算能力，提升服务能力和竞争力。

【计算资源和计算平台建设】 围绕上海市科创中心建设，上海超算中心计算资源建设和计算平台服务取得成效。部署有"魔方Ⅱ""魔方Ⅲ"超级计算机及丰富的科学和工程计算软件，构建有高性能计算、云计算、大数据研发环境和人工智能算力平台。2021年全年，"魔方Ⅱ""魔方Ⅲ"全系统月均 CPU 使用率分别为 68.4% 和 85.5%，分别提供了 4 822.39 万、18 473.93 万核小时的计算资源；累计服务用户 1 678 个。

【重大科技计划项目承担】 2021 年，用户通过上海超算中心的算力平台取得丰硕的科研成果，在各专业领域的杂志或网站上发表论文 169 篇，其中重点论文 31 篇；在某些专业领域取得突破性进展，如上海高等研究院教师高嶷与合作者首次发现二氧化钛"双凸起"结构的催化原理，该研究成果发表在国际权威期刊《科学》上。

工业计算业务不断开拓创新，约 60 家各类工业企业通过上海超算中心算力平台开展自主创新研发活动。其中上海汽车集团股份有限公司、麦格纳汽车技术有限公司等一批传统及新能源车企的产品研发取得重要进展；中国商飞上海飞机设计研究院远程宽体客机 CR929 和核工院"国和一号"（CAP1400）大型先进压水堆等国家重大项目取得新的突破；上海超算中心深度参与以中国航发商发为代表的知名重点企业的数字化转型发展建设。

支持上海市气象局和上海市环境监测中心的业务运行计算工作，确保两家单位日常预报工作的顺利进行。配合环境监测中心完成庆祝中国共产党成立 100 周年预报保障和进博会预报保障工作。

合作项目《国家超级计算基础设施支撑软件系统》获得 2020 年国家科学技术进步二等奖；合作应用项目《城市开放场所客流聚集风险监测预警系统研发与产业化应用》获上海产学研合作优秀项目三等奖。

【学科知识职能承担】 在履行公共服务平台职能的同时，积极承担其向社会普及高性能计算、云计算、大数据等科学知识的职能。采用线上与线下相结合，以上海超算中心的计算平台和计算机博物馆为载体，开通"云游科普馆"；同时，上海超算中心展馆被列入市经信系统"2021 版'红色印记'组织生活基地"和"上海经信青年红色大寻访"7 条寻访线路之一，多家单位在上海超算中心展馆开展了主题党日活动和"少先队庆祝中国共产党成立 100 周年主题寻访"等系列活动。2021 年接待社会各界人士 3 200 人次。

（戴松筠）

第三章　数字基础设施管理

概　述

2021 年，上海推动信息基础设施专业规划编制，做好长三角一体化服务。上海无线电管理围绕用频需求保障、推动频率使用率、强化日常重点频段监测、深化无线电台站分级管理、推进 5G 基站干扰协调等工作稳步展开。

一、信息基础设施专业规划

【测试方法编制工作推动】《基于用户感知的 5G 网络质量测试方法》提供基于用户感知的 5G 网络质量测试方法，是研究现阶段 5G 建设成效和应用落地验证性标准，对完善 5G 网络建设具有重要指导意义。《基于用户感知的 5G 网络质量测试方法》被列为 2020 年第四批上海市地方标准修订项目计划，为推荐性标准。2021 年 5 月 21 日，送审稿通过上海市市场监督管理局组织召开的专家审定会。

【IPv6 规模部署和应用推进】　市经济信息化委发布《上海市深入推进 IPv6 规模部署和应用 2021 年工作安排》。组织举办"2021 IPv6+ 创新城市高峰论坛"，发布《上海 IPv6 创新发展白皮书》，启动

"IPv6+ 创新之城"，并揭牌"IPv6+ 联合创新中心"。

【电信新业务落地实施协调推进】 向工信部申请进一步试点增值电信业务开放，积极沟通和跟踪工信部工作方案推进信息，促进重大项目加快落地临港新片区。

【信息基础设施"十四五"规划等编制】 发布《上海市新一代信息基础设施"十四五"发展规划》。组织开展五大新城信息基础设施专业规划编制工作，截至 2021 年，方案均基本成稿，部分进入专家评审阶段。批复普陀区、奉贤区、青浦区、闵行区 5G 基站站址布局专项规划。

【长三角一体化服务】 编制《长三角一体化示范区信息基础设施专项规划》，向一体化示范区理事会报审。

【政府规章废旧立新工作推进】 完成《上海市公用移动通信基站设置管理办法》立法后评估；围绕相关立法重难点问题进行专家咨询和专题调研，推进《上海市信息基础设施管理办法》（草案）制订。

（王慧婷）

二、无线电管理

【概况】 2021 年，上海市无线电管理机构着力提升频谱资源使用效率，强化无线电台站和发射设备精细化管理，维护良好空中电波秩序，保障城市安全运行，积极服务经济社会发展。

【无线电频谱资源配置】 统筹协调规划各类用频资源。受理各类重大活动临时频率使用申请 5 起，指配频率 60 余组，确保活动期间频率使用安全有序；许可宝钢 1 790 MHz—1 800 MHz 频段用于建设智能铁水运输系统；许可上海迪士尼 5 470 MHz—5 570 MHz 专网频率传输相关控制信号，支持行业发展。

持续提升无线电频率使用效率。开展频率使用率评价工作，有效测试公里数 13 424 公里，采集数据量约 1 036 GB，深入排摸分析 5G 频段、1 447 MHz—1 467 MHz 等重点频段频率使用率情况；研究梳理频率在全市社会经济、城市治理、重大活动、智慧生活与科技创新等领域中的使用状况，持续开展《上海市无线电频率使用状况白皮书》编制工作。

不断强化日常重点频段监测。全年出动监测技术人员 378 人次，出动监测车辆 241 次，受理各类干扰 73 起；累计开展日常监测时长 105 828 小时，开展专项监测任务 13 个，主动监测各类信号 5 149 个

（其中排查不明信号 712 个），完成电磁环境测试 23 项，形成监测数据 1 530.3G，出具数据分析报告 120 余份。

积极组织开展频率统筹协调。会同江苏无线电管理机构开展多次电磁环境测试论证，确保全市 1.8 GHz 频段网络的规划、建设与安全运营；完成 2 起韩国拟设非静止卫星地球站与全市地面微波站的干扰国际协调；组织上海海事局、驻沪部队等单位研究北斗系统在 2.4 GHz 频段上的抗干扰指标，推动北斗及 5G 产业协调发展。

【无线电台站和发射设备管理优化】　持续深化无线电台站分级管理。指导上海垣信卫星科技有限公司卫星地球站、上海市广电某中波发射设施、上海市气象局 X 波段天气雷达选址，保障射电天文研究和探月、深空探测等国家重大战略任务顺利实施；启动台站数据专项清理核查工作，清理电台执照过期的基站 13 057 个，其他台站 13 842 个，完成约 86% 的已过期台站清理。

多举措助力 5G 网络规模建设。推进构建"1+16+X"5G 基站布局规划体系，指导各区编制区域性 5G 移动通信基站布局规划；协调上海电信对受干扰台站加装带通滤波器，累计技术改造 322 个卫星地球站；着力解决临港地区 5G 基站同频干扰问题，恢复开启临港地区基站数量 175 个；加强信息化手段支撑，在基站管理平台 GIS 增设相关功能，辅助划示 5G 基站协调范围和

完成情况，并实现按时上报 5G 基站"两表一单"数据。

切实做好无线电发射设备源头管理。专题组织召开无线电发射设备生产、销售专项检查工作会，突击检查大型电子通讯器材销售市场，从严查处违法行为；约谈京东、天猫等电商平台，要求平台从严审查，禁止违法无线电发射设备流通销售；完成 2021 年工信部无线电管理局下达的发射设备随机抽查任务，对 11 家单位、13 个设备型号进行抽查；持续开展销售备案管理，累计完成备案企业 538 家，涉及设备型号 34 117 个。

【良好空中电波秩序维护】　加强无线电干扰协调处置。加强航空、铁路、水上等专用频段的保护性监测，协调处理专用对讲机港口作业指挥系统、东海预报中心北斗短报文系统等无线电干扰事件；持续打击"黑广播"违法犯罪行为，夯实与公安、文广部门联合打击治理工作机制，累计查处黑广播 49 个。

圆满完成各类无线电安全保障任务。制订无线电安全保障工作方案和应急处置预案，定期进行电磁频谱测试；现场保障期间，充分利用固定、移动无线电监测设备持续进行监测，有力保障春节、两会、花卉博览会、中国共产党建党 100 周年庆祝活动及第四届国际进口博览会期间的电磁频谱安全和城市运行安全；切实做好

考试保障工作，共计出动监测、执法人员413人次，监测车、设备136台车次，完成各类考试保障38起。

开展无人机无线电反制设备管理。联合上海市公安局、市反恐怖主义办公室、中国民用航空华东地区管理局等部门印发《上海市严厉打击非法生产、销售和使用无人机无线电反制等设备保障航空飞行安全专项行动实施方案》，进一步规范相关单位无人机无线电反制设备的设置、使用管理；梳理在用反制设备的数据资料，明确监管工作对象，完成发射指标测试任务。

依法开展违法违规情况查处。对7起违法生产、销售未取得型号核准无线电发射设备行为进行处罚，累计罚款23.65万元、没收违法所得4.9万元、没收违法设备26台。

【无线电管理依法行政能力加强】 聚焦执法能力建设。修订《上海市经济和信息化委员会行政处罚程序规定》，形成"一案一卷"模式的文书规范；梳理无线电领域法律、法规、规章和行政处罚裁量基准，编制《行政执法实用手册（含案例汇编）》；围绕社会治理数字化转型目标，研究和推进"行政执法全过程监管智慧办案系统"的开发与试点应用。

着力推进"一网通办"政务服务。优化工作流程，推动无线电行政审批事项从"能办"向"好办"转变，推进实施无线电台站审批系统和公众移动通信基站审批系统的开发工作和"一网通办"电子归档；2021年全年受理频率许可事项145件、指配频率342组，设置、使用无线电台（站）许可73 719件，无线电台（站）识别码核发258件，开展新申请设置基站行政指导335批39 104个基站选址；高效开展事中事后监管工作，完成现场核验用频单位28家、无线电台（站）590个，无线电台（站）检查检测755个；切实做好行政征收工作，2021年度收缴频占费953万元。

加强业余无线电台站管理。组织业余无线电台能力验证考试9次，参加人数740人，累计换发业余电台操作技术能力证书508张；业余无线电台频段监控累计监听1 300小时，提供监测报告12份；组织业余无线电急通信演练2次，共计44人次参与；完成业余电台检测59台。

【无线电监管能力建设水平提升】 完成"十四五"规划编制。聚焦无线电管理在经济社会发展中的作用，充分衔接国家无线电管理和发展规划，从频率资源挖潜增效、台站全生命周期管理、审批监管便捷高效、长三角区域共享共治、安全保障全域可控、技术设施智慧融合、行政执法规范精准七个方面，提出"十四五"期间七大主要任务和七项提升工程，并正式发布。

建立电磁频谱管控工作机制。组建一支由民航、海事、铁路、移动通信、轨道交通等多个跨行业单位组成的电磁频谱管控专业队伍；会同东部战区联合参谋部、上海警备区等军方人员以及无线电业务重点单位，举办上海市电磁频谱管控大队成立暨技术演练大会，开展行业技术交流、干扰查处和实战化技术演练。

扎实做好频占费资金项目管理。根据财政部和工信部无线电管理局的批复意见，组织完成2021年度频占费资金使用计划，共下达40个项目、3748万元；积极开展2022年频占费资金的项目申报工作，下达资金2905万元；研究编制《上海市"十四五"无线电频率占用费专项资金储备项目研究报告》，强化资金使用的前瞻性规划。

全面提升无线电技术管理支撑能力。不断提升监测网运维能力，23个投入使用的固定站全年有效运行率达到95.28%；推进无线电管理监测一体化平台升级改造，实现与国家平台互联互通；持续开展监测设施测试验证，2021年全年组织实施4个固定站、9台便携式设备，同时自主开展在用监测设施自行校准工作，通过选择测试设备、方案制定、测试实践等，建立自行校准的能力。

加大监测检测业务规范建设力度。扎实推进《基于用户感知的5G网络质量测试方法》（DB/T1324-2021）、《数字无线专用对讲通信系统工程技术标准》地方标准制定；做好固定站基础设施维修维护，对标《省级无线电技术设施运行维护规定》，推进起草固定监测站"四图一表"标准化图册规范。

【无线电管理宣传和培训加强】 开展无线电活动和专项工作宣传。按照工信部庆祝中国共产党建党100周年"无线电点亮革命征程"短波通联活动安排，扎实完成上海短波通联现场活动；结合重点活动和打击"黑广播""伪基站"工作，开展专项工作的宣传；面向全市中小学生开展无线电科普百年系列竞赛活动；制作《上海红色电波起源之地》、无线电"十四五"规划"一图读懂"和宣传册、《"一网通办"上海无线电台执照》宣传页、《上海无线电管理指南》宣传册，市、区结合开展无线电管理宣传；上海移动电视平台播放《无线电管理那些事儿》微动画。

开展无线电专业技术人员培训。完成"'一网通办'业余无线电行政许可事项和无线电台（站）行政审批流程培训""5G应用与检测技术"系列和"无线电监测专业技术"等培训项目。

（无线电）

三、专项工作推进

【5G赋能千行百业】 市经济信息化委着力

打通5G应用创新链、产业链、供应链，打

造 5G 融合应用新产品、新业态、新模式。至 2021 年底，在智能制造、健康医疗、智慧教育等垂直行业累计推进 700 余项 5G 创新应用。完成"双千兆"应用推进系列体验活动，在上海国际汽车城，完成"5G 智行，驶向未来"生活体验活动；在中国浦东干部学院完成"探寻红色足迹庆百年华诞，创新千兆双网谱党建新章"赋能智慧党建学习体验活动。开展"517 信息消费节"活动，同步开展信息消费促销、5G 沉浸体验、5G 宣传推广三类活动。

【"5G+ 医疗健康"应用试点】 完成两批上海市"5G+ 医疗健康"应用试点单位组织评选工作，并编制项目案例集。试点工作围绕急诊救治（应急救援）、远程诊断等 10 个方向，两批共确定了 60 家单位，上海交通大学医学院附属瑞金医院申报的远程诊断、复旦大学附属华山医院申报的远程治疗（智能治疗）、上海市第一人民医院申报的急诊救治（应急救援）等入围。

【"上海市 5G+ 智慧教育应用试点项目"申报工作组织开展】 促进 5G 与教育融合创新发展。完成试点项目申报工作要求发布，并向全市学校进行项目征集，经线上评审

共选出 59 个项目进入现场答辩环节，并于 2021 年 11 月组织专家进行现场评估。经综合评议结合专家打分，共认定了 30 个"上海市'5G+ 智慧教育'应用试点优秀项目"。

【"绽放杯" 5G 应用征集大赛组织】 "绽放杯"5G 应用征集上海大赛面向生活、产业、党建和城市治理几大应用板块，涵盖智慧党建、智能制造、智慧枢纽、金融服务、智慧医疗等 10 条赛道，向社会各界征集 5G 创新应用，以实现以赛促发展的作用。大赛共征集了 210 个报名项目，通过初赛、复赛最终评选出了一等奖 5 名、二等奖 8 名、三等奖 12 名、特色奖 5 名。针对入围项目。同时，邀请专家进行申报辅导，择优推荐至国家总决赛；本届大赛特设最佳人气奖，吸引 174 万人次参与，总投票数近 60 万。

【"光华杯" 千兆光网应用创新大赛组织】 筹备首届"光华杯"千兆光网应用创新大赛。完成大赛工作方案，于 2021 年 9 月 28 日举办首届"光华杯"千兆光网应用创新大赛启动仪式，会上正式启动大赛。

（王慧婷）

综　述

随着上海全面推进城市数字化转型，数字经济在全市经济发展中扮演着越来越重要的角色。2021年，上海聚焦全市经济高质量发展，坚持数字产业化和产业数字化"双轮驱动"，全力打造数字经济核心优势。数字产业化方面，电子信息制造业高速发展，集成电路产业全年营收达到2 578.85亿元，继2014年以来连续第8年实现两位数增长，且以24.5%的增速创下历史新高。软件和信息服务业快速发展，各项指标运行稳健，产业规模迈上新台阶，全年营收达13 098.4亿元，同比增长20%，增速创下近十年来新高。

第一章　电子信息制造业

概　述

2021 年，上海电子信息制造业以打造集成电路世界级产业集群为中心，加快推进电子信息产业高质量发展，保障产业链供应链畅通稳定，突破了一批核心技术、补齐了一批产业短板、落地了一批重大项目、培育了一批龙头企业，在"两个百年"交汇之际，在构建产业新发展格局上取得了扎实有效的工作成效。

围绕稳保要求，落实促投任务

一是推动产业规模稳中有升。面临下行压力，积极做好重点企业运行情况跟踪，组织代工企业与对口帮扶地区对接，帮助解决劳动力问题，保障新一代信息技术和制造业规模总体保持平稳。上海电子信息产业产值约占全国的 25%，其中集成电路突破 2 450 亿元，集成电路设计排名全国第一。

二是中芯临港项目正式启动。作为国家窗口指导和大基金投资决策流程最快的项目，从牵头协调项目整体出资方案、组建上海市出资平台，到协调加快项目前期审批工作，仅 100 天便实现从签约到具备开工条件，创造了"中芯临港速度"。

三是加快推动重大项目实施。建立机制定期排摸重大项目投资进展，推动项目加快厂房建设和产能爬坡，华力二期、和辉二期实现设计产能，闻泰车规级芯片制造项目启动建设，中微临港基地项目、新昇二期项目正式开工，格科微临港项目、精测半导体厂房封顶。

围绕顶层设计，谋划规划布局

一是完善集成电路产业发展顶层设计。聚焦重点、明确任务，加快解决关键核心技术问题，打造产业链最全、产业集聚度最高、综合竞争力最强的集成电路产业体系。

二是做好电子信息制造业发展规划。加强行业调研，摸准产业方向，找准发展脉络。编织发布《上海市电子信息制造业发展"十四五"规划》，构建"一核三基四前五端"产业体系，形成"一带两区三园多点"产业空间布局。

三是深化"一体两翼"产业布局。在加快集成电路设计园、智能传感器产业园、东方芯港、松江 G60 电子信息国际创新产业园等特色产业园建设，组织推进浦江创芯之城、新型显示产业园建设。

紧盯全球领先，打造集成电路集群

一是加快龙头企业培育，打造企业集群。上海的集成电路龙头企业数位居国内第一，拥有国内前两大芯片制造企业，设计企业占四成、EDA 企业占六成、设备企业占八成。

二是加快提升制造工艺，扩大产能规模。上海集成电路产能规模、工艺能级位

居国内第一，在整体缺芯的环境下，有力支撑国内设计业需求。中芯国际集成电路制造（上海）有限公司（以下简称"中芯国际"）、上海积塔半导体有限公司（以下简称"积塔半导体"）月产能，上海华虹（集团）有限公司（以下简称"华虹集团"）工艺验证、SiC（碳化硅）工艺产能不断突破。

三是加快做强核心研究，做大产品设计业。设计业技术水平和产业规模位居国内第一，研究推动全市硅光产业发展。国产 x86 架构 CPU（Central Processing Unit，中央处理器）主频突破 3 千兆赫，累计出货超 200 万颗；5G 基带芯片、千万门级 FPGA（Field—Programmable Gate Array，现场可编程门阵列）芯片批量供货；NB-IoT（Narrow Band Internet of Things，基于蜂窝的窄带物联网）物联网芯片、4K/8K 超高清视频核心芯片规模应用。

四是高端封测能力持续提升。在 3D NAND（新型闪存）、汽车电子等高端封测技术领域全国领先，在系统级封装、晶圆级封装、FlipChip（倒装芯片）和 CSP（Chip Scale Packaging，芯片级封装）等先进封测工艺方面形成规模化产能。开展 Chiplet（芯粒）等前沿封测技术研发，加快筹建先进封测技术研究平台。

五是装备材料业加快形成国内配套支撑能力。上海围绕产业联动、企业服务，打造世界级产业集群，与相关区、园区、

街镇形成有效联动，在晶圆制造工艺设备和量测检测设备技术能力和市场份额上继续保持国内领先，部分产品在国际市场形成突破。

围绕芯机联动，推动信息产业全链发展

一是聚焦新型显示龙头企业发展。上海和辉光电股份有限公司成功登陆科创板、启动二期扩产、推出 AMOLED（Active Matrix/Organic Light Emitting Diode，主动矩阵有机发光二极体面板）笔记本电脑显示屏，上海天马微电子有限公司在专业显示屏领域继续保持国内领先。在第 6 代平板显示光刻机等一批关键装备实现突破的基础上，谋划布局 miniLED（次毫米发光二极体）、MicroLED（微发光二极体）等显示技术。

二是积极落实超高清视频行动计划。完成 4K 超高清智能一体机终端软硬件开发，加快推动安全播控设备产业化突破。国内首个超高清视音频制播呈现国家重点实验室启动建设，成立国内首家 8K 超高清影像实验室。编制和发布两项超高清智能终端行业团体技术标准，发布国内首个《5G+8K 超高清国产化白皮书》。

三是加快汽车电子智能网联绿色发展。注重在车用传感器、车用终端、车控系统领域自主发展，实现 4D 成像雷达、激光雷达、图像传感器、胎压传感器、车灯控制、变速器混动变速箱、限行控制等汽车电子

领域的自主研发突破。

四是提升医疗电子关键部件供给能力。联影 PET（Positron Emission Tomography，正电子发射断层显像）探测器专用芯片、奕瑞科技医用 X 射线平板探测器、微创三维磁电双定位标测系统，在医学影像、电生理国产化方面取得突破，打破了进口技术垄断。

五是加强智慧健康养老产品体系建设。以居家养老为工作重点方向，聚焦需求为出发点，强化技术支撑。围绕居家老年群体 24 小时作息规律，按老年人活动状态和居家环境两大类细分 15 个场景，支持面向老年群体的智能硬件研发和产业化。

六是重点布局新一代通信智能终端产业。开展智能终端行业调查，支持城市数字化转型背景下的智能终端研发。按照数字化转型工作，组织调研，编织方案，支持具备数字底座、应用场景、产线更新的智能工厂项目建设。

七是抓住城市数字化的物联网发展机遇。组织工信部物联网试点示范项目申报评审推荐，布局基于区块链和数字孪生的建设运营项目试点，支持两个物联网地方标准立项编制，打造以制造与服务融合为特征的"智能物联"数字底座，推进老旧电梯智能化加装、停车库智能导航两大智能物联试点项目建设。支持具备在线智能识别、设备管控、多通讯协议互联、云边端协同功能的物联网设施系统研发及产业化。

优化产业生态，增强产业发展支撑力

一是构建利于企业做大做强的投融资环境。2021年实现10家集成电路企业登陆科创板。35家集成电路企业在国内外资本市场上市，其中科创板上市22家，融资金额突破900亿元，位居国内第一。上海集成电路产业基金一期投资72个项目，出资465亿元；上海基金二期投资项目2个，完成72亿元投资。

二是打造支撑技术创新的公共服务环境。推动成立长三角集成电路融合创新发展产业联盟，开展长三角集成电路产业协同发展计划课题研究，为长三角地区产业链上企业提供全方位、多层次的合作机会，加快先进制造业集群发展的产业创新体系建设。

三是营造满足行业需求的育人环境。推动在沪高校加大集成电路人才培育力度，在国内率先设立集成电路一级学科，率先成立微电子学院国家现代产业学院；联合龙头企业，承担"集成电路产学研融合协同育人实践平台"，积极推进产业人才培养。

四是创建适宜企业发展的政策环境。积极落实国家集成电路所得税优惠政策，在全国率先实施集成电路全程保税监管模式，实施符合集成电路产业发展规律的研发支持、人员奖励、核心团队奖励、布图设计资助、人才引进重点机构等政策。

五是保障企业稳定运行的服务环境。积极协调解决电子化学品进口困难等问题，保障25家集成电路重点企业原材料进口需求。将重点企业列入电力供应保障白名单，帮助企业协调境外人才来沪、供应链上游停产、危化品仓储等相关问题，加强产业链供应链保障，确保重点企业运行稳定。

六是烘托火热发展的行业氛围。支持举办"2021上海国际半导体展览会""产业领袖峰会"等国际性产业交流活动，举办首届EDA（Electronic Design Automation，电子设计自动化）大赛、国产EDA/IP对接活动，支持产业生态建设。成功举办《长三角汽车电子产业上下游对接交流会》，发布汽车电子芯片产品供需手册，召开汽车半导体生态峰会，打造汽车电子芯片产业高地。

七是抓住城市数字化转型过程中的物联网发展机遇。组织工信部物联网试点示范项目申报评审推荐，布局基于区块链和数字孪生的建设运营项目试点，支持两个物联网地方标准立项编制，打造以制造与服务融合为特征"智能物联"数字底座，推进老旧电梯智能化加装和停车库智能引导等两个智能物联试点项目建设。支持具备在线智能识别、设备管控、多通讯协议互联、云边端协同功能的物联网设施系统研发及产业化。

（顾伟华）

一、集成电路产业

概况

集成电路产业是国之重器，也是国家重要的基础性、战略性和先导性产业。上海作为我国集成电路产业重镇，正乘势而上，大力优化产业布局，持续提升产业能级，将自身优势辐射长三角乃至全国，打造具有全球影响力和竞争力的集成电路产业创新高地。这是国家赋予上海的重大任务，也是上海发挥自身优势、服务国家战略的职责使命。

2021 年是"十四五"开局之年，虽然受到新型冠状病毒肺炎疫情和国际政治经济形势等多重因素的影响和考验，但上海集成电路产业抓住机遇，化危为机，取得了高速成长，在设计、制造、封测、设备、材料等领域均有所突破，实现了"十四五"的良好开局。

2021 年，上海集成电路产业营收达 2 578.85 亿元，同比增长 24.50%。这是

继 2014 年以来上海集成电路产业连续第 8 年实现两位数增长，且增速创造了历史新高。其中，IC 设计业营收 1 222.28 亿元，同比增长 28.1%；芯片制造业营收 596.04 亿元，同比增长 27.58%；封装测试业营收 470.7 亿元，同比增长 9.24%；受到下游产业需求增长影响，设备材料业营收 289.83 亿元，同比增幅较大，达到 32.28%。

2021 年，中国集成电路产业销售额突破万亿元，达到 10 458.3 亿元。根据中国半导体行业协会统计口径，上海集成电路 IC 设计、芯片制造、封装测试三业销售合计为 2 289.02 亿元，上海集成电路产值占全国（除港澳台地区外）集成电路总产值比重超过 1/5，占比为 21.9%。其中 IC 设计业占比最大，达到 27.05%；其次制造业达到 18.77%。2021 年上海集成电路产业及各行业销售收入及增长率见表 2-1。2011 与 2021 年上海集成电路产业链结构对比见图 2-1。

表 2-1　2021 年上海集成电路产业及各行业销售收入及增长率

行　业	2021 年销售收入（亿元）		2020 年销售收入（亿元）	2021/2020（年）同比增长率（%）	2021 年销售收入占全国（除港澳台地区外）比重（%）	
IC 设计业	1 222.28		954.15	28.10	27.05	
芯片制造业	596.04	2289.02	467.18	27.58	18.77	21.9
封装测试业	470.70		430.90	9.24	17.04	
设备材料业	289.83		219.10	32.28	—	—
合　计	2 578.85		2 071.33	24.50	—	—

数据来源：上海集成电路行业统计网（SICS）

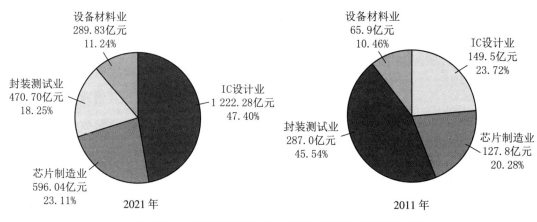

图 2-1　2021 年与 2011 年上海集成电路产业链结构对比

截至 2021 年底，上海集成电路产业累计总投资额为 448 亿美元，其中 2021 年净增投资额为 32 亿美元；累计总注册资金额为 326 亿美元，其中 2021 年净增注册资金额为 99 亿美元。

初步统计，截至 2021 年底，上海从事 IC 设计、芯片制造、封装测试、设备材料及其他配套服务和专业教育培训的企事业单位共有 774 家，比 2020 年增加 61 家。同期，上海集成电路产业的从业人员总数达 289 892 人，比 2020 年增加 54 419 人。在从业人员中，专业技术人员 84 260 人，占从业人员总数的 29%。2021 年上海集成电路产业链各环节企事业单位和人员数量情况见表 2-2。

表 2-2　2021 年上海集成电路产业链各环节企事业单位和人员数量情况

产业链环节	单位数量		从业人员总数		专业技术人员数量			非专业人员数量（人）
	数量（家）	行业占比（%）	数量（人）	行业占比（%）	人数（人）	行业占比（%）	占本产业链环节从业人员比重（%）	
设　计	339	43.8	41 849	14.4	27 060	32.1	64.7	14 789
芯片制造	13	1.7	20 762	7.2	7 861	9.3	37.9	12 901
封装测试	50	6.5	44 890	15.5	10 892	12.9	24.3	33 998
设备材料	162	20.9	86 957	30.0	11 084	13.2	12.7	75 873
其　他	210	27.1	95 434	32.9	27 363	32.5	28.7	68 071
合　计	774	100.0	289 892	100.0	84 260	100.0	29.1	205 632

数据来源：上海市集成电路行业协会（SICA）

2021 年，上海全面深入推进集成电路产业"上海方案"，加快关键核心技术攻坚突破，集成电路产业基础能力获得进一步提升，主要体现在量产芯片设计水平达到 6 纳米；芯片制造先进工艺、光刻胶、12 英寸先进工艺清洗设备以及离子注入、量测、镀铜设备等取得突破；12 英寸大硅片及一批重要设备实现批量销售；国产 CPU 主频突破 3 千兆赫及 5G 芯片、桌面 CPU、

千万门级 FPGA 等关键产品在技术上取得突破；建成国内首条 8 英寸硅光子中试线；组建高水平研究机构上海集成电路材料研究院和上海处理器技术创新中心等。

截至 2021 年底，上海集成电路企业共有 39 家上市。其中，科创板 22 家，创业板和主板 11 家，其他板块 6 家。截至 2021 年底上海集成电路产业科创板上市企业名录见表 2-3。

表 2-3　截至 2021 年底上海集成电路产业科创板上市企业名录

序　号	企业名称	区　域	板　块	证券代码	上市日期	行业类别
1	概伦电子	浦东新区	科创板	688206	2021/12/28	设计（EDA）
2	东芯股份	青浦区	科创板	688110	2021/12/10	设计
3	芯导科技	浦东新区	科创板	688230	2021/12/1	设计
4	盛美上海	浦东新区	科创板	688082	2021/11/18	设备
5	安路科技	浦东新区	科创板	688107	2021/11/12	设计
6	普冉股份	浦东新区	科创板	688766	2021/8/23	设计
7	格科微	浦东新区	科创板	688728	2021/8/18	设计
8	艾为电子	闵行区	科创板	688798	2021/8/16	设计
9	复旦微电	杨浦区	科创板	688385	2021/8/4	设计
10	恒玄科技	浦东新区	科创板	688608	2020/12/16	设计
11	正帆科技	闵行区	科创板	688596	2020/8/20	材料
12	南亚新材	嘉定区	科创板	688519	2020/8/18	材料
13	芯原股份-U	浦东新区	科创板	688521	2020/8/18	设计
14	中芯国际	浦东新区	科创板	688981	2020/7/16	制造
15	沪硅产业-U	浦东新区	科创板	688126	2020/4/20	材料
16	聚辰股份	浦东新区	科创板	688123	2019/12/23	设计
17	晶丰明源	浦东新区	科创板	688368	2019/10/14	设计
18	晶晨股份	浦东新区	科创板	688099	2019/8/8	设计
19	澜起科技	徐汇区	科创板	688008	2019/7/22	设计
20	中微公司	浦东新区	科创板	688012	2019/7/22	设备
21	乐鑫科技	浦东新区	科创板	688018	2019/7/22	设计
22	安集科技	浦东新区	科创板	688019	2019/7/22	材料

数据来源：根据全国中小企业股份转让系统、同花顺信息整理

22 家科创板上市企业中，设计企业 15 家，占比 68.18%，优势明显，遥遥领先于其他行业；材料企业 4 家，占比 18.18%；设备企业 2 家；制造企业 1 家。

IC 设计业

【概况】 2021 年上海集成电路设计业（以下简称"IC 设计业"）销售收入达 1 222.28 亿元，同比增长 28.10%；出口金额 8.69 亿美元，同比下降 51.6%；实现利润总额 110.83 亿元，同比增长 118.9%。2011—2021 年上海 IC 设计业销售收入、增长率、占上海集成电路产业链比重及占全国（除港澳台地区外）IC 设计业比重见表 2-4。

表 2-4 2011—2021 年上海 IC 设计业销售收入、增长率、
占上海集成电路产业链比重及占全国（除港澳台地区外）IC 设计业比重

年 份	2011 年	2012 年	2013 年	2014 年	2015 年	2016 年
销售收入（亿元）	149.5	171.2	210.3	240.9	303.5	365.24
增长率（%）	32.1	14.5	22.8	14.6	26.0	20.3
占上海集成电路产业链比重（%）	23.7	25.2	28.8	29.3	31.9	34.7
占全国（除港澳台地区外）设计业比重（%）	28.4	27.5	26	23	22.9	22.2
年 份	2017 年	2018 年	2019 年	2020 年	2021 年	2011—2021 年 CAGR
销售收入（亿元）	437.45	482	715.31	954.15	1 222.28	—
增长率（%）	19.8	10.2	48.4	33.4	28.1	23.4
占上海集成电路产业链比重（%）	37.1	33.2	41.9	46.1	47.4	—
占全国（除港澳台地区外）设计业比重（%）	21.1	19.1	23.3	25.3	27.0	—

数据来源：根据 SICS、CSIA 数据整理

【企业状况】 2021 年，上海共有 IC 设计企业 339 家，比 2020 年增加 18 家。其中销售规模超过 10 亿元的 IC 设计企业有 26 家，销售规模超过 1 亿元的 IC 设计企业有 78 家，分别比上年增加 8 家和 9 家，企业规模不断扩大。2004—2021 年上海集成电路设计业销售规模超亿元的企业数量见图 2-2。

【技术水平及产品】上海设计企业较多，涉及的集成电路产品种类繁多、跨度很大，大致可以分成十几个大类应用终端，如移动智能终端、汽车电子、人工智能、通用 CPU、微控制器（MCU）、存储器芯片、现场可编程门阵列芯片、传感器、物联网芯片、信息安全及安防监控、智能卡，以及电能计量及电力线载波通信、电源管理芯片、显示驱动芯片、数字电视及机顶盒与音视频多媒体等领域产品。

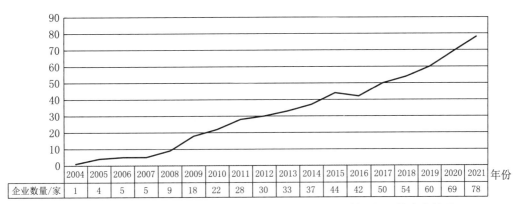

图 2-2　2004—2021 年上海集成电路设计业销售规模超亿元的企业数量

年份	2004	2005	2006	2007	2008	2009	2010	2011	2012	2013	2014	2015	2016	2017	2018	2019	2020	2021
企业数量/家	1	4	5	5	9	18	22	28	30	33	37	44	42	50	54	60	69	78

芯片制造业

【概况】　2021 年，上海芯片制造业实现销售收入 596.04 亿元，比 2020 年增长 27.58%。2011—2021 年上海芯片制造业的销售规模、增长率、占上海集成电路产业链的比重以及占全国（除港澳台地区外）芯片制造业的份额见表 2-5。

表 2-5　2011—2021 年上海芯片制造业的销售规模、增长率占上海集成电路产业链的比重以及占全国（除港澳台地区外）芯片制造业的份额

年　份	2011 年	2012 年	2013 年	2014 年	2015 年	2016 年
销售规模（亿元）	127.8	134.6	151.9	186.27	215.86	261.99
增长率（%）	-4.2	5.3	12.9	22.6	15.9	21.4
占上海集成电路产业链比重（%）	20.4	19.8	20.8	22.7	22.7	24.9
占全国（除港澳台地区外）芯片制造业份额（%）	23.9	22.8	25.3	25.8	24.0	23.2
年　份	2017 年	2018 年	2019 年	2020 年	2021 年	2011—2021 年 CAGR
销售规模（亿元）	281.95	398.4	389.75	467.18	596.04	—
增长率（%）	7.6	41.3	-2.2	19.9	27.6	16.6
占上海集成电路产业链比重（%）	23.9	27.5	22.8	22.6	23.1	—
占全国（除港澳台地区外）芯片制造业份额（%）	19.5	21.9	18.1	18.2	18.8	—

【企业状况】　上海芯片制造企业主要有中芯国际集成电路制造（上海）有限公司、上海华虹（集团）有限公司旗下的上海华力微电子有限公司（以下简称"上海华力"）和上海华虹宏力半导体制造有限公司、上海积塔半导体有限公司、台积电（中国）有限公司［以下简称"台积电（中国）"］、上海新进半导体制造有限公司、上海新进芯微电子有限公司及格科微电子（上海）有限公司 8 家企业。此外，还有上海集成电路研发中心（ICRD）、上海微技术工业研究院等专业工艺技术研发机构。2021 年上海芯片制造企业晶圆生产线的分布、工艺技术水平和计划产能见表 2-6。

表 2-6　2021 年上海芯片制造企业晶圆生产线的分布、工艺技术水平和计划产能

企　业	生产线编号	晶圆尺寸（英寸）	工艺技术水平	计划产能（万片／月）
中芯国际集成电路（上海）有限公司	中芯南方	12	14—12 纳米	3.5
	中芯南方	12	14—10—7 纳米 FinFET	3.5（在建）
	中芯临港	12	28 纳米以上	10（在建）
	Fab8	12	65—40—28 纳米	1.5
	Fab1	8	0.35—0.11 微米	12.0
	Fab2			
	Fab8B	8	CMOS-MEMS 芯片	5.0
	Fab3B	8	0.13 微米—90 纳米　铜互连	3.0
	Fab9	8	CMOS 图像传感器芯载彩色滤膜制作	1.0
上海华虹（集团）有限公司	华虹一厂	8	0.35—0.095 微米	6.5
	华虹二厂	8	1.0—0.18 微米	6.0
	华虹三厂	8	0.35—0.09 微米	5.3
	华虹五厂	12	55—28 纳米	3.8
	华虹六厂	12	28—14 纳米	4.0
上海积塔半导体有限公司	临港新线	12	65 纳米　先进模拟电路先导生产线	5.0（在建）
		8	0.35—0.11 微米	6.0
		6	宽禁带半导体功率器件先导生产线	6.0（在建）
上海积塔半导体有限公司（上海先进半导体制造有限公司）	Fab1	8	0.50—0.25 微米　数模混合	2.6
	Fab2	6	1.0—0.8 微米 BCD/BiCMOS/IGBT	4.2
	Fab3	5	4.0—1.25 微米　模拟	0.7
台积电（中国）有限公司	晶圆十厂	8	0.35—0.18 微米	13.0
上海新进半导体制造有限公司		6	3.0—0.5 微米　数模混合	6.0
上海新进芯微电子有限公司		6、8 混合	0.6—0.18 微米　数模混合	3.0
格科微电子（上海）有限公司		12	CIS 芯片	6.0（在建）

【技术水平】 中芯国际及其控股子公司是世界领先的集成电路晶圆代工企业之一，也是中国内地技术最先进、规模最大、跨国经营的集成电路制造企业集团。提供 0.35 微米—14 纳米不同技术节点的晶圆代工与技术服务，包括逻辑芯片、混合信号芯片、射频芯片、高压 CMOS（Complementary Metal Oxide Semiconductor，互补金属氧化物半导体）芯片、Flash（闪存）/EEPROM（Electrically Erasable Programmable Read-Only Memory，电可擦可编程只读存储器）芯片、图像传感器芯片、电源管理芯片、微机电系统等，其制造能力代表了本土代工企业最高技术水平。近几年来，在全球纯晶圆代工业前 10 大厂商排名中，中芯国际一直保持在前 5 位。

华虹集团成立于 1996 年 4 月 9 日，是我国拥有先进芯片制造主流工艺技术的 8+12 寸芯片制造企业。集团旗下企业包括上海华虹宏力半导体制造有限公司、上海华力微电子有限公司、上海华力集成电路制造有限公司、上海集成电路研发中心有限公司、上海华虹计通智能系统股份有限公司、上海华虹虹日电子有限公司、上海华虹挚芯电子科技有限公司、上海华虹科技发展有限公司和华虹半导体（无锡）有限公司，业务涉及集成电路研发制造、电子元器件分销、智能化系统应用等板块，其中芯片制造核心业务分布在上海浦东金桥、张江、康桥和江

苏无锡四个基地，运营 3 条 8 英寸生产线（规划月产能共计 17.8 万片）、3 条 12 英寸生产线（规划月产能共计 17.3 万片），量产工艺制程覆盖 1 微米至 28 纳米各节点。

积塔半导体于 2017 年 11 月 15 日成立于上海。2019 年，上海先进半导体制造有限公司成为积塔半导体的全资子公司，并实施一体化经营。积塔半导体专注于模拟电路工艺和功率器件工艺的晶圆代工，是国内最早从事汽车电子芯片、IGBT（Insulated Gate Bipolar Transistor，绝缘栅双极型晶体管）芯片制造的企业，拥有国内领先的车规级晶圆产线，其产品广泛应用于汽车电子、工业、通讯及电子消费品等领域，主要用户包括博世、大陆、德尔福、英飞凌、比亚迪、丰田、恩智浦等。2021 年积塔半导体在重大项目建设上有所进展。

封装测试业

【概况】 2021 年，上海集成电路封装测试业销售规模为 470.70 亿元，同比增长 9.24%，占上海集成电路产业链的比重为 18.25%，占全国（除港澳台地区外）集成电路封装测试业份额为 17%。2021 年上海集成电路封装测试业出口金额为 40.38 亿美元，同比下降 29%，占封装测试业销售总额的 55.4%；全行业实现利润总额 33.62 亿元，同比增加 12.8%，占上海封装测试业销售总额的 7.1%。2011—2021 年上海集成电路封装测试业销售规模及增长情况见表 2-7。

表 2-7　2011—2021 年上海集成电路封装测试业销售规模及增长情况

年　份	2011 年	2012 年	2013 年	2014 年	2015 年	2016 年
销售规模（亿元）	287.00	293.90	295.30	310.27	332.19	312.81
增长率（%）	14.8	2.4	0.5	5.1	7.1	−5.8
占上海产业链比重（%）	45.5	43.2	40.5	37.8	35.0	29.7
占我国大陆封测业份额（%）	46.9	31.1	26.9	24.7	24.0	20.0
年　份	2017 年	2018 年	2019 年	2020 年	2021 年	2011—2021 年 CAGR
销售规模（亿元）	310.30	368.90	382.54	430.90	470.70	—
增长率（%）	−0.8	18.9	3.7	12.6	9.2	5.1
占上海产业链比重（%）	26.3	25.4	22.4	20.8	18.3	—
占我国大陆封测业份额（%）	16.4	16.8	16.3	15.6	17.0	—

资料来源：根据 SICS、CSIA 数据整理

【企业状况】　截至 2021 年底，上海主要集成电路封装测试企业共 31 家，基本以中外合资或外资控股企业为主，包括环旭电子股份有限公司、环维电子（上海）有限公司、安靠封装测试（上海）有限公司、日荣半导体（上海）有限公司、晟碟半导体（上海）有限公司、纮华电子科技（上海）有限公司和紫光宏茂微电子（上海）有限公司等。从事集成电路测试的企业主要有上海华岭集成电路技术股份有限公司和闳康技术检测（上海）有限公司等。近年来，上述企业积极引进世界先进的封装形式和测试技术，推动企业从传统封装形式向先进封装形式快速转型，为上海集成电路封装测试业新一轮发展奠定了技术基础。

【技术水平】　上海集成电路封装技术除了传统的封装形式，如 DIP（Dual Inline-pin Package，双列直插式封装）、SOP（Small Out-Line Package，小型封装）、SSOP（Shrink Small-Outline Package，超小型封装）、QFP（Quad Flat Package，四边引脚扁平封装）和 QFN（Quad Flat No-lead Package，四边无引脚扁平封装）之外，先进封装形式也占相当比重，主要的先进封装形式有 BGA（Ball Grid Array，球形列阵结构）、PGA（Pin-Grid Array，针栅阵列封装）、PBGA（Plasric Ball Grid Array，塑料球栅阵列封装）、FC（Flip Chip，倒装焊封装）、CSP（Chip Scale Package，芯片级尺寸封装）、WLP（Wafer-Level Package，晶圆级封装）、MCP（Multi-Chip-Package，多芯片封装）、MCM（Multi-Chip Module，多芯片组装）等，有些先进封装形式占据行业主流地位，更先进的 3D/2.5D 叠层式封装也进行了批量试产。

设备材料业

【概况】　2021 年，上海半导体设备材料制造业（以下简称"设备材料业"）销售规

模为 289.83 亿元，同比大幅增长 32.28%。其中，设备业为 167.95 亿元，同比增长 20.11%；材料业为 121.88 亿元，同比增长 53.89%。2011—2021 年上海半导体设备材料业销售收入、增长率及占上海集成电路产业链的比重见表 2-8。

表 2-8　2011—2021 年上海半导体设备材料业销售收入、增长率及占上海集成电路产业链的比重

年　份	2011 年	2012 年	2013 年	2014 年	2015 年	2016 年	2017 年	2018 年	2019 年	2020 年	2021 年
设备材料合计销售收入（亿元）	65.9	68.3	72.8	84.52	98.61	112.56	150.91	201.2	218.96	219.1	289.83
增长率（%）	19.6	3.6	6.6	16.0	16.8	14.2	34.1	33.3	8.8	0.1	32.28
占上海产业链比重（%）	10.5	10.2	10.0	10.3	10.4	10.7	12.8	13.9	12.8	10.6	11.2
其中，设备业销售收入（亿元）	18.30	22.33	21.0	24.91	36.85	39.01	82.68	125.75	136.72	139.9	167.95
增长率（%）	30.6	22.0	−6.0	18.6	48.0	5.9	111.9	52.1	8.72	2.33	20.11
其中，材料业销售收入（亿元）	47.60	45.97	51.8	50.61	61.75	73.55	68.23	75.45	82.2	79.2	121.88
增长率（%）	4.8	−3.4	12.7	−2.3	22.0	19.1	−7.2	10.6	8.94	−3.6	53.89

数据来源：上海集成电路行业统计网（SICS）

半导体设备材料是集成电路产业发展的基础。自主技术创新是推动上海半导体设备材料业快速发展的主要动力，也是培育上海半导体设备材料企业不断成长壮大的源泉。同时离不开国家政策支持，近年来，由国家科技重大专项、国家和上海市政府各主管部门支持的高端装备和关键配套材料研发项目陆续取得丰硕成果，这些产品进入国内甚至国外部分大生产线实际应用。

【企业状况】 截至 2021 年底，上海主要半导体设备材料制造企业共 46 家。其中，规模较大的本土半导体设备制造企业（内资或内资控股）共 11 家，世界著名半导体设备厂商在上海设立的分公司（或分支机构）主要有 8 家。规模较大的本土半导体材料制造企业（内资或内资控股）共 7 家，世界著名半导体材料厂商在上海设立的分公司（或分支机构）主要有 8 家。

中微半导体设备（上海）有限公司（以下简称"中微半导体"）自主研发生产的一系列等离子体刻蚀设备涵盖了从 65 纳米到 5 纳米的芯片介质刻蚀工艺，基本保持了与同类设备国际先进水平"并跑"，在海内外市场皆获得很高声誉。中微半导体自主研发生产的 Prismo 系列 MOCVD（Metal-organic Chemical Vapor Deposition，基于金属有机化合物化学气相沉淀的气相外延生长技术）设备是国内最早成功进入多家主要 LED（Light

Emitting Diode，发光二极管）和功率器件生产企业生产线，且通过验证并实现大规模量产的 MOCVD 设备。中微半导体 MOCVD 设备在国内蓝绿光半导体照明市场的份额超过 70%，打破了国外公司在 MOCVD 设备市场的长期垄断。2021 年中微半导体在股权重组、重大项目建设和技术进步等方面均有进展。

上海微电子装备（集团）股份有限公司（以下简称"SMEE"）成立于 2002 年 3 月 7 日，主要致力于半导体装备、泛半导体装备、高端智能装备的开发、设计、制造、销售及技术服务，产品广泛应用于集成电路前道、先进封装、FPD（Front Panel Display，平板显示）面板、MEMS（Micro-Electro-Mechanical Systems，传感器）、LED、Power Devices（电源装置）等制造领域，通过了 ISO27001、ISO9001、ISO14001 和 GB/T29490 等国内国际认证。截至 2020 年底，SMEE 申请专利总数共计 3 468 项，获得授权专利 2 173 项。2021 年 SMEE 在科技进步与创新等方面有所进展。

盛美半导体设备（上海）股份有限公司（以下简称"盛美半导体"）于 2021 年 11 月 18 日在科创板上市（股票代码 688082），主要从事半导体专用设备的研发、生产和销售，主要产品包括半导体清洗设备、半导体电镀设备和先进封装湿法设备等。通过自主研发的单片兆声波清洗技术、单片

槽式组合清洗技术、电镀技术、无应力抛光技术和立式炉管技术等，向全球晶圆制造、先进封装及其他客户提供定制化的设备及工艺解决方案，有效提升客户生产效率、提升产品良率并降低生产成本。其自主研发的 TEBO（Timely Energized Bubble Oscillation，超声波清洗）技术走在世界前列，产品进入多家国内外知名半导体制造厂商。拥有超过 104 项国际专利的强大知识产权组合。2021 年，盛美半导体在科技进步与创新等方面有诸多新进展。

上海至纯洁净系统科技股份有限公司（以下简称"至纯科技"）主营业务为高纯工艺系统的研发、生产和销售，半导体湿法清洗设备研发、生产和销售，光传感应用及相关光学元器件的研发、生产和销售。公司主要产品为高纯工艺集成系统、半导体设备、光传感及光器件。截至 2021 年 6 月 30 日，至纯科技共申请专利 455 项（其中发明专利 200 项），已授权专利 270 项，软件著作权 142 件，商标 111 件。公司多项技术达到国际先进水平。2021 年，至纯科技在股权重组方面有新进展。

上海精测半导体技术有限公司（以下简称"精测半导体"）成立于 2018 年 7 月 3 日，主要从事以半导体测试设备为主的研发、生产和销售，同时也开发显示和新能源领域检测设备。通过自主构建研

发团队及海外并购引入国产化等手段，精测半导体实现了半导体测试、制程设备的技术突破及产业化，并倚靠母公司武汉精测电子集团股份有限公司在国内平板显示检测领域取得的市场领先地位，快速提高相关专用设备产品在集成电路市场的竞争力，成为全球领先的半导体测试设备供应商及服务商。2021 年，精测半导体在重大项目建设、科技进步创新等方面均有进展。

安集微电子科技（上海）股份有限公司（以下简称"安集科技"）于 2019 年 7 月 22 日在科创板上市（股票代码 688019）。主营业务为关键半导体材料研发和产业化，产品包括不同系列的化学机械抛光液和光刻胶去除剂，主要应用于集成电路芯片制造和先进封装领域。安集科技总部位于上海浦东新区，在上海拥有研发中心和生产基地，在台湾、宁波分别设立全资子公司，客户遍及中国（含港澳台地区）、美国、新加坡、马来西亚等国家和地区，成为中国半导体材料最具有代表性的高科技企业之一，在集成电路抛光液领域具有国际一流创新及研发能力，成为国际主流供应商。其在化学机械抛光液领域主要产品包括硅/多晶硅抛光液、浅槽隔离（STI）抛光液、介电材料（二氧化硅、氮化硅）抛光液、钨抛光液、铜及铜阻挡层抛光液、三维集成抛光液和应用于第三代宽带半导体的抛光

液等系列产品，在 130—14 纳米技术节点实现规模化销售，10—7 纳米技术节点产品在研发中。在湿电子化学品领域主要产品包括刻蚀后清洗液、光刻胶剥离液、刻蚀液、抛光后清洗液和其他系列产品，实现 28 纳米技术节点产品研发及产业化，14 纳米技术节点及以下产品在研发中。光刻胶去除剂产品技术获得进一步突破，硬掩模工艺光刻胶去除剂、DRAM 光刻胶去除剂等为重要客户所应用。2021 年，安集科技在科技进步与创新方面有新进展。

上海新阳半导体材料股份有限公司（以下简称"新阳半导体"）于 2011 年 6 月 29 日在创业板上市（股票代码 300236），专注于集成电路制造行业关键材料产品及工艺技术的研发创新、生产制造和销售服务，致力于为用户提供化学材料、配套设备、应用工艺和现场服务一体化的整体解决方案。新阳半导体具有完整自主可控知识产权的电子电镀和电子清洗两大核心技术，申请授权国家专利 330 余项，其中国内发明专利 200 余项，国际发明专利 11 项。开发出 140 多种电子电镀与电子清洗系列关键工艺材料，产品广泛应用于集成电路制造、3D-IC（三维堆叠式晶片）先进封装、IC 传统封装测试等领域，满足芯片铜制程 90—14 纳米工艺技术要求。新阳半导体开发的用于集成电路制造领域的光刻胶系列产品进入客户验证阶段，电子光刻

技术成为公司第三大核心技术。

上海硅产业集团股份有限公司（以下简称"沪硅产业"）成立于2015年12月9日，2020年4月20日在科创板上市（股票代码688126）。沪硅产业的主要股东包括国家集成电路产业投资基金股份有限公司（"大基金"一期）、上海国盛（集团）有限公司、上海武岳峰集成电路股权投资合伙企业、上海新微电子有限公司和上海市嘉定工业区开发（集团）有限公司，专注于硅材料产业及其生态系统发展的实业控股公司。沪硅产业拥有上海新傲科技有限公司（以下简称"新傲"）、上海新昇半导体科技有限公司（以下简称"新昇"）、芬兰Okmetic和法国Soitec四家公司，是全国（除港澳台地区外）规模最大的半导体硅片企业之一，也是全国（除港澳台地区外）率先实现300毫米半导体硅片规模化销售的企业。沪硅产业设立以来，突破多项半导体硅片制造领域的关键核心技术，推进了我国半导体关键材料生产技术"自主可控"进程，提供产品涵盖300毫米抛光片及外延片，200毫米及以下抛光片、外延片及SOI（Silicon On Insulator，绝缘体上单晶硅）硅片，主要应用于存储芯片、图像处理芯片、通用处理器芯片、传感器、射频芯片、模拟芯片等领域。2021年，新昇在重大项目建设方面有重大进展。

上海硅材料生产企业共有6家，即隶属于沪硅产业的新昇、新傲、上海中欣晶圆半导体科技有限公司、上海晶盟硅材料有限公司、上海合晶硅有限公司及上海超硅半导体有限公司。相关重大项目持续推进，形成了较完善的硅材料研发、生产新布局，提升了上海在全国硅材料研发生产领域的地位。

（毛彩虹）

长三角集成电路

【联盟成立】 2021年4月22日，沪、苏、浙、皖四地共同签署成立长三角集成电路融合创新发展产业联盟。联盟在四地协会事先沟通、工信管理部门支持及首批52家发起单位一致同意基础上成立，是对长三角集成电路产业一体化发展做出的积极响应。

【对接交流】 指导长三角集成电路融合创新发展产业联盟围绕产业链上下游开展对接活动。2021年7月9日，组织以"融合创新、同'芯'攀登"为主题的长三角集成电路设备与材料推进会议。2021年10月26日，举办长三角汽车电子芯片产业链上下游交流对接会。

【课题研究】 开展长三角集成电路产业协同发展课题研究，基本形成"两图三清单"和合作建议。

（顾伟华）

科研项目

【中医诊断传感器及信息微系统技术】　上海市科技创新行动计划项目"中医诊断传感器及信息微系统技术"（编号18DZ1100600）由中国科学院上海微系统与信息技术研究所承担，2021年11月12日通过上海市科委组织的综合绩效评价。项目研究了中医诊断用MEMS传感器技术，研制了脉诊用超微型压力传感器芯片和氨气、硫化氢等典型闻诊气体传感器芯片、柔性衬底上集成的密集阵列脉诊传感器和基于微型气相色谱芯片（包括色谱分离柱芯片和热导检测器芯片）的气味闻诊传感器，并在此基础上研制了脉诊仪、高光谱舌诊仪和微型气相色谱闻诊仪三类共计10套设备原型机。项目采集病例3 737例，以此为基础建立信息数据库，并构建了脉诊和舌诊中医诊断模型。

【1 200 V局域寿命控制FRD关键技术研发及应用】　上海市科技创新行动计划项目"1 200 V局域寿命控制FRD关键技术研发及应用"（编号17DZ1100300）由上海先进半导体制造有限公司承担，于2021年9月28日通过上海市科委组织的综合绩效评价。项目研发了符合新能源汽车逆变器和光伏逆变器用FRD（Fast Recovery Diode，快恢复二极管）芯片工艺制造平台，开发了国产化FRD芯片、模块及系统应用方案，并在

新能源汽车和光伏领域获得应用。项目突破了高能辐照（注入）、SIPOS（半绝缘多晶硅）工艺、激光退火工艺、快恢复二极管芯片静动态损耗与反向恢复性能优化研究、车用快恢复二极管芯片多芯片关联技术研究等关键技术，以发展战略研究和市场应用为牵引，形成了全产业链技术能力。

【基于超限制造的微化工反应芯片关键技术研究】　上海市科技创新行动计划项目"基于超限制造的微化工反应芯片关键技术研究"（编号18DZ1112700）由华东师范大学承担，于2021年4月7日通过上海市科委组织的综合绩效评价。该项目突破大尺寸高精度三维微化工反应芯片的设计与加工、高性能微反应器的组装与性能评价、连续流微化工反应体系构建等关键核心技术，研制了大尺寸微化工反应芯片和高性能超快激光超限制造三维内雕加工平台系统，构建了适用于连续流工艺的微化工反应体系，自主组装了基于12厘米×10厘米三维微化工反应芯片的成套微反应器。其微反应器在转化率、选择性和安全可靠性等方面超越传统釜式间歇反应工艺，具备与国际同类微反应器相当的综合性能。

【面向半导体设备的聚四氟乙烯腔体制造工艺的研发及产业化】　上海市科技创新行动计划项目"面向半导体设备的聚四氟乙烯腔体制造工艺的研发及产业化"（编

号 18511104700）由盛美半导体设备（上海）股份有限公司（以下简称"盛美半导体"）承担，于 2021 年 12 月 15 日通过上海市科委组织的综合绩效评价。通过项目实施，课题单位上海三爱富新材料股份有限公司建成一条可用于半导体设备零部件使用的高洁净度悬浮聚四氟乙烯（PTFE）树脂生产线，满足了盛美半导体公司的设备需求。第三方检测报告结果显示，其研制的 PTFE（聚四氟乙烯）材料标准比重 SSG（2.150）、堆积密度、拉伸强度和断裂伸长率等指标均通过项目考核，析出金属离子含量和清洁度满足设备客户端使用要求。项目制备 8 英寸和 12 英寸模具，应用于半导体湿法设备的 PTFE 零部件加工，8 英寸和 12 英寸零部件的形变、耐高温、抗腐蚀能力均达到项目任务书的指标要求。

【车规级宽动态高清图像信号处理芯片研发和应用】 上海市科技创新行动计划项目"车规级宽动态高清图像信号处理芯片研发和应用"（编号 19511131300）由上海富瀚微电子股份有限公司承担，于 2021 年 12 月 16 日通过上海市科委组织的综合绩效评价。该项目研制车规级宽动态高清图像信号处理芯片，在杭州海康汽车技术有限公司、深圳市联合光学技术有限公司等机构实现落地应用，导入规模用户 5 家，产品销售 844.38 万元。突破了多帧合成宽动态算法、高动态范围压缩等关键技术，形成了全产业链的技术能力。

【亿级像素阵列相机系统研发】 上海市科技创新行动计划项目"亿级像素阵列相机系统研发"（编号 19511104300）由复旦大学承担，于 2021 年 12 月 15 日通过上海市科委组织的综合绩效评价。项目成功研制亿级像素云相机、亿级像素媒体应用服务器、亿级像素 FPGA 拼接处理服务器，实现了亿级像素的视频拼接算法与硬件架构、面向阵列式相机图像拼接专用 ISP（Image Signal Processor，图像信号处理）方法、亿级像素视频编解码系统等关键技术的突破。

（张丽媛）

二、通信和网络设备制造业

概况

2021 年，上海信息通信行业持续推进千兆光网和 5G 网络建设，积极为产业数字化转型升级提供强大动力，为数字经济高质量发展贡献行业力量。通信设备制造业是城市数字经济的基础，也是信息技术得以快速发展的重要支撑。上海市通信设备制造业 2021 年 1—12 月发展情况见表 2-9。

表 2-9　上海市通信设备制造业 2021 年 1—12 月发展情况

通信设备制造业	工业总产值（可比价）（亿元）	工业总产值（亿元）	上年同期（亿元）	可比价增长（%）
	1 427.32	1 344.96	1 826.42	−21.9

数据来源：上海市统计局

上海 5G 通信技术应用发展情况

在"十三五"收官、"十四五"开局之年，上海加快 5G 网络规模化部署，推广升级千兆光纤网络；推动 5G、大数据中心等领域基础设施绿色、高质量发展；构建基于 5G 的应用场景和产业生态，在智能交通、智慧教育、智慧商圈、智慧医疗、智能制造、高清直播等重点领域开展试点示范。上海 5G 发展驶入更快车道，2021 年累计建设超 5.2 万个 5G 室外基站、12 万个室内小站，基本实现 5G 网络全市覆盖的目标，并在沪建成国内首个 700 MHz 5G NR（New Radio，新空口）基站，进入"以建促用、以用促建"双循环发展新格局。

（张雯懿）

【5G NR 新型全制式扫频仪项目研制】

上海市科技创新行动计划项目"5G NR 新型全制式扫频仪"由上海大唐移动通信设备有限公司等单位承担，于 2021 年 12 月 24 日通过上海市科委组织的综合绩效评价。项目研制完成 5G NR 新型全制式扫频仪，宽动态范围接收机的 AGC 技术、基于可编程逻辑的 DDC 技术、5G NR 小区搜索和同频检测算法、5G NR 8beam 检测算法、5G NR 干扰测量算法、5G NR 层三解析技术、可变分辨率的宽带频谱分析技术、扫频仪路测分析软件技术、数据实时回传技术等关键技术研究，形成 5G NR 新型全制式扫频仪的相关技术能力。申请国家发明专利 2 项。

（张丽媛）

重要企事业单位

【晨讯科技集团】　晨讯科技集团（以下简称"晨讯科技"）作为领先的移动通讯和物联网企业，深耕电子通信行业 36 年，2005 年在中国香港上市。晨讯科技致力于行业智能终端、电子消费品、数码通信产品、VR（Virtual Reality，虚拟现实）& AR（Augmented Reality，增强现实）、可穿戴设备及车载电子业务发展，并提供物联网云＋端、ODM（Original Design Manufacturer，原始设计制造）+EMS（Electronics Manufacturing Service，电子制造服务）、人工智能和机器视觉等行业解决方案，产品覆盖全球 130 多个国家和地区。晨讯科技运营总部位于上海，并在北京、沈阳、合肥、深圳、东莞等地建立研发中心，研发掌握无线通信、物联网、

AR 视觉等领域核心技术，生产基地位于上海青浦、沈阳、东莞等地，在供应链管理、生产制造、质量控制方面通过了全球通讯及汽车行业客户的严苛认证。

（习　明）

【上海阿尔卡特网络支援系统有限公司】
上海阿尔卡特网络支援系统有限公司（以下简称"上卡网络"）成立于 1995 年 4 月，由中国电信股份有限公司（以下简称"中国电信"）、上海诺基亚贝尔股份有限公司和上海诺基亚贝尔（香港）有限公司三方合资组建。公司属于电信行业的高新技术企业，主要从事通信固定网络、移动网络的网络规划、软件开发、系统集成、维护和技术服务，以及电信增值业务、移动互联网行业解决方案的开发和服务。公司依托先进技术和网络优势，培养高素质人才队伍，并自主研发了一系列软件产品，在国家版权局登记软件著作权 136 项、专利经授权 1 项、专利受理 1 项、专利审查阶段 5 项。

上海电信"商 X 通"系列产品是上卡网络开发的创新型云化语音服务产品。该系列产品从"商云通""商继通"发展到"商影通"。"商云通"基于 IMS（IP Multimedia Subsystem，IP 多媒体子系统）网络能力和云架构，解决企业办公通信过程中设备投入大、成本高、难维护的问题。用户只需要将 IP 话机接入互联网，无需购买小交换机，无需布线，即可快速实现多点接入、统一管理的企业语音通信功能，满足了企业移动性强、拓展性强、时效性高的诉求。截至 2021 年底，"商云通"发展近 8 万用户接入。"商继通"是一款基于云架构的中继类产品。客户通过互联网一点接入，无需传统专线就能快速地将企业呼叫平台接入电信网络。商继通实现了接入控制、并发控制、安全控制，能够灵活实现容量弹性伸缩，将传统中继线申请到施工一个月的周期缩短至一周之内，打造了"企业、管道、运营商"全流程智能语音体系。2021 年该产品大规模放号，快速吸引头部互联网企业用户。截至 2021 年底，发展企业用户近 700 家，对外销售 10 万并发通道，开通码号数量 40 万线，月收入近 400 万元。"商影通"则将语音业务带入视频时代，不仅为用户与服务提供方提供视频对话，而且通过多层视频语音菜单交互等功能让用户仅通过一通电话就能完成复杂的菜单操作。

上卡网络研发的 OTN（Optical Transport Network，光传送网）+ 精品专线端到端能力平台，分组光传送层控制器实现了对 4 个厂家 8 种类型的分组增强型 OTN 设备的管理，在业界率先实现针对现网多厂家管理域、设备混合组网场景下的分组业务自动算路。该系统吸引更多行业用户申请专线业务，建立并提升网络带宽及数据传输优势，助力企业服务数字经济发展，为上海城市数字化转型做出贡献。

（黄金晶　戴蓓蓉）

【上海博达数据通信有限公司】　上海博达数据通信有限公司（以下简称"博达"）成立于1994年，是集研发、生产、销售、服务于一体的高新技术企业。作为业界领先的网络数据通信设备提供商和整体网络解决方案供应商，博达始终坚持自主研发，拥有完整自主知识产权，产品包括交换机、路由器、无源光网络、无线产品、工业产品和网络安全产品等，广泛应用于运营商、政府、金融、教育、医疗、工业等诸多领域，行销海内外50多个国家和地区。

信息化建设。硬件方面，2021年博达公司采用自研"POL"方案，对公司原有网络进行改造，进一步降低铜绞线的使用，提升网络运维便利程度，公司内部主干网络全光纤接入，通信网络、电话网络集于一体，以实际行动践行"光进铜退"环保理念。软件方面，引入并上线SaaS（Software-as-a-service，软件即服务）模式CRM（Customer Relationship Management，客户关系管理）系统，将数据实时传至一线销售人员，迅速提升销售水平，同时为管理层提供实时精准运营数据，有效提升运营效率。该系统与ERP（Enterprise Resource Planning，企业资源计划）系统直接连接，可降低商务出错率，打通数据孤岛，提高效率，改进管

理。2021年，博达启动新"行政、研发资产管理"系统搭建测试，在阿里钉钉平台自建系统基础上实现数据上云、管理上云。该系统采用电子单据、电子审批，进一步优化流程，提升无纸化办公水平，响应国家"低碳、节能、环保"倡议。依托阿里云服务，保障企业固定资产管理数据准确、运营高效、使用便捷、运维简便。

资质荣誉。博达自2005年开始，连续被认定为上海市市级企业技术中心，2021年再次通过上海市经济信息化委审查评定。博达BDCOM S8500三层交换机产品被市经济信息化委认定为2021年度上海市创新产品并列入推荐目录，"博达信创办公网解决方案"入选上海市经济信息化委公布的"2021年上海市优秀信创解决方案"。同年获得赛迪网《数字经济》杂志社颁发的"2021年度网络通信服务最佳解决方案""2021年度网络通信服务领军企业"证书，企业创新能力、研发实力得到权威机构认可。

项目建设。在吉林移动IDC机房项目建设中，根据国家法律法规要求完善环境监控布置，健全监控网络总体布局，保证污染源自动监控设施正常运行，实现污染源自动监控设施运行的监督管理，确保数据传输安全无误。博达方案基于省级网络拓扑与市级网络拓扑组网，通过外网移动专线接入长春移动IDC机房，长春移动IDC用防火墙作为出口，防火墙下行为

汇聚交换机。吉林移动 IDC 汇聚交换机与长春移动 IDC 汇聚交换机采用移动专线进行互联，汇聚交换机下行是接入层，接入交换机下布置环保监控服务器与环境监控摄像头，进行实时监控。IDC 机房的汇聚交换机与各省厅、市局采用专线互联，省厅与各市局以路由器为出口与 IDC 机房互联，省厅路由器下带核心交换机，下挂 PC 与服务器，市局路由器下带防火墙（安全防护），接入层下带 PC。全套组网采用移动专线接入方式确保数据流量稳定传输，博达交换机与防火墙具有更大的交换容量、吞吐率及包转发率，省厅与市局可以通过专线网络查看前端回传的实时场景。系统稳定性和博达的良好售后服务得到用户好评。

在淮北市公交客运综合枢纽站智能化项目建设中，利用智能化乘客信息服务系统，为旅客提供及时、便捷的换乘信息，有效改善公共交通枢纽拥挤问题。项目采取无线组网方式，核心交换机选用博达 S8500 系列产品，通过网线供电方式为无线 AP（Access Point，无线接入点）设备稳定供电，免去额外电源布线。对公交客运枢纽站进行网络改造，采用博达吸顶式智能无线设备，在保证电话、台式电脑等业务正常使用的同时，实现无线全覆盖。

在长沙市梅溪湖中学智慧校园项目建设中，根据校方实际情况和相关要求，采用"有线＋无线"融合的新一代校园网解决方案。从接入层 AP 到核心层交换机集中布署多款博达系列产品。博达解决方案通过全光网改造，带宽升级，实现数字化智慧校园；通过"全光网＋Wi-Fi 6"打造特色化智慧教室，提升高密度人群上网体验，助力学校智慧管理、教师智慧教学、学生智慧学习。

（邓美梅）

【上海汇珏网络通信设备股份有限公司】

上海汇珏网络通信设备股份有限公司（以下简称"汇珏网络"）创立于 2002 年，是一家集研发、生产、销售于一体的服务型高新技术企业，形成了"以智能 ICT（Information Communication Technology，信息通信技术）网络通信设备设计制造为核心、物联网智能网络通信系统集成应用为动力"的两大业务主线。汇珏网络下辖六家子公司、三大生产基地，总占地面积超过 10 万平方米，在全国设立 30 多个办事处，形成了以上海为中心、覆盖全国的营销服务网络体系。近三年销售额超过 17 亿元，其中 2021 年销售收入 5.94 亿元。先后荣获国家级"高新技术企业"、工信部"服务型制造示范"、上海市"专精特新"中小企业、"上海市品牌培育示范企业"等众多荣誉称号，在配线配电等细分行业综合实力排名前六。

汇珏网络汇聚多方智慧，积极创新创效，获得"奉贤区技术中心""上海市专利试点企业""上海市版权示范企业"等荣誉。与南京邮电大学、上海交通大学、华中科技大学、上海通信行业协会等高校、研究机构建立国内外技术联盟，长期开展产学研合作，面向通信网络、光传输、有线宽带、无线通信、物联网、微波通信、新型动力电池等多个方向深入研发，每年研发投入占比超过 4%，拥有有效专利 166 项，其中发明专利 19 项、登记软件著作权 27 项、参与制修订行业标准 17 项，提供 ICT 基础建设设备、智能配电设备、移动通信设备、光器件光纤、数据中心设备、一体化电源电池及智慧城市和互联网设备全系列产品解决方案，通过多元化产品创新和管理模式的双向并举，提升企业核心竞争力。

坚守"持续创新"价值观，为推动上海智慧城市建设，汇珏网络积极开展物联网技术研发和行业应用落地，研发了多种智能产品及整体解决方案。先后推出智能锁、智能地埋光交箱、智慧公交站牌、智慧园区、智慧校园、智慧交通、智慧停车、智能充电桩、汇珏智慧互联管理平台、智汇管家等 20 多种数字化转型产品，以智能硬件为基础，以智能化的信息数据综合应用为本质，以智能技术发展为牵引，推进智慧城市建设，为政务、运营商、交通等行业提供智能应用产品、IT 服务及一体化解决方案，助力城市运行节能降耗。

2021 年重点项目：5G 时代，以抱杆、壁挂安装为主的小微站点爆炸式增长，部署于街边、写字楼、城中村、地铁、隧道等复杂场景。同时，随着"通信站"走向"社会站"，大量小微站点与广泛社会资源融为一体，为基站设备、摄像头、传感设备等不同设备提供差异化供电。汇珏网络 5G 一体化电源解决了高效功率变换、智能化直流输出分路、无线天线内置等多项关键技术，经教育部科技查新工作站 G05 查新在控制方式、智能化直流输出分路设计、直流电流采样电路及天线设计、安装方式、熔断及防水功能方面具有创新性，产品技术达国内领先、国际先进水平。

（张　芳）

【上海移为通信技术股份有限公司】　上海移为通信技术股份有限公司（以下简称"移为通信"）属于 AIoT（人工智能物联网）人工智能物联网行业，成立于 2009 年 6 月 11 日，2017 年 1 月深圳创业板上市。移为通信主营业务是提供物联网应用整体解决方案，包括物联网智能终端设备研发、生产、销售及服务，满足客户在监控管理、指挥调度、数据采集和趋势分析等方面的信息化需求。产品分为车载及工业类智能物联网终端、物品类智能物联网终端、个人类智能物联网终端、动物溯源识别物联网智能终端及基于上述产品的整体解决方案。产品通信方式主要基于电信运营商移动通信网络或专有通信网络，通信制式以

2G、3G、4G、5G、LoRa（Long Range，超长距低功耗数据传输）等为主。

移为通信的研发和运营总部位于上海，具有基于芯片级的开发设计能力、传感器系统和处理系统集成设计能力。研发技术团队可以直接基于基带芯片、定位芯片进行硬件设计开发，通过传感器和处理系统的整体设计，提升不同类型的传感器集成能力。

移为通信于2012年7月成立合肥研发中心，2015年8月成立深圳研发中心。上海、合肥、深圳三大研发中心均为高新技术企业，并于2018年在上海漕河泾开发区内新建2 000平方米研发中心，举集团之力打造以市场为导向，集研发、设计、制造、系统集成于一体的企业技术中心。2020年在上海七宝投资3亿元建设总部企业大楼。

移为通信先后获得"高新技术企业""上海市科技小巨人企业""上海市高新技术成果转化项目百佳""专精特新企业""上海民营服务业企业100强""上海市企业技术中心""上海市专利工作试点企业""上海外贸自主品牌示范企业"等荣誉。

移为通信90%以上销售收入来自国际市场，市场覆盖北美洲、南美洲、欧洲、非洲、亚洲及大洋洲的140多个国家，是物联网行业M2M主流产品供应商之一。在实时资产追踪领域，移为通信是当之无愧的行业领军者，在全球部署超过4 500万台设备。在UBI（Usage Based Insurance，基于驾驶人行为及车辆数据的量化保险）车险领域，移为通信不断开发特色产品，为全球多家UBI行业领军企业（包括保险公司和服务提供商）提供个性化产品定制，在全球部署340多万台UBI智能终端设备。在共享出行领域创新解决方案，首次实现LTE（Long Term Evolution，长期演进）技术商用，与滑板车制造商合作进行前装定制，与服务提供商合作定制设备后装。在全球部署150多万辆滑板车产品。

（马　玲）

【紫光展锐（上海）科技有限公司】 紫光展锐（上海）科技有限公司（以下简称"紫光展锐"）是我国集成电路设计领域龙头企业，是全球少数全面掌握2G、3G、4G、5G、Wi-Fi、蓝牙、电视调频、卫星通信等全场景通信技术的企业之一。紫光展锐拥有超过5 000名员工，其中90%是研发人员。业务覆盖全球128个国家，通过全球上百家运营商出货认证，拥有三星、荣耀、realme（真我）、vivo、摩托罗拉、海信、诺基亚、传音、联想、中兴在内的500多家客户。紫光展锐五次获得国家科技进步奖，其中特等奖1次、一等奖2次，申请专利超过7 000项，拥有3G、4G、5G、多卡多待、多模等核心专利。

重要产品。基于紫光展锐第一代5G

移动平台 T740 的 5G 手机量产上市，第二代 5G 芯片平台 T770 和 T760 采用 6 纳米 EUV（Extreme Ultra Violet，极端远紫外光源）工艺，较第一代性能提升超过100%，集成度提升超过 100%，并支持 5G R16 Ready、5G 切片等通信技术，实现商用量产。紫光展锐第二代 5G 平台拥有完整的 5G 主平台套片和可选配的 5G 射频前端套片等十多颗芯片，标志着紫光展锐具备先进制程芯片研发商用能力。

行业应用领域，搭载紫光展锐 5G 芯片的 5G 模组和终端在海内外多家运营商、行业客户商用落地。其中 V516 是支持 5G R16 Ready 的基带芯片平台，支持 5G 终端多网络切片、5G SUL（上行增强）及 5G 专网等多项 5G R16 标准下的 eMBB（Enhanced Mobile Broadband，增强移动宽带）+URLLC（Ultra Reliable Low Latency Communication，超高可靠与低时延通信）+IIoT（Industrial Internet of Things，工业物联网）关键特性，加速 5G 在更多领域商用。

紫光展锐 5G 芯片赋能全球多个市场超百个行业终端应用，包括智慧医疗、智慧物流、智慧电力、智慧采矿、智慧交通、智能制造、智能园区等。在智慧物流领域，紫光展锐携手京东物流打造 5G 全连接智能仓，仓内 5G 终端形态多样，各类仓储机器人、摄像头、机械臂等终端通过集成紫光展锐 5G 芯片实现 5G 连接能力。在智慧医

疗领域，紫光展锐与海南联通等单位共同实现"5G 智慧医疗点亮海南健康岛"应用创新，基于紫光展锐 5G 技术，覆盖海南省所有基层机构远程诊断信息化项目，并围绕远程会诊、智慧分级诊疗、智慧医院、急救系统场景开展 5G 智慧应用。

关键技术。5G 技术方面，紫光展锐持续投入研发创新，打造了全球首例 5G 模组多切片方案及全球首个 5G R16 Ready平台。

（何晓帆）

【上海大汉三通通信股份有限公司】 上海大汉三通通信股份有限公司（以下简称"大汉三通"）成立于 2003 年，总部位于上海张江科学城。19 年来，秉持工匠精神研发系列通信软件，为企业客户提供云通讯、物联云、5G 消息开发运营等服务。大汉三通服务数万家国内外政企客户，涉及政府机构、电信运营商、金融、电商、移动互联网、物流、旅游等各个行业，提供服务累计超过 1 000 亿次，覆盖国内所有省市及海外近 200 个国家和地区。

大汉三通注重核心技术研发积累，坚持自主研发及外脑合作，建立院士专家工作站，是国家高新技术企业、省级企业研发机构、上海市科技小巨人，荣获"2021年上海市新兴产业企业 100 强""2021 年上海市民营服务业企业 100 强"。

大汉三通于 2021 年 2 月发布 5G 战略

科技产品"汉武际",采用微服务架构、智能化运维、分布式管理、并行技术计算法等技术。"汉武际"平台为行业客户提供电信级的5G消息一站式解决方案,通过RCS构建的5G轻应用赋能千行万业数智化转型。

(谭明璇)

【上海九山电子科技有限公司】 上海九山电子科技有限公司(以下简称"九山电子")成立于2007年,是上海市高新技术和"专精特新"企业,专注于新型显示屏及其解决方案研发、制造和销售,主经定制尺寸显示、长条形液晶屏、公交地铁报站屏、透明液晶/OLED、高亮显示、曲面液晶/OLED等相关产品,广泛应用于公共交通、智能零售、展览展示、教育、游戏、军工等多个行业。九山电子拥有钣金加工、背光制造、显示屏全贴合、液晶屏切割、条形屏组装、透明屏组装集成等多条生产线及相关设备,通过质量管理体系ISO9001及环境安全认证,拥有多项显示方面的自主研发专利技术及软件著作权。

(李 花)

【上海万位数字技术有限公司】 上海万位数字技术有限公司(以下简称"万位数字")是全球领先的北斗物联网数字化服务平台,致力于北斗产业数字化落地,为智慧城市、智能网联、自动驾驶、数字物流、智慧环保、科技风控等全领域数字化提供解决方案,是国家级专精特新"小巨人"企业。万位数字总部位于上海,拥有上海、南京、合肥3个研究中心,在北京、深圳、武汉等地设立分支机构,物联网硬件设备安装服务网络覆盖全国2 600多个县市,业务遍及欧美、亚洲、非洲的100多个国家和地区。万位数字以北斗大数据为切入点,以"端—管—云—网"一体化为承载,依托智能硬件,融合边缘计算和云端深度学习,通过人工智能自主模型训练,构建智能云网一体化解决方案,形成以"边缘计算—AI核心算法—智慧云网—数字化运营"为核心的整体解决方案,提供完整的端(智能物联网终端)到端(智慧操作终端)一体化服务,助力政府、行业、个人客户实现以位置大数据为基础的资产管理、运营管理的数字化转型。

万位数字为超过1 000万台车辆提供北斗车联网服务,累计保护车辆资产5 000亿元,为100万个家庭提供个人、宠物和资产的安全保障服务。

万位数字拥有"国家高新技术企业""国家级专精特新'小巨人'重点支持企业""上海市科技小巨人""企业技术中心""专利试点企业""上海软件核心竞争力企业"等荣誉资质,拥有100多项发明专利和软件著作权,产品通过国内外全体系认证。

2021年,上海万位数字集团研究院揭牌成立,"崔俊涛卫星定位技术职工创新工作室"揭牌，万位数字荣登"2020 年度最具投资价值企业 50 强"，与安徽联通签署战略合作，荣获"第三十三届上海市优秀发明选拔赛"优秀发明奖"金奖"，入选工信部第三批专精特新"小巨人"企业，获评国家级专精特新"小巨人"重点企业，成功引进 C 轮融资并完成股改登记，连续两次获评"上海软件核心竞争力企业"，并获评 2021 年上海市服务贸易示范项目。

（汤荣贵）

【康希通信科技（上海）有限公司】 康希通信科技（上海）有限公司（以下简称"康希通信"）是我国 Wi-Fi 射频前端芯片领域头部企业，产品涵盖 WLAN 无线接入、IoT 智能物联、5G 基础设施等。2021 年，康希通信通过 Wi-Fi 6 新品研发和性能迭代，成功完成面向商用的 Wi-Fi 6 无线接入射频前端模组芯片项目建设；通过数字化转型建设实现运营全面数字化，提高运营效率，规避运营风险。2021 年荣获上海"专精特新"企业称号，全年实现销售收入 3.9 亿元。

（陈　玲）

三、消费电子产业

概况

随着国家和上海市超高清视频产业发展行动计划深入贯彻实施，以超高清视频为核心的数字音视频产业高速发展。2021 年，国家和上海市政府出台相关政策，进一步推进超高清视频产业发展。在国家政策支持、行业协会和相关企业共同努力下，超高清视频产业在内容供给、核心技术、传输渠道、终端产品等方面进一步完善提升，应用场景更加丰富，新业态新模式不断涌现，呈现出蓬勃发展的势头。

产业政策持续出台，加速推进超高清视频产业高质量发展。2021 年 7 月，《上海市先进制造业发展"十四五"规划》印发，新型显示及超高清视频被列入电子信息产业集群重点发展领域。为进一步推进超高清应用落地，2021 年 10 月，国家六部委联合印发《关于开展"百城千屏"超高清视频落地推广活动的通知》，上海市制定具体实施计划，积极筹备在上海市重要商圈、大型交通枢纽等人流密集的地方，改造或新设立超高清公共大屏，展播社会主义核心价值观、党的建设、文化旅游等优质超高清内容，促进超高清视频产业全面升级。

超高清频道建设取得积极进展，内容供给不断丰富。2021 年 2 月，中央广播电视总台（以下简称"央视总台"）8K 超高清电视频道试验开播，成为全国首个 8K 电视超高清频道，上海设有上海国际传媒港、上海国家会展中心海思展厅、数字电视国家工程研究中心3个接入点，成功实现春晚首次8K超高清直播；2021年11月，为迎接北京冬奥会召开，央视总台奥林匹克频道在上海有线电视正式上线开播，市民通过有线电视超高清机顶盒收看；随着超高清频道建设推进、内容供给不断丰富，上海市超高清有线电视和IPTV（Interactive Personality TV，交互式网络电视）用户规模不断增长。

超高清与5G、AI等技术深度融合，催生出更多创新应用场景。超高清视频是发展虚拟现实、元宇宙等新兴产业的重要基础支撑，与5G、AI等新一代信息技术深度融合，在文教娱乐、远程医疗、工业检测、城市精细化管理等领域催生出更多创新应用场景，赋能千行百业升级发展。在新型冠状病毒肺炎疫情常态化防控背景下，超高清视频在空中课堂、远程医疗、远程办公等场景发挥关键作用，进一步激发超高清视频应用空间和价值。

上海东方传媒技术有限公司（SMT）

【番茄云平台建设】　上海东方传媒技术有限公司（以下简称"SMT"）主导建设的上海东方传媒集团（以下简称"SMG"）番茄云平台采用先进的云计算技术，优化网络、存储、计算三大基础资源，通过混合云架构部署，纳管SMG云计算中心、阿里云、腾讯云等云平台，覆盖信息化、融合生产、

播出分发、基础服务、媒资、新媒体发布、人工智能、大数据分析、创新孵化九大类型业务。截至2021年11月30日，共对外提供1 588单元虚拟云主机。通过资源整合、统一调度，面向台、集团提供高效、安全的基础架构服务和业务支撑服务，提升融合生产业务运行效率，将业务上线效率提升300%。番茄云引入人工智能技术，开发语音识别、语音合成、人脸识别、文字翻译、智能剪辑等能力，提供信息安全防护、数据灾备、资源调度、智能媒体、智慧媒资等服务，助力集团向全媒体业务转型。

【"五星体育新媒体运营平台"上线】　2021年3月26日，由SMG承担建设的"五星体育新媒体运营平台"上线投入运营。该平台通过混合云技术架构、可扩展的功能框架，以及信息安全和内容安全措施，支撑五星体育微信公众号视频内容服务模块——"五星体育微信电视"的运营管理，包括直播管理、点播管理、广告管理、会员管理、积分管理等方面。通过该平台的管理和运营，互联网用户能够在移动端获得更稳定更优质的视频内容服务和更丰富的互动体验，不仅进一步充实五星体育融媒体生产、制作、发布能力，更扩大其传播途径和品牌影响力。

【多租户平台上线】　2021年1月，SMG建设的Empower-Media（以下简称"EPM"）

顶层多租户平台上线，平台完成云化。1月30日，Xnews（融媒体中心）3.0大版本、2月初@radio（东方广播中心）、Esports（五星体育）的3.0版均顺利上线。此次版本除了首页大改版、AI智能升级外，新增了素材模块及在线快编的功能。与此同时，新产品云导播也相继投入正式运营。4月应宣传部需求，纪录小康工程作为对外的新租户投入运营，支持20多家单位媒体共同使用。5月中旬，云导播实现智能流切换功能，支持无人值守的视频导播。11月新媒体发布模块上线，EPM可对看看新闻网、B+平台进行稿件发布，云导播支持9∶16竖屏直播功能上线。12月EPM对接抖音等第三方平台。截至2021年12月3日，EPM累计用户量达3 000多人。

【云调度应用中心平台拓展】　2021年，SMG积极拓展CMCR（Cloud MCR，云调度）应用中心平台市场应用，1月为《2020和平精英全球总决赛》赛事提供上海—迪拜合计32路实时（基于SRT协议）互联网视频流传输、调度服务。5月为《Free Fire World Series 2021 Singapore》电子竞技赛事提供上海—全球12个国家，总计24路（基于SRT协议）视频流传输和调度服务。同时CMCR自身也在不断完善各类功能应用和节点扩展，年内完成全球五大洲23个国家、30个城市的节点接入，实现实时传输质量监控、使用统计等功能，提高用户工作效率。CMCR加强与国内、国际多个互联网服务商（阿里、腾讯、亚马逊、Haivision等）的深入合作，完善现有功能，主要包括：信号传输质量实时监控等，从而保证CMCR为每个用户提供稳定，高质量的视频传输调度服务，同时积极拓展应用市场。

【旗舰店二期项目开发】　2021年，SMT在原旗舰店基础上，积极实施旗舰店二期项目开发。项目面向台、集团用户典型应用场景，以SMG纵横公众号为主要入口，实现产品查看、下单和评价等功能。2021年内，"在系统功能上优化解决使用中的问题、增加对外购产品和服务的支持、扩展功能至能涵盖原'一卡通'系统在用的软硬件功能和计费统计等管理功能、增加总裁界面实现旗舰店经营数据的可视化展现、实现线上填报和查看的项目文档管理系统"5个方面系统需求基本完成。系统上架30多类产品（如转播、演播、传送、外场、后期、特效音频、新媒体、会展、工程等），并在线提供300多种广播电视设备和服务，涵盖广电行业中高端设备和服务。

【数据中心一期建设】　2021年，SMG着手主数据中心一期建设，目标是实现数据分析、用户画像、智能推荐、第三方数据采集等，计划接入"看看新闻"及"SMT车载内容平台"运营数据。项目分为两个阶段：第一阶段完成数据分析系统、用户标签系统的搭建并完成"看看新闻"业务数据接入以及"看看新闻"第三方传播力影响力分析系统及数据大屏的开发；第二阶段主要完成智能推荐系统的搭建及接入"SMT 车载内容平台"业务数据，完成"SMT 车载内容平台"数据大屏的开发。在完成数据分析、用户画像系统、看看新闻客户端的数据卖点及第三方数据采集系统、数据大屏的开发工作后，于 2021 年 7月上线。

【华为车载项目投入使用】 2021 年，SMG实现了基于华为车载生态的内容平台和应用 App 建设，其中，内容平台支持各频道频率以及其他内容合作伙伴入驻并进行内容运营；应用 App 基于华为系统，为 C 端用户推荐音视频内容和提供车内交互。年内完成一期功能开发，应用实装到华为车机，并于2021 年 4 月上海车展搭载华为 HI 服务的轿车阿尔法 S 真车上供参观者体验使用。

【AI 技术赋能广告审核】 2021 年，SMG工作重心之一放在 AI 人工智能技术在广告中的应用。2021 年 11 月 20 日，其开发的广告审核系统首次采用了 AI 人工智能技术，对广告视频中的人物应用人脸识别技术，找出敏感人物并显示相应时段，辅助审核人员鉴定内容。同时 AI 平台还提供语音转文字功能，将全部广告对白转化为文本模式，为后续的多版本隐含字幕播出创造了条件。该系统由视音频流程引擎、审核模块、AI 平台、内容展示这几个核心组件构成。采用 AI 平台调用技术，与广告编审系统松耦合。随着 AI 平台的功能优化，广告系统的识别率、准确率、审核效果和效率以及响应速度均会随之提升。

上海国茂数字技术有限公司

【AVS 标准升级】 上海国茂数字技术有限公司（以下简称"上海国茂"）是国内较早从事高效音视频压缩技术 AVS（Audio Video coding Standard，数字音视频编解码）/ AVS+（Audio Video coding Standard+，数字音视频编解码升级）/AVS2（Audio Video coding Standard2，第二代数字音视频编解码）/AVS3（Audio Video coding Standard2，第三代数字音视频编解码）标准研究、产品开发及产业化应用的企业，持续积累近 20 年，在国内数字音视频编解码领域处于领先地位。2021 年，上海国茂研制完成基于 AVS3 标准的 8K 实时编码器，并首次在上海电视台、百事通得到应用，为 AVS 标准在广电领域的产业化进一步推广应用提供了有力支撑。上海国茂科研团队自 2002 年起参加 AVS 标准制订工作，为推进整个 AVS 技术和产业化应用做出巨大贡献，2021 年荣获"AVS 产业技术创新奖"。上海国茂在数字经济领域具备一定成就和行业影响力，其超高清音视频编解码技术领先，具有行业示范作用，具有突出代表性和影响力，带动并加快该领域行业发展。上海国茂自主知识产权和具有一定水准的核心技术在数字技术赋能经济方面起到支撑引领作用。2021年荣获长三角数字经济创新案例企业奖。

上海索广映像有限公司

2021年，面对新型冠状病毒肺炎疫情持续、多次强台风登入上海，全球半导体不足等原因导致零件瓶颈等困难，上海索广映像有限公司（以下简称"索广映像"）以"新生"为口号，发挥岗位专业优势，灵活应变、攻坚克难，强化人才培养、品质提升和运营能力的提升，顺利推进各项工作，自主开发了首条将短时间、高效率生产变为可能的生产线——超级电视机生产线。2021年全年实现销售数量284万台，其中液晶彩色电视机及模组204万台，专业机及光机组件4.9万台；总销售收入126亿元。

【最大尺寸机种导入】　2021年，作为生产大型电视机机种（75英寸及以上占比达到40%）专业工厂的索广映像首次顺利导入索尼最大尺寸——100英寸超大型机种。在导入的过程中，面对尺寸大、机型面向全球（整机中的附件如电源插头，纸箱上的标识差异大）等困难，索广映像通过制

造技术、工程技术等部门的共同努力，首次进行了从流水线式到台车式生产的作业变化，并按区域分配作业内容，完成后再由专人进行全面检查，从而确保了100英寸超大尺寸电视机应有的全方位品质。

【生产设备自主开发】　为了以最小成本和最短工期进行导入项目的推进，2021年，索广映像进行了自主机器手臂设计、安装和调试，使得首个超级流水生产线线体按时、按质完成并投入正常生产。与此同时，还十分重视供应商出现供货异常（如调谐器等）时的应对。一旦收到供应商异常（如调谐器等）造成停线的信息后，电视机制造部门会快速利用停线空挡商讨试制样机的返工，同时利用停产进行O-cell自动定位设备改造、线体维护和保养等。随着这一快速灵活的对应机制的逐渐成熟，以及各部门的配合协作，索广映像战胜了包括疫情影响在内的各种困难，经受住了考验。

【RAF切割设备导入】　2021年，索广映像导入的电视机机种共有4个机种使用RAF贴合技术，由于均是无边框设计的款式，需要对原有RAF贴合工艺进行改变，增加RAF激光切割设备。虽然在导入与工艺改变中出现了许多问题，全体员工仍以精益求精、攻坚克难的精神，攻克了一个个技术难题。比如，在激光切割设备试制与使

用中发现，有切割时角部发黄的现象。面对这一新的技术难关，制造部门的员工积极动脑筋想办法，借助对切割的激光强度和移动速度曲线的建模分析，通过采用调整角部的激光强度与移动速度的方法，最终在试制前使角部发黄这一问题得到完美解决，使得激光切割不良率0发生，顺利完成了激光切割的导入工作。

【开发导入与专利申权】 2021年，除电视机制造以外，索广映像还导入生产了索尼基于高端4K PTZ摄像机，用于TV会议的升级新机种EVI-X200C。该机内置1/2.5英寸Exmor R成像器，配有变焦能力达全高清80倍，角度覆盖70°，可轻松进行广角拍摄的集成式高分辨率镜头。具有灵敏度出色、噪点很低、色彩再现丰富自然等优点的EVI-X200C丰富了4K TV会议产品种类，其宽动态与更高灵敏度特性为高清画质的拍摄提供了保障，是教室、会议室、教堂、演讲厅及医疗环境等众多场所应用的理想之选。在新品开发导入，并确保生产与产品质量的同时，索广映像时刻不忘拥有自己的知识产权和软件著作权，通过不懈努力，技术实力不断提升，公司申报的发明专利（"一种图像传感器的位置调整系统及方法"专利号201711352908.9）和（"一种调节镜头安装组的高度的方法"专利号201911402627.9）分别于2021年4月23

日和2021年8月20日获得授权证书。

相舆科技（上海）有限公司

【应用市场拓展】 相舆科技（上海）有限公司（以下简称"相舆科技"）自主创新的XPOWER智能电力系统以独有的技术路线实现取代内装电力隐蔽工程和拖线板排插的传统作业方式，填补了国际技术领域空白，广泛应用于精装修房地产楼盘、工程装修、智慧校园、连锁商业场所、办公家具、橱柜家具、智能家居等各类室内环境应用领域。2021年，相舆科技加大研发力度，发布了行业第一份技术白皮书，完成了全系统标准化建设，确立了行业领军地位。2021年，与金螳螂、金茂、欧派、索菲亚等下游行业巨头企业展开技术合作，为装配式内装、全屋定制等行业提供了创新解决方案。2021年，相舆科技完成了包括普华永道亚太总部、保利地产、复旦大学3期、德威国际学校3期等大量案例，与欧派、索菲亚等头部家居品牌持续扩大合作。面对新型冠状病毒肺炎疫情考验，销售额实现正增长，订单过亿元。

上海风语筑文化科技股份有限公司

【用数字科技在迪拜世博会中国馆"讲中国故事"】 "2020年迪拜世博会"于2021年10月1日正式开幕，上海风语筑文化科技股份有限公司（以下简称"风语筑"）作为迪拜世博会设计施工一体化联合体成员单位，在世界舞台讲中国故事，彰显华夏力量，见证了一场科技视觉盛宴。"华夏之光"中国馆以"构建人类命运共同体——创新和机遇"为主题，围绕"探索与发现""沟通与连接""创新与合作""机遇与未来"等篇章，展现中国在航天探索、信息技术、现代交通、人工智能、智慧生活等方面的"硬实力"，通过建筑设计、展览展示、灯光展演体现了传统文化、人文关怀等方面的"软实力"。

【元宇宙技术研发应用】 2021年12月，风语筑成为"中国移动通信联合会元宇宙产业委员会"首批会员单位，并充分发挥公司在3D建模、空间设计、人机交互等领域的传统优势，为元宇宙用户搭建3D数字化场景、打造沉浸式交互体验，共同运营元宇宙虚拟数字空间，推动元宇宙产业持续发展，迎接元宇宙时代到来。风语筑旗下专注元宇宙赛道相关业务拓展的子公司风语宙积极拓展相关应用，2021年，与安徽广播电视台合作，共同打造安徽广电首个数字虚拟主播"小安"，共同开展虚拟直播间、虚拟IP运营等元宇宙领域业务。同年，战略携手零境互娱（互联网泛娱乐文化创意服务商）打造元宇宙社区平台"灵境宇宙"，投资其旗下上海灵境绿洲数字科技有限公司，致力元宇宙生态优质内容孵化，切入场景打破线上线下次元壁，打造身份系统。其间，风语筑还投资具有树图链背景和原生数字资产的NFT（Non-Fungible Token，非同质化通证）发行技术服务公司星图比特，共同开展元宇宙品牌的NFT发行、IP NFT数字周边零售等业务。

上海仪电数字技术股份有限公司

【为老服务"一键通"试行】 如何让上海530万位户籍老龄人口享受数字红利，是上海市政府高度重视的问题，也是上海仪电数字技术股份有限公司（以下简称"仪电数字"）"为老服务一键通"项目探索开发的宗旨。"为老服务一键通"平台内置"助医、出行、政策、生活、家政、社交"6个模块，为方便老人操控，进入平台甚至连一次按键都不需要，拿起重新设计的机顶盒遥控器，滑动滑盖，电视就会自动切换到"一键通"平台。如需服务，只需按对应键一次即可。开发过程中，项目团队遇到5类终端与3张独立网在内容发布、访问机制、安全管控等方面不尽相同，为老服务信息化系统没有形成一套完整的（市/区/街镇三级）信息化管理平台造成信息数据孤岛及为老服务功能重复冗余等难题。项目团队集思广益，前者最终通过防火墙、网络策略打通3张网之间的壁垒，使业务跨越3张网顺利运行；后者则借助中台数据系统，通过统一接口与各第三方业务系统对接，实现数据统一聚合接入，一次对接满足多信息通信需求。同时集成散落的信息、数据，实现数据互联互通。2021年7月，在松江区九亭镇、岳阳街道两处进行试点，用户反响积极。

蓝硕文化科技（上海）有限公司

【助力上海城市规划馆改造升级】 上海城市规划展示馆（以下简称"规划馆"）是国内首家以展示城市规划与城市发展为主题的专业性场馆，开馆20年来，累计接待中外参观者722万余人次，其中国外参观者占58.3%。为更好地展示上海城市形象、提升参观者参观体验，规划馆于2019年底闭馆改造，全面推进展陈更新、建筑改造和智慧展馆建设。蓝硕文化科技（上海）有限公司（以下简称"蓝硕文化科技"）助力上海城市规划馆改造升级，打造双面显示弧形环屏秀，将创意和科技文化相融合，使规划馆极具专业性、知识性、趣味性、艺术性，融历史和未来为一体，给人无限遐想。磅礴的气势、大手笔的布展格调、现代一流的高科技展示手段，形象、生动地演绎出申城沧桑巨变，展现出上海的美好今天和灿烂明天。蓝硕文化科技一直专注显示技术研发及产品开发，不断突破传统限制，以"科技"赋能创新，打造美好城市。2021年12月，其上海城市规划馆序厅环屏秀项目顺利完成。

【为第十届花博会打造科技装置】 2021年5月21日，以"花开中国梦"为主题的第十届中国花卉博览会在上海崇明拉开帷幕，本届花博会是首次在岛屿上、乡村中、森林里举办的花博盛会。蓝硕文化科技助力第十届中国花卉博览会，为花博会打造了裸眼3D LED球型互动装置，智能数字显示标牌以及LED移动多媒体车。蓝硕文化科技提供的高清裸眼3D LED球型互动装置，在360度沉浸式体验的超大空间呈现裸眼3D花卉盛开场景，以全球各国国花共同盛放为创意出发点，融合声、光、影等数字技术打造各国共享的百花园；智能数字显示标牌将"花开中国梦"的主题清晰地呈现在游客眼前；可随时变更地点、更换信息的LED移动多媒体车载屏上，展现着世纪馆内缤纷多彩不断变换的内容画面，视觉范围宽，视听震撼力强，传播效果明显。蓝硕文化科技用前沿的数字科技将花卉艺术以不同的视角呈现给观众，这也是未来数字视觉与空间结合，打造沉浸式体验的大势体现。

【参与SDG中心建设】 全球首个SDG（Sustainable Development Goal，可持续发展目标）可持续发展大数据国际研究中心（以下简称"SDG中心"）于2021年9月6日在北京揭牌成立。2021年下半年，蓝硕文化科技参与完成SDG中心建设工作，打造了大型球体展示系统、超宽LED球带幕展示系统，呈现SDG中心作为国际研究机构的国际化身份，展示中心硬实力，体现科技时代感，同时满足综合交叉办公、服务应用、展示汇报等用途，做到功能有序，协作便利。在SDG中心"可持续发展大数据决策支持服务功能区"，蓝硕文化科技打造的"200平方米超宽LED球带幕展示系统"和"32平方米大型球体展示系统"将创意与科技完美结合，打造出极具未来感和科技感的服务功能空间，让理性空间与视觉艺术叠加，构建出沉浸式的交互可视化模拟和分析环境。两大显示系统均可借助视频内容及机械运动的结合，实现联动效果，给参观者置身其中的沉浸式感受。在技术与项目开发上，蓝硕文化科技除累计获得各类专利69项外，2021年获得"蓝硕机械互动装置视频播放软件"（著作权号2021SR1213049）和"APS图像采集处理系统"（著作权号2021SR0891976）等9项软件授权。同年还获得由上海国际商业综合体产业展组委会颁发的"中国商业综合体优秀合作伙伴奖"。

上海佰贝科技发展股份有限公司

【概况】　上海佰贝科技发展股份有限公司（以下简称"佰贝科技"）位于上海自贸试验区浦东新区张江科学城，是一家主要从事多媒体视音频、广播电视、移动互联网、融媒体等专业领域产品开发、软件设计、系统和平台研发、集成和运营服务的高新技术企业。公司技术实力雄厚，核心领导团队由教授级高工、博士领衔，大部分核

心人员在数字音视频处理、广播电视、无线网络、移动互联等领域有十年以上的开发及应用经验。自主研发的多项技术和系统获得15项广电总局及其他省部级科技奖励，其中一等奖5项。公司拥有授权发明专利17项、软件著作权18项、其他各类专利知识产权20多项。

【广播电视监管监测平台与系统研发】
2021年，佰贝科技积极研发广播电视监管监测平台与系统，其中，"广播电视智慧安播监管平台"基于用户在广播电视节目安全播出应急及管理两方面的现实需求，以安全播出事故预防为主，对播出隐患及早发现、及早处理，通过智能化监控手段，达到故障应急的自动切换处理。实现"降低安全播出差错率和事故等级，提高安全播出运行与管理水平"的目标。通过多源音视频相关性分析技术，可编程智能应急逻辑分析引擎，触控式智能应急监管一体化终端，可做到全面故障识别，准确并高效地捕捉节目故障。1秒内准确识别节目播出异态，2秒内完成安播应急切换，虚警误报过滤率提升100倍。"广播电视监测监管系统"是为广播电视系统的数字化、网络化、智能化发展量身定做的集成化综合监测解决方案。基于广电监管要求，提供对有线数字电视、地面数字电视、有线/开路模拟电视、中波/调频/短波、手机电视、卫星数字电视、IPTV网络电视、新媒体、

网络视频等信号的集中智能监测，提高监测效率，最大化简化监测过程中的操作。2021年，广播电视监管监测平台与系统完成了在广电总局广播电视卫星直播管理中心，上海、厦门、青岛、宁波等广播电视台，以及上海市监测中心等单位的应用部署，获得用户一致好评。

【超高清播控管理设备研制】 2021年，佰贝科技基于上海市经济信息化委软件和集成电路产业发展专项资金项目"超高清视频广播电视节目的智能播控管理设备的研发及产业化"，成功研制完成4K超高清信号智能播控管理设备和公共大屏内容监管平台，并于2021年12月通过验收。

智能播控管理设备采用视音频质量实时分析技术、视音频实时相关性比对分析技术、智能逻辑分析等技术，解决了在4K超高清广播电视节目播出质量实时监测中，节目音视频异态及引起节目劣化故障环节的快速定位，虚警误报过滤，马赛克、拉条等节目劣化情况的快速准确识别，并在规定时限内完成相应安全播出应急切换等关键问题。基于该设备系统对广播电视播出链路适应性强的特点，可适用于所有播出、传输、发射多源应急切换环节。

公共大屏内容监管平台通过充分发挥有线网络覆盖能力，在保障公共大屏现有内容发布应用业务基础上对其进行简易改造，建立覆盖全面、安全可靠的监管系统，

对城市公共大屏发布内容合法性、合规性进行有效监管；实现城市公共大屏内容可管可控，完善城市公共大屏监管业务；联动政府相关部门，对大屏广告内容进行监管并方便执法取证，减小违法违规播放行为带来的负面影响；为大屏业主减小违规广告内容播放的风险，减少因国家及地方等重要事件而关闭大屏的时间，从而带来额外广告收益。

【信息化应用全面展开】 2021年，佰贝科技顺利建成ERP系统和OA（Office Automation，办公自动化）系统，实现了公司统一信息集成。两系统从公司全局出发，统一编码，统一命名，统一数据规范；实现研发、销售、生产、财务及原材物料、设备、备件、采购供应的计算机管理。对所有过程数据，系统从数据发生即开始记录，有效地对研发过程、销售过程、生产过程、项目执行过程的全程跟踪记录，并可追溯。共享的集中式数据库系统，分级式权限管理，极大方便了各部门进行信息查询和管理。信息化的全面应用使企业在经营管理科学化、功能集成、总体优化、效益显著等多个管理方面迈上新台阶。

【专利开发与产品开发同步发力】 在开发新品的同时，佰贝科技也十分注重专利技术的研发，并积极申请授权。2021年，申请发明专利（"4K视频识别方法、系

统、设备及计算机可读存储介质"专利号：20211120059.6 和"一种监测播出服务器信号异态或劣化的方法及系统"专利号：202111240767.8）2 项。前者专利技术可便于对非 4K 视频素材制作的 4K 视频进行识别；后者专利技术则通过对播出文件进行逐帧高精度特征数据提取，结合播出节目单，在播出文件真正播出时，实时逐帧采集播出信号画面进行视频特征提取，与播出素材提取视频特征数据进行智能同步后比对分析，有效捕捉因播出服务器硬件或软件导致的播出源头节目故障。

咪咕视讯科技有限公司

【概况】　咪咕视讯科技有限公司（以下简称"咪咕视讯"）是中国移动旗下咪咕文化科技有限公司（以下简称"咪咕文化"）的全资子公司，是中国移动在视频领域的唯一运营实体。咪咕视讯定位是以网络视频服务经营为核心，开展多元化的视频业务，并最终打造成为国内领先的综合型视频服务企业。多年来，公司深耕 5G 超高清视频内容和技术生态，致力于推动 5G 超高清视频内容技术研发、创新和应用，取得了令人瞩目的成就。在庆祝中国共产党成立 100 周年文艺演出《伟大征程》和北京冬奥会等多个国家重要直播项目中，咪咕视讯充分运用 5G 超高清视频技术，出色完成各项重要直播任务，很好地履行了国企责任与社会担当。

【产业标准体系建设】　咪咕视讯积极参与推进超高清视频产业国有化自主标准的建立。2019 年，咪咕视讯率先牵头起草制订了《4K 超高清内容交换参数值》［CUVA008（v1.0)-2021］团体标准。经中国超高清视频产业联盟（以下简称"CUVA"）标准工作组审定，以及 CUVA 理事会批准，于 2021 年 4 月 9 日正式发布。此后，咪咕视讯代表世界超高清视频产业联盟（以下简称 UWA）牵头编制了国内首个《5G+8K 超高清国产化白皮书》，白皮书于 2021 年 10 月在第八届中国网络视听大会发布。同年 12 月，咪咕视讯进一步参与 UWA 组织的"百城千屏"超高清联盟标准体系起草工作，参与起草《"百城千屏"超高清视音频传播系统节目播出技术要求》《"百城千屏"超高清视音频传播系统视音频编码：视频》两项技术标准。

【超高清重大赛事赋能】　咪咕视讯持续构建以超高清直播端到端全链路能力为核心的直播制播体系，截至 2021 年底，完成 50 多个"行业首次" 5G 超高清直播实践，打造了 5G 超高清观赛新主场。2021 年，咪咕视讯在中国移动和咪咕文化指导下，完成超高清直播制播生产体系建设，交付 6 间 4K 演播室和 1 间直播总控中心，完成庆祝中国共产党成立 100 周年文艺演出"伟大征程"、2020 足球欧洲杯、2020 东京奥运会及 2022 北京冬奥会等大型国际赛事和国家重要庆典活动的直播保障工作。尤其是在东京奥运会赛事直播中，咪咕视讯全程应用5G+4K超高清直播技术，通过HDR Vivid技术模拟人眼的灵敏度，同时保障色彩的丰富度，让画面更趋近于真实世界，超高程度还原奥运赛场实况。

【超高清内容生产储备】 咪咕视讯持续加大优质超高清内容的储备力度，截至2021年12月，咪咕超高清在线内容储备超过4.9万小时，VR超高清内容储备超过6.5万小时。2021年，咪咕视讯制作完成多部超高清作品，包括4K HDR《一叶茶 千夜话》、8K纪录片《万物之生》、4K纪录片《让世界看见我》、4K纪录片《自然之源》及短片《8K未来世界》等。在超高清内容修复技术方面，咪咕视讯针对多部经典老片开展电影级超高清修复工作。通过4K修复技术，使新中国首部体育题材彩色故事片《女篮五号》完成4K银幕首秀，让中国经典动画《天书奇谭》重焕新生。

【"戏剧表演5G即时拍摄"献礼建党百年】 在庆祝中国共产党百年华诞之际，庆祝中国共产党成立100周年文艺演出《伟大征程》副总导演、中国国家话剧院院长田沁鑫提出大型舞台剧"即时摄影、瞬时导播、实时投屏"的创新构思。为支持演出活动，咪咕视讯直播技术团队积极承担央企责任，迅速组建党员突击队，研究拍摄方案。演出当晚，在中国移动首款超低时延5G背包设备搭建的5G边缘计算视频专网以及超高清技术的保障下，情景化的戏剧表演拍摄画面通过8路5G+4K超高清视频实时传输至现场导控台，通过现场对多种技术手段的综合运用，对镜头画面做实时剪辑、实时调色等处理，在现场主屏幕上即时同步呈现出细腻的电影质感画面，沉浸式展现中国共产党百年来带领人民进行革命、建设、改革的壮美画卷。这项全新的摄制方案为大型演出和室内演出开创出了一种全新的艺术呈现模式，极大地拓展了5G技术在传统文艺演出和舞台艺术方面的应用空间。

联通（上海）产业互联网有限公司

【概况】 联通（上海）产业互联网有限公司是联通数字科技有限公司的全资子公司，由上海联通属地化管理。公司依托运营商在ICT、大数据、人工智能、物联网和云计算等领域的优势，以技术驱动为引领，面向智慧城市、智能制造、医疗健康、智慧教育、智慧园区等领域提供智慧应用及产品。成立3年来，获得国家高新技术企业、CMMI3认证、工信部全国智慧养老示范企业、上海市级以及长宁区科技小巨人认定。

【城市数字化转型重点场景建设】 为全面对接城市数字化转型重点场景，2021年，公司在"智慧医疗、智慧养老、智慧教育以及智慧园区"等行业的数字化上全面展开，实现标杆项目先行先试，自有能力深度切入，面向全国形成更多可复制可推广的经验。在智慧医疗领域：参与"便捷就医"和"未来医院"场景顶层设计，打造瑞金医院 5G 应急救援体系、华山医院多院区"平战结合"防疫协同、医保防欺诈等多个标杆，其中基于 5G 的"教学查房管理"项目入选工信部和国家卫生健康委公示的"5G+ 医疗健康应用"试点项目名单。在智慧养老领域：升级优化养老 2.0 平台，打造田林街道智慧养老、奉贤民政等标杆项目，与中国银行上海分行联合打造的 5G 智慧养老特色网点项目荣获"2021 年上海市智慧养老应用优秀案例"，公司获得工信部全国智慧养老示范企业称号。在智慧教育领域：深度打造卢湾一中心、浦东二中心、复旦大学等标杆项目，并成功中标徐教院二期、复旦附中等标杆院校，同时入选首批上海市学生（青少年）科创教育基地（2021—2024）名单。在智慧园区领域：打造园区智能中枢，实现园区要素实体数字化、运行态势可视化、运维管理集中化和决策管理科学化的建设目标，承接华住园区、上海银行、华测导航等园区项目，并拓展至外省。

【两网建设赋能"数字政府"】 2021 年，公司在助力"数字政府"建设中，以市政务云特色应用、边缘云节点、专属资源池等不同的建设模式，推进市—区—街镇三级政府上云，助力"随申码"上云及"健康码"亮码，日均访问量超过 2 000 万次。另外，还提供大数据等 PaaS 服务，支撑生态环保项目落地，依托市政务云布局区级边缘算力中心，带动杨浦政务云建设。与此同时，公司以终端设备为依托，积极探索青浦城运、浦东城运等新型物联平台建设的运营模式。

【创新业务"护城河"构建】 2021 年，公司在夯实数字基座能力，构建创新业务"护城河"上面，采取了四项措施：一是坚定云引领战略，以联通云为核心，通过机房间波分通道＋云联网构建混合云，实现数据库、安全等本地能力补足，打造云网一体、多云协同与统一云管能力的一体化混合云服务体系；二是重点布局高层级、高价值数智服务平台，深度参与上海市公共数据要素改革，重点打造视频智能应用、青浦城运平台两大核心平台，拓展"双减"、明厨亮灶、政务信息化等 8 个专属应用场景；三是持续深耕算法场景库建设，依托联通优势，打造"强监督、弱监督、无监督"三大领域算法能力，在城市治理、医保防诈骗等场景中得到应用推广；四是强化物联自研引领，自主研发"资产管理平台"与"智能视频平台"，双平台的合力驱动，持续强化自主运营能力。

（解　放）

四、物联网产业

【共享雾计算框架下的物联网共性技术研究和应用示范】 上海市科技创新行动计划项目"共享雾计算框架下的物联网共性技术研究和应用示范"由中科院上海微系统与信息技术研究所承担，2021年7月29日通过上海市科委组织的综合绩效评价。项目研究了基于雾计算的物联网架构、雾计算物联网资源感知和激励、雾计算网络性能优化等关键技术，具有较强的创新性。该项目研制了支持物联网的雾计算平台、具有软件定义4G和人工智能的雾计算终端，支持机器人同步定位制图和机器人智能制造工厂等多种物联网应用，在智能象棋生产、5G信道大数据分布式高效处理等方面示范验证，性能指标通过第三方测试达到项目任务书要求。该项目申请国家发明专利5项，国际发明专利申请2项，提出国际国内标准提案4项，发表科技论文11篇，出版著作1部，培养博士2名、硕士3名，完成了项目预定考核指标。

【新型城域物联专网管理平台关键技术研究与应用示范】 上海市科技创新行动计划项目"新型城域物联专网管理平台关键技术研究与应用示范"由上海东方明珠数字电视有限公司承担，2021年1月28日通过上海市科委组织的综合绩效评价。该项目研究新型城域物联专网管理平台相关技术，研发社区大脑管理平台和智慧消防社区应用系统，并在杨浦区、虹口区进行示范应用。项目部署超过1.2万个物联终端，无线窄带城域物联专网的室外覆盖率达到95%，日处理数据100万条以上，形成了《新型城域物联专网建设规范化研究》《新型城域物联专网评估体系研究》等调研、评估报告和测试方案。项目申请专利1项，获得软件著作权2项。

（张丽媛）

第二章 信息服务业

概 述

2021 年是"十四五"开局之年。面对新型冠状病毒肺炎疫情带来的严峻考验，上海软件和信息服务业牢牢把握"五个中心"建设和城市数字化转型的发展契机，立足建设国内大循环的中心节点和国内国际双循环的战略链接，以软件、互联网为引领，夯实产业发展根基，拓展在线新经济、人工智能、大数据应用边界，探索数字技术与实体经济融合催生的新业态和新模式，深入开展软件和信息服务业稳增长相关工作。2021 年，上海软件和信息服务业呈快速发展态势，增长远超预期。

一、软件和信息服务业

【概况】 2021 年，软件和信息服务业各项指标运行稳健，产业规模迈上新台阶，全年营业收入达到 13 098.4 亿元，同比增长 20%，增速为 2011 年以来最高。其中，软件行业实现营收 7 149.6 亿元，同比增长 11.8%；互联网信息服务业实现营收 4 717.4 亿元，同比增长 35.4%。全市软件和信息服务业规模以上企业数量超过 3 000 家，其中，经营收入超过 100 亿元企业 22 家，超 10 亿元企业 128 家。截至 2021

年底，全行业从业人员88.7万人，增长9.6%。全年软件和信息服务业投融资470笔，其中公布具体金额的135笔投融资合计超过600亿元，主要集中在行业应用软件和智能软件领域。从融资轮次看，除战略投资外，主要以A轮、B轮和天使轮为主。随着上海新炬网络技术有限公司、上海霍莱沃电子系统技术股份有限公司、上海概伦电子股份有限公司等7家企业成功上市，上海市软件和信息服务业上市企业达到105家，市值超过3.06万亿元。

【产业发展前高后低】 2021年上海市软件和信息服务业运行总体平稳有序，主要指标均保持增长态势，走势呈现"前高后低"特点。上半年延续上年快速增长态势，实现营业收入超6 000亿元，增速超过25%。受2020年基数较高、在线教育和网络游戏外部环境变化等综合因素影响，第三季度、第四季度增速有所放缓，但全年增速仍超过20%，为2011年以来最高。其中，互联网信息服务业增速持续保持30%以上，居各细分行业首位。一批平台型互联网企业快速增长，有力拉动软件和信息服务业增长，拼多多、大众点评、米哈游等企业增速均超过50%。

【研发投入不断扩大】 2021年，上海软件和信息技术服务业企业研发投入超过1 500亿元，企业平均研发强度达到12.8%。其中，营业收入超过10亿元企业的研发占比超过六成，但中小企业研发投入强度高于大企业。上海软件著作权登记继续保持高速增长，全年登记近23.1万件，同比增长超39%，登记量占全国比重超9%。上海企业持续加大科技创新步伐。信息技术创新领域，寒武纪、平头哥、地平线、燧原、天数智芯、禾赛科技等企业加快高端智能芯片、传感器等关键环节"卡脖子"技术研发。企业运用政策资源、行业力量，瞄准新质操作系统、图数据库、云原生等方向，全力推动核心关键技术的研发和产业化，推出一批有影响力的软件产品。如：星环推出企业级图数据库Transwarp StellarDB，道客推出云原生一体机。工业软件关键领域，大力推进工业软件与新技术的融合，积极联合工业企业开展工程化攻关与应用，提升综合性解决方案能力，涌现出一批重点企业和产品。其中，零束软件的中央计算平台域控制器软件平台项目正式获得国际认证，标志着零束具备国际认可的汽车软件开发实力。宝信软件发布历经十年自主研发的工业控制系统的核心部件——大型PLC（可编程逻辑控制器），产品性能指标可媲美欧美厂商高端产品，打破了外资产品垄断。上扬软件除MES（Manufacturing Execution System，制造执行系统）软件被广泛应用于国内集成电路项目外，其APC（Advanced Process Control，先进过程控制）软件出口美国，实现了国产集成电路专用工业软件的首次对美出口。产业数字化领域，航天设备制造总厂、新时达机器人等5家企业获国家级智能制造试点示范工厂称号，城市排名全国第一。治理数字化方面，迪爱斯"VR智慧综合应用平台"可提升可视化指挥、治安防控、隐患分析和强化应急处突能力。在生活数字化方面，卫宁健康提供的智慧医疗服务提升了百姓对"数字赋能美好生活"的感受度。

【企业实力加速提升】　经过多年深耕发展，上海市软件和信息服务业各细分领域均涌现一批有较大影响力的企业。在软件技术领域，云扩科技等11家软信企业入选福布斯"中国企业科技50强"榜单，17家企业入选2020年度国家支持的重点软件企业清单，30家软件企业入选工信部发布的第三批"国家级专精特新小巨人企业"名单。在互联网信息服务领域，寻梦科技等16家企业入围中国互联网协会发布的《2021中国互联网企业综合实力百强企业名单》。在数字化转型领域，海得控制等11家企业入选工信部第三批服务型制造示范名单。以各行业龙头企业为代表的2021届百强企业营收规模占全行业比重接近5成，较上届增长28.63%，增速高于全行业平均增速，是产业规模快速壮大的主要力量和行业经济运行的压舱石，是数字产业化的主力军，

对全行业的支撑带动作用日益突出。在关键领域涌现出一批重点企业和产品。概伦电子EDA软件最高实现3纳米工艺节点技术，可支撑7纳米、5纳米、3纳米等高端工艺节点的半导体设计、制造及工艺平台开发；上扬软件除MES软件被广泛应用于国内集成电路项目外，其APC软件出口美国，实现了国产集成电路专用工业软件的首次对美出口。

【产业布局持续优化】　上海各区围绕软件和信息服务业不同领域、依据各区产业特色和发展基础，突出特色，重点提升，实现差异化发展。浦东新区从"强链、育链、补链"入手，推动以"大智云物移"为代表的软件和信息服务业发展。长宁区以"互联网＋生活性服务业"创新试验区建设为契机，集聚了一批"互联网＋生活性服务业"企业，如拼多多、携程。闵行区聚焦重点领域，依托重点园区基地，积极培育云存储、云计算、数字出版、智能医疗、网络增值服务等网络信息产业。同时，产业基地能级不断提升。2021年全市共35家园区入选上海市软件和信息服务产业基地，其中示范型综合基地9家（浦东软件园、漕河泾新兴技术开发区、天地软件园等）、示范型特色基地6家（枫林科创园、金融数据港、盛大天地源创谷等）、培育型综合基地5家、培育型特色基地15家。15家示范型基地2021年总产值达

11 541 亿元，其中软件和信息服务业产值为 7 762.47 亿元，占全市产业规模近 6 成。基地内营业收入过亿元的企业数量达 689 家，软件从业人员总数约 31.47 万人，约占全行业的 52.1%。

（叶月明）

二、电信传输服务业

【概况】 2021 年，上海信息通信行业总体经济规模呈"稳中有进"态势，5G、云计算等新兴业务迅猛发展，成为助力行业高质量发展的坚强支撑，"双千兆"、数据业务、物联网亮点频现，国家（上海）新型互联网交换中心试点、国际互联网专用数据通道等推动了通信基础设施提质升级，互联网行业整体保持快速增长势头。

【主要经济指标平稳增长】 2021 年，上海市全年电信业务总量（2020 年不变单价）继续保持稳定增长态势，累计达 557.7 亿元，同比增长 18.9%。电信业务收入持续增长，全年累计达 633.6 亿元，同比增长 6.4%，增速保持在稳定区间。2021 年电信业务利润总额达 100.2 亿元，同比增长 1.6%。就月度增速来看，各基础电信企业电信利润总额增速于 2021 年初达到峰值，随后增幅不断缩小，从下半年开始保持稳定。

【电话通话量情况】 2021 年，上海固定电话主叫通话时长为 82.8 亿分钟，同比下降 1.8%。移动电话通话时长 830.8 亿分钟，同比下降 1.3%。移动短信业务量为 819.6 亿条，同比下降 2.5%，各类服务登录、身份认证等行业应用短信占比达 93.2%；移动互联网接入流量 421 262.1 万 GB，同比增长 36.1%。月户均手机上网流量达 9 939.7 MB，同比增长 14.0%。

【电信用户规模】 2021 年，固定电话普及率为 25.8 部 / 百人，移动电话普及率为 176.9 部 / 百人。固定电话用户 642.0 万户，同比增长 0.9%。移动电话用户 4 398.8 万户，同比增长 2.8%，其中 3G 用户 129.9 万户，同比下降 26.4%，4G 用户 2 730.1 万户，同比下降 15.9%，占比 62.1%，5G 用户 926.3 万户，占移动电话用户比例达 21.1%。手机上网用户 3 612.9 万户，同比增长 7.5%。

固定互联网宽带接入用户 995.4 万户，同比增长 8.3%，其中 FTTH/O 用户为 938.7 万户，同比增长 8.9%，占比达 94.3%。速率在 100 Mbps 以上的用户为 905.6 万户，同比增长 18.5%，占比达到 91.0%。速率 500 Mbps 及以上用户共 297.6 万户，占比达到 29.9%。

1 000 Mbps 以上用户为 150.9 万户，同比增长 218.7%，用户占比居全国前列。IPTV（Interactive Personality TV，交互式网络电视）用户 559.5 万户，同比下降 1.0%。2021 年上海市各行政区"双千兆"城市建设关键指标见表 2-10。

表 2-10　2021 年上海市各行政区"双千兆"城市建设关键指标

行政区指标	固定宽带平均接入速率（Mbps）	500 Mbps 用户占比（%）	万人 5G 基站数（个）	5G 移动电话用户占比（%）	5G 基站密度（个 / 平方千米）
浦东新区	329.7	29.7	22.3	21.2	10.5
黄浦区	332.8	29.3	23.1	19.4	74.7
徐汇区	337.0	29.6	15.4	20.2	31.3
长宁区	341.8	29.7	21.6	19.7	39.1
静安区	346.3	29.4	16.5	20.1	43.6
普陀区	342.8	29.7	15.3	20.5	34.7
虹口区	338.9	30.1	17.1	19.7	55.0
杨浦区	329.9	28.9	14.3	20.8	29.2
闵行区	338.2	29.6	14.8	22.5	10.6
宝山区	345.1	31.8	15.2	21.8	12.5
嘉定区	343.6	29.4	18.9	20.5	7.5
金山区	313.1	29.4	19.9	18.7	2.8
松江区	384.0	37.1	18.9	25.4	6.0
青浦区	337.4	29.7	22.2	24.8	4.2
奉贤区	332.5	30.9	27.1	20.1	4.5
崇明区	323.2	28.8	39.3	16.2	2.1

【增值电信业务发展】　截至 2021 年底，上海市通信管理局共向 6 066 家增值电信企业合计颁发 7 049 个许可项目，较 2020 年同比增长 37.4%，其中信息服务业务数量占所有业务许可总量的 70.3%。上海规模以上互联网和相关服务企业互联网业务收入 3 421.4 亿元，较 2020 年同比增长 31.1%。其中，互联网平台业务收入比重最高，达 2 492.4 亿元，较 2020 年同比增长 41.5%；信息服务业务收入 787 亿元，较 2020 年同比增长 16.1%。2021 年上海增值电信业务许可证发放数量见表 2-11。

表 2-11　2021 年上海增值电信业务许可证发放数量（张）

在线数据处理与交易处理业务		654	互联网接入服务业务	48
国内呼叫中心业务		4	互联网数据中心业务	8
互联网域名解析服务业务		3	国内互联网虚拟专用网业务	1
信息服务业务	仅限互联网信息服务	1 595		
	不含互联网信息服务	0		

【互联网站发展】 截至 2021 年底，上海市共有 217 900 个网站（含 App）备案主体、341 706 个备案网站（含 App）。网站（含 App）备案主体中，90.58% 为单位，9.42% 为自然人。2021 年全年上海市备案主体较 2020 年减少 1 910 个，备案网站（含 App）数量较 2020 年增加 9 304 个。涉及各类型前置审批的网站（含 App）共计 1 321 个，较 2020 年增加 46 个。

截至 2021 年底，上海共有 150 家接入服务企业开展网站（含 App）接入服务，其中，接入上海市网站（含 App）数量超过 1 万个的服务单位 2 家，分别是上海美橙科技信息发展有限公司和优刻得科技股份有限公司。上海市接入量前五的接入服务企业情况见表 2-12。

表 2-12　上海市接入量前五的接入服务企业情况

单 位 名 称	主体数量（个）	网站数量（个）
上海美橙科技信息发展有限公司	13 191	14 412
优刻得科技股份有限公司	9 044	10 004
中国电信股份有限公司上海分公司	7 610	9 719
珍岛信息技术（上海）股份有限公司	4 865	5 228
中国联合网络通信有限公司上海分公司	3 701	5 182

（杜　昊）

中国电信股份有限公司上海分公司

【概述】 2021 年，中国电信股份有限公司上海分公司（以下简称"上海电信"）坚持以习近平新时代中国特色社会主义思想为指导，全面响应中央、上海市和集团要求部署，坚持党建统领，以客户为中心，以科技创新为战略支撑，以数字化转型为工作抓手，践行"云改数转"战略，推进高质量发展，各项工作取得重要进步，为实现"十四五"高质量发展夯实基础。截至 2021 年底，上海电信收入在中国电信营收总额中占比 47.02%，继续保持行业领先地位；净利润完成率达 102.25%；客户综合满意度保持行业领先。

（张　军）

【中国电信与上海市政府"十四五"战略合作协议签署】 2021 年 8 月 20 日，中国电信与上海市政府签署"十四五"战略合作协议，计划到 2025 年底，在上海投入不低于 1 000 亿元，全面服务上海城市数字化转型。根据双方签署的协议，"十四五"期间，中国电信将进一步巩固上海的"双千兆宽带城市"地位。到 2025 年，投入服务的 5G 基站超过 4 万个，主流用户普及千兆带宽，国际出口带宽合计超过 6 Tbps；在上海设立中国电信长三角区域研发实体，重点研究 5G、工业互联网、人工智能、区块链、网信安全、量子通信等新一代信息技术，推动前沿科技成果转化落地；聚焦经济、生活、治理数字化转型，推进创新应用。其中，重点推进 5G 网络、智能物联网、边缘云计算与城市支柱行业的应用融合，打造至少一个具有全国影响力的工业互联网公共平台，形成不少于 100 个 5G+ 工业互联网应用案例，支撑重点行业智能示范工厂建设。此外，上海电信计划组建不少于 500 人的专业团队，充分发挥运营商云网优势，全面提高上海市重要产业经济和城市运行领域的网络安全防护水平。

（郝俊慧　钱立富）

【上海电信与上海市科委战略合作框架协议签署】　2021 年 9 月 15 日，上海电信与上海市科委签署战略合作框架协议。上海电信充分发挥信息化建设主力军作用，建设以 5G+ 云算力为代表的新一代信息基础设施，构筑安全坚实的数字化城市连接力、云算力底座，服务上海城市数字化转型。市科委把上海电信作为推动城市数字化转型的重要战略合作单位，支持上海电信以科技创新驱动，在技术攻关、产业合作、人才培养、科普宣传等方面予以协调和支持。双方在"加大科技创新力度，助力科创中心建设""守护网信安全，助力建设城市安全数字底座""建设'双千兆宽带城

市'，提升国际信息通信能力"等方面深化合作对接，为上海科创中心建设做出贡献。

（郝俊慧　钱立富）

【百兆宽带免费升级】　面对上海市政府发布的 2021 年 10 项"为民办实事"项目——"为困难家庭免费升级百兆宽带"，上海电信主动担当，发挥上海信息化建设主力军作用，积极行动，全力落实。一是通过大数据标签，分析、整理出符合条件的 52 万户用户清单，在业务系统上做好用户标注提示，方便受理人员做好用户提醒和业务及时办理工作。二是深入街道和社区进行定点宣传，在营业厅内和线上网厅、微厅入口提供服务引导和业务办理；同时，通过月度短信为用户发送升速链接，方便用户线上办理，简化升速流程；设计《告用户书》，详细介绍免费升速活动的事项要求、办理途径及咨询电话，为不会进行线上自助操作的老年用户提供更多的办理通道。三是为满足百兆宽带承载需求，上海电信全面排摸网络资源，加快推进资源盲点覆盖建设，提前完成城域网核心 1.6 Tbps 平台升级，整体设备转发能力提升 4 倍。同步落实城域网带宽扩容工作，确保带宽利用率低于 70%，确保 52 万户升速用户联网流畅。2021 年 7 月，上海电信提前半年完成"为民办实事"项目，为全市 52 万户困难家庭免费提供光纤网设备、免费安装、免费提速至 100 兆，全力助力

上海"国际数字化之都"建设。

（潘少颖）

【第十一轮宽带大提速启动】 2021年11月19日，上海电信第十一轮宽带大提速行动拉开帷幕。上海电信与长宁区、松江区、静安区、宝山区、虹口区、浦东新区的主管委办签署《共建千兆城市协议》，与商汤科技共同发布5G+AI智能医疗云服务解决方案并签署数字医疗战略合作协议，举行2021年数字生活节发布会，宣布实施"全城千兆、全面提速、全家共享"，大规模推进千兆升速和提升千兆用户规模，推出家庭宽带套餐，搭建一体化数字生活产品和服务体系，推动千家万户实现生活数字化转型。

（钱立富）

【全屋千兆启动】 2021年，"5·17"世界电信和信息社会日，上海电信举行"上海电信信息消费节暨全屋千兆"发布会，在信息消费节期间面向公众和政企用户推出十大惠民福利，正式推出基于FTTR（光纤到房间）的全屋千兆业务，成为面向全城550万家庭用户提供"全屋千兆"服务的电信运营商。

（陈乐贤）

【5G"细胞银行"落户上海】 上海电信依托5G SA（Stand Alone，独立组网）网络架构，通过5G-IoT实现不同自动化设备和各类机器人互联互通，建设细胞样本全自动化流程管理系统，实现多台AGV小车在同一区域的智能调度管控，为原能细胞集团定制打造了自动化无人值守5G细胞库，保障细胞样本的质量与安全，提高存储效率和精准性，并入选工信部"移动物联网"应用优秀案例。

（钮萦祯）

【集团政企OTN网络低时延优化】 上海电信完成集团政企OTN网络低时延优化专项工作，推动集团在政企OTN专网上进行大规模时延优化，有效降低上海至全国其他金融期货城市的时延值。长三角与京津冀、粤港澳大湾区连接形成超低时延圈，上海至北京、大连、郑州、深圳、东莞五大金融期货交易城市的时延值均达到史上最低，为上海电信打造数字化底座，引领金融新基建打下扎实基础，也为服务高净值金融客户专线提供了有力保障。

（陈乐贤）

【新老平面国际流量迁移】 上海电信完成ChinaNet骨干网扩容及上海国际流量迁移工作，有效缓解上海ChinaNet国际C-I链路拥塞问题，提升上海电信宽带客户的国际访问感知。一是配合集团完成新平面C-I带宽扩容，上海可用C-I带宽增扩440 Gbps，割接后，上海ChinaNet国际

C-I 中继平均链路拥塞时长占比大幅下降，宽带用户国际访问业务丢包率由扩容前的 20% 下降至 9%。二是确保在不影响用户的情况下完成新老平面的流量迁移，对近 70 根割接线路进行事前调测、割接模拟等工作。割接过程中，实时监测城域网出口流量变化情况，及时预警调整后 C-I-X 的网络链路流量失衡问题，并快速形成解决措施，保障迁移工作的顺利推进。割接后对近 200 个国际测试地址进行全面质量比对，确保国内外访问路由正常可达。历时 5 个多小时，运用数字化手段部署高效的网络监控与预警能力，有力保障了集团级重大割接的胜利完成。

（郑　坚）

【"安全云盒"投入商用】　2021 年 6 月 27 日至 29 日，首届"新耀东方"网络安全博览会暨高峰论坛在上海新国际博览中心召开。6 月 28 日，"新基建环境下的应用与安全探索"分论坛召开。其间，上海电信最新安全产品"安全云盒"宣布正式投入商用。面对日益严峻的网络安全威胁，上海电信推出"安全云盒"产品，针对各类企业客户网络安全防范痛点，充分发挥自身骨干网络和云网优势，满足不同层次企业客户的需求，守护企业网络安全、助力新发展阶段数字化转型，帮助企业筑牢网络安全"护城墙"。

（崔鹏志）

【5G 社区医院建设】　2021 年 8 月 27 日，上海电信南区局和徐汇区康健街道社区卫生服务中心举行"5G 社区医院"揭牌签约仪式，上海电信助力社区"便捷就医服务"数字化转型与数字医疗创新发展步伐不断加快，不断探索高效便捷的社区医疗新模式。截至 2021 年底，为康健街道社区卫生服务中心进行全院 5G 覆盖，后续计划逐步落地虚拟陪伴机器人、AR 导诊等应用。5G+ 医疗推动全新医疗体验，缓解社区医院医务工作者压力，对患者和居民进行全方位的健康管理。同时，拉近居民与优质医疗服务的距离，加快健康信息互联互认速度。

（潘少颖）

【行业标杆案例打造】　上海电信与中国银联达成合作意向，分别围绕银联客户服务中心、银联金融研究院的场景化需求，提供包括定制方案、平台对接及触达体验在内的一系列 5G 消息服务，成功打造行业标杆案例，为后续在行业内复制推广奠定基础。

（钱立富）

【"架空线落地优环境"实事项目超额完成】　截至 2021 年底，上海电信"架空线落地优环境"实事项目超额完成，242 条道路约 206 公里架空线入地，完成率 206%；提前完成 15 个重点小区的线路改造，8个小区改造基本竣工，占比达92%。一是以"用心去办"的心劲直面难点，从问题多、矛盾大、需求急、困难重的小区中精准选择样本，把"难啃"的老旧小区架空线改造纳入实事清单。二是以"马上就办"的干劲迅速行动，把落实好整治改造工程当成服务群众、拉近距离的桥梁纽带，通过设计规划、方案制定、线缆敷设、用户沟通、割接拆缆、竣工验收等环节，快速行动，全力推进。三是以"办就办好"的拼劲把项目办实，根据实际情况"量身定制"架空线整治计划，制定"一路一方案""一小区一方案""一户一方案"整治模板，明确改造内容、范围和标准。

（李晟昀）

【首批数据交易产品"翼知时空"上架】
2021年11月25日，上海数据交易所揭牌成立仪式暨2021上海全球数商大会举行，全数字化交易系统正式启动，上海电信"翼知时空"大数据服务成为上海数据交易所揭牌后上架的第一批数据要素产品。作为为客户提供时空数据洞察的行业定制类数据服务，"翼知时空"大数据平台为上海文化与旅游局"假日旅游运行监测"提供数据汇聚、处理和分析支撑等服务，包括假日期间上海出入境情况，重点景区（尤其是开放式景区）的实时客流监测情况，为确保完成各区域商业地块价值分析提供有力保证。

【5G分流比增至30%】 5G分流比是评估5G综合运营能力的重要指标，是衡量5G综合发展水平的"尺子"。5G分流比跨过30%临界点具有重要意义，意味着三分之一左右的移动宽带业务已经由5G网络来承载，标志着5G开始真正挑起大梁，进入"以建促用、以用促建"双循环发展新格局。2021年12月，上海电信5G分流比稳步提升至30%以上，成为上海区域首个5G分流比达30%的运营商，5G网络驻留比提升至75%，实现"同城第一、集团领先、业界领先"。上海电信5G网络覆盖越来越完整，不仅"建好"5G网络，而且"用好"5G网络，推动5G高质量发展，发挥5G价值，实现"以建促用、以用促建"双循环发展新格局，上海电信5G发展驶入快车道。

（钱立富）

【最后一台用户电报交换设备下电退网】
2021年6月16日，上海电信最后一台用户电报（电传）T203型交换设备在武胜电信大楼14楼机房下电退网。2018年12月，上海电信用户电报业务下线，但因其他省份的用户电报业务尚未完全退网，需要通过上海设备进行中转，所以仍有设备在运行。随着2021年5月底其他省业务退网，上海电信最后一台用户电报（电传）T203型交换设备下电退网。同一时刻，上海5G消息平台MaaS（Messaging as a service，消息即服务）投入试商用，为百万级电信 5G 用户提供服务。上海电信自主研发建设的 MaaS 平台基于中国电信 5G 消息框架，体现"消息即服务"理念，为用户提供一点接入、全网可达能力，并耦合运营商能力，为运营商差异化服务新建战略空间，实现一站式接入、个性化定制、多网互通以及消息会话业务等。"5G 消息"具有"多媒体、原生态、强安全、体验佳"的特点，为传统电信服务赋予互联网业务的全新属性。"5G 消息"打破了传统短信对每条信息的长度限制，基于 5G 内容突破文字局限，实现文本、图片、音视频、表情、位置等信息的有效融合。同时，5G 用户不需下载客户端、不加好友就能发消息、表情等，且具有在线支付功能。5G 消息还具备加密传输、源头管控、身份校验等全方位安全保障措施。

（钱立富）

【通信保障】 2021 年上海电信完成各类通信保障任务 284 次，完成第四届中国国际进口博览会、全国两会、应急指挥平台建设、上海车展、中超联赛开幕赛等重大应急通信保障任务 64 项，组织完成华东大区 10 省市应急联合保障演练、全市应急救灾物资保障演练等 26 项。

（张　军）

中国移动通信集团上海有限公司

【概述】　中国移动通信集团上海有限公司（以下简称"上海移动"）2021 年坚持以习近平新时代中国特色社会主义思想为指导，全面贯彻党的十九大和十九届历次全会精神，坚持党的全面领导，坚持以人民为中心，党建引领充分彰显，党业融合成效进一步显现。以"学深、悟透、干实"为主线，扎实为群众办实事，推进党史学习教育走深走实；以庆祝建党 100 周年主题活动为主线，紧抓"第一议题"，筑牢党的领导思想根基；心怀"国之大者"，贯彻落实党中央决策部署，深入推进"两和"升级，央企责任担当有力彰显。价值经营持续深化，数智化转型发展加速推进。深入践行中国移动通信集团创世界一流"力量大厦"战略，坚持稳中求进、争先奋进，加快数智化转型、高质量发展各方面工作进程，市场经营稳中向好、发展提速，个人市场稳中有进，HBN（家庭、政企、新兴市场）市场实现较高速增长，收入结构进一步优化，客户满意度稳步提升，为"十四五"开局打下坚实基础。5G 发展保持领先，新型基础设施建设全面提速。大力构建以 5G 为中心的数字化、智能化融合基础设施，夯实双千兆资源能力，5G 基站建成数突破 2.6 万个；打造数智云网算力基础，全面建成 SA 商用核心网，构建智慧全光底座，荣获"全光智慧城市卓越先锋""全光智慧城市使能大奖"；扎实推进 5G 业务量质并重发展，5G 网络规模及质量、5G 客户规模、业务份额均保持行业领先。数智赋能持续升级，改革攻坚不断向纵深推进。持续推进智慧中台建设，精准赋能市场、服务、网络、信安、管理等各方面；网格运营持续升级，渠道转型加速推进，泛渠道规模持续扩大；围绕锻造数智化转型核心能力持续优化分类预算管理，提高供应链敏捷柔性响应能力，高效精准配置资源。坚持创新驱动发展，运营管理效能全方位提升。推进5G技术应用创新机制向"自研＋联合"并举转型升级，开展联合攻关项目40余项、科研项目近150项，输出专利17项；推动5G+AICDE等新技术从示范应用向商业服务迈进，承担国家发展和改革委员会5G创新项目4个，10个项目获上海市5G"绽放杯"奖项、1个获全国"绽放杯"二等奖，连年位列运营商第一。

【一体化布局助推长三角数字经济发展】
中国移动与长三角三省一市政府达成"十四五"战略合作，建立协同发展工作机制，形成资源生态共享，组织推进长三角"十四五"专项规划工作计划和重大专项开展。优化网络资源规划及共享基础建设与服务，构建长三角大数据中心一体化布局，推动中国移动长三角数据中心集群建设，打造长三角区域5G泛在网络，建设中国移动长三角5G生态谷，加速推进中国移动上海（临港）国际数据中心二期工程建设。加快新一代信息技术融合应用，推动长三角智慧互联网医院、山塘村智慧景区等创新应用服务数字化转型，预计"十四五"期间建成具有国际先进水平的研究型长三角智慧医院，助推长三角智慧旅游发展。连续四年护航中国国际进口博览会顺利开展，完善5G+网络和通信服务保障，助推区域开放合作和共同发展。

【上海城市数字化转型赋能】 中国移动与上海市政府达成"十四五"战略合作，把握上海率先推进城市数字化发展机遇，进一步拓展业务布局，加大科技创新力度，推进信息技术与经济社会民生深度融合，为城市经济社会发展注智赋能，以5G赋能人民城市建设。助力构筑数字城市底座支撑，打造云网一体化信息基础设施，与上海市政府共同宣布建设"全光智慧城市全球第一城"，以F5G千兆光网为底座，构建城市"1毫秒"时延圈，实现全市光高速枢纽布局，进一步提升上海"双千兆宽带城市"网络和服务能级。助推经济数字化转型，携手龙头企业打造5G+智慧航空、岸桥、农业、金融、医疗、教育、社区等数字化转型"上海样本"，进一步落实"提速降费"，助力中小企业转型升级，推动5G融入百业，服务大众。丰富数字生活应用场景，大力消除数字鸿沟，为困难家庭用户免费升级百兆带宽，推出爱心讲堂、科技助老等惠民举措，获颁上海首批"数字伙伴计划·上海市数字为老培训基地"；参与打造全国首家红色资源信息化平台"红途"，将红色基因注入数字化城市生活。赋能数字治理综合能力，落地市消防微站可视化等"一网统管"项目，协助上海市大数据中心为市区两级政府提供政务云及信创云服务，为"一网通办"各项应用的稳定运行提供长期保障。

【"数智乡村振兴计划"全面推进】 依托"网络＋乡村振兴"模式，推动城乡数智融合发展，不断增强乡村振兴的内生动力。积极探索乡村数字化转型，推动乡村振兴向全域拓展，结合上海自身城郊融合性特点，致力于提升农村区域信息新基建水平，在全国率先实现所辖行政村"5G＋光网"100% 全覆盖；加大网络维护优化力度，持续扩充专属资费套餐内容，提升用户获得感；重点推动乡镇数智化应用落地见效，打造青浦中步村、崇明虹桥村、松江林建村等一批数智乡村示范点，有效推动农业生产、农村生活、农村治理与数字化相融合。把握乡村产业振兴和消费升级需求，大力实施消费帮扶，加大资金帮扶力度，广泛搭建销售渠道，积极动员社会力量，全民参与帮助销售，助力提升帮扶村乡村振兴产业驱动能力。

【网信安全屏障构筑】 积极贯彻落实"断卡"行动专项部署，配合上级单位坚决打击治理电信网络新型违法犯罪抓好源头管控，严控入网、过户、关停、复机等关键

环节的办理规则，在开卡前端主动做好用户风险提示，对于疑似异常行为主动警戒、劝阻并及时互通至营业厅所辖派出所。开展宣传教育，深入渠道末梢触点强化宣传培训，在全量渠道网点显著位置张贴国家六部门、五部委联合公告和市通管局、市公安和运营商联合发布的"96110 警方提醒"，守护广大人民群众信息安全和根本利益。进一步夯实基础安全防护能力、信安系统建设，完善数据安全技术手段，综合运用大数据、人工智能等技术，分析诈骗电话行为，找出关键特征，形成诈骗电话主动监测识别能力，建立涉诈风险号码监测、预警、核查、处置闭环管理机制并常态运行，对大数据平台分析发现的涉诈可疑线索做好对上级单位的协同上报，获上海市联席办反诈建模比赛运营商组一等奖。

【"智慧花博"建设】 以 5G、大数据等新技术助力筹办好第十届中国花卉博览会，打造"5G＋智慧花博会"，服务崇明世界级生态岛建设。5G 网络全覆盖，率先引入基于 5G 的载波聚合、杆宏协同等创新解决方案，应对不断增长的客流数量和高密度网络需求；强化花博会及其周边区域5G 网络建设，园区室内外 5G 网络全覆盖；建立现场与指挥中心相连通的应急通信专网，全面增强网络应急处突和管控能力。5G 示范应用亮相，建设花博会园区运营指挥系统平台，多屏联动，实现数据集

成、主题分析、多屏展现、应急调度、智能运维及信息发布内容等功能；设立 5G 展厅，提供 5G 云游博物馆、"5G+AR 安防"、"5G+8K 全景 VR"等丰富体验。党建引领办实事，与花博会园区运营中心临时党支部开展"党建和创"，成立花博服务保障党员攻坚队，开展装维技能竞赛，提升服务支撑能力；成立护花青年志愿者服务队，开展"青春助力花博会志愿行动"，提供园区引导、5G 网络质监、安全维护等多种服务。

（蒋晓馨）

中国联合网络通信有限公司上海市分公司

【概述】 2021 年，中国联合网络通信有限公司（以下简称"中国联通"）上海市分公司（以下简称"上海联通"）以习近平新时代中国特色社会主义思想为指导，在上海市委、市政府和集团公司正确领导下，深入贯彻落实党的十九大和十九届历次全会精神，坚持发展、改革、党建一体化同步推进，坚定不移贯彻新发展理念，深化全面数字化转型，加快构建新发展格局，坚持与上海城市发展同频共振，主动对接上海经济建设、社会发展、"五个中心"和"四大品牌"建设，全方位深度参与上海城市数字化转型工作，持续加大新型基础设施建设力度，为上海打造数字经济发展新亮点、提升城市能级与核心竞争力、打造

全球卓越城市和建设社会主义现代化国际大都市、推动智慧城市建设积极贡献智慧和力量，持续助力城市管理、公共服务和民生质量提升。

2021 年，上海联通坚持以高质量党建引领高质量发展，扎实推动年度重点工作有效落地。加快"补短板、强弱项"，推动发展方式从"扬长避短"向"扬长补短"深刻转变，公众、政企两个发展新格局纵深推进，实现了公众业务经营局面的全方位改善和政企经营转型的落地提效；坚持建设新型数字基础设施，5G 规模与质量保持行业领先，网络基座能力进一步夯实；坚持数字化转型全面推开，科技创新不断突破，加快培育自主自控能力，在政务云、平安城市、行业云等领域取得持续性突破，国家队的作用地位进一步彰显；坚持深化体制机制改革，划小改革、市场化选人用人、全要素配置效率提升、考核机制优化等系列迭代推进，进一步激发了企业内生动力与活力，圆满完成了年度各项目标任务，实现了"十四五"良好开局。

【常态化疫情防控】 为新型冠状病毒肺炎救治机构上海市公共卫生中心等 109 家重点客户提供通信保障工作，保障了市政务云、市教育云、大数据平台等；积极投入疫情防控，连夜为上海浦东国际机场、迪士尼核酸检测提供应急通信保障，2021 年累计投入 8 966 人次、出动应急通信基站

车等装备 1 020 余次，发送防疫应急公益短信 1.85 亿条；坚持把员工生命健康放在首位，助力疫情防控精准有效，抓好常态化疫情防控工作，全员疫苗接种率超 90%。

【"十四五"战略合作协议签署】 在 2019 年与上海市政府签署《深化 5G 网络建设和创新应用推进新一代信息基础设施建设战略合作框架协议》的基础上，2021 年 8 月 17 日，中国联通与上海市政府签署"十四五"战略合作协议。根据协议，中国联通将充分发挥建设网络强国、数字中国主力军作用，加速建设以 5G、云算力和人工智能为引领的新一代信息基础设施，共建"双千兆宽带城市"和全球信息通信枢纽，共筑上海全面数字化转型新基座，进一步为上海打造全球信息通信枢纽、建设具有世界影响力的国际数字之都提供助力。

【新型基础设施加快建设】 一是从国家战略高度，率先在上海建设 5G 示范引领区域。2019 年 4 月 23 日，中国联通 5G 在上海完成首发。通过与上海电信共建共享，5G 规模达 2.4 万站，全网具备 SA 网络能力，规模部署 200 M CA，峰值速率达 3 Gbps，规模和质量领先行业；4G 网络覆盖互补场景充分共享，新建场景全量共建，"郊区、室分一张网"积极推进；家宽网加快补齐短板，小区建设覆盖率达 70%，移动精品网连续 5 年在上海市经济

信息化委网络测评中保持行业第一。二是助力上海率先建成"双千兆宽带第一城"。完成 4 742 套商务楼宇万兆覆盖，698 万户小区千兆覆盖，实现万兆到楼、千兆到桌面，中心城区及业务密集区千兆业务全覆盖。三是积极响应习近平总书记对上海提出的三大要求。服务浦东新区高水平改革开放，聚焦金融行业低时延需求，率先在业内推出高品质 OTN 低时延精品专线，金融智网时延压降至 300 微秒以内，显著优于业内平均水平。全面对接服务临港新片区战略，高起点规划建设中国联通上海临港国际数据港，临港数智科技（上海）有限公司完成工商注册，投入运营。深入贯彻落实长三角一体化发展国家战略。2021 年 5 月，中国联通与长三角三省一市政府签署新一轮战略合作框架协议，在集团公司的统一部署下，长三角区域 5G 基站规模达 15.2 万个，核心城市 5G 人口覆盖率达到 87% 以上。深化长三角区域一体化数据中心布局，跨省合作推动区域型数据中心建设，现有 IDC 机房 30 个，储备近 5.6 万架 IDC 机柜资源。以 5G 为核心打造网络连接速度最快的世界级城市群，打造了重点城市 8 毫秒、环沪 3 毫秒、城市群内 2 毫秒的低时延圈。

【上海城市数字化转型对接服务】 在行业内第一家率先成立以集团总经理挂帅的上海城市数字化转型领导小组及工作团

队，开展多轮政策研究解读，深度参与顶规设计，成立7个集团专班、30个市级专班和13个区级专班，重点项目中，国家级课题3个、国家级项目2个、市级项目13个、五大新城"一区一特"重点项目8个，并与各区政府、龙头企业完成数字化签约281家。全面参与数字基座建设。加快5G网络全覆盖、千兆宽带全普及、边缘计算节点建设、临港国际数据港建设、全国一体化大数据中心体系上海枢纽节点建设。重点打造关键平台。包括长三角城市数据及应用算力平台、市公共数据开发利用平台、长三角一体化工业互联网公共服务平台、城域物联平台、数字孪生平台等。在经济数字化方面：深度参与"一业一策"产业数字化转型工作，梳理智慧工厂场景40余个，打造中国商飞、三一重工、宝武碳业、巴斯夫等30余家智慧工厂。在生活数字化方面：深入参与未来医院试点，与复旦大学等打造5G校园专网，成功申报黄浦区卢湾一中心小学、徐汇区教育学院附属实验中学、复旦大学附属中学等5所市级标杆校，依托田林街道养老项目开展为老服务一键通试点等。在治理数字化方面：聚焦"两网"建设，提供基础资源服务及计算能力服务，支撑14家市级委办单位、12个行政区相关系统上云；打造上海市土壤污染防治综合监管平台，是全国首个涵盖业务全、跨部门协同的土壤污染防治监管系统。积极参与五大新城基础设施建设，

积极参与《上海市新城数字化转型规划建设导引》编制；参与临港数字孪生城市一号课题研究、示范建设，以及洋山数字海关、南汇新城镇社区治理、数字天文馆等重点项目建设；参与长三角G60科创走廊建设，打造G60跨域协同生产智能工厂项目20余个，在整个城市数字化转型中起到了示范引领作用。

【科技创新部署落实】 研发投入持续增长，专利申请26项，授权3项，在北斗5G精准定位、北斗长三角高精度时间同步网、新型开放异构网络融合技术等领域与上海交大等科研院所和重点行业开展产学研孵化与合作，并立足长远启动了科技创新体系的研究和布局。

【两个国家级项目孵化】 中国商飞5G未来工厂项目，打造全国首个飞机制造5G全连接工厂，将智能制造、辅助管理、服务延伸、产业协同等全生命周期做了场景应用的深度挖掘；瑞金医院5G应急救援项目入选国家发展改革新型基础设施建设工程，是全国首个基于5G网络的特大型城市区域智慧医疗应急救援体系建设项目。

【电信网络诈骗犯罪防范打击】 2021年，成立"防范打击通讯诈骗工作领导小组"及"防范打击通讯诈骗工作组"，全年共召开反诈工作研讨会8次、调度会12次、专

班例会 52 次，对重点问题明确方案、及时处置、限时整改、严肃督办。落实"断卡"行动要求，细化实名制、物联网卡等业务规范，通过人像生物识别技术解决"实名不实人"问题，全年累计发起静默卡、一证多户等二次实人认证 30.67 万次；持续提升反诈技术和管理能力，全年累计处置涉诈和涉案号码 977 个；升级涉诈域名拦截系统，全年累计拦截异常通话号码 24 万次，关停疑似涉诈号码 1.1 万个，拦截不良域名 335.4 万次；广泛开展反诈宣传，发放《防范电信网络诈骗宣传手册》1 万余册，全年累计发送防诈公益短信超 2 500 万条。

【提速降费深化】　积极贯彻落实国务院、工信部部署的任务，2021 年中小企业宽带平均资费同比下降 36.7%，企业专线同比下降 24%，超额完成国务院"中小企业宽带和专线平均资费再降 10%"目标，并针对企业宽带用户先后发布三批主动升速活动，累计惠及 2.08 万户。

【携号转网深化】　进一步完善优化了以客户为中心的网络、服务、业务协同机制，全面提升用户感知。2021 年累计服务用户携号转网 29.4 万人次。

【服务能力提升】　以满足人民群众高品质生活需求为出发点，进一步提升整体服务质量和用户认可度。助力老年人跨越"数字鸿沟"，开展了 174 场"银发无忧，智慧助老"主题活动，让数字红利惠及老年人群。2021 年申诉率降幅行业第一。

【重要通信保障】　2021 年，上海联通圆满完成全国两会、"建党 100 周年"庆祝活动、中国共产党与世界政党领导人峰会、国庆、第十届中国花博会等 98 次重大活动的保障任务；完成汛期"烟花""灿都"台风防汛保障，支援第十四届全国运动会、支援河南暴雨洪涝灾害通信保障等急难险重保障任务。全年累计出动应急通信保障 9 822 人次，车辆 332 台次，完成各类业务重保 392 家用户，共涉及 18 606 条电路，累计时长 135 937 小时。全力以赴保障庆祝建党 100 周年系列活动，对 339 条光缆（超 1 600 公里）、183 个施工现场进行看护保障，确保通信安全。圆满完成第四届中国国际进口博览会重大通信保障任务，特别是在全国通信行业内首次应用 NR 300 M 专网创新技术，在新闻中心开通首个 NR 300 M 专网，频谱资源得到了最大化利用。

（吴雯洁　孙文龙）

中移铁通有限公司上海分公司

【概况】　2001 年 3 月 9 日，铁道通信信息有限责任公司（以下简称"铁通"）上海分公司（以下简称"上海铁通"）挂牌成立，"立足铁通，服务运输，面向社会，市场经营"，资产交接，人员划转，互联互通，边组建、边建设、边经营。2001年7月1日，"给您一个新的选择"为主题的上海铁通在全市范围内放号，开启了上海铁通电信运营商时代。2004年，铁通移交国资委管理，正式更名为中国铁通集团有限公司（以下简称"中国铁通"），成为六大运营商之一，在中国通信史上留下了不可磨灭的印迹。其秉承"奉献创业、学习创新、竞合创效、诚信创牌"的企业理念，积极打造"专业品质、卓越服务"的企业形象，在固网宽带、增值服务、铁路通信等领域强化营销，快速发展。2008年，中国铁通并入中国移动，2009年专网回归，2015年成功上市，掀开中移铁通有限公司（以下简称"中移铁通"）发展新篇章。2016年，中移铁通由独立"基础电信运营商"向"专业化运营的服务商"转型，同时实施传统固话、互联网、宽带、专线等业务和用户的迁移转网。2017年，中移铁通立足集团"大连接"战略，以成为助力"大连接"战略的一流支撑、服务和拓展专业公司作为新发展目标。2018年，中移铁通立足集团战略布局和"高质量、智能化"发展要求，突出由运营商向以工程、维护和营销服务为主的专业化公司转型。中移建设有限公司挂牌成立，与中移铁通"一套人马，两块牌子"模式运作，确定了"数字服务专家、行业建设工匠"的发展愿景。2019年至今，中移铁通立足集团创世界一流"力量大厦"

战略部署，全方位实施铁通"施工图""活力图"，围绕"质量第一、效益优先"发展原则，全面推进维护、销售、工程和信息服务四大业务发展。2015年上市以来，上海中移铁通始终坚持"以人民为中心"的发展思想，全面履行国有企业政治责任、经济责任、社会责任，在新型冠状病毒肺炎疫情防控、中国国际进口博览会、春运保障等重大任务面前经受住考验，在落实网络强国、网络安全、扶贫攻坚、帮困助学等"六保""六稳"重大任务面前彰显担当。发挥铁路客情和服务优势，主动汇报沟通，成为服务铁路的重要力量，并输出"上海模式"。作为普陀区重点发展企业，受到市委、市政府，区委、区政府及各委办局的高度重视和大力支持，获批区级文明单位。

"十四五"时期，中移铁通发展使命是"支撑集团创世界一流，助推社会数智化转型"，发展愿景是"成为国内领先数智服务提供商"。作为全集团属地装维营销专业化支撑者和数智工程业务市场化拓展者，加强装维营销业务的专业化管理，深度融入属地，实行矩阵式管理，推动属地装维营销效率和服务质量提升；推动工程业务数智化转型、市场化发展，建立覆盖建设、交付、维护一体化的业务能力体系，深化改革，规范治理结构，建立符合工程行业特点的管理模式，建立市场化机制，打造具备市场竞争力的工程企业。专注于服务品质提升，为区域公司提供面向个人、家庭、政企客户的装维营销一体化支撑。专注于工程建设全流程业务能力建设，为集团内外部客户提供工程建设、交付、维护一体化服务，相关设备维护及信息服务。

【普速铁路视频补强监控系统建设】 系统可实现"7×24小时"全天候监控，设备选型采用最领先的设备，摄像头为4G（兼容5G）高清星光级数字摄像头，且带云台功能。传输部分采用4G定向流量池进行传输，并辅以智慧压缩算法，实现安全的无线视频流传输并大幅减少流量消耗，方便监控中心进行管理和实时观看。咽喉区视频监控项目在上海局全局共660余个车站新增4 300多台摄像机、170余个监控终端，目标覆盖各车站咽喉地区重要路段，加强上海局管辖内各车站轨道咽喉区现场作业和设备的监控。

【上海移动基站电磁辐射环境检测】 铁通公司北京技术检测中心拥有CNAS（China National Accreditation Service for Conformity Assessment，中国合格评定国家认可委员会）证书，具备按照相应认可准则开展检测和校准服务的技术能力，2017年"仪表计量检测服务"首次进入移动集团核心能力产品清单，在总部信息服务部及北京技术检测中心支持下，上海铁通通过单一来源采购方式，获取2021—2022年上海移动基站辐射检测项目60%的市场份额，共计约1.2万个基站检测。

（张　攀）

三、广电信息业

东方明珠新媒体股份有限公司

【内容集成播控平台建设】 按照广电总局全国IPTV建设管理工作会议要求，东方明珠新媒体股份有限公司（以下简称"东方明珠新媒体"）旗下百视通网络电视技术发展有限责任公司（以下简称"百视通"）与三大运营商实现"双认证、双计费"规范对接。对接后，技术工作的重点转向打造用户综合体验最好的IPTV产品，陆续上线百酷喵、百极光、奇异影视等SDK（Software Development Kit，软件开发工具包）内容合作的产品，建设完成统一内容引入、统一内容运营系统。同时，解决上海IPTV回看节目单更新慢的问题。2021年4月28日，上海IPTV分平台通过国家广播电视总局广播电视科学研究院（以下简称"广科院"）的预验收。

【全媒资库系统项目建设】 2021年，为了赋能节目运营效率提升，百视通积极建设年内上线共享的全媒资库系统项目，针对原来百视通节目标签缺少标准、管理分散的痛点，打造"基础媒资信息、版权信息、图片信息、影人信息、奖项信息及其关联关系"的最全信息库平台。借助切词、同义词、搜索等算法将多方内容自动或半自动整合，并通过人工运营后，形成权威的标签数据。通过提供的各种接口服务，实现百视通标签规范化，从而为智能推荐、智能运营等打下数据基础。对接版权中心后，再通过人工审核、运营等，实现百视通版权清晰化，真正实现版权可控。通过节目基础架构的调整，形成一套满足上游标准规范和下游个性化业务场景、字段标准统一化、标签信息结构化、信息能顺畅流转的标签体系。

【版权保护项目通过验收】 2021年6月，百视通与广科院合作承担的2018年度"网络空间安全"重点专项课题"超高清内容版权保护集成技术研究与试点示范项目"完成，并于2021年9月23日通过验收。该项目为分析互联网电视集成播控平台商业运营模式及技术架构，研究互联网电视集成播控平台与版权保护系统的集成技术，集成研发基于国产密码的超高清视频内容版权保护系统，开展不少于20万用户的基于国产密码算法的超高清视频内容版权保护技术试点示范。

东方有线网络有限公司

【"强国TV"开发上线】 2021年，东方有线网络有限公司开发的上海"学习强国"电视端平台——"强国TV"正式登陆东方有线电视大屏。作为"学习强国"学习平台品牌一体化、功能全面化媒体矩阵的重要组成部分，"强国TV"实现与手机App端及电脑端用户打通、媒资打通和积分打通，覆盖单位、社区、家庭等场景，为不同用户群体打造多元学习模式，并成为推动党建宣传的重点工程和深化媒体融合发展的创新举措。

【多种学堂开通】 东方有线在各项业务开展中不忘广电公益本色，2021年继续服务"一老一小"学习生活工作。一是为了服务好新型冠状病毒肺炎疫情防控，做好"空中课堂"技术保障工作。在新型冠状病毒肺炎疫情防控常态化形势下，东方有线继续协同集团、东方明珠及相关公司，开设12个专属频道，覆盖小学、初中、高中所有年级，在有线电视网络、IPTV、OTT（Over-The-Top，通过互联网向用户提供各种应用服务）等平台同步提供服务。二是开设电视"金色学堂"。在高清、标清直播频道设立频道回看和点播专区，向上海市民，尤其是老年观众提供教育和资讯节目，打造上海老年教育的电视门户。

【广电5G建设】 为加快推进广电5G网络建设和业务落地，在完成上海本地广电5G试验承载网、与中国广电5G北京核心网连通及多个应用场景试验基础上，自建5G应用实验室，并开展5G+IP监控、5G+SRT（Secure Reliable Transport，一种能在复杂网络环境下实时、准确传输数据流的网络传输技术）网关、5G+AR应用、5G+无人机、5G+视音频记录仪（执法仪）、5G+应急广播等场景应用实验。在北京测试验证的基础上，联合集团下属机构完成东方明珠电视塔5G NR广播大塔试验建站，开展5G NR广播基于多地广播电视发射塔的差异化场景测试工作。2021年底，东方有线参加由中国广电启动的5G BOSS和核心网端到端业务的验证工作，在BOSS测试环境中，使用上海自建700 MHz 5G测试基站，通过上海5G用户面连接至中国广电5G核心网控制面，顺利完成卡号和业务开通技术验证工作。

【广电网络能级提升】 东方有线发挥本地网络覆盖优势，以"云、网、边、端"立体化、多层级推进广电网络建设，进一步提升网络服务能级，构筑上海智慧城市数字网络新底座。一是配合国家推进双千兆网络建设要求以及城市数字化转型发展。2021年继续推进上海广电网络的光纤化、IP化、云化建设。成立的4个专项工作组，分别就千兆网改、千兆业务传输、千兆设备和千兆

终端进行研究并形成了方案。截至2021年底，完成广电网络FTTH（Fiber To The Home，光纤到户）覆盖约100万户，并开展了多种固定终端的技术方案、智能家庭网关的技术方案、千兆产品套餐方案等多项研究工作。二是开展支撑创新业态的网络建设。2021年完成文化大数据上海专网建设，中共一大会址的光纤接入，国家文化大数据专网上海节点数据存储管理系统，启动有线数字家庭文化体验厅应用示范专项建设。三是参与推进IPv6网络部署及应用工作。2021年9月，"IPv6+"创新城市高峰论坛，以两地联动的方式在上海、北京顺利举办，论坛期间，东方有线等上海地区主要网络运营和服务企业共同签署了"IPv6+"联合创新中心入驻公约，未来将在IPv6规模部署、测试验证、创新项目孵化、人才培养等方面展开进一步合作。

【超高清终端部署和应用创新】 东方有线于2019年参与组建上海市超高清视频产业联盟，并参与编制《上海市超高清视频产业发展行动计划（2019—2022）》。2021年，东方有线继续进行超高清智能融合终端研发创新，参与完成中国自主知识产权的智能电视操作系统TVOS3.X系列版本开发应用及4.0版本开发，融入更多智慧化场景的新应用、新功能，推进上海广电网络现网高清智能机顶盒EPG7.0及大小屏联动等创新应用开发落地，支撑融合业务

发展，持续提升用户体验。与此同时，为支撑广电5G服务广大用户，2021年底启动创新的5G+TVOS（智能电视操作系统）多模超高清智能网关研制工作。

【智慧广电网络安全生态创新实验室建设】 2021年5月，东方有线牵头，联合公安部三所、上海交大等8家单位共同组建的智慧广电网络安全生态创新研究实验室获得国家广电总局审核通过，并开始进行智慧广电网络、融合媒体智能终端和TVOS应用生态安全防护技术研究工作。实验室贯彻落实国务院新一代发展规划和智慧广电战略部署，围绕广播电视和网络视听领域科技创新，实施高水平研究攻关、支撑和保障重大科技任务、聚集和培养优秀科技人才、开展高水平学术交流、促进科技成果转化，以支撑政府决策、服务行业和地区发展。东方有线联合江苏有线、浙江华数、安徽广电等长三角地区三省一市的有线电视网络公司，开展长三角区域网络互联互通、广电5G应用试点、TVOS终端技术方案、智慧文旅、文化大数据等方面的技术交流、协同推进相关工作。

【标准制订与专利开发齐头并进】 2021年，由东方有线主编，中广电设计院、上海邮电咨询设计院、华东建筑设计研究院参与共同编制的上海市地方标准《广

电接入网工程技术标准》顺利完成并获审核批复，计划于2022年4月起正式实施。该标准对有线电视网络光纤到户从设计、施工、测试、验收和运行管理等各环节的实施都提出了明确要求。参与编制、发布实施的行业技术标准22项、地方技术标准9项、团体技术标准3项。专利开发上也收获颇丰，共申请专利42项，其中取得授权12项，处于有效申请阶段2项，拥有软件著作权121项。其中：2021年新增的专利有1项发明专利（"一种有线智能设备鉴权管理系统的实现方法"专利号201511022293.4）和一项实用新型专利（"一种内置无线型同轴缆桥路由器网关的电视机机顶盒"专利号202122968731），以及软件著作权［"智能电视操作系统（TVOS）单平台版本软件（简称：TVOS-H）V3.0"著作权号2021SR0744159和"东方有线智能机顶盒终端统一安全升级软件（简称：终端软件升级）V1.0"著作权号2021SR2031069］等23项。2021年，东方有线共获得"国家广播电视总局首届广播电视和网络视听人工智能应用创新大赛（MediaAIAC）"（智慧广电终端类）、"上海市广播电视局2021年科技进步奖"等五项奖项。

东方明珠数字电视有限公司

【智慧停车项目应用】 上海东方明珠数字

电视有限公司（以下简称"东方明珠"）建设的上海市杨浦区智慧停车应用场景，在控江路街道形成应用示范，并纳入街道"一网统管"平台。2021上半年完成社区基础信息数据库建设和小区居民信息数据库建设。截至2021年底，共接入25个小区4 045个车位，路侧接入57个路段2 937个车位，场库接入108个，共43 287个车位。现有应用系统含停车资源数据库、居民车辆信息数据库、停车行为采集、停车资源深度挖潜、停车规范及监管机制、停车信息服务等。通过控江路街道智慧停车项目实践经验，形成了一套适用一般社区缓解停车紧张的模式，即在不减少绿地、不增加安全隐患前提下，通过"增供给""提效率""强管理"来缓解社区停车紧张的局面。项目趋于成熟并纳入杨浦区后续发展方向，得到区政府主要领导的关注，同时获得上海市副市长张为认可。并且在黄浦、普陀、徐汇、虹口的沟通中也获得了相关部门领导的肯定。

数字电视国家工程研究中心

【央视8K试验信号落地工程中心】 2021年2月1日，央视总台8K超高清电视试验频道开播。其联合中国移动、中国电信、中国联通及中国广电，将8K超高清电视试验频道信号传送到北京、上海、广州、深圳、成都、杭州、济南、海口、青岛9个城市公共场所的30个大屏或8K电视机同步播放呈现。位于数字电视国家工程研究中心（以下简称"工程中心"）的"8K+AI+HiFi"概念客厅，是央视总台8K频道试播在上海的3个接入点之一。2月2日，概念客厅同步播放央视总台摄制的我国首部全流程8K纪录片《美丽中国说》，标志中央广播电视总台8K超高清频道试验信号在工程中心成功落地。

【"国家重点研发计划"项目建设】 2021年3月26日，国家重点研发计划"基于广播网与5G移动网融合的超高清全媒体内容协同分发关键技术研究"项目启动暨实施方案咨询会在央视总台召开。工程中心联合上海交通大学、央视总台组建"课题2"团队，集中国内媒体传播领域的顶尖科研人才，全力解决终端用户多屏互动"同步呈现难"的问题。项目建设覆盖内容生产、传输与呈现的端到端全媒体体验中心，利用总台独特的传播优势，面向2021东京夏奥、2022北京冬奥等大型活动开展示范应用，为下一步项目科研成果的产业化落地提供支撑。

【DVB决策委员会成员当选】 2021年11月11日，总部位于瑞士日内瓦的欧洲数字电视与媒体网络标准组织DVB官网宣布：DVB选举产生新一届决策委员会，工程中心（NERC-DTV）高票当选决策委员会 DVB Steering Board 成员。欧洲数字电视与媒体网络标准组织（Digital Video Broadcasting，简称 DVB）是 1993 年由以欧洲为主的 35 个国家中 250 多家广播电视台、制造商、网络运营商、软件开发商、管理机构和其他单位组成的行业标准化组织。DVB 致力于实现全球标准化、互动性和未来保障。DVB Steering Board 是 DVB 标准组织的最高决策机构，本届决策委员会共由来自全球的 42 名成员组成，工程中心和海思半导体公司携手入选，这也是全国（除港澳台地区外）企业第一次成为 DVB 决策委员会具有投票权的成员。

【全新 8K 超高清演示】 2021 年 11 月 16 日，2021 TCL 华星全球显示生态大会（DTC2021）在深圳召开。在本次大会上，TCL 华星首次提出"屏宇宙"的全新概念，同时发布了 5 款新产品，引起参会嘉宾的广泛关注。为了更好展示新品中行业顶尖的制造工艺与屏显科技，工程中心为 TCL 华星提供了深度内容支持。独家制作的两部 8K 超高清演示片，生动呈现了 MLED 和 OLED 两大核心技术，在科技感与 8K 细腻画质的结合中，给现场嘉宾带来一场极致的画质体验和审美享受，吸引了众多行业伙伴驻足欣赏。

上海文广互动电视有限公司

【信息化系统建设与项目开发】 2021 年，上海文广互动电视有限公司（以下简称"文广互动"）在信息化工作方面继续深耕细作，以进一步赋能公司业务运营，提升公司信息化管理能力。同时基于前期一系列信息化系统的建设，文广互动建成了一套广电级 4K 超高清电视平台，建设了广播级的 4K 超高清演播室及专业级的超高清电视制作中心，从技术上有力支撑了 4K 内容的制作与播出。年内，文广互动旗下"欢笑剧场"频道完成超高清升级改版，正式面向全国上星播出。该频道是华东地区首个 4K 超高清频道，成功打造了《国厨来了》《红色经典》《建党 100 周年》等一批拥有完全自主知识产权，高质量、高水平，具有品牌效应的 4K 特色栏目及视频内容。与此同时，通过一系列项目的研发及产学研合作，文广互动建设了可面向全国的 4K 电视业务运营平台，自研开发了 4K 超高清从制作、传输、播控等一系列系统，打通了 4K 内容从制作到传输到终端播出的全产业链环节，打造了一批可面向全国广电系统输出的有深度的优质 4K 超高清节目内容。为此，2021 年，文广互动申请了"SITV 各地加密线路主备切换系统 V1.0"（著作权号 2021SR0918732）和"OCN-4K 媒资传输分发系统 V1.0"（著作权号 2021SR0911457）等 9 项软件著作权。

四、新兴产业

大数据产业

【血管疾病医疗大数据库构建及在上海市脑疾病中心（华山西院）运营中的示范应用】上海市科技创新行动计划项目《血管疾病医疗大数据库构建及在上海市脑疾病中心（华山西院）运营中的示范应用》由复旦大学附属华山医院承担，2021年2月5日，通过上海市科委组织的综合绩效评价。该项目成功建立脑血管疾病数据库，覆盖了动脉瘤、血管畸形、动脉硬化和烟雾病等4种典型脑血管疾病，其中动脉瘤样本5 223例、血管畸形样本5 116例、动脉硬化样本数10 346例、烟雾病样本数5 315例。建立PB级的以脑血管疾病为基础的医学大数据库，数据库维度大于3维；覆盖Caffe、CNTK、TensorFlow的计算平台建设，计算平台算力为TFLOPS（GPU FP16）480；标准影像数据库的测试准确率为98.86%，假阴性率为0.09%。项目突破了脑血管疾病智能诊断、预测风险等关键技术，形成了全产业链的技术能力。申请国家发明专利3项，申请软件著作权3项，发表科技论文7篇，培养博士2名、硕士2名。

【基于大数据和人工智能的区域医学影像协作共享平台建设与示范应用】 上海市科技创新行动计划项目《基于大数据和人工智能的区域医学影像协作共享平台建设与示范应用》由上海申康医院发展中心承担，2021年1月13日通过上海市科委组织的综合绩效评价。该项目研制了基于大数据和人工智能的区域医学影像协作共享平台，研究应用了医学影像信息共享与渐显传输、基于生成对抗网络的医学影像样本生成模型、基于注意力机制的深度学习医学影像半自动标注的标签生成等技术，汇集了15种重大疾病的10 680份病例数据，形成了6个医学影像分析诊断服务模块及系统，制定了5个相关标准与管理规范，创新了智能分析诊断等服务模式，并在仁济医院、肺科医院、公共卫生临床中心等医疗机构进行了示范性应用。项目研制期间，申请国家发明专利9项，获得软件著作权7项，发表科技论文10篇。

【运营级实时大数据高性能处理设备的研究及应用】 上海市科技创新行动计划项目"运营级实时大数据高性能处理设备的研究及应用"由上海兴畅网络技术有限公司承担，2021年1月13日通过市科委组织的综合绩效评价。该项目研发了芯片级模式匹配引擎CPME、深度学习引擎DLE、基于硬件倍增与软件定义思想的弹性架构等关键技术，研制了运营级实时大数据高性能处理设备与系统，并在上海、山西等地得到应用。项目获得了实用新型专利3项、软件著作权5项，发表学术论文3篇，培养博士1名、硕士5名。

【基于大数据技术的智能停车管理平台与示范应用】 上海市科技创新行动计划项目"基于大数据技术的智能停车管理平台与示范应用"由上海剑创信息技术（集团）有限公司承担，2021年1月7日通过上海市科委组织的综合绩效评价。该项目研制了一套智能停车管理平台，平台基于数据挖掘和分析算法实现了个人与车辆的室内定位、反向寻车和停车引导等功能。项目申请国家发明专利2项，获得软件著作权2项，项目成果经第三方测试，主要性能指标达到了任务书规定的考核指标要求，并在上海嘉定、浦东新区的部分停车场进行了试用。

【高性能大数据全息信息生成处理系统研制及公共安全领域应用】 上海市科技创新行动计划项目"高性能大数据全息信息生成处理系统研制及公共安全领域应用"由上海阅安信息科技有限公司承担，2021年1月7日通过上海市科委组织的综合绩效评价。该项目研制了高性能大数据全息信息生成处理系统，开发了多种FPGA硬件分析板卡，可对网络行为进行识别与要素提取、对离散网络行为进行了归一化主体关联。项目申请国家发明专利4项，获得软件著作权4项，发表科技论文4篇。经第三方测试，性能指标达到了任务书的考核指标要求，成果在上海市公安局和辽宁省公安厅试用。

【基于用户画像的证券投资与运营管理智能系统研发及应用】 上海市科技创新行动计划项目"基于用户画像的证券投资与运营管理智能系统研发及应用"由国泰君安证券股份有限公司承担，2021年4月1日通过上海市科委组织的综合绩效评价。该项目研究了基于图嵌入的多层次决策模型构建技术、基于随机森林算法的营销欺诈防控技术、基于孤立森林的异常交易监控技术等关键技术，研制了基于用户画像的证券投资和运营管理智能决策系统、大数据实验验证系统，形成了面向证券投资与运营管理决策的治理方案，在国泰君安证券股份有限公司实现落地应用。该项目完成了异常交易监控行业标准草案1项，申请了软件著作权5项，发表论文4篇，培养硕士研究生4名，培养形成了70人的大数据专职团队。

【拟态安全云平台研究与云计算应用】 上海市科技创新行动计划项目"拟态安全云平台研究与云计算应用"由上海盛霄云计算技术有限公司承担，2021年4月28日通过上海市科委组织的综合绩效评价。该项目研制了拟态虚拟化安全云平台、构建了异构化的虚拟资源池和拟态化的云节点，并在拟态云节点上实现了 Web 应用；研究了拟态云主机的构建、跨硬件架构的容器管理系统及方法、异构动态随机调度方法及系统等关键技术。该项目申请国家发明专利 3 项，申请软件著作权 2 项，发表科技论文 4 篇。

【拟态安全产品研制与重要信息系统应用】上海市科技创新行动计划项目"拟态安全产品研制与重要信息系统应用"由华东计算技术研究所（又名中国电子科技集团公司第三十二研究所）承担，2021 年 4 月 8 日通过上海市科委组织的综合绩效评价。该项目研制了拟态网关、拟态交换机、拟态防御网络管理、拟态分布式存储、拟态网站邮箱搭建软件、重要信息系统拟态安全测评平台，实现了载体安全管理应用、企业门户应用、马拉松赛事管理服务应用拟态化等应用示范。该项目研究了拟态网关、拟态交换机、拟态防御网络管理、拟态分布式存储、拟态网站邮箱搭建软件、重要信息系统拟态安全测评平台等关键技术，主要成果及技术指标基本符合任务书要求。申请国家发明专利 17 项，发表科技论文 7 篇，培养硕士生 13 名。该项目基于重要信息系统拟态安全体系架构，构建了重要信息系统拟态安全应用示范环境，涵盖拟态基础安全到拟态安全应用等多环节，

可全面提升关键基础设施的安全防护能力。

【上海区块链产业研究与评估验证平台研发应用】上海市科技创新行动计划项目"上海区块链产业研究与评估验证平台研发应用"由上海计算机软件技术开发中心承担，于 2021 年 6 月 9 日，通过了上海市科委组织的综合绩效评价。该项目研究并构建了区块链系统成熟度评估指标体系，研制了区块链试验验证平台、区块链系统评估管理工具、区块链系统代码安全可控评估工具和区块链智能合约安全监测工具等，并面向电子存证、版权、教育、供应链金融等领域开展试验验证服务，形成服务案例 20 项，面向食品安全、医疗、数字版权等领域开展了区块链系统评测服务 30 项。该项目研究了高可用性区块链试验验证环境构建、基于模型和规则的区块链智能合约验证、面向区块链系统的安全性评估验证等技术，可用于支持区块链系统的快速验证与评测；发布了上海区块链企业发展调研与企业竞争力报告、2019 年与 2020 年上海区块链技术与应用白皮书；申请国家发明专利 3 项，获得软件著作权 7 项，发表科技论文 8 篇，形成标准 6 项。

【大数据成果转化跨领域应用集聚】上海市科技创新行动计划项目"大数据成果转化跨领域应用集聚"由上海计算机软件技术开发中心承担，2021 年 6 月 9 日通过

上海市科委组织的综合绩效评价。该项目研制了数据治理工具、大数据共性技术服务平台、大数据物联网应用产品工具平台、城市精细化管理平台、数据质量分析工具、数据安全评估工具等10个产品，并以数据治理为基础打造了大数据实验验证环境。该项目研究了"大数据+AI+BIM (Building Information Modeling, 建筑信息模型)+3D GIS+物联网跨领域"等技术的融合应用、大数据公共资源的协同展示。并面向数字企业、工业大数据、大数据物联网等领域开展了大数据成果的转化示范，完成应用示范案例6个；形成大数据产业发展、大数据物联网融合、工业大数据等系列行业研究报告7篇；工业大数据智能分析服务案例3个；申请国家发明专利1项、软件著作权11项；发表科技论文5篇；出版专著2部；形成标准或标准报批稿6项。

【基于燃气轮机运行大数据的远程监测和诊断系统开发及工程应用】 上海市科技创新行动计划项目"基于燃气轮机运行大数据的远程监测和诊断系统开发及工程应用"由上海计算机软件技术开发中心承担，2021年11月10日通过上海市科委组织的综合绩效评价。该项目研究了基于燃气轮机运行大数据的远程监测、性能诊断等关键技术，建设了燃气轮机远程监测及性能诊断平台。项目成果在虎门电厂进行

了示范应用。项目研制期间，申请发明专利2项，获得软件著作权1项，发表论文1篇。

【建筑综合运维资源智慧共享平台的关键技术研究与应用示范】 上海市科技创新行动计划项目"建筑综合运维资源智慧共享平台的关键技术研究与应用示范"由上海申腾信息技术有限公司等单位承担，2021年11月25日通过上海市科委组织的综合绩效评价。该项目研究了机电设备建模与分析、智能化巡检、多系统接入、多协议融合架构等关键技术，研制了建筑综合运维资源智慧共享平台，实现了建筑综合运维落地应用。规模用户达到52家，平台接入点达到17 016个。申请国家发明专利2项，获得软件著作权3项。

【面向长三角公共数据交换共享的大数据安全体系研究及应用】 上海市科技创新行动计划项目"面向长三角公共数据交换共享的大数据安全体系研究及应用"由上海市大数据中心等单位承担，2021年12月22日通过上海市科委组织的综合绩效评价。该项目面向长三角公共数据交换共享，开展大数据安全体系研究和应用，研制了面向市级公共数据全生命周期管理的统一安全管控平台、基于拟态防护的Web数据开放门户平台、基于多源可信数据融合的开放应用安全屋。在数据安全管控体系下实现长三角三省一市

的用户身份信息互认、电子证照共享、跨省数据调用等功能。截至 2021 年 8 月，实现长三角三省一市跨省法人认证 6.78 万余次，个人认证 73.45 万次。项目研究了面向应用场景的数据授权技术、基于区块链的数据保护技术、数据安全屋技术、拟态 Web 防御等关键技术，形成了公共数据全生命周期安全管控技术能力。完成知识产权 16 项，发表科技论文 7 篇，编制地方标准化指导性技术文件 1 项，参与编制国家标准 1 项，培养研究生 15 名。

【基于属性加密的区块链安全监管物品供应链数据服务平台】　上海市科技创新行动计划项目"基于属性加密的区块链安全监管物品供应链数据服务平台"由上海华虹计通智能系统股份有限公司承担，2021 年 12 月 14 日通过上海市科委组织的综合绩效评价。该项目研究了安全监管物品数据的共享与访问控制、同态加密和属性密码搜索加密等关键技术，形成了安全监管物品全过程管理的技术能力，研制了基于属性加密的区块链安全监管物品供应链数据服务平台，在上海实现了危险化学品监管的落地应用，规模用户超过 36 家。项目申请国家发明专利 10 项，申请软件著作权 5 项，发表科技论文 8 篇，参与制定行业标准 2 项。

【智能仿生昆虫飞行系统研发与示范】　上海市科技创新行动计划项目"智能仿生昆虫飞行系统研发与示范"由中国科学院上海微系统与信息技术研究所等单位承担，2021 年 12 月 30 日通过上海市科委组织的综合绩效评价。该项目研制仿生昆虫飞行器样机 2 台、仿生嗅觉传感器 1 套，经第三方机构检测，飞行器样机最大升力 26.35克（大于自重 24.2 克），三轴力矩范围均大于 5.4 牛·毫米，可产生翻滚角、俯仰角和偏航角，具备多自由度飞行能力；传感器可检测四种有害气体，器件可进行 45度弯折，器件小幅破损后可在 3 分钟内愈合。项目研究了面向未来的智能仿生飞行器总体架构概念设计、仿生嗅觉气体检测的敏感材料信号发生机制与薄膜器件制备、基于自适应频谱感知的高可靠时延保障异构网络技术、仿生昆虫飞行器微型一体化集成与高鲁棒性控制器等关键技术，提升了智能仿生昆虫飞行器的技术创新链能力。申请国家发明专利 9 项，发表科技论文 9篇，培养博士 3 名、硕士 5 名。

（张丽媛）

人工智能产业

【概况】　上海市委、市政府高度重视人工智能发展，在 2021 世界人工智能大会上提出"四个更加"的新要求。2021 年以来，在上海市人工智能产业工作领导小组成员单位合力推动下，加快建设具有全球影响力的人工智能"上海高地"，推动赋能城市数字化转型。上海人工智能形成了从算法、芯片、产品到行业应用的强韧产业链，在数字化转型中深度赋能，资本、人才、行业组织构建融通生态，四届世界人工智能大会打响全球化品牌。

【全产业链图谱初步形成】 上海形成了丰富的产业链布局，国内外各类优势企业在沪协同发展。据统计，上海市人工智能重点企业1 149家，其中基础类企业占比17%，寒武纪、平头哥、地平线、燧原、天数智芯、壁仞等围绕智能芯片和传感器着力突破"卡脖子"问题，树立国内领先地位。技术类企业约占10%，商汤、依图、深兰、星环、华院、闪马、天壤等不断取得创新成果，加快算法转化落地。产品类企业占比13%，小度、达闼、钛米、快仓等持续推出智能产品，加速实现规模化应用。应用类企业占比60%（包含AI+医疗、AI+制造、AI+教育、AI+金融等领域），明略、达观、联影、森亿、氪信、流利说等深耕各个垂直领域，深度提升赋能价值。此外，微软、亚马逊AWS、阿里、腾讯、百度、华为、科大讯飞等龙头企业，以及上汽、上港、仪电等市属国资为代表的传统行业企业积极布局，丰富场景，完善产业链。

【产业运行脱虚向实】 近年来，上海人工智能产业整体保持增长态势。2021年全年规模以上产值达3 056.8亿元，较上年同期增长超17.2%。全市企业智能产品和解决方案正加速规模化业务落地，深兰、闪马、西井、傅利叶等深耕细分领域，拓展海外业务，上半年营收均实现超200%的增长。一年间，全市共155个人工智能项目签约，总投资达1 107亿元。地平线总部、晶众地图总部、小冰公司、出门问问、集度汽车等项目签约落沪。百度超级链、开源中国等26个重大产业项目在世界人工智能大会上签约，总投资额达120亿元。人工智能行业脱虚向实趋势明显，价值红利正加速显现。

【技术创新全力推进】 2021年以来，上海市人工智能技术突破呈厚积薄发之势。芯片领域，围绕智能芯片"卡脖子"问题，上海集聚全国最多的智能芯片创新企业，全年有8块芯片流片点亮成功。天数智芯7纳米GPGPU（General Purpose Computing on GPU，通用GPU）芯片量产，燧原发布国内最大AI计算单芯片"邃思2.0"，依图7纳米推理芯片实现商用化量产，平头哥倚天710 CPU发布、玄铁920处理器成功开源，地平线、黑芝麻的车规级智能芯片有望打破L4（高度自动驾驶）级自动驾驶领域特斯拉FSD和英伟达Orin的垄断。算法领域，在基础算法方面，上海人工智能实验室联合商汤等企业发布国际领先的开源平台体系OpenXLab、新一代通用视觉技术体系

"书生"。在应用算法方面，冰洲石研发了全球首个由 AI 发现并获批进入临床试验的乳腺癌药物 AC0682。联影智能获全球首张 CT 骨折医疗 AI 三类证，进入临床应用。赋能平台方面，亚洲最大 AI 算力的商汤"新一代计算赋能平台"计划点亮。智能产品领域，着力推进硬核产品产业化落地，达闼年产机器人关节 1 000 万台套的智能机器人产业基地计划投产。

【应用场景连线成面】 通过"揭榜挂帅"工作机制，发布 3 批 58 个单位的场景需求，对接 280 余个企业、500 余个解决方案，如东海大桥海铁联运、申通地铁、张江科学城、南京路步行街 AI+ 商圈、城投智能垃圾分拣等。2021 年世界人工智能大会上，便捷就医、为老服务等 11 项数字生活标杆场景和百个应用场景体验手册及地图发布，让 AI 走近生活、贴近民生。

【政策创新打造标杆】 编制国内首个地方人工智能五年规划。按照创新引领、深度应用、开放融通和科技向善四个原则，围绕人工智能产业集聚、创新体系、应用赋能、治理规范等方面，明确发展目标、主要任务和保障措施。建设国内首个地方人工智能标准体系。成立上海市人工智能标准化技术委员会；发布上海市人工智能标准化体系建设的指导意见；在全国率先立项《公共场所人脸识别分级分类应用规范》等重点领域地方标准。实施国内首个算法创新行动计划。围绕基础突破、应用创新、生态培育、人才集聚、社区开放 5 方面，打造从理论算法研发到行业转化应用的开源开放创新生态。召开 2021 上海人工智能战略咨询专家委会议，上海市委书记李强在会上指出，要深入贯彻落实习近平总书记考察上海重要讲话精神，加快建设人工智能"上海高地"；徐匡迪院士出席会议并讲话；市委副书记、市长龚正致欢迎辞；潘云鹤院士做主旨发言；专家委员会成员陈杰、汤晓鸥等 12 位专家先后发言，并增补多位专家成员。召开人工智能产业工作领导小组会议，上海市委常委、副市长张为出席会议，市政府副秘书长、市人工智能产业工作领导小组副组长陈鸣波主持会议，市人工智能产业工作领导小组成员单位、相关委办局、区政府等机构相关负责人参加会议。

（朱雨桐）

第三编 数字经济——产业数字化

SHANGHAI
INFORMATIZATION

综　述

2021 年，上海持续探索新一代智能制造，积极推动智能工厂建设，连续三年蝉联"中国先进制造业城市发展指数"全国第一。持续推动电子商务和制造业、农业、金融业等领域信息化建设，增强产业创新动力、推进产业转型发展。

电子商务方面，围绕"经济、生活、治理"全面数字化转型要求，坚持整体性转变、全方位赋能和革命性重塑，全面推进数字商务高质量发展。

制造业信息化方面，加快工业互联网创新步伐，研究制定《智能工厂建设促经济数字化转型方案》，构建"金字塔型"智能工厂梯度培育体系，打造"点、线、面"结合的经济数字化转型模式。

农业信息化方面，结合上海都市现代绿色农业发展实际，不断优化顶层设计，以大数据、云计算、物联网、人工智能等信息技术驱动农业向精准化、网络化、智能化发展。

金融业方面，行业各类主体继续加强集聚态势，证券、期货、基金、保险业交易量持续上升，信息化水平进一步提高，积极探索数字化转型，应用 5G、大数据、人工智能等新兴技术，更新、优化、完善各类信息系统，促进业务运营智慧化。

电子口岸办公室根据上海市委、市政府口岸工作总体安排，继续深入推进上海国际贸易单一窗口等建设，推进亚太示范电子口岸建设，取得积极成果。

第一章 贸易数字化

概 述

2021 年，上海市商务委员会（以下简称"市商务委"）探索全面推进数字商务高质量发展。积极打造数字消费节庆活动，推进数字商圈建设，同时，促进直播电商发展，推进新终端建设，不断推动上海消费领域转型升级。

一、电子商务发展概况

【数字消费稳定增长】 2021 年 1—12 月，根据上海市重点电子商务统计监测数据，全市实现电子商务交易额 3.24 万亿元，同比增长 10.2%，居全国城市前列。其中，B2B 交易额 19 240.6 亿元，同比增长 8.7%；网络购物交易额 13 163.0 亿元，同比增长 12.3%（其中，商品类网络购物交易额 7 829.7 亿元，同比增长 13.8%；服务类网络购物交易额 5 333.3 亿元，同比增长 10.1%）。

【数字商务顶层设计强化】 围绕"经济、生活、治理"全面数字化转型要求，坚持整体性转变、全方位赋能和革命性重塑，全面推进数字商务高质量发展。开展商务领域数字化转型专项调研，出台《全面推进上海数字商务高质量发展实施意见》《上海商业数字化转型实施方案（2021—2023年）》，明确数字贸易、贸易数字化、商业数字化转型、口岸数字化、商务数字治理领域的 21 项重点工作任务。成立全市推进数字商务发展工作领导小组，建立市、区联动和部门协同的工作机制，召开全市数字商务高质量发展推进会议，加强对全市数字商务工作统筹协调和指导，推进百联数字智能零售、盒马 X 会员店等 24 个重点项目，以及 B2B 钢铁全产业链智慧服务等 7 个数字化转型应用场景建设，促进数字消费发展。

【数字消费节庆活动打造】 发挥电商平台数字赋能和创新驱动作用，组织举办系列促销活动，为消费者提供好品牌、高品质商品和服务。2021 年 1 月举办 2021 上海"网上年货节"，推出 45 项主题活动，带动上海地区快递揽件量同比增长 6.8 倍。5—6 月，组织电商平台参与第二届"五五购物节"，举办"双品网购节""直播电商节"等，聚焦"品牌品质惠享生活"开展促销，"五五购物节"期间实现网络零售额 2 905 亿元，同比增长 14%。11 月举办"11 直播月"，推出 200 余项直播促销活动，在全市掀起直播消费高潮。

【数字商圈建设推进】 按照建设具有全球影响力标志性商圈的目标，支持商圈商街运用数字技术链接消费端、企业端和政府端，提升消费者体验感、商户经营效率和商圈服务能级。研究制定数字商圈导则，建设综合性、社区性和购物中心等不同类型的数字商圈，完善精准营销、虚拟导购、无感支付、商业大脑等功能。推动豫园商城、徐家汇商圈打造商、旅、文融合的综合大型数字商圈场景，在吸引触达、交通指引、文旅体验、消费升级、周边连接、数据赋能 6 个板块，取得初步应用成效；推动大华虎城建设与社区相融合的数字商圈，在消费行为分析、商业物业管理、社区便民服务等领域，初步完成数字化改造；推动漕河泾印象城打造购物中心型数字商圈，初步建成智慧导购、精准营销等子场景。

【网络新消费品牌培育】 将培育网络新消费品牌作为建设国际消费中心城市的重要举措和商业数字化转型的重要抓手，为上海消费市场发展提供新动能。打造网络品牌首发地，组织开展网络新消费品牌榜单评定，推动电商平台与上海制造品牌、商业品牌、老字号品牌等开展深层次合作，设立上海品牌专区，开展 C2M（Customer-to-Manufacturer，用户直连制造）反向定制等，加快新老品牌全面迭代升级，提升品牌价值。根据阿里巴巴的统计数据，2020 年上海贡献了全国近 1/6 新锐品牌销售额，在天猫 Top500 新品牌中，有 90 个新品牌来自上海，数量居全国城市首位。

【直播电商发展】 抢抓数字经济和直播经济发展机遇，加快推进直播电商快速发展、规范发展，建设国内领先、具有全球影响力的直播电商高地。会同上海市经济信息化委、市文旅局、市场监管局、市网信办等部门出台《上海市促进直播电商高质量发展三年行动计划（2021—2023 年）》，认定首批市级直播电商示范基地，鼓励各类市场主体参与直播电商基地建设。加强直播电商人才培养，举办"国际时尚星主播大赛"等。推进建设共享直播间，打造一批体现上海特色的潮流直播消费场景。

加强直播标准制定，支持引导美腕、百秋等企业制定企业直播服务标准，推动行业协会发布直播服务标准化倡议。

【新终端建设推进】 实施《上海市推进新型基础设施建设行动方案（2020—2022 年）》，加快完善城市物流基础设施建设，优化智能末端配送体系。加快智能快件箱、智能取餐柜等智能末端配送设施布局，参与制定住宅小区及商务楼宇智能配送设施推进意见和规划导则，将智能快件箱纳入公共服务设施规划。加大智能快件箱在社区、医院、学校及农村等场所的覆盖力度，截至 2021 年底，丰巢、韵达、京东、递易等企业新建智能快件箱 5 800 余组。

二、电子商务监管和服务

【公共数据共享编目及归集】 公共数据共享由上海市大数据中心牵头，归集各委办信息系统沉淀的公共数据。截至 2021 年底，上海市商务委共编目数据资源表 59 张，涉及通关协调处、运行处、电商处、外经处、市场处信息系统 7 个。累计归集数据 3.7 亿条，ODS（Operational Data Store，操作数据存储）层数据的平均归集时间为 0.493 天，获得市级及国家资源服务接口授权共计 53 个，累计调用 2 815 889 次；月调用上海市人民政府办公厅和上海市市场监督管理局单位数据 8 次；

作为责任方共享上海市公安局、上海市人民政府办公厅和上海市静安区人民政府等单位数据 58 613 次。2021 年全年共处理公共数据工单 55 件，更新指标项 204 次。

【公共数据公开条目编制及数据集管理】 2021 年，上海市商务委公共数据公开条目共 142 条，其中数据接口 45 项，数据产品 97 项。配合上海市经济信息化委推进 3 项公共数据开放应用试点工作，在商贸处、秩序处、运行处的通力配合下，围绕"信用评级建模及风险预警平台""实体商业运营监测平台"及"信用生活地图"等试点主题提供公共数据。已开放的公共数据涉及经济建设、民生服务、资源环境、道路交通、机构团体、社会发展等重点领域。

【行业通管系统整合项目建设】 行业通管系统整合项目为上海市商务委提供业务应用管理、业务应用监控、统一日志管理、统一公文套件管理、统一信息发布管理5个功能模块，为系统提供基础性的通用服务管理和应用支撑。每个系统需对应大系统相关的统一接入和统一管理要求，对现有模块功能进行改造。

【主副食品保供稳价监测系统建设】 主副食品保供稳价监测系统具有基础信息管理、数据采集、数据清洗、数据分析、重点品类预警和数据可视化展示功能，通过增加监测品种、频次，实现全品种、全渠道的全覆盖监测，同时，整合升级多个来源、较为碎片化的监测系统，形成全覆盖、全链条的主副食品供应保障体系。

（杨　珞）

第二章　制造业数字化

概　述

2021年，上海持续探索新一代智能制造，连续三年蝉联"中国先进制造业城市发展指数"全国第一。积极推动建设智能工厂，构建"金字塔型"智能工厂梯度培育体系，评定5家上海市标杆性智能工厂、60家上海市智能工厂、800个上海市优秀场景。智能制造5类新模式、新业态引领全国，有力地促进了经济数字化转型。

一、智能制造

【概况】　围绕《上海市建设100+智能工厂专项行动方案（2020—2022年）》的总目标，研究制定《智能工厂建设促经济数字化转型方案》，构建"金字塔型"智能工厂梯度培育体系，打造"点、线、面"结合的经济数字化转型模式。

坚持国际最高标准、最好水平、激发多元主体活力。一是"金字塔型"分级推进，按照标杆性智能工厂引领、智能工厂示范、智能制造优秀场景推广3个层级，建设智能工厂梯度培育体系。二是按照"一业一策"分类推进，聚焦电子信息、汽车、高端装备、生命健康、先进材料、时尚消费品六大重点产业集群，分类打造领航型（全能冠军、行业龙头、规模大、场景丰富）和专精特新型（单项冠军、隐形冠军、硬核科技企业、小巨人）智能工厂，推动制造业实现数字化转型、网络化协同、智能化变革。5家上海企业获评工信部"2021年度智能制造试点示范工厂"，15家企业获评"2021年度智能制造优秀场景"，2家企业获评"2021年国家级智能制造标杆企业"。截至2021年，已评定5家"上海市标杆性智能工厂"、60家"上海市智能工厂"、800个上海市优秀场景。

【智能工厂建设推进】 全市经济数字化现场会走进首批"上海市智能工厂"授牌单位。2021年8月16日，全市经济数字化现场会走进首批"上海市智能工厂"授牌单位——延锋金桥数字化智能工厂，展现全球汽车内饰智能工厂旗舰店。上海市委书记李强指出：要聚焦推进数字产业化，全力打造数字经济核心优势；聚焦推进产业数字化，全面激发实体经济发展活力；跳出传统产业思维定式，抓住核心关键环节，加快攻坚突破、创新集成，深化研发设计、生产制造、经营管理、市场服务等环节数字化应用，努力在经济数字化转型中抢抓先机、走在前列。

5家企业、20个场景上榜，上海获智能制造示范"双料冠军"。2022年1月4日，工信部发布2021年度智能制造试点示范工厂揭榜单位和优秀场景名单。上海

航天设备总厂有限公司、上海延锋金桥汽车饰件系统有限公司等5家上海企业入选，成为"2021年度智能制造试点示范工厂"。宝武碳业科技股份有限公司等15家企业共计20个智能制造场景获评"2021年度智能制造优秀场景"。上海是获评工厂数量全国排名第一（5家企业）的城市，场景数量排名全国省市第一（20个场景）。

两家企业斩获"2021年国家级智能制造标杆企业"。"一厂一案"补足企业智能制造"最后一公里"，围绕建设世界一流智能工厂、核心装备/产线智能化、核心业务数字化，针对种子企业与标杆工厂标准之间的"失分项"，量身定制"一厂一案"。经过精心组织，上海汽车集团股份有限公司乘用车公司成为唯一获此殊荣的中国自主品牌车企，上海华谊新材料有限公司成为全国首家基础化工行业智能工厂。全国有8000家企业参与申报，130家企业进入最终评审，仅11家企业荣膺该称号，为中国工业和制造业智能化演进树立了标杆。

已累计认定5家"上海市标杆性智能工厂"和60家"上海市智能工厂"。2020年，上海市经济信息化委等6部门联合发布了《上海市建设100+智能工厂专项行动方案（2020—2022年）》（即"10030"工程），计划三年推动建设100家智能工厂，打造10家标杆性智能工厂，培育10家行业一流水平的智能制造系统集成商，搭建10个垂直行业工业互联网平台。推进落实

全市智能工厂和智能制造优秀场景培育工作，挖掘了一批拥有创新性、代表性、引领性建设水平和制造能力的企业，截至2021年，累计60家企业获"上海市智能工厂"称号，5家企业获"上海市标杆性智能工厂"称号，2家企业获全国"标杆性智能工厂"称号。

构建市、区联动和"一厂一案"智能工厂推进机制。激发主体活力，市、区联动推进智能工厂建设。一是建立"专员＋辅导员"推进机制。智能制造推进处牵头专班推进，专员来自各区级、集团负责人，辅导员来自智能制造产业协会、电气集团、智能制造平台、赛迪研究院等支撑单位。二是开通咨询热线。设置专人接听的24小时热线电话，从在线评估、线下诊断、智能工厂建设等各方面为企业提供"店小二"服务。三是组建上海市智能工厂专家委员会，聘请110名来自高端装备、汽车、生命健康等领域的专家，提供专家智库服务。编制完成《上海市智能工厂专家委员会专家工作手册》，明确专家工作职责，规范化、标准化智能工厂评审流程。四是聚焦龙头，重点打造标杆工厂。为企业量身定制《"一厂一案"标杆性智能工厂培育方案》，由企业一把手挂帅，内部整合规划、设备、信息化等相关部门，组成"突击小分队"，针对数据驱动性不强、产业链协同性不高、数字技术融合度较低等失分项，制定重点攻关"最后一公里"工作计划表，

绘就打造标杆性智能工厂"作战图"，挂图上墙、有序推进。

【智能工厂线上测评】 突破1000家企业完成智能工厂线上测评。发挥各区、园区和集团积极性，动员企业参与智能工厂测评。一是召开全市会议。组织浦东、闵行、嘉定等10个区、4家央企和有关国企召开推进建设100＋智能工厂专项行动工作部署。二是组织重点区域会议。闵行、浦东、嘉定、松江、青浦、奉贤、宝山等区，中国联通集团以及特色产业园，分别召开智能工厂建设促经济数字化转型专项工作部署会议。组织发动开展企业线上测评，形成季度报工作机制。在线测评企业达1038家。按行业统计：高端装备552家、汽车144家、生命健康50家、电子信息77家、先进材料122家、时尚消费品93家。

上海市智能工厂测评系统V2.0版上线。为了更好地推动智能制造从定性走向定量评估，围绕智能工厂建设，做好三方面工作。一是更新标准。在已经制定的《上海市智能工厂评估标准》基础上，总结上海的实施经验，完善了《上海市智能工厂评估标准V2.0版》、升级了《上海市智能工厂在线测评系统V2.0版》。二是量化指标。依据《上海市智能工厂评估标准V2.0版》制定的智能工厂要求、技术要素和评分细则，明确智能工厂评估指标，分别对离散型和流程型2类工厂进行评估。

评估指标主要包括生产制造智能化、管理服务网络化及新技术融合化3方面18项指标。三是上线运行《上海市智能工厂在线测评系统V2.0版》，增加评估诊断功能并自动生成雷达图、根据升级的标准更新问卷内容、增加"所属集团"选项。

【智能制造生态优化】 智能制造系统集成服务能力全国领先。上海连续三年蝉联"中国先进制造业城市发展指数"全国第一。智能制造实现全市重点产业全覆盖，智能制造五类核心装备齐全（高档数控机床与工业机器人、增材制造装备、智能传感与控制装备、智能检测与装配装备、智能物流与仓储装备）。智能工厂示范带头作用进一步显现。智能制造系统集成服务能力全国领先，龙头集成商业绩实现倍增，是国内最大系统集成解决方案输出地之一，工业机器人产业规模全国第一，系统集成和工业机器人工业总产值突破500亿元。

智能制造五类新模式、新业态引领全国。上海离散型智能制造、流程型智能制造、网络协同制造、大规模个性化定制、远程运维服务五大智能制造新模式不断铺开，数字化转型、智能化变革、绿色低碳等新业态不断推进。重点行业机器人密度达383台/万人，全国第一。上汽大众MEB智能工厂是大众汽车集团全球首个生产规模最大、效率最高的纯电动汽车智能工厂，机器人密度高达9 571台/万人（行

业全球第一）。新时达机器人超级工厂是上海首个建成投产的自主品牌机器人智能工厂，机器人密度达980台/万人。海立集团作为全球最大的独立空调压缩机制造商之一，机器人密度达954台/万人（行业全球第一）。经过对国家和全市智能工厂的成效统计，上海实施智能化升级后生产效率平均提升50%以上，运营成本平均降低30%以上，优于全国平均水平。

首个中英智能测量与质量工程中心揭牌。中英智能测量与质量工程中心作为上海智能制造研发与转化功能型平台的重要组成部分，借鉴英国工程院院士蒋向前爵士领衔的英国国家未来计量联盟在数字计量基础科研与产业化相结合的创新模式和国际影响力，结合上海交大中国质量发展研究院、机械与动力工程学院的技术优势和产业优势，一是促进中英科研院所与计量仪器生产商深度合作，推进新型计量传感器及仪器的科研成果产业化与推广；二是积极对接上海"3+6"产业体系，聚焦3D打印、核电、光刻机、航空发动机、汽车零部件等多个高端制造领域，推动上海数字化转型、智能化升级，向全球产业链、价值链高端迈进。上海市经济信息化委副主任刘平与上海交大副校长、智能制造功能平台董事长奚立峰共同为中英双方主任颁发聘书，参与见证中英智能测量与质量工程中心正式启动及共建联合实验室揭牌仪式等活动。

【智能制造人才培养体系建设】 打造高水平智能制造人才培养梯度建设体系。为了统筹政府、学校、企业和园区资源，构建以人为核心要素的智能制造产教融合新生态，全面推动城市数字化转型，提升上海城市软实力，主要做好以下四方面工作：

一是"我为群众办实事"实践活动，2021智能制造规划/咨询师培训班开班，活动由上海市经济信息化工作党委、市经济信息化委会同市教委等单位联合举办。二是依托智能制造人才培养基地，培养智能制造规划师/咨询师100名。三是依托上海市经济信息化委下属市工商外国语学校，重点培训操作技能型人才，推动校企联合双元制培养机制，上海机床厂、发那科机器人、拓璞数控、诺倬力数控、诺玛液压5家企业与市工商外国语学校合作培养学生200余名。四是建设特色园区，注重生态建设，夯实产业发展载体。智能制造产业基地等10个园区为智能制造特色园区（全市占比1/4），是单个领域数量最多的特色产业园。下一步将推动上海先进制造业的产业集群高地建设、智能制造特色化小微园建设。

（陶传亮）

【电控智能车间技术研究】 上海市科技创新行动计划项目"电控智能车间技术研究"由上海三菱电梯有限公司等单位承担，于2021年1月7日通过上海市科委组织的综合绩效评价。该项目通过智能制造技术研发和智能装备研制，并与智能化生产线实现集成，支持电梯控制柜、印刷电路板等电气部件的智能化生产，研究基于多维度矩阵的智能排程技术、基于3D图像识别的机器人自动装配技术、人机交互技术、物料智能配送技术等关键技术，并在电梯电控智能车间进行了示范应用，形成了73 250台/年的电梯控制柜生产能力，3 085 714片/年的电梯印板生产能力，生产效率提高了41%，生产成本降低了29%，作业人员数量减少了29.5%。项目申请国家发明专利3项，发表科技论文3篇，形成企业标准3项。

【面向服装定制的一体化云平台开发应用】 上海市科技创新行动计划项目"面向服装定制的设计—制造—服务一体化云平台开发与应用"由上工申贝（集团）股份有限公司等单位承担，于2021年1月15日通过上海市科委组织的综合绩效评价。该项目突破了人体体型三维测量方案与系统开发、人体体型三维测量数据处理与特征尺寸自动提取、面向服装定制的云平台设计等关键技术，研制了高精度三维人体测量系统和服装定制技术支撑云平台，建立了西服定制生产系统，实现了服装工业化定制生产的智能微工厂落地应用。项目申请国家发明专利1项，申请软件著作权1项，发表科技论文3篇，培养博士1名、硕士2名。

【嵌入式主动视觉感知及多传感组网的在线检测应用】 上海市科技创新行动计划项目《嵌入式主动视觉感知及多传感组网的在线检测应用》由上海交通大学承担，于2021年1月8日通过上海市科委组织的综合绩效评价。该项目突破了多线激光测量系统标定、ARM（Advanced RISC Machine，高级精简指令集）图像与图形计算加速、主动视觉应用系统误差建模与补偿等关键技术，保证了传感器和应用系统的性能及可靠性。研制了线激光嵌入式视觉测量传感器，通过了两家权威检测机构的精度和电气性能测试；基于研制传感器开发了多机器人协作汽车车身在线检测、多传感融合的核电燃料棒在位检测、船舶切割和小组立焊接在机检测等5套应用，在汽车、核电、船舶等5家企业实现了示范应用。申请国家发明专利3项，申请软件著作权1项，发表科技论文5篇。

【基于中药萃取制造数据分析决策平台应用】上海市科技创新行动计划项目"基于中药萃取制造数据分析决策平台及示范应用"由上海中医药大学等单位承担，于2021年3月25日通过上海市科委组织的综合绩效评价。该项目研发了一套基于中药萃取制造数据的原药材、制造参数、目标成分预测与决策的智能分析系统平台、形成一套基于中药萃取制造数据的专家知识库系统，在上海中医药大学创新实验室实现了示范应用。项目整合现有的超临界CO_2萃取技术，利用中药材采收加工生产至成品质量数据，建立数据分析决策平台等关键技术，形成了全产业链的技术能力。申请软件著作权3项，发表科技论文4篇，培养硕士2名。

【专用手术机器人技术研究与应用】 上海市科技创新行动计划项目"支撑喉镜管腔内自进化专用手术机器人技术研究与应用"由上海市第一人民医院等单位承担，于2021年3月26日通过上海市科委组织的综合绩效评价。该项目研制了支撑喉镜专用手术机械臂、新型弯曲支撑喉镜系统，形成新型智能康复医疗系统建设方案，实现了教学、科研应用。项目突破了喉部手术机器人末端精密定位技术，实现了线驱动型喉部手术机器人动力学建模与末端精确控制、无力—力矩传感器条件下软体手术机器人精细接触力感知、深腔狭窄空间手术机器人单臂打结等关键技术，形成了自主研发专科手术机器人的技术能力。申请国家发明专利7项（其中授权2项），实用新型专利4项，在国内外发表各类相关论文11篇（其中SCI6篇），培养博士4名、硕士5名。

【术后康复机器人样机研制及示范应用】上海市科技创新行动计划项目"面向严重周围神经损伤术后康复的机器人样机研制

及示范应用"由上海中医药大学等单位承担,于 2021 年 2 月 5 日通过上海市科委组织的综合绩效评价。该项目基于神经重塑理论,针对如何重新激活患肢运动皮层和重建感觉—运动神经环路这两大科学问题,攻克刚柔耦合、多模态生物信息感知、行为意图理解和人机自然交互等共性支撑技术,研制了面向严重周围神经损伤修复后上肢功能康复的机器人系统,开发了具有肌电反馈、电刺激闭环功能的感知系统,构建符合原定指标的上肢康复机器人样机 2 台(1 代和 2 代机器人各 1 台),完成 10 例正常人安全性测试。通过 45 例周围神经严重损伤患者的临床应用对机器人辅助的康复新疗法进行验证,并探索其对于脑重塑的干预机制。产品在 6 家医疗单位推广应用。申请国家发明专利 2 项(其中 1 项已获授权),发表 / 接受 SCI/EI 论文共 9 篇,培养博士 4 名、硕士 2 名。

【智能机器人应用于数字化医院智慧物流建设】 上海市科技创新行动计划项目"智能机器人在数字化医院智慧物流建设中的应用研究"由上海市儿童医院等单位承担,于 2021 年 2 月 7 日通过上海市科委组织的综合绩效评价。该项目完成了数字化医院系统架构搭建、智能物流机器人整机设计,开发了自主学习的导航运动算法、多传感器融合的避障绕障技术、智能物流控制与调度系统等关键技术,研制了数字化

医院智慧物流系统,开发了智能物流机器人、可与机器人通信的梯控系统、室内建图导航定位系统、医用智能物流控制与调度系统等,并在上海交通大学附属同仁医院示范应用。申请国家发明专利 2 项,授权实用新型专利 1 项,已发表科技论文 1 篇,立项国内标准 2 项,申请行业标准 1 项,培养硕士生 2 名。

【智能视觉与新型人机交互模块设计与应用】
上海市科技创新行动计划项目"应用于服务型机器人的智能视觉与新型人机交互模块设计与应用"由上海数迹智能科技有限公司等单位承担,于 2021 年 1 月 6 日通过上海市科委组织的综合绩效评价。该项目研发了基于立体结构以及分布式计算架构的小型化 TOF(Time of flight,飞行时间测距法)3D 传感器技术、提高 3D 测量精度和测量结果可重复性的校准抗噪算法、基于深度数据的物体三维成像和识别等关键技术,研制了基于 TOF 阵列传感器的小型化三维智能视觉模块、机器人智能视觉软件开发平台和中间件、基于深度数据的新型人机交互和环境感知算法,产品实现了落地应用。申请国家发明专利 7 项。

【复杂砼构件智能抹平机器人技术研究及应用】
上海市科技创新行动计划项目"复杂砼构件智能抹平机器人技术研究及应用"由沈机(上海)智能系统研发设计有限公司等

单位承担，于 2021 年 1 月 14 日通过上海市科委组织的综合绩效评价。该项目研究了智能化抹平机器人基于力反馈的末端执行器及控制技术、管片曲面和表面及缺陷自动视觉识别、自动曲面抹平工艺等关键技术，研制了复杂砼构件智能化抹平机器人，建设了砼构件曲面抹平机器人试验平台，在上海建工实现了在隧道管片生产的落地应用，产品销量达到 5 000 环以上。申请发明专利 3 项、软件著作权 3 项、发表论文 3 篇，培养博士 1 名、硕士 2 名。

【基于串并混联的重载机器人关键技术研究】海市科技创新行动计划项目"基于串并混联的重载机器人关键技术及应用研究"由上海新纪元机器人有限公司等单位承担，于 2021 年 6 月 29 日通过上海市科委组织的综合绩效评价。该项目研究了多自由度串并混联结构运动机构设计、无预设主动预判自平衡算法、强实时多轴同步复合控制、主动减振位姿融合感知等关键技术，并在产品中进行应用，研制了基于串并混联的重载机器人稳定平台、车辆自平衡救护系统，在上海实现了车辆自平衡装置样机落地应用。申请国家发明专利 5 项，实用新型专利 7 项，外观设计专利 2 项，建立企业标准 1 项，实现人才引进 16 人。

【智能 PCBA 工艺设计审查＆制程一体化软件开发】 上海市科技创新行动计划项目

"基于三维器件模型的智能 PCBA 工艺设计审查＆制程一体化软件开发及应用"由上海望友信息科技有限公司承担，于 2021 年 11 月 18 日通过上海市科委组织的综合绩效评价。该项目以 DFM（Design for Manufacturability，面向制造的设计）工艺设计智能审查模块为基础，向电子产品的全流程进行延伸，包括 DFM 工艺设计智能审查模块、智能 Stencil 钢网设计模块、SMT（Surface Mount Technology，表面贴装技术）自动化组装设备程序智能编程及加速器模块、器件自动化检测设备程序智能编制模块、产品制造工艺指导书智能编制模块、产品可视化查询及数据辅助转换模块，形成国内首个聚焦电子系统工艺设计＆制造的一体化智能制造工业软件方案。

该项目解决了以下关键技术难题：第一，在产品核心模块中，实现设计软件、仿真软件的无缝连接，从而达到设计加速的目的；第二，将从设计到制造的整个流程中涉及的所有独立模块融入到一个产品中，并且每个模块相互协作、兼容、配合，保证产品在使用中更加流畅、便捷；第三，在整个审查过程中，加入 3D 仿真，更加逼真、直观地辨别出设计到制造中出现的问题，形成了 PCB（Printed Circuit Board，印制电路板）设计与制造全流程工具链能力。企业新增发明专利申请 38 项，其中，国内 18 项、国外 12 项、PCT8

项，获得国内外发明专利授权 13 项，办理计算机软件著作权登记 6 项，新获商标注册证书 5 个，培养了一支专业能力强的队伍。项目成果已应用在华为、中兴等单位产品板级设计制造中，规模用户达到了30 家。

【机器人三维视觉感知关键技术与核心部件研发】 上海市科技创新行动计划项目"面向柔性定制作业的机器人三维视觉感知关键技术与核心部件研发"由上海交通大学承担，于 2021 年 12 月 8 日通过上海市科委组织的综合绩效评价。该项目研制了机器视觉三维测量系统、两个型号车间级三维视觉传感器、机器人三维视觉引导平台软件（兼容四种机器人品牌），已应用于上海航天精密机械研究所等 6 家企业。该项目研究了投影条纹光强像素级调制、结构光—光度立体视觉融合、激光条纹中心健壮性提取与高光滤除、基于点对特征的物体识别与位姿估计等关键技术。申请国家发明专利 4 项，其中已授权 2 项，登记软件著作权 1 项，发表科技论文 5 篇。

【智能无尘除锈系统关键技术研究及示范应用】 上海市科技创新行动计划项目"大型浮式储油船大拼接合拢缝全位置自回收一体化智能无尘除锈系统关键技术研究及示范应用"由上海外高桥造船有限公司等单位承担，于 2021 年 12 月 10 日通过上海市科委组织的综合绩效评价。该项目研制了一套全位置自回收一体化智能无尘除锈机器人样机系统，并开发船体外板大拼接缝爬壁机器人喷砂除锈软件，在上海外高桥造船有限公司实现工程化落地应用。该项目实现了爬壁机器人高空作业重载爬壁技术及轻量化、高效无尘喷砂除锈、磨料的回收与分离、补料、焊缝位置定位及跟踪等关键技术。申请国家发明专利 3 项，申请软件著作权 2 项，发表科技论文 8 篇，培养硕士 5 名。

【空间精密导电滑环在线监测与控制系统研发应用】 上海市科技创新行动计划项目"基于机器视觉的空间精密导电滑环在线监测与控制系统研发及示范应用"由上海航天设备制造总厂有限公司等单位承担，于 2021 年 12 月 17 日通过上海市科委组织的综合绩效评价。该项目研制了空间精密导电滑环环槽切削在机测量装置、刷丝对位装配专用测量系统、电刷接触压力原位监测系统、制造过程质量智能控制软件，实现了基于机器视觉的空间精密导电滑环在线监测与控制系统的落地应用。该项目研究突破了在机视觉感知、图像域关键特征提取、系统参数标定、监测数据工艺反馈等关键技术，形成了空间精密导电滑环制造过程在线监测与控制技术与方法。申请国家发明专利 2 项，申请软件著作权 2 项，发表科技论文 4 篇，培养博士 1 名、硕士 5 名。

【面向精密装配的飞秒光梳高精度绝对距离测量技术】 上海市科技创新行动计划项目"面向精密装配的飞秒光梳高精度绝对距离测量技术"由上海航天控制技术研究所等单位承担，于2021年12月17日通过上海市科委组织的综合绩效评价。该项目突破了抗环境干扰的飞秒激光器高重复频率稳定技术、快速实时多测尺组合测量与高精度相位鉴别技术等关键技术，研制了一套飞秒激光高精度测距系统，拓展了八院激光测距研究领域，为卫星精密编队飞行应用提供技术支撑。该项目申请国家发明专利2项，发表科技论文2篇。

【地铁隧道智能综合检测机器人】 上海市科技创新行动计划项目"地铁隧道智能综合检测机器人"由上海市东方海事工程技术有限公司等单位承担，于2021年12月24日通过上海市科委组织的综合绩效评价。该项目研制了地铁隧道智能综合检测机器人，包括综合检测平台、钢轨超声波探伤机械臂、道床巡检机械臂、隧道廓形测量机械臂、隧道管壁巡检机械臂等，在北京京港地铁等地实现落地应用。该项目研发了多种传感器综合应用于隧道检测等关键技术。申请专利3项，获得软件著作权1项，发表科技论文1篇。

（张丽媛）

二、典型案例

中国宝武钢铁集团有限公司

【新一轮战略规划修编】 根据中国宝武钢铁集团有限公司（以下简称"中国宝武"）新一轮战略规划修编、战略迭代愿景目标及2020—2022数智化专项规划要求，启动年度规划评估及2022—2024年战略规划修编工作。围绕"实现世界一流、伟大企业就要在材料、能源和信息三大方向实现创新和引领，形成中国宝武独有的、不可替代的强大优势"要求，组织《中国宝武智慧化与大数据专项规划》的修编工作。聚焦规划执行评估、生态应用创新、数据治理及应用、数智基建升级、数智建设保障等方面进行整体策划和方案编制。

【"钢铁工业大脑"战略计划策划启动】 以突破性的行动计划为抓手，强化数智化应用，策划启动中国宝武"钢铁工业大脑"战略计划。作为智慧制造2.0"三跨融合"的核心组成部分，中国宝武进行整体调研与策划，拟打造一批人工智能与钢铁深度融合的典型示范项目，构建一套敏态创新、智能管理的工作体系，突破一批软、硬件智能化关键技术，注册一批软、硬件智能标准和专利技术，解决一批钢铁行业制造、服务、治理过程中的"黑箱"和"不确定性"难题，包括核心制造产线智能化、全流程业务智能化、设备运维智能化、智能软硬件技术四大攻关领域14个重点攻关项目。同步策划设计专案推进机制、揭榜挂帅项目机制、科技创新激励机制、专家平台支撑机制、开放研发生态机制、成果认定推广机制六大上下联动工作协同机制。组织全集团层面的整体讲解和宣贯，推进五家揭榜挂帅单位分别落实"钢铁工业大脑"计划的初步设想和行动方案。

【智慧制造 1.0 水平再上新台阶】　强化技术引领，推动智慧制造 1.0 水平再上新台阶。按照"四个一律"目标和要求，全面推进《2018—2020 年中国宝武智慧制造行动方案》实施，基于工业互联网平台的智慧制造技术体系逐步完善，一批智慧制造示范项目脱颖而出，倒逼管理变革、流程再造、效率提升。强化数智化顶层策划，大力推进跨产业、跨空间、跨界面的"三跨融合"重点工作任务落地，打造智慧制造 2.0 升级版。践行中国宝武集团公司战略，基于数智化规划确定的架构和平台，在统一的工业互联网体系架构下，中国宝武统筹设计了"三跨融合"的工作方向、推进机制和工作计划。各项工作按月跟踪进展、按季度推进检查，各单位基本按计划完成预期目标。

【运营共享系统建设及穿透式覆盖持续推进】支撑"亿吨级宝武"目标，助力中国宝武整合融合，实现协同叠加效益。落实数智化规划，利用新技术、新平台完成人力资源系统重构，加快推进智慧办公 4.0 建设。落实中国宝武对人力资源系统"全覆盖、可拓展，精细化、能监管，精准化、易演进，强协同、创价值"的重构要求，确定《人力资源管理系统智慧化重构项目》方案，经集团公司同意，采用软件服务模式，完成系统建设并投运，2021 年 12 月 23 日完成 13 家一级子公司 300 多家单位的人力资源业务和数据切换上线，同步支撑新进单元 200 多家单位发薪主体的覆盖工作。

《中国宝武智慧办公系统数字化升级改造工作方案》经集团公司审定，明确采用软件服务模式，2021 年完成核心组件招标，基础功能、核心功能开发。按"横向到边、纵向到底"穿透式管理要求，推进集团运营共享系统覆盖，完成标准财务系统与属地经营管理系统、制造系统的集成，实现业财一体。按计划推进集团运营共享系统覆盖新进子公司，完成下属 100 多家单位智慧工作、标准财务、人力资源、内部审计和穿透式监督等系统全覆盖。

【1+N 互联互通的大数据中心逐步构建】持续推进数据治理体系建设、数据节点部署、数据应用创新。在数据治理方面，贯彻落实国家层面对大数据发展的相关工作

要求，结合国内外理论与实践经验，逐步完善了大数据中心的数据治理工作内容和方法论。2021年，结合实际情况，在大数据中心建设过程中迭代、完善方法规范，形成了具有中国宝武特色的工业大数据实施方法论和数据资产标准化管理规范，同时，将方法规范固化在中国宝武工业互联网平台中，实现了体系能力的持续沉淀。在数据节点部署方面，部署了中国宝武集团、宝山钢铁股份有限公司（以下简称"宝钢股份"）等11个大数据中心节点。在大数据应用生态建设方面，围绕智慧制造、智慧服务、智慧治理三重智慧场景，基于统一数据分类分级要求，已汇聚各类业务数据，开发、治理形成了一批高质量数据资产，为各类业务场景提供数据服务，上线集团大数据审计、宝钢股份智慧经营决策等一批大数据示范试点应用。

【生态圈统一基础设施能力持续构筑】 中国宝武打造新型核心竞争力，培育发展新动能。持续推动IaaS（Infrastructure as a Service，基础设施即服务）层信息基础设施——"宝之云"在全国布局。组织设计并确定全国集团专用网建设及租用模式，持续打造云边协同的立体网络体系。推动云边协同、流程管控及数据智能一体的中国宝武大数据中心算力基础设施建设。基于新一代信息技术，持续迭代打造互联共享的PaaS层平台基础设施——工业互联网平台体系建设。

【新一代信息技术与各类应用场景深度融合】 强化自主研发创新发展。在中国宝武工业互联网平台基础设施统一互联互通的基础上，逐步构建具备足够开放性、兼容性的无边界技术生态体系。围绕中国宝武关键技术研发图谱，以技术创新驱动业务创新，构建生态运营能力。对外全面对标找差，积极调研并走访华为、阿里、腾讯等优秀的互联网及制造业公司，汲取优秀企业在技术研发、技术创新实践、技术管理方面的经验，寻找创新合作点，共建、共创新商业模式。对内推动集团内部AI、5G、大数据、区块链、各类即时通讯工具等新一代信息技术与各类具体应用场景的实践创新。

（顾慧达）

【钢铁AR智能运维系统上线】 2021年，中国宝武引入亮风台（上海）信息科技有限公司的AR技术与应用，打造AR智能运维系统，为冶金企业带来全新的设备运维工作方式。作为国内首批实现5G钢铁生产的企业，中国宝武充分结合5G、云计算、边缘计算、大数据、人工智能、AR等新一代信息技术，借助AR智能运维系统，赋能运营维护、设备管理等各个环节，在发挥下沉式部署优势、保障数据安全的前提下，实现关联设备的数字信息可视化、精准远程协作与高效过程记录管理，最终完成基于作业现场的信息交互能力提升，实现由"制造"向"智造"的高质量数字化转型。

（孙　洁）

【一张工业互联网逐步打造】　通过绩效指数牵引方式，持续推进各子公司数智基建升级、"上云上平台"，中国宝武逐步打造一张工业互联网。围绕商业新模式、制造新模式、运营新模式转型和创新，以智慧制造、智慧服务、智慧治理作为业务引擎，积极推动国资监管应用、改革三年行动在线督办、大数据审计等一系列中国宝武国资监管信息化工作建设和优化完善工作，协同各相关单位推进"欧冶综合交易平台""宝武智维设备远程运维平台""工业品采购服务平台"等钢铁生态圈各功能体系"平台+"数智生态业务云标杆建设，推动各子公司"上云上平台"，部署工业互联网平台及大数据中心节点，逐步实现传统信息化、自动化架构向新一代信息架构的迁移、转型升级。

【国企数智化转型标杆打造】　加强内外部宣贯，传播中国宝武数智化建设实践和转型理念。持续推进中国宝武数字化、网络化、智能化建设，对内凝心聚力、加强宣贯，组织召开中国宝武工业互联网创新发展工作研讨会、中国宝武"钢铁工业大脑"

战略性计划启动会议；对外树立转型标杆，打造"数智宝武"形象，参加工业互联网产业联盟理事会第六次会议，传播工业互联网建设经验，参加第四届数字中国建设峰会国有企业数字化转型论坛，配合国有资产监督管理委员会完成十大科技创新成果发布工作，参加中国钢铁工业协会钢铁行业智能制造联盟成立大会暨钢铁行业数字化转型论坛，分享中国宝武智慧制造独到见解。

积极组织各子公司参加国家各部委和相关联盟举办的数字化转型优秀案例申报，其中6家子公司参加工信部2021年新一代信息技术与制造业融合发展试点示范项目申报、2021年世界互联网领先科技成果发布活动和工信部2021年工业互联网平台创新领航应用案例申报，宝钢股份和上海宝信软件股份有限公司（以下简称"宝信软件"）在2021年第三届中国工业互联网大赛中获得分区一等奖和三等奖并进入全国总决赛，其中，宝信软件荣获总决赛第二名。

【网络安全体系能力提升】　对标世界一流管理提升，落实中国宝武党委要求，提升网络安全体系能力，完成网络安全双零目标和各项重点任务。在提升网络安全保障能力方面，中国宝武完成《网络安全管理办法》修编，与中国宝武网络安全监管平台1.0版同步上线。推进落实国资国企网络信息安全在线监管覆盖，完成一级子公司的全覆盖。推进中国宝武网络安全监测体系覆盖，完成30多家一级子公司、各重要钢铁基地的覆盖，与中国宝武网络安全监管平台协同，初步形成集团公司网络安全在线监管机制。在夯实网络安全保障机制方面，制定中国宝武《庆祝建党100周年网络安全保障工作方案》。建立集团网络安全保障体系和快速应急响应机制，落实各项保障要求，安全运行与应急保障相结合，完成马钢（集团）控股有限公司智慧制造现场会等7次、64天重大活动网络安全保障工作。

在开展网络攻防实战演习方面，2021年中国宝武参加国家有关部门组织的网络攻防演习，制定网络攻防演习方案和准备工作指南，建立演习指挥部和快速应急响应机制，部署落实演习各项准备工作。通过演习，发现网络安全问题隐患并落实整改，提升了攻防实战、安全防护、应急响应和安全协同能力。在打造网络安全新基座方面，2021年完成中国宝武专用网两大核心节点和12个汇聚节点建设上线，50多家单位在新网上平稳运行；统一推进终端安全防护，完成建设运营方案审查和试点建设，具备全面推广条件；中国宝武网络安全运营中心初步建立，对集团公司信息基础设施和重要系统网络实施全天候安全值守、分析研判。

（顾慧达）

中国石化上海石油化工股份有限公司

【概况】 中国石化上海石油化工股份有限公司（以下简称"上海石化"）前身是创建于1972年的上海石油化工总厂。1993年6月，经过国有企业股份制规范化改制，上海石化成为中国第一家股票同时在中国上海、中国香港和美国纽约三地上市的国际上市公司。2021年，上海石化认真贯彻落实上海市和中国石化关于信息化建设工作部署，紧扣"五个聚焦"（聚焦绿色洁净、聚焦提质增效、聚焦深化改革、聚焦创新驱动、聚焦务实创新）工作主线，牢固树立"向先进水平挑战、向最高标准看齐"的理念，全面推进信息化建设，重点开展现场安全管控、视频智能分析、设备完整性管理系统等一系列项目建设，致力于推动智能工厂建设，构建集成共享的经营管理平台、互联智能的生产运营平台和敏捷安全的基础设施平台。

（卢叶凌）

【中国工业互联网安全大赛】 2021年9月17日，上海石化按照中国石化集团公司"关于参加2021年中国工业互联网安全大赛通知"要求，组织4人参加上海赛区线下比赛，获上海赛区选拔赛团队竞赛二等奖，并代表集团公司和上海市参加"中国工业互联网安全大赛全国总决赛"。

（赵 盛）

【战略合作协议签订】　2021 年 12 月，上海石化与上海移动、中移（上海）信息通信科技有限公司签署三方战略合作协议，旨在维护和拓展上海石化与上海移动的良好合作关系，促进三方共同发展和长远合作，为社会转型、创新发展注入新动能。三方同意在企业 5G 专网组建、5G 智慧工厂、"5G+ 室内高精度定位技术"、5G 行业应用场景探索、工业互联网应用等领域建立合作伙伴关系，开展卓有成效的全方位合作，以巩固和扩大在各自领域中的优势。

（卢叶凌）

【2021 年（第三届）中国智慧炼化高峰论坛】
10 月 21—22 日，2021 年（第三届）中国智慧炼化高峰论坛在上海召开。论坛围绕"数字转型、智造未来、促'十四五'时期炼化产业高质量发展"主题，共同探讨如何面对能源革命和加快推进能源转型的新形势、新趋势。论坛由中国化工学会、中国石油化工股份有限公司信息和数字化管理部等联合主办，上海石化协办。

（卢叶凌）

【VOCs 管理 LDAR 子模块提升项目通过验收评定】　项目于 2020 年 3 月启动实施，2021 年 1 月全面上线运行，12 月 30 日通过验收评定。项目优化了上海石化 LDAR（Leak Detection and Repair，泄漏检测与修复）建档、检测与修复流程，通过"RFID（Radio Frequency Identification，射频识别技术）芯片—图像"相结合的密封点建档和检测数据自动上传功能，解决了 LDAR 检测效率低、监管监控弱、数据溯源难的行业痛点，有效提升了上海石化 VOCs（Volatile Organic Comounds，挥发性有机物）减排和管理水平，完善了 VOCs 现代治理体系。在中国石化系统内，首家实现第三方检测、移动应用及管控平台 LDAR 全域数据整合、智慧通链，具有良好的示范引领效应。以该项目为基础，申报的《石化行业 VOCs 泄漏检测与修复关键技术的集成开发与应用项目》获 2020 年上海市科学技术二等奖。

（金　罡）

【智能仓储项目通过验收评定】　项目于 2019 年 11 月 13 日启动，2020 年 7 月 10 日上线运行，2021 年 10 月 14 日完成验收测试，12 月 31 日通过验收评定。主要包括智能仓储机器人、机器人调度系统、智能仓储管理系统 3 大核心模块，实现仓储任务的执行、调度、管理功能。项目建成后，改变了传统货物分类存储、人工管理进出库的运营模式，机器取代人工，提高了库房存储面积和出入库效率。项目投用后，货架面积由 737 平方米扩大为 2 160 平方米，智能仓库利用率提升至 87%。

（刘晓雪）

【中央数据库管理平台项目通过验收评定】
项目于 2019 年 5 月开工，10 月正式上线
投入运行，2021 年 3 月通过验收评定。项
目采用数据同步技术，通过数据库服务器
集群、存储服务器集群建设中央数据库管
理平台，为上海石化 22 个业务系统提供
数据同步服务，使业务运营数据能够集中
归集和共享，并为后续的数据精细化管理、
挖掘及分析提供良好基础。

（张　悦）

【现场安全管控平台项目上线运行】　项目
于 2021 年 1 月启动实施，11 月正式上线。
系统主要数据通过驾驶舱的形式集中汇总
展示，为管理人员提供实时更新的统计数
据。利用现场位置牌与防爆终端确认人员
到位情况，实现 PC 端与移动端联动确认
JSA（Job Safety Analysis，工作安全分
析）及电子卡签批过程，严格审核签票人
本人校验，实现岗位资质校验。隐患排查
实现了从主管部门至生产单位的车间装置
计划派发、隐患数据收集、隐患上报整改，
同时与设备完整性平台进行数据互通，完
成设备隐患数据对接。至 2021 年底，现场
安全管控平台已在全公司使用。

（张　悦）

【危险化学品安全生产风险监测预警项目
上线】　项目于 2019 年 12 月启动实施，
2021 年 5 月正式上线。系统接入 4 个级别

的重大危险源和高危工艺装置 110 个、监
测指标 1 191 个、工业视频 1 842 个，并实
现 13 套装置、62 个罐区数据接入，系统
有效监控指标报警 11 276 次、风险预警 1
次。项目建成后，加强企业对落实主体责
任的监督，提升企业安全管理技术和安全
生产保障水平。

（张　悦）

【储运部视频图像智能分析试点开发项目
上线】　项目于 2021 年 8 月启动，12 月
31 日上线。内容包括统计分析、场景监控、
场景管理、设备管理、系统设置、微信客
户端报警等功能模块。从储运部汽车灌装、
关键生产作业场景切入，选择码头、泵房、
罐区等关键场景下的 64 路摄像头，布控 7
个通用场景安全管控智能算法，完成视频
流数据的采集、审核和预标识工作。项目
采用 AI 实时感知技术，以计算机视觉代替
人工监管，全面监控灌装作业流程，实现
关键生产作业场景内人员 PPE（Personal
Protective Equipment，个人防护设备）、
环境风险、人员危险动作等实时检测识别，
及时预警、发现安全隐患，降低风险和事
故发生率。

（王舒涵）

国网上海市电力公司

【概况】　2021 年，国网上海市电力公司
（以下简称"国网上海电力"）认真贯彻落

实上海市城市数字化转型工作部署，按照国家电网"十四五"发展"一业为主、四翼齐飞、全要素发力"的总体布局，立足"世界观察中国电力的窗口"定位，大力推进全业务、全环节数字化转型。面对新型冠状病毒肺炎疫情时代宏观经济发展环境新变化、服务"双碳"目标新形势、建设"具有中国特色国际领先的城市能源互联网企业"新任务和构建以新能源为主体的新型电力系统新要求，国网上海电力将数字化转型专项行动列为年度十大专项任务，先后发布了"十四五"数字化规划和数字化转型三年行动计划，确立了"三个转型、两个升级"行动方针和"全面感知，数据驱动""技术赋能，智慧运营""生态重塑，价值创造"的转型路径。

全年数字化投入6.07亿元，重点开展了电力行业工业互联网标识解析、智慧物联体系、人工智能、数字孪生等新技术建设应用，构建了云平台、业务中台、数据中台、技术中台、业务运营管理中台等企业级共建共享平台，打造了全景智慧供电保障系统、能源大数据中心、智慧城市能源"双碳"云平台、长三角一体化办电服务平台等多个重量级信息系统，积极对接"一网通办""一网统管"平台，服务经济发展、服务社会治理、服务民生改善。

【荣获"鼎革奖"中国数字化转型先锋榜最高奖】 2021年4月、8月、10月，由清

华大学全球产业研究院、哈佛商业评论、SAP公司等组成的评审团，对国网上海电力数字化战略与商业模式创新、业务挑战、实施效果与核心优势、技术领先性以及组织人才与文化变革等进行了第一阶段、第二阶段、第三阶段的评审。评委会一致认为，国网上海电力通过打造网上电网、多维精益、智慧保电、"一网通办"、电网数字孪生、智慧供应链等业务应用场景，推进生产、营销、物资、财务等各领域数字化转型，实现了产品创新数字化、生产运营智能化、用户服务敏捷化、产业体系生态化。11月，国网上海电力获得评委会大奖。

【电力供应数字化多维精益管理体系打造】 2021年，国网上海电力以建设具有中国特色国际领先的城市能源互联网企业为目标，打造"企业全局复用、服务标准稳态、数据融合共享"的企业级共建共享平台，推进全流程业务贯通、全要素数据贯通、全领域技术贯通，加快电网生产、企业管理、客户服务数字化转型，推动了数字技术与传统电网产业的深度融合，在生产效率、运营成本、节能降耗等方面构建适合电网企业的数字化质量保证基础，持续提升企业管理全流程效率和服务质量，进而推动企业高质量发展。经过案例评选和现场评选两个环节，上海市质量监督管理局将电力供应数字化多维精益管理体系评选为上

海市企业质量管理领域数字化转型"十佳案例"。

【"十四五"数字化规划发布】 2021年3月，国网上海电力成立"十四五"数字化规划编写工作小组，启动规划编写工作。从信息化基础支撑体系、企业级共建共享平台、安全防护体系、业务应用等多个方面总结了"十三五"时期数字化工作取得的成效。结合外部环境变化趋势、信息技术变革趋势、电网企业面临挑战，系统分析了新时期下的数字化发展形势。依据国家电网数字化规划，开展"十四五"时期数字化规划蓝图设计，明确了打造新型数字基础设施、打造企业中台、释放数据价值、赋能电网生产、赋能企业经营、赋能客户服务、赋能新兴产业、强化运营支撑、强化安全防护、强化技术引领十大任务，全力打造中国电力企业数字化转型新样板。7月，完成"十四五"数字化规划的发布。

【数字化转型三年行动计划发布】 2021年5月，国网上海电力启动数字化转型三年行动计划的编写工作。在广泛征求发展部、财务部、设备部、营销部、建设部、物资部等14个业务部门和13家基层单位意见的基础上，结合"十三五"时期数字化转型工作成效，形成了科学、合理的行动计划方案。树立了以数字化重塑电网运营模式、企业经营方式和客户服务体验，驱动公司核心业务转型，引领能源生态商业创新的数字化转型愿景，加快资产数据化和数据资产化，努力实现企业、客户和社会三大价值。聚焦"四大主线突破、三个全面贯通、三项能力提升"，细化形成43项重点工作任务。四大主线突破即数字化电网突破、数字化运营突破、数字化服务突破、数字化业务突破；三个全面贯通即全流程业务贯通、全要素数据贯通、全领域技术贯通；三项能力提升即基础资源支撑能力提升、安全运行防护能力提升、技术创新引领能力提升。9月，完成数字化转型三年行动计划的发布。

【云平台服务能力大幅提升】 国网上海电力以"价值驱动、共建共享、标准先行、全面上云"为原则，建成"资源全域调配、业务敏捷支撑、开发运维一体"的云平台，聚合孤立与潜在的信息资源，实现基础设施、数据、服务、应用等IT基础资源的一体化管理，夯实云化、融合、智能、软硬资源协同的数据底座和全场景、大规模、高性能的网络底座，构筑安全底座和生态圈。通过建立一体化云平台，加强电网企业数字化设备设施、信息资源和信息安全保障能力。截至2021年底，共建成16个管理节点、112个计算节点、38个大数据节点，落实81套新建业务系统和存量业务系统上云部署，支撑基础架构上云系统61套，微服务容器化上云系统20套，大幅提升系统云化部署率。虚拟机交付时长由 120 分钟降低至 6 分钟，交付周期缩短 95%，大幅提升故障处理效率，平均修复时间缩短 50%。

【统一业务服务平台投入运行】 2019 年 3 月，国网上海电力以"能力跨专业复用、数据全局共享"为原则，结合内外部发展需求，启动企业级统一业务服务平台建设，2021 年 9 月，统一业务服务平台单轨上线，实现企业核心业务能力沉淀，提供统一的企业级共享服务。

通过统一业务服务平台建设，全面整合电网设备资源、资产、图形、拓扑等信息，建成了集标准管理、合规控制、操作处理、数据输出和统一服务调用管理五大核心能力的中台支撑体系，完成了发、输、变、配、用、新、地下管网及通信资源"同源维护"，对公司管辖范围内 16 万个电业站和用户站、11.7 万条 10 kV 以上配电线路、41 万条低压线路、近 13 万个台区、210 万接入点和上千万用户，实现了全范围、全电压等级管理，全面支撑线损综合分析、营销业扩服务、供电服务指挥、设备全寿命管理、资产多维精益管理、电网智能可靠调度等跨专业应用协同、源网荷数据汇集、电网运行工况实时展示，持续提升"营配调"贯通水平，降低基层班组工作强度和压力，促进企业服务和管理水平提升。

截至 2021 年底，"营配调" 3 个专业累计开展应用 84 000 人次，协同处理抢修工单 44 514 个、停电通知 2 659 个，营配交互数据 13 万余条，加强了电网企业生产现场、经营管理、服务过程等方面的数据动态采集能力，实现客户资源引流共享、交叉赋能，推动新业态、新模式高速创新发展。

【统一数据服务平台大力推进】 国网上海电力按照"盘点—规范—治理—应用"思路，强化数据分级分类管理，建立最小化的数据共享负面清单，推动数据规范授权、融合贯通、灵活获取，实现"一次录入、共享应用"，有效解决了"数据孤岛""数据烟囱"等问题，基本实现"数据一个源"。以数据流为引领，优化能量流、业务流，增强电网资源的灵活性、开放性、交互性、经济性、共享性，赋予电网更多新特征和新应用场景，提升企业数据治理能力和数据价值创造能力。建成 API（Application Program Interface，应用程序接口）数据超市、自动报表数据超市，构建"1+4"企业级多视角管理驾驶舱，形成企业级数据门户，汇聚 70 套内部业务系统数据、20 多类社会经济指标数据、十大类气象数据，集成 65 项应用场景，累计提供 193 个各类业务数据的整合统计分析服务，生成 4.6 万张数据表。基于 918 个 API 数据接口提供 597 项统一数据服务，支撑数字化审计、网上电网、财务多维精益、现代智慧供应链等13个核心系统应用数据共享及分析场景构建。

【统一技术服务平台持续打造】 国网上海电力以"架构统一、技术先进、服务智能"为原则，构建"资源全域调配、业务敏捷支撑、开发运维一体"的企业级技术中台，实现数字孪生、人工智能、5G、区块链、北斗导航等新一代数字新技术全领域技术贯通，打造一站式数字技术服务平台，推进全域资源统一管理、灵活调配，以技术赋能业务，提升业务效率，为各专业提供更加稳定、高效的公共技术能力，为电网数字化转型提供有力的技术支撑。在智慧调度领域语音识别准确率已达94.89%，语义理解准确率超95%。在基于区块链的产业链金融、电力保险应用场景，利用区块链技术的分布式存储、防篡改、可追溯、智能合约等能力，大大节省了供应商之间的沟通成本。在"5G+北斗+AR"智能单兵应用场景，将北斗精准定位、VR全景直播、AI智能学习、图像智能识别等前沿技术相互结合，大大提高了电力巡检的工作效率。

【电力行业标识解析二级节点项目建设】 国网上海电力代表国家电网承担工信部电力行业工业互联网标识解析二级节点建设，于2020年9月启动该项目，2021年2月完成顶层设计，2022年1月完成二级节点平台和企业节点平台部署，现已完成与国家顶级节点的对接。该项目以建设兼容开放、服务全球的标识解析服务系统为导向，试点打造电力行业基建数字化交付、设备远程运维、物资供应链等标识解析典型应用场景，构建具备数据驱动、软件定义、平台支撑、服务增值、智能主导等特征的标识解析创新生态体系，为电力企业提供数据管理、安全保障、平台管理、标识代理、企业托管、业务管理、业务应用等能力，深化标识在设计、生产、服务等环节应用，引领相关产业基于标识应用进行数字化建设和智慧化运营，提升标识解析服务在电力行业规模化创新应用水平，打造互联互通、互利共赢的能源生态，催生能源行业上下游企业开辟新的商业模式和产业新业态，实现高质量发展，进而推动上海工业互联网2.0快速发展，带动工业企业齐聚长三角，提升上海顶级节点的影响力。

截至2021年底，初步确定了电力行业7大类21家建立企业节点的意向单位，包括供应和运维企业、物流企业、金融企业、设计单位、施工单位、监测机构、招标代理机构等，后续将持续推进电力行业标识解析企业节点建设，预计3年内，标识注册累积量能够达到2亿、日解析量能够达到50万、企业节点数量能够达到1 500个。

【智慧物联体系创新构建】 国网上海电力统筹输变电侧、配电侧、客户侧和供应链等领域的泛在互联和深度感知需求,创新构建智慧物联感知生态体系,实现状态全息感知、终端标准化接入和统一物联管理,不断提升感知能力和平台能力,促进感知层资源和采集数据源端共享,面向内外部提供标准、开放、便捷的感知接入、应用构建、运行管控、边缘智能及数据共享服务。截至2021年底,智慧物联平台接入各类型边缘设备62 260台,创建融合终端、交采、智能充电桩、SVG(Static Var Generator,静止无功发生器)、数显表等感知设备30多个,每日收发数据量1 000万次以上,实现了各终端标准化、便捷化接入,能够有效支撑企业级数据共享。

【"平台+应用"人工智能生态圈持续打造】
国网上海电力高度重视人工智能技术在智能电网领域的研究应用,积极落实国家和上海市委、市政府人工智能专项规划,大力推进无人机、图像识别、大数据分析、机器人等技术应用项目建设,开发人工智能计算、人脸识别、变电站设备巡检、输电线路巡检、电网智慧调控等30余项功能,深化智能感知、智能认知、混合增强、多模态融合等关键技术攻关,建设省级人工智能应用平台,持续打造"平台+应用"人工智能生态,构建多级协同的人工智能服务,提升人工智能中台化服务能力,支

撑设备运维、电网调度、智能客服、安全管控、经营管理等领域人工智能应用和核心业务领域智能化拓展,对内提高运营效率,对外提高客户服务能力。

2021年4月,国网上海电力受邀参加2021世界人工智能大会;7月,国网上海电力以精英合作伙伴身份代表国网电网参展,通过线上云展示平台,场景化呈现"城市能源大脑"、城市虚拟电厂、3I红外视觉智检系统、配网带电作业机器人等数字体验,助力上海市政府建设人工智能高地、打响城市品牌,为城市数字化转型和国际数字之都建设增加新动能。

【电网设备数字孪生系统加快探索】 国网上海电力电网设备数字孪生系统项目于2019年10月启动,选取张江科学城区域蔡伦站作为试点,搭建涵盖6大类设备、25类传感器的前端感知网络,对设备运行状态以及环境运维情况开展全面、准确、及时的状态感知。依托大数据、人工智能、工业互联网等技术,率先打造"会思考"的电网设备数字孪生系统,并利用高密度实时感知数据和设备全息三维模型,建立实体设备在虚拟数字空间中的映射,同时,在数字空间中构建"智慧决策大脑",为实体设备提供状态实时评估、异常动态预警、缺陷智能诊断、检修辅助决策等智慧决策支撑。2020年9月,电网设备数字孪生系统亮相第22届中国国际工业博览会,与中

国商飞公司、上海交通大学及一些互联网企业和重要用户代表共同签署数字孪生战略合作协议，积极构建共生、共享、共治、共赢的数字孪生能源生态圈，助力数字孪生城市建设。

截至2021年底，电网设备数字孪生系统已在浦东新区10座变配电站及多条线缆推广应用，发现多起设备缺陷，为冬夏峰保供电、中国国际进口博览会保电、浦东开发开放30周年庆典保电、建党100周年等重大保电任务提供有力支撑，有效夯实数字孪生城市能源底座。

【上海超大型城市虚拟电厂验证应用工程建设】 2020年以来，国网上海电力积极贯彻落实"碳达峰、碳中和"国家战略，以能源互联网为载体，以保障电网安全稳定运行、促进清洁能源消纳、推进电力市场建设为导向，围绕"四个平台＋多方应用"，大力推进虚拟电厂运营体系建设，深化虚拟电厂市场化交易机制，丰富交易品种，优化电厂聚合技术研究，推动"源随荷动"向"源荷互动"、需求响应由被动响应向主动响应转变，提升电力系统运行灵活性。四个平台分别为虚拟电厂调度控制平台、交易平台、运营管理与监控平台、运行控制平台；两种类型是指商业楼宇型和能源站型两种虚拟电厂。多种交易是指中长期需求侧响应交易、中长期备用交易、中长期调峰交易、短期新能源发电曲线调节交易、短期替代调峰交易等多个交易品种。

2021年，国网上海电力承担国家重点研发计划专项项目——上海超大型城市虚拟电厂验证应用工程，按照"一主两翼、多点示范"在全市统一布局。一主是指中心城区基础功能承载区，两翼是指临港新片区、长三角一体化高水平引导示范区，多点是指多个特色示范工程。在上海西部地区，重点建设长三角一体化示范区、西虹桥商务区智慧供电工程和铁塔基站备用储能虚拟电厂，打造面向国际交流的电力展示窗口；在上海东部地区，承担上海科创中心、临港新片区国家重点任务，重点建设基于城市能源"双碳"云平台的区域虚拟电厂，开展新型电力系统先行试点，验证源网荷储协同与新能源消纳应用场景。在上海北部地区，重点建设新能源低（零）碳虚拟电厂。该项目吸引了一批有相当调节容量的虚拟电厂，形成了稳定的商业模式，有利于促进上海电网削峰填谷，优化电网运行。

【电力服务事项"一网通办"进程加快】 2019年，为积极响应国家优化营商环境要求，国网上海电力采用政务专线接入模式，打通与政府部门"一网通办"平台数据通道，推动上海市政府"一网通办"门户网站与营销业务应用系统、"随申办"App与"网上国网"App无缝衔接，通过优化办电流程、创新技术手段，加强政企协同与数据共享，率先构建了电力业务"一网通办"模式，进一步拓展客户办电渠道，缩短客户接电时间，提升FREE（Free—省钱，Rapid—省时，Easy—省事，Excellent—卓越）办电体验，助力上海营商环境持续提升。2020年，主动对接政府建设工程联审平台，在线受理高压用户新装、增容以及小区用户用电申请，自动传递规划许可证、施工许可证等电子证照。推动居民新装、增容，小微企业新装、增容、水电燃联合过户等15项电力公共服务事项上线"一网通办"平台，客户凭"一网通办"门户账户即可一次身份验证顺利办电，实现客户办电一口申请、同步受理。

2021年，按照上海市委、市政府要求上线"亮证"办电功能，构建"个性指南＋智能申报"的服务新模式，进一步解决了以往客户未随身携带证件无法办电的问题，推动"一网通办"从"能办"向"好办"持续转变。截至2021年底，已累计受理9.65万户新增申请，实现8.44万户不动产登记和水电气联办过户，推送电力数据达4.26亿条，充分发挥了电力数据的社会价值。

【智慧城市能源"双碳"云平台运行】
2019年，国网上海电力与上海市政府签订战略合作协议，共同推进智慧城市能源"双碳"云平台项目建设，获得上海自贸试验区1 753万元专项发展资金支持。该项目按照两个层级、四个视角、六大功能的总体思路，以构建多种能源协调互补、能源供给安全可靠、清洁能源深化应用、市场主体智慧互联的现代城市能源互联体系为目标，建成集能源监控、分析、管理、交易、服务、应用为一体的智慧城市能源"双碳"云平台，设计开发能源监控、能源分析、能源管理与服务、能源交易与应用等模块功能，探索面向政府的能源数字化服务模式，实现客户聚合、业务融通、数据共享，推进智慧能源"大脑"落地实施。

2020年，在浦东新区政府的协调下，国网上海电力先后调研了张江人工智能岛、浦东燃气销售公司、浦东威立雅自来水公司、浦东新区大数据中心等8家政府机构、30余家能源企业，与浦东城运中心、浦东威立雅自来水公司、浦东燃气公司等单位（机构）达成合作意向，以智慧城市能源"双碳"云平台整合电力、水务、燃气、政府、社会等多方系统平台数据，全面助力上海城市数字化转型。2021年5月该平台正式投运，国网上海电力与浦东新区发展改革委员会、科技和经济委员会（以下简称"科经委"）等四方签署"双碳"战略合作协议，加强政企联动，支撑政府科学决策，服务国家"双碳"战略。

截至2021年底，该平台已累计接入浦东新区6 500余家10千伏及以上高压用户的电力相关数据，为客户和政府部门提供专项用能分析和区域能源分析。基于电网历史运行数据，打通电力行业上下游数据链路，从供给侧、电网侧和消费侧实现碳监测、碳评估、碳预测，分析上海市碳排放现状并预测不同政策场景下的碳排量，推广节能减排、绿色用能，实现能源环境和谐发展，全面融入城市精细化管理体系。

【能源大数据中心初步建成】 国网上海电力全面落实国家电网数据增值服务业务，坚持"平台＋服务＋生态"的协同发展模式，建成平台坚强、服务优质、生态健康的能源大数据中心，加快水、电、气、油等多种外部数据统一汇聚，创新能源大数据中心服务和产品，构建电力复工指数、群租风险指数、电力经济指数等数据增值服务产品29项。与政府公共数据资源共享交互，促进数据要素资源流动，支撑数据整合共享、社会治理流程再造和服务模式升级，促进城市治理能力现代化。以能源大数据中心为载体，积极探索数据要素和数据产品定价机制，制定数据资产定价策略，构建面向数据交易的长效运营发展机制，推动形成数据资产目录，逐步完善数据定价体系，通过数据开放、数据交易、数据合作等方式，促进数据要素市场流通。2021年，推出"企业电智绘"征信产品，在上海市数据交易所的揭牌仪式上完成"首单交易"。与上海市生态环境局、中国人民银行、上海市宝山区商务委员会、广

发银行、邮储银行、城运中心、英大集团、上海环境能源交易所签署"双碳"战略合作协议，获得中央媒体报道。

【长三角一体化办电服务平台投入使用】 为积极贯彻落实长三角一体化发展战略，推动长三角地区实现跨区域供电服务一体化，国网上海电力按照长三角业务初步互联互通、平台运行推广应用、能源生态一体化三阶段的总体目标，牵头三地供电公司打造长三角一体化办电服务平台，从决策层、业务层和支撑层构建起长三角一体化"1—5—7"整体业务发展顶层规划框架，即在信息平台、数据中心、协同机制、标准统一等7方面的基础支撑前提下，围绕区域优质服务、内部协同发展、政企高效协同、产业资源整合和社会价值共创5方面开展平台业务建设，分3个阶段实现打造长三角能源生态一体化平台，构建能源生态圈的1个总体目标。

截至2021年底，该平台已在"1—5—7"顶层设计框架下完成了第一阶段建设，初步打通青吴嘉三地数据壁垒，重点完成了长三角一体化办电服务平台开发构建，实现了跨省域办电服务、跨省域电费服务、数据共享中心等相关模块功能，初期上线小微企业跨省新装、更名、过户，跨省办电业务咨询，业务办理监控等业务，实现线下营业厅、线上互联网渠道都能统一受理江浙沪三地用电业务，极大节省客户多

次往返异地的时间与通行成本，真正践行"让数据多跑路，让客户少跑路"的服务理念。

【电网企业智慧供应链体系打造】 为探索电网企业供应链转型之路，推动科技创新与模式转型深度融合，国网上海电力引入供应链控制塔理念，充分应用"大云物移智"等现代信息技术，围绕"业务数据化是基础、数据业务化是关键、数据赋能是核心"的转型路径，创新打造"5E 一中心"供应链数字化管理平台，全面建成应用现代智慧供应链体系，实现了电网物资供应业务作业全流程上线、异常全天候在控、消缺全过程督办，赋能供应链业务数字化转型提档升级，形成"业务一条链、数据一个源、管理一个环"的供应链数字化新格局。

通过大数据赋能，开展物资供应流程优化、时效提升、决策辅助等工作，实现了供应链管理体系由"数字化"向"数智化"发展，具有智能作业、智慧运营、业态创新、价值创造特色的"双智双创"供应链控制塔运营模式全面开启，电网供应链整体效率与效益大幅提升，带动电力行业生态圈上下游企业共赢发展，助力上海在世行营商环境评价中"获得电力"指标保位进先。

2021 年 1 月，携手 IDC 联合发布国内首份《电力行业智慧供应链白皮书》，获得"2020 工赋上海年度风云企业"奖。3 月，基于现代智慧供应链体系供应商生态大数据，对上游供应链企业开展首例绿色企业低碳评价工作，帮助该绿色企业与中国农业银行达成绿色信贷合作，获得 5 000 万元绿色资金，满足了供应链上游企业生产资金需求，促进了企业产品质量提升，引导企业绿色、低碳发展。

【长三角一体化供应商服务平台加快构建】 为提高长三角地区自主创新能力，有效解决环境资源约束问题，推进国企改革攻坚任务，国网上海电力主动对接区域发展需求，借助互联网行业先进的微服务架构，深化现代智慧供应链创新成果，建设长三角区域一体化供应商服务平台。全面整合公司各部门、长三角相关单位及供应商资源，打通业务全链条，建立物资互联管理体系，探索体系完备、方法科学、流程标准、机制健全的创新跨区域物资管理业务模式，打造稳定的跨区域物资管理系统，为长三角一体化国家战略和国网能源互联网企业战略赋能。通过统一权限、统一账户、统一登录，为内外部用户提供信息精准推送、业务快捷办理。截至 2021 年底，该平台累计注册供应商数 10 810 个，活跃用户数为 897 个，产生业务数据量 372 809 条，大大减少了供应商沟通及办理业务的成本和时间，加强与外部单位的业务在线协作与信息共享，提升业务办理效率，具有很强的推广性。

【重点业扩工程物资供应有效保障】 国网上海电力立足特大城市中央核心区，以重点业扩项目为主线，构建项目前期物资侧与项目侧的信息协同机制，及时获知项目需求信息，进一步前移项目需求管理防线，科学指导电力物资提前筹措，提升电力物资保障能力。通过梳理业务风险监控规则，实现分级分类的风险管控，及时识别供应风险；通过开展供应链全流程时长分析，详细分析各流程阶段的工作周期和效率，识别流程瓶颈环节，有效提升重点业扩项目物资供应服务能力；通过数据赋能改善物资侧被动接收需求信息的局面，主动以项目视角服务项目侧，实现前后端信息紧密双向交互。截至2021年底，精心服务75个重大工程和民心工程，确保衡山宾馆改造、交通银行数据中心等项目如期送电。物资供应及时率达到90%，同比上升5.1%；订单交付率达98%，同比上升6.8%，大幅提高业扩项目物资供应保障能力。

【电网供应链"管家式服务"新模式加快探索】 国网上海电力以电网建设为主线，围绕各类不同需求特征的工程项目，以主动超前服务理念，从项目整体视角出发，聚焦物资供应与项目工程管理的信息交互，打造端到端供应链"管家式服务"体系，

构建不同角色的差异化服务场景，保障各类需求供应及时、高效。该服务体系通过汇聚业务一键查询，帮助各方掌控项目全局，做到"一次查询全知道"；通过提供业务关注重点提醒和超期逾期任务预警服务，做到"提醒纠偏两不误"；通过智能推荐差异化解决方案和策略，做到"业务难题巧解答"；通过自动化智能助手减少重复性工作，做到"操作精简零负担"。为不同业务角色主动提供差异化服务，实现从物资需求被动响应向项目需求主动提醒的"管家式服务"转变，大大提升物资对项目的整体服务水平。

【全景智慧供电保障系统打造】 国网上海电力主动适应新技术发展需要，全面总结历年保电经验，依托多年来信息化、数字化建设成果，推动多源数据融合分析，探索5G、北斗、物联网、人工智能等先进技术应用，构建多层级保电对象动态监控模式，按照世界会客厅保电标准，建成保电"大脑中枢"全景智慧供电保障系统，实现电网状态、电网设备、保电对象、保障资源、异常告警等"一张图"管理，真正做到全景看、全程控、全面判。该系统集成了生产管理、调度SCADA（Supervisory Control And Data Acquisition，数据采集与监视控制系统）、供电服务指挥、配网故障监测、物资系统等34套业务系统，打破了各系统间的数据壁垒，加强系统间数

据联动，直观展示电网运行态势，全面支撑指挥中心日常保电和应急指挥的保电工作需求，实现人员、物资、车辆等资源的全景可视化监控和主动指挥。采取设备物联改造与现有信息资源整合的方式，全方位采集设备状态信息，实时掌握设备状态，建立全电压等级物联网监测体系，实现设备运行状态实时主动研判和智能监测预警。真正做到电网故障提前预测、抢修资源提前部署、故障恢复精准快速。在第三届、第四届中国国际进口博览会供电保障中发挥了重要作用，打造了智慧保电品牌，树立了新时代保电标杆。

【精益管理共同行动加快推进】 国网上海电力以"一套科学、稳定的会计科目体系，一套灵活、可拓展的管理维度体系"为主线，构建开放、共享的多维价值信息反映架构，满足政府监管信息披露需求与服务内部精益管理需求。财务多维精益管理体系建设项目自2018年启动以来，完成了会计科目简化，剥离了内部管理信息，业财共同为管理对象、业务属性、交易状态构建标签，统一跨部门主数据标准、业务规范，打通了业财流程和系统断点，形成了"会计科目＋业务标签"的管理模式，在数据积累、场景实践、精益创效等方面取得了一定成效。2021年，为全面落实国家电力市场化改革要求，响应国家科技创新发展理念，强化创新驱动，国网上海电力聚焦数据与价值一体化推进精益管理共同行动，通过优化研发投入信息反映与科研成果价值管理、推进购售电分类核算、增值税电子发票电子化报销入账归档等多项举措，推动多维精益管理从"重反映"向"添动力"转变。

【"能源＋金融"业务高效开展】 为适应经济发展的新常态和电力体制改革持续推进等外部环境变化，国网上海电力积极推进"能源＋金融"业务场景建设，深挖业财贯通和业融贯通，通过整合流程、数据、系统和生态，创新商业模型和盈利模式，打造以国网上海电力为核心，供应商和金融机构为主的"电益链"能源云服务平台，以区块链链接多方主体，打通内外部系统数据价值交互体系，改善业财融之间的协同共享程度，贯通多方产融业务需求，构建多赢商业模式。截至2021年底，构建完成了金融创新中心、信息服务中心、业务协同中心三大面向供应商的应用模块，实现了资金需求管理、金融产品管理、资金供需管理、应收账款债权确认、金融广场、融资申请、融资审批、交易撮合管理、电子合同、合同存档、信息维护、行业数据维护、业务数据管理、收费管理等功能。通过构建金融机构与供应商之间信息服务、金融对接渠道的方式，实现产业链业财融贯通，改善融资交易环境，解决中小微企业融资难问题，有效降低了中小企业的融资成本，为做好"六稳"工作、落实"六保"任务做出贡献。

【新一代能量管理系统加快建设】 国网上海电力紧密跟踪新型电力系统发展趋势、电力市场化改革形势，按照"SCADA+云计算"的融合思路，深入开展新一代能量管理系统建设工作，打造能量管理、现货市场、新能源预测和调度管理四大功能模块，实现了运行控制平台和云计算平台双重支撑、模型和数据双轮驱动，全面满足新型电力系统信息感知更立体、实时调度更精准、在线决策更智能、运行组织更科学的运行控制要求。通过新一代能量管理系统建设，建立了系统多活、并列服务、弹性扩展的可靠运行机制，有效提升了大电网的一体化安全控制和平衡保障能力，全面提高了电力电量平衡能力和资源优化配置效率，保障了上海电网安全、绿色、经济、优质运行。

【电力智慧交易运营体系全面建设】 为应对当前大规模及超大规模电力交易市场主体接入后导致的单业务模块复杂化、业务拓展代价巨大等问题，积极适应现货市场加速推进、市场主体服务需求迭代频繁等现状，国网上海电力围绕"建设具有中国特色国际领先的能源互联网企业"战略目标，通过深度整合各类资源，加强平台流程处理效能、及时信息转换效能以及多平台数据交互能力，不断建立和完善适应企业发展需求的电力市场交易运营服务体系。

该智慧交易体系重点聚焦智能云核心技术，基于"云平台+微服务"设计原则，采用"微服务"技术路线，将交易业务流程进行智能化升级改造，共享硬件资源，集中计算、储存、管理电力交易全业务数据，通过挖掘全息感知、开展电动汽车聚合交易、接入虚拟电厂等创新应用，推动供需双向互动，实现包括综合能源供应、能效服务、电能替代、电动汽车服务等在内的多类型增值业务基础产品库，为市场用户提供全方位精准服务体验，还能够为省间电力市场的协同能力与电力交易的全业务运转提供全过程技术支撑，真正做到了以共享促高效、以高效助协调、以协调带发展。

【综合能源服务建设积极推进】 国网上海电力以能源转型、绿色发展为建设理念，构建智慧能源综合服务平台，深度布局综合能源服务市场，实现与地区定位、产业发展、重大项目的精准匹配，运营世博B片区央企总部等多个能源中心，为13家央企总部提供能源服务。推行"供电+能效"服务模式，聚焦工业企业、公共建筑、园区、高校、医院等领域，深化能效账单、节能服务和多能供应技术应用，积极推进市北高新商业综合体等示范项目建设，深化省级智慧能源服务平台功能开发应用，实现综合能源服务市场的动态化追踪、多元化服务、精益化管控、一体化协同。

截至2021年底，该平台汇集了政府公开信息、全市电力用户用电信息、车联网充电站桩运营数据、用户侧能耗监测数据等海量内外部数据，实现了全市105栋楼宇用能数据接入，全面对接全市1 412户高压用户的光伏发电监测数据，初步实现339家用户、172万kW可控资源的聚集，为3 070户高压用户累计提供综合能效诊断报告服务22 329次。通过多维数据交互，围绕电力看经济、电力看产业、电力看民生、电力看客户、电力看酒店5大主题，面向各级政府主管部门、行业协会，提供电力视角下的产业、行业发展态势分析，践行"双碳"管控的行动指南，为构建行业能效评价体系打下坚实基础。

（陈　宇）

上海勘察设计研究院（集团）有限公司

【数字地质平台建设】　岩土工程勘察是守卫城市基本建设质量安全的重要防线，但往往存在数据真实性不足、作业效率低、海量数据利用难等痛点，难以高质量发展。上海勘察设计研究院（集团）有限公司结合几十年科研与工程实践，自主开发"数字地质"软硬件产品，包含内外业采集系统、数据处理软件、勘察BIM软件、地质数据库云服务系统等，实现全流程在线处理，有效抑制地质数据随意篡改行为，服务陆家嘴超高层、上海地铁、机场等百余项重大工程。2019年，数字地质平台正式纳入上海市"一网通办"平台，已服务全市10 000余个项目、120余家单位，管控超过66万个勘探孔现场作业，带动勘察质量及风险管控能力显著提升，挖掘海量地质数据价值，为城市更新提供支撑，助力城市精细化管理与行业转型发展。

上海建科集团股份有限公司

【数字转型创新发展】　围绕管理数字化、生产智能化和服务智慧化等方面有序地推进数字化转型。2021年，上海建科集团股份有限公司成立了数字转型创新发展专项行动工作小组，编制了《数字化转型专项规划》，组织了青年创新创意大赛，推进数字化转型应用场景建设。在管理数字化方面，推进智能分析系统和知识管理系统建设，深化业务财务一体化运行管理。在生产智能化方面，建成了建筑机械安全产品智能制造工厂，研发了轨交隧道移动扫描平台和在线智能感知设备，开发了造价大数据平台、数字监理App、自动化检测系统等应用。在服务智慧化方面，提供建筑能耗智能监测、园区环境精准管控支持平台、交通市政基础设施安全数字化运维、历史保护建筑智慧运维、智慧园区运维管理等数字化服务，"数字孪生驱动数智化转型护航建筑机械安全"入选上海市国有资产管理委员会（以下简称"市国资委"）数字化转型场景案例集。

华建数创（上海）科技有限公司

【张园既有建筑"一幢一档"数字化平台】
华建数创（上海）科技有限公司（以下简称"华建数创"）基于 BIM+GIS 技术，建设张园"一幢一档"数字管理平台，为石库门提供数字化保护，同时展现石库门的多元数据及周边地理环境，提升石库门建筑群管控的科学性、综合性与合理性。华建数创自主研发的北外滩区域基于 CIM（City Information Modeling，城市信息模型）技术的规建管用一体化管理平台，利用 GIS、BIM、IoT、人工智能等技术，将已建、在建及规划的市政交通设施、市政管网设施、核心区地上在建及规划建筑的数据等导入平台，构建北外滩"历史、现状、将来"的城市数字底座，实现工地的精细化管理。华建数创设计的上海城市规划展示馆智慧展馆系统，以展馆 BIM 模型为基础，充分运用 BIM 建模、物联网等信息化技术，整合信息资源，打通各系统间的信息壁垒，将建筑物本身系统、展陈展项设施系统、展馆对外服务的业务进行综合管理，实现展馆信息化及弱电系统统一平台运维管理。

（李佳伟）

中国（上海）自由贸易试验区临港新片区

【概况】 为落实上海全面推进数字化转型、打造国际数字之都的总体要求，中国（上海）自由贸易试验区临港新片区积极推进国际数据产业发展和国际数据港建设，抓紧研究创新数据跨境流动领域的相关制度，加快产业数字化和数字产业化融合发展。

【规划引领 国际数字之都打造】 对标国际最高标准、最好水平，临港新片区管委会正式发布《临港新片区数字经济产业创新发展"十四五"专项规划》，并提出"十四五"期间，进一步实施数字产业发展"12345"战略，即坚持"创新引领"1 条核心主线，发力"数字产业化壮大和产业数字化转型"2 个主攻方向，通过"建设国际数据港、完善数据要素体系、打造数字企业矩阵和数字产业高地"3 项主要任务，夯实"网络基础设施、算力基础设施、新技术基础设施和智能化基础设施"4 个基础底座，聚焦"信息飞鱼、东方芯港、生命蓝湾、大飞机园和海洋创新园"5 大特色园区，努力将临港新片区打造成为上海国际数字之都的核心示范先行区。

【先行先试 数据安全高地构建】 在党中央、国务院以及上海市委、市政府的领导下，临港新片区按照"1+1+N"的推进思路，研究制定数据跨境流动的相关规章制度和操作办法，探索数据分类分级管理和"一行业一清单"的正面清单模式，构建数据安全高地。

【多面发力　信息基础设施底座夯实】 一是提升国际海光缆容量，协调推进新建直达东亚和东南亚的海光缆系统在上海落地。二是国际互联网专用通道建成投用，已受理 12 家单位的 15 线专线需求。三是国家（上海）新型互联网交换中心揭牌并正式启运。四是建设全球数据枢纽平台，扩容亚太互联网交换中心（APIX）。五是建设商汤科技人工智能计算与赋能平台、中国电信公共算力中心、上海移动临港 IDC（Internet Data Center，互联网数据中心）研发与产业化基地二期。

【科技赋能　产业数字化发展推动】 在国家 2021 年度智能制造试点示范工厂揭榜单位和优秀场景名单中，临港新片区首批认定的智能工厂——上海君实生物工程有限公司的精准配送场景、中科新松有限公司的智能在线检测场景入选智能制造优秀场景名单，中国航发商用航空发动机有限责任公司在临港打造的商用航空发动机智能制造示范工厂入选智能制造试点示范工厂揭榜单位名单，产业数字化场景进一步落地。

（临　港）

上海化学工业区管理委员会

【概况】 2021 年是上海化学工业区管理委员会智慧园区建设"十四五"规划开局之年。数字化转型工作按照上海市领导"四要""三最"（要把安全作为底线红线，强化隐患排查整改，提升应急管理能力；要把绿色作为重要导向，严格环保标准，狠抓环保基础设施建设和循环经济发展；要把高端化作为主攻方向，坚持最高标准引进产业项目，不断提升发展能级；要把创新作为根本动力，引进培育一批研发中心，推动科技成果加速转化。推进化工产业相对集中发展，实现区域一体化管理，努力建成最高标准、最严要求、最好水平，具有国际竞争力的世界级化工产业基地）重要指示，树立创新、开放和包容的"互联网＋"思维，以智能化的智慧生产、协同化的智慧政务、便捷化的智慧服务为重点，加快推进新基建工作进度，为园区高质量发展提供强有力支撑。

【顶层设计加强】 构筑园区数字化转型的"四梁八柱"。贯彻落实上海市委、市政府数字化转型要求，聚焦企业生产、政务治理、公共服务数字化转型、新基建筑基、数据治理 5 方面重点任务，明确数字化转型作为园区"十四五"开发建设的主攻方向之一，以"数字蝶变"引发"园区嬗变"，制定加快推进园区数字化转型的实施意见，明确到 2025 年基本建成"国际数字之都"先导园区。建立"1+3+3+3"数字化转型支撑体系，构筑起数字化转型的"四梁八柱"。"1"是一份数字化转型的实施意见；三个"3"分别是智慧园区建设、网络安全、信息基础设施 3 项"十四五"规划；一网通办、一网统管、新型基础设施建设 3 个行动方案；数据管理导则、数据质量评价标准、数字化转型评估指南 3 个标准。

【通信设施补强】 夯实园区数字化转型的"承载底座"。大数据云计算中心二期项目正式上线，项目整体 CPU（Central Processing Unit，中央处理器）资源利用率超过 90%，有力支撑了智慧园区建设。补充通信管道 54.925 沟公里，沟通了园区内各主干道路的通信网络，形成了一张覆盖园区的高速"地网"；新增 4G/5G 基站 34 处、智慧电杆 218 座，为形成高速泛在、适度超前的园区网络设施打下基础。"一标六实"三维警用地理信息系统等一批项目建成投用，初步建成覆盖园区周界、地面与空中、近海水上水下的双向感知网络，实现基于三维立体的园区时空展现。实施网络空间安全筑基专项行动，构建"防御、监测、打击、治理、评估"五位一体的网络安全基础设施。

【三大领域聚焦】 催生园区数字化转型的

"矩阵效应"。坚持需求导向、问题导向、效果导向，推动数字技术在智慧业务、智慧政务、智慧服务等领域深度运用，发挥大数据对园区开发建设、运行管理的深度赋能，实现数据与业务的深度融合。

一是智慧业务项目建设如火如荼。以企业数字化转型带动园区整体智能制造水平提升。开展 2021 年度智慧园区建设项目申报，引导和鼓励企业加大投入，更高水平地开展技术改造、智能化改造等；生产型企业已全面推进智能工厂建设，智能化建设取得初步成果，中国石化上海高桥石油化工有限公司依托集团公司整体战略，成为中石化系统的数字化转型标杆；上海华谊新材料有限公司荣获首批"上海市智能工厂"；巴斯夫化工催化剂生产装置（CCP）巡检机器人成为巴斯夫全球第一个使用机器人巡检的项目。

二是智慧政务项目全面铺开。打造便捷高效的政务服务，助力营商环境优化。各项目单位加快进度，大数据决策平台先后开展了近 50 次需求调研，完成了开发建设、安全应急、责任关怀、职业健康、疫情防控、园区服务、招商引资 7 个板块一级页面的调研，并根据调研结果，重新思考、设计一级用户交互界面；智慧公安项目在前期基础上汇聚各子系统数据，搭建智慧公安分平台；智慧医疗完成大屏展示模块，实现对外数据展示；智慧海关、智慧海事、智慧边检开展二期项目建设。大数据决策平台一期建成投用。

三是智慧服务项目纵深推进。推进公用工程数字化，提升管理服务的智能化水平和精准化能力。上海上电漕泾发电有限公司上线煤场堆取料无人值守系统，实现燃料管理专业化、自动化、高效化、安全化；上海化学工业区升达废料处理有限公司建设智慧物流系统，提高废料运输全过程管控能力以及客户对废料运输服务的满意度；上海漕泾热电有限责任公司致力于园区智慧热网建设，成为助推企业节能降耗、园区循环经济发展的开路先锋；上海化学工业区中法水务发展有限公司的智慧管网系统上线以来已接待多家园区和企业参观学习。基于物联网的工业互联网化工园区公共管廊服务网络建设项目入选"2021工业互联网园区网络建设案例"。大数据云计算中心二期项目正式上线，项目整体CPU资源利用率超过90%。

【标准规范完善】 实现园区数字化转型的"同频共振"。以制度标准推动园区数字化转型工作规范化、科学化。先后召开园区通信供应商、公用工程企业、外资企业的数字化转型工作座谈会，各企业结合公司自身实际，围绕企业生产、安全环保管控、数字化建设思路、网络环境情况等内容，进行成果展示、经验交流、问题探讨、难点释疑；各单位在持续做好智慧园区建设的同时，及时梳理项目建设的有益经验，形成可复制推广、业内权威的标准规范。

（化工区）

第三章　农业数字化

概　述

近年来，伴随着新一代信息技术加速涌现，物联网、云计算、大数据等运用到农业生产各环节，数字农业、智慧农业应运而生，已成为当今世界现代农业发展的大趋势，成为实现乡村振兴战略的重要抓手。上海市农业农村委员会按照国家乡村振兴战略的总体部署和相关要求，结合上海都市现代绿色农业发展实际，不断优化顶层设计，加大投入力度，以大数据、云计算、物联网、人工智能等信息技术驱动农业向精准化、网络化、智能化发展。

一、平台建设

【政务服务能力显著提升】　依托上海市"一网通办"总门户、上海农业网、综合受理大厅等，推进线上线下政务服务流程再造、数据共享、业务协同，形成融合一网受理、协同办理、综合管理为一体的政务服务体系。加强电子证照归集与应用，2021年新增4类电子证照，累计完成33类电子证照制证与归集，共制证10万余张。推动数据资源共享，依托市数据共享交互平台，注册信息系统应用46个，提交库表目录 62 个，发布资源目录 145 个，累计被调用 9 000 多万次。

【"互联网 + 监管"深度应用】　印发《上海市农产品质量安全"互联网 + 监管"工作实施方案》，在全市范围组织开展"沪农安"系统应用，实现农产品质量安全监管工作痕迹化、采集信息标准化、检查地块数字化。通过手持移动智能终端设备现场定位检查地块，将"农业一张图"地块与农产品网格化监管相关联，实现更精准监管、实时采集。推进"沪农安"系统与农事操作直报系统的信息互通，结合地块的农事生产操作档案信息，精准出击、强化监管，提升农产品质量安全监管的针对性和有效性。

二、发展应用

【自走式农机全面物联】综合利用 GIS、北斗、物联网等先进信息技术，对 2017—2021 年全市购置的 3 400 台自走式农业机械安装北斗定位终端，包括拖拉机、收割机、插秧机、穴直播机、喷杆喷雾机 5 种机型。通过高精度地理位置信息、农业生产经营信息和农机作业信息相互联通，辅以经验算法，形成精准的生产作业数据，并集成跨区预警、数据统计、动态展示等功能，在国内率先实现所有自走式农业机械全面物联。

【畜牧监管实现闭环】　围绕畜牧全产业管理，构建了一套集生产、防疫、检疫、屠宰、无害化处理等为一体的畜牧监管体系。以强制免疫"先打后补"、检疫证明为重要抓手，将全市畜牧养殖场、检疫点、道口等统一纳入闭环体系，实现畜牧生产信息精准掌握。通过业务模块数据间的联动、推送和相互验证，彻底改变了以往疫控、执法、无害化处理等部门由于各自信息系统的封闭性，导致的数据信息重复采集、数据之间参考性不强的弊端，大幅提升监管效率。

【长江禁捕智能管理系统启动建设】　运用雷达、光电、无人机等先进技术装备，以及边缘计算、大数据分析等现代信息技术，通过数字化、信息化、智能化的全方位赋能，启动建设一套"水、陆、空、天"一体的长江禁捕智能管控系统。

【信息化基地引领示范】　推动全国农业农村信息化示范基地建设，光明集团上海农场、正义园艺、华维节水 3 家单位获 2021 年度全国农业农村信息化示范基地称号。光明集团上海农场打造农业现代化生产方式新技术，无人农场技术实现无人飞防、无人飞巡 22 万亩全覆盖，推广应用智能灌溉 3 万亩、水肥一体 5 万亩，初步形成无人农场示范区。正义园艺实现蔬菜和果树生产与管理信息化，建设了近 800 亩菜园和果园的水肥一体化智能决策和可视化农园管理平台。华维节水通过的"农业＋数字"深度融合，创新推出将设施农业与数字农业深度融合的全球农业产业发展新模式 ACA（Agrist Controllable Agriculture）可控农业。

（顾　方）

第四章　金融数字化

概　述

2021 年，上海市各类资本市场主体进一步发展，银行、证券、期货、基金、保险业交易量持续上升。积极探索数字化转型，进一步增强信息化技术创新，结合实际业务，应用 5G、大数据、人工智能等新兴技术，更新、优化、完善各类信息系统，不断更新信息化保障和服务能力，促进业务运营智慧化。同时，推动业内开展金融科技动态的跟踪和研究，积极应对信息安全挑战，有效运用各项新技术，为金融行业的可持续发展做出贡献。

一、银行业

【概况】 2021 年，上海地区银行业顺应金融科技发展浪潮，积极探索数字化转型，聚焦于便民惠民、服务中小微企业等方面，运用人工智能、大数据等新兴技术不断优化金融产品、升级业务流程，增强人民群众对数字化、网络化、智能化金融产品和服务的满意度。

顺利完成金融科技应用试点工作，各项试点任务均已完成。试点工作从支持实体经济、优化小微服务、推动普惠金融的目标出发，积极应用科技手段，破除金融发展瓶颈，降低金融服务门槛，增强金融普惠能力，提升公共服务便利化水平，将金融服务延伸至衣食住行、医疗教育等重要的民生领域，实实在在地增强了市场主体和人民群众对金融服务的获得感。同时，试点过程能够兼顾科技创新与金融安全、数据应用与隐私保护的平衡，牢牢守住不发生系统性金融风险的底线。试点工作在技术先进性、场景多样性等方面具有较好的示范效应，有效助力中小微企业融资、优化民生服务，充分展示了上海市金融科技发展水平。

持续推动金融科技创新监管工具实施工作。全年新增8个创新项目登记。共有16个创新项目正在测试运行中，且创新应用运行平稳，未出现相关风险事件及社会舆情。该项工作为更好掌握创新本质、风险特征和防范措施，加快出台针对性监管规则，为提升监管效能贡献了上海经验。

（顾小燕）

【中国银行上海分行】 电信反欺诈监测平台。为遏制电信网络诈骗犯罪，切实维护社会治安稳定和人民群众的根本利益，中国银行上海分行基于客户基础属性、客户持有产品、客户交易行为、卡金融和非金融交易数据、客户基础属性变化、客户持有产品变化、贷款信息、代发薪信息等数据，运用人工智能机器学习技术开发了可疑账户评分卡模型和对公账户监测模型。

可疑账户评分卡模型联动账户自动管控系统、个人客户尽调系统，对存量账户涉及两卡数据实行批量冻结、命中黑/灰名单的客户禁止开户、对于新开客户进行回访调查，一旦发现可疑情况，落实账户累计交易金额限制、账户所有非柜面交易限制等措施。对公账户监测模型监测对公账户工商登记异常、信息变更、证件失效等情况，对命中规则的账户实施只收不付、停止支付等管控措施。该项目底层基于大数据分布式计算框架，数据层引入丰富的内外部数据和业务专家指标，模型层运用前沿的机器学习技术XGBoost，应用管理层实现管控措施和处置流程自动化。

智能化信用风险预警平台。智能化信用风险预警平台整合了中国银行上海分行对公客户约8.5万户、个人客户约30万户，承接来自总行17个系统的业务数据，集成总、分行2 000多张数据表、3亿多条交易流水记录、500多万条外部数据，搭建TB级以上海量数据仓库。平台应用大数据、人工智能、数据挖掘、自然语言处理、知识图谱、基于机器学习的影像识别等技术，深入研究包括多维度客户预警体系、关联关系深度挖掘、财务报表智能识别、财务反欺诈预警、智能预授信等专业化模型和功能。

为客户经理收集企业全方位数据提供

了更有效、智能的技术手段；为风险经理及时捕捉授信客户的风险信息提供了主动、精准的预警提示；为中小企业客户"短、小、频、急"的融资需求提供了更高效率、更佳体验的金融服务支持。在充分整合和挖掘行内数据的基础上，结合外部数据，提升风险管控智能化水平，打造全面、高效、智能的一体化风险管理体系。

【工商银行上海分行】　临港离岸贸易与国际金融服务平台跨境汇款项目。临港离岸贸易与国际金融服务平台跨境汇款项目是针对贸易型企业办理离岸转手买卖、仓单转卖结算的需求，由企业向临港服务平台提交贸易背景信息，再由临港服务平台与工商银行系统进行对接，实现企业、银行、平台三方数据共享，以减少企业在对外付款过程中的资料重复提交，提高离岸贸易付汇效率。企业可以通过临港服务平台提交跨境对外付款申请，工商银行接受企业付款指令后，依据外管政策审核背景材料，办理付款。付款完成后将付款结果返传给临港服务平台，企业据此查询付汇申请进度。项目实现贸易方、服务方、运营方的三方数据联接，为贸易方和商业银行带来结算便利的同时，也为监管方提供完善的数据监测支持，推动了离岸贸易从线下支付模式向电子化转型，以此全面提升离岸贸易工商银行金融服务水平。

数字人民币跨区域服务场景建设项目。

为深入贯彻《长江三角洲区域一体化发展规划纲要》等文件精神，促进地区间要素流动，加速跨区域服务发展，工商银行上海分行实施了数字人民币长三角区域跨地区多个场景落地，其中包括缴纳地方财政非税收入、缴纳公用事业费及发放科技创新补贴3个场景。项目投产后，客户就近抵达工商银行任意网点，使用数字人民币App扫码支付即可完成长三角地区的跨区域缴费。

上述场景不仅支持不同银行的钱包在工商银行进行缴款，而且打通了银行与财税部门、银行与水电煤公司之间的通道，其他缴费场景也可快速复制推广，提升了客户体验，同时推广了个人用户使用数字人民币App。在数字人民币发放科技创新补贴场景中通过定义智能合约，预先定义发放对象及资金使用场景，从技术层面避免资金挪作他用，并可随时溯源、监督资金所处阶段，满足客户定向受控支付的诉求。

通过该项目建设，在支付结算上，通过运用数字人民币作为支付渠道，体现了支付即结算概念，精简了跨行支付的清算流程；在客户服务上，通过不断积累支付场景，个人钱包和企业钱包都实现了开立增量，也满足了客户不同场景的支付诉求，提升了客户满意度；在银政合作上，通过数字人民币跨区域服务场景建设，加深了与长三角管委会的战略合作。

【中国农业银行上海分行】 乡村"政银通"项目。中国农业银行上海分行依托网点资源、金融科技优势，将上海市政府"一网通办"政务服务与金融服务深度融合，打造了一套乡村"政银通"金融服务方案。在线下，农业银行上海分行所有网点通过超级柜台加载"一网通办"政务服务功能，提供城乡居民最低生活保障家庭证明出具、特困人员证明出具、医保个人信息查询、"随申码"离线服务、崇明区绿化树种及居住绿地树种推荐等97项公共服务，涉及上海市医保局、市残联、市公安局、市交通委等13个部门。在线上，农业银行上海分行为地方储备粮公司、合作社和农户搭建数字人民币支付平台，积极推进数字化人民币在涉农领域的应用。针对个人客户，在"一网通办"App或小程序上提供农业银行贷记卡查询功能，为广大城乡居民和中小微企业提供安全、普惠、便利的金融服务。乡村"政银通"业务的落地将政务和金融服务互嵌，延伸金融服务到乡村振兴各个领域，不断做大、做强农业银行"智慧三农"系列特色产品和平台，为"三农"发展贡献更大力量。

智慧政法平台。近年来，农业银行上海分行与公、检、法等政法机关多次合作，推出一系列服务民生的产品，搭建一套全方位、立体式银行服务政法和个人客户的金融服务平台，为农业银行客户办理公、检、法业务时提供快捷、优质金融服务。

通过互联互接，与公安进行实时信息交互实现公安客户涉案资金智慧化管理，便于公安民警等相关人员及时掌握某个案件、当事人涉及的钱款"库存"及流转，提高涉案财物整体管理水平，同时为基层办案民警、当事人的存取款提供便利。与法院财务系统实时信息交互，实现案件财物整体管理和精准管理水平提升，同时针对非法集资理财类案件集中执行环节，系统自动化将法院案款快速发还至投资受损人，实现他行卡账号户名校验、发还文件格式转换、案款批量发还、H5开立电子账户等功能。通过研发诉讼费电子票据系统和诉讼费掌银缴费系统，实现了诉讼费电子化收缴、收据电子化传递。

【建设银行上海分行】 "建证服务"电子证照银行渠道应用。建设银行上海分行"建证服务"电子证照银行渠道应用是银行通过读取和核查上海市大数据中心提供的电子证照数据，进行客户识别和业务办理的创新与应用。市民可以通过"随申办"App、微信与支付宝小程序等搭载"亮证"功能的各类渠道，获取电子证照，并经实名验证手机号码后下载以替代实物证照。在线上服务方面，可免去原本需要客户拍照上传的步骤，并保证数据完整性与安全性；在线下服务方面，柜面窗口办理业务无需携带对应实体证件，在让客户便捷的同时，也让柜面服务人员免去核验实体证照工作，提高了业务办理效率。

反洗钱分析报告智能化。反洗钱分析报告智能化项目是在建设银行上海分行原有反洗钱辅助系统基础上，新增了可疑交易分析报告查询模块。反洗钱业务人员以异常报告编号或异常主体编号为输入条件进行查询时，系统实时调用大数据智能平台数据服务接口采集相关客户信息，查询并计算近 1 200 亿条流水数据，然后通过SAS（Statistics Analysis System， 统计分析系统）拼接文本，形成标准化、智能化可疑交易辅助分析报告。通过项目实施，一是减少了人为因素造成的信息采集遗漏，同时以系统算力代替人力，达到提质增效的目的。二是充分运用大数据集成与分析、数据治理等技术，为可疑特征数据统计与报告的甄别推论提供科技支撑，进一步提升洗钱风险分析与防控能力。

【交通银行上海分行】"信用就医无感支付"项目。交通银行积极对接上海市医疗付费"一件事"重点工作，率先提供"信用就医无感支付"（以下简称"信用就医"）服务，为广大市民实现先看病、免排队、后付款的就医体验。该服务面向全体上海市医保正常参保市民。信用良好的市民均能申请获得至少 5 000 元信用额度用于自费部分的就医支付。交通银行在"随申办"App 和微信小程序两个渠道推出了存量信用卡绑定、手机信用卡新开卡、"惠民

就医"三类产品，能够满足市民的不同需求，包括存量信用卡立即签约"信用就医"服务、现场办理信用卡并签约服务以及无需卡介质即可现场签约服务。成功签约"信用就医"服务的市民，在已上线该服务的上海市各大医疗机构门诊看病时，只需在窗口、机具、诊间出示"随申办"App 的医保电子凭证二维码，即可完成医保账户和自费账户同时付费。在部分公众号已对接"惠民就医"产品的医院，市民可直接在公众号上使用"信用就医"服务，实现随时随地付费。

政务通项目。交通银行上海分行充分发挥总部在沪优势，主动对接上海市"一网通办"建设，将金融科技融入市民生活，赋能民生服务。2021 年 10 月，与上海市政府办公厅、市大数据中心合作，在所辖132 家网点、417 台自助设备上开通了查询类政务服务功能 124 项、证照查询打印服务 608 项，打通便民利企的"最后一公里"，助力打造 15 分钟政务服务圈。智易通设备上的"一网通办"服务，界面直观、操作简单，市民只需按照设备提示完成身份验证，就能轻松查询办理社会保障、住房保障、医疗卫生、教育科研、户籍办理、档案证明、出境入境、自助预约等服务。为了让数据"多跑路"，让群众"少跑腿"，交通银行按照上海市大数据中心相关技术标准，发挥银行在网点、自助机具的渠道优势，将政务服务延伸到群众"家门口"，

助力上海市政府拓宽政务服务办理渠道。

【浦发银行上海分行】 "数据一站通"是浦发银行上海分行基于"一平台多功能满足各条线数据类需求"理念搭建的综合数据应用类系统。该系统通过总行大数据平台整合核心、零售信贷、总账、管理会计等各系统数据，既可提供数据整合、台账管理、报表设计、可视化分析服务，同时也能提供 API 服务，为分行各部室及支行提供数据服务支撑。该系统于 2021 年 7 月投产上线，部署超过 100 项数据产品，覆盖公司、零售、金市、风险、运营五大条线。业务场景涵盖大小工分考核、客户综合贡献分析、金融市场负债业绩测算、运营监测预警等各方面工作。该项目充分利用大数据平台优势，对业务提供支撑。凭借其容纳海量数据、速度快的特点，支持运营防阻反诈工作，根据当前涉诈银行卡的特点快速迭代模型规则，每日提供可疑涉诈银行卡以供进一步排查。凭借其高可靠性的优势，支持教培客户资金监管工作，为支行提供支付申请的录入维护，同时对超额划转进行预警上报。

【上海农商银行】 外汇支付清算系统项目。为满足各类外汇业务发展需要，支持跨境清算模式持续创新，提升外汇资金清算处理效率以及清算模式灵活组合，上海农商银行新建高效、自动、安全的外汇支付清算系统项目，系统于 2021 年 12 月 10 日上线。新外汇支付清算系统依托灵活可拓展的系统架构，基于高度参数化配置功能，构建交易处理、资金清算、账务处理的全流程与直通式中后台运营体系，全面承担全行各渠道、各条线的外汇业务报文统一管理与清算处理职能，有效减少人工干预，降低操作风险及资金风险，全面提高支付效率。同时，新外汇支付清算系统能快速接入 SWIFT (Society for Worldwide Interbank Financial Telecommunication, 环球同业银行金融电讯会) 发布的 ISO20022 报文标准，具有健全的异常处理机制、完善的头寸管理机制，能够实时监控各账户行的所有外汇资金头寸，有效防范账户行透支风险，为实现集中清算、统一管理外币头寸提供服务，并与全行头寸管理系统实现实时交互、信息共享。新外汇支付清算系统的建设根据该行数据治理要求，对已发布的相关基础数据进行贯标。

新外汇支付清算系统作为资金进出全行的集中通道，顺应金融科技发展趋势，运用虚拟化、分布式、微服务等技术，并创新推出智能跨境清算路由服务，依托对清算渠道以及账户行头寸进行智能化分析，为客户提供最优的汇划路径以及多样化支付清算服务，增强客户黏性，提升外汇业务的服务水平和质量。通过打造流程化、标准化、自动化新外汇支付清算系统，为该行境内外币业务、跨境业务和国际化发展提供有力的中后台支持。

银税快贷项目。"银税快贷"是上海农商银行借助大数据风控技术，结合内外部数据，自主研发的普惠线上贷款产品，是通过"银税互动"助力小微企业融资的实践。该项目的功能有：一是线上提交贷款申请。客户通过上海农商银行贷款微信小程序入口发起业务申请，并登录上海市银行同业公会上海银税互动信息平台对该行进行涉税数据授权，无需线下提交纸质资料。二是自动审批，实时通知审批结果。客户正式提交贷款申请后，该行根据客户信息以及接入的内外部数据，进行自动化审批，审批结果实时通知客户。三是线上签约，自主提还款。审批通过后，客户登录手机银行，进行线上签约、自主提还款。

项目上线以来，"银税快贷"预授信金额逾14亿元，为2200多户小微企业解决融资难、获款慢的实际问题。同时，得益于产品随借随还的特点，减轻小微企业还款压力，为小微企业稳定发展提供支持。

（张博强）

二、证券业

【证券同业公会进一步提升信息服务平台效能】 上海市证券同业公会构建了以"五位一体"为基础的信息服务平台，并通过上线App系统，进一步完善信息服务平台，推进公会数字化转型建设，提升行业服务质量。建立上海地区证券从业人员信息数据统计平台，依据从业人员基本信息等数据，初步建立了统计、分析从业人员的信息数据库，为社会、政府在人才开发与引进等方面提供共享信息和咨询服务平台。通过组织召开网络安全工作座谈会、"信创"工作座谈会等活动，持续发挥公会对会员单位信息化专业领域的指导作用。另外，公会还以课题小组形式开展技术探索及研究成果交流活动，促进上海地区证券行业信息化工作有序开展，维护市场稳定。

【申万宏源研发个性化差异化核心业务系统】 申万宏源证券有限公司核心业务系统自主研发工作遵循"小内核、大外延"理念，以客户为中心，实现千人千面，提供个性化、差异化服务。2021年对自研架构进行进一步优化，开发基础设施，提出并实现了客户统一认证、账户管理功能优化、重构非现场业务办理、历史转储查询服务、单营业部跨法人迁移等功能。此外，为支持业务发展，完成了投顾合作输出系统、场外衍生品资金结算系统等建设。

【国泰君安全面开创数字化转型新格局】

国泰君安证券股份有限公司在 2021 年 12 月"第三届上海金融科技国际论坛暨首届长三角金融科技大会"上，提出打造"SMART 投行"集团全面数字化转型愿景，同步发布"新道合一体化服务平台""新一代国产化低延时分布式交易系统""数字职场"等金融科技研发成果。2021 年，国泰君安"信创"工作获得行业优秀、"君弘"App 项目获得行业科技二等奖，多个课题获中国证券业协会、上海证券交易所优秀课题奖；在工信部、上海市国资委、人民银行等各类组织和机构主办的科技类比赛中摘得近 20 项大奖；全年新增申请专利 19 项（其中 4 项已获得授权）。

【东方证券向科技借力全面提升服务质量】

在自营投资方面，东方证券股份有限公司"超级投资管理平台"搭建了高效全面风控、跟踪需求定制的投资管理系统，成为东方证券投资管理业务的航母级应用。机构服务方面，"东方雨燕极速交易系统"陆续实现股票交易、融资融券和股票期权业务。零售服务方面，"东方赢家"App 行情板块全新自研改版，数字化产品在线销售系统实现了东方证券互联网非金融产品营销。风控合规方面，"数据集市"以流动性风险两率报表等项目为切入点，重点推进自研风险管理体系建设，进一步优化投资风险管理技术体系，实现风险扁平化管理目标。

【海通证券人工智能平台及区块链金融平台持续完善】 2021 年，海通证券股份有限公司持续完善企业级人工智能平台"e 海智慧"，打造海通大脑，为各业务条线提供智能化赋能。完成"债券信用风险预警"模型开发与优化，实现更有效的主体信用风险变动捕捉，对共计 1.4 万家发债企业和上市公司进行准实时预警。完成"创业板潜在客户分析"模型开发与优化，实现对潜在客户特征分析和标签生成，大幅提高业务开通推广精度。打造企业实时大数据分析平台"e 海智信"，涵盖 1.4 亿家（个）企业及个体工商户，汇聚多维度信息，全面支持客户身份识别及关联穿透查询。基于语义分析技术打造的"e 海智核"功能进一步完善，应用延伸到写、读、查、审等文档处理全周期，形成较好的示范效应，相关工作已入选中国企业联合会 2021 年全国智慧企业建设创新案例，并荣获中国人民银行和中国证券监督管理委员会（以下简称"证监会"）联合评选的 2020 年度金融科技发展二等奖。

此外，不断完善企业级区块链金融平台"e 海智链"建设，打造电子存证、黑名单共享等区块链场景应用，通过中国电子技术标准化研究院赛西实验室（CNAS 认可实验室）区块链系统功能和性能测试，完成区块链平台信创改造并且单轨上线。截至 2021 年底，累计上链量超 1 000 万笔，应用场景数量和上链数量排名行业前列。积极参与行业区块链共建与治理，对接上证链、天平链、证联链等行业联盟链，承办中国证券业协会"联盟链专题研讨会"，积极参与行业标准化工作，完成区块链电子存证领跑者企业标准的制定和公开。

【光大证券坚持科技创新提升服务效率和质量】　光大证券股份有限公司在科技赋能财富管理方面，保持敏捷迭代效率，持续建设金阳光移动综合服务平台。2021年，"金阳光" App 7.0 版本完成升级。新版本对首页、商城、行情交易、个人中心四大模块进行了全新设计改版，突出强调客群服务理念，结合用户画像建立起千人千面的服务模式。首页模块主打个性化体验，将用户常用功能放置于显要位置，为内容消费者精准推送资讯内容；商城模块着力降低投资理财门槛，推出各式选基工具，轻松查看持仓收益；行情交易模块聚焦数字投资决策支持，全新打造数据中心，帮助客户构建投资逻辑框架；个人中心模块努力营造"用户地盘"感受，与消费者相关的各类产品、服务均可快速触达。

（夏一鸣）

三、期货业

【期货行业整体网络安全保障能力提升】
2021年，上海市期货同业公会举办多场个人信息保护专题线上讲座，就与工作生活密切相关的个人信息安全法律法规进行解读，有效促进从业人员对客户及个人信息安全保护意识提升。网络安全宣传周期间，联合上海市商用密码行业协会开展重要信息系统密码应用与技术测评培训，对《中华人民共和国密码法》、信息系统密码应用安全性评估、数据安全技术现状和发展趋势、金融领域商用密码应用案例进行详细介绍与分享。在第34次信息技术负责人联席会上，对加快推动期货公司数字化转型、赋能期货机构业务个性化发展、搭建期现一体化头寸管理系统等课题进行交流。通过组织不同形式的活动，有效传达监管信息，引导会员单位加强风险防范、提升安全保障、落实监管要求。

【国泰君安期货信息化建设启动】　国泰君安期货有限公司基于基础通信链路建设，全面实现各交易所互联互通战略部署。完成了投入产出、行情监控等系统开发工作，提升业务运营效率和服务水平。通过算法交易平台、快速行情研发，支持各类客户的个性化需求，为客户服务提供有力保障。借助人工智能建设数字化智能客服，使业务人员更贴近客户需求，从而实现精准化营销。作为全国金融标准化技术委员会证券分技术委员会（以下简称"证标委"）委员单位，积极参与行业标准编制工作，完成期货业务 WG34 组及证标委的相关行业工作。牵头起草 WG34 工作组相关标准，包括《期货经纪合同要素》《期货公司投资者适当性双录话术指南》两项标准，并参与《证券期货业标准立项建议书——期货公司业务域数据元规范》标准的编写工作。

【东证期货主席系统等信息系统建设与改造】 上海东证期货有限公司完成 CTP（Comprehensive Transaction Platform，综合交易平台）主席系统国密改造，通过国密三级评估验收。改造项目涉及用户身份鉴别、通信数据安全传输保护、数字证书管理等内容；运用 SSL（Secure Sockets Layer，安全套接层）通信链路、协同签名、数据加解密等技术。2021 年，完成同城双活系统的搭建和上线工作，双活中心按照主席系统等容量性能设计，通过裸光纤实时同步数据，分担业务及管理

系统的运行，并可切换运行。完成"文华""彭博""东证赢家""法大大"App 手机中继两地部署。参与浦东新区网安开展的护网行动，防守期间，共计对 1 260 个 IP 地址进行封禁。

【中银期货信息化建设工作持续加强】 中银国际期货有限责任公司对旧系统进行梳理改造，为生猪期货等新业务、互联网协议第六版（IPv6）等新标准提供系统支持。2021 年，中银期货主席结算系统由 CTP1 切换到 CTP2，并上线国产商用密码功能。新上线盛立风险与订单管理系统、艾科朗克极速风控交易系统、数据库审计系统、同花顺手机行情交易软件、大智慧手机行情交易软件。2021 年四季度，完成主席交易系统密码应用改造工作，并通过了第三方测评公司的密码评估测评，积极推进主流交易柜台系统的密码应用创新发展与实施工作。

（夏一鸣）

四、基金业

【基金同业公会数字化转型探索】 2021 年，上海市基金同业公会举办"推动数字化转型，全面赋能业务发展"研讨会，提出基金行业数字化转型需要紧密结合业务发展、科学规划，确保数字化建设方向与公司战略、经营目标紧密结合。四季度，基金同

业公会召开 2021 年度信息技术负责人联席会议，议题涵盖"基金行业密码应用方案""AI 在基金行业的应用综述""数字化转型实践与分享"等主题，提出数据让监管更加智慧、推动行业数字化转型等理念。为进一步拓展数据收集的广度和深度，公

会对会员在线报送系统进行更新，为上海地区基金行业大数据分析提供坚实的数据基础保障。此外，公会通过自建的投资者交互平台——知识问答系统，提升投资者教育信息化程度，引导和鼓励投资者学习投资知识。

【交银基金投顾系统平台建设】　交银施罗德基金管理有限公司的基金投顾系统实现了从产品配置到运营管理的全覆盖："投"，平台从基金策略组合到跟踪分析提供全面工具赋能，满足基金产品投研体系构建；"顾"，涵盖客户方案适配、账户操作、交易执行、持续跟踪等环节，对投顾交易提供核心功能支持；"管"，该流程支持合规、投决会等决策运营，对业务风险规则进行配置、监控，确保业务合规、平稳运行。该系统已在多个渠道正式上线，助力交银基金数字金融业务拓展。同时，推进投研一体化平台建设，完成场外固收投资业务线上化，实现公司级联合风险控制功能，和场内系统风控互相补充，形成完整的风控体系，有效提升风控效率。

【汇添富基金投顾系统自主研发】　汇添富基金管理股份有限公司自主研发的投顾系统充分发挥了投资管理、风险管理、客户服务、业务创新等方面能力。从客户、策略、账户、服务四个方面构建了投顾业务功能体系：在客户体系上，通过对客户投资目标、期限、风险承受能力进行刻画，根据不同客群特点，匹配相适应的策略；在策略体系上，上线活钱管理、稳健理财、权益精选三大类示范性策略及教育投资、养老投资两大类场景性策略；在账户体系上，通过自主设计研发的投顾账户体系，联动顾问端和策略端，为客户提供个性化投顾服务；在服务体系上，重点打造全流程顾问服务与客户陪伴体系。

【华安基金信息系统建设持续加强】　华安基金管理有限公司在投研方面，开展投研固收一体化建设，实现基于ETF（Exchange Traded Fund，交易型开放式指数证券投资基金）管理平台的转融通券源操作的管理功能扩展，完成FOF（Fund of Funds，基金的基金）选基的系统一期建设，开展投资研究分析系统和信评系统的多次优化建设，达成新版会计准则（IFRS9）的改造目标。在客户系统方面，进行投顾交易清算系统的落地实施，完成分TA（Transfer Agent，开放式基金登记过户）系统相关REITs（Real Estate Investment Trust，房地产信托投资基金）功能的分析设计和自研开发等工作。管理系统方面，完成包括新版风控管理三期、运营管控二期、新版CRM（Customer Relationship Management，客户关系管理）三期、OA财务优化等系统功能建设。合规建设方面，持续开展反洗钱系统建设，建设内部合规一体化系统和监控大屏。数据建设方面，完成数据网关建设并开展相关场景应用等工作。

（夏一鸣）

五、保险业

【太保财险"太·AI"车辆智能定损项目建设】 "太·AI"车辆智能定损产品是中国太平洋财产保险股份有限公司与百度公司联合、携手创新的共同成果，将百度领先的 AI 技术与太平洋保险丰富的大数据、专业理赔经验有机结合，利用 AI 图片检测技术及云端算法，准确识别事故照片中车辆外观受损部位和损伤类型，并结合保险公司的换修逻辑及对应零配件、工时价格，自动输出最终维修方案及维修价格的理赔定损产品，有效提升车险理赔处理效率，大幅改善客户体验，成为保险行业深度应用 AI 技术的标杆案例。"太·AI"已覆盖 2.3 万个车型，覆盖 97% 的乘用车品牌；精准识别 32 个车辆主要部位，部件识别准确率超过 98%，损伤识别准确率超过 90%，并支持不同损伤类型值化输出。该技术结合太平洋保险换修逻辑和自助理赔等服务流程，将客户理赔从数天级降至分钟级，实现 AI 技术赋能保险行业的重要创新和突破。

【太平人寿立保通系统建设】 该项目围绕优化新契约电子化投保流程开展，旨在提升客户投保体验和投保效率，进一步提升新契约电子投保线上化、智能化水平及问题处理效率，赋能业务一线。太平人寿保险有限公司引入语音转文字、自然语言处理技术，支持投保信息语音输入，实现让客户说出投保内容即完成投保信息录入，解放客户双手，满足不同人群尤其是老年客户的投保需求。推出智能问题处理方案，包含实时智能问答，通过建立运营知识库，实现"7×24 小时"运营咨询智能应答服务。该项目引入的识别技术如 OCR（Optical Character Recognition，光学字符识别）识别、地址定位、语音识别、声纹识别等，实现语音转换自动录入并采集声纹，基于客户认证平台对客户信息进行采集、比对。同时，根据客户使用习惯再造手机端投保流程，使投保变得更简单。

【太平人寿太平云保电辅网项目建设】 电辅网项目是太平人寿保险有限公司借助多元渠道优势及数据能力，进行网电融合新模式的一次成功探索，将 200 多万网销名单转化成电销名单进行二次销售。2021 年 4 月起，与蚂蚁金服在网电融合模式上进行业务模式小范围试点，针对在蚂蚁保险平台浏览太平人寿的产品客户，由浙江电商进行拨打跟进，转化率提升至 5.5%，远超传统电销转化率指标。通过收集渠道、交易、产品、人口数据，形成丰富的客户信息全景视图，整合全域信息进行筛选、分析，项目从上线以来产生新业务保费 9 591 万元，助力渠道保费增长并探索新型队伍建设。通过"互联网获客 + 专属坐席服务"的网电融合模式，实现以客户为中心的渠道协同。依赖科技手段实现流量获取、清洗、筛选及下发的自动化流程，打通"数据篱笆"，实现精准营销。

【友邦保险友享项目建设】　友邦保险有限公司友享项目利用云计算、人工智能、大数据、移动通信等新一代信息技术，为客户打造全场景保险生活数字平台，以数字科技赋能保险服务，旨在成为相伴客户一生的健康与财富保障管理伙伴。项目采用模块化方式构建整体平台，采用和支付宝同源的 mPaaS（Mobile Platform-as-a-Service，移动开发平台）框架技术，显著提升平台网络通讯效率；采用完全插件式离线包技术，为用户提供原生级别的用户体验；并且可依据业务要求，实现对指定设备和版本等维度的灰度发布，保障业务平滑升级。

项目基于 Kubernetes 容器化架构开发和部署，具备高弹性、快速扩展、声明式 YAML（YAML Ain't a Markup Language，YAML 不是一种置标语言）

等特点，能够保障应用故障自愈，拥有跨可用区容灾，并由双集群提供集群级别的高可用能力。基于云原生可观测体系快速发现和定位潜在问题，帮助提升程序健壮性。"友邦友享"App 上线当月平台注册用户突破 100 万，每日人均 4 次的访问频率，日均启动次数超过百万次。通过数字化新技术应用，使得线上服务处理效率、用户体验、线上业务占比等方面都有大幅提升。

【众安财险基于大数据的意健险智能理赔服务平台建设】　众安在线财产保险股份有限公司的基于大数据的意健险智能理赔服务平台利用大数据分析、自然语言处理、人工智能等技术，通过建设 4 个大数据子平台及一个自动核赔引擎（知识库平台、医疗数据在线调阅平台、医疗大数据调查平台、商保大数据平台、基于保险行业经验的自动核赔引擎），将保险业务场景数据、用户信息数据、医疗佐证数据、社保目录数据、调查公司调查结果等多源数据，融合应用于人身意外伤害险和健康险的理赔服务中。项目建成后可为被保险人提供高效、高质量的一体化理赔服务，将被保人原来理赔所需的时间从以天计缩短至以分钟甚至以秒计。在提高理赔效率的同时，降低理赔材料差错率，进而提升理赔质量，改善被保人（患者）的就医及理赔体验。另外，通过平台数据在理赔流程的循环应用，对千人千面的保险产品定制提供有力支撑，反哺行业核保及核赔数据模型，促进互联网保险产品及服务的创新和发展。

【众安财险 Zatlas 数据可视化平台建设】
众安在线财产保险股份有限公司 Zatlas 数据可视化平台又称集智平台，是立足科技，通过沉淀一线业务人员、数据算法工程师在保险精细化运营中的最佳实践，建立的全链路数据价值挖掘平台。主要包含以下四大模块：一是数据流水线用于数据连接、同步及处理。支持亚秒级的实时流处理和T+N的离线任务。通过线上化完整数据处理流程保证输出的数据对于数据服务是"开箱即用"。二是数据洞察引擎，加速海量数据分析，应用于数据建模环节。通过组合支持预计算的 Kylin 和支

持 Adhoc 的 Clickhouse，优秀的亚秒级查询 PB 级数据和多维度分析可同时拥有。三是可视化分析平台，辅助各角色人员以可视化、零代码拖拉拽方式快速进行图表创建及数据洞察分析。同时，多维可视化报表可被无缝嵌入业务系统中，快速、灵活又安全。四是机器学习模块，通过集成丰富的算法库和深度学习框架，实现 AI 增强分析，加速业务创新，让用户能从数据中获取预测性和规范性洞察力。众安财险依托集智平台搭建了全国首创的车险智慧经营及管控中心，结合互联网保险特点建立健康险点通、在线运营数据门户等应用。不仅在保险行业，沉淀的精细化经营和风控能力也可在其他金融领域应用，形成"银点通""券点通"等金融数字化运营工具。

（张博强）

六、互联网金融

中小企业融资综合信用服务平台（上海）暨上海信易贷综合服务平台

【建设情况】 2021 年，在国家总体框架下，以及上海市发改委、人民银行上海总部、上海银保监局、上海市地方金融监管局等相关部门的指导支持下，中小企业融资综合信用服务平台（上海）暨上海信易贷综合服务平台在 2020 年建设发展的基础

上，积极搭建信贷产品池，形成综合服务体系，提供特色精准服务，放大平台示范效应，获评 2021 年度全国"信易贷"示范平台。

【平台定位】 平台按照"信用、公益、便捷、安全"的基本定位，"信息共享＋信用赋能＋融资匹配＋线下推广＋政策配套"的发展模式，"信用赋能、最具公信力、一

门式服务"的发展愿景，服务中小微企业融资，让信用信息成为中小微企业的可变现资产。

【平台成效】 截至2021年底，已有38家在沪商业银行总行和市级分行入驻。优选超过500款信贷产品上线，涵盖企业经营类、个人经营类和消费类等多个类型，具有纯信用、纯线上、秒批秒贷等特色。累计注册用户数近222万个，成功授信近14.4万笔，授信金额超3 800亿元，在有效缓解中小微企业融资难、贵、少、缓问题上取得积极进展，得到了中央电视台、新华社、东方卫视等媒体的广泛关注和报道。

（信易贷）

第五章　航运数字化

概　述

2021 年，围绕上海市委、市政府重点工作安排和要求，上海电子口岸积极深化国际贸易单一窗口特色功能建设，优化跨境贸易营商环境，落实长三角一体化国家战略。同时，积极推进亚太示范电子口岸网络建设，持续联络与发展亚太示范电子口岸网络成员，积极扩大成员国范围，扩大国际影响力。

一、电子口岸平台

【上海电子口岸平台建设】 上海电子口岸平台平稳运行。数据传输交换方面，平台海运业务报文交换数 9.68 亿个，报文发送量 6.03 亿个，同比增长 3.79%。2021 年全市跨境电商进出口交易 2.1 亿单、1 328.8 亿元，金额同比增长 33.7%。

二、国际贸易单一窗口

【概况】 2021 年，上海国际贸易单一窗口已被市商务委（口岸办）列为商务数字化转型典型案例。全年上海国际贸易单一窗口货申报量超 2 390 万票，船申报量超 41 万票，船舶进出港超 3.8 万艘次，服务企业数超过 54 万家，共有 925 家企业在 196 个口岸完成超 26 万次货申报。

【服务贸易板块完成上线】 服务贸易板块推出服务贸易出口退税、购付汇等功能，形成了货物贸易向服务贸易的延伸，并在第十九届上海软件贸易发展论坛开幕论坛上进行了上线发布。

【优化出口退（免）税在线申报办理功能】 全年通过单一窗口申报渠道有超 3.7 万家企业通过单一窗口申报办理出口退（免）税，累计申报应退（免）税额超 1 092 亿元，提升了便利化退（免）税服务体验。

【保险特色功能完善建设】 运用精准推送模式实现"政策找企业"，提高出口信用保险企业投保覆盖率。2021 年全年小微投保企业数超 8 400 家，较上一年同期增长 18.86%，保额 128.2 亿元，较上一年同期增长 22.9%。

【结算融资类产品丰富】 2021 全年汇出汇款业务对接银行及金融机构达 30 家，服务货主企业超 4 500 家。2021 年累计交易额超过 390 亿元，比上一年同期增长 270%。融资信贷业务产品超十款。平台融资总额

超 2 300 万元，与上一年同期比增长 65%，切实帮助企业缓解融资难、融资贵困境。

【口岸疫情防控数字化底座打造】 积极落实上海市委、市政府对口岸高风险非冷链集装箱货物防疫工作要求，上海国际贸易单一窗口于 2021 年 1 月 28 日上线进口高风险非冷链集装箱货物检测与预防性消毒管控信息系统，为监管部门掌握进口和外省输入的高风险非冷链食品流向提供可溯源、可追踪、可预警的监管手段，打造疫情防控数字化底座。

【《上海口岸 2021 年跨境贸易营商环境专项行动方案》积极落实】 实现海关查验指令等监管信息与货物抵离港等港口信息双向实时交互，提高进出口货物提离速度。推进港口相关业务受理系统与单一窗口信息双向交互。优化上海国际贸易单一窗口收费公示及服务信息发布功能。

【货物申报功能优化】 完善和推广上海国际贸易单一窗口预约申报功能，免去企业等待和查询舱单的时间。

【港建费退付按时完成】 通过上海国际贸易单一窗口港建费退付系统，完成了 2020 年最后一批退付工作，合计约 3 900 万元。

【长三角国际贸易单一窗口合作共建落实】

上海与江苏、浙江、安徽三省口岸管理部门、电子口岸多次沟通，形成了《长三角国际贸易单一窗口"合作共建"技术方案》。试点上线长三角国际贸易单一窗口合作专区，实现四省市企业账户贯通，提供长三角主要口岸海运货物状态跟踪、口岸收费公示等功能。

【长江经济带口岸项目加强合作】 依托长江黄金水道，促进贸易便利化水平提升和一体化通关便利，加强长江经济带口岸项目合作，沪鄂两地电子口岸共同签署了《关于加强沪鄂深度合作，共建国际贸易单一窗口合作备忘录》。

三、亚太示范电子口岸网络

【亚太示范电子口岸网络建设】 2021年7月，泰国港务局（PAT）加入亚太示范电子口岸网络成员经济体。截至2021年底，亚太示范电子口岸网络已发展至14个经济体24个成员。2021年亚太示范电子口岸网络召开了商务部亚太示范电子口岸网络物流信息互联互通应用对话会、第七届贸易便利化和供应链互联互通公私对话会、亚太示范电子口岸网络联合运行委员会第七次会议，深度探索如何推动亚太示范电子口岸网络成员经济体、APEC（Asia-Pacific Economic Cooperation，亚太经合组织）成员经济体以及"一带一路"有关国家和地区共建信息互联互通，打造便利化跨境网络通道等内容。

（徐阿怀）

第四编　数字生活

综　述

2021年，上海在数字生活领域不断耕耘，并在数字化出行、数字化健康、数字化教育、数字化民生和数字化文旅方面成绩突出。

数字化出行方面，上海市交通委员会（以下简称"市交通委"）着力推进"公交乘车码""地铁乘车码""随申码"三码整合工作，落实社保卡乘公交项目。

数字化健康方面，上海市卫生健康委员会（以下简称"市卫健委"）开展"医疗付费一件事"工作，编制《上海市医学人工智能社会实验基地建设方案》、对43家公立医疗机构进行5G改造。

数字化教育方面，上海获批全国教育数字化转型试点区。上海教育系统"一网通办"改革不断深化，推进政务服务、公共服务优化。

数字化民生方面，上海主要围绕民政、社区、邮政三方面展开。上海市民政局深入开展政务服务"一网通办"改革，推动"两张网"和民政业务"数据海"建设。上海市社会保障卡服务中心积极推进政务热线资源整合，为民服务工作深入推进。中国邮政集团公司上海分公司建设、优化更适宜上海邮政业务发展需求和管理要求的信息系统。

数字化文旅方面，上海音频网站处于全国领先地位，垂直视听领域发展潜力巨大，视听业务辅助作用进一步显现。上海报业集团、上海图书馆、上海博物馆、上海科技馆等机构持续加强信息化建设。上海着力建设"随申码·文旅公共服务平台"和"上海市文旅综合监测平台"，为数字旅游保驾护航。

第一章　数字化出行

概　述

2021 年，上海市交通委员会继续深入信息化建设，研究编制行业数字化转型实施意见，建立健全行业数字化转型工作机制。示范应用方面，着力推进"公交乘车码""地铁乘车码""随申码"三码整合工作，落实社保卡乘公交项目。

一、应用平台

【行业数字化转型实施意见研究编制】
2021 年 4 月 23 日，市交通委、市道路运输局联合发布上海市第一个行业数字化转型实施意见，遵循"整体性转变、全方位赋能、革命性重塑"的工作内涵，按照交通行业融合基础设施发展（即"经济"）、交通行业监管模式重塑（即"治理"）、交通行业运输服务提升（即"生活"）三方面，提出了 20 项主要任务、60 个重点项目加以推进。

【健全行业数字化转型工作机制建立】
2021 年 7 月以来，市交通委分别会同相关行业骨干企业，各区数字化办、交通主管部门等，召开数字化转型工作座谈会，进一步明确相关工作联络机制。在此基础上，于9月成立由市交通委主要领导担任组长，相关骨干企业分管领导担任成员的行业数字化转型工作领导小组，通过工作机制协同推进行业数字化转型工作。

【城市数字化转型现场推进会配合开展】
2021年2月6日，市委、市政府主要领导出席首场生活数字化转型现场推进会，市交通委作为主场，积极展示近年来交通行业生活数字化转型的相关场景。市委书记李强在调研中提出，公共交通出行是群众期盼改进提升的领域，也是数字化转型可以大显身手的场景。在2021年12月2日的治理数字化转型现场推进会上，市交通委在现场演示了交通城运系统、危化品运输数字监管系统、城市运营数字平台、智慧盾构监管平台等治理数字化领域的建设成果。

【交通行业数字化转型展示】 结合行业数字化转型工作的不断深入推进，市交通委启动研究并完善数字化转型成果展示工作。考虑以MaaS（Mobility as a Service，出行即服务）为主线，通过视频、App、实物、系统演示等多种方式协同，以交通出行生活数字化为主，叠加治理、经济等数字化转型场景，通过生活、治理、经济协同演绎、相辅相成的方式，总体谋划展示交通行业数字化转型成果，并于2021年底基本完成展示方案，并启动展示馆的建设工作。

【MaaS建设运营主体筹建】 根据上海关于MaaS系统建设的总体工作部署，市交通委配合上海市国资委积极推进建设运营主体的筹建，2021年内完成了公司股权结构、治理架构、公司章程等方案，为公司注册筹建工作奠定基础。

【MaaS系统建设启动】 根据市领导工作部署，市交通委依照"目标导向、开放创新、分类施策"的工作思路，会同各相关部门合力推进MaaS系统建设，并研究MaaS系统1.0版的开发建设，在用户侧、运营侧、政府侧等3个维度，提出全方位赋能的工作方案，重点围绕地铁、公交等公共出行，便捷停车，一键叫车，绿色出行诱导等出行场景，为市民获取公共交通出行全过程的一站式、全品类信息服务打好工作基础。

【"三码整合"推进】 根据市领导工作指示，结合数字化转型、MaaS系统建设等总体工作部署，市交通委会同上海市大数据中心、上海申通集团有限公司、上海久事（集团）有限公司等，着力推进三码（"公交乘车码""地铁乘车码""随申码"）整合工作，并于2021年12月30日举办"上海交通二维码三码整合启动仪式"，实现"随申码"在全市1 560条地面公交线路以及 17 条轮渡线路的全面应用，同时通过白名单邀请的方式，"公交乘车码""随申码"可在具备条件的 10 条地铁线路和磁悬浮"两进两出"闸机开展试点应用。

【信息系统整合推进】 按照"系统—子系统—模块"的整体架构，切实推进系统整合各项工作，2021 年上半年完成第一阶段整合目标，完成各业务板块的系统整合接入，以及高频重点功能的应用共享接入，并开展试运行。

【信息化职能整合优化】 结合全市信息化职能整合优化工作的总体部署，完成市交通委信息化职能整合优化工作方案的制定，于 11 月基本完成整合优化工作，并结合市大数据中心"双周通气会"机制，做好后续信息化职能的稳步过渡与衔接工作。

【医院停车预约试点推进】 2021 年，"上海停车"App"停车预约"功能覆盖全市32 家医院，并在瑞金医院、第十人民医院试点预约系统与挂号系统打通，提供精准的医院停车预约服务。

【App 功能深化】 2021 年，"上海停车"App"错峰共享"功能上线签约项目 150家，"停车缴费"功能已覆盖全部 1 200 个收费道路停车场、2 000 多个大型经营性停车场（库）。

【"一键叫车"场景服务推进】 2021 年在开展候客站"一键叫车"的基础上，深入推进"一键叫车"服务进社区、进医院等试点项目，完成相关社区 200 个智能叫车屏以及 4 家医院的合作试点，并探索可复制的场景模式，推动项目规模化发展，不断提升行业服务效能。

【云路中心与杨浦大桥数字孪生启动建设】 启动云路中心、杨浦大桥数字孪生建设，探索通过以数字化创新应用赋能城市交通管理，对超大城市交通路网实现"观、管、防"的立体融合管控。"观"：选取杨浦大桥为"小切口"，通过数字资产孪生，实现线上虚拟运营和线下实际运营的同步关联、同步镜像，未来将把数字孪生技术拓展至整个道路交通行业。"管"：充分发挥"共建、共治、共享"治理制度优势，实现市、区和市企两级联动，形成道路运输线上线下一张网管理。"防"：利用数字孪生技术，全面掌握杨浦大桥设施服役状态及车辆通行状态，实现各类风险提早发现，及时处置。

【上海交通城运系统 1.0 版上线运行】 上海交通城运系统是上海市城市运行管理中心第一个跨部门项目，管理上实现了与上海市交警的工作联动。"观"：系统功能涵盖对外交通、市内交通、道路交通、智能协同、交通保障五大功能，汇聚航空、铁路、水路、公路等对外交通，轨交、公交、水运等市内交通，各类数据要素 300 余项，实现"一屏观交通"。"管"：以插件化形式纳入行业各场景模块，通过跨部门数据交互，指导行业应急管理。"防"：以"底数清、状态明、处置快"为目标，结合与交警总队的协同管理机制，实现上海交通运行突发事件实时预警、及时处置。

【"秒级发现分级到场"实现】 城市运营智慧管控平台覆盖全市 1 680 公里骨干路网设施和 191 个养护基地；可在线查看 1 960 辆各类作业车辆的工作状态；同时布设 30 大类智能传感设备，组成了一张道路体征态势全面实时感知的神经元网络。在处置突发事件方面，通过数字赋能，实现交通运行管理由经验判断型向数据驱动型的转变，基本达到"秒级发现、分级到场"的响应速度。

【危险货物道路运输数字化全流程监管】 利用跨部门数据共享，成功实现与上海市公安局、市市场监督管理局之间的业务协同。"观"：设计 61 个运行统计指标，实现车辆实时位置及运单显示，危险品运输各环节情况"一屏掌握"。"管"：通过设计 59 个报警和处置场景，实现对危险品运输全流程的数字化闭环管理。"防"：探索如何从源头防止危化品运输事故发生。35 家上海化工区生产经营企业先行试点，作为

危险货物充装货源头企业，可使用该系统查验线下来车、来人和装货信息，若不匹配则予以驳回，在充装货前即阻止非法车辆或人员参与运营。

【进口博览会交通指挥平台保障】 "进口博览会交通指挥平台"由融合引擎作为支撑，实现数据自动处理分析、展示、播报等工作，在历届中国国际进口博览会期间，为实时交通指挥提供支撑。"观"：对中国国际进口博览会期间周边综合交通各业态的实时数据情况进行展示与统计分析，掌握实时运行动态。"管"：实现对中国国际进口博览会场馆周边应急指挥，根据掌握客流情况，实现对停车场剩余车位指引、短驳公交实时调度、出租车上下客点人流疏导等。"防"：在新型冠状病毒肺炎疫情期间，接入疫情防控信息，对交通流数据出现明显增大，或出现体温异常者，实时采取有效隔离保障措施，防止安全事故发生。

【下立交积水三方联动场景协同应用】 实现从"人工巡查、被动发现"到"智能感知、主动预警"的转变，辅助下立交三联动应急管理。"观"：全市 608 个下立交，设置积水监测和视频感知设备。"管"：预警信息同步发送至交通、水务、公安管理部门，辅助三方联动机制和完善应急预案。"防"：实现与市预警发布中心系统联动，

汛期和台风期间，一旦出现下立交积水，快速响应，防止因积水导致车淹、人亡，确保城市交通安全运行。

（俞婷莉）

二、示范应用

上海公共交通卡

【"三码融合"项目推进】 上海公共交通卡股份有限公司（以下简称"公交卡公司"）根据上海市委、市政府提出的"出行即服务"建设规划要求，基于自身发展使命，主动配合，积极响应，前期积极配合市大数据中心制定"随申码—离线码"标准，并实现联合发码应用，支付和收单完全由公交卡公司承接。截至 2021 年底，完成 1 560 余条公交线路合计 17 000 余辆公交车以及轮渡 17 个站点的"随申码"应用；配合申通完成地铁 10 个样板站共计40 台检票机端盖改造。按照统一部署，完成轨道交通"1+9"条线路的试运行工作，并提交"白名单邀请方案"，共同做好宣传推广。

【社保卡乘公交项目落实】 2021 年以来，为贯彻落实习近平总书记在扎实推进长三角一体化发展座谈会上提出的"要探索以社会保障卡为载体建立居民服务'一卡通'，在交通出行、旅游观光、文化体验等方面率先实现'同城待遇'"重要指示精神，公交卡公司在上海市发改委、市交通委、长三角区域合作办公室等上级部门的共同牵头下，成立专班，以数字化改革为牵引，坚持便民高效的原则，探索出一条利用上海社会保障卡中的银行金融功能实现公交出行功能的解决方案，助力社会保障卡在公交场景落地。截至 2021 年底，全市 1 560 余条公交线路合计 17 000 余辆公交车实现社保卡刷卡乘车。

【苹果手机、三星手机上线上海版交联卡】 根据国家公共交通"'一卡通'互联互通"战略部署要求，为进一步推进上海智慧城市、智慧交通建设，公交卡公司积极推进交通部统一技术标准的实体交通卡和 NFC（Near Field Communication，近场通信）手机虚拟交通卡产品，于 2021 年 5 月、8 月分别在苹果手机、三星手机正式上线交通部标准手机交通卡。

【ETC 无感停车全面推进】 随着 ETC 业务重心由发行转向为场景拓展，公交卡公司以 ETC 无感停车加快离场效率为切入点，于 2020 年 5 月在尚嘉中心、新世界率先试点，并以此为蓝本，在全市进行复制推广。公交卡公司还与上海公共停车信息平台完全技术对接，实现通过"上海停车"App市级统一支付平台的ETC无感支付缴费功能，进一步助力"便捷停车"数字化场景。同时，公交卡公司与长宁区相关部门协作，将ETC智慧停车由停车场向路边停车延伸。截至2021年底，公交卡公司共计签约606家场库及长宁区部分路边停车点。

【"红色打卡　绿色出行"主题产品推出】
为迎接中国共产党成立100周年，落实习近平总书记"把红色资源利用好、把红色传统发扬好、把红色基因传承好"的重要指示精神，积极响应文旅部"建党百年红色旅游百条精品线路"的要求，交通卡公司在上海市文化和旅游局（以下简称"市文旅局"）、市消费者权益保护委员会和市博物馆协会的支持下，紧抓历史机遇，围绕党史学习教育，通过深度挖掘上海红色文旅资源，融合上海久事（集团）有限公司（以下简称"久事集团"）文体旅游特色，推出"红色打卡　绿色出行"主题系列产品，通过"回望初心""星星之火""百年树人""七一故事"等红色线路，贯穿中共一大会址纪念馆、中共二大会址纪念馆、中共四大纪念馆、陈云纪念馆、上海市历史博物馆（上海革命历史博物馆）、上海孙中山故居纪念馆、上海宋庆龄故居纪念馆、上海鲁迅纪念馆、龙华烈士纪念馆等红色纪念地，以及久事集团交通、文旅、体育等特色资源，让广大共产党员、群众在主题活动中感受中国共产党百年发展历程。

（朱国强）

第二章　数字化健康

概　述

2021 年，上海市卫健委积极推进数字化转型，开展"医疗付费一件事"工作，将新型冠状病毒肺炎疫苗接种登记、智慧接种、核酸检测结果查询等公共服务事项接入"随申办"App。同时，编制了《上海市医学人工智能社会实验基地建设方案》，对 43 家公立医疗机构进行了 5G 改造。

一、应用平台

【数字化转型工作】　根据上海市领导提出的"坚持人本导向，强化应用牵引、数据赋能、关键支撑，形成一批群众最关心、最直接、最受用的医疗数字化应用，让大家切身感受到城市数字化转型带来的实际成效"和"以'数字蝶变'引发'城市蝶变'"的指示，上海市卫健委会同市经济信息化委、市医保局、申康中心、市大数据中心等单位组建"便捷就医服务"数字化转型工作专班，聚焦就医难、等待长、缺少人性化等突出问题，率先打造医疗领域数字生活标杆应用示范场景。根据《上海市"便捷就医服务"数字化转型工作方案》，明确精准预约、智能预问诊、电子病历卡、互联互通互认、医疗付费"一件事"、核酸检测和新型冠状病毒疫苗接种、智慧急救等7个应用场景，涵盖诊前、诊中、诊后和疫情防控、医疗急救等医疗全流程各领域；探索打造青浦、徐汇、嘉定3个数字健康城区，支撑长三角一体化优质医疗资源整合；依托瑞金医院打造数字孪生和智能进化的智慧未来医院，积极开创上海"便捷就医服务"数字化转型与数字医疗创新发展新局面。

【"医疗付费一件事"工作开展】 一是全面拓展电子凭证应用场景。完成全市定点公立医疗机构、民营医疗机构，定点药店医保电子凭证应用全覆盖，完成医保经办系统、医保自助机电子凭证应用升级改造，为广大参保群众就医购药、医保经办业务办理提供了脱卡便捷服务。二是根据便捷就医服务数字化转型工作专班统一安排，完成医保门急诊结算数据实时向大数据中心归集，完成电子病历（医保电子记录册）系统的开发测试和上线，市级医院和四个区属医院已进行试点应用，为参保群众提供"免册"就医便捷服务。三是优化电子健康档案和电子病历基础数据库，推进病历电子化工作，实现电子病历卡和电子出院小结数据归集和在线应用。

2021年，全市所有417家公立医疗机构2 037个执业点均已纳入"医疗付费一件事"范围，公众就医时可畅享安全、快速、免排队的"信用就医无感支付"，实现"脱卡信用付费、诊间移动付费、窗口托底付费"的付费方式全覆盖。

【公共服务事项接入"随申办"】 新型冠状病毒肺炎疫苗接种登记。针对大规模人群新型冠状病毒肺炎疫苗接种服务，在特殊时期充分利用信息化手段保障了预防接种规范有序。通过"随申办"和"健康云"等提供更全面的"互联网+"预防接种服务，为受种者提供多种人群的自助建档、生成个人接种码、电子接种记录查询和接种地图信息查询等公众服务，为门诊医生提供排班设置。根据公众实际情况，灵活使用门诊预约功能，减少排队等待时间，提高公众满意度。"新冠疫苗接种登记"功能已接入"随申办"，新型冠状病毒肺炎疫苗接种数据也已归集至市大数据中心。

家医服务。将家庭医生签约服务接入"随申办"。

智慧接种。将智慧接种服务接入"随申办"。进一步推广常规疫苗在线预约服务。提供线上预约、接种查询等服务：线上预约涵盖分时预约服务，疫苗信息查询，提供历史接种记录查询、全市接种点查询等。

核酸检测结果查询。上海市卫健委通过技术创新和模式创新，打造了平战结合、统一高效的全流程核酸检测管理系统，项目融合互联网思维、智能化手段，将社会治理融入业务流程，增强对供给侧、需求侧两端的科学管理。以"实名认证、网上登记、扫码即用、亮码即采、结果速查"的闭环业务模式，全面提升针对新型冠状病毒的检测管控和应急处理能力，增强核酸检测的群众动员与现场组织能力，强化检测资源的动态调配与科学调度能力，有序疏导检测现场大人群的人流、区域样本流通的物流以及异构系统间协同联动的信息流，以"关口前移"方式辅助新型冠状病毒肺炎疫情"动态清零"目标的实现。

【"好办""快办"服务配合推进】 配合做好二次供水设施清洗消毒单位备案（新办）、"独生子女父母光荣证"办理（新办）、二次供水设施清洗消毒单位备案（依申请变更）、"独生子女父母光荣证"办理（换领）、医师注册（多机构备案）、医师注册（依申请注销）等事项的"好办""快办"技术对接。根据业务处室提出的要求，将医师、护士执业注册中部分事项的办理链接调整为国家系统的办理链接，实现全国统一平台集约办理。

（蒋璐伊）

二、示范应用

【医疗人工智能社会实验开展】 中央网信办、国家发改委、国家卫生健康委等多部委为深入开展人工智能社会实验工作，超前探索智能社会的运行模式、法律法规、标准规范、政策体系、体制机制等，组织开展国家智能社会治理实验基地建设。根据国家卫生健康委规信司的具体指导，结合上海市的实际情况，编制了《上海市医学人工智能社会实验基地建设方案》。

【5G+医疗健康】 为深入贯彻落实党中央、国务院关于加快推进5G网络等新型基础设施建设的决策部署，充分发挥5G技术的特点优势，丰富5G技术在医疗健康行业的应用场景，培育5G智慧医疗健康新产品、新业态、新模式，上海市卫健委会同市经济信息化委下发《关于组织开展上海市5G+医疗健康应用试点项目申报工作的通知》（沪经信基〔2020〕1146号），组织专家评审，分别评选出第一批32个项目及第二批28个共60个项目，并对其授牌。同时，对其中43家公立医疗机构进行了5G改造。

【区块链创新应用】 为发展区块链等数字经济重点产业，推动产业数字化转型等重要部署，充分发挥区块链在促进数据共享、优化业务流程、降低运营成本、提升协同效率、建设可信体系等方面的作用，评选了上海市区块链创新应用试点。

（蒋璐伊）

【智慧健康养老】 上海积极开展智慧养老场景案例征集和国家三部委（工信部、卫健委、民政部）智慧健康养老应用试点示范遴选工作。一是于 2021 年 3 月底在全市范围开展智慧养老应用场景案例征集活动，按照安全防护、照护服务、健康服务、情感关爱、综合运用和其他类应用场景，征集到来自 69 家单位 89 个应用场景案例。经网络投票、现场答辩和专家评审，全市 18 个案例入选智慧养老应用场景优秀案例，16 个案例被选为入围案例。其中，综合运用类 12 个、安全防护类 9 个、照护服务类 7 个、情感关爱类 2 个、健康服务类 2 个和其他场景类 2 个。本次活动中的获奖单位在中国国际养老产业博览会上进行展示，对推广智慧养老应用场景有一定的示范作用。二是向国家三部委成功推荐尚体健康科技（上海）有限公司和弗徕威智能机器人科技（上海）有限公司 2 家示范企业，以及闵行区新虹街道、静安区临汾路街道、浦东新区周家渡街道、静安区大宁路街道、浦东新区东明路街道和嘉定区菊园新区 6 个示范街道（乡镇），浦东新区、普陀区 2 个示范基地。

（顾伟华）

第三章　数字化教育

概　述

2021 年，上海获批全国教育数字化转型试点区。上海市教育委员会（以下简称"市教委"）建设数字化转型应用场景、制订教育数字基座标准规范、建成上海教育主题数据库。上海教育系统"一网通办"改革不断深化，推进政务服务、公共服务优化。应用平台方面，"金色学堂"全媒体学习平台上线，"强国 TV"在上海落地。高校信息化方面，各高校深化信息基础设施建设，优化公共服务平台，着力打造"智慧校园"。

一、教育信息化建设

【全国教育数字化转型试点区建设】 上海获批全国教育数字化转型试点区。上海市教委编制和印发《上海市教育数字化转型实施方案（2021—2023）》。成立上海教育数字化转型标准委员会。召开上海市教育数字化转型工作会议，为长宁区、宝山区、徐汇区教育数字化转型实验区授牌，部署教育数字化转型工作，推进全市教育数字化转型和教育高质量发展。

【数字化转型应用场景建设】 推进教育数字基座、数据驱动的教与学应用、基础教育"课堂教学 1+1""课外辅导 1 对 1"、虚拟仿真教学实训、老年人跨越"数字鸿沟"等示范应用场景率先建设。推进教育信息化应用标杆培育校建设，实施数字学校规范化建设，促进信息技术与教育教学深度融合，为破解教育管理、教育教学中的重点和难点问题，提升教育治理能力，促进教育决策科学化水平奠定基础。

【教育数字基座标准规范制订】 制订《上海教育数字基座标准》《上海教育管理基础信息分类与代码》《上海教育数据质量管理规范》等教育数据管理若干规范与标准。开展教育专题数据库建设，建设完善教师、学生、学校基础数据库。推进数据整合和分析应用，支撑学校、教师、学生、学历学籍等数据应用。

【上海教育主题数据库建成】 上海教育主题数据库包含学生、教师、学校 3 个基础数据库。2021 年已入库全市全学段在校学生学籍、经历、就业等信息，经与上海市大数据中心公共数据融合，生成各类学生业务融合数据库。建成教职工库，以上海教师库为基础，汇集实有人口信息、社保信用数据、学校机构数据。学校库已归集上海幼儿园、小学、初中、高中、中职校和各类一贯制学校的学校基本信息、权证、

运动场地等信息。截至 2021 年，教师库、学生库已经可以接口方式为上海市各委办局、各区级部门提供政务业务支持。

【"一网通办"改革】 上海教育系统"一网通办"改革不断深化，推进政务服务、公共服务优化。

一是聚焦高频需求，打造全学段精准服务。推进义务教育阶段及幼儿园入学在线报名系统融入"一网通办"，实现初中、小学以及幼儿园阶段报名全程网办。对照"好办""快办"业务标准，实现学生数据自动比对和信息预填，并实现户籍、居住地址、房产等个人信息相关申报字段全部免填。依托上海市大数据平台亲属关系数据库，通过学生家长个人主页，实现市、区两级招生政策精准推送，16 个区全覆盖。打造"一网通办"全学段在线缴费服务，整合全市各市属高校，公立高中、初中、小学、幼儿园现有分散缴费渠道，统一接入"一网通办"总网站及"随申办"移动端。依托"一网通办"公共支付平台，实现全学段学生缴费在线办理，规范代办服务性收费票据管理，实现教育行政事业性收费"秒进"国库，推进财政缴费、电子票据改革落地。通过调用电子证照、数据共享核验等方式，实现八类家庭经济困难学生认定工作全程网办。

二是聚焦业务流程再造，推进"高效办成一件事"。上海市教委会同市公安局、

市交通委、市大数据中心联合推出"校车使用许可审批一件事"。依托"一网通办"，实现申请材料"一次提交、多部门共享复用"；启用电子表格及电子印章，实现"一件事全程网办"，各相关部门并联审批，其中上海市交通委审批环节结合人工智能，实现了无人干预自动审批；实现超时提醒

及申报自检，最大程度提高审批的透明度和申报单位的可预期性。推进"落户一件事"。建设高校毕业生就业落户平台，实现全市法人数据、学籍学历数据以及高校就业数据互联互通，就业落户一键生成、一表填写，免于重复填报。

（李　曼）

二、应用平台

【"金色学堂"全媒体学习平台上线】　2021年3月，"金色学堂"全媒体学习平台上线。为上海中老年用户提供了一个立体化的终身学习平台，为上海"老有所学、老有所乐"学习型社会建设做出贡献。项目助力上海入选联合国教科文组织终身学习研究所发布的学习型城市应对新型冠状病毒肺炎疫情全球典型案例，还获得"上海市2021年终身学习品牌项目"、教育部2021年"特别受百姓喜爱的终身学习品牌项目"等荣誉。

【"强国TV"在上海落地】　在中共上海市委宣传部的大力支持下，"强国TV"2021年9月28日在上海落地，东方有线成为全国第三家落地的广电公司。上海的共产党员、群众可以通过家中的有线电视，随时收看"学习强国"丰富的视听内容。"强国TV"也从主要面向共产党员扩大到千家万户，让共产党的创新理论和社会主义核心价值观"飞入寻常百姓家"，融入千家万户的视听文化生活。

（毛占刚）

三、高校信息化

复旦大学

【概况】　2021年，复旦大学信息化办公室以学校发展为中心、以人才培养为重点，在多元化教学、个性化学习、精细化治理、智慧化服务等方面创建系列特色项目，强化服

务意识、优化工作流程、提升工作效能，完成多项学校重点工作和实事工程，在新型冠状病毒肺炎疫情防控常态化的大背景下发挥信息化创新引领作用，服务于师生。

【"一网通办"工作有序开展】　完成网上办

事大厅（以下简称"eHall"）改版升级，优化首页布局、任务中心，优化服务搜索、授权、收藏、评论、统计等功能。联合职能部门，持续推进事项建设和优化。上线核酸检测预约、疫苗接种预约、教职工未成年子女进校申请等事项，进一步落实全口径人员管理，拓展疫情防控服务。2021年，网上办事大厅在线运行事项共计285项，新增上线35项，年度申请数52万项。

【"一网统管"加快推进】 加快"一网统管"建设，有力支撑数据服务。持续推进"领导驾驶舱"建设，新建和更新"领导驾驶舱数据主题库"，涉及资产、生活（包括宿舍、校车、运动场馆）、学生离校等业务。通过数据分析QV平台为单位提供各类数据统计，拓展数据查询分析服务，并建成网络日志大数据分析平台。推出电子签章平台，提供研究生学籍证明、教职工在职证明、本科生成绩单等11项电子证明服务，累计签发超过8 000份。

【视频服务】 视频会议会场改造，建立校内视频直播平台。完成复旦大学光华楼东辅楼605智慧教室、复旦大学视频直播及视频会议室设备采购，在光华楼东辅楼102、202部署一体化的视频直播系统。

【5G虚拟校园网建设】 与中国联通、中国移动、中国电信联合建设"复旦大学5G虚拟校园网"，于2021年3月正式开通，是全国首家支持三大运营商的高校。"复旦大学5G虚拟校园网"案例于2021年9月获得工信部组织的第四届"绽放杯"5G应用征集大赛上海赛区一等奖，并于12月在全国决赛中获得二等奖。

【IPv6规模化部署】 复旦大学IPv6地址数达到65 538个/48地址段。2021年，在IPv6出口部署边界防火墙，对所有IPv6流量进行安全防护。协助院系开通IPv6网络，将二级链接IPv6支持率从75%提高到95%。通过微信公众号推送、远程指导、现场协助等方式，指导用户使用IPv6和IVI（Interchangable Virtual Instrument，可交换虚拟仪器）。"基于IPv6的5G虚拟校园网建设"案例入选由中央网信办信息化发展局和工信部信息通信发展司指导举办的互联网协议第六版（IPv6）规模部署和应用优秀案例。

【校园网改造升级】 完成校园网主干网升级，带宽提升。完成邯郸校区至枫林校区、邯郸校区至张江校区光缆系统升级改造，新增两组波分设备提升跨校区网络链路至100 Gbps和40 Gbps。5G室内覆盖范围逐步扩大。运营商陆续建设5G室内覆盖，2021年完成邯郸校区光华楼、物理楼、化学楼、抹云楼和核物理实验室的5G室内覆盖。完成邯郸校区第一教学楼信息办机房的扩容建设，启动江湾校区第一交叉学科楼信息办核心机房建设。完成光华楼核心机房改造工程（一期）建设并投入使用。

【虚拟校园卡建设】　完成虚拟校园卡核心系统建设，发布"复旦大学上海公共交通联名卡"，实现入校门岗、食堂就餐等消费及认证功能。用户可在手机上开通该联名卡，使用无需解锁手机，通过"碰一碰"的方式就能实现实体校园卡绝大部分功能，并可当作城市公交卡使用。此方案及合作模式为全国首创，技术上是基于手机 NFC 安全芯片开发，并覆盖 iOS、Android 手机系统的 NFC 校园卡。

【教务系统创新】　贯彻落实教学改革，探索教务系统创新建设。本科教务系统通过改造学生发展路径报名及审核、学生学程包审核及智能推荐等系统模块，落实"学程教育计划"，一站式支持"2+X"学生全生命周期的系统服务需求。学工系统和研工系统完成整体升级，包括困难生、助学金、研究生国家助学贷款、奖学金、专硕交通补贴、医疗帮困等功能建设，新上线本科生勤工助学功能。升级 eLearning 平台，增加多个业务功能，扩展平台的视频流媒体服务能力。建设"周末先修学堂"平台，支持高中先修生培养模式创新，加深高中生与复旦大学的交流互动。新生电子邮件上云，云邮箱系统不限容量，支持

微信实时提醒、微信收发邮件，邮箱账户需绑定微信，降低盗号风险。

【加强"服务型"机关建设】　推进前台服务标准化，完成信息化运维管理系统部署，形成报修及咨询工单电子化闭环流转。向师生征集信息化工作满意度调查，"复旦信息办"微信号共推送宣传服务文章 197 篇。对照"我为群众办实事"实践活动项目清单，全年完成共计 25 项。上线智能问答机器人"复小信"，为师生提供"7×24 小时"全天候咨询服务。优化教职工年度考核，将知识产权管理系统和学术成果统一认领平台数据汇聚到学校数据中心，用于年度考核服务，实现多项考核数据的自动填报。完成学生离校系统升级，增加移动端和多种浏览器支持，优化部门管理功能。完成通用注册平台升级，可为全校各类项目的报名和缴费提供支持，并新增移动端支持。校园地图平台升级，提供校园地点定位和导航服务，标注各校区红色地标，提升校内红色地标育人功能。完成对云视频会议平台的升级改造，实现与"腾讯会议""中目会议"等会议软件的对接，使轻量级视频会议需求得到快速响应，日均会议并发量峰值达 100 场。

【进出校园精准控制】　新型冠状病毒肺炎疫情期间，为学校及附属医院 45 个主要出入口提供智能刷卡 POS 机及手持式移动

POS机。完成教职工未成年子女入校认证功能开发部署、完成教职工与学生入校认证联动平安复旦等功能。持续优化"平安复旦"系统，增加疫苗接种情况统计、动态关闭进校权限、自动判断风险地区等级等功能。

【多举措"迎新"】 "复旦迎新"小程序提供线上"新生报到"服务，通过构建人脸识别平台，确保新生在校园中任意地点通过一部手机即可完成报到，降低新型冠状病毒肺炎疫情防控风险。新增"新生入学复查（照片上传）"功能。重构迎新服务系统，为新生和家长提供"迎新"服务聚合页面。

【二级单位网站迁移】 为校内二级单位提供网站建设和迁移服务，持续推动二级单位自建网站迁移至学校网站群平台，纳入学校安全防护体系。制定全面推进网站和信息系统等级保护定级的工作方案和参考标准，并完成专家论证。2021年全年协助二级单位开展842个网站和信息系统的定级相关工作，通过归并整合，完成150个等级保护系统的定级工作。完成2021年网络安全保障，切实加强网络安全防范和监测措施，落实值守和"零报告"制度，全年网络安全零事故。在2021年网络安全责任制落实考核中，顺利完成年度考核。

【获奖情况】 信息办党支部获得中共复旦大学委员会颁发的"复旦大学先进基层党组织"；信息办"一网通办"技术团队获得共青团复旦大学委员会颁发的"复旦大学青年五四奖章集体"称号；查德平获得上海市高等教育学会校园网络专业委员会和信息管理专业委员会颁发的"上海市高校信息化工作先进个人"称号；王新获得上海城市数字化转型实践方案竞赛赛事组委会颁发的"上海城市数字化转型'智慧工匠'实践方案竞赛一等奖"，同时获得上海市教育发展基金会颁发的上海市"育才奖"；张凯获得复旦大学妇女委员会、中国教育工会复旦大学委员会颁发的"复旦大学三八红旗手"称号；李韫刚、应奕彬、向望分别获得中共上海市教育卫生工作委员会和上海市教育委员会颁发的"上海教育系统疫情防控阻击战突出贡献奖"。

（王明洁）

上海交通大学

【概况】 2021年，上海交通大学信息化工作围绕"双一流"建设目标，坚持改革创新，探索能力输出，实现由"信息提供"到"创新赋能"的全方位战略转型，信息化服务能力深度渗透至教学、科研、管理等各领域，推动学校各项事业高质量发展。

【新型基础设施建设稳中有进】 学校信息

化发展工作秉承"有交大人就有交大校园网"的理念，实现 5G 网络和校园网深度融合，首批实现 800 位师生使用融合专网，校内外无差别访问校内网络资源。有线网升级、无线网提速方面，学校完成 43 幢学生宿舍最新一代 Wi-Fi 6 覆盖。建设国内高校最强高性能计算机"思源 1 号"，每秒运算可达 6 千万亿次。建设完成 100 节点、每秒 133 万亿次运算的国内高校最大国产 ARM 超算平台。上海交通大学在国内高校中率先在国产 ARM 计算平台上部署生产信息应用，移植和优化超过 30 种科学应用，打通全国产生态链路，为下一步建设国产云平台奠定基础。

【数据治理体系日益健全】　自研建设新一代数据交换平台，通过分布式、高可用架构，使得数据交换性能大幅提升。支持 API 接口按需获取数据和字段级授权，更好地保护隐私，减少数据暴露风险。拓展数据资源分类，完善科研大数据平台和服务，上线专用高速数据传输节点，完成数据获取、分析、归档的全生命周期管理。

【校务治理与服务支撑持续深入】　智慧应用场景更加丰富，PC 版"交我办"于2021 年 11 月正式上线，各端界面统一，形成"交我办"品牌风格。2021 年度新增60 多个新应用，服务 20 个部门、6 个学院。制定《"交我办"应用接入管理规定》，新应用上线、接入管理更规范、更高效。建设数据聚合的"交我办"日程中心，已有 6.6 万师生高频使用。建设富媒体、零成本的"交我办"消息中心，年度发送消息近千万条。

【学院管理系统实现开放接入】　自主研发的学院管理系统实现开放接入，支持第三方参与生态应用建设。研究生招生、学院房产、仪器共享、学生画像等新模块已采用开放平台接入形式开发。通过组件式开发考核评审模块，兼容校级、院级评审考核任务，支撑 3 000 余名教师完成职称评审、长聘晋升、年度和聘期考核等工作，实现了 90% 以上的填报数据自动生成，实现全校考核评审全流程管理。

【云视频建设】　完成基于"腾讯会议"的交大专属云视频会议系统建设，截至 2021年底，专属系统召开会议 6 600 多场次，参会人次超过 6 万；在线教学系统完成在线教学排课 4 811 门，线上课程人数近 10万人次，课程时长超过 9 万小时。"交大 V卡"校园应用逐渐延伸，支持签到、疫苗注射登记、本科生体测、校医院挂号支付、光盘行动等。推出"美丽校门""校园记忆"等系列校园卡卡面定制服务，8 000 多名师生进行线上预约。完成与中国东方航空公司的对接，并对智能报销模块进行速度提升和界面优化。

【软件生态边界扩展】 推出科研软件工程服务，提升计算科研支撑作用，输出交大计算科学原创能力。借鉴国外高校超算中心服务模式，推出科研软件工程服务，从代码到软件，将科研人员编写的原型车通过工程优化，改造成量产车。与科研人员密切合作，挖掘等离子体物理、材料科学、生命科学、力学等领域多个交大自研应用，完成并行优化和国产平台移植。打造富有影响力的应用，上海交通大学高通量集群版AlphaFold已被康奈尔大学、得克萨斯农工大学、瑞士洛桑大学、西湖大学等多家超算使用或推荐。建立"开发者平台"，提供规范文档、开放API、认证授权体系和校级Git源码管理平台，打造开放生态。计算服务普惠程度逐步提高。开发科研应用可视化操作界面，告别复杂命令，降低非计算机专业用户使用门槛。建设云上科研软件商店，构建类似"淘宝"的科研软件商店，为上海交通大学原创软件提供推广服务平台。

【网络空间安全保障巩固增效】 完成2021年度重要时期网络安全保障，完成校内年度会议、视频及直播保障共计106场，获得上海市教卫工作党委、市教委联合颁发的"助力打赢疫情防控阻击战贡献证书"，支持教育部、上海市教委网络安全攻防演

习并获感谢信。在校内开展"双非""僵尸"网站自查清理工作，共排查到20个单位共54个"双非"、16个"僵尸"网站。加强对校园网站集中发布和安全防护，实施"统一发布、统一防护、统一监管"，90%的校内网站已通过学校反向代理统一对外发布。

（姜开达）

华东师范大学

【概况】 2021年，华东师范大学以信息技术与学校治理深度融合，推动学校决策由经验驱动向数据驱动转变为目标，在服务一体化、资源集约化、防御主动化、数据标准化、数据资产化等方面重点发力，以高质量的工作迎接中国共产党成立100周年和华东师范大学70周年校庆，实现"十四五"良好开局。

【服务一体化】 以师生高频需求整合、易用视角设计、便捷触达实施为宗旨，建设"随师办"移动端平台。平台上线当日访问量高达5.2万人次，月均访问超过8万人次。对面向广大师生，但仍存在浏览器兼容性问题的系统进行升级改造，打通在线服务"最后一公里"，彻底解决面向师生主要服务的浏览器障碍。创新研发"云萦丽娃"数字孪生校园平台，将3D全景、3D扫描、AR、VR等各种技术因地制宜地与校园文化、学校历史深度融合，建立一个

可随时线上"云游"的孪生 3D 校园。师生可通过"一筑一品"了解学校每栋建筑承载的文化传承，通过"丽娃八景"欣赏校园新貌，通过"一草一木"体味校友师生爱的故事，通过"虚拟展馆"沉浸式在线参观校史馆、群贤堂、孟刘馆。开发"云点赞""云拍照"系统，为全球校友表达爱校荣校的情感提供平台，大大提升校友的参与感。全面启动校园卡系统升级，已完成 5 030 个终端设备改造。持续优化校园网接入和视频会议保障，优化网络接入点位 1 027 个，保障视频会议 545 场。协助强化疫情防控精细化、常态化管理，整合防疫审批数据，对接上海市大数据中心集成的"随申码"查验接口，实现师生入校无感知自动化的"随申码"核验，大大提升工作效率。

【资源集约化】 加强顶层制度建设，制定信息化项目管理、网络安全系列文件。对信息化资源状况进行全面梳理，强化信息化资源使用状态、服务领域、成效发挥情况跟踪，不断提升信息化资源管理自身的信息化、智能化程度。启动信息化服务月报机制。结合工作重点，每月围绕新型冠状病毒肺炎疫情防控保障、基础平台运行、信息化资源、网络安全、服务受理等方面编制发布信息化服务月报。通过报告学校信息化整体状态、工作重点及进展动态，为信息资源的统筹调度提供参考，促进

师生对信息化治理工作的了解，提升师生信息化素养。建设云平台资源服务申请与管理系统。完成虚拟化资源管理平台的初步建设，实现自动化管理、虚拟机安全登录、计费系统等核心功能开发，为自助式虚拟机生命周期管理和虚拟化平台的管理运维提供基础。优化基础设施硬件资源管理。在现有日志采集系统的基础上，对基础设施相关信息进行提取和关联，通过仪表板的方式提供基础设施硬件资源和使用情况概览。拓展计算和存储资源，推进服务器虚拟化和容灾环境建设。保障重点设备、系统和机房环境运行安全。2021 年全年实施 14 次深夜重点设备升级与割接，重点完成校园网认证系统升级。更换普陀校区老图书馆数据中心机房的 6 台大型制冷设备，提升制冷效率、降低总体能耗、降低安全风险、延长该数据中心的服务时间。

【防御主动化】 完成重要时期网络安全保障，在基本不影响师生用网体验的前提下，确保重要时期的网络安全。形成"减基数、抓关键、打基础、做迁移"的安全等级保护工作路线。对面向互联网访问的系统（网站）开展安全自查工作。进一步规范对网络安全上级通报及自查发现漏洞、问题的处置整改流程，对每一个通报处置工作实现闭环管理，保障处置工作及时有效，反馈工作按时，整改措施落实到位。结合通报内容举一反三，开展专项网络检

查整治工作。部署防外部自动化攻击系统，减少系统暴露面，突出主动防御。对工具访问行为进行阻断，推广应用互联网服务自动化攻击防护系统，对发现的攻击行为、安全漏洞及时进行整理、通报、修复。加强系统（网站）清查，整治无人管理维护的"僵尸"系统（网站）和"双非"系统（网站）。落实新建系统（网站）上线前必须的安全检测工作，对新建系统进行扫描测试，对已备案并面向互联网开放的系统（网站）进行应用漏洞扫描。对重要系统（网站）开展渗透扫描，及时整改风险点。完成网络出口 IP 地址段直通的清查整治工作。

【数据标准化、资产化】 通过独立设计、自主研发，建设模块全部国产、完全安全可控的"支点"数据治理平台，实现多系统数据的实时获取、数据开放接口的便捷调用、多用户定制化的数据分析等功能。基于此，平台完成 970 个"一数一源"数据点梳理、92 个标准数据开放接口研制。开放接口为 20 余个系统提供数据支持，调用量达日均 10 万次以上。实现多租户、低代码的数据分析能力。开发"教师一张表"数据展示模块，以"教师一张表"为切入点，探索系统数据归集与可视化分析。依托"支点"数据治理平台轻量化调用 16 个接口、177 个数据点，将与教职工个人信息相关的 12 个部门高频使用的数据汇集呈

现，实现教师个人跨 8 个系统一站式数据自动查询，初步实现数据资产的标准化整合及展示。同时实现基于 OAuth2.0 授权码协议的用户授权模式，保障数据的最小调用和安全性。改变一线业务管理人员无法直接分析使用系统数据的"困境"，通过为各业务部门开放独立的数据分析租户空间，赋能一线业务管理人员以低代码方式实现自助数据分析。自助分析平台上手简单快捷、学习门槛低，能够满足不同岗位的需求，大大提高数据使用效率，并且增加了业务部门的数据共享积极性。

（张　瑾）

上海外国语大学

【概况】 2021 年，上海外国语大学的信息化工作立足学校实际，为教学、科研、管理、服务以及新型冠状病毒肺炎疫情防控等方面提供坚实有力的技术支持。

【"一网通办"工作】 组织召开各类协调会、专题会 10 多场。与校办协同开展"教工数据治理"专项工作，梳理各部门数据需求表，并修改 10 余版。与人事处协同完成聘用人员账号清理工作，并实现统一身份认证教工账号生命周期和人事系统的联动功能。进一步推进数据共享工作，完成宿舍门禁系统、两校区大门门禁系统、校友系统、SSO（Single Sign On，单点登录）、eHall、财务系统、外事系统、研究

生系统、教务系统、研究生考点系统、校园进出管控系统等系统的数据同步和开放，各部门数据共享工作进入常态化。进一步推进 eHall 建设，新开发 21 个线上流程，同时对标业界"三张清单"做法，对流程需求做了梳理，并按此标准完成新版 eHall 界面的更新，并增加电子签章试验功能，用户使用更方便快捷。统一身份认证三期上线运行，使用强密码，增加账户激活机制，大大降低用户使用弱密码带来的网络安全风险。建设个性化信息门户，基本实现内容、流程、数据、消息四大服务的融合和一定程度上的个性化。升级统一消息平台。

【信息化支持防疫工作】 自研开发教师健康打卡系统。系统平稳运行，全年打卡超 44 万人次。完成进校流程的多次改版工作，及时处理新型冠状病毒肺炎疫情防控群中老师的相关问题。初步尝试对接"随申码"平台。手动导入和删除学生健康打卡人员数据 175 次。

【网络安全保障】 加强自查自纠。完成 2021 年度网络安全自查工作，处置 1 起网络安全事件，修复 108 个安全漏洞，发送 40 份漏洞报送证书，保障全年 93 天重要时期的网络安全稳定运行。

加强宣传教育。2021 年 9 月，组织学生在线参加"第二届全国大学生网络安全

精英赛"。2021 年 10 月，组织师生参加"国家网络安全宣传周校园日"活动，通过网站、微信向师生宣传网络安全防范知识，在松江校区食堂现场解答师生的网络安全问题。11 月 1 日，邀请上海市公安局文保分局警官举办反诈安全专题讲座。

加强软硬件建设。完成虹口校区 8 栋学生公寓楼及松江校区 2 栋本科生公寓楼无线网络改造。开展"我为群众办实事"实践活动，发布微软正版软件、上线微信报修小程序，解决教室设施设备报修难等问题。

加强会议保障。2021 年全年支撑各单位、各级、各类网络视频会议 100 余次，确保会议图像流畅、声音清晰，收视效果良好。

加强机制建设。2021 年 4 月 14 日，印发《2021 年上海外国语大学网络安全工作要点》。6 月 22 日召开校党委常委会网络安全专题会议。11 月 26 日，组织开展"2021 年度网络安全应急演练"。《上海外国语大学统一 IT 服务平台》被上海市高等教育学会信息管理专业委员会评为"2021 年度上海市高校信息化建设与应用优秀案例银奖"。

【教学保障基础运维】 2021 年 4 月，在校园卡自服务系统内增加"拾卡信息"功能，师生在遗失卡后，可通过此功能快速找回遗失的校园卡。系统自上线以来共有 100

余人通过系统领回了遗失的校园卡。5月，根据师生实际需求，开发微信"报修"小程序，上线后共完成报修工单 382 件。8月，将松江校区 7121 多媒体教室改造为集智能教学、视频会议、线上授课等为一体的多功能场所。11月，在校园卡自服务系统登录界面增加"忘记密码"功能，方便师生找回密码。

【多媒体技术保障任务】 数字资源建设与管理。完成摄影摄像拍摄保障 260 多次，各类活动、讲座、会议直播 70 余场。留存视频素材 3 683 G、视频成片 693.4 G、照片 614 G；"影像上外"音视频资源平台新增资源 68 个，总计时长 64 小时。建设数字资源制作中心，并开展模拟音视频素材数字化转换，共转换音视频近 500 小时，保留素材 408 G。推动线上教学音视频资源平台和在线直播统一管理平台的升级，完善图片管理系统和音视频管理系统。

广播电视转播与保障。完成学校卫星和数字电视平台日常运行维护工作，维修较大的前端和网络设备故障 6 次，排除终端故障 30 余次。完成国内有线电视正版高清节目采购，并与中视卫星电视节目有限公司续签转收转境外卫星电视频道授权协议，为师生提供高质量、正版化的境内外卫星电视节目。完成卫星天线维护及信号质量提升，更新及维护升级各类天线。保障在穹顶会议室举办的各类重要会议 20 余场，

完成会议的高清直播、录制工作，以及相关设备的运行维护。

专业实践指导。完成上外电视台、"影像上外"记者团队招新，指导学生制作两个公众号推文 100 余篇。指导上外电视台学生记者团队开展"上海市大学生创新项目"一项。

完成对外宣传与信息发布，做好信息中心网站信息更新与维护。

【信息化项目建设】 完成大数据分析与决策平台二期项目的推进和验收，逐项检查各项功能应用于学校工作。完成 Blackboard 教学管理平台与流媒体集成项目的实施和验收；完成 Blackboard 教学管理平台买断采购项目的采购、实施和验收；完成基于 Blackboard 教学管理平台在线教学直播服务项目的询价和采购；完成 Blackboard 教学管理平台运维服务外包采购项目的询价和采购。完成迎新系统新增功能开发项目，解决近年来迎新工作中累积的问题，实现各部门在线自助操作和协调分工的目标。完成课堂签到系统升级运维和推广试运行工作。协助、协调人事管理系统、外事管理系统、离退休管理系统、档案管理系统等其他业务部门的信息系统建设。

【获奖情况】 "上海外国语大学统一 IT 服务平台"案例获得"2021 年度上海市高校

信息化建设与应用优秀案例银奖"。学校荣获第三届智慧高校 CIO 西安论坛"凌云奖"：智慧校园——示范高校奖；信息中心4 位教师获中国教育技术协会表彰：陈华沙、潘飞增、余建鸣获"在会奉献 30 年纪念奖"，赵衍荣获"优秀工作者奖"。

（徐铮宁　留卡　赵　衍）

上海师范大学

【概况】　2021 年，上海师范大学在提升支撑能力水平、构建下一代校园网络基础环境、筑牢校园网络安全防线、提升数据应用服务效能等方面积极推进。

【信息化常规工作】　做好学校新型冠状病毒肺炎疫情常态化防控工作，及时调整师生入校规则，更新访客入校申报流程。提供每日进校人数、学生健康报送和发热报送查询统计，在学校疫苗接种、核酸检测等工作中做好现场签到和网络保障。整理提交 4 个 2022 年信息化项目申报（其中3 个获批），5 个历年项目验收材料上报，2021 年度的 DDI（DNS/DHCP/IP 地址管理）项目完成验收、人事系统项目进入测试和试运行阶段。升级学校网站群系统，全年新建、改版网站 19 个，关停 2 个。不断优化多渠道用户服务支持，全年登记处理各类业务咨询报修 10 000 余单，照片审核处理 20 000 多张，及时处理各类证件卡新办补办延期等业务。为 100 多场教

学管理相关视频会议提供服务支持，做好新生报到等重要工作保障，开展面向新教工、新生、网络信息员等信息技术培训近10 次。

【校园网络创新构建】　融合创新，学校与运营商签署战略合作框架协议，升级 5G 通信设施，优化室内外 5G 移动通信信号覆盖。新增上海移动互联网出口带宽，开放和优化无线校园网 5G 信号。实现 5G 网络与校园网的无缝融合，向师生用户开放试用。完成校园网部分核心及接入设备的更新、优化、升级工作，两校区之间部分架空光缆入地，提升主干链路安全。采用远程无线认证方式，实现环境与地理科学学院青浦野外科考基地校园无线网络接入，成为技术创新服务一线科研的成功案例。依托信息化专项实施，推进 DDI 及校园网接入认证一体化管理模式建设，增强弹性流量引导、多节点冗余、接入认证及日志分析能力，全面提升校园网络高可用性和安全管理水平。

【校园网络安全】　修订《校园网信息系统安全管理办法》《上海师范大学二级单位网络安全保障工作责任书》，建立学校网络安全运行制度。召开网络安全工作会议，压实安全责任。积极组织网络安全应急演练，对相关重要应用系统进行安全渗透测试，提升网络安全事件监测预警、研判分析、

应急处置和恢复重建能力。开展各类网络安全培训，加强日常宣传，提高师生网络安全意识。按等保 2.0 标准体系，推进 9 个系统等保定级测评备案，其中 2 个系统已完成二级等保测评备案。进一步细化云资源的安全管理，提升云资源安全防护水平。开展安全检查，2021 年的 5 个重要时期（57 天）实施 24 小时应急值守、调整网络安全策略保障网络安全，定期开展学校各系统漏洞扫描，及时处理漏洞验证和整改工作。

【数据应用服务】 开展学校数据资产梳理，完善数据编码标准、交换接口规范。做好在用 520 多项 ODI（Oracle Data Integrator，Oracle 的数据集成类工具）任务的维护管理，2021 年全年清理 127 个无效或已经下线的 ODI 同步任务，新增 91 个任务，更新 18 个。优化数据库服务资源，将 6 台集中管理数据库由物理服务器迁移至私有云服务，完成 5 个数据库的公有云迁移、7 个数据库的异地备份，下线 3 个数据库服务，新增 1 个数据库实例。拓展数据交换和使用，涉及 OA 平台、财务平台 CUID（Campus Uniform Identity Authentication，学校统一身份认证）数据服务、大型仪器设备管理、保卫处车辆管理、门禁平台数据、继教学生基本数据、旅专数据、开户平台、DS（Data Service，数据服务）报表服务等。升级

DS（Dedicated Site，专属站点）服务平台，总计运行 21 个应用类别共计 42 张报表，为学校新型冠状病毒肺炎疫情防控、招生工作、学生工作、校园安全、教工体检、离退休工作等提供数据支撑服务。完成学校一站式服务平台 16 个流程 25 次更新。"上海师大智慧校园"企业微信新建 CARSI（CERNET Authentication and Resource Sharing Infrastructure，中国教育和科研计算机网联邦认证与资源共享基础设施）资源共享、学生党员党费缴纳等 10 个应用服务，图文推送 2 300 多条。学生校车服务系统正式上线运行。新推校园卡自助打印服务、整合更新电子校园卡服务。升级提案系统并在教代会启用。升级优化校园出入管理平台软硬件，实现人脸特征值比对功能，为招生办和保卫处提供新生信息采集和人证核验服务。

（瞿雪萍　李若宝）

【获"2021 智慧高校综合实力卓越奖"】 2021 年 3 月 30 日至 31 日，由中国智慧教育联合会主办的第二届智慧高校 CIO 论坛在上海举行。国内上百所高校的 400 余名信息化专家代表参加会议，探索智慧高校发展。论坛以"智慧校园，以人为本"为主题，聚焦智慧校园、智慧教学、智慧管理、智慧科研，围绕 AI、5G、大数据、云计算等新一代信息技术如何助力智慧高校建设、助推教育信息化产业升级以及高校

信息化"十四五"规划等议题进行分享、交流和探讨。上海师范大学在建成双平面的"一网融合"基础环境，构建安全统一的校园 ID 及认证服务体系，智慧应用紧扣师生需求、数据赋能校园服务等方面的工作得到与会专家的一致肯定，经专家委员会评议和投票，获得"2021 智慧高校综合实力卓越奖"。

【网络安全演练开展】　2021 年 5 月 20 日，在徐汇校区一教 5 楼信息办培训机房开展网络安全培训暨 2021 年度网络安全演练活动。副校长蒋明军出席并担任网络安全应急演练活动总指挥，各二级单位网络信息员参加演练培训。本次网络安全应急演练设置了学校主页页面遭篡改和 DDoS（Distributed Denial of Service，分布式拒绝服务攻击）攻击两个突发网络安全事件的场景，事先按照演练准备、演练实施及演练总结 3 个阶段制定了演练方案及流程。蒋明军在网络安全应急演练总结中指出开展网络安全应急演练和网络安全培训的重要意义，要求各单位高度重视网络安全工作，落实网络安全责任制的要求；通过网络安全演练，不断完善应急响应机制，锻炼应急管理和技术支撑队伍，提升队伍的网络安全意识、网络安全事件监测预警、研判分析、应急处置和恢复重建能力，防范发生重大网络安全事件，共同构建学校安全、稳定、和谐的网络环境。学校信息

化办公室为网络信息员进行了网络安全专题培训和应用服务培训。

【与上海移动签署战略合作框架协议】　2021 年 6 月 8 日，上海师范大学与上海移动的战略合作框架协议签署仪式在徐汇校区会议中心举行。上海移动党委书记、董事长、总经理陈力，副总经理李学成，校长袁雯，副校长蒋明军及相关职能部处负责人出席仪式。袁雯指出，双方的合作是互相成就的，希望中国移动能为学校发展提供新的综合应用场景，使信息化、智能化技术与教师培养、科学研究等实现深入结合。本次战略合作为师生构建更广阔的平台，希望双方以此次战略合作为契机，在教学科研、学生管理等方面与时俱进，不断发展新内容，形成新模式。陈力在致辞中表示，中国移动在市场规模和技术创新方面居于全球领先地位，肩负着网络校园、数字课堂建设的重大使命。双方有着良好的合作基础，应以此次合作为新起点，强强联合，在 5G+ 互联网、智慧校园、智慧教育等领域深入合作，共同服务于国家战略和经济社会发展。李学成与蒋明军签署《上海师范大学与中国移动通信集团上海有限公司战略合作框架协议》。根据战略协议，双方将围绕 5G 融合校园网领域进行合作，助力教育发展与 5G 核心技术深度融合，发挥各自资源优势，形成合作新成果。协议的签署标志着学校校园网基础设施进

入与各通信运营商深入合作、引入专业化服务的新阶段。

【5G融合校园网推出】 2021年，上海师范大学与中国联通、中国电信、中国移动三大运营商合作，推进校园网与运营商5G网络的深度融合，努力打造一张大带宽、低延时、覆盖范围广、可靠性高、稳定性好、无边界的5G融合校园网。5G融合校园网以5G移动通信网络及边缘计算技术为基础，实现5G网络与校园网的无缝融合，满足学校业务连接、高速计算、信息安全等需求。5G融合校园网的建设，是为了尽快解决师生关切的校外访问校园内网的问题，也是"我为群众办实事——校园5G网络环境建设"的主要部分。今后师生身在校外，无需VPN（Virtual Private Network，虚拟专用网）就能直接访问校内资源，下载校内正版软件、科研数据，无壁垒、更快捷、更稳定。2021年7月，学校面向教职工开放首批上海联通5G套餐用户参加5G融合校园网试用；9月，面向师生开放上海电信、上海移动5G套餐用户参加5G融合校园网试用。至此，学校5G融合校园网实现三大运营商全覆盖，并支持在鸿蒙、Android和iOS系统的5G终端设备上使用。

【网络安全工作会议召开】 2021年11月5日，学校网络安全工作会议召开，副校长蒋明军出席会议并讲话。各学院、各单位分管信息化工作的负责人参加会议。蒋明军从3个方面对学校网络安全工作提出具体要求：一是要提高政治站位，高度重视网络安全工作；二是要健全体制机制，严格落实网络安全责任制；三是要加强日常管理和监督，加强网络安全宣传教育。蒋明军要求各单位、各部门负责人将网络安全工作作为一项重要的基础性、长期性、持续性工作来抓，为筑牢学校网络安全屏障，构建和谐安全稳定的校园网络空间，促进学校战略发展做出应有的贡献。学校信息办主任顾益明围绕《中华人民共和国数据安全法》和《中华人民共和国个人信息保护法》的实施、数据安全问题与防范、学校网络（数据）安全管理工作的规划3个方面讲解了如何加强数据安全管理，落实"合规而行"。信息办副主任瞿雪萍回顾了2020年至2021年学校开展的网络安全相关工作情况，并结合上级部门的要求和学校的规定，对下一阶段网络信息安全工作做了具体部署。

（李若宝）

华东政法大学

【概况】 2021年，围绕学校"十四五"规划和2021年度工作要点，积极推进学校信息化建设工作，着力完善安全防护体系，夯实信息化基础建设，推进"一网通办"和数据治理，为学校的教学、科研和管理提供信息化技术支撑和保障。

【网络基础和信息化环境建设】 完成两校区网络优化项目，提升校园网出口链路的高可用性及高可靠性。完成校园网有线网络实名认证；升级两校区核心交换机业务板卡、无线 AC 板卡，对两校区无线网络进行勘验并调优；完成长宁校区汇聚交换机、接入交换机升级改造工作，实现千兆到桌面，简化网络管理，保证整个长宁校区校园网的稳定运行。核心交换机扩容SDN（Software Defined Network，软件定义网络）业务板卡，配合 SDN 技术实现基于隧道的视频会议流量网络保障，保证视频会议网络质量，优化视频会议的使用体验。完成信息安全综合防护项目，提升校园网络安全稳定性。采购部署绿盟 WAF（Web Application Firewall，Web 应用防护系统）、亚信安全防毒墙网络版、山石防火墙病毒过滤模块、天融信 VPN 日志收集与分析系统，扩容思福迪日志审计设备，构建华东政法大学多层次安全防护体系，保证华东政法大学校园网安全稳定运行。

【一站式教学资源服务建设】 建设学校在线教学平台，积极开展在线教学系统的培训、推广、使用和技术保障工作，为学校的本科、研究生、继续教育工作提供在线平台服务。完成在线资源平台建设，涵盖资源建设、资源管理、教学互动、数据分析等功能，同时提供与其他校内教学平台（中国大学生 MOOC、超星泛雅、智慧树等）对接的完整数据接口以及相应技术支持，解决教学资源分散及多个教学平台互相独立运行的问题，实现教学资源平台的统筹管理。

【面向服务的智慧校园建设推进】 完成全域数据中心体系建设，推进数据治理工作。提供界面化的数据库管理方式，实现学校数据治理过程中数据标准、数据模型、数据存储、数据质量、数据共享、数据安全和数据监控等范畴的工作。形成信息化数据管理办法及各类管理信息标准文档。建设数据大厅，包括师生数字档案、综合查询、驾驶舱等模块，基于数据中心形成的数据，满足不同场景的应用。

进一步推进"一网通办"建设，实现办事流程一体化。根据业务部门的需求，进一步梳理办事流程，新建 13 条业务流程。系统上线以来，参与服务办理 194 万次，服务办理 90 万次。

完成迎新系统升级，同时引入移动端支持，实时对迎新报到流程进行追踪，降低迎新业务的协调难度，提高学校迎新业务的自动化和科学化水平。

完成办公自动化系统、人事系统、优秀生源遴选平台等业务系统升级建设，优化统一身份认证和门户的功能，提升学校信息化服务水平。

【"一卡通"系统应用深化】 打造双 RAC+DG（Oracle Real Application Cluster，真正应用集群；Data Guard，数据保护）数据库架构，提升"一卡通"系统安全稳定性。组建 RAC+RAC 双节点数据库集群，采用物理备库方式部署 DG，实现远程数据容灾提高数据库的可用性和安全性。此外，重新规划"一卡通"应用服务器架构，组成虚拟化集群，满足"7×24 小时"业务不间断的访问需求。

建设"一卡通"物联网电控系统，助推学校精细化管理。2021 年 9 月底完成建设物联网电控系统平台，包含用户管理、联网房间管理、用户房间管理、用户信息管理等基本电控管理模块，实现定时断电管控和恶载负载管控，完成配套硬件设备升级。同时，根据学校需求开发房间电量结存报表定制开发，实现对学生宿舍供电、用电及补电的精细化管理，满足学校财务监管需求，提升电控系统维护监管的及时性和稳定性。

【人脸识别系统升级】 根据学校"智慧校园"建设规划，升级人脸识别系统，提升人脸采集算法精度，提高人脸识别准确率，助力长宁校区安保管理。同时，在"完美校园"App 中上线"人脸采集"模块，师生可通过软件更新人脸识别照片，解决学生人像照片缺失或者质量达不到人脸识别要求的问题。此外，配合学校全域数据治理工作的开展，梳理照片库及个人信息更新流程，打通系统间证件照片、人像识别照片新增及更新的壁垒。

【存储系统和虚拟服务器集群升级部署】 为降低停产、终止服务的老旧服务器高故障率对各信息化系统的影响，缓解现有计算资源紧张的情况，重新规划虚拟服务器智慧集群，满足学校主网站、门户、OA 办公系统、服务大厅、邮件系统、网站群和新闻发布等系统的性能要求。为合理、高效利用信息化资源，全新规划各业务系统、管理运维系统等的资源分配与集群分布，学校完成 435 台虚拟机的迁移工作，实现各系统按功能、使用场景等的划分，保障不同业务系统的安全、可靠与隔离。

为提升虚拟化集群运行监控能力，部署虚拟化集群运维一体机，实现对数据中心虚拟化主机、指定数据库、中间件、硬件设备等的日常化监控、运行分析与大屏展示，全面管理整个数据中心的运行安全。

【健全安全机制建立】 建立网络安全通报机制，对全校 1 000 多个系统网站、设备、小程序、公众号、App 进行摸排梳理，建立校内信息系统名录，对学校重要系统资源开展日常安全漏扫、渗透测试工作。

实现网络安全威胁监测预警机制。针对国家互联网应急中心、上海市教委、市网信办等上级部门发来的通报，迅速处置并反馈处置结果，建立全天候网络安全检测预警。加强网站宣传管控，实现校内外发布站点脱敏处理、外链监测、双机热备、归档审计等功能，从管理、运维和技术3个方面加强监测预警机制建设，为网站安全提供重要支撑。

持续推进信息系统的安全等级保护和备案工作。完成本单位信息系统、网站定级备案工作，完成教学管理信息系统等9个系统的二级等保工作及网站群系统的三级复测工作。

（朱尚明）

上海第二工业大学

【概况】　2021年，上海第二工业大学信息技术中心（信息化办公室）围绕学校职业导向的高等教育发展目标，持续提升信息化服务水平与支撑能力，完善数字化校园。

【Internet 接入与校园无线覆盖】　全校出口带宽增长0.3 Gbps，达到4.55 Gbps，增长7%；对校园无线网的无线访问控制器进行升级，无线上网体验持续优化。

【多媒体教室设备改造】　改造4套物联网教室控制终端、132套扩音功放、60套无线充电话筒、55套会议鹅颈话筒，教学环境舒适度得以提升。

【楼宇门禁与无线改造】　新增49扇电子门禁和10颗无线AP，配合后勤部门完成职业技术教师教育学院办公室改造工程、劳模学院办公室整修工程、后勤服务中心二层大修工程，改善办公和服务区域的环境。

【网络安全】　在学校出口链路更新部署WEB防火墙、下一代防火墙、上网行为管理设备、DNS（Domain Name System，域名系统）域名解析设备、上网认证设备，出口链路从单机运行模式更新至双机热备运行模式，使DMZ（Demilitarized Zone，隔离区）业务处于更加严密的网络安全防护中。

【统一身份认证】　加强密码安全策略，优化LDAP（Lightweight Directory Access Protocol，轻型目录访问协议）数据同步程序，对系统内的账户进行梳理，提升了访问入口安全防护水平。

【公共数据库维护及数据治理】　继续进行数据治理工作，制订"教职工数据治理方案"并实施；对全校教职工数据进行优化调整，配合多个业务系统完成流程数据自动提取，进一步扩大数据共享应用场景。

【云网融合工作】　对有孚云上设施的管理进行了梳理，设置了服务器管理员、网络管理员及安全管理员等角色，并落实了岗位人员；在有孚云上启用了新的WAF防火墙，使云上设施运行更加规范有序。

（王 见）

上海开放大学

【概况】 2021年，上海开放大学持续优化在线学习平台功能建设，支持在线教学平稳、高效运行。拓展智慧学习中心建设，推进数字化教学环境体系建设，全面提升教师智慧教学认知和能力；完善数据服务，建设数据汇集展示服务流程；提升开放学习国际化服务能力，加强开放应用及品牌推广。

【在线学习平台功能优化】 初步实现完整的线上线下融合教学活动多途径全流程支持功能：实现完整的教学活动自动设置、总校师生自动匹配、分校报名、教学提醒、课表查询、直播听课、教学分析、管理督导、毕业设计功能优化、教研活动与校舍预定联动等功能。总校、分校在线直播1.4万次，总时长超2万小时，学生直播满意度98%；课程教研活动2 402次；微门户关注人数近10万，日均使用人数7 000人，使用满意度为92%；AI助教完成100门课程的知识点和问答提取。基于在线学习平台建设成果形成的案例《面相混合式个性化教学的在线学习服务探索和应用》获国家开放大学"开放大学教育信息化创新应用"案例一等奖。

【数字化教学环境体系建设】 优化现有40

多间智慧学习空间，新建11个智慧学习空间，提升15间普通教室的智能视频采集能力。新增VR党建资源，促进教学方式和教学体验的提升。初步构建"总校+8家分校"的智慧学习中心体系，实现总校智慧教室和分中心智慧教室的互通互联、直播互动教学和协同教学。总校智慧学习中心共开展直播课程3 196次、面授787次，各类会议256场次，受到广泛好评。2021年共接待82批次，约990余人参观和体验。同时，学校智慧学习中心建设案例获"2021年度上海市高校信息化建设与应用优秀案例金奖"。

【专题培训开展】 通过线上线下课程学习、实操体验、专题培训、教学研讨等方式，开展覆盖总分校教师的持续和常规化信息化教学能力培训，2021年全年，线上、线下培训近800人次。同时，开展11门课程的"2021秋学期智慧教室应用实验"，探索形成直播互动教学、双师协作教学、线上线下混合教学等教学模式，参加教师均表示应用实验有效促进了教学模式改革，有助于教研反思、内容打磨和数据挖掘。运用软文、案例集等方式进行推广，推出教师智慧教学宣传稿共计50篇，累计阅读量超50万次。学校信息中心还派遣专人赴青海开放大学开展信息化交流与指导，积极落实教育帮扶工作。

【数据服务完善】 建设以数据中台为核心

的数据治理和运用体系，汇集 11 个业务系统以及线下 13 张表，梳理 208 个数据资源，为校内 32 个系统提供数据交换和共享服务。建设数据可视化平台，提供教务教学、招生、智慧学习中心等数据可视化服务。

【开放应用及品牌推广】　推进中德开放学习平台自主学习、数据分析、机构接入、国际化支持服务等功能建设，开发在线学习场域多语言翻译以及各类个性化在线学习服务功能。自 2 月试运行以来，总用户数近 20 万，课程数达 108 门，学习者遍布 37 个国家的 630 个城市，"阿基米德"社区浏览量超过 1 474 万次，新媒体平台宣传推广 9 个平台，累计阅读量超 60 万次。

【前沿创新研究】　积极组织与联合国教科文组织教育信息技术研究所合作项目"在人工智能和数字技术时代促进 ICT 能力建设和开放教育研究"的联合工作，收集 33 个全球案例，设计人工智能和数字创新支持教师教育能力发展的培训课程。获批上海市科学技术委员会国际交流项目"国际化的多语言在线学习平台及关键技术研究"，重点开展国际开放课程的多语言自动翻译、智能问答服务和自适应媒体个性化资源推送等关键技术的研究。学校工程中心承担的国家社科基金教育学一般课题《大数据下在线学习用户画像的构建及其

应用研究》课题验收结果鉴定为良好。组织华东师范大学—上海开放大学博士后科研工作站"基于数据驱动的 OMO 智慧教学监测指标体系构建及其在开放教学中的应用研究"课题的研究，提升智慧教学设计水平。建设多模态学习分析系统，为优化直播教学提供数据分析支持。面向总校、分校教师开展 10 项开放课题研究，探寻智慧学习中心新型教学模式和 AI 助教应用方式。在"智慧赋能高等教育创新论坛""中国高校网络与继续教育创新发展研修班"和"开放与创新教育国际会议"等多个会议上发言，展示开大智慧教育建设成果。

【教育体系资源融通建设】　上海教育资源中心（以下简称"资源中心"）结合上海教育"十四五"发展规划新要求，以进一步提升资源融合应用能力为目标，完成与上海教育认证中心的对接，完成党员教育、基础教育、终身教育、高等教育、思政教育、学前教育等方面融合对接资源更新汇聚，市场化学习资源的整合汇聚以及直播类资源汇聚工作，促进教育体系资源的融通。2021 年度，结合实际资源应用需要，汇聚资源存储量超 11 万余个。在应用服务方面，资源中心不断扩大资源应用领域及应用机构数量，逐步推进各类教育领域的资源应用，为大规模智慧学习平台、上海市总工会、能力提升培训平台、师资培训中心、上海学习网、社区学院、老年大学

等 344 家机构提供资源输送服务，年度新增 82 家应用机构，输送共享资源数量超 23 万个，年度新增 61 528 个。同时，征集评选 10 所公、民办中小学校的数字化资源应用案例，形成《数字化资源应用案例报告》，为后续资源应用多样性提供了更多方向。

【上海学习网持续建设】 2021 年，上海开放大学面向全体市民，提供丰富的数字化学习资源，设立特色频道，建立以兴趣为指引的学习平台，同时实现全市 16 个区的区级学习网互联互通，加强各区数字化学习交流互通。在推广各类优秀资源的同时，还开展了上海市民终身学习网上读书活动、上海市民诗歌节等各类活动。截至 2021 年底，"上海学习网"点击量突破 3.3 亿次，注册学习人数达到 540 万；市民在"上海学习网"创建的网上学习团队达到 8 225 个，发表互动话题 772 万余条。网站发布的终身学习资讯 1 934 条，官方微信公众号发送各类文章和专题逾 1 138 条，微信公众号粉丝近 11 万人。

【"学分银行"建设】 2021 年，"学分银行"持续推进个人学习档案库建设和学分转换，已建立学习者个人学习档案数超过 460 万个（其中开户的学习者 117 万人），累积学习成绩数达 9 004 万条；共有 9.97 万人通过各高校网点进行学分转换，转换为学历教育学分数达 67 万分。同时，"学分银行"接入"一网通办"，实现了"学分银行"用户数据和"一网通办"用户数据同步。开展长三角地区"'学分银行'+ 区块链"业务场景应用拓展研究与技术服务，实现终身学习成果的跨域认证。完成长三角"学分银行"信息化平台并上线试运行。完成"'学分银行'业务中数据确权关键问题分析与模型设计"研究报告和系统原型，增强"学分银行"学习者的数据安全和隐私保障。

（肖　君　陈俊隽）

第四章　数字化民生

概　述

2021 年，上海数字化民生建设主要围绕民政、社区、邮政三方面展开。民政方面，上海市民政局（以下简称"市民政局"）深入开展政务服务"一网通办"改革，推动"两张网"和民政业务"数据海"建设。社区方面，上海市社会保障卡服务中心积极推进政务热线资源整合，为民服务工作深入推进。邮政方面，中国邮政集团公司上海分公司（以下简称"上海邮政"）建设、优化更适宜上海邮政业务发展需求和管理要求的信息系统，加强信息化合规建设，为企业持续向好发展保驾护航。

一、民政

【概况】　上海民政信息化建设紧紧围绕民政事业改革发展需要，坚持整体规划、分步实施的原则，创新机制、整合资源、加大投入，已建成上海民政网站、民政业务"数据海"、综合办公平台，以及社会救助、养老服务、社区事务服务、社会组织等22个主要业务应用系统，实现上接民政部、横接市人社局等10多个市级委办局、下接各区民政部门及街镇的互联互通网络应用格局，每年服务各类民政对象近2 000万

223

人次，在全国同行业中处于领先水平，有力推动基础民生保障更加精准、基层社会治理更加精细、基本公共服务更加精良。

2021年，市民政局围绕民政"十四五"规划的总体要求和年度目标任务，以提高效率、业务协同、信息共享为着力点，进一步贯彻落实全市"一网通办""一网统管"和城市数字化转型等各项工作要求，坚持需求导向、问题导向，持续推动现代信息技术与民政工作深度融合发展，有力支持上海民政事业的发展，不断提升百姓获得感和满意度。积极推进"两张网"建设，完成"社会救助一件事"流程再造，构建全方位服务体系应用场景，深化跨区域通办，持续开展民政业务"数据海"建设和数据治理，归集整合2 167万个自然人和2.57万个法人组织对象数据，数据量达6.5亿条；强化信息化建设管理，精心组织重点信息化项目建设，全年共计申报并批复建设类项目21个；不断加大政务公开力度，推进民政政务决策、执行、管理、服务、结果公开，及时制订、修订2021年政务公开工作要点、依申请公开工作制度等，健全有关制度规范。

【"两张网"建设】 进一步深入开展政务服务"一网通办"改革。会同上海市人社局、市教委等部门，合力推动9部门14大项23小项的政务服务事项业务流程深度融合，实现"社会救助一类事一起办"。推出

"困难残疾人生活补贴和重度残疾人护理补贴""好办"服务和"公益护照发放""快办"服务，提供高效易用的办事体验。积极构建"住有所居""弱有所扶""老有所养"全方位服务体系应用场景，建设"社区云"平台，探索社会救助模式变"人找政策"为"政策找人"，开展100万人次长者智能技术运用能力提升行动，推进"为老服务一键通"建设和居家环境适老化改造服务。深化跨区域通办，依托"全国儿童福利信息系统"开展孤儿、事实无人抚养儿童认定申请受理"跨省通办"，依托"全国残疾人两项补贴信息系统"实施残疾人两项补贴资格认定申请"跨省通办"。规范政务服务"好差评"，完成社区事务受理中心预约与市级统一预约平台对接。加强电子证照归集和应用。截至2021年底，市民政局电子证照数量已达15类539万张，累计调取24类证照141万次，较好支撑各类政务服务网上办理。进一步推进城市运行"一网统管"建设，根据城市运行"一网统管"的总体规划和上海市委领导的指示精神，积极推进"社区云"平台建设，建立全市统一的"实名实户认证"体系，开设"社区公告""议事厅""身边事""左邻右舍""志愿服务""居村换届"等功能板块，形成了线上互动、线下参与的良好互动模式，提升社区治理规范化精细化水平。

【民政业务"数据海"】 推进民政业务

"数据海"建设，新增社区事务受理中心机构、老年综合津贴扣款发放的数据入"海"，对21个民政内部业务系统和3个外部委办共享的待修正数据进行集中清理，确保入"海"数据的准确性。2021年全年共计完成3.5万条待修正数据的处理和近166万条公安实名认证比对。强化数据共享应用，全年累计17亿条数据共享，推送4.6万人次"民政服务对象信息异常预警"信息，提醒相关业务系统及时审核死亡和迁出人员情况，避免了资金错发。新增"结婚登记预测数据"主题数据推送，完成"社会服务"板块"殡葬服务"大屏展示页面开发，并与"一网通办"和"一网统管""领导驾驶舱"、社区服务中心"社区云"大屏的对接。

【信息系统整合】　按照"设施集约统一、资源有效共享、业务有机协同"的要求，结合民政实际业务需要，将22个民政业务系统整合形成民政业务信息管理平台、民政综合监管平台、民政协同办公平台、"社区云"系统、社区事务受理系统五大系统，对已建政务信息系统进行归并整合，对新增业务功能进行模块化整合，建设形成深度应用、上下联动、纵横协管的大系统。平台已与民政业务"数据海"、电子政务平台、婚姻登记等系统2856个用户和706个组织机构完成数据对接，217个用户完成了实名认证，开发外部接口77个、内部

接口2个，平台完成92条国家标准和地方标准的字典信息以及3740条区划数据的统一管理和版本控制等。

【金民工程对接】　根据民政部"金民工程"试点工作计划，上海市民政局主要采用数据交换模式对接"金民工程"，2021年全年上传"金民工程"婚姻、救助、养老、收养等上海民政业务数据1298万条。

【数据治理】　全面梳理数据资源共享目录，完成168个公共数据资源目录优化，确认各目录的共享、开放属性及安全等级。加强数据质量管控，对异议数据持续开展治理，修正问题数据6250条，提高数据质量。积极开展数据共享应用，全年审核数据共享工单173个。配合上海市大数据中心，推进社区治理主题数据库，以及婚姻、死亡、行政区划专题数据库建设，梳理共性应用需求，增加应用场景。上海市民政局获得2020—2021年度全市"公共数据治理贡献奖"。

【网络安全保障】　落实网络安全等级保护工作，对上海民政局门户网站、民政业务信息管理平台、"社区云"、社区事务受理系统、民政协同办公平台进行等保备案、安全测评和整改加固工作，保障网络和信息系统安全稳定运行。开展网络与信息系统安全巡检，定期进行漏洞扫描、渗透性

测试，加强建党 100 周年、第四届中国国际进口博览会等重要时间节点的网络安全保障，并做好应急值守。组织上海市民政局门户网站一键关停、民政信息系统数据备份恢复等网络安全应急演练工作，提高网络安全突发事件的应急处置能力。上海市民政局被评为 2021 年度网络安全工作先进单位。

【信息化建设管理】 组织 2022 年度信息化项目支出预算集中申报工作，共计 14 个预算单位，申报信息化项目 66 个，其中批复建设类项目 22 个，运维类项目 38 个；组织 15 个信息化项目验收。25 个信息化项目的绩效自评价和跟踪评价。围绕城市数字化转型主题，开展一期信息化培训。

（费文东）

【上海市保安服务（集团）有限公司】 2021 年，上海市保安服务（集团）有限公司（以下简称"市保集团"）以多举措加强党建引领，始终坚持安全服务产品业务为企业发展的经营核心，切实发挥行业示范引领作用和城市平安的辅助力量作用，为"平安上海"建设贡献积极力量。2021 年，市保集团以"走出去、请进来"为总体思路，结合"党建铸魂、文化塑骨"主题活动，依托上海红色文化资源，多形式扎实开展党史学习教育，并积极将党支部建在大型安保、疫情防控等任务一线，充分发挥党组织战斗堡垒作用和党员先锋模范作用。市保集团先后圆满完成第十届中国花卉博览会、第四届中国国际进口博览会安保任务，主要负责出入口管理、人员和车辆安检以及核心区、周边重点区域无人机侦测反制等工作，累计投入安保力量 9.3 万人次，人员安检 256 万人次、车辆安检 2 万余辆次，查获各类禁、限带物品 9 万余件。此外，根据公安部、中华全国总工会、共青团中央联合发布的表彰决定，公司被评为"第五届全国先进保安服务公司"，由市保集团推选的援疆特保队员蔡云华获"第五届全国优秀保安员"称号，自市保集团成立以来，公司及成员企业连续五届获得全国表彰荣誉。

（保 安）

二、社区

上海市社会保障卡服务中心

【卡证发行组织管理】 截至 2021 年底，年度共制发（包括补换）各类卡证 241.69 万张，其中社保卡 145.17 万张，敬老卡 33.84 万张，居住证 62.68 万张；累计制发（包括补换）各类卡证 3 185.78 万张，其中社保卡 2 007.60 万张，敬老卡 475.07 万张，居住证 703.11 万张。

【服务热线并线】 根据上海市委、市政府关于城市运行"一网统管"工作部署和要求，积极推进政务热线资源整合。2021 年 5 月底，"962222"服务热线并入"12345"服务热线，实现"12345"一号对外和市民咨询高效处置。截至 2021 年底，"12345"专席服务热线接听市民各类咨询、投诉、建议电话 83.49 万话次，处理转派工单 1.58 万笔。

【宣传推介工作广泛开展】 会同上海市卫健委、市医保局、市人社局、市大数据中心等相关职能单位通过布设易拉宝、发布推文、发送短信等方式，精准推送社保卡申领、开通等相关政策和信息，进一步提高社保卡的申领率、开通率。会同上海银联和服务银行，开展"为建党 100 周年献礼——

上海新版社保卡送福利"等活动，进一步惠民、利民。同时，广泛宣传社保卡在民生领域的应用，提升社保卡为民服务形象。

【为民服务工作深入推进】 流程优化方面，社保卡全业务流程实现代办委托书减免、电子证照在线调取，减少了市民办事提交的材料；在居住登记、居住证办理环节采用电子证照代替实体证照，提升线上办理的使用体验。应用拓展方面，充分利用新版社保卡身份凭证、信息记录、缴费和待遇领取等功能。配合本市出生、退役等高效办成"一件事"工作，将社保卡纳入联办业务，作为默认的相关福利待遇发放的载体；配合市公共信用信息服务中心在市公共信用平台系统及业务窗口等相关信用业务办理中，兼容社保卡作为有效身份凭证开展个人信用查询工作。

（王晓炜）

三、邮政

【概况】 2021 年，上海邮政增强业技融合，对标行业先进，以科技赋能为手段，以促进经营发展为目标，因地制宜地引入、建设、优化更适宜上海邮政业务发展需求和管理要求的信息系统，提升邮政传统业务的技术含量和服务能力，实现传统业务效能提升，开拓新的业务领域，满足用户需求。上海邮政先后独立探索开发实物资

产管理系统、"沪邮寄递"综合服务平台、"国际 E 邮宝"邮件管理系统、基于互联网的服务质量管控系统等信息系统，提升科技信息化管理水平。加强信息化合规建设，为企业持续向好发展保驾护航。

【制作芯片邮资明信片设计】 2021 年 5 月 25 日，"中国共产党一大·二大·四大纪念

馆红色专线车"试运行，为配合上海市文旅局打造这条红色专线，上海邮政携手商汤科技根据线路上的 5 个站点标志性建筑，特别设计制作《追寻·上海红色印记》明信片，并在全国首创使用芯片邮资明信片作为车票，创新性地利用 RFID 和 AR 技术与传统明信片结合，使这套明信片既能作为乘车凭证，又能邮寄以作纪念。通过 AR 技术，市民游客只需扫描明信片上的二维码，即可在手机上体验感景区专线车场景和点位自拍打卡场景。

【"沪邮寄"综合服务平台开发】 "沪邮寄"综合服务平台项目是上海邮政立足用户痛点，对标行业先进，以科技赋能为手段，以促进经营发展为目标，独立探索开发的服务平台。经过不断完善改进，形成集用户下单管理、用户用邮管理、竞品信息对标、竞品抢夺监控、用邮情况反馈、全程运输时限及优势线路可视化对标、客户管理、资费上报和审批、合同管理、成本管控等功能于一体的寄递综合平台。2021 年 5 月起，陆续开放给兄弟省份应用。通过该平台，填报目标竞品客户清单 2 743 家，合作竞品客户 1 932 家，使全国业务量达到 310 万件、业务收入达到 3 000 万元。

【"绿盾"系统联网对接完成】 为满足国家监管部门对邮政寄递业务安全生产作业进行监管和视频调阅的需要，中国邮政集团有限公司（以下简称"中国邮政"）启动中国邮政远程集中监控系统与绿盾视频联网对接改造工程。2021 年 11 月，中国邮政远程集中监控系统上海市中心与"绿盾"系统上海邮管局省级平台之间成功完成联网对接，实施网点视频点位推送。上海邮政 536 个普遍服务网点及 7 个一二级处理中心全部接入"绿盾"系统，其中有 30 个网点及 5 个处理中心因装修停业、无网络专线、设备调试等原因暂不具备推送条件，后续逐步配置推送。截至 2021 年底，已完成对接改造的 506 个普遍服务网点及 2 个处理中心，完成 54% 的视频监控点位推送。

（陆怡琼）

第五章　数字化文旅

概　述

2021年，上海在智慧文旅领域取得较好成绩。数字新媒体方面，上海音频网站处于全国领先地位，垂直视听领域发展潜力巨大，视听业务辅助作用进一步显现。文化机构数字化转型方面，上海报业集团、上海图书馆、上海博物馆、上海科技馆等机构持续加强信息化建设。数字旅游方面，上海着力建设"随申码·文旅公共服务平台"和"上海市文旅综合监测平台"。

一、数字新媒体

【乐游上海】 2021年，"乐游上海"微信公众号推送1 931条推文，阅读量约937万。截至2021年底，公众号粉丝数达552 784人，全年新增粉丝数153 518人。为进一步促进文旅高质量融合、强化上海文旅统一宣推、提供更加优质的文旅资讯和便民服务，自2021年4月19日起，"文化上海"微信公众号粉丝迁移至"乐游上海"微信公众号。

【网络视听】 截至2021年底，上海持有"信息网络传播视听节目许可证"及纳入备案管理的网络视听企业共计约 57 家，呈现出以下特点：一是上海音频网站处于全国领先地位。喜马拉雅 2021 年全场景平均月活跃用户已达 2.68 亿，音频内容累计包含 98 个品类 3.4 亿条。二是垂直视听领域发展潜力巨大。作为中国年轻一代高度聚集的综合性视频社区，哔哩哔哩 2021 年总营收达 193.8 亿元，同比增长 62%。2021 年第四季度，哔哩哔哩月活用户同比增长 35%，达 2.72 亿，其中移动端月活用户同比增长 35%，达 2.52 亿。三是视听业务辅助作用进一步显现。如电商服务类企业拼多多，在直播带货和短视频业务不断推动下，已汇聚 8.67 亿个年度活跃买家和 860 万个活跃商户，平台年交易额超过 1.67 万亿元。截至 2021 年底，小红书注册用户数达 7.4 亿，2021 年用户共上传视频笔记超 17 000 万篇，总时长约 12 000 万分钟，已成为中国最大的生活分享平台和消费决策平台之一。

（毛占刚）

【上海 2 家单位入选国家出版融合发展工程】 2021 年 10 月，国家新闻出版署公布出版融合发展工程 2021 年度入选项目和单位。上海教育出版社有限公司申报的"指尖上的名师课堂"入选"2021 年度数字出版精品遴选推荐计划"提名项目。上海交大出版社有限公司入选出版融合特色单位。

【中国原创艺术精品游戏大赛举办】 由中国音像与数字出版协会指导，中国游戏产业研究院主办，上海市新闻出版局、静安区人民政府支持，易玩（上海）网络科技有限公司（TapTap）承办的首届中国游戏创新大赛举办。大赛引导游戏行业创新创造，打造更多思想精深、艺术精湛、制作精良的精品佳作，实现游戏产业高质量发展。大赛 2020 年 11 月启动作品征集，经过 7 个月，共征集 267 款游戏作品。经三级评审，最终选出《原神》等 15 款优秀原创游戏，并评选出 8 个优秀创新团队与个人。其中，《原神》《戴森球计划》获"最佳创新游戏大奖"，《我的卫星》《普通话小镇》获"最佳创新社会价值功能奖"。获奖作品于 2021 年 7 月 29 日至 8 月 2 日在中国国际数码互动娱乐展览会（ChinaJoy）展览会上举办获奖游戏作品展览，并于 8 月 1 日举办颁奖典礼，获奖游戏深得各界好评。

【游戏精英峰会举行】 由上海市新闻出版局指导，上海市出版协会主办，2021 年上海游戏精英峰会暨游戏出版产业报告发布会于 6 月 17 日举行，游戏从业者、媒体、投资人、相关机构及公司约 100 人与会。会上发布了《2020—2021 上海游戏出版产业调查报告》《2021 上海电子竞技产业发展评估报告》等多份产业报告。2020 年，上海国内及海外网络游戏总销售收入达 1 206 亿元。其中，上海网络游戏国内销售收入达 999.2 亿元，占全国比重达 35.9%，同比增长超过 24%，增速超过全国平均水平。上海网络游戏海外销售收入超过 29 亿美元，约合人民币 206.8 亿元，增幅超过 50%。

【数码互动娱乐展览会举办】　由国家新闻出版署和上海市人民政府共同指导，中国音像与数字出版协会和上海汉威信恒展览有限公司联合主办，上海市新闻出版局和上海市浦东新区人民政府协办的第十九届中国国际数码互动娱乐展览会（2021 ChinaJoy）于 7 月 31 日—8 月 3 日在上海新国际博览中心举办，主题为"科技·引领数字娱乐新浪潮"。展会共设 13 个展馆，总面积达 15 万平方米，中外参展企业 400 多家。

【全球电竞大会召开】　由中国音像与数字出版协会、上海市新闻出版局联合指导的 2021 全球电竞大会于 7 月 30 日在浦东召开。会上，拳头游戏与上海静安区政府签约，成立拳头全球研发中心；阿里巴巴与上海浦东新区签约，成立阿里灵犀互娱华东区总部；趣加互娱与上海徐汇区签约，成立趣加互娱中国总部。中国音像与数字出版协会游戏出版工作委员会发布了《"2020 年度全国电竞城市发展"指数评估报告》，"电竞城市发展指数"的综合得分排名，上海以 78.7 的分位居第一，其次是北京、广州、成都和深圳。

【网络游戏管理培训班举办】　2021 年上海网络游戏管理培训班于 10 月 14 日—15 日由中国游戏产业研究院和上海市新闻出版局组织开办。培训课程包括《网络游戏管理工作要求》《游戏内容自审规范》《如何在文化产品中践行社会主义核心价值观》等，既注重理论又兼顾实务，授课老师均是业内专家学者。上海共有 80 多家游戏企业，160 多人参加培训。

【网络文学编辑人员业务培训班举办】　为增强网络文学编辑队伍政策法规素养，推动网络文学内容健康发展，2021 年 10 月 28 日，上海市新闻出版局举办网络文学编辑人员业务培训班，培训围绕如何在文化产品中践行核心价值观、网络出版相关政策法规及案例分析等内容开设课程。上海 10 多家网络文学网站的 100 余名网络文学编辑骨干参加培训。

【上海网络文学企业和作品获出版政府奖】　2021 年 7 月，国家新闻出版署公布第五届中国出版政府奖获奖名单，阅文集团旗下的上海玄霆娱乐信息科技有限公司获先进出版单位奖。上海玄霆娱乐信息科技有限公司的网络文学作品《大国重工》获网络出版物奖，这是网络文学作品第一次出现在中国出版政府奖获奖名单上。

【中国游戏产业年度报告发布】 2021年度中国游戏产业年会于12月16日在广州举行。本届年会以"遵规自律多元赋能积极融入数字经济发展新浪潮"为主题。年会上正式发布《2021年中国游戏产业报告》。2021年，中国游戏市场实际销售收入2 965.13亿元，较去年增收178.26亿元，同比增长6.4%。虽然收入依然保持增长，但在"宅经济"效应逐渐衰减、爆款产品数量下滑影响下，增幅较2020年同比缩减近15%。国内游戏用户规模6.66亿人，同比增长0.22%，用户数量渐趋饱和。伴随"防沉迷"新规落地和未成年人保护工作逐渐深化，用户结构将进一步趋于健康合理。国内游戏市场销售收入中，贡献最大者依然为自主研发游戏。2021年，自研游戏国内市场销售收入2 558.19亿元，较2020年增收156.27亿元，同比增长6.51%。自主研发游戏海外市场销售收入180.13亿美元，较2020年增收25.63亿美元，同比增长16.59%。

【上海多家企业获"游戏十强"奖项】 2021年12月15日，在中国音像与数字出版协会主办的"游戏十强"盛典活动中，上海企业硕果累累，盛趣信息技术（上海）有限公司（以下简称"盛趣游戏"）、三七互娱（上海）科技有限公司（以下简称"三七互娱"）、波克科技股份有限公司（以下简称"波克科技"）、上海鹰角网络科技有限公司（以下简称"鹰角网络"）获"2021年度中国游戏十强优秀创新游戏企业奖"。上海莉莉丝科技股份有限公司（以下简称"莉莉丝"）、米哈游科技（上海）有限公司（以下简称"米哈游"）、益世界网络科技有限公司（以下简称"益世界"）、上海沐瞳科技有限公司（以下简称"沐瞳科技"）入选"走出去"优秀游戏企业。

【中国游戏产业研究院智库工作启动会举办】 2021年8月1日，中国游戏产业研究院智库工作启动会在上海举办。会上发布《中国游戏产业研究院智库专家名单》，首批遴选出葛剑雄等资深学者、院校专家、法律专业人士以及头部游戏企业骨干的智库专家22位，同时还选定了5家战略合作机构。未来将根据工作要求吸纳更多专家和机构对智库进行扩充。

【网络游戏企业社会责任研讨会召开】 2021年10月17日，上海市新闻出版局与中国音像与数字出版协会共同组织召开网络游戏企业社会责任研讨会，上海30余家重点网络游戏企业负责人，围绕网络游戏企业如何做好社会责任报告书、如何履行社会责任开展深入讨论。盛趣游戏、米哈游、心动网络、莉莉丝、波克科技等企业纷纷表示，将要加强底限，把"防沉迷系统"做得更加精准到位；提高上限，把传播优秀传统文化的使命发扬光大。

【EDG 战队夺冠】 英雄联盟赛季全球总决赛于 2021 年 11 月 6 日在冰岛举行并进行全球直播。经过 5 个小时比赛，代表中国 LPL（League of Legends Pro League，英雄联盟职业联赛）赛区的 EDG 战队以 3∶2 战胜韩国 LCK（LoL Champions Korea，英雄联盟韩国联赛）赛区的 DK 战队，获得俱乐部队史上首座全球总决赛冠军。英雄联盟全球总决赛是电竞赛事中竞技水准最高、知名度最大的赛事。

（王一行）

二、文化机构数字化转型

上海报业集团

【概况】 2021 年，为突出主流舆论引导、前沿科技驱动，为结合城市数字化转型新要求，促进媒体融合向纵深发展，上海报业集团（以下简称"上报集团"）技术工作以数字化战略为核心，从前瞻布局、夯实底座、智数协同 3 个方面着手，加快媒体智能化技术创新的场景应用实践；探索新技术新装备新应用，关注元宇宙新赛道产业发展，在网络安全、虚实交互、大数据分析等方向深化落地，充分实现数字化的引领作用、支撑作用、驱动作用。

【主流舆论引导】 2021 年，上报集团旗下各媒体把握宣传主基调，筑牢意识形态主阵地，持续打造一批有影响力传播力的爆款融媒产品，仅建党 100 周年报道，全网累计传播超过百亿次。舆论主阵地版图持续扩大，截至 2021 年底，上报集团拥有网站、客户端、微博、微信公众号、手机报等多种新媒体形态共计 319 个端口，覆盖用户超过 7.74 亿人次。短视频、H5、新闻创意海报等融合生产、创新表达成果丰硕。

"两微一端"之外的第三方平台成为上报集团传播力、影响力增长新引擎，各媒体开设 277 个账号入驻近 60 家第三方平台。与 2020 年相比，实现入驻平台数翻番，账号数粉丝数双增长，账号数增加 60 个，总粉丝数达 1.86 亿。上报集团各媒体持续布局视频新媒体，取得阶段性成果，开设视频账号 84 个，是 2019 年账号的两倍；视频生产能力显著提升，日均生产视频时长 587 分钟，接近 2019 年产能的 3 倍。

【新闻行业数字化转型调研】 2021 年，上报集团根据上海市委宣传部工作部署，扎实推进城市数字化转型，积极探索本市新闻行业数字化转型方向、路径与计划。通过梳理媒体基本情况，立足生活数字化领域，着眼未来三年，剖析当前媒体融合遇到的问题与瓶颈，重点关注服务对象的痛点、堵点、难点，并结合当前政策、法规和环境进行论述，提出重点建设方向。

上报集团根据上海市城市数字化转型意见，在生活数字化领域形成调研报告，报告提出4项重点工作举措、6项重点应用场景建设清单、7个本行业数字化转型主要市场力量名录及案例。包括扩展外延，信息数据智能改造；融入机关，主动对接政务机构；深入社区，创新民生服务场景；数据破圈，打造智能金融生态；党建引领，开发数字红色资源；关注导向，组建外宣事务智库等。

【智媒体先发优势放大】 上报集团智媒体战略历经数年发展，通过20·50智媒体布局，奠定了智媒体生态的先发优势。截至2021年底，各媒体在20个应用场景布局中，共有69个项目投入使用。2021年，围绕数字化转型目标，在智能融媒体中心、政务新媒体平台、新闻内容可视化与视频化等应用场景，共有26个项目持续迭代开发。在这些项目中，涌现了一批匹配数字化转型场景的重点、亮点项目，如解放日报"智能辅助创作系统"、新民晚报"新民云智"视音频媒资库、东方网"政务+数据交互系统"、澎湃新闻"清穹内容风控平台"、财联社"星矿金融数据平台"等。

【新赛道布局】 上报集团技术工作以数字化战略引领为核心，密切关注互联网新技术、新业态发展，为媒体匹配适用、实用、好用的新装备、新技能，以媒体业务需求为导向，赋能媒体融合技术产品，研究智能化、轻量化装备对内容生产的赋能驱动；积极探索5G、大数据等最新技术在新闻传播领域中的实现形式和运用方法，构建算网一体化新型基础设施，适应信息网络技术的飞速发展，为媒体和用户提供安全、高速、可靠的工作和传播网络支撑；建设具有通用性、基础性的技术共享平台，减少各媒体重复性技术资源投入，共建共用，为各媒体提供服务和支撑。同时，上报集团致力于前瞻性思考场景创新。在元宇宙等新赛道上，上报集团加紧关注研究元宇宙关键基础技术，与专业机构、科研单位、技术公司联手建立跨行业技术联盟，参与相关行业组织；积极对接探索头部科技公司和新赛道科技公司在虚实结合、区块链、智能汽车等新经济领域的实践，增强知识储备；在视频智能化赛道，积极实践智能视频技术，丰富智能化采集和编辑技术，推动面向流量的技术赋能。

【技术能力提升】 上报集团强化技术能力提升，加大基础性技术平台建设。2021年，上报集团建立稳定高速的基础网络运营，有线网络接入终端6 150个，网络交换设备310台，服务器250余台，各类软件应用系统100多个，互联网专线10条，电子邮件注册用户 2 040 个，无线网络注册用户超过 5 000 人，注册设备数量超过 16 000 个。上报集团内网连接数月均超 42 万次，人工维护响应服务月均 1 000 余次。优化建设立体的安全防御体系，通过深入开发网络安全运行监控系统，升级部署应用管理系统、网络对象管理系统，实现了上报集团基础网络环境监管，形成集中管理，故障快速定位和排查，自动化备份配置的管理模式。在提高网络设备的管理以及事故预警和分析能力的同时，建立上报集团本部与各媒体单位的技术预警机制。加强监督与培训，提高网络安全防范意识与能力，重点关注媒体等保测评工作，多次召开网络安全工作会议，组织业务培训，督促提醒各单位强化网络安全主体责任意识。逢重大节庆活动和重要时间节点，加强安全漏洞的整改落实检查工作，积极排除各类隐患，紧盯网络安全应急演练和突发事件风险防范体系建设等，顺利完成 2021 年全市网络安全专项检查工作和各项重保工作。

【城市数字化转型大局融入】　为深度融入上海的城市数字化转型大局，上报集团从自身条件出发，聚焦七大方向：第一，聚焦媒体通用性技术需求，推进智媒体建设；第二，深耕社区，创新民生数字服务场景；第三，融入机关，对接政务机构，赋能数字行政；第四，资源共享，开展跨行业链接数字合作；第五，党建引领，开发城市数字红色资源；第六，关注导向，做好精准城市外宣；第七，数据破圈，打造智能金融生态。

2021 年，上报集团按照以上七个方向，各媒体共有 21 个城市数字化转型重点项目，力求新突破。其中，有代表性的是解放日报"App 党媒内容精准推送平台"、文汇报"文汇用户阅读行为分析系统"、新民晚报"华为鸿蒙生态应用拓展"、东方网"东方社区信息苑数字化转型升级"、澎湃新闻"澎湃算法"、周到"'申活家'用户智造交互平台"、上海日报"英文城市形象短视频私域流量分发"、财联社"金融大数据联合创新实验室"、界面新闻"建设垂类商业数据库，打造百科类产品"。上报集团鼓励各单位主体数据项目均衡发展，支持充分挖掘数据价值，释放数据潜能，协助加强数据抓取分析处理，以"智能算法＋数据战略"为抓手，推动各媒体打通业务系统的自有数据和外围运营数据，充分挖掘数据价值，激活潜在用户意识，并最终促使项目形成上报集团数字化转型优秀案例库。

【实验室建设】　上报集团技术委员会围绕技术实验室建设开展充分调研，东方网"东方链"区块链版权平台二期上线，具备版权信息自动上链、侵权自动发现、自动取证功能以及联盟链子节点建设能力。现有29家媒体使用，已上链确权的原创图文内容8千余条，系统自动发现疑似侵权转载内容4万余条。

2021年10月，财联社联合国泰君安证券股份有限公司、嘉实基金管理有限公司、华为云、上海交通大学共同组建了"金融大数据联合创新实验室"，该实验室面向证券领域开展数据业务创新，涵盖了买方、卖方、媒体、科技公司和高校，将在未来三到五年内作为公司非常重要的数字化转型、协作和创新活动的承载平台。截至2021年，财联社确定的3个研究课题为"资管业务中投研服务的数字化转型""科创板上市企业的科创力评估模型""证券行业的主数据标准和运营机制"。

【深度融合发展创新案例】 2021年6月，国家新闻出版署为加快推进报业深度融合发展，切实发挥创新案例示范引领作用，组织开展了2020年中国报业深度融合发展创新案例征集工作，271家报纸出版单位申报案例367个。经评审，上报集团的多个案例上榜，包括解放日报全媒体全流程采编平台、新民晚报"上海时刻"视频平台、"上海时刻"视频平台。这些优秀案例致力推动报业深度融合发展，以内容建设为根本、先进技术为支撑、创新管理为保障，在全媒体传播体系建设、网络内容建设、专业信息服务、智慧城市建设及生活服务、前沿技术应用、创新管理等方面做出积极有益的探索，取得了扎实有效的经验。上报集团通过这些优秀案例引导报业加快推动体制机制、流程管理、人才技术等方面改革创新，提高内容生产能力、信息聚合能力和技术引领能力，切实提升报业传播力、引导力、影响力、公信力，巩固壮大宣传思想文化主流阵地。

2021年9月，中国新闻出版传媒集团组织开展了全国新闻出版深度融合发展创新案例征集活动。新民晚报社的"《AI动画：三毛进博记》：'技术＋创意'带动表达创新"和"'全媒体工作室'：个性人设＋垂直聚焦，打造'柔性轻骑兵'"，新闻报社的"021视频"，澎湃新闻网的"澎湃在线内容风控智能平台"和"澎湃新闻对政务平台的创新发展"，上海日报社的"上海日报英文采编发一揽子解决方案"和"驻沪跨国企业国际传播合作交流机制"荣获全国新闻出版深度融合发展创新案例。上报集团通过典型经验和创新案例进一步集中展示新闻出版单位深度融合的成果，发挥深度融合发展过程中涌现的新模式、新技术、新平台的示范引领作用，推动业界互学互鉴。

（任丽君）

上海图书馆（上海科学技术情报研究所）

【概况】 2021年是"十四五"开局之年，也是把握新发展阶段、贯彻新发展理念、构建新发展格局的关键一年。上海图书馆（上海科学技术情报研究所）（以下简称"馆所"）根据《馆所"十四五"发展规划》要求和上海图书馆（以下简称"上图"）东馆建设的紧迫需要，在馆所信息化工作中，一方面切实保障各类信息系统稳定运行和有关业务工作的顺利开展，另一方面重点聚焦上图东馆（以下简称"东馆"）信息化项目建设，积极推进"云瀚"（FOLIO）智慧图书馆服务平台项目，进一步拓展数字人文建设及实际应用，做好基础信息技术平台建设和安全保障，加强数字资源长期保存与服务，扎实推进公共服务研究，注重人才队伍建设，积极探索与应用各类先进技术，力争为广大读者提供智慧化的图书馆服务与体验。

【新媒体服务】 新媒体服务矩阵继续拓展，各平台服务稳定运行。

微博（"上海图书馆信使"）：微博开放服务时间为 2010 年 7 月，2021 年粉丝数约 19.1 万个。作为上海图书馆对外宣传的重要窗口，微博粉丝关注数较 2020 年同期增加 7.46%。随着新型冠状病毒肺炎疫情进入常态化防控阶段，2021 年博文累计阅读数、原创推文、读者互动量渐趋平稳，有所下降。

微信服务号（"上海图书馆"）：开放服务时间为 2013 年 12 月，2021 年粉丝数约 72.1 万个。其中，粉丝关注数较 2020 年同期增长 35.78%，增速超过 2020 年；受新型冠状病毒肺炎疫情影响，书刊续借量下降，对服务功能使用次数影响较大。2021 年全年，服务号上共推送 48 次 375 条图文信息，阅读量（全局阅读数据）3 136 002 次，较 2020 年同期减少 17.48%。

微信订阅号（"上海图书馆信使"）：开放服务时间为 2014 年 6 月，2021 年粉丝数约 4.4 万个。订阅号进入常态化运营，粉丝关注数较 2020 年同比增长 5.65%。累计推送 360 次 594 条图文信息，图文阅读量 258 052 次。

今日头条（"上海图书馆"）：开放服务时间为 2016 年 7 月，2021 年底粉丝数约 1.8 万个，粉丝数较 2020 年同期增长 125.91%。累计推送 358 条信息，阅读量 90 569 次。

阿基米德（"上海图书馆社区"）：开放服务时间为 2017 年 8 月，2021 年粉丝数 947 个，总收听量约 94.8 万次。

抖音平台（"上海图书馆""同学你借书了没"）："上海图书馆"抖音号开放服务时间为 2019 年 4 月，2021 年粉丝数约 3 万个。2021 年，"上海图书馆"抖音账号创立全新视频品牌"寻找古籍守护人"，邀请馆内历史文献专家馆员讲解碑帖、西文文献等珍稀馆藏，了解背后的历史故事和知识，陆续发布视频 20 条，累计观看量达到 57 万余次，受到观众好评。2021 年 4 月起，抖音平台新增青少年服务账号"同学你借书了没"，每期通过一个小故事，为小读者们带来知识点。该账号在半年内累计发布视频 141 个，观看量突破千万余次，粉丝数量顺利突破 1 万个。

【数字人文建设与服务】 夯实数字人文数据基础。各类数据增量丰富，包括馆藏唱片（中文唱片书目 17 466 种，外文唱片书目 48 641 种，曲目 1 318 条，音频 1 318 个，专辑封面图像 197 个，盘心图像 981 个）、碑帖（36 种，含元数据，图像 2 000 余页，释文 16 种 2.5 万字，背景知识 36 种）、舆图（10 574 种）、上海文化总库（历史原照 4 万余张数字翻拍图像）、家谱迁徙数据（7 万余条，合作精加工家谱数据 117 个姓氏、248 条家规家训）、古籍刻工名录（5 835 人）、上海年华机构名录（21 832 条）。

拓展数字人文平台建设与服务。基于数字人文技术框架开发了多个新系统，继续引领数字人文研究，其中包括：馆藏唱片知识库、精选馆藏碑帖知识库、馆藏舆图目录、上海文化总库服务平台、上海文化总库内容管理系统。继续探索与推动面向数字人文应用系统的发展与服务，持续对家谱联合编目系统、家谱知识服务平台、手稿档案知识库进行错误修复、文字调整、界面优化、流程优化和数据更新维护。同时，还对上图东馆体验馆的数个多媒体展陈项目提供支持，包括展项需求分析、技术咨询、数据支持和展项规划等。

【数字资源长期保存与开放服务】 数字资源长期保存。2021 年，数字资源长期保存平台稳定运行，长期保存工作稳中有进。进入长期保存的自建资源共 39 项，新增唐绍仪档案，存储总量达 649.04 TB，增量 74.57 TB。完成新加工古籍、家谱、民国图书等应用服务级数据转换加工工作，并投入历史文献统一平台服务。修复、调整、补档若干历史文献平台中的服务对象。应用服务级数据总量 10.26 TB，增量 293.82 GB。强化馆所数字资源全生命周期管理，进一步规范数字资源的加工检验工作，从源头上保障所接收自建数字资源的质量。

举办"2021 上海图书馆开放数据竞赛"。"2021 第六届上海图书馆开放数据竞赛"由上海图书馆（上海科学技术情报研究所）与国际科学技术信息理事会联合主办，并继续和上海开放数据创新应用大赛（SODA）在数据共通、赛程共融、导师共享、宣传共鸣和服务共建 5 个方面开展合作。本次竞赛主题为"探寻红色印记·点亮城市智慧"，围绕中国共产党建党 100 周年和城市发展，面向全球征集优秀移动应用产品原型或服务创意，力求充分释放历史人文开放数据的应用价值和潜力。

2021 年，上海开放数据创新应用大赛数据合作单位共计 11 家。开放数据资源涵盖红色文献、红色旅游、邹韬奋相关文献、宋庆龄与中国共产党、南湖文献、陈毅大事记、民国书刊、名人专辑、老电影、盛宣怀档案、上海历史文化事件、侨批、诗词、艺术品等丰富内容，数据总量达数千万条。竞赛推荐了7个创意子主题，分别是："百年红色""城市印记""市井百态""名人掌故""古籍探寻""宋庆龄与中国共产党""爱国志士民主先锋"。竞赛于4月23日"世界读书日"当天准时启动，吸引了海内外众多对历史人文数据感兴趣的高等院校和科研院所的师生以及企业职员和数据爱好者，共有来自美国、韩国、荷兰和国内24个省（自治区、直辖市）的共156支团队356人报名参赛。竞赛颁奖典礼于2021年10月19日答辩评审结束后举行。本次竞赛共计评选出一等奖1名、二等奖2名、优秀创意奖1名、优秀设计奖1名、优胜奖5名、最佳人气奖1名以及人气奖7名。此外，还进行了竞赛作品在线展览，并对部分优秀作品进行孵化推广。

【公共图情服务体系建设】　2021年，上海市中心图书馆"一卡通"三级服务体系运行平稳，"一卡通"市、区县、街镇以及其他基层服务点总节点数已达402个，另有图书分拣中心节点1个，服务用微机总量达1 243台。读者办证数和书刊保有量持续增长，有效读者证数量达5 720 663张，同比增加6.38%；书目记录总数达

4 961 817条，总馆藏量达37 415 101册。在图书借阅方面，"一卡通"总流通量为4 274.75万次，同比回升47.10%，其中上海图书馆总流通量325.56万次。包含上图在内的中心图书馆"一卡通"流通量为4 190.49万次，成人流通2 323.26万次，少儿流通1 867.23万次，同比回升87.89%。

开展数据服务，发布"我的悦读2020"上海图书馆年度阅读账单，包括通用版、个人版、微信版，同时还发布《上海市公共图书馆2020阅读报告》。为分馆提供数据服务，为部署有数据实时展示模块的7家区级馆提供内容更新，并为10家分馆自行开发的各类应用提供数据实时展示接口和开发支持。

在征询上海市中心图书馆各成员馆意向、开展联采谈判、确定采购品种、制定实施方案基础上，完成2021年度相关数字资源的联合采购工作。电子资源联合采购通过不断总结联采经验，达到降低采购成本、资源共建共享的目标要求。

"一卡通"标准体系逐步完善。2021年制定并发布《上海市中心图书馆多功能识读器技术标准》；修订发布上海市中心图书馆标准规范3个，分别为《上海市中心图书馆自助服务设备技术标准》《RFID标签数据格式规范》和《新建街道（乡镇）成员馆基本操作流程》，并在知识管理系统平台和企业微信号同步更新。

【上海图书馆东馆信息化建设】 东馆信息化项目建设大力推进。2021年，馆所积极推进东馆信息化项目建设，顺利完成项目经费申请和招标工作，并以东馆开馆保障项目为抓手，明确责任人，建立跨部门协作机制，每周召开项目例会，确保东馆信息化项目的有序开展。

东馆全预约系统：实现东馆服务类资源预约管理功能。主要包括图书预约、座位预约、空间预约、活动预约、参观/入馆预约、车位预约等。覆盖东馆的各类服务，同时对接东馆全媒体、弱电、E-INK桌面屏等相关系统，实现预约智慧化和服务的个性化。

东馆虚拟证系统：上图东馆将实现线上注册办卡，线下"随申码"亮码借书等便捷的用户场景。东馆虚拟证系统将与"一网通办"读者证办理功能结合，在东馆开馆时推出，为读者提供便捷的用证服务。

东馆室内导航系统：为满足东馆大空间室内区域的读者导览需求，通过采用地磁导航技术，配合高精度蓝牙AoA（Angle-of-Arrival，到达角度测距）设备与普通蓝牙ibeacon设备，实现东馆区域的室内亚米级导航。

东馆手机借书系统：在东馆三楼阅读广场等区域，将全面采用手机借书这一服务模式，并对手机借书系统进行二期设计和开发，支持多馆同时使用，为手机借书项目的复制与推广提供技术保障。

东馆门户、App、小程序系统：重新设计和开发上图网站，融合东馆功能特色，优化线上服务界面。门户网站将面向大众、面向专业、面向决策，整合资讯、资源、服务，兼顾宣传形象功能。门户App定位读者的智慧图书馆掌上终端，融合线上线下的服务，提供完整的图书馆服务体验。门户小程序聚焦图书馆服务推广的主阵地，实现服务引流、读者互动、赋能传统服务升级。

上图网借系统：网借是上图东馆的一个重要服务渠道。上图积极推动该项服务的落地与实施，主要包括网借上图模式、上海模式的规划和制定，并会同厂商起草《图书馆网借服务白皮书》。系统主要包括独立的网借读者端小程序、H5、后台管理、手持机等功能模块。

基于"云瀚"的下一代图书馆服务平台稳步推进。"云瀚"平台是上图东馆顺利开馆的重要基础。为协调"云瀚"项目的开发、实施和试运行，馆所抓住重点、聚焦目标，全力保障并组织协调流通系统的开发和实施，于2021年4月在参考外借首先试运行"云瀚"流通系统，并于8月开始在普通外借试运行。同时，还组织协调"云瀚"馆藏管理系统在多个部门试运行。其间，"云瀚"平台经受了实际业务的考验，运转正常，为迎接东馆开馆打下坚实的基础。

此外，继续协调管理"云瀚"项目开

发运维团队，密切合作推动"云瀚"项目，主要涉及"云瀚"相关系统的规划建设、日常维护、监控告警、快速发布等。"云瀚"流通环境已投入使用的相关系统及平台包含：前端网页平台、后端 OKAPI 集群及模块组件、数据库、消息推送中间件、实时检索引擎、实时日志分析平台、数据同步平台、SIP2（Standard Interchange Protocol V2.0，一种图书协议）平台、定时任务调度平台、告警监控平台、代码及发布计划管理平台、自动构建部署平台等。"云瀚"以建设下一代智慧图书馆服务平台为目标，在上图业务部门、多家开发商与开源社区源代码之间建立起沟通的桥梁。为了更好地支持项目的沟通与联络、计划制订与项目推进，上图安排专人与"云瀚"的各模块负责人进行协商，规划并制订各项技术方案；参与拟定研发计划，把握研发方向，指导并监督供应商团队执行上图研发战略；控制产品开发进度，调整相应排期，培训相关技术人员；协调测试人员与业务部门的产品交付过程，针对需要协调多家供应商共同开发一套系统的难处，制订简洁高效的版本发布流程，通过自动化的工具协作和沟通来完成软件的生命周期管理，从而高频次地交付稳定而可靠的"云瀚"系统。在此基础上，上图开始筹建"智慧图书馆技术应用联盟"（云瀚联盟），着手开展"云瀚"本地社区的营建工作，成立专家委员会，搭建联盟官方网站并推出服务，每月发布联盟电子通讯《智慧图书馆技术应用动态》，筹备、推进社区工作例会，并与国际"云瀚"沟通联络，进行国际化交流协作。

【新技术探索】 专业门户突破瓶颈，数字服务强劲增长。上图以专业服务门户为创新场景，发力优化常态化新型冠状病毒肺炎疫情防控环境下的数字资源服务，取得显著成效。利用政务云迁移的契机，积极升级门户系统，为 9 个模块进行新增导航展现模式、优化学科聚类等 25 项功能改进，引入基于万方元数据的中文发现服务，对书目数据、发现服务、电子期刊以及数据库检索功能进行重新集成，提升数据库远程访问的直观性、便捷性和稳定性，明显改善电子资源远程访问的用户体验。2021 年月均访问人次 93.8 万，年度增长 3 倍。同时，2021 年注册用户数达到 274 688 个，比去年增加 81%。

网上联合知识导航站升级增能。2021 年，网上联合知识导航站新增 11 位图书馆资深馆员、专家，累计共有来自 7 个国家和地区、66 家图书馆和科研院所的 155 位专家加盟。导航站小程序项目完成开发，并进行应用部署。导航站小程序已和原导航站平台打通数据渠道，实现省馆—市馆—区馆 / 县馆以及高校馆 / 公共馆的多层结构内部外部问答审核和流转、统计汇总、机器人问答、各馆知识库及其他展示内容定制化等需求，并启动了长三角四个省级馆层面范围的公测。

2021年度读者访问网上联合知识导航站网页次数共计 28 447次，同比增加 16.21%；读者提问 4 461次，同比增加 21.55%；答问 4 525次，同比增加 22.63%；入库 964个，同比增加 16.99%。导航站知识库 PV（Page View，页面浏览量）数总共为 159 771次，UV（Unique Visitor，独立访客访问）总数为 2 025次。其中，共有 14位外聘参考咨询专家在导航站参与问答 162道，占平台答题数的 3.58%。

"随申码"借阅场景应用稳步推进。为深化推进上海市委、市政府发布的《关于全面推进上海城市数字化转型的意见》，坚定落实《上海市人民代表大会常务委员会关于进一步促进和保障"一网通办"改革的决定》，上图于 2020年 12月组织自助设备供应商及各区图书馆技术分管馆长开展培训，2021年 1月发布《关于推进落实上海市中心图书馆自助服务设备适应性改造更新的通知》，7月发布《关于推进落实上海市中心图书馆多功能识读器应用部署的通知》，稳步推进"随申码"借阅场景应用。截至 10月底，各区级总馆已全部实现"随申码"图书外借应用；青浦、闵行、金山、嘉定四区的全部街镇馆，其他各区的近 60家街镇馆进行了授权码申请，通过在原有读卡器上改造或购买多合一机具等方法，实现或正在推进"随申码"借书应用。

【信息基础设施优化与升级】 网络基础设施建设继续稳步推进。分别对互联网出口路由器和中心馆路由器进行更新，提升网络健壮性，降低馆所互联网出口及中心馆网络入口发生故障的概率。结合电信专线链路改造，完成将徐汇、长宁等 5家区馆的专线链路从原先的铜缆专线切换至光纤专线。完成互联网出口链路的 IPv6改造，为馆所网站以 IPv6模式服务提供底层基础资源支撑。对互联网出口防火墙进行升级，提升防火墙系统稳定性。重点推进东馆弱电网络和信息化机房等基础设施的建设，完成东馆互联网出口、两馆间裸光纤专线、东馆业务网综合布线、无线网及运营商信号覆盖等工作，东馆信息化项目中配套的政务云资源也开通使用。

服务器及终端设备运维工作保持稳定。各类服务器的应用规模有了进一步扩展。截至 2021年，淮海路馆本地已形成 148台物理服务器、613台各类虚拟机的系统环境，支持包括实体机迁移整合、新应用部署运用、系统测试等在内的多种应用场景，进一步提升物理计算资源的利用率及可靠性。此外，为优化"云瀚"系统的运行环境，建成并投用一套超融合计算资源，确保"云瀚"系统的高效与稳定运行。

根据上海市相关要求，2021年馆所的应用系统继续主要依托电子政务云进行建设。截至 2021 年，馆所电子政务云服务器的规模已达 182 台，现有存量互联网应用正逐步向政务云服务器迁移，并上线服务。同时，完成一条馆所内网至政务云的 300 M 移动专线的建设，大幅提升馆所内网至政务云的网络传输速度，优化应用运行环境。

服务器运维方面，馆内及政务云上服务器集群总体运行稳定，关键应用系统运转正常，保证了馆所相关业务的顺利开展。在终端设备运维方面，利用好社会化采购运维服务，通过微机定期巡检服务外包和终端设备维护驻场服务等措施，进一步提高终端设备维护的效率与服务水平。

信息安全保障工作进一步提升。信息安全员对馆所网站应用进行定期安全扫描与防护策略调优等防范工作，并对扫描中发现的中、高危漏洞进行及时修补。结合应用动态防御系统的部署以及向第三方安全厂商购买系统安全加固与渗透测试服务，对馆所的网站应用开展进一步安全检测与加固，确保相关应用的安全稳定运行以及馆所整体信息系统的安全。

为迎接中国共产党成立 100 周年等重大活动，针对相关部门在信息安全检查中发现的个别漏洞及问题，及时进行针对性整改，同时举一反三，增补、优化了相关安全防护措施与制度，并加强馆所各中心处室的沟通交流，加大了信息安全防护的宣传力度，确保馆所主要信息系统在重要时间节点的安全稳定运行，提升馆所信息

安全的整体水平。

【公共数字文化工程】　申报全国智慧图书馆体系建设项目。面对智慧化发展新需求，2021 年国家图书馆提出建设全国智慧图书馆体系，推动图书馆由数字化向智慧化发展。为确保项目科学发展，全国智慧图书馆体系将建设 3 个支撑保障体系：一是智慧图书馆评价体系，二是智慧图书馆标准规范体系，三是智慧图书馆研究及人才培养体系。在文旅部、国家图书馆、市文旅局的关心指导下，全市各级图书馆积极参与体系建设项目，在项目申报、资源建设、成果应用、人才培养等方面开展一系列工作。

根据《文化和旅游部公共服务司、财务司关于做好 2021 年全国智慧图书馆体系建设项目、公共文化云建设项目实施工作的通知》要求，"十四五"时期，文旅部面向公共图书馆系统组织实施全国智慧图书馆体系建设项目，面向文化馆系统组织实施公共文化云建设项目。2021 年，全市公共图书馆将依照最新的公共文化服务体系建设政策进行项目申报和建设。经与上海市文旅局多次协商明确申报原则后，上图形成《上海图书馆（上海科学技术情报研究所）关于 2021 年全国智慧图书馆体系建设项目申报方案》，并于 6 月按要求完成项目申报。2021 年度上海市全国智慧图书馆体系建设项目包括基础数字资源建设、基

础数据资源细粒度内容建设等 4 个项目，内容涉及中华优秀传统文化、红色革命文化、地方特色文化、智慧图书馆建设等方面。

有序推进公共数字资源建设。29 个项目通过评审提交验收。根据文旅部全国公共文化发展中心、国家图书馆的相关要求，积极组织开展本市公共数字文化工程项目的市内验收工作。截至 2021 年 10 月，共有 12 个区馆的 29 个项目逐一召开了专家评审会并完成市内验收，项目类型包含地方文献数字化、图书馆公开课、政府公开信息整合、地方特色资源库和文化专题片。汇总上报已通过市内验收项目的相关资料，提请国家最终验收。此外，还根据上级指示精神，完成对 2020 年度公共数字文化项目绩效目标实现情况的自评工作、2020 年度公共数字文化项目的验收工作、2021 年度上海市全国智慧图书馆体系建设项目的阶段性总结工作，并形成工作报告，围绕推进项目落实的具体措施、年度项目完成情况、项目建设中存在的问题及意见建议等内容，对相关工作做好总结。为整合全市公共数字文化建设成果，进一步发挥其服务效益，上图及时收集 2021 年度通过市内验收的项目视频资源，上传"上海数字文化网"对外发布，内容包括专题片、慕课、图书馆公开课等共计 35 GB，为市民读者通过统一平台，及时、便捷、免费地获取海量丰富、制作精良的数字资源服务，

共享公共数字文化的建设成果提供内容支撑。

优化完善公共数字资源推广。配合全国公共数字文化工程，组织参加"网络书香·阅见美好"新春活动。此次活动由"主题资源推荐展示"和"照片征集"两部分组成，"主题资源推荐展示"遴选符合"阅见美好"活动主题的图书、音频、公开课、全景 VR 等资源，通过线上线下结合的形式进行资源推荐与展示；"照片征集"由各省市结合活动主题自行组织开展，引导公众在品年味、读经典的基础上，通过拍摄照片的形式表达自己所见、所想、所感。经过动员组织，上海图书馆、徐汇区图书馆、静安区图书馆、普陀区图书馆、东方社区信息苑等 17 家单位通过在公众号中发布推文等方式参与了"主题资源推荐展示"活动；崇明区图书馆、杨浦区图书馆、金山区图书馆、松江区图书馆等 7 家单位参与了"照片征集"活动，提交作品共计58 件，其中 8 幅入选优秀作品，在活动平台进行统一展示。进一步丰富和活跃了春节期间市民群众的文化生活，助力推动基层文化惠民工程不断扩大覆盖面、增强实效性。

2021 年 8 月，根据国家图书馆通知要求，上图积极组织上海市公共数字文化工程全面推广"阅见美好"小程序，并做好区级以上公共图书馆对小程序服务挂接、资源利用等情况的统计反馈工作，进一步

助推"阅见美好"小程序在全国的应用和服务。共有15家单位参与"阅见美好"小程序微信挂接推广活动，各馆陆续通过在微信公众号菜单栏挂接小程序、在本馆微信关键词自动回复中设置推送、发布小程序资源推文等方式参与小程序推广活动，协助国家图书馆利用小程序等新媒体渠道向广大读者推荐和提供内容丰富、形式多样的特色数字主题资源。

切实加强数字人才队伍建设。为进一步提升我国公共图书馆创新意识与创新能力，培养具有较高知识水平和专业能力的智慧图书馆建设与管理人才，助力构建全国公共图书馆智慧化体系，根据文旅部全国公共文化发展中心和国家图书馆的要求，2021年度上海公共数字文化工程组织全市公共图书馆开展专题、线上等培训5次，市、区、街道（乡镇）238家公共图书馆的馆领导、业务负责人、业务骨干等参加了培训，共计培训804人次。按照新型冠状病毒肺炎疫情常态化发展的工作要求，系列培训采用在线直播的方式开展，各单位积极报名，踊跃参与，取得了良好效果。

（夏　海）

上海博物馆

【东馆智慧服务及智慧保护建设】　2021年，通过需求调研、经验学习及专家咨询论证等，形成完整的"智慧上博"建设方案，包括智慧服务、智慧保护和智慧管理3个

方面。2021年10月，"上海博物馆东馆智慧服务及智慧保护建设项目"获市经济信息化委，拟建设"一个体系＋二大基础＋三方面应用"，即一个智慧博物馆标准规范体系，二大支撑（硬件、网络支撑及数字资源管理中心）和三方面应用平台（服务与传播平台、研究与保护平台、管理与保障平台）。

【博物馆数字化转型】　坚持"谋划为先、应用为王、技术为基、制度为要"，以破解行业高频急难问题和满足人民群众对美好生活的需求为牵引，通过数据赋能、技术赋能，打造行业示范型智慧博物馆。2021年8月底，全馆召开数字化转型专题研讨会，并形成《上海博物馆数字化转型实施方案（2021—2023）》。强调顶层设计与部门协同、职能再造与理念转变、数据融通与开放共享，设立9个任务、3个节点，通过加强领导、支持资金、培养人才来保障任务的落实。

【文化和科技深度融合】　提升藏品数据管理水平，推进数字资源公开。2021年全年采集129件文物三维图像，其中青铜75件，陶瓷54件。2021年8月，专题讨论并制定《上海博物馆藏品数字资源梳理和公开工作实施方案》，搭建数据治理工具平台。2021年底，官网新增藏品图像资源3 500件。开展文物素材库项目。在文物

数字化保护的前提下，从文物器形、纹饰、工艺、色彩、文字、款识印记、书画元素、家具设计等角度提取历史、艺术和技术等相关设计素材，建立文创设计素材数据库，实现对文物素材基础数据资源的综合管理，并构建文创数据分析系统，为文创开发及授权提供数据支持。不断创新推出"线上云展览"。在举办《春风千里——江南文化艺术展》之后，2021年2月，结合上海博物馆数字资源和数字展示技术的基础，在官网推出《赶上春——江南文化数字专题》，通过时空地图，展现馆内近500件江南文化的精品收藏；结合《东西汇融：中欧陶瓷与文化交流特展》策划数字专题展及微信游戏小程序。

（龚玉武　张　毅）

上海科技馆

【概况】　2021年，为积极响应上海全面推进城市数字化转型的部署要求，上海科技馆在智慧场馆建设方面进行顶层设计、整体规划、分步推进，取得了较大成效，初步形成管理平台化、服务网络化、决策数据化的"三馆合一"（上海科技馆、上海天文馆、上海自然博物馆）的智慧场馆架构，在便捷游客网上服务、支撑场馆运行、提升精细化管理、加强安全保障等各个方面助力"三馆合一"集群化高质量发展。

【2021"我的自然百宝箱"举办】　2021年，

上海自然博物馆公众活动品牌"我的自然百宝箱"持续举办。全年开展"鸟撞计划"和"你好蛙"两个公民科学子项目。通过主题讲座、户外考察、工作坊、"蛙蛙慢"直播等活动，搭建自然爱好者、科普达人、科学家的联结平台，鼓励公众走进自然、记录自然、收藏自然。2021年10月，将上海的野生动物现状配合4个自然场景沙盘模型、蛙类现状配合"你好蛙"公民科学项目，结合"鸟撞""蚂蚁森林嘉塘保护区""貉以为家""城市荒野"等公众参与的生物多样性保护项目，开展"从荒野到城市"生物多样性临时展示活动，将公众身边的野生动物多样性概况和身边的野生动物保护案例呈现给公众。优化"听见万物"小程序，并推出线上科普H5小游戏1个，线下参与人数11 258人次，线上参与人数超35 352次，吸引36家主流媒体报道72篇。

【"蛙蛙慢直播"举行】　2021年6月中旬至9月底，为配合百宝箱"你好蛙"活动，举行"蛙蛙慢直播"，直播近80场，粉丝增长3 000余名，累计观看人数4 000余人次。

【线上竞答活动开展】　自新型冠状病毒肺炎疫情暴发以来，上海科技馆以线上知识竞答的形式向大众普及新型冠状病毒防疫、传染病科学史、野生动物生态保护、疫情心理健康等相关科学知识和政策法规，提升公民科学素养、传播科学正能量。题库共收录了 518 道新型冠状病毒肺炎疫情相关题目，活动参与人群覆盖 34 省（含港澳台），大众可通过上海自然博物馆网站随时参与。2021 年线上答题人数超 10 万人次，答题次数 544 970 次。

【"绿螺讲堂"举办】　2021 年共举办 19 期。邀请 32 名专家学者，以"主题演讲＋观众互动"的形式，分享交流与自然有关的知识和经验。其子系列"新问题沙龙"聚焦社会热点和科学前沿，"城市中重构自然"关注自然保护在大型城市可持续发展中的作用，助力上海"生态之城"建设。与上海市林业总站、上海市绿化管理指导站、上海交通大学、同济大学、华东师范大学等开展品牌合作。通过上海自然博物馆官方微信及哔哩哔哩、联通沃视频、斗鱼、虎牙等平台开展线上直播互动，丰富线上科普资源，提升科学传播力，线上线下受众 718 万余人次。

【"与科学家面对面"活动举行】　2021 年 10 月 30 日，上海自然博物馆开展"与科学家面对面"活动。活动以"身边的生物多样性"为主题，邀请包括科研院所、高校、自然教育机构在内的 10 余家单位共计近 30 位专家学者，分别以科学集市、微讲座、科普剧等形式为大家展示上海及周边地区的本土生物多样性、本土生物所面临的威胁与挑战，以及为保护生物多样性所付出的努力和取得的成果。

【"自然博物馆之夜"活动举办】　2021 年 5 月 18 日"国际博物馆日"当晚，"当好奇心遇到标本——2021 上海自然博物馆之夜"活动拉开精彩序幕。1 500 名观众身穿带有自然元素的服饰或装饰品，带着好奇心与"复活"的萌狮一起舞蹈，在电子音乐声中与标本对话，在科研人员的引导下参观馆方原创展览，感受社会各界对于"如何让自然博物馆的标本活起来"这一命题的答案。馆方通过公开招募"自然演绎""自然艺匠"和"博物教育＋"三类公益共创伙伴，共同为观众打造一场场优质的科普嘉年华，形成一种可复制、可推广的馆方与社会合作的"博物馆之夜"运营模式。本次活动由上海市科学技术委员会指导，上海自然博物馆（上海科技馆分馆）、上海广播电视台纪录片中心联合主办，由网易放刺 FEVER、隔田川咖啡、指尖博物馆、中国福利会儿童艺术剧院、复旦大学附属中学、贝林自然世界、上海浦东新区长江文化旅游产业研究中心、上海市汪齐风芭蕾舞专修学校、童心创艺工作坊、萝卜折纸等合作共创。除现场外，云端观众通过哔哩哔哩、抖音、云相册、微博等平台与现场观众共同狂欢。

【"博物馆之夜——硬核科学家+"活动开展】 "博物馆之夜——硬核科学家+"是由上海自然博物馆主办，哔哩哔哩、携程旅行网、上海市聋人协会协办的线上活动。科普内容聚焦硬核科学，特邀3位科学家们结合馆内资源和研究领域，介绍国内外最新、最硬核的科研成果，首创沉浸式微讲座。传播手段试水科普流量，特邀2位哔哩哔哩知名科普网红共同参与，首创馆内外网红联动。呈现形式多样化，包含音乐演奏、趣味手语、线索推理等元素，首创多元文化的跨界融合。活动累计观看人数约10万人次，还同步推送给西藏自然科学博物馆，将优质科普资源向西部场馆输送。

【"螺说"频道推出】 上海自然博物馆推出全新教育品牌"螺说"。从观众视角和日常生活出发，将自然科学知识、思维方式与社会技术人文进行跨领域融合，由馆内教育或科研人员围绕上海自然博物馆展品藏品推出线上线下活动，重点向潜在受众（18—35岁人群）进行推广。线上共策划组织实施4场直播以及4个系列17集微视频，观看人次超过67万，媒体报道超过100余次。线下形成4个与线上联动的主题教育活动，共组织实施71场，受益近5 000人次。

【科技内容拍摄】 上海自然博物馆为了发挥好科普场馆教育的作用，组成了一支15人的科学精神讲述团队。以"了解科学发展历程、学习科学探究方法、发扬科学家精神"为目标，选取了科技、自然领域相关的15位馆内外科学家，讲述内容包含昆虫学、遗传学、古生物等自然领域，也包含深海、极地、外空等科技领域。2021年已完成"深渊里的'奋斗者'""老人与海""雪龙探极"等12个主题的拍摄，视频于2022年在公众号正式上线，每周更新一期。

【"绿螺训练营"云游版上线】 "绿螺训练营"是上海自然博物馆的寒暑假特色品牌教育活动。2021年，寒假"绿螺训练营"继续沿用2020年的形式，采取线上方式进行。活动主题为"神奇动物在哪里"，主要由"虫大十八变""昆虫世界的伪装大师""NAO野外探虫手册游戏""冬天的昆虫"等课程组成，涉及内容包括"展区讲解""一起聊聊吧""探究课程""螺哩螺说""NAO游戏演示"等直播活动内容，也包括与主题相关的科普文章及"绿螺讲堂"视频等线上科普资源。2021年以来，"绿螺训练营"云游版系列活动累计服务线上受众6 888人次。

【"新知·自然"节目放送】 "新知·自然"是上海自然博物馆原创的一档科研论文脱口秀节目，每期盘点最新的重要自然科学研究成果文本，对新物种发现、化石挖掘等热点事件进行解读。每周更新一期，自开播以来受到广泛关注，截至2021年底，已发布18期，每期5—8分钟，在公众号、抖音、哔哩哔哩、今日头条、西瓜视频等平台传播。在线受众242 776人次。

【"第四届中国科普研学大会"举办】　2021年12月25日，全国"第四届科普研学大会"线上召开，其中的"馆（科技馆、博物馆）校合作研学分论坛"由上海科技馆主办。分论坛邀请相关领域的教育工作者、科普工作者、教育研究人员、媒体等讨论馆校合作与研学相关工作。两个分论坛的主题分别为"新形势下馆校合作研学的机遇与挑战"和"馆校合作模式创新与发展"。

【馆际联动】　在春节、"开学第一课"、"生物多样性主题保护月"联动包括新疆、云南、长三角地区的40余家场馆，完成5场馆际活动。其中，"开学第一课"的活动也是落实上海市对口支援地区的帮扶工作，向西部场馆输出20个线上课程。首次联动西藏地区开展3场"一起云科普"活动，将"绿螺讲堂"的优质内容与西藏的学生和群众实时互动。

【"生物多样性保护月"举办】　2021年10月9日，首次举办"全球生物多样性保护

主题月"活动，并联合NGO，科普场馆等26家机构联合发布《生物多样性保护上海倡议书》，在线参与人数突破219万人次，发挥上海自然博物馆生态文明教育主阵地作用。与上海两所高校的相关学院签订"科研成果科普转化战略合作协议"，实现"科研带动科普，科普促进科研"。

【"保护野生动物宣传月"活动开展】　为进一步扩大"保护野生动物宣传月"活动在全社会的影响力，提高市民爱护保护野生动物，营造人与野生动物和谐共处的良好氛围，上海在全市范围内开展2021年"保护野生动物宣传月"（以下简称"宣传月"）系列活动。作为"宣传月"活动的一期特别活动，此次讲堂也是绿螺讲堂"城市中重构自然"系列的第四期，该系列充分围绕"城市也能这么野"的活动主题，引导市民群众共同参与到爱护野生动物、共建美好绿色家园中来，共同见证人与自然和谐共生的美好生活。讲堂线上直播观看人数达到84万人次。

【"自然探索在线"开发】　"自然探索在线"（Natural Adventure Online，简称NAO）是上海自然博物馆原创开发的在线教育平台。围绕鸟类、昆虫、植物、古生物、地质、鱼类、环境、物理8大领域，开发了10项主题25个在线交互游戏，旨在以游戏为线索，引导用户系统化地选择感兴趣

的探究主题，并为之提供个性化的、完整的学习方案。用户将获得前所未有的视听享受，并在完成一系列探索任务的过程中，轻松掌握科学知识与技能。游戏还配备有一套兼具科学性、美观性、趣味性的卡牌收集、展示系统，用户完成相关游戏的探索后将逐一解锁近108张卡牌，点亮"生命树"。该平台2021年线上参与量超126万人次，用户可通过上海自然博物馆网站免费参与。

【"上海自然博物馆NAO"小程序上线】 "上海自然博物馆NAO"是上海自然博物馆原创在线教育品牌"自然探索在线"旗下推出的移动端科普系列游戏。截至2021年包含"森林音乐家""奔跑吧！猎豹""植物驯化大作战""动物朋友在哪里""追击！逃逸的祖先""谁是'变色蝶'"6个主题小游戏。通过6种不同类型的交互玩法、41个原创物种图鉴，引导用户探索鸟类、哺乳类、鱼类、昆虫、植物有关的趣味知识。在获得沉浸式体验的同时，发展物理、艺术跨学科思维，可通过搜索"上海自然博物馆NAO"小程序免费参与。小程序自2021年3月22日上线以来，全年参与量约6.9万人次。

【网络全面贯通】 2021年，上海天文馆正式对公众开放。为保障上海天文馆顺利开馆，在上海科技馆统一部署下，对天文馆开馆整体网络架构进行规划和搭建，并根据现有及未来业务网络需求及特点进行分类，采用不同类型的网络线路满足运行需求。接入二路电信500M ADSL拨号线路，一路300M联通沃动车，并将三路线路根据需求场景进行配置，以保障场馆内各业务场景的独立运行；建设展区Wi-Fi共计288个点的覆盖，开通天文馆游客无线网络服务，并上线上网审计设备，在提升游客上网体验的同时，保障网络运行安全；增加办公区Wi-Fi布点共计59个点的覆盖，实现办公区的无死角无线网络覆盖，方便员工的日常网上办公，大大提高办公效率，提升广大员工的网络访问满意度。

【上海科技馆"十四五"规划智慧场馆行动方案编制完成】 2021年，为进一步把握数字经济发展机遇，加强文化与科技融合，编制完成《上海科技馆"十四五"规划智慧场馆行动方案》。该方案聚焦运用物联网、云计算、大数据、人工智能和5G等新一代信息技术，深化智慧管理、智慧运行、智慧服务建设，为数据驱动场馆数字化转型指明了方向；提出建设管理平台化、服务网络化、决策数据化的智慧场馆，提高场馆治理的科学化、精细化、智能化水平，为建成场馆"数字地基"、助力"三馆合一"集群化发展迈出坚实一步。

【"三馆合一"票务系统建成】 该系统于

2021 年 6—8 月分别在上海科技馆、上海天文馆、上海自然博物馆正式上线运营，实现"三馆统一"管理、统一服务、统一运维、统一平台、统一数据的全流程、全数据的集中与分布、线上线下一体化的票务管理和服务，提供线下售票、PC 网上售票、微信售票、自助机售取票、检票、实时流量统计、团体管理、会员管理、二次入馆、营销管理、财务管理、数据分析及报表等各类功能，并且全面保障限量、预约、错峰、门票实名制、游客信息查询可追踪等一系列新型冠状病毒肺炎疫情防控要求，实现了三馆票务管理一体化的新阶段。

【协同办公平台持续优化】　2021 年，"上海科技馆协同办公平台"持续优化、提升精细化管理和工作效率，将 10 大核心业务模块进行流程引擎升级、加强数据指标统计、强化内控管理。在 2020 年国产化适配的基础上，2021 年度持续对平台进行国产化改造，提升系统国产化程度，完成基于 WPS 的在线编辑预览及国产化签章的功能改造并上线，保证使用国产办公电脑的员工可以正常使用办公平台。在平台功能层面，为配合上海天文馆开馆及更新改造两大重点工程专项资金的合规使用，针对天文开办试运行及更新改造大修专项资金上线了一套专用流程，持续对预算、采购、合同及项目模块根据职能部门要求进行常态化更新优化。

【"三馆合一"在线报销平台建成】　根据"2021 年上海科技馆服务职工实事项目"要求，建成"三馆合一"在线报销平台，实现三馆在线报销审批替代线下纸质流转。以"数据多跑路，员工少跑腿"为员工办实事、解难题、提效率，并极大提升发票查真核验、连号提醒、电子票一键导入等多方面报销内控精细化管理，大幅度提升了报销的便捷性与准确度，提高了财务部门票据核销的准确性，通过信息化手段规避了报销过程中的票据隐患。

【自然博物馆虚拟化平台升级】　上海自然博物馆服务器系统建于 2014 年，存在设备老旧、性能资源不足、软件版本过低、单故障节点、软硬件非国产化等诸多问题。2021 年，上海自然博物馆对虚拟化平台进行升级改造，达到了算力提升、存储扩容的目标，使得计算能力提升 4.26 倍、存储空间提升 43.95%（达到 37TB），支撑运行、教育等各类系统共计 25 台服务器运行。实现核心业务从设备到平台软件的国产化，且新建设的系统架构能兼容老平台上的系统，使原有各业务系统平稳迁移至新平台。改造后的系统存储空间可以满足目前现状，并预留了未来便捷且弹性扩容的空间。

【网络信息安全全面加强】　2021 年，上海科技馆全面贯彻落实网络信息安全工作责任制。一是对三馆进行实时安全监测及网络安全扫描 500 余次，及时修复漏洞问题，保证全年网络运行安全、稳定，实现重大网络安全事件零发生的目标。二是提升终端设备网络安全防护能力，全面统一采购部署杀毒软件 1 100 多套，实现终端设备

防病毒的统一管控、主动防护。三是提升数据安全保障能力，强化数据备份、应急预案和演练，全面梳理涵盖三馆共计 26 个业务系统、制定相应的备份策略，累计备份数据 28.5T。

（丁　琳）

三、数字旅游

【"随申码·文旅公共服务平台"建设】
"随申码·文旅公共服务平台"依据《文化和旅游二维码信息编码和交换规范》，充分运用上海市"一网通办"电子证照赋能功能，打通"随申码"、身份证、社保卡的实名认证核验，贯穿"随申码·文旅"二维码的申请、编码、核验和数据分析等环节，为景区、文化场馆和酒店等文旅场所提供统一的标准服务接口，实现文旅用户、文旅场所、第三方预约预订及票务平台间信息流的闭环，为用户提供安全便捷的旅游体验，为各级行业管理部门履行监管职能提供全景数据支撑。

【"上海市文旅综合监测平台"建设】 2021年完成"上海市文旅综合检测平台"系统建设，按照"能联尽联"原则，推进文旅行业数据对接和共享。项目完善旅游景区视频监控和预约管理模块，全面接入辖区内 4A 级以上旅游景区实时数据。整合全行业数据，打造"一屏观文旅""文旅全景

图""景区综合监测""OTA 舆情分析""服务质量动态"等 11 个不同场景，充分释放数字化蕴含的巨大能量，强化科技赋能。

【地铁站点街区图更新建档统筹】 截至2021 年 12 月 31 日，合理调整街区图年度更新数量及更新方式，确定 128 座车站通过重新测绘制作的方式进行更新，其中 2座为中英文版新建街区图，35 座车站通过首次测绘方式进行新建。以"全面完成街区图年度更新任务"为目标，明确街区图信息内容的更新及新建重点。2021 年全年，对 321 座站点实地检查，通过拍摄实物照片的方式建立街区图电子档案。

【旅游"e 点通"触摸屏运维】 2021 年旅游"e 点通"触摸屏中文版数据库共维护信息 9 073 条；英文版审核发布常规信息1 651 条，时效性信息 335 条。累计配送触摸屏 38 台，回收 49 台，巡检 1 498 次，维修 254 台，维修及时率 100%，故障修

复率100%。

【旅游厕所建设管理】 截至2021年12月31日，全年完成旅游厕所新建、改建项目50座，其中新建18座，改建32座，超额完成年初预定目标。积极探索示范厕所建设，持续推进旅游厕所百度、高德电子地图标注工作，指导A级景区开通"全国旅游厕所管理系统"账号。全国旅游厕所管理系统中。上海1 158座旅游厕所在百度地图的标注率达99.83%。

（毛占刚）

第五编　数字化治理

SHANGHAI INFORMATIZATION

综　述

2021 年是"十四五"规划的开局年，也是上海数字化转型发展的重要时期。面对多方面的严峻挑战和重大困难，上海继续深化改革、推进创新转型，各部门进一步强化业务系统信息化建设，加快建立流程优化再造工作推进机制。2021 年也是"一网通办"的改革拓展年，上海市政务信息化建设依托大数据、人工智能、物联网等新技术，运用立法的形式，深化"一网通办"改革构建全方位服务体系，固化"一网通办"改革创新成果。加快推进"好办""快办"服务，深入推进"一网办、一窗办、一次办"，全面提高在线办理率和全程网办率。

第一章 政务服务体系

概　述

2021 年，在上海市委、市政府的统一安排下，全市电子政务工作围绕配合上海城市数字化转型部署，按照上海市政府深化"一网通办"改革工作的要求，深入实现政务服务"一网通办"行政审批事项全覆盖，持续归集"一人（企）一档"信息，做优、做强"随申办"超级应用，深化公共数据共享、开放和应用，加强公共数据安全管控和灾备系统，进一步提升政府部门业务协同能力和服务水平。

一、"一网通办"

【概况】　2021 年，上海市"一网通办"各项改革深入推进，持续提升企业和群众的获得感与满意度。

【制度驱动】　制定《关于深化"一网通办"改革构建全方位服务体系的工作方案》，明确 2021—2023 年"一网通办"总体目标和具体任务。上海市人大常委会审议通过《关于进一步促进和保障"一网通办"改革的决定》，于 2021 年 7 月 1 日起施行，以立法的形式固化"一网通办"改革创新成果。

【流程再造】 深入推进高效办成"一件事"改革,重点推进的市级12个"一件事"全部按期上线。加快推进"好办""快办"服务,完成市级"好办"事项104项、"快办"事项123项。推进落实"两个免于提交",规范电子证照调用"五要素"要求,各政务服务办事窗口明示"本窗口支持电子亮证",推动103个高频事项实现一键调取电子证照。

【服务范围拓展】 拓展公共服务事项并接入"一网通办",强化"随申码"功能应用,推出"随申码"离线服务,消除数字鸿沟,拓展"随申码"在健康医疗、交通出行、社会治理等场景应用。强化市民主页和企业专属网页建设,持续归集"一人(企)一档"信息,累计提供1 641项主动提醒服务和精准政策推送。协调推进长三角"一网通办",推出长三角政务服务地图,推动沪苏浙皖四地公安部门达成统一照片库方案,打造长三角异地购房提取住房公积金服务,实现长三角地区医保关系转移接续全覆盖。

【线下服务优化】 出台《"一网通办"政务服务中心建设和运行规范》地方标准,闵行、普陀两区政务服务中心按照新地标要求进行标准化规范化改造建设。制定《关于切实按照"两个集中"要求进一步优化服务事项办理模式的通知》,推动首批135个事项落地,打造市级政务服务事项"1+16"的线下服务格局。推进更多政务服务事项入驻银行自助终端,128个政务服务事项、612个电子证照查询打印事项已入驻银行自助终端,涵盖1 416个银行网点、3 111台终端。

【用户体验提升】 制定《建立完善帮办制度提高"一网通办"便捷度的工作方案》,建立线下领导干部帮办和线上帮办工作机制,与原有的线下大厅帮办机制一起构成"一网通办"帮办制度体系。持续推进"好差评"聚类分析和问题整改,逐月分析"好差评"情况,解决一批企业群众反映的突出问题。做好国务院办公厅网民留言办理系统及政务服务平台转送的各类投诉建议办理工作。

(胡永生)

【"一网通办"改革】 2021年,上海市大数据中心认真贯彻落实党的十九届六中全会精神和习近平总书记考察上海重要讲话精神,按照市政府办公厅具体工作要求,在全市各区、各部门协同配合下,以《上海市推进治理数字化转型实现高效能治理行动方案》为纲,大力度、深层次推进"一网通办"改革,坚持数聚赋能,围绕数据信息全生命周期精细化推进数据治理工作，聚焦"云网"基础设施建设，保障上海两会、第四届中国国际进口博览会等重大会议活动，有力支撑城市数字化转型。2021年"一网通办"总门户已接入3458项服务事项，网办率达70.18%，全程网办率达63.05%，分别比2020年同期增加14.58个和15.9个百分点；"一网通办"个人实名用户超6195万，法人用户超过249万。"随申码"累计使用次数超过57亿，"两页"累计访问量超过126.9亿次，"一网通办"累计服务达人次136.68亿。在国家行政学院《省级政府和重点城市网上政务服务能力（政务服务"好差评"）调查评估报告（2021）》中，上海排名全国第一。

【政府部门信息化职能整合优化】 2021年，市大数据中心在上海市政府办公厅统筹协调下，在市相关职能部门指导支持下，分四批推进全市部门信息化职能整合优化工作，已完成全部42家市级部门的工作方案，共涉及42个市级部门机关和24家信息中心的职能划转。2021年，每周召开信息化服务团队工作例会，每两周召开部门工作通气会，及时沟通了解难点问题与部门紧迫需求，限期处置与跟踪督办。共召开27次会议，累计解决378个"事、人、财、物"方面问题。建立做实前中后台一体化的信息化服务新模式，编制信息化服务操作手册和需求管理方案，初步建成信

息化服务管理系统，线上线下第一时间响应部门需求。综合协调各方力量资源，组建工作专班，完成第四届中国国际进口博览会数字化保障和全市疫情防控平台建设任务。推进市场主体全周期服务、统计监测大系统、"我要租房"App、全市商办楼宇监测系统、财政一体化管理平台、全市统一移动办公系统等，统筹谋划退军、商务、交通、规资、教育、体育、农业、民宗、金融等领域数字化转型工作，确保信息化业务承接有力、服务有效、管理有序。

【"云、网、数、用、维"安全底线构建】 一是以等保制度为纲，建立健全数据信息安全制度和标准规范。制定市大数据中心《网络安全等级保护管理制度体系》《人员安全管理办法》《信息化项目外包人员和开发场地管理办法》等系列安全管理制度。二是加强技术保障。落实数据信息全生命周期安全防护，保障数据归集存储安全，通过数据"可用不可见"，开展数据治理分域管理和安全专项审计。推动公共数据分级管理。持续推进各区、各部门数据责任单位落实个人信息的数据安全分级标识。三是深化安全工作机制。以应急预案和安全演练为重点，开展季度安全检查，建立隐患清零机制，加强整改。四是推进中心一体化运营管理平台建设。试点"网、云、数"及"随申码"安全运营对接。强化安全统筹、提高效率，确保"网、云、数、

用"安全事件快速高效处置。

【"一网通办"服务能级提升】 一是持续提升"一网通办"平台能力。升级"一网通办"用户库、事项库、办件库，拓展事项接入和模式优化范围，支撑"好办""快办"事项服务。推进"AI+一网通办"平台建设，通过"AI+"，上线智能客服语音识别服务。上线"一网通办"线上帮办，在"一网通办"各终端渠道实现35项高频服务线上人工帮办，累计帮办超2.9万次。研究推进"区块链+电子材料库"建设，并在9个区开展试点。

二是优化拓展服务渠道。优化移动端"随申办"建设。持续拓展"随申办"事项接入范围。聚焦公安、医保、卫生、交通、房管等民生重点领域，持续拓展"随申办"事项接入范围。持续强化"随申办"功能板块建设。针对不同特定人群提供精准化服务，满足不同层次的使用需求，持续优化如为老年人服务的长者专版、为残障人士服务的无障碍专版和为外籍人士服务的国际版，提供普惠化、均等化、便捷化服务。加强自助终端集约化，智能化建设。2021年度已提供自助服务事项1 018项，与8家银行合作，已覆盖全市1 416个银行网点、3 111台终端，累计服务24.8万次。

三是做强做优特色应用。拓展"随申码"功能应用。"随申码"累计使用次数

57亿，累计用户6 137万人。2021年，一方面持续完善"随申码"标准体系，提升"随申码"功能升级，不断扩大服务覆盖人群，推出"随申码"离线服务，服务老年人群及残障人士；完成"随申码""公交码""地铁码"三码整合；试点上线"随申码"企业服务，提升数字化治理和服务水平。深化拓展"随申码"在医疗卫生、交通出行、文化旅游、社会治理、中国花卉博览会等大型会展等领域的应用场景，推进"一码通城"。深化市民主页和企业专属网页特色服务。截至2021年底，"两页"服务累计访问量超过126亿次，其中，企业专属网页累计访问4 486万次。"一人（企）一档"方面，市民主页共上线七大类96小类信息项，企业专属网页拓展至9大类62小类信息项。推进主动精准化方面，2021年完成千余项主动提醒服务和精准政策推送，探索实现免申即享项目，推动政务服务从"人找政策"向"政策找人"的转型升级。

四是持续支撑"一件事"服务集成和"一业一证"专项推进工作。市级重点"12件事"已全部上线，配合相关业务部门优化完善2020年"15件事"各项功能，"一件事"办件已超265万件。研究制定技术标准和实施方案，配合在浦东新区开展行业综合许可试点，建设"一业一证"线上服务系统，上线"一业一证"服务专栏，打通25个行业28个事项相关业务系统，

支撑全市范围内复制推广。

五是持续推进电子证照深度应用。归集市、区两级各类电子证照超 1.65 亿张，累计调用量突破 7.65 亿次，有效支撑"两个免于提交"。推进系统改造，研究手写签名加注应用技术方案，规范用证行为。在上海市公安局等委办开展试点电子发证。推进长三角电子证照共享互认，聚焦政务服务、特定监管执法、社会生活等领域，实现身份证、驾驶证、行驶证等 30 类高频电子证照互认共享。

六是落实国家平台对接及跨省通办工作。持续推动"一网通办"平台与国家部委垂管系统对接和数据落地。提速长三角"一网通办"建设，累计办件量超 537 万件。

七是加速"一网通办"总门户创新融合。基于"一网通办"用户场景、主题服务、实际需求，持续优化用户体验。围绕"出行服务""专属""医疗健康"3 个场景开展栏目服务优化，完成交互框架。全员用户体验，持续提升"一网通办"全渠道上线事项走查和服务质量。优化部门网站智能检索和智能问答功能，推动委办局个性化搜索部署，提升检索问答实用性。做好"中国上海"政务公开工作，基本建成覆盖全市各级政府部门的主动公开公文库，做强做优多元化政策解读工作。通过与上报集团等的合作，多维度多渠道加强"一网通办"服务推介宣传。

八是持续推进"一网通办"适老化和无障碍改造。全面超额完成百万人次长者智能技术运用提升行动工作任务，开展社区辅导和帮办代办服务，累计服务 60.28 万人次，超过计划 50.7%。

【数据治理工作精细化推进】　坚持用数据赋能治理理念，推动解决"用数难"问题。运用好"目录＋清单"治理机制，有效数据目录达 1.8 万余个，累计汇聚数据 1 344 余亿条。强化数据共享，实现跨部门数据共享调用 120 亿条、跨层级数据下发 6 005 亿条，与长三角共享数据 2.9 亿条，国家接口调用量 42 亿条，上报国家数据 3.6 亿条。

一是深度参与、积极推动上海市数据立法工作，为加强数据资源体系建设、促进数据流通利用提供法制保障。通过立法固化公共数据管理的成熟经验和做法，同时创新公共数据共享机制，创设首席数据官、数据标准委员会、公共数据授权运营、数据资产评估等制度，充分体现立法的创新驱动。

二是强化大数据资源平台建设，构建城市级数据资源底座。完善平台运维规范，完成各子系统应用适配改造及功能测试；优化平台性能及用户体验，升级门户"找数据"功能，优化"管数据"功能；完善数据分域管理方案，开展 PoC（Proof of Concept，为观点提供证据）验证测试。

三是持续提升公共数据治理能力。坚持应用导向、快速迭代的数据融合治理方式，建好用好自然人、法人、空间地理综合库，2021年新建居家养老、法人标签、生态环境等13个专题库，支撑政务服务"一网通办"、城市运行"一网统管"等应用场景。自然人综合库覆盖2 730万余个自然人，法人综合库覆盖310万余家企业，空间地理综合库覆盖250万余个标准门牌地址、1 400万余间建筑房屋、6 000余个行政区划范围。开展"数源工程"，形成83个权威"数源目录"，通过"数源"能力持续支撑各区"一网通办""好办""快办"事项和智能填表。

四是加大数据共享力度。深化"1515"数据共享机制，加快数据共享落地，实现数据便捷共享，累计满足全市2.8万余个共享需求。结合自然人综合库、法人综合库、就业社保等多方数据推进全市疫苗接种数据融合治理，精准赋能基层，形成"免疫屏障"，通过上海市大数据资源平台向各区分发全市疫苗接种数据，有效支撑各区疫苗接种等疫情防控应用。配合"社区云"建设，建立社区治理主题库，属地返还等相关数据。

五是迭代优化公共数据开放平台。上海市公共数据开放平台累计上线54个数据应用，5 500多个数据集，超过9.9亿条数据。坚持深化普惠金融应用试点工作，向18家银行开放8个委办局386项公共数据，为超16万户次企业1 100亿元贷款提供数据支撑。

六是加强数据分析及应用。持续深化数据驾驶舱的迭代优化，扩充并完善数据驾驶舱数据，提升数据时效性。优化数据驾驶舱前端用户体验，强化后端管理功能。持续推进"数据月月讲"，开展人口分析、医疗健康、社会经济发展等12个专题内容建设，以"中心搭台、委办唱戏"的模式为各委办单位提供相互启发、相互借鉴的渠道，已开展7期"数据月月讲"，共21家委办局单位参与汇报，交流相应数据治理和系统建设成果，提升数据治理融合分析成效。

七是坚持标准先行。依托上海市数据标准化技术委员会，聚焦"两网"建设需求，聚焦"一网通办""一网统管"建设过程中显现的数据标准化需求，深化数据标准体系顶层设计，2021年内发布8项地方标准化指导性技术文件，立项7项地方标准。参与推进《信息安全技术 政务信息共享 数据安全技术要求》《信息技术 大数据 政务数据开放共享 第4部分：共享评价》等国家标准研制。在全国信息技术标准化技术委员会的指导下，三省一市（江苏、浙江、安徽、上海）大数据管理部门成立"长三角"数据共享开放区域组，联合长三角标准研制力量开展区域标准建设工作。签订《长三角数据标准创新建设合作协议》《示范区公共数据无差别共享合作协议》，加快长三角标准化建设，支持区域标准在示范区先行先试，推进跨行政区域数据资源互联互通、"无差别"共享。

【"云网"、灾备等新基建建设】 一是推进电子政务云规模化、集约化建设。2021年，为持续推进电子政务云规模化、集约化建设，强化"1+16"市、区两级统筹联动的格局，1个市级电子政务云，已实现3家运营商6个高品质数据中心共同支撑，华为和阿里两种技术架构的"双核驱动"，全力支撑市级近2 000个非SM（Safety Manager，安全管理）信息系统的稳定运行，具备向全市非SM信息系统提供集约高效、弹性扩展、安全可靠的政务云服务；16个区级电子政务云，各区构建以华为、华三、浪潮等多元化技术共同支撑的区级政务云平台，形成市、区两级政务云统筹规划和集约建设能力，实现跨部门、跨层级、跨区域数据共享和业务协同。

二是提升政务云管理和服务能级。紧抓顶层设计，谋篇整体规划，通过制定《上海市电子政务云管理办法（暂行）》确立全市电子政务云建设的管理框架；以及配套制定《市级政务云资源管理办法》《市级政务云PaaS服务管理规范》《市级政务云安全管理办法》等系列文件，持续输出有效制度供给，健全政务云制度规范体系，进一步提升市、区两级政务云精细化管理能力。

有力支撑政务服务"一网通办"、城市运行"一网统管"等全市重大信息系统的稳定运行，市级政务云持续加强中间平台层能力建设，充分引入大数据、区块链、人工智能等前沿技术，满足政务、医疗、教育等业务条线的共性需求；主动提炼总结多元算力服务在不同业务场景的最佳应用实践，形成云资源弹性伸缩、动态优化的服务能力，并将市级优势服务能力向区级输出，实现资源共享，加强市、区两级共建共用、协同联动，以及对视频、物联等数据量大、实时性强的数据，根据实际需求实行分层计算，实现算力在市、区两级政务云上的合理分布。

贯彻"管理即服务"的理念，创新市政务云资源管理模式，全面提升云服务效率，按照"兼顾规范性与灵活性"的原则，基于"政务云基础设施监管服务平台"，优化云资源申请、审核和发放全流程的闭环管理；完善政务云资源使用管理制度，推动闲置资源释放，提升资源使用效率。完善政务云第三方考核评估体系，落实云架构的变更和上云方案的评估，加强云平台安全保障，实现事前、事中、事后的全流程监管。

三是推进政务外网升级改造。完成16个区的政务外网升级改造工作，实现40G—100G带宽能力，全网具备支撑城运系统的视频集中调用、"雪亮工程"视频共享等应用需求的能力。全面展开网络运行和安全监测支撑系统的建设工作,推进升级改造与安全工作同频共振。

四是推进灾备中心升级建设。健全灾备管理体系,起草完成《上海市电子政务灾难备份管理办法》《上海市政务信息系统灾难备份分类分级指南》。根据上海市政府专题会议精神,推动有关部门加快推进灾备中心资产划转事宜,适时启动灾备中心项目建设。

(靳　玲　贝文馨　万秋萌)

二、政务服务渠道优化

【概况】 2021年,"12345"市民服务热线(以下简称"热线")数据呈现市民诉求受理量同比上涨、热线"总客服"地位日益夯实、市民诉求感知渠道更多元三大特点。

【市民诉求受理量同比上涨】 2021年,热线通过电话、手机客户端、网站以及双向通道等渠道共受理市民诉求 7 965 228 件,与2020年同期相比诉求量增加 1 038 014件,增幅为14.98%。2021年下半年市民诉求受理量比上半年明显增加,7—12月基本维持当年度诉求受理量的高峰,其中单月最高诉求受理量出现在8月,超过80万件。下半年月平均诉求受理量 740 942件,比上半年高出26.3%。此外,市民诉求受理量中近四成为咨询类工单,近三成为求助类工单,基本与2020年同期相当;投诉举报类工单占24.06%,同比增长13.75%;其余为意见建议类等工单。

【热线"总客服"定位日益夯实】 2021年2—12月,全市共有8条政务热线先后并入热线("12318"文化执法热线、"12350"安全生产热线、"12328"交通运输热线、"96119"消防热线、"12319"城建热线、"962222"社保热线、"962223"卫生监督热线、"12305"邮政热线),新增55.3万余件诉求量(暂未纳入总诉求量统计),占2021年全年诉求量近7%。随着政务热线的陆续归并,热线作为城市政务"总客服"的定位也日益凸显,市民诉求"一号响应"格局正逐步形成。

【市民诉求感知渠道更多元】 2021年,热线共受理市民诉求 7 965 228 件。其中,电话受理诉求 6 852 874 件,占86%;多渠道(包括微信、语音信箱、手机客户端等渠道)受理量 1 112 354 件,占14%。多渠道受理量中,微信小程序受理诉求401 173 件,占5%;语音信箱受理诉求335 214 件,占4%;手机客户端受理诉求241 674 件,占3%;网站受理诉求43 349

件，占 1%；"一网通办"、"双向通道"及其他渠道共受理诉求 90 944 件，占 1%。尽管当前热线诉求受理量中仍以电话受理为主，但自 2015 年 5 月逐步开通多渠道受理后，多渠道受理量基本呈现小幅上升的趋势（多渠道受理量占比从 2015 年的 1.32% 提高到了 2021 年的 14%），对分流电话呼入与受理的作用正逐步显现，为多触角感知民生诉求提供更多途径。

（银　峰）

第二章　机关数字化建设

概　述

2021年，上海市各机关在信息化推进过程中，将各部门的重点业务及机关信息系统整合重构，将分散、独立的信息系统整合为互联互通、业务协同、信息共享的大系统、大平台，全面贯彻数据共享共用，通过"一网通办""随申办"等方式，不断提升政府经济管理、社会管理和公共服务的效率和水平。

一、上海市人民代表大会

【概述】 2021年，上海市人民代表大会常务委员会（以下简称"市人大常委会"）办公厅按照"数字城市"建设要求，完成上海市区和乡镇两级人大换届选举云平台、上海市人大预算联网监督系统二期项目和上海市人大常委会信访辅助办案与智脑分析平台建设任务，上海人大网和"上海人大"微信号服务常委会年度工作重点，为政策法规宣传、代表依法履职、倾听民声民意等提供信息化支撑。

【上海市区和乡镇两级人大换届选举云平台建设】 上海市区和乡镇两级人大换届选举云平台是一套全市统一的，用于上海市区和乡镇两级人大换届选举工作的数字化平台，用户覆盖全市各级选举工作机构和在上海市参选的所有选民。云平台建设依托上海电子政务云，充分利用上海市大数据资源共享体系，运用移动互联网、人工智能、人脸识别等技术手段，充分考虑新型冠状病毒肺炎疫情可能对常规选举工作带来的切实影响，注重有效解决由于"人户分离、人企分离、企业注册地和生产经营地分离"导致选民登记工作存在"重、错、漏"等问题，着力提高换届选举工作的效率和质量。

换届选举云平台涵盖从选民信息采集到区、乡镇两级人大代表选举产生等各个环节，提供全方位技术和在线支持。一是选民信息采集。换届选举云平台提供多种选民信息采集方式，包括单位/学校登记、登记站登记、个人自主登记等。二是信息比对。换届选举云平台使用人口大数据，提供错登比对、重登比对、漏登比对等选民信息比对方式。三是资格审查。通过选民信息与剥权库比对，进行资格审查，通过资格审查的选民进入划入选区流程。四是选民划入选区。提供区、乡镇选区划分功能，可以多方式把选民划入选区。五是选民名单公布。提供选民名单公告生成、纸质选民证打印、电子选民证生成等功能。六是初步候选人提名和确定。云平台完成初步候选人提名、确定工作，生成初步候选人名单公告，提供统计分析功能。七是

正式候选人协商和确定。初步候选人经过协商、确定，生成正式候选人名单公告，并提供统计分析、正式候选人云端视频见面等功能。八是选民名单补正。提供选民名单补正、生成补正名单公告等功能。九是投票选举。提供远程视频查看投票选举现场、报送选举结果等功能。十是当选代表资格审查和公告。提供当选代表资格审查、生成名单公告等功能。十一是区、乡镇两级人大代表数据库生成。云平台自动生成区、乡镇两级人大代表数据库，并为代表补选、代表信息库建设等提供延展服务。

在选民信息采集、登记环节，由于数据量巨大，采取了多种措施。一是执行分时分类登记的原则，按照"先单位后社区"，依次开放单位、学校、社区、个人进行选民登记。选民可以通过社区登记站、PC端和手机App进行自主登记。二是遵循"统一刚性"的登记原则，上海市户籍人员，"人户分离"的，以居住地登记为主，户籍地追踪兜底。"人企分离"的，以劳动合同为依据，由公司对企业人员选民登记做出整体安排。"企业注册地与生产经营地分离"的，以企业注册地所在的选区为主，让企业自主选择参选地。非上海市户籍人员，通过依法办理选民资格转移证明、核对选民资格等方式进行选民登记。长三角示范区范围内，试点流动人口选民资格认定便利化手段，进行选民登记。三

是实时进行审核比对原则，选民登记工作既要做到应登尽登，确保享有选举权利的选民都能参与选举，又要加强选民资格审查工作。通过换届选举云平台，各选举单位可以实时共享停剥权人员信息比对库，进行在线比对，确定选民资格。

换届选举云平台针对选情传递及时性问题，按照全过程"可视化"建设理念，开发选情及时展示子系统，实现了选情"一屏纵览"。通过各个选举站点设置的可视化大屏幕和手机 App，运用数据、图表、视频、多媒体等多种形式，实时动态展示各区各级选举工作情况，为市、区领导应对突发事件，提供应急决策响应信息支撑。

换届选举云平台依托上海市近年来城市治理体系和治理能力数字化水平持续提升所打下的坚实基础，创新工作方式方法，最大限度提升选民登记率，上海市户籍 18 周岁以上登记人数 1 178 万余人，登记率为 92.5%，让广大人民群众最大限度地参与到选举工作中。

【市人大预算联网监督系统二期项目建设】
根据全国人大常委会办公厅《关于印发〈关于推进地方人大预算联网监督工作的指导意见〉的通知》精神，上海市人大常委会稳步推进预算联网监督系统建设工作。预算联网监督系统二期项目以智能预算审查系统为基础，进一步扩充数据中心，拓展国资、宏观领域分析监督功能，利用互联网思维和大数据分析技术，进一步提升系统整体智能化水平，根据实际业务场景，提高预算审查监督的效率，增加预算编审、预算执行和决算的透明度，促进资金分配和管理的公开、公平和公正，规范政府行使权利行为。

夯实监督预警数据中心。一期项目已经初步形成以财政业务数据为核心，部署在政务云上的联网审查监督数据中心，实现财政全库数据，国资、税务和社保部分报表数据的交换功能。在此基础上，二期项目进一步拓展横向联网范围，建立市人大与政府各部门间的数据交换机制，扩大原有数据采集深度和广度，实现对财政、发改、国资、统计、税务、人社、医保、审计等部门的数据收集整合，建设体系完备的监督预警数据中心。

完善整体监督模型体系。包括完善财政预算分析模型、扩展财政专项监督模型、扩展行政事业单位国有资产监督模型、开拓跨部门业务领域数据整合分析模型等。

构建大数据监督指标体系。在指标体系设计上，充分考虑到上海市人大常委会和人大代表对系统分析结果使用的需求，建立基于人大视角的定性定量分析标准，完善审查监督工作的覆盖面，包含财政预算、部门预算、国资预算、社保预算、财政执行、部门执行、国资执行、社保执行、部门调整、债务管理、国资经营预算、国资经营调整、国资经营决算、国企运行、行政事业资产、政府采购等监督指标体系。

建立"闭环式"审查工作平台。依托人大监督预警数据中心，扩展监督应用业务领域，完善跨领域全覆盖的预警指标体系及分析监督模型，建立自动筛选、自动预警、自动分类、自动推送、自动跟踪和全程反馈的预警处理审查工作平台。通过结合人大监督工作中的通报制度、询问质询、专题审议、特定问题调查等相关程序，形成线上线下互相配合，切实推动政府部门改进相关工作，完善闭环式审查监督全流程。

建设引导式监督服务"数字图谱"。在智能预算审查系统的六大工作平台基础上，分析多层次服务对象的使用习惯及需求，从使用对象的角度出发，改变原有表格式数据分析形式，以分析报告、监督报告、信息通报、领导驾驶舱、监督大屏等形式，建设引导式监督服务"数字图谱"并增加智能语音引导功能。

预算联网监督系统二期项目通过运用大数据、"互联网+""数字图谱"等信息化技术，构建"互联网+人大监督"工作模式，为上海市人大常委会实施有效监督、科学决策提供全方位技术支撑，实现人大审查监督工作的精细化管理，创立权限分配、分析监督和意见管理的全过程审查工作一体化管理模式，监督力度明显加强。此外，项目还预留与全国人大、区级人大的数据贯通接口，可以实现各层级之间数据联通及共享。

【上海市人大常委会信访辅助办案与智脑分析平台建设】　该平台为上海市人大常委会信访办公室提供智能辅助办案手段及智慧决策分析能力，为信访综合分析工作提供技术支撑，引入信访公众服务平台，对信访接访大厅进行智慧化覆盖，完善网上信访反馈机制，运用智能分析助手，多维度、多场景剖析信访工作现状、预判信访事件发展趋势，为上海市人大常委会立法、监督及代表履职工作提供辅助决策参考。

其中"信访数据云平台"统合来访人在上海市各区上访情况，形成上访轨迹并在政务云内部流转推送，各信访件处理单位可以线上即时接收、签收、处理各类信访信息；"信访公众服务平台"为来访者提供政策法规查询、信访预约、信访件查询、个人权益、来访轨迹、自助问答等线上办理服务；"议题征集平台"可以将征集数据按照各区人大、上海市信访办公室、12345市民热线、两院联动等分类留档并自动生成本年度监督热点问题列表；"信访数据链计算引擎"可以对信访数据建立大数据分析模型，形成社会治理指数，反映社会治理状况；"信访回执单、交办单、函转件物流签收确认中心"为信访件生成二维码标识、流存信息等，进行数据留痕，并可以设置相关预警信息。

【全媒体平台融合发展】 2021 年，上海人大网依托"上海人大"全媒体平台，围绕上海市人大常委会重点工作进行全面报道，开设"市、区、乡镇人大代表联系人民群众平台""阿拉身边的代表·说法""上海市区和乡镇两级人大换届选举"等专题，为人大代表、市民和网友提供线上展示、交流平台。配合《上海市红色资源传承弘扬和保护利用条例》的公布和施行，特设"创新引领，传承弘扬——党的诞生地上海，立法为红色资源'保驾护航'"专栏，全面展示《上海市红色资源传承弘扬和保护利用条例》发布的全过程，涵盖亮点解读、热门评论、视频集锦、代表论坛、主题展览、媒体集锦等内容，阐明立法为红色资源"保驾护航"的创新举措和重要意义。

2021 年，"上海人大"微信号注重原创时效、贴近民众关切，2021 年全年共推送稿件 890 余篇，总浏览量 120 万余次，其中 3 篇作品获得第 31 届上海人大新闻奖三等奖。制作发布一批体现"新、快、活"等新媒体特点的微信推送文，如全程跟踪上海市区和乡镇两级人大代表换届选举、推送《〈上海市浦东新区促进张江生物医药产业创新高地建设规定（草案）〉公开征求意见》、策划"新征程 新气象 区人大常委会主任访谈系列报道"等。微信号加关注的"粉丝"数达到 5.1 万余名，成为上海地区重要的政务微信号之一，并在全国人大系统微信号中处于领先地位。

（宋 兵）

二、中国共产党上海市委宣传部

【"红色文化资源应用项目"建成】 2021 年，上海市委宣传部"红色文化资源应用项目"通过验收。该项目围绕贯彻落实《新时代爱国主义教育实施纲要》和"四史"学习教育部署要求，以庆祝建党 100 周年为契机，深化全市红色文化资源的发掘、保护、利用，深入推进"党的诞生地"发掘宣传工程，建设开发红色文化资源应用项目，依托全市红色革命遗址和爱国主义教育基地等，借鉴"一网通办""一网统管"经验，提升全市红色文化资源展示、利用、服务和管理水平，打造新时代爱国主义教育新载体。

项目充分运用移动互联网、云计算、大数据等现代信息技术，通过"光荣之城""红途微视""城市阅读""四史教育""建党百年""场馆预约""场馆活动""红途讲师""海上文创"九大精品功能板块，打造红色文化教育一站式工具类服务平台、全市红色文化资源集成平台；通过建设学习强国小程序、微信小程序、H5轻应用三个应用版本，实现多渠道推广应用，满足不同用户需求。学习强国小程序基于学习强国平台，主要包括与学习强国平台现有接口对接及各板块页面开发及适配；微信小程序基于微信小程序技术规范，主要包括与微信现有接口对接及各板块页面开发及适配；H5 轻应用支持与第三方应用平台对接展示，实现各板块页面开发及适配，实现与"随申办"对接。

平台首页设有"统一搜索""动态广告栏""功能导航""我的轨迹"等功能模块。面向社会公众，以"看、听、访、学"为主，设有"光荣之城""红途微视""城市阅读""四史教育""建党百年"五大板块内容；面向红色文化场馆，设有"场馆预约""场馆活动""红途讲师""海上文创"等板块，提供预约、展示、推介等服务。

（吕玉新）

三、上海市人民检察院

【概况】　2021 年，上海市人民检察院（以下简称"市检察院"）按照最高人民检察院（以下简称"高检院"）和市检察院党组部署要求，立足信息化服务保障职责，统筹推进统一业务应用系统 2.0、上海刑事案件智能辅助办案系统（以下简称"206 系统"）、数字检务等各项信息化工作，围绕全流程全息在线办案体系建设重点工作，强化检察监督能力、提升司法办案质效。

【全流程在线办案体系建设】　全力推进检察数字化转型工作，围绕"线下办案行为全面线上化，检察业务全面数字化"，梳理"十大业务"全量办案行为，开展全流程在线办案体系建设，全面提升检察工作质效。召开数字检务应用场景现场评审会，对全市检察数字化应用场景建设成果进行集中展示，不断提升全市检察机关参与数字化转型的获得感与参与度。

【上海检察大数据中心成立】　做好数字化转型整体谋划，强化组织领导，梳理信息化、数字化工作职责，理顺工作推进架构。将数字检务纳入年度重点工作考核，要求各院成立专责工作机构，充分调动全市三级院力量开展数字检务应用创新。组织多场数字化转型研讨会，梳理出 17 个全流程全息办案数字化应用场景，引导各院加强研发创新，寻求信息化应用破解难题。

【内网版检察业务应用系统 2.0 部署】　根据高检院部署要求，推进内网版检察业务应用系统 2.0（以下简称"内网 2.0"）部署上线工作。组织全市检察官内网 2.0 使用培训，完善相关制度机制，确保内网 2.0 于 2022 年首日按期上线运行，使上海检察机关成为全国首家部署上线内网 2.0 的单位。

【206 系统建设与应用】 依托 206 系统，牵头推进政法协同等应用功能，推进单套制扩大试点应用，促进政法协同全流程覆盖，不断完善系统建设。

【远程听证室建设完成】 按照高检院听证室一体化建设指引，完成市检察院远程听证室本地及听证直播建设，并通过高检院公开直播验收。同时指导全市 16 家分、区检察院通过高检院听证直播验收，占全市检察机关数量的 76%，超额完成 2021 年初制定的 60% 目标。各分、区检察院已相继开展远程听证网上直播，为全市检察机关更好适应新形势下检察工作发展趋势和发展规律，推进司法公开，保障当事人合法权益，提升办案质效，打下坚实基础。

【律师互联网阅卷试点工作开展】 根据高检院统一部署，完成互联网阅卷系统部署与调试，并在全国第一家上线律师互联网阅卷系统，真正实现律师阅卷"一次也不用跑"。

【检察数字化人才培养】 举办检察业务全流程数字化转型实训班，培育上海检察数字化转型人才。协调信息技术人员下沉基层办案一线跟案学习，全面了解掌握案件办理流程，提高人员知识素养和业务水平，为更好开展检察数字化建设打好基础。

（徐 赟）

四、上海市高级人民法院

【概述】 2021 年，上海市高级人民法院（以下简称"上海法院"）网络安全与信息化工作围绕信创工程和全流程网上办案体系建设两条主线，落实高院重点工作，具体化为 56 项任务，除需要持续推进的外，均已基本完成。全市法院信息技术条线攻坚克难、加班加点，全面完成上海法院信创工程主体建设；全力服务保障全流程网上办案体系建设，完善系统功能和解决新需求达 600 多个，制定《上海法院全流程网上办案配套技术标准》，提升基础设施保障能力；优化一站式诉讼服务功能，提升便捷体验，诉讼服务量增至新型冠状病毒肺炎疫情前的 5 倍，服务量达 500 万人次，创历史新高；大力指导与服务保障基层基础建设，组织一线调研 10 余次，下发 16 个指导性文件，全程协调指导年度预算申报工作；保障全市法院 1 400 余场重大庭审、重要会议和接待进行。

【全流程网上办案体系建设】 2021 年是上海法院全流程网上办案的系统集成年、重点突破年、成果展示年。上海法院信息处制定《上海法院全流程网上办案配套技术标准》，参与编写《全流程网上办案体系的实践与探索》，开展各类调研12场，主办全流程网上办案实践论坛，收集问题需求700余个，解决技术问题600余个，发布宣传视频10篇，健全完善操作手册（含视频）54章，组织直播培训3次，逐步完善全流程网上办案制度体系。

持续优化完善系统功能，研发综合审批、批量办理等50余个功能。优化网上立案、在线庭审、庭审记录改革、电子阅卷等模块，链接"全国法院统一送达平台"，打通全流程网上办案难点堵点。优化当事人身份认证功能，实现诉讼主体身份在线认证，完善12368平台接电流程，增加人工智能引导，新建微法庭应用，引入异步审理模式打破时空限制，有效提升当事人在线诉讼参与度和满意度异步诉讼活动1万多次，异步庭审4394件，有效节约诉讼成本。完善庭审记录方式改革应用功能，升级语音能力平台转写引擎，提升庭审笔录的有效利用率；优化数据处理机制，提升庭审音视频数据完整性准确性。2021年全年采用庭审记录改革方式开庭18万余场，占庭审总数的32.18%。加强基础设施支撑保障，争取资金支持，配备6000台32寸显示器和470余种外接设备，建成支持庭审记录改革法庭数595个，提升法庭配置到位率至64.3%，为法官在线审理、

当事人在线参与诉讼提供硬件支持，建立全市应用云网一体监测联络工作群，加大服务器、网络设备等巡检力度，确保各类应用平稳运行。

推进类案试点工作，组织专班点对点指导浦东法院、徐汇法院类案全流程网上办案试点，在徐汇法院对要素式立案、微法庭、文书制作、合并排期等约122项功能进行个性化定制和优化，2021年全年徐汇法院涉知识产权（商标权、信网权）案件全流程网上办理共5590件，办案团队人均月结案增幅达60%；在浦东法院，对信用卡纠纷要素式立案、批量立案、前置立案审查、18类文书模板制作、批量文书生成、批量签发盖章、电子送达智能合约等约94项功能进行个性化定制和优化，浦东信用卡纠纷案件全流程网上办理10125件，平均结案时长28天，月结案率100%。

持续推进单套制归档改革，全年电子卷宗单套制归档31.38万件。不断优化电子卷宗系统功能，新增批量办理等功能，提升单套制归档效率。稳步推进刑事案件"单套制"试点，研发补充提交证据材料、音视频随案流转、法律援助线上申请等功能，全年黄浦、嘉定两家试点法院审结单套制案件878件。完善上诉电子移送功能，拓展二审案件电子档案、法律文书查阅范围，实现一审、二审电子卷宗全流程线上流转。

大力推进执行全流程网上办案应用，提升执行办案质效。严格规范执行终本结案，全面推广终本案件实施"办理信息"+"电子卷宗"双重校验，2021年全年核查终本案件8万余件，提醒瑕疵案件近1万件，促进终本案件规范办理。优化并推广应用"刑事被害人案款核发平台"，全年共完成29起案件共44.83亿余元案款发放，涉及被害人55.38万人，提升涉众类执行案件办理效率。

【信创工程建设】 2021年，按期完成信创工程建设，2022年1月上海市高级人民法院信创工程已通过上海市委初验，随后全市法院初验已经完成。建设期间，全市法院共计更换1.8万余台终端设备、900余台服务器存储设备，安装测试9万套软件，部署700多台网络安全设备，整合适配209个应用系统8 666个功能模块，并同步完成安全和密码测评。其中，上海市第一中级人民法院、上海金融法院、上海市嘉定区人民法院、上海铁路运输法院四家法承担先行试运行任务。

【经济社会发展大局服务保障】 2021年，上海法院充分运用信息技术支撑司法服务保障大局工作。一是服务保障浦东高水平改革开放。协调临港新片区管委会，共同打造临港新片区现代化诉讼服务体系。二是助力法治化营商环境建设。大力推进网上立案工作，对买卖合同、金融借款合同等商事案件试行以网上立案为主的立案模式，全年三类案件网上立案13万余件，同比上升65.7%。完善随机分案功能，增加固定团队中随机分案、随机分案参数设置审批等功能，推进随机分案系统与繁简分流、审判团队改革有机融合，全年随机分案81.75万余件。规范案件期限管理，将延期开庭规则纳入各类办案、管理系统，增加延期开庭案件提醒和延期情况展示功能；新建破产管理人随机摇号模块，实现办理程序公正透明；强化对执行案件的时限管理，将财产查封、控制、处置各环节的办案时限嵌入审判管理系统，加强超期预警和提示。研发上线司法鉴定管理模块，实现司法评估鉴定全流程网上办理，全年在线司法鉴定1 517件。

【教育整顿工作落实】 上海法院教育整顿工作期间，全市法院信息技术部门全力配合做好技术服务保障工作，保障专题视频会议24场，保障普通会议室160余次，研发在线考试和在线签到功能，提升教育整顿工作便捷性。服务保障减刑假释暂予监外执行案件排查工作，完成近16万多案件结构化数据和90余万份档案材料迁移，梳理三类案件明细清单和案件差错清单，为集中排查提供详细数据支撑。全力配合"胜诉退费"专项整改，筛查验证案件数据，确保准确无误；打通"胜诉退费"

相关应用，研发批量退费和审批、银行账号自动导入等功能，实现"胜诉退费"全流程无纸化办理。2021年全年共完成胜诉案件退费8.3万件，已退金额6.96亿元。落实完成20项"我为群众办实事"和7项"我为基层解难题"任务，落实巡视整改要求提出7项整改举措，配合解决顽瘴痼疾问题8个。做好肃清流毒相关关键词的筛查处理，对政务外网网站、因特网网站，各大应用系统及数据库进行逐一排查，清理筛查230万余篇已上网裁判文书，撤回800余篇，按要求删除信息及简讯1 700余篇。

【基础设施和网络安全建设】 不断加强网络安全防护，持续开展两张网的等级保护和测评，编制政务内网建设方案并纳入上海市经济和信息化委员会建设储备，完成政务外网不合规连接通道整改和数据库、应用系统备份恢复演练，持续加强安全薄弱环节监测。通过最高人民法院和上海市委网络安全专项保密检查，并组织开展全市法院网络安全检查，共整改3方面6类问题。加强网络安全宣传，参加2021年上海地区网络安全周活动，在全市法院开展个人信息保护宣传展示活动。加强全流程网上办案数据安全防护，优化数据隔离交换平台，支撑全流程网上办案跨网数据交换需求，确保云网、跨网、跨平台数据存储和传输安全。优化网闸数据交互，加强交互动态监控，降低因故障引发的数据交互延时。持续夯实基础设施，完成法院内部场所信息化配套建设。协助通过最高法院"六专四室"专项验收，配合完成三巡辖区远程接访调试和准备。推进远程提讯（审判）建设应用，完成与市内各看守所、监狱、6家高级人民法院、4个外省市看守所和2个监狱之间的多对多系统联调，通过远程视频开庭审理案件1万余场。梳理修订规章制度，修订《上海法院信息化项目建设管理办法》等16项规章制度。

（徐　沛）

五、上海市经济和信息化委员会

【产业数据中枢平台建设】 2021年，上海市经济和信息化委员会全面推进产业数据中枢平台建设项目。作为数字化转型试点项目，该项目以内外部数据融合应用为基础、以产业数据中枢为基座、以经济数字化转型为主线、以业务场景落地为抓手，把政务数据转变成治理数据资产，形成管理要素，支撑产业数据链的构建；把政务管理经验转变成数据模型算法，优化管理手段，支撑智能决策构建，形成持续迭代优化的产业大数据图谱分析决策平台，赋能经济数字化转型。

一是优化系统架构。构建前端"一舱"(领导驾驶舱)＋后端"一平台"(产业数据中枢平台)。重点聚焦不同展示主题和应用场景，关注领导驾驶舱的态势感知和研判；强化内外部数据融合应用，构建产业数据中枢平台，为业务处室开展产业决策分析提供支撑。

二是优化数据治理。通过实时对接市经济信息化委现有 12 个业务生产系统，梳理形成 119 个主题数据库，对全委数据资产进行标准化治理，用活"产业抽屉里的数据"；同时，引入市空间地理库、市统计数据、电力数据、企业数据等十多类共 700 余项数据，支撑产业大数据图谱决策分析和态势研判。

三是优化展示布局。摒弃"大而全"的页面设计，聚焦"经济运行稳增长、产业投资促发展、企业活力观态势"等内容，突出业务主题和产业态势主线，风格简约。

四是优化技术选型。经过对市场主流技术和产品调研，采用阿里云 DataV 可视化开源工具，提供数十种行业数据模板及自定义组件，根据不同主题和要求，实现展示内容的模块化动态组合和灵活配置，极大缩短可视化开发周期。该系统是业务处室日常工作及产业发展态势感知的重要支撑载体，通过分析三大先导产业的产业链条、产业环节、节点企业及创新水平等数据，实现对产业发展态势跟踪、产业发展方向的研判，为针对性实施强链、补链提供科学有效的决策支撑。

（数　转）

六、上海市公安局

【概况】　2021 年，上海市公安局（以下简称"市公安局"）深入谋划推进智慧公安建设应用，全面践行以实战需求为导向、以应用场景为牵引的工作理念，有力推动智慧公安发展向深度应用，智慧公安基础设施向"两网""两集群"协同发展，智慧公安建设应用管理向常态化、长效性转变。

【向深度应用转变】　一是聚焦实战需求，强化应用场景。推进基层勤务、规范执法、侦查打击、治安防控、重点安保、安全管理、支撑保障等 8 大领域、40 项应用场景落地。2021 年，先后总结形成 2 批、43 个应用场景解决方案，并在全局范围内推广，为广大民警更好地运用科技手段开展工作提供按步操作指引。

二是聚焦培训推广，加强应用场景练兵比武。推进智慧公安应用场景大比武大练兵，开展"魔都 24 小时"第二季经侦业务场景应用、视频图像智能化暨"城市之眼"实战应用、疫情风险排查与流调溯源等条线练兵比武活动，有力强化相关技能培训和解决方案推广，在全局范围内初步形成比学赶超的应用场景发展小高潮，有10家分局还在进一步总结技战法的基础上，分别提出相应的个性化应用场景在本地区推广。

三是聚焦"隐患清零"，深化全领域场景应用。研发"动态隐患清零"系统和配套轻应用，持续接入各单位"清零"业务系统；创新"警务百宝箱"新模式，强化基础通用工具供给，为全局动态隐患清零工作提供技术支撑。优化升级大数据分析研判系统，赋能各单位模型80个；组织开展以"智慧清零"为主题的模型应用评比活动，涌现出一批如大客流风险洞察预警的优秀模型和以"110接处警""智警在线""智搜"等移动应用为基础的应用场景在全局推广。

【"两网""两集群"协同发展信息化格局构建】 以编制公安信息化"十四五"规划为契机，通盘考虑公安信息化发展，努力推动构建"两网""两集群"协同发展格局，支撑公安专业应用；进一步用好感知网上现有的政务云，更好地服务城市治理。一方面，对标公安部要求，推动公安信息网升级改造工程。一是对标公安部出台的《关于加强公安大数据智能化建设应用的指导意见》要求，研究制定上海公安大数据智能化应用基础环境建设方案。着力推进上海市公安局新一代公安信息网"一网双

域"改造工作，初步完成省级用户域、数据域建设，并提供虚拟化、对象存储、离线计算、负载均衡等云服务。配套开展移动警务系统II类区改造，基本构建起包括应用商店、政务微信、移动总线等功能的公安专属移动应用体系。二是上海市公安局警用数字集群无线通信系统（Police Digital Trunking，简称PDT）建设在黄浦区完成试点建设，为实现对国外无线通信系统的国产化替代奠定基础。

另一方面，充分发挥公安感知网作用，赋能城市数字化转型发展。一是夯实"神经元"感知基础，持续推进全市"神经元"建设，提升智能探头数量和智能化率；同时，推进4G执法记录仪建设应用，完成各分局和轨交总队共计万余台4G执法记录仪的联网工作，进一步提升应急突发事件现场视频回传效率；基本完成2021年新建小区智能安防建设，有效推动城市安防"细胞"数字化发展。二是深化城市治理数字化应用，推广"城市之眼"视频智能应用，会同上海市气象局、市生态环境局、市水务局等单位试点开发团雾、渣土车未加盖等场景应用，累计向上海市城运中心提供视频调阅服务982万次。初步建成"易的PASS"并接入市城运中心，定向输出各区在网车辆数、每日出行车辆数等数据，辅助城市交通智能化管理。向上海市城运中心共享应用大客流聚集管控系统，涵盖全市重点区域100余处，为大客流管控提供

客观依据。牵头开发"一标三实"信息采集移动应用，增加登记实有人口804万人次、注销807万人次，基本上解决跨部门信息采集的数据同步问题。三是赋能新型冠状病毒肺炎疫情防控工作，充分发挥公安大数据智能化优势，配合市卫健委和疾控开展疫情态势研判分析，搭建相关涉疫模型70余个，及时响应疫情防控需求。协助开展重点地区来沪人员排查，有效助力人员落地查控。获取发热门诊就医，线上/线下药店购药及各种涉疫线索，支撑本地病例流调和疫情防控工作。

【常态化、长效性智慧公安建设应用管理体系构建】 一是建立健全公安信息化项目管理规范。认真贯彻落实公安部《关于进一步加强公安信息化建设管理监督工作的意见》，及时修订出台《上海市公安局信息化项目管理规定》和《上海市公安局信息化项目验收规范》，进一步促进信息化项目全流程规范化管理。同时加强信息化项目论

证工作，落实"上海公安大数据智能化基础环境""上海警用数字集群无线通信系统"等项目入库前专家评审。

二是构建应用发展管理闭环工作机制。2021年坚持每季度至少开展一轮基层一线实地调研，全面启用"上海公安反馈总线"，接入分局和市公安局部门各类轻应用、桌面应用，累计收到基层评价和意见建议10万余条，创新形成系统应用从开发到推广的问题收集、跟踪指导、整改完善的迭代优化管理闭环。

三是完善安全运维管理制度机制。先后出台《上海市公安局警务微信使用管理规定》《运维工作数字化转型总体方案》以及相关网络安全工作责任制等指导性文件，进一步加强安全管理、推进运维工作数字化发展。针对公安机关重要敏感数据安全管理难题，专门制定《上海市公安局数据安全管理工作指引》，进一步推动在全局范围内加强数据安全管理。

（漆　源）

七、上海市司法局

【概况】 2021年，上海市司法局（以下简称"市司法局"）信息化工作紧紧围绕司法行政中心工作，抓好"十四五"信息化建设开局，有序推进数字化转型，完成2021年度各项目标任务，为上海司法行政工作高质量发展提供支撑和保障。

【"一网通办"场景应用深化】 推进"从事律师工作"和"公证员执业审核"一件事改革，完成与市大数据中心统一预约平台和统一物流平台对接，推进"好办"服务，实现"不见面办理"。接入全市"好差评"系统，公共法律服务业务全面接受办事企业和群众监督

评价，提升线上线下服务能级。推进公证执行文书信息和法院相关信息数据共享，实现向市大数据中心推送电子公证执行文书。

【"一网统管"建设成效提升】　加强对接入上海市城运中心的调解、矫正、安帮数据的治理，提高数据质量和更新频率，促进接入数据更准确、及时。完成与市委网信办舆情系统对接，开发舆情功能模块，有效获取全市司法行政舆情信息的"第一手"资料。依托"一网统管基础平台"项目，打通与区司法局数据交换的通道，率先在徐汇区进行试点，实现与区城运中心的直接数据融通，解决基层获取数据面临的申请繁、时效长、质量差的痛点问题。

【公共法律线上服务优化】　完成市司法局"司法行政门户网站"和"12348上海法网"系统的"适老化"和无障碍改造。推进司法部"区块链＋法治"和"律师执业电子证"两项试点示范建设任务。制定下发《上海市司法局"区块链＋法治"试点示范建设实施方案》，通过司法部专家论证，在市司法局行政执法监督、公证和刑事执行领域率先上链应用；配合司法部在上海召开律师电子执业证试点启动会，律师身份核验场景功能在黄浦检察院、浦东和长宁法院试行上线。

【信息化职能整合优化】　根据信息化工作职能整合要求，研究制定《市司法局信息化资产统计与划转实施方案》，推进落实信息化资产划转工作，对市司法局机关2014—2020年期间建设的140个历史项目进行逐一梳理，形成"信息化项目清单"，为后续推进核实、评估、处置提供依据。制定《市司法局信息化职能整合优化工作实施方案》，经市政府办公厅专题会议同意，并于2021年第26次市司法局局长办公会议审议通过，同步上报市大数据中心。

【"数据大基座"建设】　制定实施《上海市司法局基础数据元规范（试行）》和《上海市司法局数据源技术规范（试行）》，建立通用数据规范管理体系。依托数据治理项目对15个条线业务系统进行梳理，形成核心数据集213个，数据字段8846个，已归集数据表151张，收集数据字典180个。搭建"数据标准"和"数据百科"管理平台，建立大数据平台的数据"准入"管理流程和核心业务"说明书"，实现各业务系统的数据资源的集中存储、统一管理。

【"系统大基座"建设】　根据"六统一"要求（统一门户、统一用户管理、统一接入管理、统一授权管理、统一安全防护、统一流程服务），实现政务系统整合，将历年来建设的51个独立系统，优化整合为5个大系统23个子系统，实现"一个入口"统一登录。完成统一接口服务平台建设，为各系统提供语音识别、后台日志、电子签章服务等通用功能技术接口。建成业务协同平台，实现业务数据实时交换，工作流程融合。

【智慧司法大数据平台升级】 聚焦司法行政"生命体征"，更新法治长廊大屏，完善"数字孪生"体系，初步实现"一屏观司法"。在"数据大基座"支撑下，将全量数据归集到大数据平台资源池，建设停剥权人员库、未成年人犯罪专题库，将停剥夺权利服刑人员的信息推送至全市数据湖，保障全市党的二十大选举工作。强化数据池数据管理，列出公共数据的开放清单、依申请共享的权限清单和涉及工作秘密、敏感信息的负面清单，梳理形成市司法局数据资源的"三类清单"，进一步为大数据平台数据共享应用、研判分析打下基础。

【"十四五"信息化顶层设计】 加强对局属各单位、各区局信息化统筹指导，邀请基层召开3场"十四五"专题座谈会，实地走访调研16个区局，梳理出五大方面堵点，形成分析报告，明确重点解决举措。依托调研成效，借助"外脑"智慧，编制并下发市司法局"十四五"信息化专项规划。

【区局信息化建设】 完成区局版大数据平台建设，建成区局子门户，基层通过统一门户平台，实现一个"入口"登录，一个平台办公，数据上报一次，多个系统复用，

切实提高基层工作效率。统筹指导各区指挥中心建设，组织开展专项调研，探索基层指挥中心职能应用。举办区局信息化专题培训班，邀请各区局信息化分管领导和联络员，围绕重点工作和任务，为基层解读"十四五"规划，着力加强基层信息化人才培养，畅通互动渠道。挖掘基层信息化工作特色亮点和经典案例，加强成效推广，让基层共享经验、少走弯路。

【刑事执行智慧化建设】 持续推进刑事执行信息化建设，协调申报"智慧监狱"软件项目，获得市经济信息化委批复，参加"智慧监狱"硬件项目方案评审会议，加强指导帮助。深化"智慧戒毒"建设，以大数据戒治为抓手，实现内部九大业务系统数据融合，初步构建戒治成效评估体系1.0版本。加速推进"智慧矫正中心"建设，依托"一网统管基础平台项目"，实现矫正对象远程点名、轨迹核查，边控报备等功能，指导7个区矫正中心参与首批验收。

【重大项目功能建设】 完成公共法律服务体系项目功能建设，基本建成市、区、所三级响应指挥体系，实现常态化管理及应急处置融合指挥。初步建成以"赋码监管体系"为核心的"智慧公证"系统，实现对公证行业全面监管、全程留痕、优化服务。推进"206系统"司法子平台建设，部署智能语音终端，开展减刑假释业务公

检法司"单套制"试点运行，推动政法机关跨部门、跨系统协同办案。

【全面依法治市应用场景拓展】　从立法、执法、复议、应诉等维度，对全市法治体征数据进行汇聚跟踪。行政立法结合上海市公共印章管理平台实现立法意见电子化征集反馈；行政执法结合"随申办"App实现执法证在线亮证；行政复议实现复议申请人重复来案的类案推送、精准辅助。完成上海城市法规全书项目建设，统一汇编、上线运行，接入市领导"驾驶舱"，截至2021年12月底，累计访问量达282万余次，同时接入全市执法办案系统，为执法机关提供权威依据。

【公共法律服务监管能力提升】　按照行政审批和行业监管实行"双签字"模式的要求，完成系统改造，增加公证、司鉴行业监管"黑名单"功能，律师系统在原有黑名单功能上，升级为两级监管。建设司法鉴定统一管理平台，实现公安局、检察院等部门信息资源跨地区业务联动协同，节约办案时间和材料成本。升级完善"智慧调解"系统，整合完成一、二期调解系统，开发数据标签功能，优化界面、大屏和搜索工具。

【网络基础支撑】　重新规划指挥中心机房，完成27楼音控间设备搬迁，有效解决线路密集、设备饱和、不利于后期维护等问题，消除设备散热不佳带来的安全隐患。及时发现并稳妥处置UPS（Uninterruptable Power System，不间断电源）引燃风险，更换UPS相关设备，有效降低信息化固定资产损害风险。开通上海市司法干部学校政务外网，提升带宽至200 M，市司法局政务外网出口带宽升级至1G，进一步提高网络传输质量，保障视频会议、监控汇聚业务平稳运行。配合行政复议机构完成设备搬迁，信息化配套安装调试。

【网络安全保障】　制定出台《市司法局系统网络安全管理与技术防范实施办法》，组织开展全系统网络安全大检查，及时通报存在问题，确保敏感时间节点网络安全稳定。围绕七一和国庆安保，对局属单位检查情况召开专题会，督促各单位狠抓整改落实。建设"办公网安全加固"项目，更新防火墙、漏洞扫描、入侵检测、病毒库等安全设备和防护策略。举办网络安全实战攻防演练，进一步提高网络安全应急处置效率和防御能力。

（季　冬）

八、上海市财政局

【概况】　2021年，上海市财政部门围绕　　推进治理数字化转型，重点支持政务服务

"一网通办"和城市运行"一网统管"体系建设，以保障财政业务平稳开展为目标，强化安全管理，推进财政信息化建设和数字城市建设。

【应用电子票据推广】 2021年，上海市财政局（以下简称"市财政局"）电子票据推广应用工作被列入市政府"我为群众办实事"重点项目，并落实相关工作任务。一是统一技术标准，规范财政电子票据管理。严格按照电子票据管理规范，确保实现3个"统一"，即统一数据及接口规范、统一财政电子票据基本管理流程、统一财政电子票据编码规则。通过对接财政部电子票据查验网站，推动财政电子票据的跨省查验、异地报销入账。

二是注重公众体验，提供多元化获票渠道。依托互联网应用生态，线上深度集成"随申办"、公众号、小程序、生活号以及电子邮箱多种推送方式，线下提供窗口打印、自助打印等多种服务方式，强化群众获得感，保障改革平稳推进，让公众切实感受到电子票据的便捷性。

三是强化工作落实，推动单位对接。在非税收入电子票据方面，已覆盖50项涉及个人缴款的高频个人非税收入事项。在医疗收费电子票据方面，完成31家市级医疗机构电子票据对接应用，实现市级"三甲"医院全覆盖；区级医疗机构方面，已完成静安、金山、闵行、长宁、杨浦、浦东、徐汇、黄浦和嘉定9个区的区级医疗电子票据平台与财政的对接。此外，启动上海市总工会职工互助保障收入专用收据、红十字会捐赠票据的电子票据应用系统对接工作。2021年，上海市非税收入电子票据累计开具逾5 300万张，医疗收费电子票据累计开具逾1.94亿张。

【预算管理一体化系统建设和推广应用】在预算管理一体化系统试运行的基础上，上海市财政部门按计划继续推进系统在各区的推广应用。同时，针对运行过程中反映出来的问题，进行优化完善，不断提升预算管理一体化系统的使用体验。

在区级推广实施方面，明确工作目标，多措并举。一是组织市级开发和运维厂商、区运维和推广实施厂商成立技术攻关小组，形成合力。二是建立联络人制度，由专人对口各区，建立各区推广实施工作群，按照"当日问题当日清"的原则，及时收集并处理各区碰到的问题，并形成知识点分享至各区。三是响应各区提出的要求，对预算执行配置准备中技术难度大的共性问题，协调技术攻关小组由市级统一实施，减轻各区推广工作难度。预算执行功能同银行一起完成两轮联调测试，于2022年1月1日完成切换上线。

【上海市政府采购云平台上线】 上海市政府采购云平台是以"上海政务云"为运行

环境，利用大数据、云计算等技术构建的全市统一、分级管理、全流程一体化操作的政府采购信息化平台，也是市财政局信息化建设的重点项目之一。政府采购云平台于2020年11月上线试运行，在先期实现电子集市功能应用的基础上，分别于2021年3月和6月，先后完成区级、市本级项目采购业务的切换上线。全部市、区两级的预算单位均可在政府采购云平台进行项目采购及电子集市的相关操作。2021年12月底完成新老系统数据迁移，原系统数据全部迁移至政府采购云平台。由于在政府采购云平台的设计中尽量避免原系统的弊端，加上云架构的伸缩性以及微服务实现和部署的效率，显著改善平台的稳定性，提升访问的响应能力。

由于国家市场监管总局规定企业设立时申请电子营业执照，不再发放"法人一证通"介质，根据市政府办公厅要求，对政府采购云平台进行对接改造，使用电子营业执照可实现签名、签章、招投标加解密等功能，于2021年11月底上线，保障各类企业方便参与政府采购业务。

【财政公共数据进一步开放利用】　在财政数据治理方面，一是完成公共数据安全分级工作。参照《公共数据安全分级指南》对已编目的数据，根据其在遭受篡改、破坏、泄露或非法利用后产生的不利影响，确定公共数据安全分级并在上海公共数据平台完成填报。二是完成政务服务事项关联数据资源目录工作。根据国务院办公厅和市政府办公厅的通知要求，完成行政权力事项及依申请公共服务事项产生的结果与数据资源目录关联工作。三是提高电子票据的数据归集效率，开发面向自然人的电子票据查询下载功能。完成全量财政电子票据数据和票面信息推送到市大数据资源平台的系统改造，并和市大数据中心共同开发电子票据查询功能，实名用户通过"一网通办"和"随申办"可随时查看本人的电子票据，查询票据归集到本人名下，提高用户获取电子票据的效率及便利性。

在财政数据应用方面，一是做好政府采购相关数据开放工作。为掌握共享数据的使用情况，上海市财政部门配合市大数据中心开发数据开放情况查询功能，实现数据使用情况的及时跟踪。同时，为规范数据开放工作，制定格式化版的数据利用协议，供以后的数据开放场景使用。二是推进医疗电子票据的数据应用。为方便用票人进行费用报销，完善相关接口，进一步做好与商业保险业务统一受理平台对接，扩大医疗收费电子票据的应用场景，提高财政票据电子化的社会效益。三是完成"数据月月讲"展示交流工作。从政府采购公共数据应用和市级支持资金数据应用两方面展示市财政局深化拓展数据应用，支撑财政业务开展的情况。四是完成市财政局公共数据开放管理办法的修订及发布。

进一步完善工作管理流程，为公共数据管理提供制度保障。五是充分使用共享数据。为提升会计专业技术资格考试报名的信息核验效率，采用数据共享的方式，报名人员的信息审核时间由十几天缩短到1—2小时，审核效率大幅提升。

【非税收缴电子化系统建设】 在2020年试点的基础上，2021年完成所有17家代理银行的收缴电子化系统对接。同时，协调人民银行，完成非税退付和调库功能的上线。为规范线下自有系统单位执收模式，推进各线下单位系统和非税系统的对接，改造罚没收入银行代收模式，实现线下单位公共支付、电子票据及电子化收缴全渠道完整收缴功能。

【政务服务事项接入"一网通办"平台】 2021年，围绕政务服务"一网通办"，促进从"可用"向"好用"转变，推动市财政局公共服务事项纳入"一网通办"。按照市政府办公厅要求，完成"公共服务事项的办事指南"修订工作，使文稿具有可读性和通俗性；完成正高级会计师评审论文申报和高级会计师评审论文申报上线运行，2021年共有600多人次通过"一网通办"提交评审论文；完成会计专业技术人员继续教育查询纳入"随申办"小程序和PC端查询，实现统一用户登录管理，方便会计人员随时随地查询本人继续教育登记情况。

【财政网站各子系统新功能开发】 为进一步提升财政网站服务效能，一是完成会计专业技术人员网络继续教育教学质量评价功能开发工作。根据前期调研，完成前台问卷调查功能、后台管理功能、查询统计功能以及与网校的接口的开发，2021年9—10月试运行期间有41万人次进行问卷填报。二是新增会计专业技术中级资格考试报名审核功能。实行"在线数据比对、资格审核前置"措施，大大减轻考试资格事后线下现场审核的压力，化解事后审核中取消不合格考生成绩和不发放资格证书的矛盾冲突。三是完成会计师事务所事中事后综合监管功能开发。系统与会计人员及会计基础管理系统原有功能及数据进行无缝衔接，并共享使用市级法人库数据。四是按照财政部的会计人员跨省调转平台接口要求，做好会计人员网上跨省调转申请及审核功能。实现上海市会计人员管理系统与财政部的跨省调转平台数据接口对接。

【基础安全工作】 一是做好基础设施日常运维和应急演练。定期做好市财政局物理网络、信息化设备、基础设施的日常巡检，做好桌面信息化终端设备的故障处理和服务支持等技术保障工作。组织开展信息化基础保障设施（电力、制冷和发电）应急演练工作，编制专项预案、制定演练计划、细化工作任务，分3次实施演练，锻炼应急响应技术队伍，提升应对突发事件的整体处置响应能力，提高财政信息化综合保障水平。

二是加强财政系统网络信息安全。根据信息系统等级保护要求，对应用系统进行网络策略优化、系统补丁升级等。与政务云共同采取护网措施，分别开展数据库备份恢复演练，通过安全等级保护测评。公安部与财政部组织开展网络攻防演习，市财政系统未被发现存在漏洞和安全隐患。

三是开展网络安全专项检查。根据财政部要求，开展市财政局网络安全检查与整改，组织各区财政局进行网络安全自查与整改。为指导各单位对照要求做好网络安全相关工作，举办面向各区财政局、市财政监督局、各直属事业单位的网络安全专题培训，介绍《数据安全法》等网络安全法律法规，强化安全责任意识，识别风险并筑牢防线，做好日常教育提醒。

（包俊虎）

九、上海市规划和自然资源局

【概述】　2021年上海市规划和自然资源局（以下简称"市规划资源局"）坚持需求导向、问题导向、效果导向，加快推进局"一厅八室"信息化框架建设，拓展深化智慧化场景应用，推进完善规划资源"一张图"数据治理，落实上海市政府两网要求；强化保障网络和信息化安全，充分发挥规划资源在城市精细化管理中基础性、引领性作用，助力上海城市数字化转型。

【信息资源整合融合】　上海市规划资源局根据信息资源整合融合指导意见，按照局重点工作部署，对照《市规划资源系统2021年信息化重点工作方案》确定的局"一厅八室"信息化框架建设任务，优化完善已上线大项目、大规划、大土地模块，推进大门户、大事务上线并持续优化，

落实大监督、大测调、大登记、大地质模块建设，上海市规划资源局"一厅八室"信息化框架初见成效。大项目模块优化项目审批业务，巩固"两免交"成效，完成"好办""快办"事项上线，新增高频事项接入，拓展"AI+智能审批"功能应用，有力支撑"一网通办"改革。大规划模块重点开展1次数据标准修订发布、7次质检工具更新完善，进一步优化数据标准和质检规则。同时补充开发普适图册一键生成、成果勘误等功能，进一步丰富和完善规划全过程管理。大土地模块完成国土空间综合整治、土地储备、全生命周期监管等功能建设，对接"大测调""大项目""大监督"系统，实现数据和业务的闭环管理。大门户模块搭建局信息化框架的门厅，通过统一用户管理、统一身份认证，统一待

办集成，实现门厅进入各室互通。大事务模块以"一件事"为主线，优化收文办会、财务合同报销、人事人员管理等事务工作，纵向流程到底、横向数据联通，构建运行高效、相互联通的办公平台。

【空间库建设】 一是完善规划资源三维立体"一张图"。统筹基础测绘、国土调查、国土空间规划、用途管制的业务需求，从空间、时间、管理3个维度上，建立三维全域、全时间轴、规划资源全要素数据库。在空间维度上，建立地上、地表、地下三维空间数据。实现全市域三维建筑白膜覆盖，外环内700平方公里三维精细模型支撑。在时间维度上，建立过去、现在、未来的全时间轴数据。积累17个年度的航空影像及自2013年起每年度的卫星影像，可以通过影像比对精准记录和还原城市地块的变迁。在管理维度上，融合整合规划土地全要素在"一张图"上表达，确保"多规合一"背景下的"一张蓝图干到底"。通过三调数据进一步摸清自然资源现状家底；利用城市开发边界、永久基本农田保护红线、生态保护红线和文化保护控制线落实空间管控；联通前台数据展示与后台审批系统，关联显示规划条件；"以用定减、以减定增"，履行国土空间用途管制和实施。

二是打造城市运行"一张图"。牵头建设城市运行"一张图"，将三维城市空间底座和城市信息有机融合，整合各类空间数据资源包括公共设施类、道路交通类、环卫环保类、园林绿化类等城市部件、地下管线、历史保护建筑、住宅小区及玻璃幕墙建筑等150多个数据项，以及公安、规划资源等6个委办局地名地址数据，为上海市推进政务服务"一网通办"、城市运行"一网统管"工作，赋能各类应用场景提供重要支撑。

【"一网通办"支撑】 一是深化业务流程再造。上线6项"好办"、13项"快办"事项，优化工程建设领域审批事项申请表，根除"一表多签章"问题，保障"好办""快办"事项全程网办"零跑动"；优化完善电子证照调用功能，编制《电子证照调用操作手册》指导窗口人员规范调用电子证照，巩固"两个免于提交"成效；拓展个人高频事项"不见面办理"范围，扩大不动产抵押登记事项"不见面办理"银行范围至9家。推进"一件事"改革，上线不动产登记与水电气视联办过户"一件事"2.0，业务范围从主城区扩大至全市，并接入有线电视联办过户，配合市交通委完成一般项目挖掘道路施工"一件事"。

二是提升线上线下服务能级。推进"两个集中"改革，实现95%的工程审批项目下沉区局办理；深化跨区域通办，跨部门联办，上线3个不动产登记"长三角通办"事项、"房屋买卖联办服务"；上线不动产登记与水电气视联办过户"一件事"

和不动产转移登记人工"在线帮办"服务，提升服务能级。

三是强化"一网通办"用户体验。开发"AI解析图形文件生成指标表"功能，减轻企业报件填报的工作负担；推进"随申码"延伸应用，拓展空间艺术季、地质陈列馆两个"随申码"应用场景；强化企业专属网页建设，根据企业办事需求制定10个个性化企业标签，为共计2000余家企业精准推送一批政策文件，引导企业第一时间知晓政策，第一时间用好政策。

【"一网统管"支撑】　一是优化升级"地质灾害智能分析与监测预警系统"，针对不同地质灾害场景进行动态分析和计算，并实时共享相关数据，有效支撑应急管理部门及相关单位联勤联动、响应处置。如在城市供水受到威胁时，可设定不同地面沉降量阈值，计算满足城市应急供水所需要的深层地下水资源量；通过与上海市应急、水务部门协同处置，为城市应急供水提供保障。

二是加强土地执法智能监管平台应用端建设，进一步深化市、区、街镇（基层所）三级工作联动。依托平台功能升级，建立一套适应上海市精细化管理要求下的执法监管标准流程。通过平台固化流程，实现上海市土地执法全业务、全流程、全口径的标准化。通过平台统一监管，实现各类任务平台跟踪、平台考核的管理机制，保障全市耕地保护制度的落实。

【数据治理推进】　一是全面推进数据治理。按照"一数一源""一源多用"原则，结合应用系统的建设，围绕数据质量和数据安全管控，开展业务数据标准化建设，形成八大模块数据标准。推动数据汇聚互联，通过归纳数据项的数据特征，提炼数据共性，形成数据归类，确立唯一数源。同时，按照数据急用先行原则，将要素证照的清理作为历史数据清理切入点，结合模块建设和数据标准制定进度，完成规划、土地、项目的清洗工作。

二是深化数据共享利用。推进八大模块间数据互联互通，按照审批数据"能调不填、能算不填"的原则，打通各环节数据交换路径，实现局内各业务数据全面共享利用。同时，充分数据发挥空间数据对"两网融合"的基础性作用，以空间坐标为连接点，打通政务服务信息、经济社会大数据、城市管理"神经元"与时空大数据的融合，赋能两级管理、三级政府。通过公共服务全程网办建设，与相关委办局协同数据共享，优化提升营商环境和群众的感受度。全年市规划资源局网上办理35万件、电子证照归集1279万张，调用外部71.4万次，空间地理服务2.8亿次；共有57项公共服务事项纳入"一网通办""不动产登记水电气一件事"，办理3.3万件。

【智慧化应用场景建设】　深化规划实施监测、自然资源保护利用等场景建设，深度挖掘利用规划资源数据，实现规划资源政策的精准供给，提升超大城市空间治理能力和水平。规划实施监测场景应用方面，重点在大屏端和手机端配合空间艺术季，开发社区 15 分钟生活圈 2.0 版本，公众参与手机端已在新华和曹杨两个街道试运行，并通过空间艺术季微信公众号和哔哩哔哩平台上发布。同时，在 PC 端主要配合市、区一体化工作，新增开发市、区共商模块，包含工作台、项目卡和中屏驾驶舱，使得全市规划推进情况"能观、能管、能推"；自然资源保护利用场景应用方面，智慧耕保纳入用途管制数据，并实现与大测调、大监督的关联；智慧产业空间完成开发并配置账号权限，已上线为市、区管理部门和产业园区用户提供服务；土地利用现状实现地类实时统计，地类实时变化流向，地类年度统计，地类年度变化流向等功能。项目全生命周期场景应用方面，开展重大工程项目实施库建设，配合完成一般项目挖掘道路施工"一件事"并上线，进一步完善管线许可、跟测数据。不动产便民场景应用方面，完成"开具本市房屋查询结果证明"功能开发；上线不动产登记与水电气视联办过户"一件事"2.0 版，业务范围从主城区扩大至全市；持续扩大不动产抵押登记"不见面办理"银行范围，截至 2021 年已扩大至 9 家银行。

【信息安全管理】 一是建立健全局网络和信息安全管理体系。根据《网络安全法》《数据安全法》《国产密码管理法》以及上级相关网络安全考评标准，牵头建立"1+1+11+X"的上海市规划资源局网络和信息安全管理体系，制定《局网络和信息安全管理办法》，进一步夯实局网络和信息安全管理工作。

二是强化防控体系建设。对关键信息基础设施、重要网络和数据开展全面监测，严格落实网络等级保护制度，开展网络安全检查，摸清局系统网络安全底数，对发现的风险和隐患逐一跟踪，督促及时整改落实，健全网络安全监督管理机制。2021 年全年未发生重大安全事件。

三是修订完善局网络安全应急预案并面向实战组织应急演练。针对关键信息基础设施安全和黑客入侵、系统宕机、数据篡改 3 个高风险、大影响的场景开展应急演练，强化应急处置能力和响应速度。

（柯晓龙）

十、上海市生态环境局

【电子证照应用】 2021 年，上海市生态环境局新建入河排污口设置审批事项全程线上办理，新增公共服务事项 18 个事项，完成转让放射性同位素的许可和核技术利用单位辐射安全许可事项的市区两级审批改造。扩大电子证照应用范围，截至2021年12月1日，共制电子证照3221张，通过统一证照库调用社会信用代码以及相关审批证照、执照等信息，增强服务的便捷度。完成"一网通办"系统整合。将上海市生态环境局统建的行政许可审批、备案和公共服务等事项流程规整化、数据一致化，建设生态环境"一网通办"主题库，严格遵循"减材料、减环节"的原则，开展建设项目环境影响评价等两个"快办"事项和移动探伤当日作业备案两个"好办"事项的改造，持续深化综合窗口标准化建设和"好差评"管理，完成从"能办"到"快办""好办"的业务转型。

（刘　敏）

【生态环境"一网统管"建设】　完善生态环境监控网络建设，强化对水、空气、土壤、噪声和辐射等城市生态环境自动监测和工地扬尘、重点污染源、重点产业园区、高风险放射源等污染源在线监控数据的实时获取和分析能力。在实战中不断完善生态环境管理、空气质量保障场景建设，实时动态掌握空气质量实时及预测预报情况，为重污染天气预警处置和重大活动保障提供决策依据。拓展土壤污染防治"一网统管"场景建设应用场景，综合上海市生态环境局、市规划资源局等部门有关土壤环境管理的相关职责分工，形成建筑用地、农用地、重点监管企业、地下水、土壤环境质量及问题处理等业务协同工作方案，实现大屏端、PC端、移动端三端联动。参与城市运行生命体征系统建设，将"危废处理"体征涉及的3个指标项（年度危废产生量、自行利用处置量、委外利用处置量）实时共享给上海市城运中心，并做好数据更新维护。

（栗小东）

【生态环境服务平台正式上线】　企事业单位生态环境服务平台于2021年"六五环境日"由市政府副秘书长王为人和市生态环境局局长程鹏共同启动上线，旨在为企业提供环保专业领域免费咨询服务，帮助中小微企业加强环境管理能力，提升环境治理水平。平台提供环保第三方服务企业信息查询、绿色金融项目对接和企业环保业务在线培训等模块，发布培训视频及课件130多个；推出"e小二"服务，运用人工智能技术，搭建智能问答场景，共建知识库600余条，涉及八大领域；结合后台环境咨询专家团队，解答企业日常管理中的各类环保问题和业务办理需求，截至2021年底，"e小二"自动回答使用量4978次，专家人工回答89次，解决企业环保难题。提供环境信息公开支持功能，充分运用大数据技术，为企业建立自己的环境管理档案提供载体。截至2021年底，共服务企业10089家，页面访问量达281768次。

【环保大数据管理成效】 持续推进资源编目和数据归集工作，实现公共数据资源的统一归集共享。截至2021年11月底，新增数据资源目录217条，接受共享工单357条，月均资源访问超过91万次。推进污染源相关数据治理工作，聚焦污染防治管理业务中固定污染源相关的9套数据，通过污染源统一编码对上下游数据进行整合，利用上海市法人库数据接口进行企业基本信息核验，利用地名地址库进行企业地图空间定位。

（刘　敏）

【危险废物管理系统升级改造】 2021年，上海市固体废物与化学品管理技术中心不断推进信息化建设，已建成集危险废物、医疗废物、一般工业固体废物于一体的数字化监管平台。上海市固体废物与化学品管理技术中心开展全国人大《固废法》实施情况检查的候选备查，保障该项工作的推进；实现系统与上海市"一网通办"平台上海市一般工业固体废物跨省利用备案的对接；率先在全国探索企业监管可视化等新技术的应用，实现对全市危险废物许可证企业的关键点位全天候、可视化的实时监控；开展危险废物转移轨迹跟踪可视化应用试点，通过RFID电子标签技术实现对危险废物全过程管理的数字化跟踪。

（陈　盛）

【生态环境网络安全保障】 2021年，上海市生态环境局将局网络安全和信息化领导小组转变为局网络安全和信息化（城市数字化转型）工作领导小组，统筹指导网络安全和城市数字化转型工作，下设办公室具体负责全局网络安全管理工作。市生态环境局修订并印发《上海市生态环境局网络安全管理办法》，制定《上海市生态环境局网络安全管理绩效考核工作方案》，明确考核指标，压实网络安全工作责任。2021年，组织开展网络安全周活动，开展播放网络安全宣传片、举办知识竞赛、组织网络安全讲座、参与互动游戏体验、钓鱼邮件演练等多种宣传活动，普及国家网络安全制度及法律法规，营造关注网络安全的氛围，提升网络安全意识，降低网络安全风险。2021年，未发生网络安全重大事件。

（栗小东）

十一、上海市住房和城乡建设管理委员会

【数字化转型工作机制建设】 形成推进机制。2021年，上海市住房和城乡建设管理委员会（以下简称"市住建委"）主要领导担任市数字化转型工作领导小组成员，市住建委科技信息处担任市数字化办成员。参照市数字化转型工作推进机制，成立市

住建委推进数字化转型工作领导小组。

广泛开展调研。市住建委会同上海市城建领域各委办局建立工作机制，广泛开展调研，重点关注城建领域管理和服务对象的痛点、堵点、难点，发现问题、挖掘需求，围绕数据要素流动、新技术应用、城市数字底座三大基础体系，聚焦经济、生活、治理三大领域，调查研究本领域数字化转型的基本框架和实施路径。通过全面调研，最终形成1个总报告、9个委办局专题调研报告和工作实施方案、相关单位6个技术创新报告的"1996"总体成果，约26万字。2021年7月上报市政府《上海市城建领域全面推进城市数字化转型调研总报告》。

编制实施方案。在全面调研的基础上，组织编制《上海市住房和城乡建设管理行业数字化转型实施方案》，明确行业数字化转型的指导思想和基本原则，确立总体目标，确定到2023年"五个一"的重点任务，一是建设一个城市底座；二是建设一个城市精细化综合管理服务平台；三是建设一批实用、管用、好用的重点标杆应用场景、系统和示范项目；四是培育一批行业数字化转型示范企业；五是完善规建管一体的长效运行机制，配套一批与数字化转型相适应的政策、法规和标准。

【工程建设综合管理】 建设基于BIM模型的智能审查和监管系统。一是全面实施BIM新三年行动计划。印发《上海市进一步推进建筑信息模型技术应用三年行动计划（2021—2023）》，明确三年BIM技术推进的五大重点工作任务，并制定时间表和路线图。二是探索建立基于BIM的区域管理体系，落实区域试点工作。明确试点区域，开展BIM技术在项目建设和区域管理中的系统谋划、专业规划和全过程应用的试点示范，探索依托BIM技术实现建筑运营和城市管理数字化、智能化和精细化。三是逐步构建BIM审查和监管支撑体系。编制上海市BIM施工图和竣工模型交付标准，研发BIM审查系统。制定BIM标准三年的修编和新编计划，组织开展编制工作。完善设计招投标示范文本中BIM条款内容，并在电子招投标中施行使用。四是继续做好BIM技术的宣传和试点示范项目推进等相关工作。多渠道进行宣传推广，举办2021上海BIM技术应用与发展论坛，发布《2021年上海市建筑信息模型技术应用与发展报告》，在2021年上海国际城市与建筑博览会中开设BIM专项展区。进行试点项目验收、BIM保障房验收等相关工作。

建设工程建设项目审批管理系统。2021年初上线运行审批管理系统2.0版，整合重构跨部门、跨区域的审批服务和协同办事流程，推动工程建设项目审批"只录一系统"。截至2022年1月，系统已涵盖上海市发改委、市住建委、市规划资源局、市绿化市容局等部门共计90项政务服务事项，基本实现各类房建和交通市政建设项目主线审批事项在线闭环管理。主线审批部门例如发展改革、规划资源等累计汇集办件数分别超3.12万件和1.34万件。3.48万家参建企业、444家市区两级审批部门、150家各类服务单位已通过系统在线开展申报、审批和服务，系统移动端日均使用量达到4 000余次，PC端高峰期同时在线人数近千人，总用户数超6万。

【城市安全运行韧性提升】 建设玻璃幕墙管理系统。将既有玻璃幕墙全面纳入信息系统管理，全市共有玻璃幕墙建筑12 819栋，入网数为12 540栋，入网率为98%。开展2021年度既有建筑玻璃幕墙自查、区巡查、市抽查工作。截至2021年11月17日，全市累计完成巡查共计30 099栋次，共发现隐患数量733栋，需整改建筑109栋，实际派单数230次，实现闭环214次。其中，存在高坠风险的房屋80栋，已完成整改75栋，其余均已采取避险措施。通过玻璃幕墙业务场景的应用，全市玻璃幕墙的隐患率大幅下降，算法推送准确率明显提高，有效预防玻璃幕墙高坠风险。

建设建筑工地智慧监管系统。迭代升级建筑工地管理业务场景，实现关键岗位人员考勤、工地扬尘（噪声）在线监测管执联动、危大工程施工进度监控、安全隐患发现整改四大模块应用，同时通过工地实时视频接入，实现对工地现场的实际情况及时掌握。建立智慧工地—企业智慧平台—政府"一网统管"平台逐级递进的一体化工地安全管理体系，场景派单联动城管执法实现案件处置，促进全市安全生产和文明施工水平提升。截至2021年底，全市2 803个在建工地，全部纳入平台考勤系统，关键岗位人员平均到岗率提升到59%；应安装扬尘在线监测设备的工地2 111个，已安装1 943个，设备安装到位率92%；隐患排查共派单141件，实现全部闭环。

建设深基坑数字监测系统。引入大数据人工智能技术，建立结构化、数字化的风险闭环处置流程，做到基坑施工风险早发现、早预防、早处置，大大降低事故风险和处置成本。将实时数据接入市级、区级平台，并基于人工智能算法，依托平台内的全量数据，对重点工程重要部位的变形和受力进行预测分析，甄别潜在风险，有效解决监管人员数量不足、监管专业技术要求较高等监管痛点、难点。截至2021年底全市累计388个深基坑工程全部上线，及时预警并排除险情15次。

【城管执法综合管理】 发布新一轮"智慧城管"三年行动计划。印发《上海市城管执法系统"智慧城管"建设和应用三年行动计划（2021—2023）》，为未来三年"智慧城管"的发展指明道路。力争到2023年基本建成全市"城管数字治理"1个城管执法数据资源中心、3大城管执法业务板块、3级（市、区、街镇）城管执法应用体系的"1+3+3"整体格局，打造一批具有标杆示范意义的应用场景，用数字化思维、数字化方式全面推动城管执法手段、模式和理念创新，推进执法全流程的场景再造、业务再造、管理再造和服务再造。

完成上海市城管执法队伍管理系统主体工程建设。通过将规范化、示范化队伍的创建与日常管理、个人日常考核与评优管理、教培管理等内容统一纳入队伍管理系统建设，进一步提升全市城管执法队伍和执法人员绩效考核工作的透明化、规范化和高效化，实现考核工作从主观评价向数据客观评价的转变，从人工手动考核向系统智能化自动考核的转变。

完成上海街道乡镇综合执法办案系统建设。将上海街道乡镇综合执法办案系统建设作为落实市委、市政府对执法力量下沉的要求，全面支撑下沉后一线执法人员执法办案业务需求，维系全市城管执法系统"全市一套系统、一套标准、一套规范"的规范体系。

打造上海市城管执法局"一网统管"指挥大屏。将主要核心业务如办案、勤务、督察、诉件、管执联动、对象监管等数据可视化展示，并对外向市城运中心、市住建委精细化平台输出，实现将和城管执法有关的城市运行体征数据在各级城运平台

的展示。

【房屋智慧管理】　推进小区画像应用场景建设。推进住宅小区服务数字化，构建全市住宅小区运行体征画像，截至2021年底已初步完成小区画像指标体系搭建及系统展示开发等工作。小区画像由三级指标体系构成，其中一级指标分小区安全、物业服务质量、综合管理、业主自治、资金管理五个维度，二、三级指标为各维度细分指标。小区画像数据主要来源于上海市物业管理监管与服务信息平台，以及上海市市场监管局智慧电梯系统、市城管执法局管执联动系统、12345市民热线等部分外联共享单位系统。

开发建设廉租房管理应用场景。开发廉租房管理应用场景，展示实物配租房源、廉租申请供应人员的整体情况、廉租房申请"一件事"改革成果以及廉租申请审核情况，定时更新实物配租在保人员重大变化；实现实物配租、房屋使用远程监管和租金缴纳监测，通过对接大数据中心用水数据和结合业务系统租金缴纳数据监测，帮助各区住房保障机构提升智能化管理水平。

实现公租房准入资格审核"随申办"移动端办理。通过"随申办"移动端场景应用驱动公共租赁住房准入资格申请服务供给创新和服务全面升级，应用"两个免于提交"、数据核验、身份验证、历史资料

复用等技术手段，在全市推行市筹、区筹公租房准入资格申请全程网办，实现大部分公租房申请对象能够通过"随申办"移动端体验申请便捷服务。

建设"加装电梯"一件事。围绕市委、市政府既有住宅加装电梯"民心工程"，以群众高效办成加梯"一件事"为目标，依托已构建的"上海市加梯审批系统""上海市加梯管理系统"等数据，开发既有多层住宅加装电梯应用场景。加梯场景拥有全覆盖、全要素、预警情形、处置流程、可视化五大功能模块，涉及可行性评估、意愿征询、手续办理、质量安全、投诉处置、成果展示等方面，通过以场景促业务的方式，不断完善加装电梯基础数据，强化全过程管理，实现闭环处置。

推进全市城镇房屋安全隐患排查整治工作。2021年3月上海市住建委、市房屋管理局联合印发《上海市城镇房屋安全隐患排查整治工作方案》（沪房规范〔2021〕3号）。截至2021年底，全市按照统一部署和技术要求，基本完成城镇房屋安全隐患全面排查工作，累计完成安全隐患排查和信息采集的城镇房屋约67万幢（其中住宅约38万幢、非住宅约29万幢）。开发"房屋使用安全监管系统"，通过数字化管理手段来提高上海市房屋使用安全监管水平。

（李佳伟）

十二、上海市水务局

【概况】 2021年，上海市水务局（上海市海洋局）（以下简称"市水务局"）按照市委、市政府统一部署，完成信息化职能整合优化工作，以"一网通办""一网统管"两网建设为牵引，着力推进信息化重点项目建设，有序推动行业数字化转型。

【行业数字化转型】 结合水系统治理"十四五"规划编制，制定《水务海洋行业城市数字化转型实施意见（2021—2023）》，围绕"更安全、更优质、更生态、更智慧的水"的行业发展目标要求，明确数字化供水、数字化排水、数字化水利、数字化海洋、数字化基础5个方面共18项任务，以建成一个水务海洋行业数据体系，打造覆盖"日常管理"和"应急处置"两大模式的数字化应用场景，实现管理对象数字化、运行状态数字化和业务流程数字化为抓手，统筹规划、全面推进水务海洋行业数字化转型工作。

【"一网通办"建设】 聚焦业务、平台、数据、制度等工作重点，推动业务流程革命性再造，深化线上线下融合，拓展公共服务范围和渠道，强化数据归集和治理，持续打造"一网通办、水您而行"政务服务品牌，推动水务海洋"一网通办"从"能办"向"好办""快办"转变。与市"一网通办"平台对接，完成"海域使用一件事""涉河建设项目一件事""汽车清洗一件事"，推动供水企业开展"一户多人口""二手房水电气过户一件事"和"智能水表在老年人居家照护安全监测中的应用"等项目；探索"一网通办"智能服务，通过"无人干预自动办理"方式，实现"城镇污水排入排水管网（变更）"事项申请人自助办理；推动电子档案、电子证照、电子印章应用，累计归集电子证照30类，归集总量超1万张。

【"一网统管"建设】　进一步推进水系统综合管理专题建设，围绕河湖长制、供水保障、排水运行、海洋管理等重点工作，升级优化大口径自来水管爆管、水源地污染、进博会供水保障、河湖水质预警等应用场景。聚焦提升防汛防台指挥系统能级，持续推进涉水神经元的建设和接入，重点优化积水信息采集和联动处置工作流程，深化市、区、街道乡镇三级积水处置协同联动，高效保障2021年全年44次防汛防台应急响应行动，特别是在防御"烟花""灿都"台风过程中，在汇聚汛情灾情、辅助精准预报、支撑指挥调度等方面发挥积极作用。

【防汛防台指挥系统保障】　加强防汛防台指挥系统建设运维，确保全市水情、雨情、工情、灾情以及预报预警信息实时更新。2021年全年各级防汛部门通过系统完成值班值守签到12.8万人次，发送预警信息传真6 248份、短信45.7万条，通过网站、微信、微博等平台同步发布防汛预警响应指令71次。新建"灾情直报"模块并正式上线运行，台风"烟花""灿都"影响期间，完成1.8万条防御准备、灾情动态等数据报送，为灾情处置、指挥调度决策提供重要支撑。

【供水感知网和智能应用体系建设】　加快供水感知网建设，对全市年取水量10万吨以上的地表水取水口水量监测点数据及136个国家级大用水户用水监测点数据进行归集，新建25个供水管网监测点和44个二次供水监测点，供水运行保障监管平台感知网在线监测点位达到2 129个，实时监测数据达到7 865个。建设完成"供水应急处置保障监管系统"，实现供水突发事件应急处置全生命周期闭环管理，为事件的分析、处置和追溯提供平台和数据支撑，进一步完善供水运行数字化体征，提升供水安全应急处置和管理能力。

【数据治理工作】　针对水务海洋一体化管理需求，围绕防汛指挥、水资源管理、水环境治理、海洋管理和政务协同等业务应用，加强行业数据归集，依托统一的数据业务规范，形成"一数、一源、一图"的数据资产，累计完成数据编目 200 余个、信息项 1 500 余项，数据总量约 30TB，对外提供数据服务 100 余项，2021 年累计调用量接近 100 万次。

【网络安全管理】 健全完善市水务局系统网络安全保障体系，落实各单位网络安全主体责任，常态化开展网络安全宣传教育和培训。不断推进网络安全防护能力建设，加强信息收集、分析和通报，强化重点设施设备风险评估，及时开展安全加固、策略优化。加强关键信息基础设施及重要信息系统保障，2021 年全年完成 2 项重要信息系统等级保护测评（复测），对水利、供水、排水等控制和生产调度系统开展 4 次现场检查，确保信息系统安全稳定运行。

【政府网站建设】 强化"上海市水务局（上海市海洋局）"网站栏目和功能建设，完成"市民零距离"栏目互动功能升级改版，完成政务公开标准目录、智能客服、定制化搜索功能建设，开设"2021 年度市政府实事项目""河长制与水环境治理"等专题。采取"日巡查、周普查、季通报"等方式，加强网站栏目内容的常态化监管，努力打造务实高效、阳光便民的信息公开平台。

【政务新媒体建设】 推进市水务局系统微博、微信公众号等政务新媒体建设，制定《局政务新媒体管理办法》，完成市水务局系统政务新媒体整合优化。聚焦"河湖治理""节水减排""防汛防台""海洋管理"等水务海洋重点工作，策划开展"云端"系列宣传活动，政务新媒体传播力、影响力持续提升。"上海水务海洋"微信公众号2021 年全年发布推文 1 600 余篇，累计阅读量约 100 万次，粉丝数量增长 61%。

（蓝　岚）

十三、上海市审计局

【"十四五"审计信息化规划制定】 近年来，上海市审计局注重顶层设计、建章立制。2021 年，围绕新时代审计工作的新定位、新要求，制定《上海市审计局"十四五"审计信息化发展规划》，从平台建设、数据治理、数审融合、运维管控、人才培养等方面，明确全市审计机关审计信息化和大数据审计工作的发展方向、总体任务和具体措施。

【"金审三期"上海地方建设】 一是完成项目可行性研究工作。市审计局加强与审计署、市发改委、市经济信息化委、市大数据中心等部门的磋商研究，明确"金审三期"具体建设内容。二是完成项目实施方案的编制。市审计局按照审计署要求，组织力量，结合项目建设内容和审计业务需求进行研讨，确定项目实施方案。三是完成项目招投标工作。市审计局落实采购程序，完成工程监理、财务监理、项目建设与集成等招投标工作，推动项目建设有序开展。

【审计数字化转型平台建设】　一是启动"审计整改数字化管理平台"建设。一方面，通过将审计问题清单式，对整改情况全流程持续跟踪、检查、督办，直至对账销号，做到闭环管理；另一方面对普遍性、体制机制、改革新情况、风险隐患等审计发现问题进行综合分析利用，也可推动审计监督与其他监督的衔接贯通、信息共享。

二是启动"审计监督主题库之企业审计专题库"建设。一方面通过共享上海市已归集的公共数据资源，丰富和夯实审计"数据底座"，促进数据在审计全流程融合应用。另一方面，以企业审计专题库建设为切入点，通过企业画像、图谱工具、特征标签体系等维度，聚焦企业风险，为审计人员打造"企业风险感知、审计智能研判"等企业审计应用场景，深度挖掘数据价值，并逐步拓展应用到其他审计领域，更好地发挥审计监督作用。

【大数据审计工作深入开展】　一是制定

2021年度大数据审计计划，明确大数据分析主题，有计划、步骤地推进"数据分析+现场核查"等大数据审计工作模式。二是在平台和数据库方面持续攻关，多途径充实审计数据中心数据资源，建设、优化全覆盖审计平台、审计地理信息平台和审计核心库。三是组织案例集征集加强经验分享。精选典型案例汇编形成《2020年上海市审计局大数据审计实战案例精选》，在服务审计中逐渐发挥更广更深的效果。四是因地制宜做好大数据审计培训和团队培养。举办《上海市数据条例》解读讲座，组织面向兼职数据分析员的培训，组织大数据团队以线上参会方式参加"2021世界人工智能大会"和"IPv6+创新城市高峰论坛"等活动。

【网络安全管理各项要求落实】　一是扎实推进安全测评。完成"上海审计"门户网站改造和相关应用系统的安全测评工作。二是完成网络安全应急实战演练。提高应对突发事件的风险意识，增强突发事件的应急反应和处置能力。三是开展网络安全培训教育工作。组织人员参加审计署组织的安全保密知识讲座以及其他涉及网络信息安全的讲座，宣传普及网络安全知识，增强网络安全意识。四是市审计局被市委网信办授予网络安全先进单位。

【部门网站信息公开】　一是深化审计领域

信息公开。发布《"十四五"上海市审计工作发展规划》，公开 2021 年度重点审计项目计划、审计工作报告、审计整改报告和审计工作成果，及部门预算执行审计等单项审计结果。协同推进被审计单位审计整改结果公开，以公开促整改。二是强化法定内容公开。公开部门、本级和下属单位年度预决算以及绩效目标和评价信息，推进财政资金信息公开透明。三是新政策开展多元化解读、多渠道发布，提升相关政策的知晓度和传播度。四是依法依规做好

依申请公开。规范申请办理行为，做好内外沟通，增强答复内容的针对性。五是做好政府信息管。注重公文公开属性源头界定和公开内容维护更新。六是推进政府信息公开平台建设。网站全面优化升级，创新网站内容展示形式和方式，提高界面友好度和用户体验度；做好政务微博更新维护，通过"上海审计"官方微博发布、转载图文 143 篇（次），总阅读量为 121.4 万次。

(张云天)

十四、上海市市场监督管理局

【概况】 2021 年，上海市市场监督管理局（以下简称"市市场监管局"）认真贯彻落实市委、市政府关于全面推进上海城市数字化转型的决策部署，紧紧围绕"新发展阶段、新发展理念、新发展格局"，以高质量发展、高品质生活、高效能管理为导向，聚焦市场监管、信用管理、食品安全、检验认证等领域数字化转型的高频急难场景需求开展研究，推动市场监管数字化转型工作，为上海城市数字化转型做好支撑。

【顶层设计】 制定《城市数字化转型标准化建设实施方案（征求意见稿）》。截至 2021 年底完成第二轮全面征求意见，拟通过市政府发文，为各有关单位开展数字化转型标准化工作指明方向。

加强产业类地方标准供给，助力城市数字化转型。支持三大产业领域内成熟的数字化转型地方标准的立项、发布，加强标准供给。在 2021 年地方标准立项工作中，就数字化转型开设专场立项评审会，在 72 个申报项目中，通过立项的数字化转型地方标准达 35 项。

支持相关项目申报标准化试点，为数字化转型探索落地路径。2021 年度标准化试点立项评审工作中，重点关注三大产业领域数字化转型相关项目，给予重点支持。"生物制药企业制剂车间生产数字化管控标准化试点"等相关项目获得立项。

【政策研究】 研究制定《上海市新兴行业分类指导目录（2021 版）》。市市场监管

局会同相关部门于 2021 年 6 月 28 日联合印发《关于印发〈上海市新兴行业分类指导目录（2021 版）〉的通知》（沪市监注册〔2021〕381 号）。该目录涵盖电竞、数字经济等新产业，将进一步提升新兴行业的市场准入便利化水平，为新兴行业发展营造良好环境。以电竞行业为例，截至 10 月底，全市已有 400 户企业登记目录中的相关条目。

推进在线新经济平台灵活就业人员申办个体工商户试点。推进市级部门联合发文，指导试点区制定实施方案，优化再造登记注册业务流程，于 6 月 28 日会同相关部门印发《关于支持开展在线新经济平台灵活就业人员申办个体工商户试点的指导意见》（沪市监注册〔2021〕375 号），自 7 月 5 日起，依申请开展在线新经济平台内灵活就业人员申办个体工商户登记试点。截至 2021 年底，全市共登记在线新经济灵活就业人员个体工商户 30 户，其中杨浦 8 户（小红书 5 户、哔哩哔哩 3 户），普陀 16 户（喜马拉雅 10 户、蜻蜓 6 户），长宁 6 户（爱奇艺奇秀 2 户、爱奇艺随刻 4 户）。

推动上海市数字广告业高质量发展的政策研究。成立专项课题组，以推动全市数字广告业高质量发展主要目标开展课题研究，形成"上海数字广告业发展研究"调研报告。市市场监管局根据调研建议，起草《关于推动本市数字广告业高质量发

展的指导意见》，明确提出要将上海建设成为"国际数字广告之都"。

【场景建设】　"一码通识"电梯智慧监管与服务应用场景：2021 年，市市场监管局重点打造电梯数字化监管的"一码、一网、一平台"（即上海智慧电梯码、智慧电梯网和智慧电梯平台），通过梳理多项应用场景业务需求，制定出标准化处置业务流程，实现应急困人救援的信息化、自动化、智能化。2021 年处置的困人事件超过 12 477 起，平均救援时间缩短到 11 分 50 秒。累计发现并通报不文明乘梯行为 900 万余起，提供技术运维服务 41 145 次，为保障电梯安全运行提供技术和数据支撑。

食品安全信息追溯应用场景：2021 年，市市场监管局全面推进上海市特殊食品全生命周期监管，上海市全部特殊食品生产企业和应当开展食品安全信息追溯的相关特殊食品经营企业均已完成食品安全信息追溯，其中全市保健食品生产企业"二维码"信息追溯实施率 100%。全市已有 398家左右食品生产企业建成生产全过程的追溯系统，形成各环节的过程信息化数据池，初步具备一定场景展示的信息数据基础。

检验检测"互联网＋公益服务"应用场景：2021 年，市市场监管局推进检验检测行业数字化转型发展。建设"沪检云"公益服务平台，推动应用场景建设，优化检验检测能力查询，举办"沪检云课堂"

系列课程，开展能力验证全程数字化试点，指导起草《检验检测机构信息化系统建设运行评价规范》团体标准，完善行业数字化标准体系。对检验检测认证行业资源统计报表系统进行重建升级，进一步提升数据分析能级，为行业发展提供有力支撑。

电子证照联动应用场景：2021年，市市场监管局为探索电子证照跨层级、跨地域、跨部门和高效集约归集运用新路径，将全国统一的电子营业执照，作为市场主体身份索引。结合上海食品经营许可电子证书，实现食品经营主体证照自动高效归集和亮证亮照电子化、便捷化、个性化，达到"一次身份验证、证照联动应用，加强食品安全监管"的目的，有效降低应用场景拓展成本，提高政务服务能力。

（宋贤文）

十五、上海市地方金融监督管理局

【概况】 2021年，上海市地方金融监管局顺应数字化转型趋势，以数字化转型驱动治理方式变革，充分发挥数据赋能作用，全面提升金融服务与地方金融监管工作的数字化、网络化、智能化水平。以市级部门政务信息系统整合工作为契机，通过加强新技术创新应用，从职能职责出发，推动业务流程再造和模式优化，扎实推进系统整合改造，以实用管用好用为导向，创新政务信息化建设应用模式，集约整合一批零散信息系统，加强资源集约统筹利用，完成上海市金融服务信息平台、上海市地方金融监管信息平台主体架构建设。

【上海市金融服务信息平台建设】 上海市金融服务信息平台汇聚原有金融服务类信息系统相关业务事项，构建统一的对外服务系统入口。一是根据"六统一"（即统一门户集成、统一接入管理、统一用户管理、统一目授权管理、统一资源管理、统一安全防护）要求，采用微服务架构技术，建立金融服务信息平台"六统一"应用支撑微服务。二是构建通用服务集成开发架构，集成开发工作流引擎、信息发布服务、通知服务、报表中心服务等通用微服务，避免多个服务业务事项通用模块重复建设问题。三是初步完成业务融合开发，将金融发展扶持、金才工程业务管理、金融机构信息保障等系统模块，按照管理对象进行业务重构，融合为多个微服务，并根据要求将金融创新奖服务接入"一网通办"平台"资金一件事"应用。

【上海市地方金融监管信息平台建设】 上海市地方金融监管信息平台建立适用于地方金融组织的风险预警监测与处置平台，

对不同的金融业态公司异动情况进行预警提示、预警分类和预警处置协同工作平台。一是按照"六统一"建设要求，集约建设统一的用户管理系统、统一鉴权管理系统、统一接入管理系统、统一授权管理系统、统一资源管理系统，并实现与已建系统其他相关功能模块对接，解决现有应用系统在"信息化管理"应用场景中存在的重复建设、数据孤岛和资源管理困难问题。为未来拓展上层应用系统提供基础共性服务，实现敏捷开发。二是建设一体化协同监管功能，主要包括现场检查、监管处罚、公司评级和监管互动。能根据业态公司的总体情况、经营情况、报送情况、合规情

况、风险情况进行总体的分析，运用公司评级模型实现内部评级，进而根据公司评级结果制定相应的年检策略实现现场检查的分类检查。通过处罚管理实现对现场检查中的问题事项处理进而影响公司评级结果，实现环环相套监管效果。监管互动功能应实现政策法规、通知公告、意见信箱和专项调研等功能。三是平台接入上海市大数据中心，调取上海大数据中心的公开数据信息，应用于机构档案等功能，实现信息的交叉对比。四是平台接入"一网通办"服务平台，为上海市地方金融组织和社会公众提供地方金融监管政务服务。

（吴中华）

十六、上海市国有资产监督管理委员会

【概况】　2021 年，上海市国有资产监督管理委员会（以下简称"市国资委"）紧密围绕年度重点工作，充分发挥信息化对国资国企改革发展的支撑保障作用，推进上海国资国企在线监管服务平台建设，推动信息化与国资监管深度融合，协调推进企业信息化发展。

【国资国企在线监管服务平台建设】　加强国资监管信息化顶层设计。组建市国资委信息化"十四五"规划起草小组，赴国务院国资委及北京、深圳、湖南等地国资监管部门调研学习国资监管信息化建设经验，

对标对表国务院国资委《"十四五"国资监管信息化建设规划》的各项任务，制定印发《上海市国资国企信息化发展"十四五"专项规划》，并将上海市国资国企在线监管服务平台（以下简称"监管平台"）建设纳入专项规划，明确监管服务平台建设在国资监管信息化工作中的主体地位。梳理总结上海市监管服务平台建设经验做法，专报国务院国资委作经验交流。

建立健全信息化推进工作机制。进一步细化明确平台建设各子项建设任务，形成督办任务清单。同时，成立国资国企在线监管服务平台推进领导小组，各业务处

室主要负责人作为组员，下设网络安全、重点应用等 10 余个项目小组，分工推进监管服务平台各子项建设。

持续优化基础设施和网络安全建设。2021 年 5 月，完成"一云、一湖、两端"（即一个监管云、一个监管数据湖、企业端企业线上服务大厅和监管端国资监管门户）技术架构设计。采用等保三级和商用密码，完成 IaaS 平台搭建。推进监管服务平台网络安全管理，加强委机关网络安全日常巡检，明确专岗专人。推进容器云资源管理、微服务治理、服务能力开放、低代码快速开发等 PaaS 平台建设，基本满足"T3+ 数据中心"建设要求，为国资监管各类应用部署和搭载奠定基础，实现国资监管网络向监管企业一级集团覆盖。

加快推进重点监管应用建设。推进"三重一大"决策运行、违规经营责任追究等重点应用建设，定期组织工作专班会议，研究推进建设工作，统一业务口径，推进系统优化完善。制定"三重一大"系统推进部署工作方案，组织监管企业参与系统试点填报，推进系统优化迭代。明确需求设计，推进系统委端展示分析功能建设。组织部分企业和区国资委，推进违规经营责任追究主系统试点填报，督促厂商加快推进作业子系统流程优化。推进综合监管展示改革、稳增长、投资等专题页面设计和建设。推进企业侧新版企业线上服务大厅年内上线测试，完成监管侧协同应用门户统一身份认证、资源部署等测试准备。

【国资监管业务数字化】 全力推进年度信息化预算执行。完成全年信息化服务项目预算。做好"一网通办"审批流程建设，丰富企业线上服务大厅功能模块建设，优化完善功能流程，推进国企改革量化指标采集填报功能、国有控股企业压缩层级、实体企业投资金融数据采集等 10 余项审批和服务模块在线上服务大厅上线运行；落实巡视整改要求，协调监管企业国有房屋出租和转让行为、"控股不控权"等多专项检查实现新息化统一采集；探索运用人工智能技术实现国资产权登记审核自动化、标准化，推动提高产权管理数据质量和管理效率，协同建设企业价值评估指数系统，汇聚内外部数据资源，提高评估报告审核质量和效率。配合做好市信息化职能整合工作，认真梳理政务信息化资源，统一移交市大数据中心。

推进落实软件正版化工作。推进机关信创改造工作，实现委内电脑办公软件、系统软件和杀毒软件全部正版化，安排专人对委内电脑、软件等实行定期巡检，完善台账管理。配合上海市版权局做好监管企业软件正版化宣贯工作，为监管企业开通国家版权局建设的软件正版化系统账号，做好数据上报前期准备工作。配合上海市版权局做好 2021 年监管企业软件正版化总结工作。

做好机关信息化服务保障。对委机关移动互联网应用以及网络工作群进行梳理，制定委机关的微信工作群管理暂行办法，以及网络工作群清理标准。落实机关信息化硬件设备（包括服务器、终端）更新迭代工作，推进保密 OA 上线。完成加密通信设备日常管理工作。

【国资监管数据标准化治理】　完善国资监管数据标准。结合国务院国有资产监督管理委员会"3+N"数据标准，调研梳理汇聚数据指标，编制完成《市国资委数据标准》2.0 版（征求意见稿）、《上海市国资企业组织机构基本信息指标规范》等数据规范。

探索数据汇聚使用。完成企业画像课题研究，明确企业画像基本纬度和技术实现路径。推进"数据月月讲"工作，根据市大数据中心要求，推进市国资委"数据月月讲"展示看板建设，梳理完成市国资委故事线与数据指标。

营造数据规范管理氛围。在市国资委党委中心组学习扩大会上做《中华人民共和国数据安全法》解读，起草《国资监管数据管理暂行办法》等制度。

【系统网络安全常态化管理】　做好网络安全专题培训。召开年度市国资系统信息安全培训、监管企业网络安全工作会议，邀请市委网信办、市密码管理局、市网安总队等主管部门领导专题授课。建立日常网络安全预警信息通知机制，做好七一建党百年、两会、进博会等重要时间节点网络安全防护工作。督促监管企业及时做好网络安全通报事项处置和整改，及时汇总分析网络安全形势，每季度印发网络安全季度简报至各监管企业。

落实网络安全专项检查。推进网络安全绩效考核，按照《市国资委监管企业实施网络安全管理考核评价工作方案》，从网络安全工作责任制落实、全市网络安全专项检查、网络安全通报、应急响应工作、重要敏感时间节点保障以及网络安全宣传及教育培训等 6 个方面对监管企业的网络安全管理工作进行量化打分。配合市委网信办开展网络安全专项检查，指导被检企业做好自查自纠，督促相关企业加强整改完善。

做好网络安全宣传周相关工作。按照市委网信办网络安全宣传周工作方案，制定市国资委网络安全宣传周工作方案，组织监管企业参与专题论坛、安全展览、知识测试、宣传展示、技能竞赛、主题日活动等各项活动，取得良好示范引领效果。市国资委参赛作品荣获"网络安全周微视频大赛"一等奖。

【企业信息化建设】　开展年度监管企业信息化水平评价，加强企业信息化水平评价的引导效能，广泛征询企业意见，完善评价指标体系，严格评价标准，实施企业间自评互查工作，提高评价结果的准确性。

推进企业信息化合作，推进光明食品集团与中国太保在养殖业保险领域进行大数据场景应用。推进中国太保对接市经济信息化委"普惠金融"项目，共享应用公共数据。推进申能集团与久事集团碳综合数据资产方面开展合作。

（肖　剑）

十七、上海市统计局

【概况】　2021 年是"十四五"规划的开局之年，在上海城市数字化转型全面启动的背景下，上海市统计局（以下简称"市统计局"）按照《全国统计系统"十四五"信息化规划》要求，坚持以统计工作数字化转型为导向，围绕年度重点工作和目标任务，充分发挥信息化建设对于统计事业发展改革的支持和保障作用，数据处理与管理、技术开发应用、网络安全、信创工程、平台建设等各项工作取得显著进步和成绩，统计信息化工作再上新台阶。

主要从以下几方面推进信息化建设工作：一是做好第七次全国人口普查（以下简称"七人普"）数据处理分析；二是保障基础设施安全运行；三是有序推进信创工作；四是做好网络安全保障工作；五是深入推进上海市经济社会发展综合数据平台优化改造工作；六是全面推进上海市统计大数据监测平台开发建设。

【七人普数据处理】　根据国家统计局关于七人普数据管理开发工作的相关要求，上海市统计局统一部署、统筹谋划、规范实施、协同推进，高质量完成上海市七人普数据管理、汇总处理和资料开发各项工作任务。

做好七人普数据安全管理工作。为七人普数据存储配备专用机。对存放数据的数据库设置复杂密码，交由专人保管。在数据脱敏导出过程中，使用光盘刻录拷贝数据，由专人负责数据对接并以签收工单形式记录数据流向。

做好七人普数据处理和资料开发。组织技术人员开发单机版数据分析程序用于脱敏数据包括按区域、街道、户籍、性别、年龄段、受教育程度等不同维度的处理汇总功能。配合人普各项资料产品的开发和统计分析，汇总计算常住人口、户籍人口、外来人口等各项指标。利用普查数据开发普查数据分析资料并在"上海统计"公众号发布。

开展七人普数据深度分析研究。市统计局依托《上海市第七次全国人口普查GIS 开发—成果展示及发布系统》项目建设，将上海第六、七次全国人口普查数据，包括普查区域边界线、建筑物、人口信息及历年人口主要数据等加载到人口地理信息系统内，提供基于上海市地理空间信息基础上，满足市级、区级、乡镇级等多层管理机构人口普查数据查询、数据浏览、数据分析以及展示发布等功能。截至2021年底该项目已完成招标采购工作，正处于开发建立阶段。

【基础设施安全运行保障】 做好中心机房日常运维保障工作。市统计局高度重视中心机房设备设施的管理运维和支撑保障，落实万达、华东电脑等运维公司的职责，按照中心机房管理规范做好对服务器、存储、网络设备、安全设备、专用设备、机房空调、UPS、环控等设备设施的日常维护，及时加固操作系统、数据库、中间件等系统软件安全补丁，进行机房UPS电池更换，2021年全年未发生安全事故。

强化联网直报平台硬件性能支撑。市统计局从网络带宽、应用支撑、CA（Certification Authority，证书颁发机构）网关等多方面采取措施，优化并提升联网直报平台的整体性能。落实措施包括：提升互联网出口带宽，新增高性能应用服务器，新增CA证书服务器，扩容应用服务器内存，新增浪潮磁盘阵列作为联网直报备用存储。

做好视频会议和基础网络保障工作。

根据相关视频会议要求，针对不同类型场景制定相应视频会议系统部署方案，2021年保障国家局会议、全市会议和专业培训会议的视频直播转播等共计32次，为新型冠状病毒肺炎疫情防控时期统计工作有序开展提供支撑。通过自建DNS系统对国家统计局内网、联网直报系统、市统计局内网和邮件系统等域名做好解析服务，全面梳理市统计局内网IP资源，加强对于互联网IP映射至内网IP的安全管理，加强网络边界安全防护。组织开展民意调查中心电话系统机房搬迁，并进行相应的网络和综合布线调整工作。

做好数据备份和灾备系统应急演练。对数据中心和灾备中心的数据库进行每天全量备份同步，保留最近5天，同时复制一份当天数据库备份文件到浪潮存储；联网直报数据通过专线网络传递至张江灾备中心，实时同步数据库。开展应急灾备切换演练，确认数据能正确同步，符合三级等保测评要求，保证紧急状态下的数据安全及系统的可恢复性。

【信创工程实施】 为贯彻落实国家统计局关于推进信创工作相关要求，市统计局推进信创工程实施。按有关部门信创工作时间节点，完成个人终端设备采购发放工作，各处室已全部完成国家机替代，信创测评。应用软件适配除财务内控系统外都已经完成适配改造。在信创推进过程中，统计系统常用的数据处理分析等应用程序难以基于信创环境正常运行，市统计局拟依托市统计大数据监测平台建设，将各统计专业应用软件与业务流程充分融合，开发信创环境下智能业务处理平台。

【网络安全保障】 2021年，市统计局继续建设完备的安全体系和安全设施，严格落实管理制度，通过物理安全、网络安全、系统安全、应用安全和数据安全建设，做到信息安全管理制度建设与信息安全技术系统建设的协调统一，确保上海统计信息系统的关键信息基础设施安全、核心应用信息系统安全。

做好网络安全规划，严格落实主体责任。落实网络安全相关制度，完善修订市局网络安全应急预案，成立网络安全应急处置工作小组；根据人员和职务变动情况，调整市统计局网络安全和信息化领导小组成员名单。

加强网络安全技术，提升网络防护能力。全年进行全系统漏洞扫描、渗透测试和全局网络安全巡查。针对扫描和测试结果，修补高危漏洞，对问题较多且无法通过补丁修复的系统，加强外部安全防护措施，加强看护管理。采取多项措施提升网络安全，一是调整高危应用系统的开放时间和安全策略；二是梳理并收紧防火墙策略，广域网边界严格使用白名单，按需开放，实现访问控制权限最小化，加强边界防护；三是搭建以整体业务为视角的网络

态势感知监控体系，实时监测全网的高级威胁攻击和异常行为事件。

强化网络安全管理，圆满完成各项任务。做好重要时段的安全保障。如国家统计局网络安全攻防演习、建党100周年、第四届中国国际进口博览会和十九届六中全会保障任务。在重要时段保障期间，编制值班手册，明确值班要求和责任及应急处置办法，安排多人次在岗值班，全方位实时监测可疑网络行为，封堵可疑IP超1万个，拦截网络攻击超200万次。

按照信息系统等级保护测评工作相关要求，组织进行市统计局门户网站系统、政府电子统计系统、统计信息系统工程等系统的二级等级保护测评和统计一套表网报系统的三级等级保护测评。按测评要求，对四套系统相关的物理环境、网络划分、网络和安全设备、应用、数据库、主机、管理制度、机构人员等进行相应的整改加固，四套系统全部通过测评。

【综合数据平台优化改造】 根据上海市经济治理一网统管体系建设统一部署，围绕为经济治理统计赋能这一核心目标，市统计局开展综合数据平台优化改造工作。按照"三大目标两大功能"的设计思想，通过经济治理分析模块创新建设，对综合数据平台进行系统全面的优化改造。进一步加强对上海经济结构、特色及亮点的全方位展示，对上海经济的演变、趋势、预测

的系统性分析，对上海经济面临的系统、个体和市场风险的及时性预警监测；进一步提升综合数据平台汇聚全市经济社会发展宏观微观数据、全方位促进跨部门、跨领域数据应用分析的核心作用；进一步强化对经济运行指标的实时动态监测和提供信息动态分析的服务功能。

新建若干体现"观防一体化、所观即所防"功效的模块，进一步突出平台横向、纵向比较的工具功能和立体、具体、微观的查询功能，有效提升数据的分析应用能力。根据全市"四上"单位年报统计结果，更新平台地图模块年度基础数据；结合分年度数据情况优化改造地图分年度数据查询功能；新建全市重点企业分布地图、增加重点企业月度生产经营数据查询和异常数据预警功能。以经济高质量发展和保持合理增长区间为导向，通过整合信息数据资源，重点监测相关行业、相关企业及高频更新数据的指标情况。

【市统计大数据监测平台开发建设】　为贯彻《关于全面推进上海城市数字化转型的意见》（沪委发〔2020〕35号）文件精神，结合国家统计局"十四五"统计信息发展改革规划要求，市统计局加快推进实施市统计大数据监测平台建设工作。监测平台建设总体目标是：在全国先行先试建立一个统计工作数字化转型平台，即建设整合统计系统、政府部门和社会第三方等各方数据资源，提高统计数据质量，有效管理数据资产、赋能各级各类统计人员，促进统计工作数字化转型的大数据监测和统计数据生产管理指挥平台。已完成项目的立项申报，市经济信息化委已审批通过，市财政局已落实项目经费预算，完成项目招标采购工作，2022年正式开始项目建设。

（朱彦霖）

十八、上海市绿化和市容管理局

【概况】　2021年，上海市绿化和市容管理局（以下简称"市绿化市容局"）依据顶层设计，落实重点任务，深入推进网络安全、"两张网"建设、数据治理等重点工作，信息化对行业精细化管理的支撑效果进一步显现，取得显著成效。

【"一网统管"顶层设计】　编制《上海市绿化和市容管理局2021年度"两张网"建设工作要点》，持续完善工作体系和经费保障，印发《上海市绿化市容行业"一网统管"平台区级指导意见（1.0版）》，完善配套方案，为区"一网统管"建设提供统一规范和标准，健全长效管理机制。坚持专班机制，截至2021年底市级运行数据底座平台已基本搭建完成，重点应用场景建设成形，试点单位、区级指挥平台建设全面铺开，初步实现"一屏观全域，一网管全程"的目标。

【**重点领域示范性应用场景研发**】 重点建设 5 个环卫行业场景。分类品质监管场景依托湿垃圾卸料口品质识别探头，自动抓拍、智能识别车辆倾倒过程中湿垃圾是否含塑料袋、瓶子等杂质，通过系统自动追溯问题车辆并发出预警和督办。干湿比异常监管场景通过"湿垃圾占干湿总量"比值的耦合度，及时发现各区可能存在的垃圾分类异常情况，对偏离全市平均水平一定幅度的情况进行预警和督办。残液监测场景通过全市 41 座中转设施内污水收集处理的负荷数据分析或者转运量和处置进量数据比对等方式，及时掌握全市 41 家生活垃圾转运设施的残液或场地冲洗水流量流向，对超过预警值的中转设施进行预警。建筑垃圾非法消纳监管场景通过渣土车行驶轨迹、车厢举升信号和已申报的工地、中转码头、回填点等作业点位置进行对比，自动发现在合法区域之外的车辆作业行为，并进行预警和督办。装修垃圾跨区作业监管场景对收运企业申报数据和装修垃圾车辆 GPS（Global Positioning System，全球定位系统）行驶轨迹进行比对，对合法作业区域之外的跨区车辆作业行为自动发出报警，并进行预警和督办。

【**森林火灾防范协调响应机制健全**】 森林防火监管平台围绕都市林火防控，通过 30 个智能防火视频探头和 65 个前端高清监控点实现实时林区火情监测，健全上海市森林火灾防范协调响应机制。通过完善火警统计、火情处置、前端监测等体征数据可视化展示功能，健全市、区两级报警下发、签收、核实、结束的业务管理闭环流程，形成快速准确的信息采集、传输、处理和决策反馈，实现对上海市森林火情的全方位监测、有效防御和及时处置。

【**网上政务服务能力提升**】 市绿化市容局努力提高"好差评"办件评价率；所有事项实现"零跑动"，即办程度进一步提升；"两个免交"全面实行，"绿化综合竣工验收一件事"功能进一步完善，配合市水务局上线"机动车辆清洗一件事"，通过智能创新，陆续推出"好办""快办"事项，37 个市级许可事项全部实现"不见面办理"，"随申码"在 3 座公园拓展场景应用取得成效；全行业政务服务事项数据同源、同步更新，并与国家目录事项名称做好对应；公共服务事项向办理类拓展；事项标准化程度和办事指南准确度进一步提升。公共服务事项向办理类拓展，通过智能引导，提供实时在线客服，事项标准化程度和办事指南准确度进一步提升。

【**"一网通办"线上线下整合**】 推进服务窗

口标准化建设，根据政务服务窗口建设运行的规范要求，完成视觉识别替换，全面落实咨询引导、帮办代办、为老服务和其他便民服务；完成综合窗口受理和集成服务改革；提高政务服务地图数据的完整性、准确性、及时性，服务窗口推出预约服务；行政许可自助服务终端在市绿化市容局受理大厅投入使用，并通过市大数据中心对外提供"统建自助"事项；优化办理模式，政务服务全部进入窗口咨询、网上办理；通过智能引导，提供实时在线客服，做好各项服务创造性工作。

【行政许可实际办件"全程网办"】 档案"单套制"100%电子归档，既方便申请人，又大幅降低纸张耗材等打印成本。在前两年实行"减材料""两个免于提交"的基础上，市绿化市容局从2021年7月1日起，对所有37项市级行政许可事项的实际办件实现100%"全程网办"，整个过程形成的电子档案全部实现"单套制"归档。

【公园入园场景中"随申码"应用拓展】 2021年10月起，滨江森林公园、共青森林公园、上海植物园三家公园，率先在不打破原有预约途径的基础上，实现预约核销码和健康码二码合一，游客直接刷健康码即可按预约入园。进一步拓展"绿化认建认养"服务，计划接入"随申办"，为公众提供参与城市绿化的便捷渠道。市民可

在线选择公园绿地或树木，制订认养方案，在线支付认养费用，通过远程监控定期掌握认养绿地或树木的生长状态。

【环卫行业"1+3"监管平台搭建】 构建垃圾分类数字化监管"3134"体系。完成"上海市垃圾分类综合监管平台"1个总平台和"生活垃圾全程分类监管系统""建筑垃圾综合监管系统"和"餐厨废弃油脂综合监管系统"3个子系统的建设。构建垃圾分类数字化监管"3134"体系。形成市、区、街镇三级平台贯通，实现垃圾分类管理要素"一张图"呈现，涵盖生活垃圾、建筑垃圾、餐厨废弃油脂3个监管子系统，覆盖分类投放、分类收集、分类运输、分类处置4个管理环节的生活垃圾分类数字化监管体系。

【森林资源管理系统升级改造】 在原有森林资源管理系统基础上进行二次开发，增加林政执法与监督综合管理子系统，从案件来源、登记、立案、调查取证、听证、处罚、移送司法机关、执行等各个环节采集、监控办案信息，在办案时辅以法律法规协助程序，构建标准合规的案件办理流程。同时，根据审改工作要求，对林业项目审批需进行批后监管，不断深化放管服工作。

【智慧林业—上海森防体系智能云平台落地】 完成3个业务云平台及内部管理平台、统计

分析平台和支撑平台的建设。林业植物检疫云平台主要包括林业植物检疫报检管理、检疫申报、检疫追溯、远程监控、检疫办证等个系统，平台在实现各系统间数据串联的同时，与海关、国家林草局、市政一网通等相关职能部门也能进行系统联通，促进多规数据的统一应用，最终建成"智慧政务""智慧森防"的"智慧林业"信息平台，实现"政务服务一网通办、森防工作一网统管、数据资源一网通享、数据分析一网同观"。

【智慧公园综合管理信息平台与示范公园信息平台完善】 新增全市公园基础信息维护模块，实现公园分类、分级工作及基础信息的平台收集录入、电子归档功能，区级上报相关信息，公园管理中心对信息进行核对以及星级结果评定结果录入。开发完成公园考核管理系统，实现两年一周期的对重点公园进行考核评定工作，对不同的公园类型提供特色考单，通过微信端对重点公园进行移动考核及问题上报和整改销项，最终分数作为公园星级评定的标准。从而实现基础信息收集、动态考核信息评比、问题增改、评分计算、结果定星的闭环管理。

【数据资产清理】 2021 年，市绿化市容局新增数据资产编目 31 个，包括 10 个"一网统管——智能辅助决策系统 1.0"项目数据资产目录和 21 个"双公示"数据资产目录。截至 2021 年底，市绿化市容局数据资源目录 310 个、开放清单 276 个，有数据资源的目录占比保持 100.00%，无条件共享目录占比 61.29%。共汇聚入数据湖表 274 张。

【数据共享开放】 截至 2021 年 11 月，市绿化市容局共有 222 个资源目录被其他单位申请共享使用，占已发布资源目录总数的 71.61%。完成数据共享平台清单 251 个，其中委办申请 101 个，个人申请 150 个。已汇聚的数据资源被 14 个委办调用，累计调用次数 620 多万次，较好地支撑"一网通办""一网统管""双减半"等全市重点项目的应用工作。

【数据安全责任制落实】 上海市绿化市容局高度重视网络安全工作，明确成立局网络安全和信息化委员会，由局党组书记任网信委主任，分管副局长为常务副主任。健全局直属单位网络安全工作架构，要求主要负责人为第一责任人，压实主体责任。加强统筹部署，严格落实《党委（党组）网络安全工作责任制实施办法》，制定《2021 年局直属单位网络安全管理绩效考核工作方案》，认真贯彻落实网络安全工作责任制，将网络安全工作纳入机关处室和直属单位年度考核内容，保障行业工作有序开展。

【网络安全管理制度建设】 2021 年，市绿化市容局建立和完善《上海市绿化和市容管理局信息化项目建设管理办法》《上海市绿化和市容管理局网络与信息安全管理制度》《上海市绿化和市容管理局数据安全管理和评价考核制度》等规章制度，印发《上海市绿化和市容管理局网络安全事件应急预案》，确保网络安全工作管理有据、有序推进。此外，依托自身与第三方力量，坚持对市绿化市容局网络随时检查监控的运行机制，保证网络安全有序顺畅。

【网络安全防护】 持续深化"市绿化市容局网络安全加固"项目，对机房网络系统进行安全加固，实现网络安全状况可知、可控和可管理，形成集防护、审计、响应于一体的网络安全防护体系，为市绿化市

容局网络安全管理提供有力支撑。开展"一网通办"行政审批系统、门户网站集群等应用系统等级保护定级备案与测评工作。

【上海市绿化市容行业科技大会召开】 为深入贯彻党的十九届六中全会精神、习近平总书记关于科技创新的重要论述以及上海市科学技术奖励大会精神，2021年12月15日，市绿化市容局召开全市绿化市容行业科技大会。市绿化市容局局长邓建平，上海市科学技术委员会副主任谢文澜等出席会议。根据新型冠状病毒肺炎疫情防控要求，行业各直属单位以视频会议形式参会。

（王　平）

十九、上海市知识产权局

【概况】 2021年是上海市知识产权局（以下简称"市知识产权局"）信息化工作的改革拓展年。围绕"三整合"工作要求，按照政务信息系统"设施集约统一、资源有效共享、业务有机协同"的原则，市知识产权局聚焦政务服务"一网通办"，整合打造"上海市知识产权局一网通办系统""上海市知识产权局政务信息管理系统""上海市知识产权信息服务平台"3个信息系统并全部"上云"，不断提升政务服务效能。

【"一网通办"电子政务服务体系能级提升】
2021年，市知识产权局不断丰富"一网通

办"政务服务内容，有针对性地整合改造业务管理系统，提升政府工作效能，提升公众的满意度和获得感。

以系统融合的方式将原"上海市专利工作试点示范单位认定与管理系统"和原"上海市知识产权局政务大厅建设"整合升级改造为"上海市知识产权局一网通办系统"。在此基础上，补充纳入市知识产权局职能范围内的项目报批、奖项评审、材料预审等事项，并对接市"一网通办"平台，作为平台上的"知识产权"业务服务模块，为相关业务申请方提供统一的业务管理和办理平台。

共有 5 项行政权力事项和 12 项公共服务事项接入市"一网通办"平台。2021年度，市知识产权局在市"一网通办"平台的办件总量为 3 733 件。公共数据累计归集共计 185 762 003 条，累计调用次数 2 044 825 次。

聚焦"高效办成一件事""好办"等便民亮点服务，以数字赋能再造政务服务办事流程。将"专利资助专项资金"纳入上海市市级支持资金申请"一件事"改革。依托上海市"一网通办"平台完成"专利一般资助""专利专项资助"业务系统升级改造，在"减时间、减材料"的基础上进一步优化办事流程，实现"高效办成一件事"要求。其中，"专利一般资助"通过流程优化、数据共享、网络核验等方式实现企业群众申报"零材料"、办事"零跑动"和办事"少等待"。探索"企业专属网页"智能服务，依托政策体检实现"专利资助专项资金"政策精准推送，为市场主体和群众办事增添更多便利。

【政务信息管理系统升级改造】 2021 年，市知识产权局将原"政务信息管理系统"升级改建为"上海市知识产权局协同办公平台"，作为市知识产权局主要的内部工作系统。建设的总体目标是打造市知识产权局"全方位整合、全业务协同、横向到边、纵向到底"的内部协同办公大平台，实现跨部门、跨层级、跨应用的办文、办会、办事的线上全流程信息化办公。同时通过统一用户管理、统一用户认证、统一工作门户，实现与上海市"一网通办"系统、局财务系统、知识产权公共服务平台等的应用集成。平台的投入使用，提高了政务办公效率、保障了政务信息安全、节约了办公成本，整体提高市知识产权局的办公信息化水平，实现应用数据的集成融合和业务的高效协同。

（杨聆韵）

【知识产权信息服务平台优化升级】 2021年，为了进一步提升知识产权信息公共服务能级，上海市知识产权信息服务平台在重构并拓展原平台功能的基础上，通过建立知识产权基础数据库群和专题数据库群，收录全球 98 个国家的近 1 亿条专利信息，以及商标、集成电路布图设计等各类知识产权基础数据，形成从知识产权信息采集、加工、整理到检索、分析、共享的完整知识产权信息服务全链条。该平台旨在为政府、创新主体及社会公众提供全方位的知识产权信息公共服务。

知识产权信息服务平台依托其数据资源和分析工具，主要提供包括知识产权信息检索、知识产权信息分析、企业知识产权管理、区域知识产权统计分析和数据加工处理等在内的服务，为各级政府和机构研究产业发展状况提供数据支撑和决策依据，寻找发展中的问题与薄弱环节，并为追踪全市知识产权发展态势积累数据。2021年，承接"人工智能算法专利分析"研究项目，对重要企业、专利技术分布等情况进行检索分析并提出建议，为相关部门进一步摸清全市人工智能算法现状及发展脉络提供有效支撑。

信息服务平台还依托知识产权检索分析和区域统计功能，通过知识产权数据与地理信息的有机衔接，创新性地开展区域知识产权统计分析工作，数据可精确到上海各乡镇以及科技园区。面向全市各区、科技园区共计提供各类统计分析报告20多份，协助各级政府及园区准确掌握区域内重点产业和创新主体的知识产权现状，为服务对象掌握重点产业体系整体布局、促进知识产权有效运用和保护等提供重要决策支撑。

（丁文洁）

二十、上海市监狱管理局

【概况】　2021年，上海市监狱管理局（以下简称"市监狱局"）信息化工作抢抓"十四五"开局，以提高监狱数字化治理水平为目标，全力推进年度项目工程建设，坚守新型冠状病毒肺炎疫情防控、安全生产、网络信息安全底线，推进年度工作，较好地完成各项工作任务和目标。

【信息化制度体系建设】　2021年，市监狱局完成《上海市监狱管理局信息系统运行维护管理工作规定》《上海市监狱管理局软件正版化工作管理规定（试行）》的制定。完成《上海市监狱管理局科技与信息化工作管理办法》《上海市监狱管理局科技与信息化建设项目管理工作规定》两项工作制度的修订。

【信息化工作顶层设计】　结合市监狱局"十四五"规划编制工作，深入贯彻落实各级重要指示、批示精神，市监狱局编制并完善《"十四五"监狱信息化建设专项规划》，明确"十四五"期间全局信息化工作的指导思想、主要目标、主要任务和指标，全面强化信息化工作顶层设计，为"十四五"期间上海监狱信息化工作奠定基础。根据市政府各部门信息化职能整合优化工作的要求，完成《上海市监狱管理局信息化职能整合优化工作方案》编制，并报市大数据中心；配合市大数据中心有序开展整合优化后的项目预算平移等工作。

【年度项目工程建设】　一是完成"智慧磐石"工程建设。规范完成项目招投标并全面启动"智慧磐石"工程建设。先后召开工程例会6次，并采用现场巡查与信息化远程督查相结合的方式，加强对项目施工现场的管理，全面落实"六大安全"要求，保质保量完成项目建设任务。

二是"智慧监狱"建设取得阶段性进展。与市经济信息化委等部门沟通协调，结合系统整合要求，反复修改完善项目申报方案，"上海市监狱管理局信息化系统升级改造"项目申报方案已获市经济信息化委批复同意。同步完成"宝山监狱安防警戒设施升级改造"项目方案编制，争取同步建设、同步推进。

三是全面加强项目管理。结合全市信息化部门职能优化整合工作，完成64个下年度项目审核申报工作。完善"管办分离"工作机制，严格招标、采购、监理、审价全过程规范化流程管理。规范有序实施"市监狱局警务移动智能终端升级改造"项目建设，克服新型冠状病毒肺炎疫情影响等不利因素，完成全局7 000余台警务移动智能终端的升级替代工作。落实基层单位项目管理周报制度，及时掌握项目进展和有关动态，指导基层单位做好项目结转工作。

【信息安全和运维服务保障】 一是做好信息化运维工作。规范运维项目实施，主动克服疫情影响，加强信息化运维保障，维修处理计算机及外设故障160余次、网络故障80余起，及时排除各类应用系统故障120余次，处理警务通各类故障报修150余起。做好视频会议系统维护工作，共计保障各类视频会议200余场次。帮助基层单位解决网络故障10余起。二是加强网络信息安全的预警防范。及时发布网络安全预警信息，利用网络安全设备、监控软件等对网络信息安全态势进行主动监控，指导相关基层单位对计算机病毒开展防治工作，做好网络与信息安全防护及突发情况应对，确保市监狱局信息化系统正常运行。

【"上海监狱武警执勤智能化设施及值班室信息化基础建设"项目建设】 2021年3月2日，为落实司法部、武警部队《关于进一步加强监狱安全工作的指导意见》，有序推进"上海监狱武警执勤智能化设施及值班室信息化基础建设"项目建设实施，市监狱局召开"上海监狱武警执勤智能化设施及值班室信息化基础建设"项目建设动员部署会暨工程开工启动会。市监狱局副局长戴卫东对项目建设提出3点要求：一是要加强组织领导，落实管理责任；二是要做到"严细结合"，坚守安全底线；三是要加强沟通协调，抓实监督检查。

【"个别谈话"App试点总结与全局推广使用部署动员】 2021年3月3日，市监狱局召开警务通"个别谈话"App试点总结与全局推广使用部署动员培训视频会议。会上，女子、宝山、南汇三所监狱作试点工作的交流发言，局教育改造处进行试点工作总结及全局推广使用方案部署，市监狱局科技处开展"个别谈话"App线上操作培训，并联合答疑。市监狱局副局长朱旭东对推广工作提出要求：一是充分认识"个别谈话"App推广使用的背景意义；二是全面了解"个别谈话"App设计研发的原理目的；三是认真落实"个别谈话"App工作推进的部署要求。各监狱在行政区、监管区分别设置互动分会场，所有在岗民警通过监狱直播的方式观看会议。

【"智慧磐石"项目第1次工程例会召开】
2021年3月29日，"上海监狱武警执勤智能化设施及值班室信息化基础建设"项目第1次工程例会召开。会议由工程监理主持，会议听取工程施工单位、监理单位关于工程建设准备工作的汇报；听取各监狱和武警部队关于工程建设的有关意见；市监狱局公安处、科技处对工程下一阶段的建设任务提出具体要求。会议认为各施工单位工程建设准备充分，具备开工条件，即日起按照施工管理方案进场施工。

【局科技处工作调研】　2021年3月25日，市监狱局副局长戴卫东调研局科技处工作，听取市监狱局科技处关于加强党支部建设、推进全年重点工作和党风廉政建设情况汇报。戴卫东指出：一是要认清形势背景，切实提高政治站位；二是要明确工作职责，有序推进重点工作；三是要优化工作方法，有效提升管理能级。

【2021年度科技信息条线第1次科长例会召开】　2021年4月25日，市监狱局召开2021年度科技信息条线第1次科长例会。各单位汇报各项工作推进情况，市监狱局科技处各业务主管对下一阶段重点工作进行布置。会议指出：一要加强学习，提高思想认识；二要主动配合，参与改革任务；三要高度关注安全，全面抓好安全；四要严格程序，加强沟通协调；五要注重工作方法，完善工作机制。

【网信领导小组2021年第1次会议召开】
2021年8月4日，市监狱局召开网络安全和信息化领导小组（以下简称"市监狱局网信领导小组"）2021年第1次会议，专题研究监狱局网信工作。市监狱局网信领导小组组长吴琦、常务副组长戴卫东、副组长刘金宝、朱旭东、王毅、倪鹏飞及领导小组成员参加会议。会议通报中共上海市网络安全和信息化委员会办公室《网信工作专报》，听取2021年上半年度市监狱局网信工作开展情况、武警"智慧磐石"项目建设推进情况、信息化职能优化整合工作推进情况及宝山监狱"智慧监狱"建设下一阶段推进方案的汇报，并就相关问题进行研究审议。吴琦指出：信息化在日常工作和管理上起到越来越重要的作用，如何抓好信息化，使其发挥作用，提升针对性和高效性，全体人员要共同参与和思考。就下一步工作，吴琦提出4点要求：一要压实工作责任。要从讲政治、提升监狱治理能力高度，认识信息化工作的重要性。全体人员要聚焦监狱工作本质职能，强化政治担当，压紧压实对网信工作的政治责任、领导责任，不断完善网络安全保障体系，夯实网信工作基础，助力实现全局"两最"目标。二要优化整合职能。信息化职能整合优化是统筹资源支撑数字化转型、推进信息化工作发展的重要举措，市监狱局科技处要通盘考虑，通过整合发挥放大作用。三要狠抓重点工作落实。"智慧磐石"建设要加强和武警部队沟通协调，尽早完成建设任务；"智慧监狱"建设要遵循整体设计、分步实施原则，有序推进项目建设。四要坚守安全底线。要切实认清当前网络信息安全面临的严峻形势，增强保密意识，严禁在互联网传播工作秘密。各类信息化建设要严格落实网络安全同步规划、同步建设、同步运行原则，构建动态综合主动防御体系。

【四岔河监狱"智慧磐石"项目建设调研】
2021年9月17日，市监狱局党委副书记、副局长戴卫东赴四岔河监狱调研"智慧磐石"项目建设情况，实地察看驻监武警作

战勤务值班室，了解相关视频监控设备、应急报警响应及处置等情况。戴卫东在听取相关工作推进情况汇报后，提出3点要求：一要进一步深化各系统之间的联动运行和执勤战士的实战培训，确保人装适配。二要进一步抓实工程验收各项工作，严格按照要求和流程，落实、落细工程验收，做经得起时间和实践检验的好工程。三要进一步深化监狱与驻监武警双方的沟通联动，强化"三共八联"建设，共同构筑监狱安全防护墙，确保监狱绝对安全。

【信息化职能化整合专题调研】
2021年12月28日，市大数据中心第五分中心主任黄爱国一行5人到市监狱局就信息化职能优化整合后的相关工作开展专题调研。调研组一行详细了解市监狱局信息化工作现状、信息系统建设运维情况、网络结构、信息化项目采购工作开展情况，并结合职能整合优化后信息化建设、运维项目的采购工作要求和流程与参会人员进行充分交流探讨，对运维需求研提、2022年度运维项目采购实施等工作要求进行指导。

（龚爱英）

二十一、上海市药品监督管理局

【概况】 2021年，上海市药品监督管理局（以下简称"市药监局"）大力推进审批流

程革命性再造，落实减时限、减材料、减跑动次数。

【"一网通办"建设】 2021 年，市药监系统市、区两级共完成药械化生产经营企业许可办件 47 213 件，其中市级办件 6 170 件，区级办件 41 043 件，审批时限较法定时限平均减少 67%，审批事项提交材料平均减少 59%；2021 年归集 38 746 张电子证照，市、区两级历年累计归集 59 类 67 896 张电子证照；2021 年物流办件 533 件、在线支付 512 件。

落实减时限、减材料、减跑动次数，审批事项时限比法定时限减少 67%；通过改造行政审批信息系统实现身份证、营业执照、药品生产许可证、医疗机构执业许可证等 400 余项资料免于申请人提交；实现浦东新区与市级系统"一业一证"事项对接。

开发的"上海药店"接入"随申办"小程序，为公众提供药品查询功能，疫情期间帮助市民用户查药找药，积累用户 30.8 万名，提供药品查询 109 万次，药店查询 66.9 万次，并在进博会期间提供现场查询服务。

按照国家药品监督管理局《药品监管数据资源共享管理办法（暂行）》和《关于开展药品监管数据资源目录编制工作的函》的要求，市药监局 2021 年上半年完成国家药监局数据资源共享目录的编制和数据上传工作。2021 年底，市药监局数据资源目录编制趋于完善，内容涉及药械化行政检查、行政许可、药品实时监控、稽查办案、抽样等系统。

按照上海市政府数据资源管理的相关要求，市药监局 2021 年累计向市数据共享平台数据中心上传数据 20 223 701 条，注册系统 28 个，目录编制数量 676 项。截至 2021 年底处理外部需求工单 171 条，上传数据资源被 21 个委办所调用，累计调用次数 4 972 482 次；市药监局提交数据需求清单 76 条，获得市级及国家资源服务接口授权共计 53 个，累计调用 400 096 次。

【监管业务系统标准构建】 2021 年，市药监局完成"上海市药品监督管理局数据分析、标准及应用研究"课题研究，以课题为基础，制定《上海市药品监督数据规范》，起草制定《数据结构规范》《数据规范》《数据元规范》《值域代码规范》等 5 份标准文件，为各监管业务系统的建设和改造建立标准化基础。

【信息系统整合】 2021 年市药监局完成信息系统整合工作。按照整合规划，对业务系统从系统联通、数据融合角度进行重构，市药监局对 17 个政务信息系统和 1 个数据中心进行整合，形成"一网通办""一网统管""风险监测""公众服务""协同办公"5 个"大系统"，实现"六个统一"。同时打造"以用户体验为中心"的药品监管和企业数字化服务平台，为上海市市、区两级药品监管人员、全市 35 000 家药械化生产经营企业提供数字化服务，做到"提醒一目了然、信息精准推送、数据快捷查询"。

该平台为各层级33种角色的药品、医疗器械、化妆品监管人员量身定制数据展示台和工作台；为医药（含化妆品）企业提供个性化信息服务，同时面向连锁总部、网络销售平台、产业园区等特定用户，提供数据订阅服务，推送风险信息。2021年9月23日，《国家药监局信息中心关于"智慧监管典型案例"推选结果通报的函》通报市药监局申报的"上海市药品监管和企业数字化服务平台"入选2021年智慧监管典型案例。2021年，还完成"一网统管"大系统中药品（疫苗）追溯系统的建设。

【药品监管数字化转型调研】 2021年，市药监局制定《推进药品监管数字化转型调研计划方案》，成立数字化转型领导小组和工作小组，先后邀请50余家企业、17家药械化监管直属单位和区级部门、8家相关政府部门参与，围绕重点场景和项目，组织举办18场分项调研座谈会。并面向药械化生产企业发放数字化转型调研问卷，了解企业整体数字化现状及未来规划与建议，共收集到821家企业完成的调研问卷。通过调研，了解上海地区医药行业监管服务与产业发展促进等方面的现状与瓶颈，掌握部分企业和老百姓关心的高频急难问题。总结药品监管数字化转型6个方面的问题与瓶颈，并针对性地制定6项重点举措，设定9个重点场景。为未来三年药品监管数字化转型工作进行重点规划。

（周凤舞）

二十二、上海市消防救援总队

【概况】 2021年，上海市消防救援总队（以下简称"市消防总队"）立足"十四五"开局之年发展需要，推动上海消防信息化和应急通信建设踔厉步稳、迭代升级，构建"两网一图"新型信息化架构，统筹推进43项年度信息化重点任务逐一落地见效，完成消防救援现场应急通信保障任务45次，组织开展各类信息化培训活动，累计286人次参加，为上海消防数字化转型升级提供支撑助力。

【消防数字化底座打造】 夯实数联资源底座，推动消防数据治理，完成10余个内部系统平台数据的汇集治理，协调市相关委办局接入各类与消防实战密切相关的数据，升级完善总队数据中台功能。打造物联感知底座，建设部署市级消防物联平台，制发消防物联感知数据接入规范，接入全市173家单位大型商业综合、253家超高层公共建筑，以及重点单位、社会面累计210余万个物联点位。建立智联融合底座，通过统一的地图服务平台，接入全市二维、三维地图，汇聚内外部图层资源，形成消防"一张图";通过视频融合共享平台,汇聚消防内部单兵、布控球、无人机等视频,协调接入高空鹰眼、海防堤岸、危化企业等视频资源,为消防应用场景提供统一服务。

【消防"一网统管"平台建设】　市消防总队全面融入市数字化转型和"一网统管"建设大局,构建消防新型信息化架构,着力打造实战管用、基层爱用的智能化平台,提升消防救援中心工作现代化水平。升级消防救援"一网统管"平台,融合总队内外部数据、系统、资源,实现对消防业务工作的多维度分析以及消防运行体征的动态可视化展示,平时一屏展示全市消防生命体征,包含消防实力、警情分析、城市消防安全指数、重点单位消防运行情况等内容;战时在智能指挥"一张图"上直观掌握消防警情数据、消防力量态势、现场图像资源、处置时间轴等有关警情要素。

【消防智能场景搭建】　开展智能接处警系统升级改造,着眼接警、调度、出动等关键环节,应用语音语义分析、专业路径规划、方案智能推送、视频汇聚融合等技术,升级改造消防接处警系统,辅助提升接警调度效率。推广微型消防站可视化运管平台,在全市8 500余家微型消防站推广可视化运管模式,纳入市、区"一网统管"体系,建立"城运—消防—微站"打造灭小、高效处置的微站运行机制。研发消防无人机管理平台,研发涵盖无人机管理、救援现场无人机调度、无人机飞手培训等功能的无人机全流程管理模式。

【重大消防安保通信保障任务完成】　在第十届中国花卉博览会、第四届中国国际进口博览会等重大活动消防安保中,依托"一网统管"体系搭建消防安保指挥平台,围绕"一屏感知、一键调度、一网指挥"的工作模式,实现"一张图"精准化、透明化调度指挥。构建通信保障体系,前置增配公网可视电台、专网电台、公专融合电台、布控球等通信设备,为各级消防安保力量至少配备"一主""一备"两种通信手段,实现通信全域可视。部署安保指挥平台,升级部署重大安保指挥平台2.0版本,实现一张图掌握消防安保整体动态,一键连通五级消防安保力量,与市城运平台实时联动,为消防安保提供辅助支撑。保障指挥枢纽运行,消防前方指挥部设置日常值守、夜间值守、会商研判、实战保障、重要勤务5种运行模式,满足不同场景任务需要。多维感知力量态势,通过应用"北斗+5G"技术,获取安保"室外+室内"的定位信息;通过配备智能穿戴,获取安保心率步数信息,统一汇聚至安保平台感知模块,随时掌握安保力量态势;通过在重点部位增设高点智能鹰眼摄像头,实时掌握保卫对象情况,为消防安保任务提供保障支撑。

（市消防）

上海市消防救援总队

实战导向、创新驱动，推动超大城市消防治理数字化转型

  2021 年以来，根据上海市委、市政府数字化转型及"一网统管"建设要求，上海市消防救援总队（以下简称"总队"）深入推进消防"一网统管"建设升级。期间，"央视新闻""周到上海""劳动观察""看看新闻"等媒体平台，均对消防数字体征建设情况开展了宣传报道。

  2021 年 4 月 30 日，总队在全市推进"一网统管"建设提升治理能力工作会议上展示了总队方舱移动指挥车和空天一体移动通信指挥系统。2021 年 6 月 10 日，上海市城市运行体征发布会上，总队对前期建设成果进行了集中展示，得到各方高度评价。2021 年 11 月 26 日，总队作为委办局代表参加在广州举办的首届数字政府建设峰会，展示上海"一网统管"建设成果和经验。

一、建设"物联数联智联"的消防数字底座

打造物联感知底座

  总队基于上海市"一网统管"市域物联网运营中心的架构标准，建设了消防物联底座，接入全市 173 家单位大型商业综合、253 家超高层公共建筑，以及重点单位、社会面累计 210 余万个物联点位。

夯实数联资源底座

  总队对消防接处警、消防监督、装备管理等 10 余个内部系统数据进行了汇集治理，同时依托市城运中心和市大数据中心，协调公安、应急、气象、房管、水务、市场监管等部门接入实有人口、法人、危险源、天气、居民小区、积水监测等与消防实战密切相关的数据，升级完善总队数据中台功能，同步为市城运中心共享输出实时警情、火灾隐患等实时数据接口。

  建立智联融合底座。通过统一的地图服务平台，接入全市二、三维地图，汇聚内外部图层资源，形成消防"一张图"。通过视频融合共享平台，汇聚消防内部单兵、布控球、无人机等视频，协调接入外部道路监控、高空鹰眼、海防堤岸、危化企业等视频资源，为消防应用场景提供统一服务。

上海市城市运行体征发布会

二、搭建"平战结合"的消防"一网统管"平台

  总队依托消防数字基座，搭建上海市消防救援"一网统管"数字化平台。

  平时，平台主要围绕灭火救援和火灾防控两方面，展示城市运行消防安全数字体征，主要包括消防警情、消防执勤力量、单位消防安全运行、消防执法、消防隐患等 35 项体征，能够直观反映城市消防工作运行态势。

  以单位消防安全运行体征为例，该体征对社会单位消防安全管理水平进行大数据智能评估画像，最终评分由消防管理、设施运行、火灾情况、监督检查等 6 个维度、90 余项指标项的数据模型分析得出，其中消防物联指标占比40%，用于单位掌握提升自身消防安全管理水平。

  战时，可一键进入智能指挥"一张图"，以案件为中心，将消防车辆、水源、数字化预案、微型消防站、现场视频等要素在一张图上展示，为各级领导指挥决策提供辅助支撑。发生重大灾情时，市领导可在城运中心通过系统实时掌握现场情况，并与现场进行视频连线。

消防救援"一网统管"数字化平台

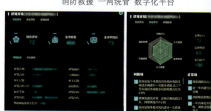
单位消防安全运行体征

智能指挥"一张图"

三、强化"场景赋能"的消防"一网统管"应用

  面向救援实战场景，在大型救援现场中，可第一时间依托方舱指挥车搭建前方指挥部，与市城运中心、总队指挥中心建立视频连线，回传地面、航拍等多路现场图像。

  面向重大安保场景，在第十届花博会、第四届进博会等重大消防安保中，总队依托"一网统管"体系搭建消防安保指挥平台，围绕"一屏感知、一键调度、一网指挥"的工作模式，实现"一张图"精细化、透明化调度指挥。通过运用 5G 定位、智能穿戴、视频监控、可视对讲等技术，新增了馆内定位、人员健康、一键调度等功能模块。遇有情况时，可直观快速地在"一张图"上选取调派就近力量，实现了秒级调度，提高了扁平化指挥效能。

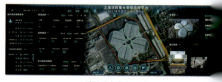
消防安保指挥平台

推进数字化转型
夯实数字底座

  2021 年上海市虹口区以习近平新时代中国特色社会主义思想为指导，深入贯彻习近平总书记考察上海重要讲话和在浦东开发开放 30 周年庆祝大会上的重要讲话精神，全力推进数字化转型，夯实数字底座基础。

  全年全区累计完成 1134 个 5G 基站建设，北外滩区域综合杆基站试点 140 根，形成以宏站、小型微站、室分、杆站等各类 5G 通讯设备组成的全方位立体移动信号覆盖体系，为疫情期间的核酸检测保驾护航。同时全年共完成 31535 户上网困难家庭宽带速率提升，提前半年完成市政府实事项目——"困难家庭免费升级百兆宽带"，全区 500M 以上宽带用户占比已超过 25%，有力提升了虹口区固定宽带网络速率和信息基础设施服务能级。

  积极推进多伦文化艺术空间、"5G + 观光船"等"5G +"应用场景试点和评估，推进城市精细化管理试点应用，"5G + AI 无人机"在城市管理、道路智能感知监测平台、垃圾分类监测管理等场景的应用。与万向区块链公司联合打造"区块链 + 产业"联合创新基地建设，协同推进区块链综合应用示范区建设。

深化智慧法院建设
提升审判执行质效

—— 上海市第一中级人民法院信息化建设撷英

2021年上海市第一中级人民法院（以下简称"市一中法院"）继续深化和完善智慧法院建设，进一步促进审判体系与审判能力现代化，为实现审判执行智能高效、诉讼服务便民快捷、法院审理协同互助继续提供科技支撑和保障。

启用新审判系统

市一中法院与市高院共同研发了新版审判管理系统，系统采用国产化技术开发，基于云架构部署，既符合高院统管的要求，又吸收了市一中法院原系统的优点，与繁简分流、自动分案等特色功能顺畅衔接，可实现信息自动提醒、案件自动推送、文书辅助制作等智能辅助办案功能，以更安全可靠的技术和更科学合理的软件设计提升我院审执工作质效。

推进庭审记录改革

为推进全流程网上办案工作，市一中法院升级改造了20多个互联网在线法庭，并在高院的统一部署下，推进庭审记录改革试点工作，将音字转换技术应用到庭审记录中，运用人工智能将庭审语音同步转写成文字，更加真实全面地记录当事人陈诉，缓解书记员庭审记录工作压力。

开通集资诈骗案件被害人智能热线

作为"我为群众办实事"项目，市一中法院开通了集资诈骗案件被害人信息核对智能服务热线，提供智能语音播报案件公告、自动回答常见问题等功能。既实现了7×24小时不间断服务，又通过对接"涉众型刑事案款信息核发平台"，自动显示来电人员信息，提高人工服务效率。启用以来日均服务数量大幅提高，有效解决了客服电话接听瓶颈问题，有力保障了被害人信息核对工作的顺利进行。

异地协助促审判

为解决疫情期间兄弟法院和关押在市一中法院所辖监狱的当事人开庭的难题，市一中法院秉承全国法院"一盘棋"和"让数据多跑路、干警少跑腿"的理念，为外地和本市其他法院开放远程法庭系统，协助院外法官通过视频连线与在押当事人进行"零"接触开庭，符合防疫要求的同时，又免去往返奔波的不便，提高审判效率。

新审判系统   庭审记录改革

检察听证

上海市崇明区人民检察院

上海市崇明区人民检察院按照最高人民检察院关于智慧检务工作的整体部署，秉承科学、合理、安全、可靠的设计原则，历时一年多时间建设，又历时近一年时间试运行，完成崇明大道 7700 号办公楼信息化建设任务。目前崇明区人民检察院已建成视频会议、远程讯问、远程接访及远程听证共同组成的远程视频系统，用互联网思维为办公、办案提供了便利化解决方案。同时为最大限度地使用好信息化资源，崇明区人民检察院在新大楼建设过程中，实现所有工位光纤接入全覆盖，为日后信息化拓展打下了坚实的基础，相较原人民路 27 号办公点，信息化基础设施得到了极大的改善。另外崇明区人民检察院还建设了统一的信息发布平台，实现一键式全楼宇信息发布，为检察宣传、检务保障及检察讯息发布提供了便利化的解决方案。

伴随着大数据时代的到来，上海市崇明区人民检察院将继续在最高人民检察院的统一部署下，充分发挥检察大数据服务检察业务能动性，切实为大数据服务检察办案提供坚实的技术支撑。

中国工商银行
上海市分行

金融支持上海科创中心建设

为助力上海科创中心建设以及进一步支持上海集成电路、人工智能、生物医药的三大产业发展，2018 年 11 月工商银行在上海设立了总行级科创企业金融服务中心（上海），开启了科创金融专业化经营之路。经过三年多的探索和实践，工行上海科创中心逐步构建了"五专四全"的科创金融服务和产品体系，坚持以服务实体经济、服务科创企业为宗旨和根本，引领工行分行聚焦集成电路、人工智能、生物医药三大先导产业、战略性新兴产业以及国家重大科技项目，着力为一批代表上海科创实力、体现上海科创潜力的集成电路、生物医药和人工智能领域科创企业和重大科技项目等提供金融支持和资金保障。

工行上海科创中心通过设置市场拓展、产品创新、派驻投审以及贷后管理为一体的组织形式实现科创金融的专业化经营。工行上海科创中心内部按照行业分设业务团队，通过设立行业团队，增强了科创中心在市场规划、客户营销以及初审筛选、贷后管理等方面的专业化能力。此外，工行上海科创中心建立了科创业务专项审议制度，派驻科创金融专职审查团队，实施科创项目专项集体审议，提升专业度和审查效率；采用科创企业专属评级和授信模型，并结合"外部专家 + 内部评审"协同机制，打破科创企业认知的玻璃门，有效解决了科创企业"看不懂、不敢贷"的问题。

截至 2022 年，工行上海分行科创企业表内外融资已超亿元，其中表内贷款超 900 亿元，累计服务科创企业超 50 户。为此，工行也相继荣获了上海市金融工作局"上海金融创新奖"、工行系统内最高荣誉"工银卓越奖"、长三角资本服务基地"优秀合作伙伴奖"、人民银行"上海市金融创新案例优秀奖"等一系列行内外重大奖项和荣誉。

科创助力贷

科技成长贷

中银科技金融
助力国家科技

药研贷

知贷通

科技履约贷

110年，时空流淌；汇聚点滴，厚积力量。

商行｜投行｜投资｜资管｜保险｜租赁｜其他
客户热线：95566 www.boc.cn

科创金融找浦发
——浦发银行科技金融业务亮点介绍

早在 2009 年，浦发银行上海分行即设立了业内首家科技企业服务中心，开始探索服务科技企业的道路。十余年来，该行依托专营的组织架构、配套专项考核机制、组建专业人员队伍、创设科技企业特色信贷产品体系、搭建科技金融生态圈，屡获银行业同业公会颁发的科技金融服务奖，并于 2021 年获颁上海市科委"上海科技金融十周年特殊贡献奖"。逐步建立了浦发银行上海分行的科技金融业务特色。

客户规模屡创新高，客户培育成效显著

近三年，浦发银行科技信贷规模快速增长，平均增速超过 50%。科技企业客户数超过 9000 户，科技贷余额超过 600 亿。培育了一大批优质科创企业快速成长并成功上市。截至 2022 年，上海已上市的科创板上市企业中，浦发银行合作占比超过 90%。

特色信用贷款产品体系，覆盖科创企业全生命周期

秉承"信赖相依，全程相伴"的服务理念，浦发银行上海分行始终致力于培育符合上海产业发展导向的优质量科技企业，根据科技企业不同发展阶段的痛点和需求，持续探索产品创新，现已形成一整套覆盖科技企业成长全程的信用贷款体系。包括首个针对科技企业的信用贷款产品"小巨人信用贷"、针对初创期科创小微企业的"科技创客贷"、针对拟上市科技企业的中长期信用贷款"浦发上市贷"，有效提升了科技企业的信用贷款获得率，切实满足科技企业各发展阶段的资金需求。

搭建科技金融生态圈，持续推动服务下沉

自 2013 年起，浦发银行上海分行连续多年为上海创新创业大赛提供全程综合金融服务，举办百余场路演活动，进一步将科技金融服务下沉，发挥集团化服务优势，联合政府、园区、投资机构，为科技企业打造一站式综合金融服务平台。累计服务双创企业累计超过 2000 家，并且与超过 50 家的国家级、市级孵化器建立了合作。

助力上海经济重振，加速落实金融纾困政策

在 2022 浦江创新论坛启幕之际，浦发银行正式发布"科创重振贷"，为上海经济重振注入"加速度"，步降低企业融资成本，全力支持实体经济发展！

华鑫股份
CHINA FORTUNE

证券代码：600621

上海华鑫股份有限公司由上海金陵股份有限公司更名而来。公司□于 1952 年，1992 年上市，股票简称："华鑫股份"。证券代码：□0621。公司是上海国资委旗下上海仪电集团控股企业。

2017 年，在国资国企混合所有制改革的关键时点上，华鑫股份□成资产重组，全资控股华鑫证券，实现公司由房地产业向金融服务□的转型。站在发展的新起点上，华鑫股份确立了"金融科技为引□，聚焦证券主业，积极服务于实体经济，发展成为客户提供高品质□独解决方案的科技创新型金融服务商"的战略发展目标。

华鑫股份致力于以"金融＋科技"重塑旗下金融业态，构建金□科技服务生态圈，着力打造行业领先水平、具备华鑫特色的金融科□综合服务平台，平台是涵盖投资交易、账户管理、策略组合、服务□、研发投教、公司融资的综合电子化交易管理平台，并重点推进□个平台＋五个系统"研发，即 N 视界仿真回测平台和奇点特色交□系统、星途移动投资终端、引力波大数据分析系统、灯塔基金投资□理平台和恒星投资交易管理系统。

华鑫股份全资控股公司华鑫证券于 2020 年和 2021 年在《中国□券报》主办的金牛奖评选中，荣获"证券公司金融科技金牛奖"。

地址：上海市徐汇区宛平南路 8 号
电话：021-64339000
邮箱：shcf@shchinafortune.com

中小企业融资综合信用服务平台（上海）
上海信易贷综合服务平台

"信用让融资更便捷"

 shcreditloan.org.cn

扫码关注"信用上海"
获取一手信用信息

扫码进入"上海信易贷"小程序
"信用好，就能贷"

指导单位：上海市发展和改革委员会
中国人民银行上海总部
上海市地方金融监督管理局
主办单位：上海市经济信息中心（上海市公共信用信息服务中心）

阳光普惠
CEB INCLUSIVE FINANCE
汇聚阳光 普惠希望

光大银行·阳光普惠

光大快贷 是光大银行依托企业纳税数据、企业和企业法定代表人信用状况等信息，面向优质小微企业客户推出的在线申请、模型审批、自主提款和还款的可循环贷款产品。

阳光普惠产品

烟商贷

网贷易

阳光e餐贷

阳光e微贷

阳光e抵贷

阳光e税贷

光大快贷

阳光e钢贷

担融易贷

中国光大银行
CHINA EVERBRIGHT BANK

📞 95595　www.cebbank.com

中国光大银行
普惠金融公众号

电信云宽带

云见时代 链接未来

上海电信 开启宽带新纪元

 智家硬盘　　 绿色安全上网　　AI安全守护

| LIVE 直播宽带 | 游戏加速 |  亲情守护 | 海外加速 | 天翼云电脑 |

中国电信上海公司

 好服务更随

上海化学工业区地处杭州湾北岸，横跨金山、奉贤两区，规划面积 29.4 平方公里。2021 年，化工区工业总产值、利润、税收、固定资产投资、批注项目总投资等主要经济指标创历史新高，经济发展整体呈现稳中有进、进中有质，支撑全市实体经济发展的态势愈加稳固。园区全口径实现销售收入 1709.95 亿元，同比增长 39.0%；完成工业总产值 1538.58 亿元，同比增长 37.1%；完成固定资产投资 70.27 亿元，同比增长 46.0%；批准项目总投资 77.78 亿元，同比增长 35.1%；实现盈利 267.75 亿元，同比增长 69.4%；上交税金 123.06 亿元，同比增长 40.2%。

自 1996 年 8 月批准设立以来，上海化工区学习借鉴国际先进园区，创造性地践行"产品项目、公用辅助、物流传输、生态保护、管理服务"5 个一体化的开发理念，经过 20 多年的发展，已成为基础设施完备、公用配套齐全、管理服务便捷的现代化石化基地，成为集聚国际知名跨企最多、产业能级和产品关联度最高、资源循环利用水平最先进的国家级经济技术开发区之一，是国家首批新型工业化示范基地、生态工业示范园区、循环经济先进单位、绿色园区、智慧化工园区试点示范单位。

数字化转型作为园区"十四五"开发建设的主攻方向之一，以企业生产数字化转型、政务治理数字化转型、公共服务数字化转型、夯实新基建基础和做好数据治理为重点，努力实现数据感知更多元、数据传递更迅捷、数据汇聚更丰富、数据分析更系统、数据应用更广泛，数字要素高效流转，赋能园区高质量发展，初步形成引领全国化工园区的数字化治理新模式。

上海化学工业区

HANGHAI CHEMICAL INDUSTRY PARK

上海临港产业区经济发展有限公司

新业园—汽车电子特色产业园

新业园—汽车电子特色产业园位于临港产业区核心区域，南至秋山路，北至玉宇路，总占地面积 74695.1 平方米（约合 112 亩），总建筑面积 286882.97 平方米，容积率 3.0。基地范围内新建 4 栋 13 层研发楼、1 栋 15 层研发楼、3 栋 11 层研发楼，其中 1—5 号楼一、二层设置生活服务设施以及配套设施。

新侨园—新兴产业园

新侨园—新兴产业园位于临港产业区核心区域，南至秋山路，西至云樱路，东至鸿音路，北至正茂路，总占地面积 84455.8 平方米（约合 127 亩），总建筑面积 206440 平方米，容积率 1.92。基地范围内新建 7 栋高层研发办公楼、15 栋多层独立式办公以及相关配套设施。

上海市贸易学校

上海市贸易学校是一所成立于1964年的全日制公办中等职业学校，现为国家中等职业教育改革发展示范学校、国家重点中等职业学校、教育部教学工作诊断与改进试点学校、国家职业教学团队建设单位、上海优质中职培育学校、上海市教育信息化应用标杆培育校、上海市文明校园、上海市依法治校示范校、上海市中小学行为规范示范校、上海市安全文明校园。学校建有三大专业群、三个上海市（示范）品牌专业、三个市级开放实训中心和一个世界技能大赛选手培养基地。

学校在建设信息化应用标杆校的过程中，以"服务学生职业生涯发展＋终身学习"为任务引领，沿着"重数据、强服务、促管理、推应用、显特色、创标杆"的路径，通过创新育人模式、质量保证体系、个性学习空间、联合共建实训、物联智慧校园、技术支撑保障六大建设任务，实现学习个性化、应用常态化、管理精细化、校园智能化、扶持精准化、服务终身化。

学校参与了上海市中职学校示范性虚拟仿真实训室建设。物联网（智慧农业）虚拟仿真实训室，通过虚拟光明农场真实场景，引入真实数据，结合虚拟现实与物联网技术，搭建了一套集理论教学、实训实验、体验创新于一体的实训系统，以解决传统的物联网专业实训室建设存在高投入、高损耗、高风险、难实施、难观摩、难再现的问题。

上海学前教育网

"一网一平台、三通多应用"学前教育信息化公共平台

上海学前教育网秉承"搭建信息化平台、提供学前教育一站式服务"的建设初衷与"共建共享"的建设理念，密切关注时代发展与技术进步，坚持以研究带动应用、以应用推进学前教育现代化发展。经过20多年的发展，结合上海市委、市政府近年来关于网站整合、政务信息系统整合的要求，形成了上海教育信息化整体格局下的学前教育信息化"一网一平台、三通多应用"总体架构。

"一网一平台"即上海学前教育网、园园通管理平台。"上海学前教育网"传递国内外学前教育最新信息，倡导学前教育最新理念，提供学前教育服务，为上海学前教育改革和发展提供资讯服务。"园园通管理平台"采用集约化的建设方式，面向全市园所、家庭、社区、社会四大领域用户群，满足幼儿园在园所管理、保教实施、卫生保健、家园社区等方面的基本应用需求，实现托幼机构保育、教育、管理业务全覆盖。

"三通多应用"即"管理通""课程通""家园通"及多种云应用。

"管理通"实现机构信息管理、入园信息登记管理、幼儿在园信息管理、教职工管理、卫生保健管理、园所办公管理等功能，覆盖幼儿园核心的日常管理需求。管理数据伴随教师和托幼机构的日常业务工作而产生，为幼儿园保教质量监测提供依据。

"课程通"具备学前教育资源库、在线协同备课、在线教研三大核心功能，实现全市学前教育课程资源的共建共享，支持教师的教育教学与专业成长。

"家园通"以移动互动平台的形式，提供园所主页建站系统、园所相册、家园交流、家园论坛、幼儿成长档案等家园共育功能，为全市各级各类幼儿园及家长提供服务。

"多应用"基于园园通的学前教育信息化公共平台与服务体系，以云服务模式为全市各级各类幼儿园及家长提供服务。各区教育管理部门和幼儿园可在原有工作基础上提出业务需求，进行功能拓展，创新工作模式，发展常态化应用；通过统一数据标准完成伴随式动态采集数据资源的整合，推动全市学前教育数据的有序开放与共享，促进学前教育现代化发展。

上海市教育委员会信息中心学前教育信息部　黄浦区皋兰路24号（200020）　33080099-21

综　述

　　2021 年，上海信息安全产业发展迅速。随着城市数智化转型升级，以 5G、区块链、物联网、人工智能等为代表的新一代信息技术不断创新发展，有效解决了网络安全面临的风险挑战。

第一章　数字安全管理

概　述

2021 年，针对上海城市数字化转型发展的新格局，在上海市信息安全主管部门、企事业单位积极努力和共同推动下，围绕网络安全信息基础设施、数据安全、个人信息保护等重点领域开展城市数字安全体系建设，积极培育信息安全专业人才，进一步保障城市信息安全的产业发展。

一、电子认证应用

【概况】　2021 年，上海市数字证书认证中心有限公司（以下简称"上海 CA 中心"）受新型冠状病毒肺炎疫情反复、优化营商环境建设、政府信息化模式调整和行业竞争白热化等复杂形势的影响，经营进入艰难转折期。与此同时，上海 CA 中心努力打造核心产品和品牌服务，深耕本地政务客户，拓展全国商务市场，深化机制改革，完善绩效和薪酬模式，在市场拓展、技术开发、创新研究和公司治理等方面取得了一定成效。

基础平台

【电子印章平台建设】　上海市电子印章公

共服务平台用户和印章数量持续增长，个人业务实现较大增幅，深化电子营业执照与电子印章融合应用，2021年平台用户新增77.44万个，达到400.22万个；有效印章新增211.75万枚，达到64 307万枚，其中通过电子营业执照领取电子印章12.89万枚；平台应用新增62个，达到275个，提供签署服务达1.86亿次，支撑上海"一网通办"平台"一件事一次办"专栏建设，拓展城市数字化转型应用场景。

【个人认证平台建设】 上海市个人多源认证平台完成系统整体升级，新增声纹识别实人认证、海外人才居住证认证和外籍人士护照认证能力，升级实现多因素人脸认证能力，涉及"一网通办""随申办""电子税局"等应用41个。2021年，平台总认证次数3.2亿人次，覆盖注册人数1.1亿，同比增长115%和67%。

【公务人员认证平台建设】 全面升级上海市公务人员统一身份认证平台，与政务微信打通，实现统一的组织架构管理、人员管理、账号管理、应用管理、应用跨域单点登录等能力，上海市办公厅、市市监局、市发改委等20家政府机构正式接入，有效支撑"社区云"、统一综合执法系统等全市性系统，覆盖公务人员总数7.75万，累计认证登录330万次。

【社会化电子证照平台建设】 "一网通办"新增多项全程网办事项，进一步带动电子证照业务的发展。2021年政务类证照归集市、区两级证照近1 500类，共近1.5亿张。提供社会化应用10余个，共调用证照1.2万余次。电子证照签署升级至上海市电子印章公共服务平台，进一步提升完善签署性能和安全性。政务类证照应用，实现身份证、户口本、出生医学证明、残疾人证、营业执照等电子证照在政务业务中的落地应用，拓展长三角电子证照互认互通。证照社会化应用，社会化电子证照平台为10家银行和3家运营商提供亮证和线上取证服务。拓展养老院等应用场景，探索拓展电子证照在企业招投标、检验评测、第三方审计、社会化认证等领域的社会化应用。

法人网上身份统一认证

2021年，法人多源认证平台发放283万张有效证书，覆盖法人单位223万家，全面提升法人身份管理、UKey认证、移动认证和电子营业执照认证等能力，新接入上海市民政局、市土地交易中心等政务应用单位74家。

数字证书应用推广

【银行金融领域】 持续为中国农业银行、中国银行、交通银行、兴业银行等提供线上服务，深入赋能银行业务。融合电子认证、电子签署、电子证照技术，进一步完善银行开户与账管业务。社会化电子证照平台为上海银行等10家银行，进一步优化银行无纸化业务。为证券公司、期货公司、基金公司提供密码设备和认证服务，推进证券行业密码改造。参与上海证券交易所区块链建设项目。

【医疗卫生领域】　基本建成上海市、区、医院三级服务架构，覆盖上海所有公立"三甲"医院，16个区中12个区。参加上海市数字化转型重点项目便捷就医项目，建立高效响应就医一件事，参与卫生行业信息地方标准制定。增加百度健康、微医

等重量级平台用户。为上海市卫健委、上海申康发展中心提供接口，为公立医院提供认证服务，进一步扩大用户群体覆盖面。

【电子招投标领域】　优化客户服务，为客户提供招标书电子签章、招标文件签章加密、评标专家签章等电子招投标数字信任服务。为山东省、浙江省、安徽省、辽宁省等公共资源交易中心打造CA互认系统；优质服务中国煤炭科工、中石化胜利油田、中国中煤能源、冀中能源、青岛国信等电子招投标平台。

（赵　鸣）

二、信息安全人才培训

【网络安全人才培养】　网络和信息安全国家级认证培训工作。作为中国网络安全审查技术与认证中心在上海地区唯一授权开展"信息安全保障人员认证"专业级培训的机构，上海市信息安全行业协会（以下简称"信息安全协会"）于2021年组织开展涉及安全运维、安全集成、风险管理、应急管理与服务和安全软件5个方向的培训，完成160余人的线上、线下培训和考试组织工作。

全市专业技术人才知识更新工程重点项目。为推动网络安全专业技术人才培养进一步向行业内高层次、急需紧缺和骨干

专业技术人员聚焦，信息安全协会根据"上海市人力资源和社会保障局关于2021年上海市专业技术人才知识更新工程"项目相关要求，于12月组织开展"基于互联网的业务安全和风险控制急需紧缺人才班""城市数字化转型下的数据安全和隐私保护高级研修班"，来自上海市政府职能部门及企事业单位的高级管理人员、信息安全负责人以及高级专业技术人员共计百余名学员报名参加。

推进高技能人才培养基地建设。2021年，上海市高技能人才基地工作主要围绕项目梳理和专项检查展开，积极推进工业

控制信息系统安全防护实训室项目验收工作，上海信息安全职业技能鉴定所、市信息安全高技能人才培养基地均顺利通过检查评估。

此外，信息安全协会积极与上海市其他培训机构合作，共同开展"注册信息安全专业人员（CISP）""注册个人信息保护专业人员（CISP-PIP）"和"注册信息安全专业人员渗透测试工程（CISP-PTE）"等培训。

（刘艳君）

第二章　信息安全技术研发及产业化

概　述

　　2021 年，随着城市数智化转型升级，上海信息安全产业深入完善网络安全监测、分析、追踪、评估等能力，同时强化重点行业、重点领域网络安全等级保护，推进网络安全技术和产品创新，增强运行监测和分析预警能力，筑牢数字经济发展的网络和数据安全屏障。

一、信息安全技术产业化

【概况】　2021 年，上海网络和信息安全产业总体稳扎稳打，传统安全企业积极作为，锤炼产品及服务，奋力开拓市场，新兴安全企业也不断涌现，年产值超过 175 亿元，较 2020 年增长超过 40%。

表 6-1　上海信息安全产业近三年经营收入情况（单位：亿元）

信息安全产业年经营收入	2019 年	2020 年	2021 年
	75	122	175

网络安全产业是保障数字经济发展的重要基石，是提升上海超大城市安全韧性的关键支撑。2021年，上海发布建设网络安全产业创新高地三年行动计划，着力推动技术服务转型升级，持续深化场景需求开放引导，重点打造协同创新载体支撑，全力建设产业生态制度体系。在新型冠状病毒肺炎疫情反复的艰难时期，网络安全行业的众多企业在深耕现有技术和产品的基础上，积极开展技术创新和产品的转型发展，开发安全解决方案。在

人工智能、物联网安全、工业互联网安全、车联网安全、下一代互联网安全、SD-WAN（Software Defined Wide Area Network，即软件定义广域网）、零信任等新技术领域进行前瞻布局并持续加大投入，不断推出创新性的产品与服务以应对新安全威胁。在技术研究和人才培养方面，企业和高校共建技术研究中心，培养产学研联合实验室，利用双方校企优势进行理论研究、技术攻关等方面合作，持续开展网络安全方面的技术研究和人才培养。

二、重要信息安全企事业单位

【上海市网络与信息安全应急管理事务中心】 1999年9月，经上海市机构编制委员会办公室批复成立上海市计算机病毒防范服务中心（上海市计算机2000年问题评估中心）。2011年12月，经上海市机构编制委员会批复，更名为上海市网络与信息安全应急管理事务中心（以下简称"市应急事务中心"），增挂上海互联网络交换中心牌子。2018年1月，经上海市机构编制委员会批复应急管理事务中心划转上海市委宣传部管理，属市级公益一类事业单位。

上海市应急事务中心作为全市信息安全的专业技术支撑机构，协助开展网络与信息安全应急管理工作。其承担建设的市府实事项目——"9682000市民信息化服务热线"，主要服务对象是全体广大市民，具

有社会公益性，取得了良好的社会效益。同时，上海市应急事务中心建设的"上海市网络与信息安全应急防范支持系统"主要针对上海市城域网、区县政务外网及全市重要单位信息系统进行信息安全数据流量监测预警并提供数据恢复等技术支援。此外，上海市应急事务中心还开展有关电子证据的计算机司法鉴定服务，开展有关电子证据的培训，取得了良好效果。

【上海市信息安全测评认证中心】 上海市信息安全测评认证中心（以下简称"市安全测评中心"）是隶属于上海市委宣传部、市委网信办的公益二类事业单位。市安全测评中心于2000年1月正式挂牌运行，是经上海市机构编制委员会批准成立的专门

从事信息技术产品、信息系统安全测评的第三方专业机构，是国内最早开展信息安全测评的机构之一。

市安全测评中心在国内首创了"一个测评平台、资源共享、多方授权、服务各方"的集约化模式，是最早通过中国合格评定国家认可委员会的检测实验室认可及检查机构认可的机构之一，是国家首批信息安全风险评估服务资质（一级）机构。市安全测评中心现有员工100多人，拥有一支包括多名博士、硕士在内的专业技术队伍。经过多年的探索和实践，市安全测评中心在测评理论、测评标准、测评方法、测评技术等方面不断创新，形成以信息技术产品安全测评、信息系统安全测评、信息安全评估服务、信息安全管理体系咨询等为核心的技术能力，并在此基础上拓展了近30种业务类型。

作为上海重要的信息安全基础设施，市安全测评中心立足产品测评、系统测评、评估服务三大块核心业务，大力提升测评能力，打造测评高地，不断挖掘用户需求，努力开拓各类行业市场。

【上海市数字证书认证中心有限公司】 上海市数字证书认证中心有限公司（以下简称"上海CA中心"）经中央密码工作领导小组和上海市政府批准，于1998年正式注册成立，是国内首家专业的第三方电子认证服务机构，也是上海市信息化发展的基础

保障设施，承担着全市网络信任体系建设的重任。作为国内运行经验最丰富、应用领域最广、用户群体最大的认证中心之一，上海CA中心为用户提供全球信任的数字证书等服务。2021年，上海CA中心及下属子公司有人员近400人，取得软件著作权76项、软件产品登记40项，申请发明专利22项、注册商标43项、高新技术成果转换3项、科学技术成果登记6项，获上海市科技进步奖5项、公安部销售许可证5项，主持和参与编写国家与行业标准26项，承担国家级、省部级科研课题和科研项目40余项。

上海CA中心聚焦数字身份、电子签署、密码服务三大业务模块，深入开展产品研发和应用集成服务，在全国率先实施法人一证通服务模式，首创电子印章和电子营业执照同步发放，建设个人身份多源认证平台、电子印章公共服务平台、电子证照社会化服务平台等数字信任基础设施。与此同时，上海CA中心积极推动新一代信息技术与电子签名的创新融合，在跨境电子签署、区块链电子认证等方面也取得初步成效。

【上海计算机软件技术开发中心】 上海计算机软件技术开发中心（以下简称"上海软件中心"）于1984年成立，是上海科学院直属事业单位。上海软件中心长期致力于软件技术标准研究和软件应用技术研

究，通过技术服务和成果应用推动产业发展，逐步形成"服务行业，发展产业"的核心理念，为我国软件行业做出众多开创性贡献。

上海软件中心是国家中小企业公共服务示范平台、国家级服务业标准化试点单位，是首批上海市软件技术创新服务平台、大数据成果转化平台，拥有国家级大数据治理与服务实验室，上海市计算机软件评测重点实验室和上海嵌入式系统应用工程技术研究中心，具备 CNAS 实验室认可证书、CNAS 检验机构认可证书、检验检测机构资质认定证书、网络安全等级保护测评机构推荐证书等专业服务资质证书，在多个技术领域和应用行业中占据优势。完成 100 多项国家和上海市科研课题，有百余项技术专利和软件著作权，主持、参与编制了近百项软件技术标准；获得国家科技进步二等奖 1 项，上海市科技进步二等奖 6 项，科技进步三等奖 11 项。

近年来，上海软件中心围绕上海加快建设具有全球影响力的科技创新中心建设战略目标，持续推进应用技术创新体系建设，以技术驱动服务升级和规模化，推进技术研发和成果产业化转化，打造研发、转化、产业科技生态链。

【上海市软件评测中心】 上海市软件评测中心（以下简称"市软件测评中心"）成立于 2001 年，是上海市经济信息化委领导下

的第三方服务机构，提供评测、评估、评审、咨询、培训等专业服务，业务涵盖金融、教育、卫生、电子政务、云计算、大数据、人工智能及工业互联网等多个领域。

市软件评测中心是国内最早开展第三方评测的专业机构之一，是第一批通过 CNAS 实验室认可（CNAS No.L0256），通过检验检测机构资质认定（CMA）、信息安全管理体系认证（ISO/IEC27001）、质量管理体系认证（ISO9001）、国家信息安全风险评估服务资质认证、工业互联网安全评估评测机构资质认证等的机构。市软件测评中心是信息产业的重要功能载体之一，列入上海市研发公共服务平台，入选上海市工业互联网平台和工业信息安全专业服务商推荐目录，连续多年被认定为上海市优秀中小企业服务机构。

【公安部第三研究所】 公安部第三研究所（以下简称"公安三所"）始于 1978 年上海公安科学研究所，1979 年经国务院批准更名为公安部上海八七六研究所，1984 年经公安部批准更名为公安部第三研究所。40 年来，公安三所始终以服务公安、服务实战为己任，坚持创新引领、实战导向、产研融合、跨越发展，与公共安全共进，与社会平安同行。

公安三所主要从事网络安全与智慧警务科研创新与技术支撑，在警务信息智能感知、警务数据安全共享、违法犯罪监测

预警等优势研究领域有着长期的积累，在网络安全、国产密码、电子取证、等级保护、大数据分析、智能安防、毒品检测等领域着力部署，提供核心关键技术支撑与系统解决方案，在公共安全领域具备强大的智能装备制造和系统集成的产业化能力。

公安三所业务涵盖公共安全产品研发、检测评估、系统集成多领域，组织架构特点主要体现在"三大平台"。一是服务保障平台：由办公室、政治处、科技处、财务装备处、纪检监察审计室、工会、保密办、采购中心、信息中心9个职能部门组成。二是科研和服务实战平台：采取的是"6+3+1"模式，包括检测中心（评估中心）、治安信息技术研究室、经侦技术研究室、华南技术研究中心、新疆技术服务中心、北京技术服务中心6个服务实战的中心和研究室，信息网络安全技术研发中心、网络空间安全技术研发基地、物联网技术研发中心3个研发部门，以及1个《信息网络安全》杂志社。三是产业化平台：采取的是"6+1+1"模式，包括上海国际技贸联合有限公司、上海辰锐信息科技公司、上海网盾智能科技发展有限公司、上海海盾安全技术培训中心、上海公共安全器材厂、北京锐安科技有限公司（公安三所控股）6个公司，1个特种技术事业部以及1个公安部国家级专业技术人员继续教育基地。

公安三所拥有网络事件预警与防控技术国家工程实验室、信息安全等级保护关键技术国家工程实验室、大数据协同安全技术国家工程实验室、国家反计算机入侵和防病毒研究中心、国家网络与信息系统安全产品质量监督检验中心、信息网络安全公安部重点实验室、公安部信息安全产品检测中心、公安部信息安全等级保护评估中心等一批国家级、省部级创新平台，凝聚一大批优秀的科技创新人才，有一支2 200多人的科研、管理和支撑队伍，其中专业技术人员1 900余人，700多人具有硕士、博士学位。"十二五"以来，承担国家各类科研项目近80项，公安部等省部级项目90项，获国家科技进步奖励3项，省部级科技奖励16项；发布国际国家标准19项，行业标准50项，发表SCI（Science Citation Index，《科学引文索引》）论文160余篇，获发明专利授权130余项。

【万达信息股份有限公司】　万达信息股份有限公司（以下简称"万达信息"）成立于1995年12月，是国内领先的智慧城市整体解决方案提供商。万达信息拥有国际一流资质，是全国首家整体通过软件能力成熟度模型最高等级（CMMI5）认证的企业。万达信息的业务领域涵盖医疗卫生、智慧政务、市场监管、民生保障、城市安全、智慧教育、ICT（Information and Communications Technology，信息与通信技术）科技创新、健康管理和智慧城市公共平台的建设与运营。其中，卫生健康、民生保障、智慧城市公共平台等公司业务服务全国 8 亿人口。

凭借在丰富行业实践中形成的自主创新核心技术，万达信息承担了多项国家重大科技攻关课题，承建了多个国家级创新平台，是国家级企业技术中心。万达信息拥有 1 800 余项具备自主知识产权的软件产品和技术，主持和参与 50 余项信息技术服务、数字化转型、企业综合能力评估、软件工程、电子政务、卫生信息、云计算、大数据和人工智能等国家、行业、团体及地方标准规范的研制。万达信息先后获得 2 项国家科技进步二等奖、1 项教育部科技进步一等奖、6 项上海市科技进步一等奖等多项荣誉。

万达信息总部设在上海，在北京、成都、青岛、武汉、长沙、南京、广州、银川、哈尔滨、鄂尔多斯以及美国等地开设了 40 余家分支机构。

【上海华虹集成电路有限责任公司】 上海华虹集成电路有限责任公司（以下简称"华虹设计"）成立于 1998 年，是国家认定的高新技术企业，也是上海最早的集成电路设计企业之一。2015 年，华虹设计被北京中电华大电子设计有限责任公司控股，成为中国安全芯片产业的核心企业。

华虹设计致力于物联网、车联网、智能交通、智能家居、智能制造、5G 网络通讯、金融科技等领域的安全芯片产品及应用方案开发，20 年专注对嵌入式 SoC 设计技术、安全攻防技术、密码算法实现技术、质量控制技术不懈投入和追求，满足客户对高性能、低功耗、适度安全的芯片需求。作为国内综合实力较强的智能卡芯片供应商，华虹设计响应国家安全信息化建设号召，以保障国家信息安全为出发点，以惠民利民为立足点，专注于智能卡和信息安全芯片研发，产品广泛应用于金融支付、政府公共事业、身份识别、电信等领域，业务遍及海内外。

随着物联网迅猛发展，华虹设计提出"智能、控制、连接"三大理念，应用在智能电网、智能交通、智能家居、工控安全等领域，为网络安全提供技术保障。

【上海三零卫士信息安全有限公司】 上海三零卫士信息安全有限公司（以下简称"三零卫士"）成立于 2001 年 7 月，是中国电子科技网络信息安全有限公司旗下专业从事网络安全服务的高新技术企业，现有员工 700 余人，总部设在上海，在北京、成都、广州、南京、杭州、武汉等地设有分支机构。三零卫士重点聚焦党政机关、医卫、教育、能源、金融、交通等行业，为之提供基于信息系统全生命周期的信息安全服务，形成网络安全服务、工业互联网安全、信用与大数据、互联网情报四大核心业务。

【上海斗象信息科技有限公司】　上海斗象信息科技有限公司（以下简称"斗象科技"）成立于2014年，是国内领先的创新型网络安全提供商，旗下业务品牌含网络安全行业门户"FreeBuf"、网络安全众测服务平台"漏洞盒子"、智能安全检测与数据安全分析产品体系"斗象智能安全"平台。

斗象科技是国家互联网应急中心（CNCERT）等多个监管机构的技术支撑单位，曾荣获2016年红鲱鱼全球科技创新100强，是亚洲地区唯一上榜的安全企业，入选2019年IDC人工智能安全解决方案创新者、2020"新基建"产业独角兽TOP100榜单，工信部网络安全技术应用试点示范单位，国家级高新技术企业，获得上海市专精特新"小巨人"培育企业、"双软"企业以及浦东新区企业研发机构等多项殊荣，并多次参与国家级重大网络安全保障工作。斗象科技具有信息安全应急处理、安全运维、安全集成、风险评估等多项信息安全服务资质，通过ISO9001、ISO20000、ISO27001等多体系认证；获得40余件软件著作权，授权或申请发明专利19件，参与起草国家和行业标准10余项。

作为以技术创新驱动的网络安全提供商，斗象科技拥有近千家核心客户，在金融、互联网、政府、教育等行业推出优质服务和创新产品解决方案。斗象科技于2021年10月正式完成D轮近7亿元融资。

【上海观安信息技术股份有限公司】　上海观安信息技术股份有限公司（以下简称"观安信息"）是一家提供"大数据＋泛安全"产品与服务的高新技术企业，聚焦数据安全、网络空间安全、5G安全、工业互联网安全、人工智能安全及公共安全等核心方向，为运营商、政府、金融、电力、公安、医疗等行业用户提供全面的信息安全解决方案。

观安信息具备网络安全与大数据领域相关的产品研发、集成和专业服务资质，获得包括但不限于ISO9001、ISO20000、ISO27001、ISO14001、ISO45001、CCRC（中国网络安全审查技术与认证中心）、CNITSEC（中国信息安全测评中心）、CESSCN（通信网络安全服务能力评定）、CNCERT（国家计算机网络应急技术处理协调中心）等多项国际与国内专业化管理体系与技术认证，多款产品已获得IPv6 Ready Logo国际认证。观安信息积极参与并推进网络安全国产化建设，多款产品已完成与兆芯、飞腾、麒麟等国产化平台的兼容性互认。经过多年积累，观安信息被认定为国家重大活动网络安全保卫技术支持单位、上海市高新技术企业、专精特新"小巨人"企业、5G创新企业、院士专家工作站等，同时建立辐射全国的三线安全应急服务保障网，提供第一时间的紧急保障服务，业务覆盖全国90%以上区域。

观安信息有员工1 400余名，本科及以上学历约占85%，其中专业技术人员占80%以上，核心团队拥有20多年信息安全专业技术经验、10余年的大数据分析经验及重保安全保障经验。观安信息持续建立健全自主可靠可控知识产权体系，已有80余项发明专利、100余项软件著作权与软件产品登记，并设立四大创新实验室及三大联合实验室，其中"无相攻防实验室"申请了多项大数据检测分析技术相关专利和创新成果转换。

【上海上讯信息技术股份有限公司】 上海上讯信息技术股份有限公司（以下简称"上讯信息"）成立于2010年12月，是IT智能安全运维与数据治理等领域国内领先厂商及服务提供商。可提供信息安全咨询及评估、IT智能安全运维平台（AIOps）、敏捷数据管理（ADM）、移动安全管理平台（MSP）整体解决方案与安全服务。

上讯信息长期专注信息安全技术的自主创新研发，其研发投入占比达总收入的30%以上，在西安、上海、北京设立研发中心，并在哈尔滨成立"保密技术与信息系统安全联合实验室"。

通过多年拓展，上讯信息拥有遍布全国各地的20个本地化技术服务机构，服务覆盖31个省市以及港澳地区，其产品已在

金融、能源、公共运输、互联网、公共事业、政府、制造业、教育、通信等众多行业得到广泛应用。

【上海工业控制安全创新科技有限公司】
上海工业控制系统安全创新功能型平台（以下简称"平台"）是上海市为打造全球科技创新中心，首批推动建设的研发与转化功能型平台之一，由上海市政府和普陀区政府两级联动共同建设。

上海工业控制安全创新科技有限公司作为平台的运营实体，于2018年1月9日注册成立，在上海市经济信息化委和市科委指导下，由上海普陀科技投资有限公司、上海临港经济发展集团科技投资有限公司、上海科技创业投资（集团）有限公司、上海工业自动化仪表研究院有限公司、上海华东师大资产经营有限公司共同出资注册成立。

平台由中国科学院何积丰院士担任首席科学家，立足上海，发挥长三角区域产业优势，面向汽车电子、轨道交通等国家重点行业和关键信息基础设施，进行工业控制系统功能安全和信息安全核心技术研发和成果转化，并联合上下游企业，提供仿真验证、监测预警、检测评估、培训咨询等服务，帮助客户提升工业生产制造和终端产品全生命周期的安全可靠，以及加固工业互联网和物联网的信息安全，打造连接"产学研用政资"等相关主体的"安

全+"产业生态服务平台。

【格尔软件股份有限公司】　格尔软件股份有限公司（以下简称"格尔软件"）成立于1998年3月，2017年4月于上海证易交易所上市。现有员工约900人，本科及以上学历约占99.3%，研发团队均由信息安全技术领域的资深专家、博士、高级工程师领衔，拥有精通密码技术以及密码应用的交叉性领军人才，参与多项信息安全国家标准及行业标准制定。

格尔软件深耕密码行业24年，是中国较早研制和推出公钥基础设施PKI产品的厂商，也是国内较早通过国家密码管理局审查、支持SM2算法、省级电子认证服务机构的建设单位。格尔软件不断完善和优化以PKI为核心的信息安全产品和服务体系，建立了上海、北京、西安、成都四大研发中心，参与承建我国多个第三方数字认证中心系统。截至2021年上半年，格尔软件拥有44余项发明专利、100余项计算机软件著作权，牵头或参与制定国家标准18余项、行业标准40余项，先后两次荣获国家科学技术进步奖二等奖，多次荣获上海市科学技术进步奖和党政密码科技进步奖，为32个国家部委、100多家国企央企、200多家银行提供全域全栈专业级信息安全服务。同时，格尔软件还是国内信息安全领域国家级重点科研项目的主要承担者之一，先后承担了12项国家级、省部

级的重点信息安全科研项目的研究与开发工作。

【优刻得科技股份有限公司】　优刻得科技股份有限公司（UCloud，以下简称"优刻得"）是中立、安全的云计算服务平台，自主研发IaaS、PaaS、大数据流通平台、AI服务平台等一系列云计算产品，并深入了解互联网、传统企业在不同场景下的业务需求，提供公有云、混合云、私有云、专有云在内的综合性行业解决方案。

2020年1月，优刻得正式登陆科创板，成为中国第一家公有云科创板上市公司，同时成为中国A股市场首家"同股不同权"的上市企业。依托优刻得在莫斯科、圣保罗、拉各斯、雅加达等城市部署了31大高效节能绿色云计算中心，并在国内北京、上海、广州、深圳、杭州等11个城市设线下服务站，在全球已有近5万家企业级消费用户，间接服务终端用户数量达到数亿人。优刻得现有员工超1000人。业务包含互联网、金融、新零售、制造、教育、政府等在内的诸多行业。

【上海派拉软件股份有限公司】　上海派拉软件股份有限公司（以下简称"派拉软件"）成立于2008年，致力于为企业和机构提供端到端的一体化零信任安全产品和服务，覆盖身份安全、应用安全和数据安全，在上海、北京、广州、武汉、成都、

长春、深圳、济南、厦门、合肥、杭州等地设有研发中心和服务机构。

派拉软件拥有完整的零信任产品体系，从以身份为中心的动态访问控制，逐步延伸到联动终端管理、SDP（Software Defined Perimeter，软件定义边界）、微隔离、动态授权、API 网关、用户行为分析、数据访问安全等为一体的端到端零信任安全解决方案，助力企业强化端到端的安全防护能力，为金融、制造、医药、教育、零售、政府、地产、科研院所等各大行业的 1 400 余家企业和机构提供一体化零信任安全专业服务。

派拉软件一体化零信任安全可兼容云计算、大数据、物联网等各类数字化进程下的新技术，并支持远程办公、移动设备接入、远程运维、企业分支机构接入、互联网业务访问等复杂应用场景，有效解决企业数字化建设中风险暴露面大、过度信任、安全闭环等难点，为企业数字化转型落地提供安全保障。

【上海汉邦京泰数码技术有限公司】 上海汉邦京泰数码技术有限公司（以下简称"汉邦京泰"）成立于 2002 年，是一家国家级的网络信息安全服务商，致力于信息安全产品研发、生产及销售，在技术研发、解决方案、涉密系统集成、安全服务等方面积累了丰富技术优势。在大数据、云计算、人工智能、区块链、物联网及网络与

云数据安全等发展方向培养并磨练了一支具有丰富专业经验的技术团队，并形成"产品＋解决方案＋服务"的完整产业链，为信息安全服务奠定坚实基础。

汉邦京泰建立以北京、上海、江苏徐州为中心，辐射全国的营销与技术服务网络，同时与上百家公司建立紧密的产品服务合作模式。其产品和技术成果在电子党务、电子政务、金融、企事业单位等领域得到广泛应用，为各单位网络安全保障体系建设起到推动作用。

【上海厚泽信息技术有限公司】 上海厚泽信息技术有限公司（以下简称"厚泽信息"）成立于 2012 年，专注服务于轨道交通和公共安全行业应用市场，为客户提供物联网安全、视频数据防泄密、专业无线电通信、专业网络通信（工业级以太网）解决方案，应用业绩包括公安感知网安全解决方案、LTE-M（Long-Term Evolution for Machines，机械长期演进）车地无线宽带系统及其 LTE-M 接口监测系统、TETRA（Trans European Trunked Radio，泛欧集群无线电）数字集群指挥调度系统、地铁综合监控系统以及 CBTC（Communication Based Train Control System，基于通信的列车自动控制系统）信号系统的工业级以太网等。

厚泽信息长期坚持研发投入，鼓励创新，先后承接两项上海市科委科研课

题，在 CBTC 信号系统车地无线电通信和视频网边界安全隔离领域开展探索。其多项产品，包括 DSG（Data Security Governance，数据安全治理）物联网边界安全隔离设备、视频防泄密系统、有轨电车计算机辅助调度系统、专用无线列车调度仿真实训系统、LTE-M 接口监测系统等，分别成功应用于上海智慧公安、松江有轨电车试验线（T1/T2）、申通地铁集团培训中心、上海地铁和南宁地铁等。

【瑞数信息技术（上海）有限公司】　瑞数信息技术（上海）有限公司（River Security，以下简称"瑞数信息"）成立于 2012 年，专注于网络安全领域的前沿技术创新和产品研发。总部位于上海，在北京、广州和深圳分别设有分支机构，并在成都设立研发中心。作为中国动态安全技术的创新者和自动化攻击防护领域的专业厂商，瑞数信息提供涵盖 Web、App 和 API 的全渠道应用安全、业务安全、数据安全、云安全等在内的专业网络安全产品及服务。瑞数信息已获得软、硬件销售许可证，ISO9001、ISO14001、ISO20000、ISO27001 认证证书，10 多项计算机软件著作权及专利证书以及高新技术企业认证等多项资质证书，员工总数 247 人，本科及以上学历占比近 70%，技术及研发人员占比 60%。

瑞数信息创新的动态安全技术，颠覆传统安全依赖攻击特征与策略规则的被动式防御技术，可对已知和未知的自动化攻击、各种利用自动化工具发起的恶意行为做到及时、高效的拦截。基于动态安全与人工智能两大核心技术协同效力，让安全能力从主动防御提升到可持续安全对抗的新台阶，高效防护数字化时代的各类新威胁。

2021 年，瑞数信息连续完成 C2、C3 两轮融资，C 轮融资总额超过 6 亿元，同时当选 Gartner（一家研究与顾问公司）《在线反欺诈市场指南报告》在线反欺诈领域代表厂商以及《2021 年中国 ICT 技术成熟度曲线报告》云安全代表厂商，实力上榜《中国网络安全企业 100 强》。

【众安信息技术服务有限公司】　众安信息技术服务有限公司（以下简称"众安科技"）于 2016 年 11 月 2 日成立，是众安在线财产保险股份有限公司旗下的全资子公司。众安科技基于区块链、人工智能、大数据、云计算等前沿技术探索，以科技构建生态新基建。经过实际业务验证，围绕业务增长系列、业务生产系列、业务基建系列三大核心产品，覆盖保险经营中的产品设计、精准营销、核保核赔、服务与运营管理等关键环节，打造高效、安全、可靠的技术产品与解决方案，助力保险生态及更多金融、电商、在线教育、融媒体等行业客户实现数字化升级。

【亚信安全科技股份有限公司】　亚信安全

科技股份有限公司（以下简称"亚信安全"）于2015年成立，在中国网络安全电信行业细分市场份额占比第一，连续五年蝉联身份安全中国市场份额第一，终端安全中国市场份额占比第二，在威胁情报、EDR（Endpoint Detection and Response，端点检测与响应）、XDR（Extended Detection and Response，可拓展威胁检测与响应）等细分技术领域均处于业内领先。

2020年提出"安全定义边界"的发展理念，以身份安全为基础，以云网安全和端点安全为重心，以安全中台为枢纽，以威胁情报为支撑，构建"全云化、全联动、全智能"的技术战略，守护亿万家庭和关键信息网络，建设全网安全免疫系统。依托互联网建设能力，让亚信安全具备强大的"懂网"业务能力与资源优势；深耕网络安全高精技术，让亚信安全拥有优异的"懂云"技术基因。亚信安全在云安全、身份安全、终端安全、安全管理、高级威胁治理及5G安全等领域突破核心技术，用实力筑牢云、网、边、端之安全防线。

【网宿科技股份有限公司】 网宿科技股份有限公司（以下简称"网宿科技"）成立于2000年1月，致力于成为全球领先的IT基础平台服务提供商。通过提供计算、存储、网络及安全等新一代信息技术服务，助力互联网客户、政府及企业客户获得快速、稳定、安全的IT能力和用户体验。2010年起，网宿科技开启全球化战略，通过自建及并购不断强化海外业务平台及销售体系，服务超过3 000家中大型客户，业务遍及全球70多个国家和地区。在CDN、IDC等成熟业务的基础上，网宿科技向"云安全"与"边缘计算"方向革新，在战略布局、业务规划、组织能力等多方面进行调整，积极布局云安全、专有云、MSP（Mobile Security Platform，移动安全平台）等新业务方向，并向边缘计算发展，推进全球化智能平台建设。

【奇安信科技集团股份有限公司】 奇安信科技集团股份有限公司（以下简称"奇安信"）成立于2014年，专注于网络空间安全市场，向政府、企业用户提供新一代企业级网络安全产品和服务。凭借持续的研发创新和以实战攻防为核心的安全能力，奇安信已发展成为国内领先的基于大数据、人工智能和安全运营技术的网络安全供应商，在印度尼西亚、新加坡、加拿大、中国香港等国家和地区开展网络安全业务。2021年，奇安信成为2022年北京冬季奥林匹克运动会和冬季残疾人奥林匹克运动会网络安全服务与杀毒软件的官方赞助商。

【上海安恒智慧城市安全技术有限公司】 上海安恒智慧城市安全技术有限公司（以下简称"安恒智慧"），是杭州安恒信息技术股份有限公司（以下简称"安恒信息"）2020 年 6 月成立的全资子公司。作为安恒信息中国智慧城市安全总部，安恒智慧重点投资建设一基地（智慧城市安全研发研究与运营基地）、二研院（安全芯研究院、AI 研究院）、三中心（新型网络犯罪大数据研究中心、网络安全高级威胁分析预警中心及企业安全防护中心）。安恒智慧聚焦智慧城市与重点行业领域的新基建、新场景，研发研究具备真正的城市级感知、智能防护产品，提升全天候应急运营能力，致力于打造智慧城市安全中国样板，服务政府和企业数字化转型。

【上海安几科技有限公司】 上海安几科技有限公司（以下简称"安几科技"）以"让智能世界更安全，为数字化保驾护航"为使命，致力于中国核心信息安全技术的发展，为企业及机构提供相关产品、服务、咨询、培训、解决方案等。

作为国家高新技术企业、国家信息安全漏洞库（CNNVD）技术支撑单位、云安全联盟 CSA 等行业协会会员单位，安几科技拥有国家信息安全服务资质，多项 ISO 管理体系资质以及十余项网络安全软件产品自主知识产权。安几科技凭借强大的产品基因与领先的创新能力，独立研发专利级智能零信任网络安全产品。通过融合前沿技术，实现一站式"安全端到端"的整体化网络安全解决方案，将零信任"永不

信任、持续认证、最小特权"防护理念覆盖所有维度的数字资产；通过标准化与模块化的产品，按需为企业及机构提供数字安全防护。安几科技获得公安部颁发的计算机信息系统安全专用产品销售许可证与公安三所颁发的信息技术产品安全测试证书，截至 2021 年，其产品已应用于数百家金融、高端制造、生物医药、交通运输等领域的企业及机构。

【上海爱数信息技术股份有限公司】 上海爱数信息技术股份有限公司（以下简称"爱数信息"）是大数据基础设施提供商，以创新的产品与技术平台为客户提供整合、治理、洞察与保护的全域数据能力，与各行各业共探数据驱动型组织。爱数信息的大数据基础设施包括产品 AnyBackup、AnyShare、AnyRobot、AnyDATA，覆盖结构化数据、非结构化数据、机器数据、知识图谱数据，并基于数据架构建立数据即服务（DaaS），实现云中立，帮助客户从容应对混合云、多云战略的数据自由流动。

爱数信息成立于 2006 年，总部位于上海，全球员工约 1 700 人，在长沙、天津、苏州、成都、新加坡、德国汉堡设有六大运营中心。为探索前沿技术，爱数信息成立技术研究院并与复旦大学、天津大学共建多个认知智能实验室。其产品与方案广泛应用于金融、高端制造、运营商、政府、

医疗、教育等数十个行业，业务遍及 40 多个国家与地区，已与华为、微软、阿里云、SAP 等头部伙伴深度合作，共建数据能力生态。

【海纳致远数字科技（上海）有限公司】 海纳致远数字科技（上海）有限公司（以下简称"海纳数科"）成立于 2011 年，是一家专注技术驱动产品创新的金融科技公司，业务范围覆盖零售信贷业务全流程，包括风控业务咨询、智能风险评估产品、大数据平台、AI 能力产品以及信息化系统建设等。海纳数科通过云计算、人工智能、大数据、区块链、物联网等前沿技术，打造产品模式升级、客户体验提升的综合体系，实现数据标准化、算法模块化、流程自动化、系统智能化，进而在"科技＋产业"生态建设中实现数字科技与实体经济的深度融合，以科技服务经济社会发展。

（刘艳君）

第七编 信息化环境

SHANGHAI INFORMATIZATION

综　述

2021年，上海信息化政策法规进一步推进法治政府和服务型政府建设，人才工作持续深入开展，各行业社团工作有序推进，信息化发展环境进一步完善。

行政审批制度改革工作继续推进，积极推进"能办"向"好办"转变，推动政务服务事项切实落实"两个免于提交"，深化证照分离改革有关要求，通过取消审批和优化审批服务两种方式落实行政审批制度改革要求，进一步优化审批服务。

加强信息化人才建设，通过设立"产业菁英"高层次人才培养专项，选拔优秀技术技能人才参加全国工业和信息化技术技能大赛等，落实中央人才工作会议精神，实施人才引领战略。

信息化研究与咨询方面，上海市经济和信息化发展研究中心持续深化"一体两翼"工作布局，聚焦特点特色，着力打响决策咨询服务品牌。

信息化合作交流深化展开。上海市经济信息化委认真开展东西部协作和对口支援工作，深化拓展沪滇产业协作新内涵新空间，有序推进长江经济带绿色发展以及长三角一体化发展国家战略，积极推动沪苏大丰产业联动聚集区建设。

第一章　信息化政策法规

概　述

2021年，按照上海市委、市政府决策部署，市经济信息化委全力服务上海产业和信息化高质量发展，依法履行法定职责，严格规范公正文明执法，积极转变政府职能，进一步推进法治政府和服务型政府建设。

一、行政审批制度改革

【政府服务事项优化】　根据权责清单内容，动态调整政务服务事项目录清单，并逐项修订事项的办事指南，不断提高办事指南的准确度、易读性。进一步优化审批手续，不断压缩行政许可办理的承诺期限，经几轮缩减，承诺期限整体已达到比法定期限缩减近70%的目标；提升即办程度，充分借助信息化技术手段，即办由原有的3项增至6项；落实国务院减证便民要求，及时清理国家已明确取消的证明材料以及含有"其他材料"等兜底性条款。

【业务流程再造】　推动"能办"向"好办"转变。对市经济信息化委7类高频事项进行梳理分类，将无线电频率使用许可（新办）作为市经济信息化委首个实现"好办"

的事项。将无线电业务由原先的 32 类梳理合并为 17 类，根据每类业务制作不同的申请表单样表，以达到精准化、穿透式引导服务。同时通过智能申报，将原先 31 项表单填写内容缩减为 10 项，提升用户填报的便利性、准确性。推动政务服务事项切实落实"两个免于提交"，对市经济信息化委 12 类行政许可事项中政府部门核发的 38 份材料，通过电子证照和数据核验免于提交 34 份，并实现证照关联。

【"证照分离"改革】 按照国务院深化证照分离改革有关要求，对市经济信息化委

纳入涉企经营许可的 7 个事项，通过取消审批和优化审批服务两种方式落实行政审批制度改革要求。例如，对"第二、三类监控化学品和第四类监控化学品中含磷、硫、氟的特定有机化学品生产特别许可（初审）"取消初审环节，调整为由省级部门直接审批；对食盐定点批发企业审批、食盐定点生产企业审批、民用爆炸物品生产许可、民用爆炸物品安全生产许可、民用爆炸物品销售许可、第二类监控化学品经营许可 6 项审批事项通过减环节、减材料，减时限等方式进一步优化审批服务。

二、依法行政工作

【法规规章起草和宣贯】 围绕产业和信息化重点工作，做好相关立法工作。做好《上海浦东新区促进张江生物医药产业创新高地建设规定》《上海市数据条例》《上海市盐业管理规定》《上海市智能网联汽车测试与应用管理办法》等地方性法规、政府规章的起草和宣贯工作。

【规范性文件制定和清理】 加强规范性文件管理，修订完善市经济信息化委《关于行政规范性文件管理工作的通知》，规范相关政策文件清理评估和制定发布流程，形成内部工作机制。及时评估清理，定期滚动提示相关处室，开展规范性文件评估、

提出清理意见，在办公厅规范性文件管理系统及时上传相关文件评估材料；根据评估清理情况，定期在官网公开有效规范性文件目录。加强部门沟通，积极参加业务培训、不断提升法律审核能力，推进规范性文件质量的提升。

【行政执法、诉讼及复议】 健全制度依据。对监控化学品、民用爆炸物品、煤炭、无线电 4 个领域的行政处罚裁量基准进行修订，分档设置处罚标准，细化"从轻""从重"情节。研究出台《经济信息化领域信用修复认定标准》，对依法履行义务、及时消除影响的失信信息予以修复。加强执法

监督检查。在无线电台（站）领域，落实"双随机，一公开"工作要求，对监管中发现的问题及时向责任单位通报检查结果并责令整改。在监控化学品领域，对监控化学品企业组织执法检查人员和禁化武专家共同开展专项督查工作，对企业存在的问题要求限时整改，提高企业的履约意识，夯实禁化武履约工作基础，提高企业禁化武履约工作能力。

【法治宣传教育常抓不懈】 牢固树立依法行政理念，落实"谁执法谁普法"责任，网上公开执法制度依据、救济渠道等信息，结合日常执法检查以及高考、花卉博览会等重大活动保障任务，积极开展普法宣传，提升行业企业、社会公众知法守法意识。开展保护电力设施和维护用电秩序"进社区、进企业、进工地"系列宣传活动，向公众普及安全文明用电知识。通过网络直播、短视频等方式加强典型违法行为的解读，鼓励社会大众参与到监管工作中来。为加强基层法治基础，积极开展宪法、党内法规的宣传，制订发布经济和信息化"八五"普法规划，组织策划企业法务技能大赛。

（董慧鑫）

第二章　信息化人才工作

概　述

2021 年，信息化人才工作稳步有序推进。人才政策方面，市经济信息化委制订发布《关于新时代上海加强产业人才队伍建设的实施意见》和三大先导产业人才政策，促进信息化人才队伍建设；组织做好"上海产业菁英"高层次人才的选拔、评审、推荐工作，发挥产业人才引领作用。

一、信息化人才政策

【产业人才政策制订实施】 落实中央人才工作会议精神，实施人才引领战略，围绕全方位培养、引进、用好产业人才目标，完善人才引育制度保障。发布《关于新时代上海加强产业人才队伍建设的实施意见》，会同相关部门在人才培养、引进、使用、评价、服务等方面形成政策合力，并加强与各区、五大新城等人才政策衔接，形成叠加效应。制定实施集成电路、生物医药、人工智能三大先导产业人才培育专项。2021 年，上海集成电路人才占全国 40%，人工智能人才占全国 33.7%，生物医药人才占全国 25%，争取到 2025 年实现三大产业人才规模倍增目标。

二、信息化人才教育培训

【人才培育引进加强】 发挥产业人才引领作用。牵头设立"产业菁英"高层次人才培养专项，研究落实人才梯队配套、产业攻关配套、管理机制配套的支持政策；首次开展上海"产业菁英"人才选拔，近千人申报，产生 200 名"产业菁英"。发动市经济信息化系统在沪央企充分挖掘就业潜力，积极参与和举办应届生招聘活动，开展非上海生源毕业生进沪就业落户重点扶持用人单位推荐工作，推荐的 149 家企事业单位首批 107 家纳入上海市就业落户重点扶持用人单位。组织开展全市产业信息化领域高层次技能人才项目和评选表彰推荐申报，获评首席技师 16 名、技能大师工作室 1 个、杰出技术能手 1 人、技术能手

8 人。举办上海市首届集成电路 EDA 设计技术技能大赛，近 30 队 90 名选手报名参赛，选拔优秀技术技能人才参加全国工业和信息化技术技能大赛。

【专业技术人员培训工作开展】 对接市场需求，实施专业技术人才知识更新工程。开展专业技术人才高级研修班、急需紧缺人才培训班项目，共有"数字化转型下的网络安全""高端核心集成电路芯片技术""新能源汽车电气安全技术"等 67 个项目获批资助。加大工业和信息技术专业人员继续教育力度，组织开展计算机与信息技术应用专业技术人员继续教育专项培训。

（朱尹默）

第三章　信息化研究与咨询

概　述

2021年，上海市人工智能战略咨询专家委员会为人工智能"上海方案"、上海人工智能"十四五"规划等重大政策规划提供咨询意见，上海市经济和信息化发展研究中心聚焦提质提效，市场业务领域有新拓展，决策咨询课题再创新高。上海市信息服务外包发展中心推动信息产业国际化发展，助力"数字丝绸之路"建设，促进国际数字经济产业合作落地。

一、上海市人工智能战略咨询专家委员会

【概况】　上海市人工智能战略咨询专家委员会（以下简称"人工智能专家委"）于2018年9月16日成立，并于2020年形成第二届人工智能专家委，第十届全国政协副主席、中国工程院原院长徐匡迪院士担任专家委顾问，中国工程院院士、浙江大学教授潘云鹤院士担任主任委员，同济大学校长陈杰院士和上海人工智能实验室主任、香港中文大学教授汤晓鸥担任副主任委员。2021年，第二届人工智能专家委进行增补，现有专家委员41人，其中院士16人、外地专家22人、国外专家3人。

【高质量咨询建议提供】　人工智能专家委作为链接产学研各界的交流平台，积极为上海人工智能发展建言献策，服务上海人工智能重大战略布局。召开四场专家咨询会议及四场专题会议，围绕人工智能世界级产业集群建设、人工智能与实体经济融合发展、人工智能前沿基础技术攻关、人工智能赋能城市数字化转型、长三角人工智能协同发展、人工智能治理等重要议题，累计有 56 位专家提出 50 多项高质量建议，21 位专家提交书面咨询报告。此外，人工智能专家委也为人工智能"上海方案"、上海人工智能"十四五"规划等重大政策规划提供咨询意见。

【重大项目落地推进】　发挥各位专家委员的学术和产业资源优势，积极推动人工智能相关研究成果、产业项目在上海落地。截至 2021 年，共有 24 个与专家委员相关的重大项目在上海实施推进。

【高端交流平台搭建】　支持参与世界人工智能大会，四届大会期间共组织 10 余场专题闭门会议，100 余人次在大会开幕式、主论坛、理事长论坛及各分论坛分享观点，共计推荐 96 个高质量项目参评 SAIL 奖。

（顾　晨）

二、上海市经济和信息化发展研究中心

【概况】　2021 年，上海市经济和信息化发展研究中心（以下简称"市经信研究中心"）按照市经济信息化工作党委、市经济信息化委（以下简称"两委"）工作部署，紧扣产业和信息化特色智库发展定位，以服务市委、市政府和两委中心工作为主体，持续深化"一体两翼"工作布局，扎实做好新型冠状病毒肺炎疫情常态化防控工作。

2021 年，市经信研究中心承接各类研究咨询项目 60 余项，课题数量和委托金额实现双增长，其中决策咨询课题再创新高。研究成果获市领导、委领导批示 10 余篇，2 项成果获 2020 年度工业和信息化优

秀成果二等奖。报送上海产业和信息化研究专报累计超过 200 期，经信智声简报近 50 期。

【服务两委工作新亮点】　聚焦"十四五"规划，提供全方位智力支撑。重点围绕"1+9"，即 1 个"先进制造业"市级规划和 9 个专项规划任务，协同做好前期调研、过程编制、阶段汇报和发布宣贯等工作。先进制造业、城市数字化转型、产业技术创新和产业基础能力提升、无线电管理、民用航空产业链建设三年行动计划、产业基础再造工程上海实施方案、"上海制造"品

牌三年行动计划等规划、计划已正式发布；人工智能、电子信息、南北转型等产业发展"十四五"规划陆续发布实施。

聚焦城市数字化转型，统筹推进政策研究和项目落地。积极参加市经济信息化委数字化转型推进专班工作，协同开展政策规划研究，参与制定《关于全面推进上海城市数字化转型的意见》《推进上海经济数字化转型，赋能高质量发展行动方案（2021—2023年）》；协同推进项目落地，支撑城市数字化转型"一区一特"工作专班，参与制定区域数字化转型指导方案、评价指标体系、数字社区建设导则等，协同推进市级数字化转型示范区建设；贯彻数字化转型要求，优化政府信息化项目审核方式，推出"长江禁渔"等一批广受好评的审核项目样板。

聚焦重点课题，开展前瞻性、对策性研究。协同开展上海市人工智能赋能药物研发调研和报告起草。扎实推进市经济信息化委牵头的产业支撑城市软实力研究，完成中期汇报稿撰写。按季度开展工业经济运行分析研究。配合做好六大重点行业以及制造业、服务业统计。推进上海数字产业统计分析和报告编写。承担滨海产业转型发展、"设计之都"政策意见评估、电力电线电缆保护实施意见、市区形成合力共同推进产业高质量发展等市经济信息化委重点课题研究。

聚焦项目服务，协调推进相关职能任务。专项资金项目管理服务方面，配合制订完善《上海市促进高质量发展专项资金实施细则》，协助开展市级专项资金"一件事"业务流程优化改造试点前期准备，持续做好受托承担的市级专项资金全过程或部分环节项目管理服务。信息化项目咨询审核方面，完成各级各类信息化审核项目。企业技术创新服务方面，协同推进制造业创新中心、企业技术中心等产业创新载体培育，承担上海企业技术中心创新联盟秘书处职能，举办各类活动13次，会员单位突破1000家，助力企业融资金额超过500亿元。中小企业服务方面，承担"中小企业服务质量第三方评估"，持续完善评估指标体系，开展服务案例汇编和优秀服务专员评选。

聚焦人才服务，支撑建设产业人才高地。着眼产业人才高地建设，配合起草重点产业领域人才奖励管理办法，协助设立"重点产业人才奖励研究专项资金"，参与制定上海制造业高端人才目录。承担上海市经济和信息化工程系列土建、直属单位中级职称、工商经济系列高级经济师、人工智能中高级职称评审工作，受理评审各类申报材料、咨询电话。扎实推进高层次、高技能人才选拔，完成"上海产业菁英"高层次人才选拔工作；做好2021年上海市技能大师工作室及首席技师资助工作。

聚焦重大活动，保障会展赛事成功举办。负责上海市人工智能战略咨询专家委（以下简称"专家委"）秘书处日常工作，协同推进专家委会议组织策划，筹备举办由上海市委书记李强、市长龚正出席的7月7日专家委年度会议。连续四年承办世界人工智能大会SAIL奖评选，深度参与WAIC 2021策划举办，安排专人驻场服务。配合完成第23届中国国际工业博览会（因疫情影响延期举办）评奖工作。服务支撑中国工程院院士成果转化中心，对应九大学部协助组建87位企业家组成的专家团队，对接完成近400项院士成果评价。策划举办以"数字医疗""产业数字化、数字产业化"为主题的上海市智慧城市大讲坛活动。

聚焦专项工作，完成既定的工作任务。按照两委部署，配合做好"上海市智慧城市建设促进中心"职能和人员划转。启动内设机构调整优化，增设人才服务部，支撑两委人才服务工作。落实党委主要领导调研要求，主动对接委直属事业单位、与市核电办、投促中心、中小企业服务中心、节能服务中心、能效中心、无线电监测站、数字化转型促进中心开展交流，以党建共建和项目合作为纽带加强协同联动。积极参加系统老干部阅文活动，做"上海十四五高质量发展"报告，听取吸收老干部对市经信研究中心发展的意见建议，落实《上海信息化》《上海工业》每期向老干部赠阅事宜。按照市经济信息化委统一部署，完成市经信研究中心微信公众号整合，

主动对接建立与市经济信息化委官方微信联动报送机制，多篇文章被"上海经信委"微信采用。落实市经济信息化委与江西上饶市战略协议，编制完成上饶制造业"十四五"规划，接收上饶挂职人员两批4人。接收苏州市挂职人员2人。

【决策咨询服务新特色】　聚焦提升决策影响力，承接7项决策咨询类课题。

聚焦打响智库品牌，积极打造智库系列产品。促进《上海产业和信息化研究》系列专报和《经信智声》主题式简报做精做深，成功实现市场化产品转化。策划推出智库丛书第二册《顺势而为——城市数字化转型探索》，已正式出版。联合江苏、浙江、安徽工信研究机构，策划推出"打造长三角世界级产业集群"智库成果汇编，书稿已交付出版社。加强《上海信息化》《上海工业》与市经信研究中心智库建设联动，优化选题策划、拓展稿源渠道、提升办刊质量。编辑出版《上海信息化年鉴》，牵头编纂《中国无线电管理志（上海部分）》，实现定稿交付。

聚焦拓展研究网络，扎实推进智库合作交流。积极推进长三角工信智库联盟（工信智库联盟长三角分联盟）合作交流，牵头承担长三角"一地六县"产业一体化高质量发展研究课题，会同三省工信智库深入毗邻地区开展调研，分赴南京、合肥拜访江苏省经济和信息化研究院、安徽省

工业和信息化研究院等智库机构，就推动智库信息共享、资源共通、课题共担、人才共建达成广泛共识。与中国社会科学院—上海市人民政府上海研究院、华略智库集团、上海东方广播有限公司等知名智库和媒体集团结成战略合作。推动战略合作实质落地，承担中国社会科学院—上海市人民政府上海研究院委托的"'双碳'目标下汽车产业转型发展调研""发展检验检测认证服务业助力城市软实力提升调研"2项调研课题。

【市场业务领域新拓展】 聚焦产业和信息化研究，拓展市域和外省市服务。依托智库研究资源和专业积累，积极承接市内外课题研究业务。市级层面，承担市发改委、市卫健委、市融资担保中心、市残联、化工区有关研究课题；区级层面，承担浦东新区、徐汇区、杨浦区、长宁区、奉贤区有关研究课题。外省市层面，承担江西上饶、新疆喀什、江苏苏州、江苏南通、安徽淮北等地研究课题。

聚焦项目服务，稳步输出项目管理服务能力。依托标准化、规范化的项目管理服务和评估评价体系，积极拓展项目服务业务，承担临港新片区、松江区、金山区、长宁区、静安区、上海化工区相关专项资金项目管理服务；为静安区、虹口区、松江区、闵行区等提供信息化项目评估服务；为嘉定区、松江区、金山区、静安区等提供区级企业技术中心认定评价服务。

(李　成)

三、上海市信息服务外包发展中心

【概况】 上海市信息服务外包发展中心（以下简称"市信息服务外包中心"）成立于2006年7月，是一家全市性、从事非营利性社会活动的非企业法人组织，致力于推动信息产业国际合作，开展信息产业国际合作标准研究与行业咨询，建设数字经济服务平台，提供信息技术与服务外包业务市场服务，建立信息产业联盟，提供信息产业国际合作人才培养和人力资源管理、国际合作交流及其他与信息产业相关的社会服务。

随着"一带一路"倡议的逐步深化，市信息服务外包中心推动信息产业国际化发展，助力"数字丝绸之路"建设，转型成为我国信息产业国际合作领域的专业智库与平台，为国内外相关政府部门及知名企业提供关键决策支撑，连续多年发布信息产业国际合作发展报告，主办信息产业国际合作高峰论坛，同时，为了进一步加强产业合作，作为秘书处单位，牵头联合三十多家国内外知名行业机构共同发起产业联盟，促进国际数字经济产业合作落地，上海市委常委、副市长吴清及原国家外交部长李肇星见证了联盟的成立，联盟成员已经突破1 000家企业。

市信息服务外包中心秉承为产业服务的宗旨，将持续提供专业化、国际化、定制化的服务，满足产业发展与企业业务需求，助力相关企业加强产业合作，提高国际竞争力，共同把握"一带一路"全新机遇，共建国际标准，共享国际资源，共赢国际市场。

【城市数字化转型合作推动】　市信息服务外包中心与国外相关政府部门、行业机构、重点企业合作，通过对接试点项目、举行高层研讨会等工作积极推动上海市与巴基斯坦、马来西亚、波兰等国家在各层次上的城市数字化转型友好合作，已取得来自马来西亚、巴基斯坦、波兰官方合作意向。

【国际信息技术交流合作拓展】　市信息服务外包中心邀请巴基斯坦、乌克兰、马来西亚、阿联酋、尼日利亚有明确合作需求的企业参加国际信息技术对接会，发布项目需求，对接国内企业，总规模达2 000万美元。同时通过举行国际数字化转型项目研讨会，共商场景化解决方案，务实推

动信息产业国际合作。研讨内容涉及新型冠状病毒肺炎疫情智能管控、智能化公共事业管理、智慧交通、数据中心、智慧农业、安全生产、清洁能源、跨境电商、服务外包等。

【数字经济与元宇宙产业落地】　市信息服务外包中心邀请有数字产业集群建设需求的各区、开发区、产业园等相关负责人参加双循环数字化转型下的产业招商研讨会，以企业需求为导向，紧跟数字经济、元宇宙等行业热点，共商国际信息产业招商，投资落地模式，着力推动双循环驱动下的数字产业集群建设。企业落地上海投资总规模约1.5亿元。

【世界人工智能大会国际日承办】　在世界人工智能大会国际日上，市信息服务外包中心搭建人工智能技术和产品国际供需对接平台，乌克兰第聂伯副市长、迪拜工商会中国主席、巴基斯坦驻沪总领事等分别发布国家人工智能发展计划与合作需求，加强了中国与相关国家在人工智能领域的务实合作。

（李　凝）

第四章　行业（专业）协会发展

概　述

2021 年，上海市信息化系统各协会围绕全市信息化发展工作，开展研究政策建议、编写产业报告、开展国内与国际合作交流活动以及人才培养，规范产业发展，制定行业标准，同时协助政府做好政策落实、行业规范、市场服务等工作。

一、上海市信息家电行业协会

【第六届理事会重点工作】 2021 年 5 月 31 日，上海市信息家电行业协会（以下简称"信息家电协会"）六届一次会员大会暨六届一次理（监）事会召开，市经济信息化委、市工经联领导出席致辞。

大会通过无记名投票选举产生第六届理事会和监事会，选举东方明珠新媒体股份有限公司高级副总裁史支焱先生连任协会会长，选举文广集团 SMG、百视通、上海文广互动电视有限公司（SITV）、东方有线、索广映像、上海交大、数字电视工程中心、上海电信、东方明珠数字电视和上海海思 10 家单位负责人为副会长，选举中科院声学研究所东海站站长顾亚平为第六届监事会监事长。根据会长提名，理事会一致同意聘任原信息家电协会秘书长朱静莲连任秘书长。

开展专题调研，推进超高清行动计划深入贯彻落实。2021年，信息家电协会多次召集超高清产业链重点会员企业和行业专家，组织召开超高清产业发展企业座谈会、专家研讨会等会议，听取和汇总各企业的发展情况和专家建议，最终编制形成《上海市超高清视频产业发展报告》。该报告从产业规模、核心技术、网络传输承载能力、行业创新应用、产业发展环境等多方面对上海市超高清产业发展情况进行梳理和分析，并及时提交市经济信息化委，为后续产业政策制定提供参考。

积极参与政策编制，代表行业提出发展建议。2021年是"十四五"规划开局之年，信息家电协会参与上海市电子信息产业发展"十四五"规划中关于超高清视频产业部分的编制，代表行业提出推进超高清产业的发展方向和需求。2021年7月，《上海市先进制造业发展"十四五"规划》印发，规划指出未来五年，上海市将构建"3+6"新型产业体系，超高清视频被列入电子信息产业集群重点发展领域，到2025年，建设成为国内领先的超高清显示集聚区和"5G+8K"应用示范区。

积极配合市经济信息化委，推进"百城千屏"超高清视频落地推广活动。2021年10月，国家六部委联合印发《关于开展"百城千屏"超高清视频落地推广活动的通知》，为贯彻落实国家政策，信息家电协会

第一时间组织召开"百城千屏"专题研讨会，听取有关企业和专家对于全市推进活动的想法和建议，配合市经济信息化委起草编制上海市"百城千屏"超高清视频落地推广活动的通知，计划在全市重要商圈、大型交通枢纽等人流密集的地方，改造或新设立超高清公共大屏，展播社会主义核心价值观、党的建设、文化旅游等优质超高清内容，促进超高清视频产业全面升级。

超高清频道建设取得积极进展。2021年2月，央视总台8K超高清电视频道试验开播，是我国首个8K电视超高清频道，上海设有上海国际传媒港、上海国家会展中心的海思展厅、数字电视国家工程研究中心3个接入点，成功实现春晚首次8K超高清直播。2021年11月，为迎接北京冬季奥林匹克运动会召开，央视总台奥林匹克频道在上海有线电视正式上线开播，市民可通过有线电视超高清机顶盒进行收看。

超高清内容供给不断丰富，各大彩电厂商推出8K电视新品。随着超高清频道建设推进，在SMG、咪咕视讯、SITV、百视通、数字电视工程中心、云视科技等会员单位的努力下，优质超高清内容储备不断加大，促进全市超高清有线电视和IPTV用户规模不断增长。2021年4月，信息家电协会秘书长朱静莲受邀为三星8K电视新品发布会致辞，此外，信息家电协会还组织召开彩电厂商座谈会交流市场情况，海信、海尔、创维、TCL、索尼、康佳、三

星等各大电视机厂商加强8K电视赛道布局，纷纷推出8K电视新品，进一步推动8K电视市场快速增长。

搭建行业交流平台，打造超高清品牌论坛。2021年根据超高清产业重点推进方向，围绕"5G+超高清产业融合发展""超高清标准制定""央视8K频道本市落地专题研讨""百城千屏活动推进实施"等重点内容，信息家电协会积极组织召开相关企业座谈会、专家研讨会等活动，共同探讨产业推进方向。此外，信息家电协会组织举办"全球家庭互联网大会——超高清论坛"，邀请5G+超高清相关重点会员单位做主题发言，为会员单位超高清新技术、新产品提供交流宣传平台。

【产业政策建言和落实】 2021年12月14日，信息家电协会秘书长朱静莲出席2021年度上海电子信息制造业行业协会秘书长会议。会上，朱静莲向市经济信息化委汇报产业发展工作情况，并就行业典型优秀企业案例进行介绍。

深入调研上海市超高清和智慧家庭行业发展现状，听取会员单位对于推进行业发展的诉求和建议，及时向市经信委主管领导进行汇报，向政府部门积极呼吁和争取政策支持，联合政产学研的力量，共同推动超高清和智慧家庭产业在技术攻关、内容制作、终端产品和协同合作方面取得新进展。

受市经济信息化委委托，信息家电协会承担上海数字音视频行业经济运行的基本数据采集以及统计、分析工作，召开上海电子信息制造业统计工作会议，做好相关企业统计报表的填报工作，被市经济信息化委授予"统计工作先进单位"称号。

信息家电协会2021年多次组织有需要的会员单位参加市商务委举办的"多双边国际经贸规则高端研讨会""长三角产业安全预警论坛""应对贸易摩擦专题培训"等会议，帮助企业规避贸易摩擦风险，提升企业竞争力。

【交流平台搭建，优质服务提供】 围绕信息家电产业发展热点和重点，信息家电协会召开信息家电产业技术、产品、市场等相关的企业座谈会、沙龙、论坛等活动，促进行业信息及时交流，推进产业链上下游合作。

信息家电协会根据会员单位的需求提供相关帮助和服务，多次为东方有线、百视通、上海国茂、上海佰贝等会员单位提供技术、产品等方面的咨询和指导，为百视通开展主题为"技术视角下的元宇宙前世今生与未来简史"的专题培训讲座。

信息家电协会作为指导单位，参与由天翼和华为共同主办的"4K/8K超高清影视技术和业务创新探讨会"，会议内容围绕HDR Vivid高动态范围、FW自由视角、DRM数字版权保护等方面进行交流，上海电信、百视通、SMT（上海东方传媒技术有限公司）、上海交大等多家会员单位做主题发言。

信息家电协会参与 2021 世界人工智能大会组织举办，面向会员单位组团约一百余人参观世界人工智能大会，参观之余也为各会员单位之间提供良好的交流机会，本次组团参观之行获得各会员单位一致好评。

【团体标准研制，产业规范发展】 2021年，信息家电协会开展《专用网络电视软终端总体功能和技术要求》团体标准制订，会员单位百视通、东方有线、上海电信互联网部、仪电数字、亦非云等单位共同参与标准编制，该标准于 2021 年底通过专家技术审查。本标准的制订和实施有利于规范 IPTV 和有线电视软终端产品的设计研发，进一步推进软终端在 IPTV、有线电视终端中的应用和推广，逐步实现软终端对传统机顶盒的替代，为用户提供全新的收看方式。

信息家电协会将团体标准制订列为每年持续开展的重点工作，根据行业发展需要，开展超高清视频和智慧家庭相关的团体标准编制，通过制订标准、推动团标的实施应用，进一步引导和规范行业健康发展。

【综合服务能力提升，推优推荐工作开展】 积极参与行业年鉴、白皮书编撰。信息家电协会积极参与由市经济信息化委等政府主管部门主编的《上海工业年鉴》《上海信息化年鉴》《上海现代服务业白皮书》等公开出版物的编写，介绍行业发展情况，以及相关会员单位发展亮点，有效提升行业整体影响力以及宣传展示会员单位形象。

为会员单位专业技术人员申报职称提供咨询指导。信息家电协会及时向会员单位发送 2021 年度职称申报通知，并为会员单位申报过程中遇到的问题和注意事项提供咨询和指导，帮助申报人员更好了解申报政策和流程。

做好相关荣誉的推优推荐工作。信息家电协会向市经济信息化委专家库推荐超高清视频和智慧家庭领域的专家、向市市场监督管理局推荐本行业标准化专家，择优推荐行业内优秀人才申报市经济信息化委 2021 年"上海产业菁英"高层次人才选拔，择优推荐会员单位参加市民政局举办的第九届中国老年福祉产品创意创新创业大赛等。

（解　放）

二、上海软件行业协会

【概况】 上海市软件行业协会（SSIA，以下简称"软件协会"）成立于 1986 年 6 月，是国内最早成立的软件行业协会之一，会员单位超过 1 500 家。软件协会遵循"行业代表、行业服务、行业自律、行业协调"的工作宗旨，按照公开、公平、公正的原则承担行业促进与服务职能，积极开展评估评价、政企沟通、人员培训、活动筹办、技术交流、行业促进等活动，同时发挥行业组织优势，形成企业服务、行业自律和软件工程规范的工作特色，获得政府、企业和上级协会的认可，被国家民政部评为"全国先进社会组织"，被中国软件行业协会评为"先进行业协会"。

【规范运作和品牌服务】 换届奠定新时期发展基础。2021年，软件协会成功换届，选举产生第八届理事会及监事会，选举上海宝信软件股份有限公司董事、总经理、党委副书记王剑虎出任新一届会长，表决聘任姚宝敬担任新一届软件协会秘书长。

规范运作确保合规守纪。软件协会组织召开会员代表大会、理事会和监事会，审议、表决通过系列议案，进行 2021 年度财务审计，严格财务管理与内控，持续加强各项管理制度建设。

高质量发展会员。软件协会坚持高质量发展会员原则，全年新增会员单位 252家，会员总数保持在 1 500 余家。

奋发有为收获荣誉。软件协会荣获中软协"年度全国软件行业协会先进集体"、市工经联/经团联"年度先进协会""上海市中等职业学校教师市级企业实践'优秀企业实践基地'"和"2021 上海信息消费节最佳场景奖"等荣誉，并收到市人社局和全国信息技术标准化技术委员会软件与系统工程分技术委员会的感谢信。

【惠企政策宣贯和落实】 广泛宣贯惠企政策。2021 年，软件协会以线上、线下相结合的方式开展"国家重点软件税收优惠""国家鼓励的软件企业税收优惠""专精特新企业""研发费加计扣除""技术合同登记"等十期政策讲座，共计服务会员单位、行业企业近千家。

支撑助力政策落实。软件协会依据政府部门服务采购合同，保质保量完成国家重点软件企业地方推荐等政策支撑服务，帮助全市软件企业落实税收优惠和财政补贴总计达数亿元。

【基地建设和人才培养】 强力支撑世界技能大赛。2021 年，软件协会继续强化第 46届世界技能大赛上海选手培养基地的工作，创新选手培养模式，分别为网站设计和云计算两个项目提出"高校孵化器""企业实训"计划，获得市人社局高度认可。

积极开展技能认定与培训。软件协会继续强化国家级高技能人才实训基地建设，编撰完成 4 本教材，被市人社局批准为"计算机软件测试员"社会化等级认定机构，组织开展七期专项职业能力培训，共培训 277 人。

实训教师促进产教融合。软件协会继

续推进"上海市职业教育和职业培训教师企业实践基地"工作，全年共安排 27 名中、高职教师进入 10 余家软件企业开展岗位实践学习活动，并获批基地体系建设项目作为全市基地先行先试的试点单位。

承办市经济信息化系统技能大赛。软件协会连续第四年承办"上海市经济和信息化系统职业技能竞赛""python 语言应用""计算机软件测试员"竞赛项目。

【诚信建设和行业自律】　开展信用服务强化诚信建设。2021 年，软件协会共推荐 64 家会员完成中国软件行业信用评价的新评、年审、换证等工作，推荐 11 家会员单位成功入选中国软件行业协会"中国软件诚信示范企业（2021—2024 年）"，占全国总数的 12.6%。

开展评估服务推进行业自律。软件协会依据团体标准在会员单位中开展技能人才和企业竞争力评价活动，并自筹经费在《文汇报》发布评价结果，受到会员单位的热烈欢迎和高度赞誉；同时依据团体标准，遵循会员免费、企业自愿的原则开展双软（软件产品和软件企业）评估服务。此外，软件协会软件开发价格评估服务创历史新高，并首次为外省市客户提供服务。

【知识产权和创新保护】　诉前调解促进知识产权保护。2021 年，软件协会深度参与上海市知识产权法院"诉前调解"工作，

全年提供服务超 50 人 / 天，案件调解量达 12 件，案件总标的达 1 100 万元，其中调解成功 10 件。

优化服务促进知识产权创造。软件协会面向会员、面向社会开展在线化、平台化的软件知识产权服务。全年代理软件著作权近 1 600 项，服务会员企业超 208 家，新增中银基金、仁济医院、霍尼韦尔等一大批高质量用户。

【调查研究和信息服务】　深入调研反映行业诉求。2021 年，软件协会开展 7 项专题调研，采集近百家会员单位的意见、建议，汇总形成若干调研报告反馈主管部门。

产业研究取得丰硕成果。软件协会持续对行业整体和产业热点进行信息收集和跟踪研究，完成专题研究、月报、动态等 35 项 / 期，总计近 50 万字。

推荐会员申报资质荣誉。软件协会共推荐 42 家会员单位申报"专精特新"企业，征集推荐超 50 家会员单位申报各类项目，取得良好效果。

不断优化会员信息服务。软件协会优化微信公众号及邮件、短信等信息推送服务，广泛收录和编辑产业政策、行业活动、科技创新、会员动态等信息，及时分享给广大会员单位。微信公众号关注数及阅读量均创历史新高。

【活动举办和交流促进】　主办承办系列行

业活动。2021年，软件协会承办"2021中国程序员节暨全民编程日"等4项大型活动，主办"软件企业数据安全和信息保护主题沙龙"等系列活动，活跃了产业氛围，帮助行业企业拓宽视野、寻求服务资源。

广泛联办协办产业活动。软件协会联合、支持会员单位和合作伙伴举办"2021世界人工智能大会云原生论坛"等系列活动，有力促进行业交流和会员单位的业务拓展。

【创新机制和服务升级】 创设软件协会信息技术应用创新工作委员会（以下简称"信创工委会"）。2021年，软件协会在市经济信息化委的指导下，经理事会审议表决批准，成立信创工委会，统合6家市级适配中心，积极开展需求对接、成员交流、标准编制、月报编辑等信创服务。

升级协会品牌服务。软件协会升级推出"软协大讲堂"服务品牌及"软协沙龙"子品牌，诚邀各类专家，机制化开展讲座培训、行业交流、技术推广、生态建设等品牌服务。全年共开展活动16期，服务会员单位超800家/次，受到广泛欢迎。

（姚宝敬）

三、上海市电子商务行业协会

【概况】 上海市电子商务行业协会（以下简称"电子商务协会"）成立于2002年4月，是经上海市社团管理局注册登记、具有独立法人资格的非营利性行业组织，主要涉及快消品零售网购、大宗商品网上交易、工业电子商务等领域。设有直播电商分会和贸易、物流与信息、产业互联网、移动电子商务、电子支付5个专业委员会，拥有会员单位430余家。

【长三角产业电商合作推进】 持续贯彻长三角电子商务行业联席会议机制。2021年7月7日，第二届长三角三省一市电子商务行业联席会议在长三角电商中心召开。来自三省一市的电子商务协会负责人、原商务部电商司巡视员兼中国电子商务商协会联盟主席聂林海、直播电商研究院执行院长应中迪等行业组织代表齐聚上海，共同商议联席会议新一年工作，为打造数字经济发展新高地建言献策，共策长三角电子商务发展新未来。

长三角产业互联网总部基地正式启用、上海长三角产业互联网促进中心正式揭牌入驻西虹桥商务区。该基地充分发挥西虹桥的区位优势、人才优势、资源优势，通过政策聚焦、服务聚焦、生态聚焦，引进产业互联网产业链上下游企业，催生全产业、全场景、全技术的产业互联网应用领域，力争成为全国最有影响力的产业互联网总部聚集的新高地。

【行业标准制定并推广】 "工业电子商务用户信息（数据）管理规范"团体标准化试点项目申报上海市标准化试点建设案例并申报上海市标准化推进专项资金。电子商务协会积极推进"短视频直播电商基地运营生态建设与应用"团体标准试点项目标准起草与修订。应邀参加《上海市促进行业协会发展规定》修订实务研究座谈会、"互联网背景下跨境电商消费者权益争议现状调查与解决机制研究"课题调研会、《上海市消费者权益保护条例》修订研讨会等。

【行业报告编写和发布】 编写《上海市产业电子商务专题报告2020》，并在市商务委的《上海市电子商务报告2020》中发布。编写《2021年上海市电子商务行业发展报告》，并在市发改委的《2021年上海市国民经济和社会发展报告》中发布。编写《上海现代服务业发展报告——电子商务行业》，并在上海现代服务业联合会的《上海现代服务业发展报告2020》中发布。

编写《上海工业年鉴2021》行业协会部分。指导中德制造业研修院、Masterland、CMO训练营、市场易、圆禹营销咨询等参与制定《中国B2B市场营销白皮书》。开展"提升供应链管理行业能级　打造上海高质量产业电商路径"项目研究并出具研究报告。

【行业交流活动组织】 电子商务行业协会与上海生产性服务业促进会联合主办第二届中国（上海）工业品在线交易节，通过聚焦数字化转型，突出场景驱动，把握内需基点，形成全链路、全生命周期的服务生态，为制造企业提供在线交易所需的多维度、高附加值服务。

电子商务行业协会与上海市国际贸易促进委员会联合主办"2021上海直播电商大会暨上海国际直播设备技术应用展"，会上，长三角电商中心、上海市电子商务协会、浙江省电子商务促进会、江苏省电商协会与安徽省电商协会共同签订长三角直播电商联盟发起倡议书。

电子商务行业协会成功举办"跨境数字贸易与直播电商赋能"圆桌会议、"数据监管背景下企业的机遇与挑战"行业交流会；指导主办中国好主播2021直播选品会、2021华为云电商创新增长峰会和企业数字化转型研讨会。

电子商务行业协会与腾讯云联合主办"泛互联网行业：腾讯云数字商务私享会"、与上海市四川商会联合举办"企业电商数字化转型交流会"、与苏州吴江电商协会、字节跳动联合举办"短视频直播运营交流活动"。

电子商务行业协会协办"2021长江经济带工业数字化转型高峰论坛暨国际工业互联网大会（西南峰会）""2021首届电商自有品牌新格局高峰论坛"；支持主办"2021中国长江经济带产业数字化峰会"等。

【行业前沿领域研修培训班举办】 2021年，举办"产业互联网加速企业数字化转型、提升产业能力能级"高级研修班。共邀请6位在产业互联网领域有较深理论研究和丰富实践经验的专家进行授课，并组织现场学习考察。43家会员单位和相关企业的61名高、中级管理人员参加学习研修。学员评价甚好，并对本次课程及电子商务行业协会提出宝贵建议。

举办短视频直播精英训练营。为顺应市场发展趋势，助力各大企业商户实现数字化转型升级，快速玩转在线营销新模式，电子商务行业协会于2021年1月14日至15日举办短视频直播精英训练营。上海钢联、欧冶云商、百度上海、宝尊、圣戈班、老凤祥、恒源祥、豫园文化商业集团、上海大剧院等80余家企业参加本次培训。

举办产业互联高级游学班。电子商务行业协会分别于11月17日和12月10日，两次举办"产业互联网加速企业数字化转型高级游学班"活动，在理论和实践方面，为学员深入剖析产业互联网的发展趋势、机遇、挑战以及应对策略，助力企业抓住"互联网+"的契机，成功实现转型升级。网易智企、固安捷、市场易、苏宁易购、塑米信息、来伊份、善诚科技、上海CA、正泰电器、中信银行、光大银行、仕昊实业、华为、壹沓科技、震坤行、上海钢联、同业云、上海新日升等多家企业参加。

此外，电子商务行业协会还积极参加上海市高技能人才培养基地教研组活动。

【与政府及相关组织项目合作】 电子商务行业协会在市市场监督管理局计量处的指导下，与上海市计量协会联合开展"2021上海市生鲜电商行业诚信计量示范单位"评选活动，并为7家获评上海市生鲜电商行业"诚信计量示范单位"称号的单位授牌。同时组织生鲜电商企业参加2021年度电商平台零售商品计量称重专项检查通报宣贯会。进行电商领域"上海市放心消费优秀示范单位"评价。并接待来访的江苏省市场监督管理局进行长三角"放心消费创建工作"调研和经验交流。

电子商务行业协会受市人大委托，聚焦科技创新和制造业相关中小企业，组织会员企业参加《上海营商环境问卷调查》，并反映企业诉求。

电子商务行业协会在市经济信息化委指导下，推荐一批企业负责人参与"2021年'上海产业菁英'高层次人才选拔"，遴选电商企业参与"最具投资价值上市培育企业100家"。

电子商务行业受市工经联委托，组织18家市工经联信息采集样本企业，参加"2021年第一次问卷调查"；受市商联会委托，协助开展"上海礼物"品牌商品和优选经营店的宣传及推荐等工作，会员企业景域驴妈妈集团旗下上海遇见风物国际旅行社有限公司提交"上海礼物"与"优选专卖店"两项申报资料。

【协会基础工作加强】 持续完善协会官方公众号及官方网站。初步建立直播电商分会，初步沟通数字新生活专委会。定期举办走进会员企业系列活动，从"走进"到"走近"，加深与会员单位之间交流互动的同时进一步深入了解企业诉求，结合会员单位需求，有针对性地开展供需对接服务，串联起会员企业的生态联结。此外，注意收集会员企业的满意度信息反馈，不断总结与提高会员服务质量。

电子商务行业协会携手会员单位漏洞银行、景域驴妈妈集团、交大测评，围绕"网络安全"策划主题活动。组织震坤行、宝尊电商、淞南都市、固安捷贸易、华为、壹沓科技、菜管家、上海蜂雷等企业CTO齐聚松江，观看白帽专家攻防模拟演练、听取热点安全事件解析及数据库建设主题分享，深度探讨防微杜渐话题，构建网络安全体系。

电子商务行业协会与副会长单位上海淞南都市经济发展有限公司共同举办电商资源对接沙龙活动，并在《淞南都市时讯》进行报道。另与多家理事单位联合举办电商资源对接活动；与会员单位邮储银行徐汇习勤路支行、南岸创新中心联合举办"理财规划、优享人生"主题沙龙联谊活动。

东方财经《创赢未来》栏目与电子商务行业协会共同录制一期主题为"拥抱数字新经济——电子商务推动数字化转型"的专场电视节目。前期，电子商务行业协会专门组织"电视编导与节目嘉宾沟通会"，就演示内容、时间节点等为录制嘉宾线下答疑解惑，以保证节目输出质量。

电子商务行业协会与上海市计算机行业协会、上海行健职业学院签订产教融合倡议书，联合培养电子商务人才，并积极参加上海市高技能人才培养基地教研组活动，配合上海市高技能人才培养基地培训补贴（资助）专项整治工作。

此外，电子商务行业协会于2021年4月9日召开四届四次会员大会暨第四届理事会第七次会议、9月24日召开第四届理事会第八次会议。并于9—10月间，召开两次换届领导小组工作会议，讨论换届选举事宜。

（高 平）

四、上海市无线电协会

【协会自身建设及日常工作】 截至2021年，上海市无线电协会（以下简称"无线电协会"）拥有会员96家，其中副理事长单位8家、理事单位24家。

做好网站和微信公众号的建设。做好新闻中心、专家园地、行业展厅、协会成员等几大板块的更新工作。打造成为公开政府信息，传播行业动态、前沿技术，促进会员互动交流的多功能平台。无线电协会网站全年共发布信息47条，微信公众号共发布信息23条。

无线电网络设计资质审证。做好会员单位中"无线电通信网络设计资质"的评选和年审工作。严格把关，促进科学组网、规范用频。全年共完成35家会员单位的资质审证工作。

【无线电通信领域专项工作开展】 政府委托专项工作。完成上海市无线电考试保障工作。2021年继续协助市经济信息化委执法稽查处做好全市各类考试的无线电考试保障工作。做到考前人员、车辆和设备准备充分，考间实时监控、严查信号。全年共参与自学考试、会计师考试、英语四六级、中高考以及研究生考试等各类考试的保障工作15次。

完成崇明区科学技术委员会（以下简称"崇明区科委"）考试保障工作。2021年度崇明区春、秋季高考和初中学业水平考试分别在2021年1月和6月举行。受崇明区科委委托，为考试提供无线电考试保障服务。分别对民本中学、扬子中学、崇明中学等学校进行考间现场的信号监测工作，顺利完成崇明区重大考试的保障任务。

做好"无线电台站验收数据采集委托服务项目"。协助上海市无线电管理局台站处梳理相关频率许可证明、无线电台站设置申请表等资料；核对资料内容的准确性和一致性并录入无线电台站数据库；打印和制作无线电台执照并整理归档。全年共录入台站数据2 002条。

运营商委托专项工作。继续做好运营商基站外部干扰排查服务。积极发挥无线电协会自身技术能力及协调能力，不断完善干扰排查技术和干扰源清除技巧，成为维护公用移动通信电磁环境的有效力量。2021年度开展"移动公司疑难干扰小区处理技术服务"项目，全年共完成处理干扰小区数量400个。

开展"5G基站电磁辐射量化分析及技术改善方案研究"。在全市范围内选取典型场所进行5G基站辐射测试工作并对测试数据分析研究。通过理论计算、模拟仿真和现场验证检测等手段，深入掌握5G网络电磁辐射产生的机理及其有效避免辐射限值超标方法。已完成20个站点的现场测试并编制完成测试报告。该项目于12月通过评审验收。

完成《上海市5G基站规划和建设电磁辐射技术规范（团标）》的框架。在"5G基站电磁辐射量化分析及技术改善方案研究"项目的基础上，无线电协会联合上海市无线电监测站共同研究并构建《上海市5G基站规划和建设电磁辐射技术规范（团标）》的框架，最终形成能够指导5G网络规划和建设的技术规范。

行业管理及研究工作。编制"数字无线专用对讲通信系统工程技术规程"。为贯彻国家《智能建筑设计标准》、促进无线对讲系统的发展，无线电协会联合华东建筑设计研究总院、上海建筑设计研究院有限公司共同编制《数字无线专用对讲通信系统信号覆盖工程设计与验收规程》。全年共召开 2 次项目组内部审查会并最终定稿，该《标准（送审稿）》已提交至上海市住房和城乡建设管理委员会。

完成"上海文广集团公司卫星地球站的磁环境测试"工作。为了解卫星地球站周边电磁环境情况，无线电协会受上海文广集团公司委托进行卫星地球站的电磁环境测试工作，共对 4 个卫星进行现场测试并完成测试报告。

培训工作。为深入贯彻《上海市无线电管理办法》精神，加强无线电台（站）管理，无线电协会开展了关于"无线电台站相关行政审批流程"的培训工作，参加培训人数为 50 人，取得了良好效果。

（陈　晟）

五、上海市物联网行业协会

【概况】　上海市物联网行业协会（SIOT，以下简称"物联网行业协会"）经市经济信息化委同意，于 2012 年在上海市社团局登记成立。截至 2021 年 12 月 31 日，物联网行业协会对接服务企业已超 14 470 家，对接服务行业从业人员已超 42 577 人，连续十年举办全球物联网峰会，是长三角物联网产教融合联合体的秘书处单位，负责物联中国产教融合推进工作，是国家级高技能人才培训基地，行业内影响力覆盖超过百万人。

2021 年，物联网行业协会克服新型冠状病毒肺炎疫情造成的各项不利因素，积极服务企业、行业和政府，致力于开展物联网行业相关标准制定、项目合作、市场拓展、示范应用、国内外交流、人才培训、会议展览、评估论证、咨询中介服务、行业协调与自律等活动。

【法律法规和国家政策遵守情况】　物联网行业协会积极配合上海市民政执法部门和市经济信息化委员会加强社会组织执法监管工作，妥善处理上海首席信息官联盟相关事务。按照国家有关规定，积极履行国家级高技能人才培训基地各项职责，加强对行业人才的服务和培养。

【登记手续履行情况】　由于受新型冠状病毒肺炎疫情影响，无法按时在 2021 年 1 月完成换届工作。根据登记部门的指引，物联网行业协会召开理事会表决同意延期举办换届大会，并向登记部门申报领取延期的《社会团队法人登记证书》，并于4月举办全员大会，严格按照章程的要求举办换届大会，并及时履行相关登记手续。

【人员和机构变动】 物联网行业协会按照章程规定经会员大会更换法定代表人。根据业务发展，物联网行业协会全职工作人员从25人增长到30人，硕士以上学历比例为26.7%，党员7名，2021年发展新党员1名，入党积极分子1名。

【服务开展和信息公开活动】 为更好地服务会员及服务行业，物联网行业协会将所提供的服务列成菜单式，并向社会公布。

经梳理《服务能力清单》，共形成三类服务：一是找到合适的合作伙伴5项；二是个人职业技能提升服务9项；三是企业数智化能力提升服务3项。行业企业和从业人员只需选择并填写相应的需求，工作人员会主动联系对方并提供相应的服务。

【按照章程开展活动】 制定11项智慧健康养老相关的标准，其中3项获得市政府有关部门的采信。扩展评估论证、咨询中介服务等业务，开展两化融合贯标咨询服务。承担《物联网安装调试员》首批职业技能等级认定工作的试点任务。

（王 鹫）

六、上海市信息安全行业协会

【概况】 上海市信息安全行业协会（SISA，以下简称"信息安全协会"）成立于2003年3月，现有会员单位250余家，包括信息安全企业及用户单位。下设职业能力教育专业委员会、金融科技安全专业委员会、数据安全与隐私计算专业委员会、上海市网络和信息安全服务能力评估办公室、ISG网络安全技能竞赛组委会办公室秘书处、上海市信息安全高技能人才培养基地、上海信息安全职业技能鉴定所。

在"加强和创新社会组织管理，推动上海经济社会转型升级"的新形势下，信息安全协会积极树立转型新观念，提高自身素

质，增强服务能力，在为企业提供政策咨询和信息、促进企业科技创新和技术进步、推进产业联盟组建、开展课题研究、举办技能竞赛和专业培训、举办大型专业论坛及主题峰会、搭建专业化服务平台、推进跨区域交流合作等方面做了大量卓有成效的工作。此外，信息安全协会贯彻中央网信办确定的信息安全与信息化之间"以安全保发展、以发展促安全"的方针，进一步提升服务意识，推进行业自律体系和社会信用体系建设，促进信息安全行业健康发展。

【重点专项工作加强】 协助做好2021年重

点行业数字化转型安全解决方案揭榜工作。为支撑城市数字化转型，加快形成重点行业网络安全、数据安全新供给，市经济信息化委组织全市重点行业龙头企业，围绕工业互联网、数字新基建等企业数字化场景，编制网络安全需求清单，开展2021年度重点行业数字化转型安全解决方案揭榜工作，从全国61家网络安全企业、研究机构、重点高校的揭榜方案里，最终评选出9项重点行业网络安全优秀解决方案。信息安全协会作为本次揭榜工作的支撑单位，协助完成解决方案需求征集、解决方案揭榜供需双方对接、方案评审、推广宣传等环节的相关工作。

网络安全保险专班安全服务组工作。为加快推动网络安全保险产业发展，助力上海打造国际金融中心和建设网络安全产业创新高地，市经济信息化委联合上海银保监局，组建工作专班，加快推进网络安全保险服务模式创新。工作专班分为网络安全保险工作组及网络安全服务工作组，其中网络安全服务工作组由信息安全协会牵头推进相关工作，主要负责制定网络安全保险安全服务技术标准和能力评估标准，形成网络安全保险服务推荐供应商目录，参与网络安全保险产品设计及相关课题研究。网络安全保险安全服务技术标准和能力评估两项团体标准框架和基本内容已确定。

网络与信息安全服务能力评估和服务单位推荐相关工作。信息安全协会在市经济信息化委指导下，于2021年11月中旬发布2021年上海市网络与信息安全服务单位能力评估及2022年服务单位推荐通知，共有50余家单位参评。

按计划推进全市信息安全标准化相关工作。上海市信息安全标准化技术委员会（以下简称"市信安标委"）于2020年9月批准成立，承担上海地区信息安全专业领域标准起草和技术审查等工作，秘书处设在信息安全协会。2021年，在市委网信办和市市场监督管理局的领导下，信息安全协会秘书处根据上海市标准化工作的总体安排，以"委员带头、企业为主、专家指导、秘书处协调"的模式，组织开展标准化工作宣传窗口建立、标准化人才队伍培训和学术交流、标准制修订等工作。2021年上半年，市信安标委提出6项地方标准的立项申请，均获市市场监管局审批立项。其中，《车联网服务平台网络安全保护基本要求》《城市轨道交通网络安全通用技术规范》两项标准已完成面向社会征求意见，并已根据意见进行修改后形成标准送审稿；《云密码支撑服务基本要求》《水务工业控制系统网络安全分级分类指南》两项标准在征求意见阶段；另两个标准计划于2022年3月面向社会公开征求意见。此外，归口到市信安标委的《区块链技术安全通用规范》地方标准于2021年7月成功提交标准报批稿。与此同时，《精神科隐私保护和数据脱敏管理标准规范》《网络安全保险安全服务技术要求》《网络安全保险安全服务能力评价指南》3项团体标准立项通过。

【产业趋势和应用需求研究】 2021年，信息安全协会在国家网络信息安全相关重大政策、法律、标准的框架和原则下，以促进上海相关产业发展和安全治理的良性互动为研究导向，对本行业所属企业的发展现状、产品研发、技术创新、人才培养、产业示范应用等情况进行调查研究，参与《上海信息化年鉴》《上海现代服务业发展报告》的编制工作，为政府职能部门决策提供参考，为企业发展提供政策支持。

此外，信息安全协会承担市科委网络空间安全领域"十四五"规划研究工作，对上海市网络空间安全领域前沿共性与应用示范等方向核心关键技术攻关规划研究，为市科委制定网络空间安全领域"十四五"发展规划、编制科研课题申报指南、确定滚动支持项目提供重要参考和依据。

【网络安全人才培养推进】 2021年，信息安全协会继续以上海市信息安全高技能人才培养基地为依托，主动对接行业上下游企业的需求，整合资源，多面向、多元化、多层级地开展高技能职业培训和专业素养培训，严控课程培训质量，做好教务教学管理，建立培训后续的跟踪反馈机制，年度各类培训人数超过4 000人次。

组织开展"信息安全保障人员认证（CISAW）"专业级培训工作，涉及安全运维、安全集成、风险管理、应急管理与服务和安全软件5个方向，在严格落实疫情防控要求的基础上，坚持开展线下培训及考试组织工作；根据"上海市人力资源和社会保障局关于2021年上海市专业技术人才知识更新工程项目"计划，开展"基于互联网的业务安全和风险控制急需紧缺人才班"和"城市数字化转型下的数据安全和隐私保护高级研修班"，以主题讲座和企业参观相结合的形式呈现，获得学员一致好评；与其他机构合作开展"注册信息安全专业人员CISP""注册个人信息保护专业人员（CISP-PIP）""注册信息安全专业人员渗透测试工程（CISP-PTE）"专题培训。

2021年，上海市信息安全高技能人才培养基地顺利通过上海市高技能人才培养基地培训补贴（资助）专项整治工作检查。实训室建设方面，"工业控制信息系统安全防护（专项职业能力）"实训室建设和项目验收工作持续推进。

此外，信息安全协会积极为相关业务指导部门和行业上下游相关单位提供定制化网络和信息安全专项培训服务，在业内获得较好的口碑。

（刘艳君）

七、上海信息化发展研究协会

【概况】 2021 年是"十四五"规划的开局之年，经济社会发展与新型冠状病毒肺炎疫情防控工作并行，上海信息化发展研究协会（以下简称"信息化发展研究协会"）严格落实防疫要求，稳步推进复工复业，围绕城市数字化转型与信息产业发展，持续优化业务模式，拓展新的业务方向，不断发挥自身信息化专业优势，为深入实施数字化转型战略、强化数字思维、建设新型智慧城市提供支撑。

【规划编制】 完成无锡锡山人工智能产业园产业发展规划编制。信息化发展研究协会通过分析人工智能产业发展，结合锡山开发区产业基础，设计园区发展战略、目标和方向，明确园区发展模式、主要任务、布局规划和招商策略，按照产业市场导向、需求导向、目标导向，以智能芯片、人工智能技术研发、智能机器人等为重点领域，整合园区布局规划、平台建设、产业链，布局核心芯片、机器视觉与自然语言识别等基础共性技术发展与产业聚集。

完成无锡锡山智能装备产业园产业发展规划编制。信息化发展研究协会对智能装备产业和无锡锡山智能装备产业园进行调研分析，借鉴上海、南京等地的国内优秀智能装备产业园建设经验，结合无锡市产业转型发展需求，明确锡山智能装备产

业园的发展目标、发展方向、发展时序、主要任务等核心内容，助力其建设世界一流高科技园区。

启动国家人工智能实验室规划编制。为构建国家人工智能实验室完善的科研支撑生态，信息化发展研究协会启动实验室信息化建设顶层设计编制工作，重点围绕科研服务、知识共享、自主创新、基础支撑、运行保障及网络安全等应用开展深入体系研究。

开展《鄂尔多斯市自然资源局信息化发展规划（2021—2025 年）》编制。基于"数字中国"战略、《数字鄂尔多斯发展规划（2019—2025）》、《鄂尔多斯市国民经济和社会发展第十四个五年规划和 2035 年远景目标纲要》等文件精神，信息化发展研究协会结合自然资源信息化发展需求，明确鄂尔多斯市自然资源信息化发展的总体要求、框架思路、主要任务、实施路径和保障措施，对鄂尔多斯市自然资源信息化建设发展做出系统性谋划和全局性设计。截至 2021 年，该《规划》已进入深化设计阶段。

【咨询服务】 开展新一轮杨浦区电子政务项目预评估工作。信息化发展研究协会已连续四年开展杨浦区电子政务项目预评估工作，为电子政务项目评审提供有力支撑。

2021年累计评估近100项电子政务项目，主要覆盖杨浦区大数据中心、区委员会办公室、区投资促进办公室、区医疗保障局、区人民代表大会常务委员会办公室、区应急管理局、区机关事务管理局、区民政局等25个部门，以及殷行街道、控江街道、新江湾城街道等12个街道，持续为优化杨浦电子政务项目管理提供重要参考依据。

开展新一轮虹口区教育局信息化项目可行性研究。结合虹口区教育管理特色及信息化现状，围绕教育管理发展方向，信息化发展研究协会开展虹口区信息化教与学应用融合支撑服务平台建设、虹口区大数据精准教学系统服务采购、虹口区区级录播中心建设（海上名师工作坊资源建设配套）建设、上海外国语大学附属外国语学校东校标准化考点建设、新建中福会幼儿园（虹口分园）配套信息化设备等项目可行性研究，为虹口区学校信息化建设提供技术支撑，推动虹口区校园数字化转型，提升学校智慧教育水平。

面向企业提供数字化咨询服务。基于国家大数据发展战略和上海经济数字化转型发展战略，信息化发展研究协会先后为聚誓科技、聚水潭提供数字化转型领域咨询服务。信息化发展研究协会基于智慧城市和智慧社区等领域场景建设经验，在资源对接、平台建设、品牌推广等领域为聚誓科技提供专业咨询服务。面向聚水潭电商供应链服务，信息化发展研究协会聚焦电商行业供给侧问题，提出要以平台化管理视角建立数字化供应链服务体系，推进电商供应链大数据分析应用，解决供应链数据分散、供应链管理不透明、供应链问题被动处理等痛点，促使供应链各环节的协同联动。

开展东部综合应急物资储备基地项目暨应急物资保障体系研究。该项目基于新片区应急物资储备基地建设必要性、应急物资储能建设和物资仓库管理和应急物资采购、储备、管理、使用等需求分析。重点开展以下内容研究：常态和非常态下应急物资品类数量的需求评估方法，非常态下应急物资全生命周期管理方法和机制，应急装备常态、非常态的管理和调度方法，关键机制研究等，同时基于数字化转型探索应急物资管理的数字化管理应用，以临港新片区为示范，探索上海市应急物资保障体系的建设。

开展城投资产集团安全管理业务流程数字化解决方案编制。该解决方案主要包括以下三方面内容：一是开展安全管理业务流程设计，涵盖风险辨识与防范流程、隐患排查与治理流程、作业安全管理流程等；二是以风险治理为核心，设计数字化功能（涵盖领导驾驶舱、安全经理增量管理、生产经营场所安全管理等模块），构建闭环管理业务流程；三是设计基础数据表格、业务数据表格、知识库等数据库，强化数据规范管理。该方案已通过评审。

提供信息化建设驻场咨询服务。信息化发展研究协会在临港安排相关专业技术人员提供电子政务项目咨询服务。涵盖项目评估、可行性分析、日常运营、技术支持、对接服务等，做好临港电子政务建设参谋助手，为深化电子政务建设献计献策。

【报告撰写】　完成张江人工智能发展报告。信息化发展研究协会基于上海全面推进城市数字化转型背景，通过对2021年张江人工智能产业发展相关数据进行梳理和分析，明确张江人工智能产业发展现状，对标全球、全国及上海市其他区域（徐汇西岸、闵行马桥、临港新片区等）人工智能产业发展状况，阐述张江人工智能产业发展战略目标和实现路径，最终形成张江人工智能发展报告。

【专业培训】　完成"2021年上海市残疾人信息无障碍技能培训"项目西片区培训工作。信息化发展研究协会基于《上海市残疾人事业发展"十四五"规划》要求，受上海市残疾人联合会委托，围绕残疾人服务需求及智慧助残目标任务，承担残疾人信息化培训工作。本次培训共完成3 221人次，共计96班次，培训对象除视力、肢体障碍残疾学员外，新增听力、智力及精神障碍残疾等类型的学员，同时开设常规培训班及特色培训班，培训服务水平进一步提升，获得学员们的极高评价。

【自身建设】　2021年3月10日，信息化发展研究协会根据市民政局要求，如期举办第四届会员代表大会，完善新一届会长、副会长、秘书长选举。同时，经会员大会讨论，进一步明确信息化发展研究协会的业务定位、发展路径。并结合实际发展需求，制订《上海信息化发展研究协会监事会制度》《上海信息化发展研究协会分支机构管理办法》等相关管理制度。

（裴　洁）

八、上海市计算机行业协会

【上海市计算机行业协会工程系列计算机专业中高级职称评审】　扩大职称服务工作覆盖范围。2021年，上海市计算机行业协会（以下简称"计算机协会"）加大职称政策的宣传和解读力度，针对专业技术人员在职称申报受理过程中的政策了解不清晰、申报材料不充分、网上申报操作错误等问题，开展线上、线下免费职称受理申报流程及政策解读会9场，职称申报宣传范围从原先单个企业宣传深入到各大园区，如市北高新园区、临港新片区、张江软件园、外高桥保税区等。同时，计算机协会在外高桥保税区域、临港新片区、金桥技术开发园区等专业技术人员比较集中的园区设立职称服务站，畅通园区内企业申报职称的渠道。

严格规范材料审核、构建专业评审机制。2021年，计算机专业中、高级职称专业系统注册申报高达1 211人，计算机协会严格把控审核标准，制定统一的审核标准，对所有申报人的学历和工作经历和社保情况进行严格比对，最后符合学历和资历等审核后进入到评审程序的共679人。

畅通非公经济企业高层次专业技术人才评审通道。为做好海外高层次留学人才和业绩贡献突出的民营企业高层次专业技术人才的职称申报工作，计算机协会配合市人社局"两高"（海外高层次留学人才、业绩突出的民营企业高层次人才）人才直通车申报工作，推荐2名从事计算机技术岗位的工程技术高层次人才申报高级职称。参与市人社局组织的民营企业直通车评审工作，吸纳一批长期从事专业技术工作却没有申报到职称的优秀人才。

【上海市计算机行业协会司法鉴定所】
2021年，计算机协会鉴定所共承接涉及计算机领域的司法鉴定案例14起，接受相关个人和企业免费咨询及调解达50多起，其中典型案例有"华劲纸业诉被告人诈骗案""上海沧达投资经济发展有限公司诉被告上海鑫沙湾旅馆""王国良报贩卖淫秽物品牟利案""联想电脑预装windows系统是否为正版案"等，分别来自赣州市公安局章贡分局、上海市大明律师事务所、上海市公安局青浦分局、正阳县人民法院、山东省东营市人民法院。

【上海市计算机行业知识产权培训基地】
2021年11月，经上海市知识产权局认定（沪知局[2021]70号），计算机协会被认定为第一批上海市知识产权培训基地。计算机协会知识产权培训基地的落成将为企业在海外知识产权维权、"一带一路"辐射提供专业的专家智库服务，为打造国际化的产业链集群提供知识产权的保驾护航。同时通过知识产权培训基地的打造，集聚一批国际贸易的企业入驻长三角，吸引一批国际化的知识产权机构深入长三角，并通过国际机构的衔接，推动更多跨国公司和跨国企业入驻长三角。

【团体标准化工作积极开展】 工业互联网平台大数据分析技术规范团体标准化试点项目。作为建设期2年的标准化试点项目，2021年1月计算机协会完成《工业大数据平台 数据治理 技术规范》等3项团体标准的报批稿，3月在全国团体标准信息平台进行发布，在市市场监督管理局网上办事平台进行备案，包括上海宝信软件股份有限公司、上海宝康电子控制工程有限公司等5家会员单位首期承诺实施。作为

《工业大数据平台 数据治理 技术规范》等3项团体系列标准的第四项，计算机协会于4月启动《工业大数据平台技术规范 数据接口服务》标准制定和研讨，经过多次召开专家讨论会，最终于12月完成专家审定，并根据审定提出的意见和修改建议对标准内容进一步修订和完善。

在此基础上，计算机协会于2021年8月对2017年发布实施的《工业大数据平台技术规范 数据采集接入》等4项团体标准启动修订程序，通过多次召开专家标准修订研讨会，最终于12月完成专家审定。

为积极响应《国家标准化发展纲要》战略部署，促进工业大数据平台标准化与科技创新产业发展的融合，同时搭建与国家标准、行业标准等相互协调、互相支撑的工业大数据平台团体标准体系。计算机协会于2021年12月举办"工业大数据的架构在实现智能制造中的创新模式"论坛，帮助企业了解工业大数据的特点与基本体系结构的同时，向与会企业对已发布的《工业大数据平台 数据治理 技术规范》等3项标准进行宣贯培训，让更多企业参与计算机协会的工业互联网平台大数据分析技术规范团体标准化试点。

启动速查手册编制工作，培养兼职标准化人员。2021年3月，为了从会员单位中培养出更多的标准化人员，让标准化人员可以通过严谨的起草规则，在起草各类标准化文件时迅速的查找到相应的规则、做到有据可依，提高文件的质量和应用效率，促使文件功能的有效发挥。计算机协会研究讨论决定，上海市计算机协会联合上海市信息系统质量技术协会、上海宝信软件股份有限公司、上海标镕信息科技有限公司、上海承胜科技发展有限公司、上海宝景信息技术发展有限公司、伟翔环保科技发展（上海）有限公司、伟特电脑科技（上海）有限公司等多家积极参与协会团体标准制定的企业负责人、标工委单位负责人加入协会《实用GB/T 1.1—2020速查手册》的编制工作。

团体标准制定发布。团体标准在促进技术革新、规范市场秩序、引领行业发展中发挥了积极作用，逐渐成为官方标准体系的有益补充。计算机协会作为团体标准制定的主体，于2021年发布5项团体标准。

【上海国际贸易知识产权海外维权服务基地】 2021年，上海国际贸易知识产权海外维权服务基地（以下简称"维权服务基地"）在中外合作高研班、国内企业海外知识产权维权培训等方面开展一系列工作。

第五届国际贸易知识产权海外维权高级研修班（以下简称"高研班"）。受新型冠状病毒肺炎疫情影响，本届高研班采用英国伦敦玛丽女王大学商法研究中心教授们的线上课程录播和国内专家同步辅导相结合的方式。3天的授课内容涵盖行业高度关注的信息安全领域国内外立法中的知识产权保护、人工智能等高新行业发展下的知识产权布局等最新议题和实践内容，紧贴上海及长三角产业贸易发展需求，获得业内相关人士好评。

知识产权主题培训。维权服务基地把握企业对知识产权的需求，承担起引导的作用，为企业开展对知识产权研究和案例进行系列化专题讲座或沙龙等线上线下的主题培训，全面提升企业在知识产权创造、保护、运用和管理等方面的能力，促进知识产权与产业发展有机融合。

编制《2021区域全面经济伙伴关系协定（RCEP）相关成员国知识产权维权指引》。维权服务基地编制《2021区域全面经济伙伴关系协定（RCEP）相关成员国知识产权维权指引》，帮助企业解决知识产权争端和提高风险防范能力，并争取自身知识产权在境外的合法权益。

知识产权海外维权案件预警、协调、咨询、应对及企业调研。维权服务基地走访调研上海良信电器股份有限公司、上海广为电器集团有限公司和上海创始医疗科技（集团）有限公司等多家企业，上述企业知识产权负责人向调研组介绍本公司的主要产品以及在国内和国外的知识产权布局情况，并将在工作中碰到的难点、痛点与调研组进行详细交流，调研组根据各企业情况提供建设性意见，帮助企业应对复杂多变的国际经贸形势和贸易投资环境。

2021年，维权服务基地承接上海移远通信技术股份有限公司、联想（上海）电子科技有限公司、开捷饰管理咨询（上海）有限公司等9起337案件免费协调和咨询业务，及时提供相关服务，为企业保驾护航。

【企业服务及需求对接】 举办论坛、展览会、企业数字化转型加速营、研讨会等活动。2021年1月12日，计算机协会联合浦东新区知识产权协会、闵行区知识产权协会召开2021首届长三角知识产权上海论坛暨"长三角知识产权精英"颁奖典礼。论坛聚焦"全链条保护 高质量发展"主题，为完善知识产权全链条保护体系，进一步促进长三角区域经济社会的高质量可持续发展建言献策。

5月19日，计算机协会受邀与《RePrint打印时代》杂志、上海广会会展有限公司等共同主办第十七届ReChina亚洲打印技术及耗材展览会。

11月18—19日，由上海市促进中小企业发展协调办公室、上海市中小企业发展服务中心主办，计算机协会、华为云计算技术有限公司承办的"2021年上海市专精特新企业数字化转型加速营"依托华为云数字生态资源，通过专家授课、标杆深度参访、案例解析、专家咨询、学员研讨等多种形式，聚焦企业数字化转型难点和瓶颈，助力中小企业实现高质量发展。

组织行业培训、政策咨询活动。2021年3月24日，计算机协会召开上海市工程系列计算机专业职称评审申报讲座，对职称评审的具体要求进行讲解。5月21日、6月11日和7月16日，三次召开计算机专业中高级工程师职称申报系列培训针对职称系统申报人员开展主题系列线上培训。6月9日、7月7日，通过"走进市北高新园区""走进上海自贸区"两场活动，为园区企业开展计算机中高级职称申报政策解读会。

8月7—8日，计算机协会成功举办"企业现场管理数字化转型技术培训"基层班。以面授形式开展为期2天的课程，让从事计算机与信息技术应用专业技术人员，了解如何有效使用数字化手段进行有效的现场管理，同时对数字化、移动化、智能化的企业管理有更进一步的认知。

10月12日、11月17日，计算机协会分别开展两场"2021年中小企业数字化人才政策解读讲座"为120多名中小企业数字化人才，从职称加分落户政策、人才引进落户、留学回国人员落户、居住证转办上海市常住户口、上海居住证积分等多方面政策进行详细讲解。

8月27—28日和12月13—15日，计算机协会两次召开"人工智能＋在实体产业现代化转型与建设的典型运用场景"培训课程，通过直播和录播形式，将人工智能专业各个领域的六位专家的大量经验和前沿信息分享给学员。

【专业服务平台，行业力量凝聚】　上海市计算机行业协会技术服务专委会。2021年，上海市计算机协会技术服务专委会贯彻党和政府有关行业发展的方针、政策及法规规定，开展了以下工作：与华为上海办多次沟通，就新业务模式达成共识，以服务有偿＋产品无偿的方式在上海进行试点；成立西安办事处，把计算机协会的相关职能资源在全国落地试点；举办4次会议，分别以技术服务资源整合、对中小微企业的经营状况进行了解、促进央企和国企对中小微会员单位进行对口项目支持、2022年新业务方向为主题；配合各区政府相关部门对所在区高新企业的经营状况进行了解，提供专家组的无偿咨询；参与乡村振兴中科技振兴的部分，联合华为，提供数字乡村的解决方案。

上海市计算机行业协会教育培训专委会。为更好地服务上海市集成电路、人工智能这两大先导产业发展和广大会员单位数字化转型，计算机协会于2021年9月10日，正式成立教育培训专业委员会（以下简称"教培专委会"），会员由广大有志于投身教育的企业和院校自愿组成，教培专委会的宗旨是深化产教融合，培育人工智能应用相关的高技能人才。截至2021年12月30日，教培专委会共取得以下核心成果：

联合倡议发起"上海市电子商务产教融合促进平台"。为响应上海市政府发布的

《上海市深化产教融合协同育人行动计划2021—2025年》的文件精神，2021年11月，在教培专委会的牵线下，上海市计算机行业协会、上海市电子商务协会和上海行健职业学院共同召开电子商务产教融合研讨会，会上三方一致同意成立上海市电子商务产教融合促进平台，通过促进上海乃至长三角地区的校企深度合作，全面提升电子商务人才质量和数量。

中标成为上海市计算机维修工职业技能等级社会评价机构。2021年10月，上海市计算机行业协会中标上海市职业鉴定中心的计算机维修工职业技能等级社会评价机构遴选，成为上海市计算机维修工职业技能等级社会鉴定机构，向全上海计算机维修、智能设备维护、服务器运维等岗位从业人员提供职业技能等级鉴定。

持续建设上海市计算机教育专家库。2021年9月，教培专委会成立伊始就着手建设计算机教育专家库，向全市吸收及招募各类计算机相关专业或背景的院校教师、教授和行业专家。依托这个专家库，教培专委会可在企业岗位技能培训、职业技能等级鉴定、校企合作课程开发等多个方面提供坚实且有力的核心支持。

上海市计算机行业协会知识产权鉴定中心专委会。该专委会于2021年9月10日经计算机协会大会通过成立，于2021年11月30日召开专委会一届一次会议，明确组织架构、专委会人选以及2022年发展方向和目标。

2021年，专委会共完成鉴定3起，其中司法鉴定1起，由江西南昌法院委托，另外2起属于会员单位——上海远同律所、上海拓海委托的研发鉴定。在专业建设方面，专委会组建鉴定人库，以储备全行业的法律鉴定人和技术鉴定人，为鉴定业务开展储备人才资源，同时聘请鉴定行业专家戴敬辉为入库的鉴定人做了业内鉴定的流程和案例培训。在网点布局方面，与微谱检测集团对接战略合作协议，在重庆和成都成立分中心。

上海市计算机行业协会集成电路应用专委会（以下简称"集成电路应用专委会"）。为健全计算机协会关于集成电路应用相关的组织机构，2021年新成立的集成电路应用专委会，根据全市集成电路应用事业发展情况，明确集成电路应用专委会的工作思路和任期目标，制定2021年工作计划实施方案，以提高业务素质、改善执业环境、加强宣传、完善管理机制等为工作重点，体现集成电路应用专委会服务理念和务实作风。同时加强行业组织机构建设，对相关工作制度和规则进行梳理；加强秘书处建设，通过增加工作人员、完善内部管理等进一步提升执行力。

【上海市计算机行业协会就业见习综合基地】 2018年5月，计算机协会成功申请为上海市就业见习综合基地，2021年，计算机协会综合见习基地试运行申请转正，已通过浦东就业办审批。2021年，大汉三通电子商务有限公司、上海云邻通信技术有限公司、上海豌豆信息技术有限公司三家会员单位成为外派就业见习基地。

【科技查新品牌提升】 2014年11月，经中国科学院上海科技查新咨询中心/产业与技术情报研究中心授权，计算机协会成立上海科技查新咨询、技术情报研究中心分中心。2021年，计算机协会成功承接处理查新委托18次，咨询沟通23次，其中包含生物医学、光子科技、启蒙教育、刑侦系统等各领域相关查新委托，并为委托机构出具公证的查新报告，受到业内一致好评。

（周晓婷）

第五章　信息化合作交流及宣传

概　述

2021 年，市经济信息化委高度重视东西部扶贫协作和对口支援工作，多策并举，对口支援工作取得实效，持续推进长江经济带和长三角区域一体化发展国家战略。

宣传方面，借助世界人工智能大会、上海国际生物医药产业周、中国国际工业博览会等全球重大展会平台，聚焦上海产业优势，强化新闻传播效能。

一、合作交流

认真开展东西部协作和对口支援工作

【概况】　市经济信息化委领导高度重视东西部协作和对口支援工作，深入学习习近平总书记重要讲话精神，全面领会把握中央关于巩固脱贫攻坚成果同乡村振兴有效衔接的新部署、新要求，全面落实市委、

市政府指示精神，贯彻市对口支援与合作交流工作领导小组全体会议要求，立足产业和信息化主管部门的实际，扎实推进，积极落实东西部协作和对口支援工作任务。

上海市经济和信息化工作党委（以下简称"市经信工作党委"）书记沈军于2021 年 5 月带队赴新疆调研，推进产业援

疆、沪喀合作相关工作，并与上海援疆前方指挥部共同搭建平台，引导在沪央企、民企主动帮扶，向当地捐赠4辆负压救护车及电脑、复印机等办公设备。市经济信息化委主任吴金城10月赴云南考察，并与云南省工业和信息化厅（以下简称"云南省工信厅"）签署战略合作框架协议，进一步加大沪滇产业合作力度。市经济信息化委副主任戎之勤4月赴西藏出席第四次全国工信系统援藏工作座谈会，与日喀则市经济信息化局（以下简称"日喀则市经信局"）签署新一轮对口支援协议；11月带队赴云南开展沪滇产业协作调研，有力推动上海市与对口帮扶地区的产业交流合作。

【沪滇产业协作深化拓展】 根据中央统一部署，2021年上海市与云南省东西部协作结对关系调整为云南全省，高质量开展沪滇产业协作成为市经济信息化委重点工作之一。10月21日，在沪滇两地政府主要领导见证下，市经济信息化委与云南省工信厅签署《上海市 云南省工业（经济）和信息化战略合作框架协议》。

为推进落实框架协议，市经济信息化委副主任戎之勤11月5日与云南省工信厅厅长寇杰一行座谈交流，并于11月21日至24日赴云南昆明调研，考察部分沪滇产业协作典型企业和项目，进一步拓展两地产业协作的新内涵、新空间。一是聚焦双向赋能，明确合作领域。双方在城市数字化转型、新能源汽车、智能制造、物联网、生物医药、先进材料、绿色低碳等产业领域深化合作，协同发展。加强产业链供应链配套，加快产业链创新链协同对接，助力云南当地特色产业打造为支柱产业，以产业振兴巩固脱贫成果，助力乡村振兴，推动沪滇产业协作扩面提质升级。二是聚焦头部企业，打造产业协作示范项目。近年来，沪滇推进"沪企入滇"工程成效显著，例如，云南白药集团2021年在上海南虹桥注册云南白药上海国际中心，为聚集全球资源、服务中国市场提供重要支撑。淼汇科技作为首批入滇合作示范企业，被列为"沪滇合作示范项目"，以创新科技助力脱贫攻坚。上海鹏欣集团充分利用云南本土自然资源，通过大数据平台赋能肉牛产业，助力云南乡村振兴。闻泰科技加大在云南省投资布局，建立闻泰昆明智能制造产业园，努力打造全球领先的智能无人工厂。临港集团与昆明经济技术开发区管理委员会合作共建临港昆明科技城。同时，沪滇双方充分发挥中国国际工业博览会、世界人工智能大会等重大展会平台溢出效应，搭建更多平台，鼓励云南企业向全球展示创新技术和创新成果。

【对口支援工作取得实效】 两地携手开创产业援疆新局面。一是加快上海—新疆呼叫产业生产性服务业功能区建设。打造全国最大的援疆呼叫产业基地，推出"学国语、包就业"政策，通过呼叫席位的方式，解决当地年轻人就业需求。为喀什地区解决超1000人就业，其中98%为少数民族员工，月平均收入超3000元。已形成"1+3+N"的整体布局，即1个喀什总部（就业150人）；3个功能区园区，包括泽普、莎车的数字呼叫产业园（泽普就业超500人、莎车就业近100人）和计划建设的巴楚智慧物流集配集运中心（一级物流节点）；引入N个生产性服务业产业，包括智慧呼叫、互联网平台、直播培训、现代物流等，落实国家精准帮扶、产业帮扶的任务，夯实智力援疆、智慧助疆基础，实现沪疆区域协同发展。

二是推进以农副产品深加工为核心的产业援疆。在前期上海闽龙达落户喀什的基础上，积极对接上海裕田、上海塞翁福，推动上海三大南北干货农副产品加工企业布局喀什地区。成功引进上海裕田农业科技有限公司（禾煜）赴巴楚开展2000亩藜麦规模化种植试验，打造中国藜麦之乡。裕田项目规划总投资额1亿元，已建成厂房2栋，面积1.4万平方米，引入国内先进藜麦水洗生产线1条，实现当年建设，当年投产。同时助力喀什农副产品加工业现代化转型，引导闽龙达（小蜂农业）等企业，从单纯的农副产品干果加工，向休闲食品转型。协调对接上海清美集团，按照正常商务流程，拿出两个门店试点推广新疆馕产品，再根据市场反馈引导当地及

时调整产品生产及包装标准，为喀什农副产品深加工产业发展奠定扎实基础。

三是开展智力援疆做好顶层规划。发挥经信智库作用，协助喀什地区工业和信息化局开展喀什地区经济和社会信息化"十四五"规划编制工作以及以互联网大数据中心和数据流通为重点内容的课题研究，为喀什地区信息基础设施进一步完善、信息化产业规模逐步提升、信息化应用取得明显进展做好顶层规划。

因地制宜开展援藏援青工作。支持西藏日喀则、青海果洛等地结合自身资源优势，培育发展特色产业，推动资源优势转化为经济优势。

援藏方面，围绕天然饮用水、绿色生态、特色手工业等领域，鼓励双方企业开展产业交流；根据工信部统一部署，与日喀则市经信局沟通协商，签署新一轮对口支援协议。此外，市经济信息化委联合西藏驻沪办举办藏品入沪品鉴会，推广西藏特色产品；推动上海烘焙企业乐斯福与两家西藏企业西藏净土、藏日科技达成合作，并于2021年第四届中国国际进口博览会上成功签约。援青方面，借助中国青海结构调整暨投资贸易洽谈会的合作平台，结合上海在农业、畜牧业、旅游业、食品加工等方面的技术优势、资金优势，助力当地特色产业发展。

【产业协作课题研究创新开展】 为服务落

实国家战略，在市合作交流办支持下，市经济信息化委于2021年度开展"上海市推进东西部协作和对口支援地区产业协作 夯实双循环发展战略枢纽地位"课题研究。课题由复旦大学泛海国际金融学院智库中心主任李清娟博士牵头，相关区合作交流办、部分东西部协作及对口支援重点企业、上海社科院等专家学者共同参与，梳理上海市东西部协作和对口支援地区产业协作布局现状、主要诉求，总结经验成果，分析问题短板，聚焦以上海为引领的产业链协同，研究完善促进双向赋能的产业协作新机制、新路径，探索引导各方资源参与对口支援推进产业协同发展，形成课题报告、专项行动方案和一批产业协作示范项目，加强内循环影响力、服务双循环发展格局。

【东西部帮扶工作发动社会力量参与】 市经济信息化委指导市中小企业技术人才引进服务中心扎实开展与对口地区以劳务协作为主要形式的就业服务工作，促进当地劳动力转移输出及就地就近就业，巩固脱贫攻坚成果。截至2021年底，累计在云南、青海果洛等对口地区协助设立就业服务站35家。

2021年，市经济信息化委共组织联络上海及长三角等地区200余家企业，通过现场招聘会或网络招聘会的形式，在云南文山、临沧、红河、昭通等地组织参与30余场招聘活动，发布就业岗位信息2万余条。在助力上海企业解决"招工难用工难"问题的同时，帮助当地脱贫劳动力400余人来沪就业。

【系统内部消费扶贫积极开展】 为深入贯彻落实上海市委、市政府开展消费扶贫的部署要求，精准推进消费扶贫行动，市经济信息化委积极开展系统内部消费扶贫工作，会同云南驻沪办、西藏驻沪办举办第六届"内部共享计划"产品展示会，将对口帮扶地区的优质产品纳入市经济信息化系统工会共享计划，鼓励系统单位工会采购相关产品。2021年度累计采购新疆、云南等对口帮扶地区产品1 200余万元，为巩固脱贫攻坚成果增添新动能。

有序推进长江经济带绿色发展

【化工污染治理深入推进】 结合国家要求提升产调工作效能。以同步推动重点区域调整和转型发展为导向，确定600项全市重点区域专项调整的年度实施计划，已进入收尾阶段，确保超额完成任务。对"十三五"期间产调结余项目进行验收，共验收5个重点单项、6个重点区域项目。持续推进危险化学品生产企业调整工作，将不符合产业发展规划的工业区外危险化学品生产企业纳入调整计划。同时，按照国家"坚决遏制钢铁煤炭违规新增产能，打击'地条钢'"的要求，开展梳理排查工作，严防死灰复燃。确认全市无存量"地条钢"生产企业，无退出产能复产情况。围绕上海市"双碳"工作要求，开展"两高一剩"企业梳理和排摸工作。以安全、环保、低效等关键因素，形成建议调整名单。

破解工业领域污染防治重点难点问题。组织各区加强对辖区内相关塑料生产企业日常监督管理，促进废塑料综合利用企业和替代产品生产企业健康发展，组织编制塑料制品绿色设计导则。配合市人大常委会开展全市贯彻落实固废法执法检查的迎检工作，组织新《固废法》的学习和宣贯，组织对近千人开展问卷调查工作，结合职责分工，总结工业领域落实"减量化"和"资源化"的工作经验，提出合理化的意见建议。根据化工污染治理工作要求，组织开展全市化工企业和化工园区排摸工作。

加快先进材料产业集群建设。发布先进材料发展三年行动计划，编制上海市先进材料发展"十四五"规划，加快建立"4+5+2+X"先进材料产业体系，构建创新能力突出、产业能级显著、示范应用加快、产业生态完善的发展格局。推动上海国际化工新材料创新中心建设。6月正式投运，朗盛、英威达、罗姆化学、凯米锐环境科技、综合智慧能源中心5家化工新材料领先企业和重点配套服务企业正式入驻。

【高质量产业创新供给加大】 加快落实三大产业"上海方案"。建立部市协调推进机制，市委、市人大、市政府主要领导对口指导联系"三大产业"，市经济信息化委承担"三大产业"领导小组办公室职能，市发展改革、经济信息化、科技、财政等部门形成合力推进落实。对标国际一流水平，集聚资源、创新驱动，实施核心技术攻关工程，加快国产替代，保障产业链供应链安全。例如，集成电路领域先进工艺五年提升三代、设计核心产品从无到有，国产X86架构CPU主频突破3GHz，从国际"跟跑""并跑"向"领跑"迈进；坚持全链化布局，以"东方芯港""张江人工智能岛""生命蓝湾"等特色产业园区建设为抓手，围绕产业链细分环节强化协同配套和补链强链，加快培育精品微园，加强产业链关键核心环节企业布局，坚持全产业链招商布局，集聚一批引领性强、带动性大、成长性高的重大项目。统筹国家级先进制造业集群培育工作，市、区联手加强主力园区联动布局，集成电路、张江生物医药2家园区跻身"国家队"。

联合开展产业链补链固链强链行动。一是在长三角主要领导座谈会期间，一市三省经济信息化部门签署《联合开展产业链补链固链强链行动合作协议》，推动成立长三角集成电路、生物医药、人工智能、新能源汽车产业链联盟，探索新发展格局的长三角路径。二是开展重点产业链研究。围绕优势产业，三省一市经济信息化部门在机器人、新型电力装备、节能与新能源汽车、新型显示产业领域，分别牵头一条产业链研究工作，协同落实补链固链强链工作。市经济信息化委聚焦集成电路、生物医药、人工智能三大产业关键环节和核心技术，研究区域创新协同、联合攻关、供需对接机制路径。三是开展重点产业链对接活动。集成电路领域，集成电路产业联盟牵头召开长三角汽车电子产业上下游对接交流会，长三角58家芯片公司、66家汽车零部件和整车企业参会对接供需交流。机器人领域组织长三角机器人整机企业与零部件产业链对接工作会，支持整机与零部件企业打造结对合作试点示范，提升核心装备国产化率。民用航空领域，配合工信部召开长三角民机产业链供应链建设视频座谈会，以中国商飞、中国航发商发任务需求为牵引，加快推动从"高效柔性供应链"转向"安全韧性供应链"和"产业链布局集群化"。

加快提升产业基础能力。战略性新兴制造业总产值达到1.5万亿元，占规模以上工业总产值比重达40%。成立产业基础再造工作专班领导小组和战略专家咨询委，中国工程院院士专家成果展示与转化中心首批创新成果加快产业化落地。大力实施产业基础再造工程，编制集成电路核心装备、光刻胶、新能源汽车等14个重点领域白皮书，开展产业链安全评估，实施战略性重点领域联合创新计划，加快"卡脖子"

攻关突破。新认定超导、船舶动力两家市级制造业创新中心、106家市级企业技术中心。高端医疗装备无机闪烁晶体材料、自动驾驶激光雷达等实现国产化，大型五轴联动数控装备技术性能达到国际先进水平，集成电路制造用高端抛光液、航空玻璃原片、低损耗光纤涂料等实现量产应用突破。

【产业绿色发展能级提升】　推进绿色制造体系建设。制定并发布新一轮《上海市绿色制造体系建设实施方案（2021—2025）》，并组织2021年度绿色制造体系申报评审工作，新增42家绿色工厂、1个绿色园区、17项绿色产品。组织开展绿色集成项目验收，完成4家绿色集成项目及2家绿色制造解决方案供应商项目验收。组织开展2021年第三批工业产品绿色设计示范企业评审推荐工作，其中1家入选工信部绿色设计示范企业。加强对绿色制造示范企业跟踪管理，完成第三批绿色制造示范复核工作。开展绿色制造专题培训，编制发放《绿色制造相关政策及绿色工厂案例》。

全面推进清洁生产。推进重点企业清洁生产审核，督促企业加快实施清洁生产项目，完成重点企业清洁生产评估125家、验收121家。积极推进重点行业、重点园区清洁生产全覆盖工作，梳理朱家角工业园区清洁生产推行现状。发布《上海市清洁生产审核报告编制技术导则》，并组织培训。完成清洁生产信息化平台建设。加强行业管理、开展第三方机构评级管理、完善相关制度规范。

积极推动长三角一体化发展国家战略，推进沪苏大丰产业联动聚集区建设

【发展规划渐次落地】 沪苏大丰产业联动聚集区（以下简称"集聚区"）始终坚持长三角一体化发展的示范引领作用，积极把集聚区打造成为上海先进制造业域外产能基地、新兴产业创新成果产业化生产基地和长三角区域产业合作示范区。经过多年发展，已确立新能源、新基建、新农业为代表的三大主导产业，划定智能制造区、高新农业区、现代产业物业配套区、市政功能配套区四大功能区。集聚区已列入《长江三角洲区域一体化发展规划纲要》，并成功入选首批国家级绿色产业示范基地。

【基础配套日臻完善】 集聚区启动区4平方公里内"四纵六横"路网已实现互联互通；110千伏扬帆变电站投产运营，天然气供应中心稳定供气，新设热源点规划到位；日处理能力4万吨的污水处理厂已投入运行。

产业配套方面，建成智造园（标准厂房）一期4.2万平方米已竣工，出租率达100%；二期8.6万平方米开工在建。

【产业项目有序推进】 新能源龙头加速领跑，正泰光伏新能源一期2020年当年签约、当年开工，实现2021年当年投产、当年达产，开票销售38亿元。二期提前实施，总投资20亿元，2021年7月签约、拿地，计划2022年完工。半导体补链项目落地，引进99.998%以上高纯度石英砂半导体原料项目，总投资12亿元，已实现试生产，可为集成电路等多个领域打破国外垄断。

【服务体系不断深化】 立足国家战略大局，因地制宜构建服务体系。一是面向国际市场，制定绿色产业示范基地建设方案，初步形成"碳中和"园区建设框架方案，为今后对接国际碳交易市场前瞻布局。二是服务区域需求，制订长三角技术技能人才培训中心建设方案，计划2022年初挂牌开课，先期为集聚区产业发展定向培养技能人才。三是打造特色园区，加快探索数字货币应用场景，借力入驻专业机构"互联网＋消费福利"系统，建设闭环的应用生态。

【对口合作大连工作积极推进】 认真贯彻落实党中央、国务院以及上海市委、市政府要求，按照《2021年沪连对口合作重点工作计划》安排，积极推进对口合作大连工作。

一是加强优势产业合作。在智能制

造、船舶和海洋工程制造、石化、高端装备零部件等领域促进两地协同发展，加强两地产业链协同供应链配套。鼓励两地围绕 LNG 产业链，共同开展技术攻关，建立核心技术体系，共享供应链；鼓励上海智能制造系统集成商发挥技术优势，为大连企业提供解决方案，提升大连制造业智能化水平，推动两地制造业数字化转型发展。会同大连市工业和信息化局以及大连光洋科技集团、科德数控股份有限公司等单位，走访国家智能传感器创新中心，就沪连两地推广传感器的智能制造企业应用，开展两地产业合作课题进行座谈。

二是搭建互动交流平台。借助重大活动平台，加强两地产业和信息化合作交往，

鼓励两地企业共享发展成果，共同实现高质量发展。其中，上海服装纺织协会率领上海东隆羽绒制品有限公司、上海盈艺纺织科技发展有限公司等企业赴大连参加中国大连服装纺织品博览会；大连市服装纺织行业协会及大连隆生、华衣、坚山、信和、露易美等8家服装企业赴上海参加2021中国国际服装服饰秋季博览会和上海时装周的各项活动，促进两地服装纺织行业进一步合作。大连市高新区、金普新区、大连人工智能行业协会组团赴上海参加2021世界人工智能大会，了解人工智能技术、产业和应用全球化发展的趋势，并开展人工智能产业链招商活动。

（殷文琪）

二、宣传工作

【新闻传播效能】　借助世界人工智能大会、上海国际生物医药产业周、中国国际工业博览会等全球重大展会平台，聚焦上海产业优势，强化新闻传播效能。

2021世界人工智能大会，举办近20个学术论坛，布局74个应用体验项目，邀请外籍嘉宾166人，13位国外院士参会，来自全球13个国家的160余个项目路演，其中海外项目63个。据"新浪舆情通"平台监测，2021年7月7日至10日大会期间，全网信息总量达254 207条，新闻8 829篇，微信公众号5 580篇，视

频4 914条，大会线上观看人次达3.83亿，同比上浮率达153.2%。

首届（2021）上海国际生物医药产业周，汇聚百余顶级科学家、百余顶级投资人、千余顶尖企业家，引发全球生物医药产业媒体、专业人士广泛关注，1万余人次参与线下活动，线上观看人次超1.6亿，平面与网络媒体阅看9 738万人次，电视广播覆盖超3亿人次。260余家海内外媒体参与大会，发布深度报道和解读。产业周期间累计产出图文、视频、融媒体等形式的报道1 000余条。药明康德、百

度、新浪、今日头条、抖音等网络平台开通302场直播。推出的"IBIWS大放送Live""IBIWS嘉宾金句""IBIWS亮点预告"等专题栏目浏览量均过千万。

第23届中国国际工业博览会受新型冠状病毒肺炎疫情影响两次延期，虽然2021年内无法举办，但新闻宣传工作持续稳步开展，探索运用整合营销理念，强化工博会IP化宣传。优化布局全媒体平台矩阵，在抖音、微信公众号、视频号、B站、小红书等自媒体平台设立工博会专用号，及时发布工博会信息，树立工博会国际工业品牌展IP形象，在线阅读人次逾10万。加强与10余家重量级主流媒体持续合作，先后组织媒体走进近20家工业互联网、机器人、工业自动化、数控机床、新材料等领域的知名企业、协会，聚焦新产品、新技术以及"攻坚克难"领域，进行专题采访，开展预热宣传报道，引发行业关注，保持传播力度和讨论热度，在线观看人次近9.3万。

【权威信息传递】 积极参与市政府新闻发布。联合市政府新闻办，借助市政府新闻发布会平台，围绕市委、市政府重点工作，先后主动设置议题，牵头举办市政府新闻发布会3场、市政府新闻通气会1场，配合市有关部门（单位）联合举办市政府新闻发布会11场。例如，2021年6月21日，市经济信息化委主任吴金城在市政府

新闻发布会上介绍2021世界人工智能大会筹办情况；9月9日，市委常委、副市长吴清及市经济信息化委主任吴金城在市政府新闻发布会上介绍上海先进制造业发展"十四五"规划有关情况；9月26日，市经济信息化委主任吴金城、副主任刘平在市政府新闻通气会上介绍2021上海国际生物医药产业周筹办情况；10月27日，市委常委、副市长吴清及市经济信息化委主任吴金城在市政府新闻发布会上介绍上海市全面推进城市数字化转型"十四五"规划有关情况。

扎实推进市经济信息化委新闻发布。先后围绕全市重大项目集中开工、2021工业互联网创新发展促经济数字化转型大会暨工业人嘉年华、2021上海世界移动通信大会、2021上海全球招商推介大会、上海制造佳品汇、中国（上海）在线工业品交易节、上海节能宣传周、上海数据交易所成立暨2021上海全球数商大会等重大活动，以市经济信息化委名义，举办12场新闻发布会（通气会），及时传递权威信息。

【重点工作报道】 突出主题新闻策划，通过召开新闻通气会、组织媒体实地采访、向媒体提供新闻通稿、利用微信公众号传播等多种方式，及时报道产业经济和信息化领域重点工作，围绕生物医药产业年度大事件及临床试验加速器发布、产业技术创新大会暨上海企业技术中心创新联盟大

会、城市数字化转型现场推进会、民生实事工程启动、首届全国优化中小企业发展环境论坛、院士专家成果转化展、中国（上海）在线工业品交易节开幕、上海制造佳品汇开幕、第二届全球工业互联网算法大赛、上海新材料产融合作发展大会、2021"IPv6+"创新城市高峰论坛、上海生物医药产业未来创新发展主题论坛、2021上海市集成电路EDA开发应用技术技能大赛等活动，先后组织中央和上海主流媒体参与活动报道36批次，各媒体共发布相关新闻报道逾千篇，广泛传递上海产业经济和信息化领域最新动态。切实优化媒体服务，根据各媒体自主报道、内参撰写等需要，通过安排座谈会、当面访谈、电话采访、书面采访等多样化形式，先后全力协调对接机关、机构、协会、企业、专家等新闻资源超过180次，有效助力媒体开展深度报道，为全市产业经济和信息化高质量发展营造良好舆论氛围。

【国际传播资源整合】　2021年上海市外宣工作联席会议机制建立，有效整合全市外宣优势资源，释放外宣合力放大效应。市经济信息化委充分借助机制资源，赋能对外宣传工作。

强化重大活动对外宣传。2021世界人工智能大会、2021生物医药产业周等活动期间，与市委宣传部、外宣办和市政府新闻办等单位通力协作，积极协调《上海日

报》、上海电视台外语频道、《新民晚报》海外版、东方卫视国际频道等外宣媒体，以及第六声、一财全球、东方网海外头条等外宣新媒体，发挥各自特点和优势，运用海外社交媒体账号，及时做好会前、会中及会后报道，讲好上海、中国乃至世界人工智能、生物医药产业发展的生动故事，取得显著成效。例如，2021世界人工智能大会期间，中国日报发布4篇报道，上海日报发布15篇报道；美通社在美国、英国、德国、马来西亚等国家发布本次大会新闻，原发和转载稿件共计255篇次，曝光量742 309，除定向投放地区，转载新闻还覆盖菲律宾、新加坡、意大利、加拿大等国家，涉及财经、新闻、科技、商务服务等多个信息板块；同时，海外社交媒体积极发布相关内容，领英发布50余条信息，覆盖海外产业界、科技界专业人士；YouTube大会官方账号在会期发布20条英文版视频。

强化重点工作对外宣传。先后围绕2021上海全球投资促进大会、信息消费节、上海制造佳品汇、中国花卉博览会的5G保障、上海市节能宣传周活动、上海先进制造业发展"十四五"规划发布、上海数据交易所成立、城市数字化转型等，通过《中国日报》《上海日报》、上海电视台英语频道等平台对外发布新闻，传递上海产业经济和信息化领域声音。例如，围绕2021年5月6日市委、市政府举行的生活

数字化转型现场推进会主题,《上海日报》在5月12日推出两个整版报道,聚焦便捷就医、智慧出行、养老助餐等生活数字化应用场景,对外宣介上海以数字化转型提升市民生活品质的理念和实践,受到海外网友积极点赞。该报道在《上海日报》海外社交平台脸书和推特上发布后,一小时内阅读数超万次,古巴驻沪总领事馆官方推特账号转发相关报道。

【政务新媒体平台建设】 为充分发挥政务新媒体传播速度快、受众面广等优势强化新闻宣传工作,2021年,两委整合党委宣传处、行政办公室和市数字化转型应用促进中心资源,充实壮大政务新媒体运营团队,专人负责微信公众号、政务微博账号、门户网站和抖音账号等政务新媒体平台的信息采集、审核与发布,着力打造"三个联动",强化政务新媒体平台建设。实施"全系统联动供稿",制定《关于新闻类信息报送的考核办法(试行)》,动员两委各处室和委直属(归口)单位积极向政务新媒体平台供稿,协同党委宣传处、组织处

等组织在沪央企等系统内单位策划系列报道,有效丰富稿源、提升质量;实行"多部门联动审核",加大稿件审核力度,由宣传处、办公室、市数字化转型应用促进中心共同组成专班负责新闻信息编审发布,形成信息报送部门(单位)自审、专班编辑初审、专班负责人终审(重大信息由委领导终审)的"三审"机制,牢牢把握新闻宣传正确导向;实现"各平台联动发布",以微信公众号为核心,同步在微博号、门户网站、抖音号等新媒体平台发布信息,同时向各主流媒体推送,形成"1+3+X"立体传播矩阵,切实增强传播声量。截至2021年12月2日,微信平台推送政务信息248次、1 394篇,较2020年略有增加,"粉丝"人数达123 159人、同比增长逾15%,平均每个工作日发布约5.6条信息;新浪微博平台发布政务信息1 672篇,"粉丝"人数达83 270人,平均每个工作日发布约6.7条信息;抖音账号发布政务短视频66个,平均每周发布1.3条信息。

(孙伯强)

第八编 区数字化建设

综　述

2021 年，各区政府在积极防控新型冠状病毒肺炎疫情的同时，重视和支持信息化工作，稳步推进上海智慧城市建设。

各区加快数字基础设施建设，推动千兆宽带、5G 等高速网络全覆盖，突出信息基础设施在促进信息技术产业发展中的关键作用，稳步完善网络技术设施，推动经济转型升级；聚焦教育、医疗、文体等重点领域，以信息技术应用支撑疫情防控、社会公共领域建设，加快信息化应用惠及民生，为建设和谐社会发挥积极作用；加强重点行业、关键领域的数字化转型推广应用，充分发挥信息化对促进经济增长方式转变、提升企业自主创新能力；坚持以信息化手段创新城市建设管理，改善城市管理难点，加强"政府服务一网通办、城市运行一网统管"，使信息化应用惠及民生；加强各类信息化宣传工作，巩固信息安全保障。

第一章　浦东新区信息化建设

概　述

2021 年是上海数字化转型元年，根据上海市《关于全面推进上海城市数字化转型的意见》《2021 年上海市城市数字化转型重点工作安排》要求，浦东新区在区委、区政府的高度重视和上海市数字化办公室（以下简称"市数字化办"）的统筹指挥下，以"思想观念先转型、全局规划固基础、机制技术双驱动、分步攻坚凸重点、创新探索做引领"为指导思想，坚持做优顶层设计、健全工作机制、聚焦工作重点、凸显示范引领的工作指导，积极将数字化转型与落实中央引领区建设文件要求紧密结合、全力推进，强化顶层设计，落实数字化转型推进机制。

一、数字基础设施

【固网宽带升速】　根据上海市经济信息委、市通信管理局部署要求，浦东新区科技和经济委员会（以下简称"区科经委"）和运营商建立工作专班，加强沟通协调，全力推进固网宽带升速和移动网络优化工作，会同区机关事务管理局举办"拥抱数字新城市共享智慧新生活"主题活动。浦东新区全年新增和升速 500 M 及以上高带宽用户 27 万户。2021 年全市"宽带下载速率"指标考核中，浦东新区以 61.86 Mbit/s 位居全市行政区第二。

【5G 移动网络建设】 根据《浦东新区 5G 室外基站建设实施方案（2020—2022）》，完善运营商、相关委办局和街镇协同推进工作小组，统筹协调布点选址、应急处置、信访维稳等相关工作，制定出台了浦东新区 5G 新基建公共资源站点备案流程。截至 2021 年 12 月底，建成 5G 室外基站 13 901 座、5G 应用示范项目 88 个。

【市政府为民办实事项目开展】 率先在全市各区中完成 2021 年市政府为民办实事项目"为困难家庭免费升级百兆宽带"18 万户的全年目标任务，实际受益家庭已超 20 万户。

【商务楼宇宽带接入全面排查整治】 区科经委联合区市场管理局、区建设和交通委员会等部门，对全区 188 幢有情况线索的问题商务楼宇进行联合整治，通过政策宣贯会、签署自查表、现场摸底约谈等形式，会同运营商"一揽子"措施，有效缓解宽带进商务楼宇问题，进一步夯实浦东新区数字化转型基础，优化营商环境。

【无线电设备生产和销售企业备案及政策宣贯】 对浦东新区 78 家无线电设备生产销售企业开展核查，做好无线电管理法规和无线电发射设备型号核准、销售备案规定的宣传培训。

二、经济数字化转型

【数字领域优势产业发展】 浦东新区创建了国内首个人工智能创新应用先导区，共有市级特色产业园 13 个，其中与数字化转型密切相关的有 8 个，推动建设了张江人工智能岛、机器人谷、集成电路设计产业园、金桥 5G 产业生态园、信息飞鱼、张江在线等一批特色数字产业园区，形成数字产业高度集聚和引领发展的态势。软件和信息技术服务业保持高增长，2021 年营收 3 411 亿元。电子信息产业形成领跑格局，

浦东新区已成为国内集成电路产业链布局最完善、产业集聚度最高、综合竞争能力最强的区域之一，2021 年集成电路全产业链销售规模达 1 800 亿元，占全市的 70%。

【经济数字化转型相关文件发布】《浦东新区人工智能赋能经济数字化转型三年行动方案（2021—2023 年）》提出了五大工程 23 项任务，包括产业强基、生态协同等，并从数据要素市场培育、人才保障、知识

产权保护等 6 个方面提出保障措施。同时，还明确了浦东新区经济数字化转型发展目标：到 2023 年，集中突破 50 项关键技术，形成 10 个标志性科技成果，建成 10 个开放创新平台，打造 300 个典型数字化转型应用场景。力争将浦东新区建成国际领先的人工智能技术创新引领地、经济数字化转型发展示范区，助力打造具有世界影响力的社会主义现代化建设引领区。

【数字技术与实体经济深度融合】 "创新药"：广泛应用各类数字化手段引领药物研发取得新突破，2021 年新增上市一类新药 5 个，全国占比 20% 以上。"蓝天梦"：中国商飞率先建成国内首个 5G 全连接工厂，降低错误率、提升装配效率，带动产值规模十倍速增长。"未来车"："智己汽车"落户张江，临港新片区全域开放测试道路，国内首条中心城区自动驾驶开放测试道路在金桥正式获批。"智能造"：在高端装备、汽车、航空航天、生物医药、电子信息等行业推进建设示范无人工厂。2021 年，浦东新区获评国家级服务型制造示范城市，清美等一批企业获评国家级服务型制造标杆企业。

【数字经济生态体系初步建立】 2021 年 11 月 25 日，《上海数据条例》正式印发，上海数据交易所（以下简称"数交所"）在浦东新区张江落地并正式揭牌，2021 上海全球数商大会在浦东新区顺利召开，张江数字产业集聚区正式发布。跨境数据流通率先启动，依托临港新片区打造辐射全球的跨境综合数据枢纽，建设国内首个跨境数字新型关口；积极开展数据跨境安全、有序流动和数字产业有序开放方面的有益探索，在全球数字经济发展新路径探索方面走在全国前列。

【商务数字化转型加快】 一是加快数字贸易平台建设，培育了盒马、叮咚买菜、天天果园等一批网购新零售平台；推动了壹药网、波奇网、安师傅等生活性服务业平台发展；聚集了支付宝、银联商务等第三方支付平台；推进数字贸易公共服务平台建设，提升技术进口购付汇便利度。二是持续推动跨境电商发展，2021 年全年监管统计下的跨境电商进出口实现 197.8 亿元，全市占比 91%，同比增长 2.2 倍；推动了 B2B 出口试点在浦东新区落地，已有 30 家企业线上对接开展试点；推动了淘宝全球购在外高桥跨境保税仓开场落地，助力海外中小品牌迅速落地国内市场。

【智能航运产业发展】 浦东新区已集聚超 1 000 家各类智能航运企业，为鼓励龙头企业起带动作用、打造产业生态奠定了较好基础。在智能航运领域，推进以中远海运科技股份有限公司为龙头的陆家嘴智能航运特色产业园区，已申报区级特色产业园；

在智能船舶领域，推进以中国船舶集团有限公司（上海船舶研究设计院）为龙头的"AI+海洋"科创中心建设。

【数字技术全方位赋能农业】 一是强化农业生产端数字技术应用，浦东新区连续三年被农业农村部评为全国县域数字农业农村发展先进县，并入选国家数字乡村试点。现有智能化大棚36万平方米，平均亩产值超过8万元。已培养无人植保飞手90余人，水稻无人机飞防面积约15万亩次/年。已试点无人驾驶插秧1500亩，一台无人驾驶插秧机机械一个作业季可以节约人工成本1万元左右。

二是支持鼓励各类农业经营主体利用新技术、探索新模式、拥抱新经营。一方面，支持生鲜电商发展，浦东新区区域内有国内两大生鲜电商平台——盒马鲜生和叮咚买菜，都对浦东新区地产农产品起到很好的销售促进作用；另一方面，区属国企浦农集团及时搭建地产农产品公益电商平台，打造区域品牌。

三是优化浦东新区农业生产数字化监管与服务。在全市率先建立农业用地"一张图"，建立健全"一田一卡""一组一图""一村一表""一镇一库"的"四个一"农用地信息管理体系，覆盖整个浦东新区38.2万亩农业生产用地，并探索建立综合监管平台体系。

【金融数据港正式开港】 以上海市银行卡产业园为基础，着力打造金融数据港，并于2021年7月正式开港。依托浦东新区金融数据海量、应用场景丰富的优势，金融数据港重点聚焦支付、清算、征信、监管、安全、标准六大功能，为金融中心、科创中心、消费中心建设提供重要支撑。自开港以来，金融数据港共引进招商引资项目近6亿元，其中包括中国人民银行金融科技全资子公司成方金融科技有限公司上海分公司、上海花儿绽放数字科技有限公司、上海原生加密科技有限公司等重点单位企业；金融数据应用方面，与数交所联动，推动数交所与金融数据港企业开展数据应用创新试点，设立联合创新实验室；金融数据创新生态建设方面，积极推动重点金融机构科技研发部门与金融数据港深度合作，推动设立大企业创新中心。

三、生活数字化转型

【文娱数字化】 一是以"浦东新区文化云"平台为基础，不断提升数字化服务能力和水平。形成了公共资源配送、市民艺术大学、文化信息传播、网上市民文化节等品牌为基础的公共文化数字平台，提供云预约、云直播、云培训、云展览等服务。

二是整合市、区优质文化资源，建设公共文化产品配送数字平台。已基本建立全天候24小时的文化淘宝模式，搭载自由浏览和点单程序并延伸到移动终端，让各街镇、各村居代表进行自由点单。

三是建设"PC端+手机端"的数字阅读服务平台。通过官方网站、数字阅读App、图书馆微信公众号提供数字资源全免费访问，覆盖全区。

四是建设智慧文博综合监管平台，实现不可移动文物信息管理的自动化，动态化、数字化、网络化和空间可视化，在黄炎培故居、张闻天故居等4处试点。

五是整合"浦东新区文博"微信公众号平台资源，实现浦东新区建筑可阅读导览。既可通过"浦东新区文博"微信公众号了解文物点信息，也可通过扫描保护标志牌上的二维码获得文物点信息。

【养老数字化】 一是建设为老服务"一键通"和科技助老服务后台。发放"一键通"呼叫设备1万台，力争实现80岁以上独居老人"一键通"设备全覆盖。同时，为解决部分老人不会使用手机的情况，专门成立浦东新区科技助老呼叫中心，为老人提供热线电话服务，多渠道实现"一键通"服务功能。二是打造大城养老浦东新区样板的"浦老惠"服务平台。通过为老服务的数据治理，形成老人多样化数据画像，使政策服务能够精准向老人推送，对老人

进行全面照护管理、实时体征计算分析，包括一键入住养老院、护工上门、养老顾问、适老化改造、健康咨询、法律援助、助餐服务等10多项服务功能。

【医疗数字化】 一是全覆盖建设便捷就医场景，实现病人携带一部手机就可以完成预约、挂号、等候不超过30分钟的就诊、预问诊、付费、获取电子病历和电子发票等全流程就医过程。全区65家医疗机构全部完成精准预约、智能预问诊系统上线。二是打造"未来医院"，全面完成电子票据改革，实现医院管理智能、就医便捷、健康管理数字化与精准化。三是建设村卫生室"数字家门口卫生服务"，依托互联网医院、远程医疗协同，区属二、三级医院与村卫生室形成紧密协作关系，打造智能、高效、一体化的远程医疗健康接通服务新模式。

【物业管理数字化】 浦东新区以老旧小区为样本，积极打造物业管理微平台，实现小区运行的智慧眼、物业管理的数字化。同时，将企业履职、投诉密度、行业督查、社区评议进行多维度加权的融合，考核得分与老旧小区物业企业服务达标补贴金额形成直接关联，考核评价结果将与后续激励奖惩机制挂钩，直接影响红黑榜单排名、招投标等。物业微平台建设工作已实现"630点亮中环"计划，老旧小区智能化提

升改造已覆盖中环内全部老旧小区共 560 个。同时，还在周家渡、陆家嘴街道和北蔡镇全域全流程试点协同事项处置流程和路径再造。

【停车服务数字化】 浦东新区已有 215 家经营性停车场（库）可通过"上海停车"App 线上支付停车费，约占浦东新区经营性场库的 1/4。华山医院东院已在"上海停车"App 中开通预约泊位功能，患者可提前预约泊位。积极推进曙光医院东院建设新型立体智能停车设施，通过对医院边角及其他可利用的附属设施空间挖掘，建造集约化、智能化、高效化、舒适化的机械立体车库。在张杨路探索试点无人收费智能化道路停车，实现道路停车视频监管、自动计时、人工巡查、自助缴费。

【人社数字化】 以"数据赋能"促"流程瘦身"，以"集成联动"减"群众跑动"，加强市、区人社部门联动、数据共享，实现稳就业补贴不见面审批。在各村居设置就业服务移动终端，实现信息验证、需求画像、人岗匹配，提供"家门口"精准就业服务。推进居住证积分申请、积分业务线上办理，上线留学生落户智能测程序，推出"小二在线"服务平台，打造"e 通卡"高端人才线上服务社区。同时，在全国率先探索劳动维权"智能办"改革，在全市率先探索工伤认定数字化转型，会同相关职能部门推出劳动维权"一件事"、就业服务"一件事"、工伤"一件事"、医疗费报销"一件事"、出生"一件事"等集成服务套餐，逐步构建"数字人社"服务体系。

【教育数字化】 一是构建"互联网＋教育"应用服务体系，即浦东新区教育信息化"1134"体系。1 个教育大数据中心，1 个统一用户认证中心，教育综合治理、教师发展支撑、教育对外服务 3 大区域综合平台，管理、教学、研修、生活 4 类学校软件平台。

二是全区教育信息高速公路再次拓宽，云网融合初步实现，网络安全管理体系基本形成。所有学校无线网络室内外区域全覆盖和一站式全区跨校漫游，为实现区域内教育资源高效共享和应用推进提供了基础支撑，初步实现教育网与教育云融合。

三是构建集交流、分享、协作功能于一体的网络研修平台，探索形成云观课、云评课、云带教、协同教研等网络研修模式，为区域教师专业发展提供有效支撑。

四是搭建规范教育机构市场行为的区域综合监管平台，实现对市场主体行为的全链条贯通和全生命周期跟踪。

五是通过开展智慧校园和数字学习中心建设、信息科技骨干教师团队建设、信息技术应用技能培训、教育信息化应用研究、"停课不停学"在线教学以及学生科技创新比赛活动等形式，多渠道促进师生信息素养提升，涌现出一批敢于尝试、敢于创新、敢于探索的信息技术应用达人和众多信息技术应用的优秀案例和特色项目。

【农产品服务数字化】　面对新型冠状病毒肺炎疫情，为缓解"农民田间有菜卖不出、居民在家买不到菜"难题，浦东新区迅速搭建地产农产品线上产销对接服务平台"浦农优鲜"，打造整体区域公用品牌，为浦东新区农业生产主体提供免费服务，缩短流通链条、降低渠道成本，真正实现农产品从"地头"直接到"餐桌"，让合作社直面终端消费者，帮助农民以更好的价格卖出更多产品，让消费者吃到更新鲜、更实惠的农产品。已有178家浦东新区及对口援助地区农业经营主体入驻，销售产品达到1 200余个，累计销售额700余万元，活跃客户数近10万。同时，"浦农优鲜"平台组织开展专场的田间直播带货活动，并为每年的"云上农博""农民丰收节"做好销售支撑，架起了浦东新区地产农产品与市民朋友的服务桥梁。

【生态数字化】　一是建设生活垃圾全程分类信息化平台，实现对生活垃圾源头、收运、转运、处置的全过程监控、全区域覆盖、全闭环管理，并逐步形成主动发现、自动派单、管理闭环、协同高效的新型治理模式。已实现对2 662个住宅小区、337个行政村、2 441个具备独立厢房的单位、659条路段、43 627个沿街商铺、环卫收运企业、中转站及运营企业、末端处置场所等全覆盖。二是建设河湖监管平台，通过数据比对、物联感知、巡查船、无人机、单兵设备、手机App等设备与现代信息技术手段，实现河湖监管问题的智能主动发现和快速高效处置，提升河湖管理联动联勤能力和精细化管理水平。

【志愿服务数字化】　一是开展"数字为老"青年志愿服务，切实解决老年人在运用智能技术方面遇到的困难，助力老年群体跨越"数字鸿沟"。结合3月5日学雷锋日、重阳节等重要时间节点，开展"数字为老"青年志愿系列活动，在全区范围内发起"数字为老"倡议，成立浦东新区"数字为老"青年志愿服务队，联合叮咚买菜、农商行、浦东新区公交等青年志愿者协会会员单位，全面开展慧金融、慧买菜、慧出行、慧软件等"数字为老"相关志愿服务，引领和鼓励更多青年志愿者敬老、爱老、助老，不断提升老年人在数字化转型中的获得感、幸福感、安全感。二是在全市率先开发使用爱心暑托班报名系统，实现全流程线上招生，平台运行期间，访问量达57 000余人次，让家长足不出户即可完成报名。三是应对新型冠状病毒肺炎疫情下青年就业难现状，开展"浦东新区失业青年就业促进专项行动"，共为300名浦东新区失业青年定制就业档案；开展线上就业培训，共 283 人参加。

【社区建设数字化】 临港新片区以新建社区为突破口，制定《临港新片区高品质住宅设计标准》，高标准打造新型智慧社区项目，促进社区智能服务应用和管理，提供高品质的生活环境和高标准的生活配套。

已组织中国电信、中国联通两大运营商和大名城、科技城等多家建设单位进行对接，试点在大名城映晖 & 映玥、科技城 D03-01、水华路 05-05 打造 5 个智慧社区，重点建设 FTTR（Fiber to The Room，全屋光纤）、智能末端配送、智慧能源设备、社区安全设施，牵引建设公共服务和自治管理设施。

四、治理数字化转型

深化政务服务"一网通办"

【窗口服务数字化转型探索推进】 涉企领域，以数据资源牵引流程再造、业务重塑，打造"政务智能办"和"企业专属网页"智能服务新模式。"政务智能办"将企业数据与调研采集到的业务规则数据进行融合，对涉及的审批规则进行梳理以及审批流程再造，再借助云计算以及人工智能技术，实现窗口受理过程的数字化转型。已在浦东新区行政服务中心、惠南分中心以及张江、金桥、外高桥 3 个片区完成业务拓展。

"企业专属网页"依托人工智能分析、知识图谱建设、个性政策精准推送等技术手段，为企业提供专属档案、专属办事、专属政策、专属服务、专属动态、专属店小二（智能客服）等定制化政务服务，打通线上线下办事数据，整合多渠道服务功能，实现企业足不出户即可咨询、办理各

类涉企事项，办事流程主动提醒，关键信息第一时间触达，使企业办事由"能办"真正向"好办"和"愿办"转变。

自 2020 年 2 月 28 日上线起到 2021 年 10 月 31 日，累计激活企业用户总数 28.96 万家，页面访问量 2 404.05 万次。已为 79 278 家企业、250 476 人次提供远程身份核验服务，核验时的地域分布涉及 55 个国家 18 种人员身份、34 个省份和地区。

【社区智慧帮办平台建设】 涉民领域，通过智慧帮办平台建设，实现居民在居村家门口即可办事。有效减少各事务受理中心的人流量，降低人均等待时间；提升窗口服务的智能化与标准化水平，有效减轻办事群众的负担，避免群众多次往返；通过可视化直观掌握服务效能数据、展现政务服务中存在的堵点、展现窗口人员的服务效能、展现整体政务服务水平的趋势。自

远程帮办业务系统从2020年8月底试运行以来，已经在浦东新区各街道成功办结259 718项业务，其中咨询业务完结45 320件，办理业务214 398件。

【资本市场服务基地信息服务能级优化】
长三角一体化领域，积极探索长三角资本市场服务基地信息管理系统建设，构建长三角企业上市地图，以信息化应用做实基地服务功能，提升基地服务能级。一是开发智能化发现筛选模型，首创上市发现培育功能。二是首创上市审核支持功能。三是建设科技金融精准对接平台。

【档案管理数字化转型探索】　档案管理领域，聚焦高效办成一件事，以"办结即归档"为目标，打造全周期管理、全过程管控、全要素归集、全领域共享的区域数字档案管理服务一体化数据仓，在十大类政务事项中得到应用，归档并接收档案保管资源1 100多个项目。积极开展电子公文单套制归档试点，推动在线政务办公电子文件全流程实时归档。建设完成的数字档案馆系统项目，经国家档案局系统测试给予了高度评价，2021年11月初该项目正式参评"全国示范数字档案馆"。

推进城市运行"一网统管"

【浦东新区"城市大脑"升级】　聚焦平台整合，积极推进城市、经济、社会三大治理平台深化整合，是智慧化城市建设的积极探索，是实现政务服务"一网通办"与城市运行"一网统管""两网融合"的重要路径。建立健全牵头部门工作例会制度、技术人员工作专班制度、应用场景评估审核制度，制定出台相关指导意见和技术标准，切实开展效能督查，实现三大治理平台深化整合并投入实战运行，最终实现浦东新区"城市大脑"迭代升级。

【"高效处置一件事"持续推进】　聚焦协同治理。一是制定一张清单，即协同事项标准清单，充分发挥"城市大脑"协同平台优势，坚持推动跨部门、跨层级协同处置的事项梳理、责任明确、流程优化、高效运作。二是强化问题处置闭环管理，发挥城运平台"协同指挥前台、业务交互中台、流程支撑后台"作用，打通与经济治理、社会治理平台的关联通道，全面提升跨层级、跨区域、跨系统协同处置效率。三是搭建"协同效能智能监管平台"，准确反映部门及业务领域的数据共享和复用能力，对跨部门事项的协同处置效率进行可视化展现。坚持在实战中强化应用、在创新中提升效能，更好地用数据监管、评价部门的协同处置成效，实现运行情况一屏总览、高频事项智能分析、效能短板即时预警。

【"居村微平台"建设完善】　聚焦基层赋能，以全覆盖主动监督、要素化事项管理、精细化智能支撑、实时化联动处置、多元化协同治理为目标，将浦东新区"城市大脑"3.0智能化应用体系作为主体架构，构建"浦东新区'城市大脑'3.0日常管理总平台＋分中心智能综合管理平台3.0版＋居村联勤联动微平台2.0版"的纵向体系。在居村层面，制定实施方案、运行规程和监督制度，并开展全覆盖培训和实效检查，率先创新探索打造"居村联勤联动微平台"建设，在全市率先实现"一网统管"向城乡基层社区的延伸，不断提升基层治理体系和治理能力现代化水平。

【民情民意智慧感知平台搭建】 聚焦数字化转型。一方面充分利用物联网、人工智能、大数据、5G、区块链等技术，建立健全智能感知前端体系，增强对各类风险的精准预测、实时监管、及时响应。另一方面，搭建民情民意智慧感知平台，紧盯群众需求和城市治理突出问题，倾听群众呼声、识别突出问题、感知城市动态，防控城市风险。推动城市管理由人力密集型向人机交互型转变，由经验判断型向数据分析型转变，由被动处置型向主动发现型转变。

【数字化联防联控平台打造】 聚焦疫情防控，为切实做好新型冠状病毒肺炎疫情联防联控，构建以微信公众号（浦东新区卫健康）、移动App、疫情专项管理平台、可视化指挥平台为一体的联防联控体系，并以数据为基础加强区域统筹，完善浦东新区疾病预防控制信息系统，强化疫情信息监测预警，完善预警指挥系统，实现市、区、网络疫情态势和相关人员行为数据汇集，为科学防治、精准施策提供优质数据支撑。

【金融风险全网监测体系完善】 为有效防范和化解金融风险，浦东新区将启动金融风险全网监测预警系统建设。全网系统以金融风险智能预警为核心功能，兼顾全面监测和协同响应，充分贯彻了监测要素标准化、风险预警智能化、管理流程闭环化三大原则，将为防范及化解重大金融风险、营造更加良好的金融生态环境发挥积极作用。根据融资租赁、商业保理、典当行、小贷担保行业重大风险点，开发智能发现、预警功能，及时抓取网络负面舆情信息，作为智能发现的辅助手段预防风险，为监管工作提供基础数据。

【浦东新区公安智能化应用体系打造】 聚焦群众安全，推进公共区域视频监控建设，加快前端感知设备部署，推动重要领域、重点部位视频监控覆盖。搭建智能运维系统，实现社会面联网感知设备"7×24小时"智能监测。深化智能图像应用，实现人与车轨迹的追踪、布控查询、图像识别，建立人脸授权登录库，搭建非正常查询预警模型，开发日志管理模块，从源头确保系统访问安全、查询安全、数据安全。升级情指一体化实战平台，实现指挥中心各区域音视频联动和多部门实时视频会商。搭建浦东新区道路交通管理智能化应用场景，全面推进浦东新区交通管理信息化建设的跨越发展。

【市场监管智慧化场景应用探索】 聚焦市场风险，通过将食品经营许可数据推送至区生态环境、城管执法、应急管理等部门，实现事前事中事后监管协同。在零售药店场景中整合特药监管及医保药品监管数据，加强市场监管部门与禁毒、医保监管部门之间的联动。建立集贸市场和加油站的移动强检和量化评价系统，对其进行分级监管，节约监管力量，提高监管效率。加快推进纳入上海市食品安全追溯产品目录内的产品企业和高风险产品企业（共22家）的食品生产过程智能化追溯系统建设。

【土地利用全生命共同监管平台打造】 聚焦产业用地保障，为实现对全区国有建设出让地块进行全流程、全覆盖、全生命监管，在打通数据壁垒与落实协同监管机制的基础上，实现协同化、精细化、标准化、流程化监管，浦东新区创新打造土地利用全生命共同监管平台。平台已对新出让产业地块（53幅）与存量产业地块（2 500余幅）进行全生命监管。平台通过对建设

周期中的交地、开工、竣工的节点监管与投达产周期中的税收、产值、股权、水电煤、用途管制等的实时监管，落实以合同与相关法规为标准的监管流程，同时，保障浦东新区产业用地的高质量发展。

【浦东新区街面秩序维护样板打造】 聚焦智慧城管体系建设，浦东新区在城管执法领域，建设由1个综合信息平台、35个城管中队微平台、1 800余个城管队员手机App执法终端组成的"三位一体"智能体系。实现网上指挥管理体系现代化、全流程非现场执法、线上执法检查全覆盖。智慧城管体系自建成以来，全区街面秩序类信访投诉量下降约30%，街面秩序智能管理模式被列入国家发改委推广借鉴的浦东新区25项创新举措和经验做法之一。

【应急处置和安全监管智慧平台打造】 聚焦公共风险。一是推进智能应急平台建设，推进开发火灾、交通、危化品等8个灾种的专业应急指挥场景和应急物资装备、应急救援队伍地图定位及路径规划等"数图联动"实战指挥功能。二是推进智慧安监平台建设，初步实现企业安全生产物联网监管、实时监管、远程监管，提升企业风险早期识别和预报预警能力。三是强化危化企业智能监管，运用物联感知、视频自动抓取、大数据分析等智能手段，对全区重点危化品企业加强风险智能化监管。四

是优化智慧防汛实战功能，围绕防汛预案响应自动化、值守监管电子化、综合汛情集成化、预警预测智能化、指挥调度模型化"五个化"目标，加强防汛相关数据共享接入，强化"观管防"一体化实战功能。

五、数字化环境建设

【数字化转型领导工作机制健全】 参照市数字化转型工作机制，浦东新区数字化转型工作领导小组由区委、区政府主要领导任双组长，区数字化转型办公室设在区府办，由分管区领导任办公室主任。另设经济、生活、服务（一网通办）、治理（一网统管）4个专项工作小组，分别由区科经委、区发展改革委、区行政审批局、区城运中心牵头推进。

【数字化转型顶层设计强化】 作为统筹指导浦东新区城市数字化转型的顶层设计，《浦东新区全面推进城市数字化转型"十四五"规划》历经了从"智慧浦东新区"向"浦东新区数字化转型"的过渡和演变，经过区大数据中心会同20多家委办局及第三方社会研究机构共同调查研究和反复论证修改，历时近2年时间，最终经区委常委会审议通过，并于2021年10月28日正式发布实施，为浦东新区后续数字化转型工作明确了方向，奠定了基础。

【数字化转型例会制度建立】 为强化浦东新区城市数字化转型推进机制，形成工作合力，根据副区长吴强的指示精神，建立数字化转型例会制度。原则上每两周召开1次，传达市数字化办最新要求，交流进展及问题，围绕需跨部门协同配合的问题开展讨论，形成解决方案。

【数字化转型调研积极开展】 本着高效、务实、聚智的原则，聚焦经济、生活、治理三大领域，浦东新区领导带队重点围绕涉企政务服务、数字经济产业发展、市民群众办事等相关高频、急难问题开展调研，要求各委办局压实主体责任，围绕各自职能，积极筹划各自转型工作内容。新任区委主要领导到任后，已先后多次在相关数字化转型报告和会议上，做了重要批示和指示要求。各业务单位结合工作职责和数字化转型相关工作要求，梳理各领域与企业群众需求密切相关的高频、急难场景需求，开展讨论、建言献策。

【数字化转型宣传协同机制建立】 为做好城市数字化转型整体性宣传的同时，加强阶段性宣传，进一步扩大浦东新区数字化转型工作宣传的传播力和影响力，浦东新区建立数字化转型宣传协同机制。各单位明确联络员，围绕经济、生活、治理等领域，聚焦重点工作、重要活动、特色场景、标杆企业等开展数字化转型宣传报道，将浦东新区数字化转型成果和举措及时报市数字化办。

【经济数字化转型政策保障强化】　在浦东新区科技发展基金中，制定"浦东新区科技发展基金社会领域数字化转型专项"，夯实浦东新区经济数字化转型政策基础。同时，在高质量发展政策中，以经济数字化转型为核心，围绕推动产业稳增长、应用场景创新示范、产业集聚等方面，进一步加强政策研究，强化政策支持力度。

（樊慧玲）

第二章 黄浦区数字化建设

概　述

2021年，黄浦区聚焦全面推进经济、生活、治理领域数字化转型，加强统筹推进、强化场景牵引、激活数据价值、夯实底座支撑，取得阶段性工作成效，数字经济新动能活力迸发，数字生活新体验深入人心，城区治理新范式成效彰显，被评为"2021中国领军智慧城区"。智慧黄浦综合运营指挥平台等一批创新项目，荣获"世界智慧城市大奖中国区复苏创新奖""2021数字政府管理创新奖"等国家级、市级奖项。厚植创新土壤，数字经济支柱功能不断凸显。

区块链、机器人、临床转化服务、半导体芯片组成的黄浦科创"四小龙"发展迅速。2021年全年累计引进软件和信息服务业相关企业90余家，总注册资本达36亿元。安世半导体科技（上海）有限公司、深德彩显示技术（上海）有限公司等行业领军型、研发总部型企业相继落户黄浦。全区软件和信息服务业年度营收232亿元，同比增长13.7%。

坚持应用牵引，数字化场景示范效应突出。成功举办"数字赋能便捷就医"、数字治理"最小管理单元"、"云上社区服务"、"数'治'赋能、智'惠'养老"4场场景宣介会，吸引企业参与打造示范标杆，形成亮点特色。"揭榜挂帅"持续开展，场景"孵化"机制日益完善，形成需求征集、方案设计、遴选实施的创新全链条，南京路步行街 AR 导览导购、兰生大厦智慧楼宇等示范场景相继落地，形成示范效应、牵引效应，市场积极性和创造力得到充分激发。

夯实网络基础支撑，信息基础设施能级位居全市前列。固定宽带用户下载速率达到 61.91 Mbit/s，位列全市第一。2.68 万户困难家庭实现免费升级百兆宽带，51 栋楼宇完成宽带接入市场整治。2021 年累计建成 1 800 余个 5G 室外基站、16 000 个 5G 室内小站，57 条道路 5G 信号覆盖率和 5G 时长占比均达到 98% 以上。

加强系统谋划，数字化转型推进合力持续增强。区委书记、区长任城区数字化转型工作领导小组双组长，定期听取专题汇报、研究重点工作，有力推动重大项目、重点任务落地落实。区政府党组《全面推进城区数字化转型，加快建设"数字黄浦"》课题研究，为"数字黄浦"建设指明方向、绘就蓝图。制定区数字化转型"十四五"规划和三年行动计划，为打造上海国际数字之都核心引领区明确实施路径。区政府与上海联通、华为等数字化赋能企业开展深度合作，共同完成 5G 智慧教育、"最小管理单元"等一批重点项目建设，有力支撑政府管理服务提质增效。

一、数字基础设施

【固定宽带接入市场联合整治工作】　2021 年 3 月，黄浦区科委积极落实国家、上海市关于开展楼宇宽带接入市场整治的通知精神，会同区市场监管局、区房管局等相关单位组成联合工作组，迅速启动排查整治工作。工作组对金天地国际大厦、申大厦等 51 栋存在问题的楼宇进行重点排摸核查，通过张贴联合整治行动通告海报、电话沟通、约谈告诫等方式，督促楼宇管理单位自查自纠、限期改正，得到楼宇管理单位的积极反馈和迅速响应，有力保障了宽带网络用户合法权益，确保广大中小企业享受到提速降费政策红利。

【17 个红色场馆获评上海市移动通信用户感知度优秀场馆】　2021 年 7 月 16 日，上海百个红色场馆移动通信用户感知度测评结果公布，黄浦区内的中共一大纪念馆、中共一大会址、共青团中央机关旧址等 17 个红色场馆被评为移动通信用户感知度优秀场馆，优秀场馆数量位居全市第一。2021 年，为迎接中国共产党百年华诞，保障红色场馆大客流通信质量，区科委积极配合市经济信息化委，组织电信运营商加快推进红色场馆 5G 网络覆盖，努力做好场馆周边区域移动通信网络优化，确保"七一"相关活动通信畅通，为提升上

海"双千兆宽带城市"品牌奠定基础。

【"为困难家庭免费升级百兆宽带"实事项目完成】 截至 2021 年 8 月，黄浦区完成 2.68 万户困难家庭免费升级百兆宽带，提前超额完成 2.2 万户的年度任务目标。2021 年初，区科委牵头区建管委、房管局、各街道及三家运营商组成联合工作组，召开专题工作推进会议，明确职责分工，压实工作责任，形成工作合力。区科委每月汇总项目进展情况，统筹部署项目宣传推广、居民沟通、工程施工等工作，确保网络设备更新、光纤宽带扩容等各项工作落实落细。实事项目的成功实施，进一步夯实了黄浦城区数字化转型基础，提升公众对数字化建设的感知度和获得感。

【移动通信网络优化】 2021 年 10 月 18 日，黄浦区科委组织上海电信中区局、上海移动南区分公司、上海联通南区分公司、电信一所，召开黄浦区移动通信网络优化工作推进会。会上，电信一所介绍了《2021 年黄浦区通信网络测评报告》。根据测评报告，黄浦区已基本实现室外 5G 连续覆盖，道路 5G 信号覆盖率和 5G 时长占比均达到 98% 以上；4G 移动通信网络用户感知度良好，抽查的 32 处公共区域和场所 4G 信号优良率达 97%；固定宽带网络平均下载速率达 150 Mbps，提速升级成效显著。在十六铺码头区域，1 号、2 号、3 号码头室内区域已完成 4G 信号优化和 5G 网络覆盖，中山东二路、中山南路和外马路（延安东路—复兴东路段）共建成 90 个综合杆基站，有效提升通信质量。

二、经济数字化转型

【大数据产业赋能和创新应用孕育基地签约仪式举行】 2021 年 2 月 8 日，黄浦区大数据产业赋能和创新应用孕育基地签约仪式暨黄浦区数字经济创新发展和产业赋能研讨会举行，市经济信息化委副主任张英和黄浦区副区长杨东升参加活动并致辞。黄浦区科委、上海市社会信用促进中心、中国中小企业协会公共服务工作委员会签署"共建大数据产业赋能和创新应用孕育基地合作协议"，打造黄浦区数字化转型和

科技创新赋能载体，推动黄浦区科技赋能和创新产业发展。

【上海市虚拟现实产业协会展厅揭牌仪式举行】 2021 年 5 月 28 日，上海市虚拟现实产业协会展厅揭牌仪式暨协会专业委员会成立大会在黄浦区举行。市经济信息化委电子信息产业处与黄浦区科委相关负责人共同为展厅揭牌。号百控股董事长李安民与上海中船国家工程中心总工程师刘晓明

就专委会建设和规划进行了主题演讲，与会企业与嘉宾对虚拟现实产业的发展进行了深入讨论。虚拟现实产业协会会长刘诗雅表示，协会将利用黄浦区中心位置优势、金融服务优势、专业服务优势，助力虚拟现实企业发展，面向上海市、全国乃至全球，形成虚拟现实产业的全球资源配置中心以及科技创新的策源地。

【金融科技公共服务协同创新中心项目签约】 2021 年 7 月，在 2021 世界人工智能大会闭幕式上，黄浦区和杭州趣链科技有限公司就金融科技公共服务协同创新中心项目进行签约。创新中心是黄浦区科创"区块链 +"重要组成部分，作为企业主导的数字经济新基础设施，其能实现数据可信、资产可信、合作可信、智能互联互通。创新中心将赋能黄浦区优势产业，提高系统业务效率、降低拓展成本，增强监管能力，对提升黄浦区金融、商业、民生、政务、司法等领域数据交易安全性、智能化水平具有重要意义。未来三年，创新中心将在区块链核心技术创新、生态体系建设、区块链人才储备培养方面加速发展，为推进城区数字化转型提供重要支撑。

【"外滩融易行"中小企业融资综合信用服务平台发布】 2021 年 7 月 13 日，黄浦区举行"外滩融易行"中小企业融资综合信用服务平台发布仪式，区委常委、副区长陈卓夫出席活动。"外滩融易行"平台以推广信用信息服务，缓解中小微企业和个体经营者等融资主体融资难问题为建设宗旨，以"信用""公益""便捷""安全"为基本定位，整合政府部门、金融机构、信用服务机构等多方优质资源，打造重点看信用、融资低门槛、方便办手续、安全有保障的一站式服务平台。平台将积极助力营造"信息共享、信用赋能、融资撮合"的黄浦金融服务生态体系，为企业融资提供更加优质和高效的服务，为缓解中小微企业融资难问题提供有效路径。

【"金融科技与资产管理行业发展"沙龙举行】 2021 年 9 月 24 日，上海金融与发展实验室和黄浦区科技创业中心联合主办的首期"金融科技与资产管理行业发展"沙龙举办。黄浦区副区长王鼐出席活动并讲话，王鼐表示，黄浦区积极鼓励和支持科技与金融深度融合，通过金融支撑实体经济和科技创新发展；黄浦区将充分利用独有的区位优势，吸引金融科技复合型人才集聚，让更多优秀金融科技公司到黄浦发展。2021 年以来，黄浦区科委积极开展金业招商，吸引了大批优质金融科技公司落地黄浦，为黄浦金融发展和城区数字化转型注入新动能。

【"推进金融安全科技新发展、共赢金融数字安全新时代"主题活动举办】 2021 年

10月14日，以"推进金融安全科技新发展、共赢金融数字安全新时代"为主题的2021年国家网络安全宣传周上海地区活动金融分论坛在黄浦区举办。会上，黄浦区委常委王玉峰致辞，黄浦区安全企业代表上海绿盟星云网络安全技术有限公司负责人宣读《维护网络安全倡议书》。王玉峰表示，黄浦区在积极鼓励技术与金融的深度融合、持续推动金融科技成为金融业创新发展新引擎的同时，正在积极防范金融领域数字风险，努力保障新时期城区金融经济行稳致远。同时，黄浦区大力支持金融科技功能性机构入驻，构建金融科技生态新高地。

【"区块链技术的应用与产业赋能"沙龙活动举办】 2021年10月15日，"区块链技术的应用与产业赋能"沙龙活动在黄浦区BFC外滩金融中心举办。黄浦区委副书记、区长沈山州出席活动并讲话。沈山州表示，黄浦区正抓住数字化转型这个重大机遇，积极开放一批金融、政务和民生场景，

帮助企业解决实际困难，支持更多区块链企业实现技术应用、发布行业标准、吸引行业人才。未来，黄浦区将大力推出数批区块链应用场景，加速区块链技术在金融、商贸、城区管理、政务服务和民生领域的试点应用，并联合行业龙头企业适时推出区块链领域的人才标准和人才扶持政策。

【现代汽车前瞻数字研发中心落户】 2021年10月18日，现代汽车集团中国前瞻数字研发中心落户黄浦区新天地区域，这是该集团海外首个前瞻数字化智能研发中心。黄浦区委副书记、区长沈山州出席活动，并参观了该集团最新研发的自主泊车技术及智能人机交互系统。通过自动泊车技术，能够实现超视距泊车，用户只需把车停在商场及写字楼等地库入口，车辆即可跨层进入地库行驶并进行自主泊车。2021年，黄浦区积极优化商圈停车服务，在淮海中路、豫园等商圈试点推进便捷停车示范场景，该技术将助力实现区域内停车诱导，切实提升消费者的智能停车体验。

三、生活数字化转型

【影像医学检查资料和医学检验结果互联互通互认】 2021年4月2日，黄浦区影像医学检查资料和医学检验结果互联互通互认项目通过验收。项目完成了影像数据采集及云归档、影像信息交互共享调阅、合

理互认服务、医疗机构及市级平台对接等建设内容，实现区内影像数据有效整合、标准化且可共享，减少患者重复检验检查，有效节省患者时间、精力和费用，提高诊疗质量和效率。

【长三角青少年人工智能高峰论坛在黄浦区举办】 2021年5月29日，长三角青少年人工智能高峰论坛在黄浦区卢湾一中心小学以线上线下同步形式举办。论坛旨在促进中小学人工智能教育普及一体化发展和信息专业技术人才培养，引导更多中小学生关注科技、热爱科技、走进科技。论坛以"青少年人工智能教育及发展"为主题，邀请国内著名人工智能、青少年教育专家做学术报告，奉献了一场学术盛会和知识盛宴。

【城区数字化转型宣介会之"便捷就医服务"专场举办】 2021年6月24日，黄浦区举办城区数字化转型宣介会之"便捷就医服务"专场活动。市卫健委副主任、市中医药发展办公室副主任胡鸿毅，副区长李原出席会议并讲话。10余家医疗领域科技型企业应邀参会，并参观了黄浦区"便捷就医服务"数字化转型场景展厅。区卫健委向与会企业宣传推介了正在打造的"6+2"医疗服务数字化应用场景。其中，"6"指全市统一要求建设的诊前精准预约、诊前智能预问诊、诊中互联互通互认等6个场景，"2"指具有黄浦特色的中药饮片管理服务、数字影像胶片服务2个应用场景。通过数字化场景建设，可大幅缩短患者就诊时间、优化就医流程、改善就医体验。

【数字影像服务开通】 2021年9月，黄浦区18家医疗机构正式同步推出数字影像服务场景。患者在这些医院做完CT、磁共振等影像检查后无需等候、付费、取片，通过微信公众号、微信小程序，就能用手机浏览、保存、分享自己的影像资料，并可授权医生查阅。此外，医院间可通过区域影像平台进行数据共享，数字影像服务还能为医生提供影像远程会诊功能。平台中可查看区域内各医疗机构的统计数据，为管理部门开展医疗资源布局调整提供决策参考。

【"消弭数字鸿沟，推进信息无障碍"数字家园体验系列活动举办】 2021年9月至11月，黄浦区先后在打浦桥、老西门、小东门街道举办3场"消弭数字鸿沟，推进信息无障碍"宣传体验活动。活动中，黄浦区科委和相关街道负责同志为街道志愿者授予"消弭数字鸿沟　信息无障碍——智慧助老服务岗"及"'消弭数字鸿沟　信息无障碍'智慧助老服务志愿者"证书。活动邀请来自区公安分局、中国工商银行、老年协会的多位专家，为老年人讲解了如何防范网络诈骗、金融服务智能化等内容。通过举办活动，扩大了信息无障碍宣传覆盖面，帮助老年人共享城市发展红利，让老年人在数字化转型中有更多的获得感、幸福感、安全感。

【"云上社区服务"数字化转型场景宣介会召开】 2021年9月1日，黄浦区召开打造"数字家园"推进"云上社区服务"数字化转型场景宣介会。10 余家数字化赋能企业与媒体参会并进行了现场体验。"云上社区服务"是以数字化场景为主体，以"医食助兴"四大板块为核心的综合服务平台。平台注册用户达 11 400 余人，可提供的服务和产品种类达 20 300 余类，能有效缓解政府公共服务不足和形式单一等痛点。会上，半淞园路街道与杏园科技、第一医药、光明地产 3 家企业签署合作协议，将进一步整合社会资源、丰富服务内容、提升服务品质，让社区生活更有品质、更有尊严、更加幸福。

【"黄浦智慧中药云"项目建设】 "黄浦智慧中药云"平台通过整合优质中医药资源，实现中药饮片智能审方及中药品一物一码，实时监控中药饮片煎制配送全过程，实现区内 18 家医院共享 7 家知名药厂的中药房，使药房供应效率提升 10 倍以上，大幅降低库存规模。"中药云"项目的建设有效提升了区域中医药服务能级，推动中医药服务高质量一体化发展，对共建医联体具有良好的推动效应。各医院接入平台后，有效释放了药房空间及药师数量。社区医院平均释放 3 至 4 名药师、综合医院平均释放 5 至 6 名药师。2021 年，"黄浦智慧中药云"项目被列为市级数字化转型示范项目。

【举办"数'治'赋能 '智'惠养老"信息平台建设】 2021 年 11 月 23 日，黄浦区"数'治'赋能 '智'惠养老"信息平台建设及场景应用宣介会召开，区政府党组成员林竞君出席活动并致辞。区民政局介绍了黄浦智慧养老信息平台、场景应用及数字化转型建设情况。该平台集"在线服务、线上管理、线下运作"功能为一体，实现为老服务运行方式由传统被动服务向主动服务转型。自平台上线以来，在不断提高各项养老服务受众面和覆盖度、强化老年人服务需求与养老服务项目精准匹配的同时，还为各级相关部门更全面地了解区域内老人的需求指明发展方向。

【上海实验小学信息化应用标杆培育校项目建设】 2021 年 11 月，上海实验小学信息化应用标杆培育校智慧校园大数据平台、学生分级阅读平台、教师专业化发展培训软件、配套信息化基础环境改造与提升 4 个项目通过验收，实现学校教育信息一体化管理，分级阅读推荐内容与阅读评价相融合，教师专业发展规划螺旋管理，为学校教育信息一体化管理、学生个性化阅读、教师队伍培养等场景应用提供支撑。

四、治理数字化转型

【长三角政务服务"一网通办"互通共融启动仪式举行】 2021 年 1 月 26 日，长三角政务服务"一网通办"互通共融启动仪式在黄浦区举行。黄浦区委常委、副区长陈卓夫，常州市政府党组成员、副市长杨芬，苏州市委常委、姑苏区委书记、保护区党工委书记黄爱军等共同启动三地政务服务互通共融，并通过云签约完成政务服务互通共融框架协议签署。在此次合作框架协议下，三地将聚焦"标准统一、相互授权、异地受理、远程办理"的跨区域政务服务办理新模式，围绕梳理事项清单、统一业务标准、制定办理流程、设置通办窗口、建立授权信任机制、畅通寄递渠道以及智能终端异地启用7项内容开展协同合作，实现政务事项标准互通、政务数据资源相融、政务服务团队共进，积极推动长三角政务服务向高质量发展。

【"一证一码"政务办事】 2021年1月，黄浦区在全区社区事务受理服务中心实现"一证通""一码通"办事新模式。针对老年人使用智能机难、扫码难、办事难问题，黄浦区推出刷身份证代替扫健康码的出入管理系统，并通过与叫号系统、受理系统进行技术对接，整合成黄浦区"一站式"管理服务系统。系统通过刷身份证实现人员出入快速实名登记，解决了老年人不会或无法亮绿码的问题，同时也提高了办事效率，有效降低人员集聚风险。办事人在完成刷证（身份证）或扫码（"随申码"）后，系统会自动读取人员健康状态，并通过语音播报提示。

【"一网通办"政务服务两棵"生命树"上线】 2021年4月，黄浦区上线"一网通办"政务服务两棵"生命树"。两棵"生命树"以企业和个人全生命发展周期为主线，集中呈现企业和个人在不同阶段可能需要办理的所有政务服务事项，有效降低企业群众搜索信息的时间及学习成本。其中，企业全发展周期"生命树"设置了企业开办、纳税缴费等12个主题，涉及税务、工商等部门的111项政务服务事项；个人全生命周期"生命树"设置了出生、上学、工作等14个主题，涉及卫健、公安等部门的205项政务服务事项。两棵"生命树"充分共享了"高效办成一件事""好办""快办"改革创新成果，为企业、群众带来实实在在的便利。

【"云客服＋政创空间"政务服务推出】 2021年6月24日，黄浦区举行"云客服"和"政创空间"启动仪式，区委常委、副区长陈卓夫出席活动仪式。"云客服"通过"线上智能客服＋线下人工坐席"的融合互补，及时、准确地为企业群众提供政务服务综合咨询，推动服务向"云"端延伸，努力使"一网通办"从"通办"向"好办"转变。试运行3周，接听企业群众来电800多次，提升了企业群众线上办事的便利度、感受度。"政创空间"围绕"融合、共享、服务、发展"新理念，设有政务服务空间、公共服务空间、商务洽谈空间，为中小企业提供"店小二"全程综合帮办、商洽场地等服务，全力支撑企业在黄浦落地、孵化、培育、发展。

【数字治理"最小管理单元"二期创新成果发布】 2021年7月，上海数字治理研究院、上海市"一网统管"城市数字治理实验室、华为技术有限公司联合发布"上海数字治理'最小管理单元'二期创新成果"。市政府办公厅副主任、市城运中心主任徐惠丽，区委常委、副区长洪继梁，华为中国区副总裁张修征出席发布仪式，共同发布黄浦区田子坊景区、瞿溪路沿街商铺、春江小区等城市最小管理单元数字治理成果。继2021年2月发布南京大楼数字治理成果以来，黄浦区联合华为公司，进一步扩大试点范围至景区、商铺、居民区等多类型最小管理单元，聚合50多家生态伙伴提供消防安全、大客流安全、高空抛物、非机动车安全等20多种数字治理解决方案，探索出一套可复制、可推广的城市安全管理新机制，为实现从"感知一栋楼"向"联接一条街、智能一个区、温暖一座城"转变的目标迈出了坚实一步。

【瑞金二路街道"高效处置一件事"】 2021年8月，瑞金二路街道围绕"高效处置一件事"，坚持以问题为导向，积极探索社区"多格合一"管理体系建设和数字应用相结合。近年来，瑞金二路街道以力量入格、制度迭代、数字赋能为抓手，通过做实"人员入格"、做优"事项入格"，街道下设3个城运工作站实现了实体化运行。工作站通过对各类问题处置流程再造，制定了包含8大来源、24大类共计190个事项的城运"辞典"，形成良性站内处置小循环、街道治理大循环，用安全、整洁、有序的街区环境，不断提升社区群众的安全感、获得感和幸福感。

【黄浦分局交警智慧交通可视化平台（一期）通过验收】 2021年9月1日，黄浦分局交警智慧交通可视化平台（一期）项目通过验收。该平台完成今日交通、多维研判、高效指挥、缉查布控、勤务管理应用等建设内容，可实时、准确地对交通流量及道路影响做出分析和评价，为优化警力配置、指挥调度、情报研判、领导决策等实战应用提供支撑。

【"随申办"黄浦旗舰店改版】 2021年10月，"随申办"黄浦旗舰店完成改版并在"随申办"App、微信和支付宝小程序同步上线，此次改版对页面版式设计进行了全面优化，以更简约的界面风格、更丰富的服务内容，带给用户全新的办事服务体验。

新版黄浦区旗舰店分为个人服务和企业服务两个板块，由指尖办事、惠民福利、惠企红利、公共服务、便民服务5个栏目及19个子栏目组成，共收纳71个精品应用。下一步还将上线更多服务事项，持续提升政务服务品质。

【智慧黄浦综合运营指挥平台获奖】 2021年10月14日至15日，"2021全球智慧城市大会·上海"召开。会上，智慧黄浦综合运营指挥平台荣获"世界智慧城市大奖中国区复苏创新奖"。智慧黄浦综合运营指挥平台是集"数联、物联、智联"三位一体的"城区智能体"，聚焦城区治理中的痛点和难点，通过汇聚全区各部门公共数据、挖掘数据价值，运用人工智能、大数据等技术，建成大客流监测预警、高空坠物治理、跨门经营治理、共享单车乱停放治理、暴露垃圾治理等一系列实用、管用、好用的应用场景，为超大城市中心城区精细化治理提供"黄浦方案"。

【黄浦区"一件事"全流程再造平台建成】 2021年11月3日，黄浦区"一件事"全流程再造平台项目通过验收。项目完成30个"一件事"最小颗粒度管理、"一标申办"管理、"一件事"主题引导、"一站联审"功能建设、"一窗收件"等建设内容，实现政策精准宣传、解读、引导，切实提升黄浦区企业市民办事效率和获得感。

【自然人综合库数据应用场景建设】 2021年11月，黄浦区积极参与市自然人综合库应用试点，聚焦就业困难帮扶、全年龄段助残服务及精确为老服务等涉及民生领域的服务专题，开展应用场景建设。通过设计服务对象专属标签，运用人工智能语义识别和数据透视技术，对不同类型服务对象，快速、智能、精确地匹配出相对应的服务政策清单，并按需推送给服务人群，实现政府部门对区内服务对象的精准把控，为合理配置公共服务资源、服务政策有效落实提供了数据研判依据，切实提升群众办事效率。

【区城市治理数字中台建设】 2021年5月，黄浦区城市治理数字中台项目荣获中国信息协会"2021数字政府管理创新奖"。黄浦区坚持问题导向，应用牵引，数据驱动，运用人工智能、物联网、大数据等技术，搭建以"观"为基，以"管"为要，以"防"为志的城市治理数字中台，充分发挥数据赋能及智能化研判效用，推出大客流监测、店招店牌管理、数字治理最小管理单元、共享单车违停监测、"小型工地"闭环管理等一批特色应用场景，城区运行管理体系进一步完善，精细化治理水平显著提升。

五、数字化环境建设

【城区数字化转型工作领导小组设立】
2021年4月30日，黄浦区委、区政府发文设立黄浦区城区数字化转型工作领导小组。区委书记杲云，区委副书记、区长沈山州任双组长，各分管副区长任副组长，区委宣传部、区政府办公室、区发展改革委、区科委、区城运中心等13个部门主要负责人任小组成员。领导小组下设办公室，办公室主任由副区长王嫌兼任。办公室承担日常管理工作，主要负责研究制定数字化转型相关政策文件、总体规划、年度计划、工作方案等；协调推进重大项目，指导各部门设立工作专班，推进各行业数字化转型工作；组织发布数字化转型应用场景需求，指导编制应用场景建设方案，推动示范性场景落地。

【两大规划发布】 2021年12月，黄浦区印发《黄浦区全面推进城区数字化转型"十四五"规划》和《黄浦区推进城区数字化转型三年行动计划（2021—2023年）》。规划明确了数字化转型工作基本原则、重点方向、重点专项、保障措施等，提出14项量化目标。未来几年，黄浦区将以构建高质量发展格局、高品质生活典范、高效能治理标杆为引领，以打造高标准数字城区基座为支撑，坚持数字创新、突出场景牵引、强化数据赋能、加强开放合作、树立标杆示范，全力打造国际数字之都核心引领区。

【黄浦区数字化转型场景展览举办】 2021年12月8日至15日，黄浦区数字化转型场景展览在南京东路华为全球旗舰店举办。区委书记杲云，区委副书记、区长沈山州，副区长王嫌参观展览。杲云听取了各参展单位场景和产品介绍，以及在数字化转型方面取得的成果，深入了解企业在黄浦区的发展情况及未来规划，对下一步打造数字化转型标杆示范场景提出要求。此次展览共有26家单位参加，集中展示了仿真城市、城区最小管理单元、VR/AR+数字教育、智能健康设备、智慧居家养老等一批引领性强、带动面广、显示度高的数字化转型优秀场景，通过视频、图文等方式呈现场景创新亮点、应用成效，吸引市民参与现场互动体验，让公众了解黄浦区运用数字技术赋能经济社会发展的最新成果，进一步扩大黄浦数字化转型宣传效应和影响力。

【荣获"2021中国领军智慧城区"称号】
2021年12月28日，在国家信息中心、IDG主办的第二十三届高交会智慧城市展及2021年度亚太智慧城市发展论坛上，黄浦区继2017年、2018年、2020年之后，再次被评为"中国领军智慧城区"。2021年，黄浦区聚焦经济、生活、治理三大领域数字化转型，突出场景牵引、强化数据赋能、加强开放合作、树立标杆示范，取得阶段性工作成效。信息基础设施能级全市领先、数字经济支柱功能不断增强、数字生活感受度持续优化、数字治理精细化水平明显提升，曾先后荣获"世界智慧城市大奖中国区复苏创新奖""数字政府管理创新奖"等一批国家级、市级奖项，为打造上海国际数字之都核心引领区奠定坚实基础。

【信息化项目后评估工作开展】 2021年5月，黄浦区科委启动信息化项目后评估工作，对项目系统运行情况、日常使用情况、运维管理情况等开展评估，引导各部门提升信息化项目运行管理水平，纳入2021年后评估范围的信息化项目为58个。经评估，发现部分项目存在项目立项和验收等文档材料不齐全、运维记录缺失、部分系统模块使用率低或无法使用、系统数据存在错误等问题，已将问题反馈相关部门落实整改。

【2022年度财政预算信息化项目申报培训举办】 2021年5月12日，黄浦区科委组织召开2022年度财政预算信息化项目申报培训会。会上，区科委、区府办、区大数据中心分别介绍了项目立项与过程管理、电子政务项目必要性审核和绩效评价、公共数据汇聚共享等相关要求，通报了项目申报、变更、验收和后评估中发现的问题及网络和信息安全工作情况。会议要求，各单位要围绕全面推进城区数字化转型，加强整体谋划，做好场景设计和系统推进；加强信息化项目过程管理和后续评估工作，完善项目跟踪、评估、反馈、整改工作机制；提升公共数据质量和归集数量，将其作为衡量项目绩效的重要指标；守牢网络和信息安全底线，落实责任、强化执行，坚决杜绝安全隐患。

【2021年推进城区数字化转型工作会议召开】 2021年5月25日，黄浦区召开2021年推进城区数字化转型工作会议。区委书记杲云、市经济信息化委主任吴金城出席会议并讲话。区委副书记、区长沈山州主持会议，区委常委、副区长陈卓夫出席会议，副区长王鼐做2021年推进城区数字化转型工作部署。杲云对黄浦区数字化转型工作提出了三点要求。一是要深刻认识推进数字化转型的战略意义，主动创新求变，掌握未来发展的战略主动。二是要努力争当数字化转型示范标杆，推动经济、生活、治理三大领域协同共进，构建数据驱动的数字城市基本框架，共建共治共享数字城区。三是要创新推进数字化转型工作机制，全面加快"数字黄浦"建设步伐。会上还举行了上海虚拟现实融合创新联盟、

华为数字化转型创新体验中心揭牌仪式，以及黄浦区政府与上海海纳工程院合作备忘录签约仪式。

【黄浦区政府与上海联通签署战略合作框架协议】 2021年6月7日，黄浦区人民政府与上海联通共同签署推进城区数字化转型战略合作框架协议。区委副书记、区长沈山州，上海联通党委书记、总经理沈洪波出席签约仪式并讲话。区委常委、副区长陈卓夫参加签约仪式，副区长王霄、上海联通副总经理戴苓代表双方签约。

【数字化转型专题调研课题推进会召开】 2021年8月24日，黄浦区召开《全面推进城区数字化转型，加快建设"数字黄浦"》区政府党组专题调研课题推进会。会上，区政府研究室汇报了专题调研推进情况和调研总报告主要内容，区发展改革委、区科委、区城运中心分别汇报了经济、生活、治理3个子课题研究情况。副区长陈卓夫、洪继梁、王霄、杨东升围绕凸显黄浦特色、吸引市场参与、加强宣传报道、坚持需求导向等方面提出要求。区委副书记、区长沈山州强调，黄浦要树立"争当先锋、走在前列"的目标，争做城区数字化转型"优等生"；围绕进一步明确工作目标和发展指标，加强市区对接，做好课题与数字化转型"十四五"规划、三年行动计划的衔接，对2023年、2025年、2035

年3个时间节点设立的目标要更直观、更形象；着力打造显示度高的场景，加强全市层面横向对比和评估，突出黄浦特色、锻造长板。

【数字化转型工作专题调研】 2021年9月，区委书记杲云专题调研黄浦区数字化转型工作。杲云实地调研了经济、生活、治理三大领域数字化转型场景，走访了新落户数字化赋能企业并召开经济数字化转型企业调研座谈会，参观便捷就医服务场景展厅及半淞园路街道云上社区服务场景，听取企业运用区城运中心数据提升管理能级等情况的汇报，了解街道城运中心建设工作。杲云强调，要深入理解数字化转型的重大战略意义，在数字化转型方面争当前锋、走在前列；各部门要结合"十四五"规划编制，深入研究各领域数字化转型需求，通过创新数字化应用提升工作效能，满足公众个性化需求；深入思考数字化转型中政府、社会、企业三者关系，通过引入市场机制，打造生命力更强、可持续的数字化转型发展生态。

【数字化转型工作专题协商会召开】 2021年9月1日，黄浦区委召开专题协商会，向各民主党派、工商联负责同志和无党派人士通报数字化转型工作情况。区委副书记、区长沈山州主持会议并讲话。区委常委、统战部部长沈权，区委常委、副区长陈卓夫出席。会上，陈卓夫通报了全面推进城区数字化转型、加快建设"数字黄浦"有关情况。各民主党派、工商联负责人和无党派人士代表提出许多视野开阔、见解深刻、切合实际的意见建议。沈山州强调，一是认识要再深化，必须坚持系统观念，促进经济发展、城区治理和行政效能整体提升；要有刀刃向内的勇气，加快流程再造；必须践行"人民城市"重要理念，增强公众体验度和获得感。二是落实要再细化，要在经济领域、生活领域、治理领域"抓重点、破难点、出亮点"。三是合力要再强化，发挥市场主体作用，积极引导企业、市民更多参与数字化转型工作，进一步强化各方合力。

【"数字黄浦"课题研究成果汇报】 2021年10月22日，在2021年区四套班子专题调研成果汇报会上，区政府研究室汇报了"全面推进城区数字化转型，加快建设'数字黄浦'"专题调研推进情况和调研总报告主要内容。区委书记杲云充分肯定了区政府党组课题调研成果。他强调，一是要进一步加强对城区数字化转型重要性的认识，必须把数字化转型作为事关黄浦未来发展的重大战略推动落实。二是各单位要高度融入城区数字化转型工作，安排分管领导进行专题研究。三是聚焦重点领域突破。经济领域要搭建行业平台，优化企业发展生态，推动产业数字化转型。生活领域要积极引导市场参与，更好满足人民群众对美好生活的需求。治理领域要聚焦管理中最难、群众反映最强烈的问题进行攻坚突破，提升群众感受度和幸福感。四是抓紧把课题成果转化为工作方案，明确时间节点，进行项目化推进，全面加快城区数字化转型步伐。

（郭晓磊）

第三章　徐汇区数字化建设

概　述

2021年，徐汇区严格落实《关于全面推进上海城市数字化转型的意见》《2021年上海城市数字化转型重点工作安排》《推进上海生活数字化转型构建高质量数字生活行动方案（2021—2023年）》《推进上海经济数字化转型赋能高质量发展行动方案（2021—2023年）》《上海市全面推进城市数字化转型"十四五"规划》《推进治理数字化转型　实现高效能治理行动方案》等文件要求，积极推进城区数字化转型，将"数字化"基因充分融入、整体赋能区域发展升级，以"小切口"实现"深突破"、带来"大变化"、产生"好效果"，更好塑造徐汇"数字城区"亮丽名片，加快打造上海城市数字化转型标杆城区。

全面建设新型数字基础设施，编制"新基建"转型规划，明确建设思路，大力推进千兆城市建设，持续优化宽带下载速率，做好大型会展网路保障，大力部署智能终端，为城市数字化转型构筑坚实根基。大力推动经济数字化转型，打造更具国际竞争力的人工智能产业集群，培育在线新经济，发展工业智造，推动重大创新平台、行业数字化转型平台建设，推动重点载体数字化转型，实现数字技术与实体经济深度融合。大力推动生活数字化转型，以数字化推动公共服务供给侧改革，在就医、教育、家园等领域，实施"揭榜挂帅"，开展"未来生活"场景建设，打造一批城市"杀手锏"级的数字化标杆场景，让更多"冷"技术转化为"热"应用，创新公共服务供给新模式，释放聚合效能，打造集成式智慧场景，提供菜单式民生服务，增强服务体验，打通公共服务"最后一公里"。大力推动治理数字转型，完善城市数据资源体系，优化公共数据治理，推动行业数据运营中枢建设，推动形成数据运营服务生态，深入推动数据高效流通和应用。全力深化"两网"融合，实现跨部门、跨层级、跨区域的数据共享、流程再造和业务协同，推动重点应用场景建设，提高城区治理能力和治理水平。优化城市数字化转型环境，形成全区"四个一"推进数字化转型工作体系，加快实施"123X"整体发展战略及滨江示范带建设战略，强化资金人才支撑，加大宣传推广。

一、数字基础设施

【概况】　徐汇区积极推进千兆城市及新型智能终端建设，已编制 11 个数字基础设施专项规划，千兆网络覆盖率达到 100%，500 兆以上高带宽用户占比约 30%，万人 5G 基站数达 20 个，新型智能感知终端部署约 60 万个，有效推动城市运行泛在"感知"，促进网络"连接"提质增效。

【专项规划编制】　2021 年，徐汇区推进 3 个专项规划落地，并进行滚动研究，包括《徐汇区推进新型信息基础设施建设"十四五"规划》《北杨人工智能小镇新型信息基础设施专业规划》《徐汇西岸新型基础设施专业规划等专项规划》。推进新型基础设施专项规划编制，基本完成《徐汇区 2021 年新型信息基础设施滚动规划研究》《徐汇区数据中心及小型边缘计算节点建设专题研究报告》《徐汇区 5G 综合杆基站及智慧灯杆建设专题研究报告》《徐汇区重点区域信息基础设施专业规划》4 个专项规划，为徐汇区千兆城市建设提供指导。同时，推进地块 5G 规划编制，已完成西岸金融城、华泾工业园、西岸智慧谷西区、西岸智慧谷北区、南站八号地块、关港工业园及漕开发中区 7 个地块的 5G 规划编制。2021 年，徐汇区数字基础设施规划紧密围绕徐汇区发展战略和功能定位，实现各类新技术和新应用的新一代信息基础设施泛在部署，全面构建 5G 时代数字经济的发展底座，赋能各领域数字化转型；4G/5G协同发展，5G 网络不断提升广域覆盖和深度覆盖水平，光纤宽带网络持续演进升级，各产业功能区的产业互联网基础设施布局不断完善，在前沿产业功能区全面推进"5G+工业互联网"建设水平。推动徐汇区在上海城市通信网的地位得到逐步提升，在上海国际通信枢纽中的作用实现有效扩大，将徐汇区通信基础网络打造成为采用新技术、新理念、新应用模式建设的精品示范网络，全力支撑徐汇区经济社会高质量转型发展。

【宽带用户下载速率优化】 为践行"人民城市人民建、人民城市为人民"的重要理念，贯彻落实市委、市政府关于建设"双千兆宽带城市"的要求，提升徐汇区信息基础设施服务能力，对"双千兆"网络全面提质增效，徐汇区针对现存网络服务能力较薄弱的小区及商务楼进行优化改善。2021年已对300多处点位推进优化，一是排摸底数清单：通过上级主管单位派单、网络质量检测单位监测采集、运营商网络优化、居民群众诉求等渠道，在全区范围内排摸4G/5G移动网络通话质量不稳定、下载速率不达标或信号弱覆盖、无覆盖情况，以及固定宽带网络及Wi-Fi质量不稳定、下载速率不达标等情况，汇总梳理形成徐汇区"双千兆"网络重点优化清单。二是设计优化方案：结合重点优化清单，与属地街道、居委会、小区物业等加强沟通协调，会同第三方专业机构充分开展现状分析、综合研究，形成对居民群众工作生活影响较小，并符合社区特点的网络优化方案。三是加快方案实施：通过"以点带面"组织各运营商抓紧实施落地，推进全区网络质量优化，加快形成"双千兆"

网络高质量覆盖。四是持续监测提升：组织网络质量检测单位进行常态化网络质量监测，定期形成报告，确保优化后的网络服务能力持续达标，形成完整的监管闭环。

【移动基站建设】 2021年，徐汇区已建5G基站1 770个，万人5G基站数20个，实现5G网络连续覆盖。室外吸热补盲和室内深度覆盖水平持续优化，宏微协同、高低搭配、室内外结合的5G无线网分层立体覆盖网络全面建成。在住宅小区、商务楼宇、休闲娱乐中心等生活服务区域，重点完善网络语音和数据业务，满足用户高质量通信体验需求。

【综合杆基站建设】 2021年，徐汇区坚持"一路一方案、一杆一设计"的原则，结合《上海市综合杆基站建设导则》，按照上海市经济信息化委对《徐汇区5G综合杆基站建设行动方案》的批复要求，在完成全市首批8个综合杆基站建设的基础上，进一步扩大建设规模，已建成综合杆基站203个，占全市综合杆基站数量的近五分之一。

【室内分布系统建设】 2021年，徐汇区持续推进5G网络室内分布系统建设，累计建成5G室内分布233个点位，共安装PRRU设备9 214个，有效提高了徐家汇商圈、西岸、淮海路沿线、漕河泾园区商办楼宇等重点区域，以及徐汇区中心医院、中山医院等重点行业的深度覆盖水平。

【固定宽带网络建设】　2021年，徐汇区千兆网络覆盖率达100%，光纤网络覆盖基本实现"万兆到楼、千兆到户"；500兆以上高带宽用户占比约30%。徐汇区商务楼宇宽带接入已基本实现光网全覆盖，提供万兆接入能力，规划试点漕河泾、西岸滨江、徐家汇、枫林等重点区域率先具备百吉（1吉＝1 024兆）接入能力。积极推进百兆宽带提速，截至2021年底，累计完成4.75万户的光纤升速工作，完成率124.9%；针对区内家庭宽带速率低于100兆的家庭免费提速至100兆。

【大型会展网络保障】　2021年，徐汇区围绕市级、区级大型会展组织工作，积极做好大型会展网络保障工作，已为近10个大型会展活动提供坚实安全的网络保障。6月，徐汇区积极推进建党100周年献礼活动的网络保障工作，加快推动龙华烈士纪念馆室外5G信号的覆盖建设，在龙华烈士纪念馆周边完成2处宏基站、9根综合杆基站的建设开通工作，确保在建党100周年之际能够为市民游客提供优质的5G通信服务。7月，徐汇区协助市经济信息化委顺利完成2021年世界人工智能大会徐汇分会场重大通信保障任务。此次大会涉及自动驾驶、远程操控等技术，对4G/5G户外信号有较高要求，徐汇区对活动所在地进行实地查勘及多轮信号测试，持续优化4G/5G信号，全程跟踪信号服务能力，圆满完成2021年世界人工智能大会徐汇分会场重大通信保障任务，同时进一步提升了西岸滨江地区的信号覆盖能力。8月至11月，徐汇区积极推进第四届中国国际进口博览会城市服务网络保障工作，一方面保持现场指挥、应急演练、沟通协调等工作畅通，另一方面保障好城市服务网络，承接第四届中国国际进口博览会溢出效应。11月至12月，徐汇区积极为"上海治理数字化转型现场推进会"做好网络保障工作，制定针对性保障和应急方案，提前完成会议网络保障工作。12月2日，会议在徐汇区城市运行综合管理中心圆满举行，各项指标运行正常，网络运行平稳，网络通信顺畅。

【智能终端整体部署】　2021年，徐汇区系统规划及部署"城市神经元系统"，智能终端总数近60万个。积极推进物联设备接入区内全域标准化的物联网平台，截至2021年底已接入包含电表监测、烟感、裂缝监测、门禁及各类摄像头等22类近20万个物联感知设备，基本形成一体化、泛在化的感知网络，实现全区诸如火灾火情的毫秒级感知响应，全时全域守护群众与城市。

【公共安全智能终端部署】　2021年，徐汇区积极推进智能安防社区微卡口、智能交通信号灯、无人机管控、网络安全态势等感知端建设，动态感知人员活动、车辆状态、安全监测等区域治安态势。在区界、所界路口、城市高架上下匝道口、主次干道路口、一般道路路口，包括地铁站、公交站等所有路口实现智能视频监控全覆盖。在党政机关、领事馆、学校医院、景点公园、宗教场所、滨江沿线等区域，叠加人脸抓拍摄像机，形成针对各场景的人像专题库，为纵向深挖、横向联合、进一步提升智能应用提供结构化数据。

【道路综合杆部署】 2021年，徐汇区道路综合杆已覆盖景洪路、景东路、华济路、蝶山路、融水路及宣威路等路段，为需要在城市道路上立杆设置的各类设施设备提供搭载服务。综合杆已实现道路照明、交通信号灯、标志标牌等设施共享搭载。

【生活智能终端部署】 2021年，徐汇区推进无人自助售货箱柜在商场及轨交站点部署，全年新增无人自助售货箱柜81 087个，其中新建商场无人自助售货箱柜87台；新增轨交站点无人自助售货箱柜8 100台；新增智能取餐柜1 290个。其中位于麦当劳、漕河泾印象城餐厅的智能取餐柜每天早餐网订店取量约500单。

【治理智能终端部署】 2021年，徐汇区推动智能终端在历史保护建筑管理领域的应用，新增历史保护建筑传感器843个，覆盖10余处优秀历史建筑，可监测建筑倾斜、沉降、裂缝和其他情况；完成首批电梯智能化改造，实现电梯紧急事件快速发现与联动处置，极大缩短了救援时间；推广环境监测终端建设，持续完善大气污染在线监测、水体监测等环境监测点位布局，推动实现环境质量实时监测。

二、经济数字化转型

【概况】 2021年，徐汇区按照上海市数字经济发展要求，加快推动数字产业化、产业数字化，培育壮大在线新经济，打造转型发展新动能。全年软件与信息服务业实现总营业收入1 330亿元，同比增长28.3%。拥有市级信息服务业产业基地100个，在线新经济企业数量1 000余家，重点在线经济企业287家，智能示范工厂37

个，工业互联网平台52个，工业互联网专业服务商137个，智慧示范农场2个，地区企业入选大数据标杆案例21个。

【软件和信息服务业发展】 截至2021年底，徐汇区信息服务业规模以上企业共440家，人工智能相关产业实现总营业收入565.8亿元，同比增长11.6%，米哈游科技（上海）有限公司、上海商汤智能科技有限公司、上海富瀚微电子股份有限公司等头部企业引领增长；10家企业入选"2021上海软件和信息服务业营收百强"，9家企业入选"2021上海软件和信息服务业高成长百强"。

【重点领域发展】　2021年，徐汇区持续推进人工智能产业集群高质量发展，已形成覆盖基础层、技术层、产品层和应用层的产业生态和企业集群。集聚人工智能领域企业总数累计达到565家，注册资本累计632.2亿元，新增企业152家，其中新注册企业108家。区内企业受资本市场青睐，斑马信息科技有限公司、上海镁信健康科技有限公司、龙旗科技（上海）有限公司等27家企业共获得31次融资，融资额合计超过120亿元。

【品牌载体建设】　2021年，徐汇区对标上海市"4+X"人工智能产业发展布局，着力构建"两极两带"人工智能发展格局。西岸智慧谷产业集聚增长极重点建设国际人工智能总部基地；以西岸智塔为标杆汇聚创新型企业23家，初步建成集总部办公、国际交流、应用展示、研发转化为一体的迷你版"垂直硅谷"，未来还将释放出100万平方米载体，带动"一港一谷一城一湾"联动发展，打造400万平方米滨江人工智能高质量发展带。漕开发产业创新增长极

依托漕开发品牌溢出效应，进一步巩固在高端芯片、智能硬件、智能制造领域的传统优势地位，积极挖掘细分领域"隐形冠军"；围绕北杨人工智能小镇，未来将以轨道交通15号线为纽带，打造400万平方米漕河泾—华泾人工智能高质量创新带。

【创新策源能力提升】　2021年，徐汇区积极推进创新平台、新型研发机构等重大创新载体落户运营。徐汇区人工智能领域高新技术企业累计达183家，科技小巨人企业累计达38家；发挥大会、大院、大所、大校、大企优势，推动自主知识产权的运用和保护，提高自主创新能力。2021年，徐汇区人工智能重点企业获得授权专利2 470项，较2020年同期上升12.9%。

【在线新经济企业集聚】　2021年，徐汇区在线新经济企业有1 000余家，重点在线新经济基础企业287家，其中在线类企业197家，转型类企业47家，转型技术提供方43家，包括在线医疗的平安好医生，在线金融的上海汇付数据服务有限公司、上海壹账通金融科技有限公司、上海镁信健康科技有限公司、中电金信软件有限公司，在线文娱的米哈游科技（上海）有限公司、上海巨人网络科技有限公司，在线教育的松鼠AI、智慧树，在线体育的每步体育文化发展（上海）有限公司，在线新零售的本来生活、丽人丽妆，在线出行的凹凸出

行、出门问问，在线办公的企点软件、明道云等重点企业和品牌。在线新经济领域，上海复星医药（集团）股份有限公司、万达信息股份有限公司等龙头企业总市值2 315.83亿元，占徐汇区排名前二十的上市企业合计市值的54.1%。

【应用场景落地】 2021年，徐汇区围绕新业态、新模式场景落地，积极引导医疗健康、文化旅游、教育培训、娱乐视听、展览展示、体育赛事、居家健身、新型移动出行、远程办公、养老家政等领域提供在线服务，以5G、人工智能等技术为支点，加强AR/VR等视频硬件及技术的研发，打造虚拟主播、智能写作、数字人文智慧场景重现等应用示范；在衡复历史风貌区运用AR/VR、无人机、BIM等科技手段强化海派文化旅游宣传，满足用户观看、创作、沟通的多层次需求；全面推广应用生鲜零售电商、无人零售、直播零售、"无接触"配送等线上线下销售新模式；举办信息消费节系列活动，为消费者度身打造在线医疗、在线体育、在线金融等特色信息消费场景；培育线上线下流量平台，加快建设徐家汇、衡复、徐汇滨江"上海全球新品首发地"，全年社会消费品零售总额增长25.4%。

【智能示范工厂建设】 2021年，徐汇区依托漕河泾开发区，大力支持骨干企业建设一批数字化车间和智能化工厂，增强数字化设计、智能化制造，支持推动企业突破智能制造关键技术和设备，已建成智能示范工厂37个。

【工业互联网平台建设】 2021年，徐汇区鼓励工业互联网平台建设，创新平台服务模式，推进区域内企业转型，已建成工业互联网平台52个。一是加快平台建设。支持上海核工程研究设计院有限公司、上海工业自动化仪表研究院有限公司、仪电集团在徐汇区打造行业级工业互联网平台，建设以工业互联网为特色的标杆园区。支持制造业企业、互联网企业、电信运营商等发挥各自优势，在徐汇区牵头或联合建设企业级工业互联网平台。二是完善平台功能。支持平台加强合作，集中突破数据集成、平台管理、微服务框架等关键技术瓶颈，整合产品设计、生产工艺等数据资源，汇聚共享设计能力、生产能力、软件资源等制造资源，加快开发模块化、低成本、快部署的应用服务。三是推动企业"上云上平台"。通过区科技创新服务券大力支持企业采购云服务产品，降低企业信息化一次性投入成本，快速提升信息化水平。

【两化融合贯标工作开展】 截至2021年12月，徐汇区已有292家企业开展两化融合自评估诊断工作；53家企业开展两化融合管理体系贯标工作，其中21家企业通过评定，约占贯标企业总数的40%；11家企业正在进行两化融合管理体系评定工作，相关指标均名列全市中心城区第一。

【专业服务商培育】 2021年，徐汇区工业互联网专业服务商达135家，为不同行业和场景的应用创新提供服务，涉及设备健康维护、生产管理优化、协同设计制造、制造资源租用、两化融合贯标、技术转移等领域，其中科技创新服务券专业服务机构71家，位居中心城区第一。

【滨江数字化转型示范带建设】 2021年，徐汇区秉持"数智赋能、畅享滨江"理念，凸显国际大都市卓越水岸特质，实施十大专项行动，打造率先转换新动能、率先应用新技术、率先探索新经验的徐汇滨江数字化转型示范带。一是在数字底座领域，开展数字新基建专项行动，以数字孪生为基础，做实滨江数字底座支撑。开展数字新要素专项行动，以开放共享为导向，推进形成大数据资源体系。二是在数字治理领域，开展数字化治理专项行动，以"两网融合"为牵引，深化区域精细高效治理，延伸"一网通办"政务服务，拓展"一网通管"城运功能，打造"智慧水岸"。三是在数字经济领域，开展数字产业化专项行动，优化科创资源配置，提升AI产业竞争力。开展产业数字化专项行动，推动企业

"上云用数赋智"，实现数字技术与战新产业深度融合。开展数字营商专项行动，优化营商环境，促进数字经济企业集聚发展。四是在数字生活领域，开展畅行滨江专项行动，推动交通设施智能化，发展一体化交通服务。开展畅游滨江专项行动，推动文旅数字化，提供便捷高效的文旅服务；开展畅购滨江专项行动，推动商业设施智能化，激发商业消费新空间；开展畅通滨江专项行动，推行线上线下一体化，提升公共服务水平。2021年，徐汇区已公开发布滨江8大应用场景需求清单，绘制中长期场景建设"路线图"，支持打造一批可复制、可推广的示范案例。面对徐汇滨江新增20万白领的大规模高频急需、高端个需，建设"畅享滨江、智慧出行、智慧楼宇、智游西美、数字商圈"5个数字生活示范应用场景。同时，打造"西岸生活"数字体验地图，串联滨江多处数字体验景点，实现线上预约、精准定位、展览购票、商业服务等功能，推出线上线下一体化的数字互动体验活动。建设滨江招商数字化创新平台，以宏观视角解构徐汇滨江现有产业状态，形成以产业视角"看"产业，把握主要"赛道"动态，从而分析产业资源链和把握投资风向。

【国家人工智能实验室（浦江实验室）建设】
2021年6月21日，浦江实验室揭牌仪式在徐汇滨江央视长三角总部举行，中央政

治局委员、国务院副总理刘鹤出席，有关单位及相关领域科学家代表共计170余人参加。实验室主要聚焦人工智能领域创新研究，汇聚和培养一批具有全球影响力的高层次人才，打造我国人工智能领域战略科技力量，形成一批具有原创性、突破性、引领性、支撑性的重大科技成果。实验室培育期间主要建设任务包括布局人工智能基础软件、人工智能大数据平台、人工智能算法开源体系、通用人工智能技术、大数据智能机器学习系统与架构等。

【重大科技创新平台建设】 2021年，上海科技创新资源数据中心获得国家双创示范基地"双创"支撑平台项目立项，并正式成为欧洲开放科学云首家非欧洲成员机构、亚洲第一家成员机构。微软—仪电人工智能创新院建设的上海人工智能研发与转化功能型平台方案，通过市委常委、副市长吴清专题审议，取得实质性进展。华为上海鲲鹏产业生态创新中心入驻西岸智塔，着力打造技术的策源地、企业的孵化地和产业的集聚地，同时建设五大平台、一个孵化器，即鲲鹏生态技术赋能平台、鲲鹏生态发转型支撑平台、鲲鹏产业创新验证平台、鲲鹏产业人才培养集聚平台、鲲鹏实践成果展示平台，以及产业落地的孵化器，已集聚以上海人工智能实验室、上海期智研究院、树图区块链研究院、微软亚洲研究院为代表的一批人工智能创新研发

机构。"枫林HUB"获上海科创办重大项目立项，打造融合"生命健康创新的浓度"与"成果转化的商业的速度"于一体的国际一流成果转化创新生态系统，为区域生命健康产业发展提供重要支撑的医药临床功能，对标市三化众创空间建设新要求，推动区域科技载体转型升级，区域内集聚双创载体75家（其中国家级10家，市级14家），工位超过1万个，入驻企业超过1 200家。2021年，国家科技部和市领导多次莅临上海人工智能实验室、上海期智研究院调研，徐汇人工智能创新策源高地的影响力不断提升。

【数据商业底座平台建设】 数据商业底座平台建设单位为上海汇付数据服务有限公司。该平台具备不同场景解决方案的快速定制能力，使服务商能一点接入、7天内调试上线，轻松拥有自主进件、智能定价、数字人民币等聚合支付结算、数据分析等数字化能力，实现全流程、全终端、全产品、全通道一体化服务。该平台已覆盖商圈、菜场、老字号、餐饮等实体，服务用户数量近万家。

【智慧商店建设】 2021年，上海徐家汇商城股份有限公司旗下汇金百货在深入分析经营模式、资源配置及业务流程的基础上，与上海交通大学软件学院合作，共同自主研发了"ERP+EMEC+App+小程序"线

上线下全渠道一体化系统，即E-MEC（易脉）系统。该系统推动"商品、订单、付款、物流、售后"等所有业务环节实现数字化，提供单品管理、促销引擎、随心支付、智慧停车、电子开票、数据服务等功能，并通过线上线下及前后台的系统和数据打通，支持社群、直播、扫码购及网定店取等多种在线销售新模式。截至2021年8月31日，易脉系统上线品牌超过5 000个，柜台数逾4 700个，App用户数量超14万，成交笔数846万单，成交金额51.49亿元，做到了低成本、高效率的线上线下一体化全渠道运营。

【数字化健康管理平台建设】 数字化健康管理平台项目建设单位是万达信息股份有限公司。项目通过建设数字化健康管理平台，由入户套装所配备的智能手环、动态血压计等多类智能终端产品，实时测量与记录用户血糖、血压、运动、睡眠等多项体征数据，并即时进行健康分析，为在线医生和健康照护师提供数据支持，实现用户"测＋诊＋治"一站式线上健康管理服务。该平台主要提供用户健康状态评估、健康随访、健康指导与管理及体征异常紧急外呼等功能。

【亚马逊云科技生命健康数字化赋能中心建设】 2021年，亚马逊云科技全球首个行业数字化赋能中心落地徐汇。通过构建

全球产业合作计划、协同服务云平台、创新展示中心、行业俱乐部等四大功能，形成生命健康产业发展的最优生态，为徐汇生命健康产业发展赋能助力，为世界级生物医药产业集群建设贡献力量。

【徐家汇智慧商圈建设】 2021年，徐汇区针对商业数字化渗透水平较低，利用大数据、人工智能等技术开展商业分析和辅助经营决策能力相对较弱，商圈服务停车难、排队长、体验度差等问题，建设一批智能物流仓储设施，合理加密各类智慧零售终端，构建商业大数据共享中台，建设智慧商业管理服务场景，引入高能级、多元素流量汇聚的电商消费平台，提升线上消费流量资源获取能力，推动实现徐汇实体商业线上化、生活服务数字化、物流配送即时化、零售终端智慧化。基于区块链技术，徐家汇商圈五大商业体和商城集团实现积分通兑、停车共享。

【漕河泾智慧园区建设】 2021年，徐汇区推动漕河泾开发区大力布局"数字园区"各类基础设施和软硬件建设，推动实现开发区"万兆到楼，千兆到户"。启动建设漕河泾资产运维平台，构建漕开发地块资产地图、产业地图、运维地图、服务地图，完善网格化营商服务渠道，推动建成"全域感知、全数融通、全时响应、全景赋能"的漕河泾数字大脑，逐步摸索建立符

合高科技产业园区经济运行特点的"全息图谱"，为开发区公共治理、管理决策提供支持，打造数字化园区治理的样板工程。

【智慧菜场建设】 2021 年，徐汇区立足菜市场民生消费需求和主体实践，建设一批运营高效、管理智能、交易便捷、体验升级的智慧菜场，已在区内乌中市集和漕河泾菜市场进行试点。建设菜场智能应用，开展建设价格电子标签、二维码查询追溯、智能称重收银等场景，为居民提供便捷的购物环境。加强基地对接，通过基地直接采购，进入市场平价销售；已与上海金山廊下镇、上海崇明建设镇、江苏启东和合镇、江苏海门悦来镇等 40 余个蔬菜基地实现对接，日均销量达 2 吨／摊位。进一步拓宽线上销售渠道，与"饿了么"合作开通线上销售平台，蔬菜基地平价菜上线销售，辐射周边 3 公里。

三、生活数字化转型

【概况】 2021 年，徐汇区以数字化推动公共服务供给侧改革，实施"揭榜挂帅"，重点开展"未来生活"场景建设，打造一批城市"杀手锏"级的数字化标杆场景，让更多"冷"技术转化为"热"应用。徐汇区已向全区 60 家政府部门、企事业单位征集了 101 个场景需求，分 7 批次向市级报送 84 个场景，10 个数字化转型重点场景入选，涉及为老、救助、就医、出行、就业、教育等生活领域。

【医疗数据互联】 2021 年，基于区域卫生健康信息平台，徐汇区建成检验检查互联互通互认系统，通过互联互通互认的场景包括 CT 片、检查影像等在内的 44 项检查检验项目，且实现了跨院互认，终端接入率 100%，互联互通率 100%，医院互认率达 95.8%。

【便捷就医服务】 2021 年，徐汇区在全市率先开展"便携就医服务"数字化转型工作试点，通过 5G、大数据、人工智能等数字化技术，实现优化就医服务流程，缩短就医等待时间。已完成便捷就医、智慧医疗两大场景分属的 7 个应用建设，包括诊前的精准预约、智能预问诊，诊中互联互通互认、医疗付费"一件事"，诊后的电子病历卡、电子出院小结以及疫情防控核酸检测和智慧急救等，每个应用场景由不同的试点医疗机构先行实施。徐汇区卫健委所属医疗机构平均候诊时间控制在 20 分钟以内；所有区属医疗机构均部署并开通了预问诊模块，使用的模板数达到 293 个；所有区属医疗机构完成电子病历卡上传工作，并均可在医生工作站调阅。

【新型数字健康城区建设】　2021 年，徐汇区率先试点打造数字健康城区创新亮点工程，依托区域卫生信息平台、徐中心云医院、全专云平台等信息化建设基础，围绕"一脑一网一平台"，建设"徐汇区卫健委＋徐汇区中心医院"未来数字健康城区，统筹建设基于人口健康数字平台的互联网总院、城区医疗协同应用新场景，构造智慧城区医疗一体化新蓝图、新模式、新标杆。

【公共停车信息联网数据质量水平优化】
2021 年，徐汇区积极推进停车数字化服务，持续优化公共停车联网数据质量，截至 2021年底，公共停车场（库）已接入市级停车信息管理平台 254 家，接入率 100%。

【停车辅助应用】　2021 年，徐汇区建设停车诱导系统，设置全 LED 点阵诱导屏，在停车泊位上布设传感器，路侧灯杆上设置无线转发器，建成太原路、永康路等 5 条道路高位视频及电子收费系统，确保道路停车资源高效利用。建成停车资源管理信息系统，实现停车管理信息化。探索"互联网＋错时停车"管理模式，深挖停车资源，鼓励停车管理单位将车位资源错时共享、对外开放。徐汇区已推出交通大学、中星城、中山医院等 40 余个共享停车场（库），1 300 余个共享泊位；采用 App 预约、电子支付和智能感知设施等手段，提高停车场利用率。公交电子站牌实现 100%覆盖，站牌均设置二维码，供市民扫描获取车辆到站信息。

【滨江智慧停车应用】　2021 年，徐汇区在西岸传媒港率先打造基于 AI 的智慧停车应用场景，通过"5G+AI+高精地图＋物联网"技术集成创新，数字化联动地上地下停车资源，建设车路分析预测和诱导联动系统，为用户出行提供室内外混合路径车位导航、反向寻车、无感支付、停车预约、车库智能导流、车位共享等一系列便捷停车与出行信息服务，让市民出行更便捷、更顺畅。

【学校数字基座建设】　截至 2021 年底，徐汇区学校数字基座已覆盖 132 所学校。在数字设施建设方面，配合开展护校安园工作，增设 87 处社区内的校园监控，596 处智慧警灯全面覆盖 267 所中小学、幼儿园，为校园安保亮灯护航。在教育平台建设方面，建立教育管理平台，实现各类用户统一入口、各类应用统一管理、各类数据统一汇聚；创新应用引入模式，构建"应用竞争上架、政府评估引入、用户自选使用"的应用可持续发展优胜劣汰机制，推动智慧教育生态体系建设。在教育数据对接方面，徐汇区教育数据已实现市—区—校三级数据互通及一数一源。

【教育数字化转型试验区建设】 2021年11月17日，在上海市教育数字化转型实验区方案发布会上，徐汇区发布教育数字化转型实验区方案。未来三年，徐汇区在教育数字化转型各环节将构筑"徐汇特色、上海特点、全国一流"的区域模式，着力推动"3全"建设（即全方位赋能教育综合改革、全链条推进教育数字转型、全过程重塑教育教学模式），主攻实现"4新"落地（即构建教育融合新生态、打造智慧教学新课堂、形成民生服务新格局、助力教育治理新常态），重点建成"5汇"工程（"汇"数字基座、"汇"民生应用、"汇"课堂教学、"汇"教育治理、"汇"决策评价）。

【教育数字化公共服务体系建设】 2021年，徐汇区聚焦面向社会和家庭的教育公共事务，打造智能便捷的基础教育数字化公共服务体系，建成全市首个"教育直通车"，让老百姓享受更有温度的教育服务。"教育直通车"已在上海市"一网通办"平台和"随申办"徐汇旗舰店上线运行，面向徐汇区家长提供"汇入学""汇健康""汇活动""汇运动""学生健康登记""培训信报查询"六大服务，其中"汇健康"已覆盖全区中小学、幼儿园、中职校在读学生，覆盖率达100%。此外，徐汇区在全市首创"全流程线上转学"功能，2021年线上办理转学、插班业务2 236件，较2020年增长了48%。

【精准救助建设】 2021年，徐汇区汇聚民政、人社、残联、医保等14个条线、1 600万条民生数据，为家庭和个人构建45类标签，形成大民生数据池。通过对1项或多项民生体征标签进行勾选，构建困境家庭致困精算公式，智能发现困难群众中"沉默的少数"，并通过系统自动派单给社区工作者，把救助政策主动送到居民家中，实现社会救助方式现代化、智能化和高效化，把救助服务做到百姓开口之前。同时，多部门联合联手联动，为困难家庭定制个性化的解困方案。

【机构智慧养老建设】 2021年，徐汇区实施养老服务智能监管，增加开发智能巡更、床位轮候、探视预约等智慧应用场景，强化养老服务监管数据在医保结算、服务机构和服务人员管理评价等方面的应用。探索实践未来养老机构智慧服务新模式，落地防跌倒（跌倒报警处置）、紧急救援、防走失、慢性病用药（智慧药房）、卧床护理、智能查房、智能相伴、无接触智能消毒、出入管控、智能视频监控10个应用场景，引入互联网医院服务模式。

【社区居家智慧养老】 徐汇区是国家智慧健康养老示范基地，田林、康健、斜土、虹梅街道获评全国智慧养老应用试点示范街道。2021年，徐汇区建设覆盖全区的养老服务网络，搭建智慧养老服务平台、巩固养老服务热线基础，初步形成覆盖全区的"1+13+306"（1个区中心、13个街镇分中心、306个居民区）养老服务网络架构。探索数字化赋能医养资源共享机制、试点"家庭照护床位"，把医疗卫生资源向社区居家延伸，让更多老人享受长护险服务。试点开展"为老服务一键通"数字化示范应用场景建设，基本实现低保、低收入等经济困难的高龄独居老年人"一键挂号""一键打车""一键咨询"等一键通拓展服务。

【数字文旅建设】 2021年，徐汇区将新基建和人工智能、大数据等手段相结合，积极推动区域内文化场馆、旅游景区等文旅载体逐步实现智慧服务、智慧展示和智慧管理，进一步提升公共文化和旅游服务能力与民生保障水平，满足市民对高品质生活的需求。徐汇区文化馆在全市率先建成在线云配送平台，加强云场馆、云展览、云培训、云直播、云体验等数字服务，同时线下实体空间利用物联网和人工智能进行智慧场馆升级。徐汇区图书馆加强智慧应用体系建设，在全市首创"约书吧"网上预约借书服务，率先实现街镇图书馆分馆自助借还机全覆盖、数字资源全覆盖；建立全市首家区级无障碍数字图书馆，通过分级分布式数字文化资源库建设，扩大优质公共服务资源辐射覆盖范围。土山湾博物馆与区内29家光启博物馆联盟单位联动，通过"家门口的博物馆""博物云"

等项目，联合区域内博物馆联盟多维度展现馆藏精品、研究成果及活动信息，打造365天24小时不闭馆的博物馆群落，吸引更多民众走进徐汇文博场馆、走近海派文化。完成512处幢优秀历史建筑及文物保护建筑的二维码设置，通过AR、VR等形式，提供"实地游""线上听""云上观"等数字旅游新体验，引导游客在打卡体验的过程中，探寻建筑特征、人文典故及海派文化的内涵。

【数字体育建设】 2021年，徐汇区推动数字体育馆建设，全面升级改造公共体育场馆设施通过数字化场景应用建设，提高运营管理效率，涉及数字化场景应用的公共体育场馆共7家。其中，徐家汇篮球场通过升级改造，已实现小程序预约、扫码入场、微信租借篮球等智能化服务；通过使用"互联网+"和物联网等科技手段，球场内的智能化设备可提供清晰准确的运动数据。优化公共体育服务体系，推出线上全民健身赛事活动，带领市民开展居家健身、参与线上赛事，将体育配送、体质监测、公共体育设施开放等公共体育服务事项接入徐汇区"一网通办"，规范高效落实各个环节，提高全民健身公共服务效率。

【数字家园建设】 2021年，徐汇区聚焦15分钟便民生活圈、基层治理创新等重点领域，打造集成式智慧场景，提供菜单式民生服务，建成"一键叫车智慧屏"、智能社区食堂等系列组合应用，推进街道在数字生活领域的全场景闭环增效、持续运营、跨界融合，形成有温度和归属感的数字家园。徐汇区各街道已陆续开展生活数字化转型示范试点项目，13个街道共建设27个数字家园场景。龙华街道针对街道户籍老龄人口占比逾四成的情况，打造滨江水岸邻里汇长者食堂，推广智能后厨系统，精准控制各种调味料配比，实现餐饭直送老年人家门口，方便出行不便的高龄老人；徐家汇街道率先在乐山新村、汇贤雅居小区、锦汇苑小区试点"一键叫车"场景进社区，乘客扫脸即可实现无感叫车，实现更好的接乘体验；漕河泾街道针对流动人口多、群租多、黑旅馆多的"三多"问题，探索通过"区块链＋社会治理"实现数字化转型应用场景落地；虹梅路街道针对营商行动反馈慢等问题，重点利用大数据技术，全面掌握虹梅街道入驻企业的基本信息，实现企业空间位置（片区—楼宇）的精准定位，并深度挖掘分析现有企业数据，指导区域开展精准营商工作；天平街道针对短租房治理效能不足问题，开发了互联网短租房管理小程序，并与公安"情治行"系统和网格2.0系统对接，打造集互联网短租房登记备案、租客入住身份信息登记

核查和日常任务派发三大功能的"一网通办"和"一网统管"，有效提高短租房管理效率。

【数字鸿沟弥合】　2021年，徐汇区重点加强老年人无障碍建设及数字化培训。一是牵头组织开展近80场"长者智能技术运用提升行动"志愿者培训课程，建立187个公益网点，781名志愿者遍布全区13个街镇，累计完成帮办、培训长者智能手机运用80 094人次；创建全国无障碍环境示范区，完成538项无障碍设施改造工作。二是开展弥合"数字鸿沟"线下培训。通过老伙伴、睦邻点主培训增加受益群体，将长者智能运用提升课程嵌入"老伙伴"计划志愿者培训，邀请睦邻点主参与学习。让经过培训后的低龄老人不仅自己学会使用智能手机，还能将自己学到的手机操作本领，传递给更多需要辅导的高龄老人。三是开展弥合"数字鸿沟"线上学习。徐汇区为解决当前老年人学习使用智能手机的困难，多部门设计制作了"乐龄码"，帮助老年人跨越"数字鸿沟"。其中，"线上学习"场景涵盖符合老年人特点的社群建设和游戏教学。平台还提供养老资源咨询、智能手机学习答疑服务热线等"一键助老"服务。

四、治理数字化转型

【概况】　2021年，徐汇区强化公共数据

治理，推动行业数据中枢平台建设，推动

"一网通办""一网统管"融合创新，实现跨部门、跨层级、跨区域的数据共享、流程再造和业务协同，推动治理场景建设，提高城区治理能力和治理水平。徐汇区在全市率先推行城运中心、行政服务中心、大数据中心"三位一体"模式，通过行政服务中心在前端推进政府改革精简化、城运中心在中端推进城市管理精细化、大数据中心在后端推进数据支撑精准化，实现政务服务、城市运行、数据管理、热线办理和应急处置五大职能一体化运行，推动实现条条、条块之间工作界面无缝衔接、工作资源统筹调度。技术上，突出技术平台一体化，构建"徐汇现代城区治理数字系统"，组建治理前哨、指挥中枢和数字底座，形成了"前、中、后"一体化模式。依托市民热线、融合队伍、处置终端构成治理前哨，实现业务联动、队伍协同、实时响应；依托城运中台、事件中心、场景体系构成指挥中枢，实现动态把握、智能调度、一口派单；依托数据中心、感知系统、算法工厂构成数字底座，实现标准集约、泛在感知、共建共享。业务上，着力打造事件中心，依托政务微信推进的深度与广度，建设集各类发现、快速响应和联勤联动等标准流程为一体的"事件中心"，将涉及城区管理四大领域（大平安、大民生、大建管、大市场）各个条线生产系统不同案件来源事项，根据统一的接入标准和规范，纳入"事件中心"，实现统一的闭环管理和高效的案件流转。"事件中心"涵盖徐汇区公安分局、区城管执法局、区市场监管局、区建管委、区卫健委、区绿化市容局、区生态环境局、区房管局等多个委办局相关管理事项，共计142大类、725小类。在赋能基层方面，注重推动各类轻应用，积极推进区级城运应用在轻应用开发和赋能平台的深度使用，并依托市赋能中心建立开发运营生态圈，吸引更多有能力的开发单位，通过短平快的开发上线模式，及时为基层提供好用、易用、受用的轻应用。在已上架面向疫情防控的"社区排摸"应用基础上，持续推动各类应用上架，为基层治理提供支撑。

【公共数据归集】　2021年，徐汇区制定数据归集工作推进方案，对全区各部门、各街镇人、户、房等相关数据进行排摸，推动所需数据持续自动归集。截至2021年底，依托区大数据资源平台，已归集全区30多个委办局、13个街道镇共计11.44PB数据，汇聚数据记录16.4亿条；深化标准地址、物联设备、社区等主题库建设以及摄像头、人房关系等专题库建设，新建城运体征主题库。深化物联感知管理平台功能建设与设备接入，已汇聚全区94种类型近20万个物联感知设备，其中视频资源接入量达38 500路。

【数据共享】　2021年，徐汇区对接市大数据资源平台，按需申请各类数据，包括人口库、法人库、"一网通办"办件库等基础库，"随申码"接口调用，市级委办局数据属地返还、接口调用等。升级区共享交换门户，提升平台共享交换能力和稳定性，实现共享交换平台和其他系统间可扩展、可靠的流式传输，加强数据实时性。截至2021年底，已归集全区30多个委办局、13个街道镇共计11.44PB数据，汇聚数据记录14.74亿条，累计交换总数1 229.57亿条。深化标准地址、物联设备、社区等主题库建设以及摄像头、人房关系等专题库建设，新建城运体征主题库，满足城运平台实际业务应用的数据使用需求。区城运平台累计交换数据总量达996亿条，累计交换部门总数41个，并与市城运平台实现门磁、烟感、井盖等8类1 961个神经元2 256个设备数据对接。

【数据开放】 截至2021年底，徐汇区在上海市公共数据开放平台共发布数据资源84个，其中54条数据资源涉及普惠金融、文化旅游、医疗健康、交通出行领域，开放数据集总量在2020年基础上增长了37.7%，已公开数据资源浏览量为12 358次。

【行业数据中枢平台建设】 2021年，徐汇区共建设5个行业数据运营中枢，包括行业中枢平台2个，大数据联合创新实验室3个。2个行业数据中枢平台包括移动网络布

控大数据决策分析平台、公安大数据质量监管和综合研判分析平台。其中，公安大数据质量监管和综合研判分析平台，通过打造完整的公安数据流追溯链，为跨区域信息共享、警务联动、串并案分析提供平台基础及决策支撑，同时也为公安数据知识体系及标准化可行性开拓探索之路。

【大数据联合创新实验室建设】 2021年，徐汇区共开展了3个大数据联合创新实验室建设，包括大数据治理创新实验室、人文社科大数据联合创新实验室及金融大数据联合创新实验室。其中，大数据治理创新实验室，以"科技、治理、创新、体验"为总体思路，加速大数据产业要素整合，引导大数据第三方分析和服务机构快速集聚发展，形成规范、开放的"大数据服务生态体系"。

【"随申办"推广】 2021年，徐汇区依托"随申办"，打造徐汇旗舰店，集成个人频道、企业频道及主题服务，先后上线培训复课备案、惠企政策引擎、企业招聘平台、企业营商服务等功能，同步支撑疫情防控及营商服务。

【"一件事"推进】 2021年，徐汇区持续做好事项标准化建设，完成政务知识库与"一网通办"平台的办事要素比对，将"一件事"试点从重点行业新设环节向所有企

业变更事项拓展。截至 2021 年 9 月，已推出 31 个用户关注度高、获得感强的"一件事"，推进线上线下一体化办理，行政审批事项承诺时限比法定时限平均减少 70%，提交材料平均减少 56%，82 个事项、134 种情形实现零材料提交。

【"免提交"推行】　2021 年，徐汇区依托上海市电子证照库，实现证照数据汇聚共享、互信互认，全面推行电子证照，电子材料免提交，大幅精简办事材料。全区 802 项事项（1 352 个业务情形）共涉及政府核发材料 4 161 份，已实现 93.52%（3 891 份）材料免交。

【"帮你办"建设】　2021 年，徐汇区依托"一网通办"平台，推出线上线下帮办服务，线上以"企业开办"事项作为首批试点，由工作人员第一时间响应对接预约办事人，做到一对一精准指导，线下组建帮办专窗，在徐汇滨江、漕河泾开发区等区域增设帮办点，提供智能助办、指导帮办等服务。

【"一网统管"场景建设】　2021 年，徐汇区着眼城市治理难题和群众迫切需求，重点打造一批高频次、高水平、高效率的应用场景，统筹衔接"三大治理"，进一步完善高效的数字治理体系，包括市级赋能 11 个、区级示范 19 个、轻应用 67 个，涉及风貌保护、防汛防台、平安指数、精准救助 4 个场景迭代，以及智慧环保、垃圾分类、智慧监管、群租治理、幸福养老、热线分析及疫苗接种 7 个新场景建设。在重点场景建设方面，一是风貌区保护。通过点、线、面结合的方式，实现跨部门、跨层级、跨系统的协同联动，解决风貌区城市治理难点、堵点问题。自系统运行以来，共监管衡复风貌区内案件 6 400 余件，通过智能发现近 1 000 件，提前预判装修行为 21 起、车载智能巡查发现沿街面案件 933 起，呵护了风貌区的一草一木。二是防汛防台。搭建"3+X"架构（"3"指值班值守、灾情上报、积水处置 3 个联勤联动基本功能模块，"X"是包括综合汛情、智能预警、案件处置、融合指挥等徐汇特色模块），实现现场视频调度、现场人员一键呼叫、不同体系内人员自由视频联络等功能，有效提高防汛防台应急处置能力。三是精准营商。根据企业税收波动、租约到期、政策到期等数据，结合智能算法模型，提前感知企业需求，自动推送重点关注目标。累计发现各类企业问题 3 600 多个，问题解决率超 98%。通过精准营商服务，让"好的企业不走，坏的企业不留"。四是疫情防控。聚力入城口、落脚点、流动中、就业岗、学校门、监测哨六大关键环节，通过多源数据汇聚和 AI 智能分析，赋能疫情管理的全闭环和及时性，努力让城市更安全健康。同时，强化以数据资源强力助推新型冠状病毒疫苗精准接种。五是居村平台。围绕基层重复登录、报表台账、数据采集三大难题，从人、房、物、事四大核心要素入手，构建居村业务"动静结合"数据池，并引入标签管理，实现多维数据的深度分析，用"一键登录、一键生成、一键分发"为基层减负增能，力争做到为居委所用、让居委爱用。

【平安指数】 2021年，徐汇区通过建立"平安指数"，对警情、信访、12345、司法等8个维度、54项事件数据指标进行月度分析，综合呈现贯穿街道的综合评价。通过街道之间的差异性对比，发现街道自身的异常情况、薄弱环节。通过分析历年同期多发事件数据，形成态势预测分析，推动平安建设向"精准预判防范、快速高效处置"转变。

【数字警务治理】 2021年，徐汇区通过研发徐汇警务数字治理，开启以110警情数据分析研判支撑基层精准预警、精准指挥、精准处置的效率警务模式，实现警力跟着警情走、勤务跟着实战走。通过开发"警情分类监督""执法监督管理"模块，构建起全链条、全流程、全闭环的执法监督模式，率先破解长期困扰基层公安机关"如实受立案"顽疾，实现了不降一案、不漏一案，让人民群众感受到公平正义，110警情数和刑事案件发案数连续三年下降。

【群租治理】 2021年，徐汇区以"小平安"促"大平安"，基于自主研发的群租平台，全方位汇集由街道和物业排摸主动上报，"110"警情举报、"12345"投诉等被动发现，以及生活数据指标异常、现住人员地区分布、年龄分布异常等数据模型智能发现的3种渠道数据，实现多渠道来源数据规整统一，实现群租房"应发现尽发现"，推进跨区域、跨部门、跨层级的组织联动，全面助力城区综合治理工作。自2020年11月上线以来，区街道网格中心依托群租整治平台，实施全区群租房认定10 342套，整治10 312套，全区整治率达99.7%，基本实现群租隐患立查立改，整治效果普遍较好。

【智慧工地建设】 2021年，徐汇区以抓好建筑工地智能化监管为目标，坚持从工地智能化监管相关单位的实际需求和工地现场巡查所发现的突出问题出发，整合分散式信息系统，全面梳理建筑工地安全、质量、文明施工、市场行为监管要素，建设建筑工地智能监管系统，实现对建筑施工全过程、全环节、全周期的智能化、可视化、实时化监管。智能监管工地场景共分为安全管理、质量管理、文明施工、人员管理、重大工程、应急管理6个板块，通过人员实名制管理、视频监控、扬尘噪声监测系统、人脸识别智能闸机等无缝融合，推动实现工地的数字化、精细化、智慧化。

【便捷租房治理】　2021 年，徐汇区基于数字化技术，以真房源、真身份为基础，打造集市场运作、监管于一体的安心省心的住房租赁服务平台和可生长的信息化管理平台，开展"互联网＋住房租赁＋维保服务＋智能硬件"综合应用，实现房源全覆盖、公共服务纳入、租赁环节全打通，满足住房租赁的全流程一站式管理服务要求，协助租房运营管理、房屋发展、资产管理、财务管理等在制度、流程、规范上实现数字化和系统化。

五、数字化环境建设

【概况】　2021 年，徐汇区围绕市委、市政府有关城市数字化转型工作要求和安排，有序推进相关任务落实，形成全区"四个一"推进数字化转型工作体系，加速推进"一区一特"工作，强化资金人才支撑，加大宣传推广。

【工作体系建设】　一是做实"一项运行机制"。按照上海市数字化转型领导小组组成架构，快速组建徐汇区城市数字化转型工作领导小组，区委书记、区长担任组长；分管副区长担任常务副组长，区政府其余 5 位副区长均担任区领导小组副组长，小组共有 16 位成员。区领导小组下设办公室，区数字化办主任由数字化转型分管副区长担任，副主任由区科委、区城运中心主要负责同志担任，成员由 9 个单位分管领导担任。二是做强"一个调研体系"。按照"边谋划边调研边推进"的具体要求，紧抓组织统筹机制，制定《徐汇区全面推进城市数字化转型大调研工作方案》，完善工作实施机制，深入开展大调研，完成"1+3"大调研工作，形成 39 份数字化转型调研报告及转型基础工作清单，为徐汇区数字化转型基本思路确定提供支撑。三是做优"一套顶层设计"。编制完成 13 个专项规划，为"十四五"期间徐汇区城市数字化转型提供指引。其中，综合性规划包括《徐汇区全面推进城市数字化转型"十四五"规划》《徐汇区推进城市数字化转型实施方案》，特定区域的规划包括《徐汇滨江数字化转型示范带行动计划（2021—2023 年）》，领域转型规划包括《徐汇区"十四五"期间人工智能高质量发展规划》《徐汇区数字政府建设"十四五"规划》《推进商业数字化转型，打造商圈转型示范区》《徐汇区教育局信息化"十四五"规划》等专项规划。四是做好"一批配套政策"。积极推进促进城区数字化转型的政策研究，深入基层一线，深化"一企一策"，面向科技创新、项目引进、企业培育、示范应用、总部经济等方面重点征集、梳理重点政策诉求，研究制定《推动数字化转型　提升营商服务能级的若干措施》《徐汇区促进城区数字化转型的若干政策措施》，涉及5方面共36项政策制度。积极推进人工智能专项政策研究，面向企业代表在研发创新、业务开展、综合配套等方面政策诉求予以交流和整合，为首个徐汇区人工智能专项支持政策制定提供科学依据。

【"一区一特"推进】　2021年，徐汇区打造"123X"整体发展策略。"1"是以"数字经济"为第一牵引，打造以人工智能为核心驱动的数字经济发展典范；"2"是抓住数据要素与数字生态"两大支撑"，充分释放数字化活力，以数字维度全方位赋能城区迭代创新；"3"是推动经济、生活、治理三大领域数字化转型，助推城区实现高质量发展、高品质生活、高效能治理；"X"是建设一批跨部门、融数据、可推广的示范应用场景。徐汇区以夯实"全面赋能"的数字转型基础、打造"转型引领"的数字经济高地、构建"优质普惠"的数字生活体验、打造"精细高效"的数字治理范式、打造徐汇滨江数字化转型示范带5个方面为重点任务，争取到2025年底，徐汇"数字城区"形成基本框架，数字化基础设施在国内处于一流水平，初步建成高质量发展、高品质生活、高效能治理的数字化转型标杆城区。

【滨江数字化转型示范带打造】　2021年，徐汇区按照"整体性转变、全方位赋能、革命性重塑"的总体要求，突出"城市是主场、企业是主体、市民是主人"的转型思维，立足滨江特质，秉持"数智赋能、畅享滨江"理念，探索成立徐汇滨江数字化转型示范带共建理事会，凝聚政府、企业、社会等多方力量，在基础设施、治理、经济和生活四个方面开展十大专项行动。截至2021年底，大数据资源体系初具雏形，经济、生活、治理三大领域转型项目有序推进，完成西岸智塔、西岸传媒港、西岸PLAZA等试点场景建设。

【资金支持】　2021年，徐汇区强化区级财政支持，共有168家人工智能重点企业获得区级财政扶持；实施人工智能医疗院地合作项目，支持8家"三甲"医院与区域人工智能企业共建人工智能医疗应用场景17个；积极落实徐汇区企业市级软件和集成电路专项尾款配套资金；积极落实市级人工智能专项配套资金、市级战略性新兴产业重大项目配套资金等拨付工作；积极组织区域企业开展市级产业高质量发展专项资金项目申报。

【人才支持】　2021年，徐汇区深入实施"光启人才计划"，积极落实区域内企业申报市软件和集成电路设计人员专项奖励工作。徐汇区拥有图灵奖得主1位，以姚期智为代表的人工智能领域院士 8 位，市、区高端领军人才 40 余位、博士后科研工作站 4 家、博士后创新实践基地入驻单位 9 家。

【宣传推广】 2021 年，徐汇区围绕数字赋能城市发展，先后召开 18 场数字化转型宣传推广活动，其中国家级活动 1 场、市级活动 6 场、区级活动 11 场，会议邀请市、区级相关领导、专家学者、企业家、政协委员等各界人士深入研讨交流，为徐汇区数字化转型标杆区的建成增添新动力。国家级活动为 2021 世界人工智能大会·徐汇分场；市级活动包括治理数字化转型现场推进会、徐汇滨江数字化转型示范带建设启动仪式等，区级活动包括"便捷就医服务"医疗数字化转型工作推进会、徐汇·金山创服联动长三角创新创业交流及投融资对接会、AI 赋能医疗"8+X"人工智能医疗院企对接会等。

【2021 世界人工智能大会·徐汇分场】2021 年 7 月，2021 世界人工智能大会系列活动在徐汇区举行，副市长宗明，市经济信息化委副主任张建明，区委书记鲍炳章，区委副书记、区长钟晓咏，区委常委、副区长俞林伟等出席论坛。徐汇区共举办 4 场重磅论坛、2 场特色展示及 1 场主题活动，并在徐汇滨江沿岸打造了 5 大人工智能应用沉浸式体验场景，进一步彰显徐汇西岸人工智能上海高地建设的"金名片"。

【徐汇滨江数字化转型示范带建设启动】2021 年 10 月 29 日，徐汇滨江数字化转型示范带建设启动仪式举行。上海市经济和信息化委员会主任吴金城，徐汇区委书记曹立强，徐汇区委副书记、区长钟晓咏，上海市通信管理局二级巡视员范志钢，徐汇区委常委、副区长俞林伟，徐汇区政府党组成员及企业代表出席。在活动现场，徐汇区委常委、副区长俞林伟发布《关于打造徐汇滨江数字化转型示范带行动计划（2021—2023 年）》；徐汇区与多家运营商签订数字化转型战略合作协议，与 7 家企业成为数字化转型战略合作伙伴，为徐汇滨江数字化转型示范带建设开启了新篇章。

（胡　喆）

第四章 长宁区数字化建设

概 述

2021年是中国共产党成立100周年，也是"十四五"规划开局年。在长宁区委、区政府的坚强领导下，在市经济信息化委的指导支持下，长宁区科委积极抢抓城市数字化转型战略机遇，成功创建"科创中国"试点城市，荣获全民科学素质先进集体，并在全国科普示范区考核中夺得优秀，在政策服务、人才服务、载体拓展、氛围营造4方面助力优化营商环境，推动创新产业发展，全力推动市级、区级重点任务目标落实，取得较好的成效和成绩。

一、数字基础设施

【基础设施建设优化】 一是优化5G基站建设，2021年长宁区加快5G网络覆盖和速率提升。全年共新建5G基站600个（累计建成1 573个），实现全区基本覆盖和中山公园商圈、天山商圈等重点地区深度覆盖；加快5G网络建设，完成包括区政府大楼等在内近百栋楼宇的5G覆盖，为5G应用场景落地提供基础支撑，长宁区5G网络道路覆盖率达到96%以上，平均下载速率达到740 Mbps。二是开展"为困难家庭免费升级百兆宽带"工作，已对 30 072 户百兆以下家庭进行宽带升级，完成全年目标的 115.67%。

【网络安全管理】 2021 年，长宁区完善网络安全领导体制、责任机制、等保制度、监测制度等，构筑网络安全环境，完成全区软件正版化考查工作，跟进 i-Changning 项目进度等，切实保障网络安全可靠。

二、经济数字化转型

【创新示范基地建设】 2021 年，长宁区努力建设成为全国经济高质量发展和数字化转型的样板间。长宁虹桥智谷获评"国家大众创业万众创新示范基地"，长宁区入选"科创中国"第二批试点城区和国家"区块链 + 贸易金融"创新应用试点区；"虹桥之源"在线新经济生态园成为上海市三大市级在线新经济生态园之一，虹桥临空经济园区获评上海市跨境电资商务示范园区、上海市软件和信息服务业产业基地（示范型综合基地）。

【"数研所"合作战略实施】 2021 年，长宁区推动实施长宁"数研所"合作战略，在区市场监管局、区投促办等部门的支持和配合下，上海金融科技有限公司正式注册成立，成为长宁对接"数研所"项目的重要中外资金融机构。积极推动上海金融科技有限公司申报国家级和市级相关项目，推动"区块链 + 贸易金融"领域国家区块链创新应用试点落户长宁区，推动同济大学与上海金融科技有限公司合作共建上海市网络金融安全协同创新中心，参与市级贸易金融区块链平台课题研究，构建贸易金融区块链标准体系。同时，在医疗支付、弱网环境、交通出行、民生消费、线上线下消费、银发等场景开拓及技术创新应用试点方面有序推进。

【区域创新创业建设】 一是以科技园区、众创空间等科创载体为依托，长宁区联动招商引商，探索与龙头企业、科技国家队进行战略合作，形成良好的创新产业集聚效应；积极挖掘新载体，推动区域现有楼宇产业转型发展，发挥载体培育企业、集聚产业、集聚人才的重要作用。二是借助世界人工智能大会等有影响力的行业交流活动，加强企业交流、引进与服务，提升企业的显示度。三是组织筹办创新创业大赛，发动企业参加线上线下大赛活动，推荐长宁区优秀项目争取市级创新资金立项，营造浓厚的创新创业氛围。

【科技金融服务】 2021 年，面对因新型冠状病毒肺炎疫情引发的企业资金压力，长宁区积极协调银行和市创业中心，先后为多家企业办理科技履约贷款初审推荐工作；配合发改委做好信易贷试点工作，推荐百余家企业参与；配合市财政做好长宁企业贷工作，做好企业担保费补贴申请工作，及时回应企业诉求，帮助企业解决发展中遇到的困难。

【产业发展服务】 2021年，长宁区积极挖掘产业亮点和税收增量，做好产业发展服务。推动软件和信息服务业实现高速增长，产值增幅位列全市前茅；人工智能产业发展势头强劲，成为引领区域产业转型的强劲动能。持续强化创新载体建设，培育和吸引创新企业在长宁集聚，孕育创新领域的中坚力量和新生力量。

【优质产业发展环境营造】 2021年，长宁区在强化市级相关产业政策对接和落实的基础上，不断完善鼓励科技创新和产业融合创新发展的相关政策，推动形成了人工智能创新项目、科技创新资金等多个区级专项项目，并结合本区产业特色，支持企业申报"互联网＋生活性服务业"相关政策补贴等；与此同时，通过线上讲解、线下走访等多种方式，广泛开展政策培训与宣讲，不断提升企业的政策知晓度、申报量和受益面，充分发挥政策引导和策源功能，提升区域科技创新核心竞争力。

三、生活数字化转型

【养老领域】 2021年，长宁区入选"国家智能社会治理实验基地"，率先发布上海市首份数字养老报告，首创上线"数字民政"轻应用。

【文旅领域】 2021年，长宁区在全市率先开展数字酒店试点，实现"30秒快捷入住"，已建成多家数字酒店；积极响应"全国智慧图书馆体系建设项目"，在全市先行开展智慧图书馆试点建设。

【教育领域】 2021年，长宁区获评全市首个"教育数字化转型实验区"，完成数字基座区、校两级部署，为疫情期间保障线上教学、提升管理水平发挥重要作用。

【医疗领域】 2021年，长宁区深入推进"便捷就医服务"2.0市级试点任务，全力打造七类应用新场景；同仁医院成为全市首家开展数字人民币应用的三级医院，并与科大讯飞合作打造人工智能医疗应用。

【商业领域】 2021年，长宁区积极拓展"数字人民币＋"应用试点，形成硬件钱包、医疗支付、弱网环境、交通出行等十大特色场景；推进虹桥—古北、临空—光大安石商圈数字化转型，"数字店小二"自助服务、数字人民币体验、数字菜场、数字餐厅等应用场景首批上线。

【交通领域】 2021年，长宁区打造智慧出行MaaS（出行即服务）平台，"一键叫车"场景落地数量在全市领先。

【街镇特色应用试点建设】 2021年，北新泾街道"AI+社区"成为全市数字家园建设示范样本；虹桥街道打造全市首个社区AI食堂；江苏路街道"数智愚园"获评第二届上海城市治理最佳实践案例。

四、治理数字化转型

【数字化转型工作组织架构建立】 2021年，长宁区建立"1+1+3"领导机制，即1个领导小组（由区委、区政府主要领导亲自挂帅），1个下设办公室（即数字化办，设在区府办、区科委），3个工作组（数字经济组、数字生活组、数字治理组），进一步加强组织领导、明确牵头责任。

【数字化转型工作调研】 2021年，长宁区制定《长宁区对接市全面推进城市数字化转型调研工作方案》，形成由16位局级领导牵头挂帅、各责任部门协同配合的推进机制。其间广泛调研、广纳建议，形成"1+15"前期课题调研成果（即1份长宁数字化转型调研总报告，15份相关领域调研分报告），为区级决策提供参考依据。

【数字化转型工作顶层规划制定】 2021年，长宁区认真学习领会市级文件，充分考量吸纳课题调研报告的诉求和建议，形成长宁区城市数字化转型"1+3+X"文件，即1个行动方案（《长宁区全面推进城市数字化转型行动方案（2021—2023年）》）、3个领域年度工作方案和一批有关长宁数字化转型的试点、载体和场景清单，明确下阶段主攻方向和重点项目。

【数字化转型工作重点环节】 2021年，长宁区委、区政府高度重视数字化转型工作，多次专题听取区数字化工作推进情况，明确要全力推动"数字长宁"在城市数字化转型中走在前列的要求。召开长宁区城市数字化转型推进大会；开展应用场景"揭榜挂帅"，首批发布10大重点应用场景；组建区城市数字化转型顾问咨询团队，聘请王坚、吴志强等院士作为专家组成员，并开展多场专题辅导报告和座谈会，提升科学决策水平；组织申报城市数字化转型市级示范项目和标杆场景，推荐上报多个市级示范项目、标杆场景；引导各街镇参与"数字家园"标准化创建，发挥好应用场景示范性；围绕上海数字化转型活动周，筹备落实"2021上海经济数字化转型·虹桥峰会"和"数字长宁体验馆"事宜，取得良好成效；开展数字化转型工作相关宣传，一方面建立数字化转型工作简报机制，定期向市报送工作动态，同时积极承办长宁区政府开放月活动，围绕早餐工程、数字酒店、智慧养老、AI+社区、城区治理等应用场景，让数字生活"可见、可感、可体验"，社会反响较好。

【一网通办建设】 2021年，长宁区持续深化业务流程革命性再造，"一网通办"平台实际办件中网办比例达到高峰；完成高效办成"一件事"、"一业一证"改革任务。

【一网统管建设】 2021年，长宁区"一网统管"城市生命体征建设等工作走在全市前列，梳理形成党建引领、公共安全、民生事业、经济发展、城区建设、应急联动等多项区级重点项目，创新推出平安长宁、舆情监测、数字市容、慧生态等场景应用，探索打造城建系统"1+1+4+16"数字孪生体系。

五、数字化环境建设

【"科创中国"试点城市创建】 一是探索产学研融合，以长宁区数字化转型基地新微智谷为培育点位，提升科创载体在人工智能、区块链、知识产权科普等产业领域的科技创新创业集聚效应，成功跻身"科创中国"第二批试点城市，不断提升区域产学研融合创新水平。二是助力科创工作服务区域科技经济融合。征集"助力科创"创新服务系列活动及"上海产学研合作优秀项目"，推荐多家单位申报院士专家工作站项目。

【双创载体和科技园区能级提升】 2021年，长宁区探索政府、科研院所和高等院校合作共赢的科技成果转化模式，推动高校科教智力资源与市场创新资源紧密结合。东华大学科技园和工程大科技园纳入大学科技园；苏河汇、东华大学科技企业孵化器纳入上海市科技企业孵化器；尚创汇等多家载体纳入上海市众创空间。长宁区现有多家科技园区、科技企业孵化器和众创空间，创新载体能级不断提高。同时，长宁区注重加强科技创新载体管理与考核，将载体运营水平和成效纳入考核范围，强化绩效管理与结果评估。

【科技人才服务】 一是用好人才政策，服务科技人才。2021年，长宁区推荐多人申报外籍高层次人才在华永久居留，推荐企业申报上海市学术技术带头人、启明星、浦江人才等人才类项目；落实海外高层次人才、特殊人才引进工作，落实优秀人才租房补贴政策；加大国外人才引进力度，开展线上人才引进、企业宣讲、重点洽谈等；开展创新团队、硕博士创新实践基地和科技之星团队等评选工作，鼓励和推动形成结构合理的人才梯队。二是以外国人来华工作许可审批工作为切入口，从企业发现人才，以人才反哺企业，实现产业与人才的良性互动，推动长宁科技创新人才集聚。2021年，长宁区外国人来华工作许可审批通过件数居中心城区前列。三是实行更开放、便利的外国人才引进政策。落实外国人来华工作许可"不见面"举措，2021年，全程网办业务取得良好效果。四是打造人才服务品牌，促进产业链创新集聚。主导成立"虹桥智谷"CTOU首席技术官联盟，举办以数字化转型、网络安全等为主题的多项活动，企业参与度高、反响好。发挥长宁区科协联系科技工作者桥梁纽带作用，为科技从业人员做好服务。

（李灏冉）

第五章　静安区数字化建设

概　述

2021年，静安区深入践行"人民城市人民建，人民城市为人民"的重要理念，贯彻落实全市数字化转型决策部署，坚持"整体性转变、全方位赋能、革命性重塑"，实现经济、生活、治理3个领域的整体转型、闭环运作和协同发力，推动经济、生活、治理全面数字化转型。在数字基础设施方面，充分发挥静安优势，重点围绕"云、数、网、端"等方面，加强硬件投入，夯实城市数字底座，进一步提升网络能级、算力能级和数字设施联通水平，构建完善城市运行数字生命体征体系，推动城区从"物联""数联"向"智联"不断升级演化。在经济数字化转型方面，以数据智能产业发展为核心，在大数据产业核心引领下，区块链、云计算等相关衍生产业快速发展，成为人工智能等产业的发展基础。产业数字化在商贸服务、金融服务、专业服务、文化创意和生命健康五大产业中已体现一定发展趋势。在生活数字化转型方面，便捷就医体验大幅提升，为老服务不断优化，教育个性化深化发展，智慧轨交、智慧停车全面提升，数字博物馆、体育"智信"管理全方位丰富居民生活，数字家园建设加快发展，数字无障碍建设及系列培训活动不断弥合数字鸿沟。在治理数字化转型方面，开展专题库建设，进一步加强数据治理，推进数据共享和开放；

深化"一网通办"静安频道建设，稳步开展移动端整合与建设；夯实城运平台系统基座，基本建立全周期的城市生命体征监测体系，以物联感知提升发现预警能级，以"视频自动巡检+AI智能化应用"助推风险预警发现，打造并接入一批"实战管用、基层爱用、群众受用"的应用场景。

一、数字基础设施

【千兆城市建设】　2021年，静安区按照《上海"双千兆宽带城市"加速度三年行动计划（2021—2023年）》要求，积极推进千兆宽带、5G网络等建设，持续提升"双千兆"网络能力和服务能级，全面推进5G网络深度覆盖，增强用户感知水平，加快构建数字城市信息网络体系。静安区科委、区市场监督管理局、区房管局组成联合工作小组，推进楼宇（园区）宽带公平接入工作，形成治理合力，优化区域营商环境。

【政务云建设】　2021年，静安区建设X86资源池和信创资源池，不断加强政务云建设和云资源管理。一是规范系统上云流程，明确系统上云需严格按流程进行；二是加强云资源需求审核，保证需求合理性；三是对已上云系统进行云资源使用率监测，动态调整云资源，提高资源利用率；四是加强区政务云安全管理，保障云上系统及数据安全。

【区数据资源管理平台基本建成】　2021年，静安区完成区数据资源管理平台的建设和市级平台级联，为数据资产梳理、数据整合共享和数据应用创新夯实了基础。平台梳理了区政府数据资产，实现数据的"可见、可查"；建立全区信息资源共享体系，明确管理模式及各部门对数据共享的权力责任，实现数据的"可管、可控"；制定统一的数据标准和接口，支撑各业务单位和业务部门的信息交换，实现数据"可用"。

【政务外网建设】　自2001年上海市部署政务网建设以来，静安区已陆续建立较为完备的政务网络。通过光纤接入，已实现对全区100多家政务部门及其下属机构和300多家居委会的网络覆盖。静安区政务外网连接市政务外网的两个出口均通过三级等保要求，基本满足政务外网、互联网的安全接入访问要求。

【感知端建设】　2021年，随着"151"等项目落地，10万余个传感器部署在静安区路面、小区、高楼、历史保护建筑及高空构筑物等部件上，建成物联感知智能监测平台，以问题为导向，强化重点领域问题自动发现能力，并将智能发现问题处置纳入网格化管理体系，进一步完善全区智能感知报警类案件闭环流程定标、贯标，提高自动发现类案件的管理质效。

【视频端建设】 2021年，静安区公共财力投资的视频探头约2.6万余个。其中，由上海市公安静安分局为主建设方的街面、楼宇、微卡口、门洞探头约1.8万余个，密度已超过400个/平方公里；由区城运中心（原网格中心）牵头，通过租赁方式接入小区的探头7000余个，主要分布在北面8街1镇；由各街镇自行租赁接入的小区探头1100余个。

二、经济数字化转型

【数智经济发展】 2021年，静安区依托国家新型工业化产业示范基地、上海大数据产业基地、上海云计算产业基地，进一步发展大数据、云计算、人工智能、区块链等战略新兴特色产业，坚持智慧型、特色化发展。围绕上海市大数据中心、上海数据交易中心等大数据关键核心龙头企业，发挥大数据应用创新研究中心、上海大数据联盟静安服务中心、上海—亚马逊AWS联合创新中心等高能级功能性平台优势，引进一批具有自主知识产权和全球服务能力的大数据、云计算、人工智能、区块链龙头企业，壮大一批产业上下游企业，构建涵盖"数据采集、数据分析、数据应用、数据服务"4个层级的"数据智能产业链图谱"。

【"国际消费中心城市数字化示范区"创建】 2021年，静安区围绕市商务委关于数字商务及商业数字化转型的实施意见和实施方案等重要文件，结合静安区实际，拟定并发布《静安区创建"国际消费中心城市数字化示范区"实施方案（2021—2023年）》，力争将静安区建设成为数字经济与实体经济融合发展、数字消费全面拓展、要素流量活力迸发、生态环境整体跃升的国际消费中心城市数字化示范区。

【"数字商圈"标杆场景打造】 2021年，静安区聚焦"南京西路新业态新模式示范应用走廊""试点南京西路商圈数字人民币先行区"等重大项目，不断深化南京西路数字商圈建设，推动大数据、人工智能、虚拟现实等新技术的应用，鼓励商业载体引入沉浸式艺术展览、交互装置等新业态。打造"潮流直播"示范场景，充分发挥静安区国内外品牌集聚，首店经济、夜间经济、品质消费等优势，通过直播电商赋能实体商业，打造"线上引流＋实体消费"有机互动新模式。打造"节庆消费"多元场景，在2021年"五五购物节"上，静安区量身打造了虚拟偶像"安新"，串联品牌、平台、社交媒体，赋能商圈、商街、商户，互动人气数量超1 500万。

【数字人民币试点推进】　2021年，根据市金融工作局相关工作方案，区金融办积极做好各运营机构在区内开展数字人民币试点的筹备对接工作。一是帮助六大银行区属分支机构对接区内各街镇及区属国资国企，帮助对接区内机关、事业单位13家，共同探索开拓数字人民币应用场景。二是借"五五购物节"活动契机，联合区商务委召开静安区数字人民币工作推进会，配合央行开展南京西路商圈、新虹桥和小陆家嘴等商圈的巡检工作，通过强化政银合作，加速数字人民币在静安区的场景落地和使用推广。三是定期与六大银行区属分支机构沟通数字人民币推广情况，收集工作进展及推进中碰到的问题，并积极向市金融工作局汇报，共同寻求解决方案，从而更好地推进数字货币试点工作。

【"文化＋科技"产业融合】　一是推动静安区在线文娱产业发展。大力加强影视制作与科技产业深度融合，大力发展互联网视听产业，鼓励各类博物馆、美术馆等场馆建设数字孪生景区和沉浸式全景在线产品。二是推动电竞游戏能级提升。聚焦游戏与电竞，壮大电竞产业发展。三是推动数字文创融合创新。以文化创意内容为核心，依托数字技术进行创作、生产、传播和服务，赋能传统文创行业，拓宽数字文创产业发展空间。四是推动文旅消费升级。在线宣传具有静安区国际精品特色和传统文化特色的优质文旅消费产品，为产品搭建展示与销售的平台。

【市北数智生态园建设】　2021年，静安区按照"云、数、智、链"的产业演化路径，围绕"数据资源层、技术层、应用层、支撑层"组成的产业垂直体系，力求在数据开放、数据确权、数据服务、数据上链等关键环节实现重大突破，形成智联、智算、智用的数字化赋能效应，打造全市"成块状""成规模"的数字化转型示范园区；以"大数据＋区块链"驱动为主线，加快建设一批国家级市级功能平台，参与区块链标准制定和话语体系建设；提升园区数治管控、数字政务服务、数据要素服务、企业云智服务能力，将市北高新园区打造成"未来数智园区范式"样板。

三、生活数字化转型

【便捷就医建设】　2021年，静安区作为上海市"便捷就医服务"数字化转型与数字医疗创新发展试点区，率先完成"便捷就医服务"数字化转型工作。依托"健康静安"惠民应用平台，以统一标准、统一模式，实现"便捷就医"7个应用场景在全区所有医疗机构的推进，并利用平台优势及自身需求，创新特色服务，提升患者便捷就医体验。此外，静安区积极推进预约即挂号、扫码支付、就诊全流程消息推送、实时检验检查报告推送、电子票据、中药饮片处方外配服务等特色场景应用。

【为老服务场景优化】 一是开展"为老服务一键通"应用场景试点，在独居老人家中安装"一键通"关爱电话，以呼叫中心的形式"7×24小时"为独居老人提供主动关爱服务、一键紧急救援、一键政策咨询和一键生活服务，包括一键叫车，一键预约挂号、陪医送药、居家护理，一键家政保洁、水电维修，一键适老化改造等。二是深化老人紧急救援场景建设，对有意愿的高龄独居困难老人完成应急呼叫设备安装，并将独居老人应急呼叫项目纳入"一网统管"平台，实现全天候响应和全方位监测。三是加快老年人智能相伴场景建设，在养老机构和场所推广"智能相伴"服务场景，帮助老年人方便快捷地获取为老服务信息、各类文化资源。

【"特殊群体医疗费用补助一件事"打造】
2021年，静安区通过全面梳理三类特殊人群医疗费用补助的办事流程、办理时限、所需材料，深入研究分析"特殊群体"办事的痛点、堵点、难点问题，搭建跨部门的"静安区特殊群体医疗费用补助一件事"信息平台，充分利用医保数据优势，结合跨部门人员基础数据、总工会补助数据，将原先由服务对象自行提供材料前往窗口申请的模式，转变为由信息平台数据自动核算、主管部门依职权核定并主动完成业务补助的新模式，从而实现特殊群体对象医疗费用补助"零申请、零材料、零跑动"。

【数字博物馆建设】 2021年，四行仓库抗战纪念馆运用场景复原、声光电模拟场景、沙盘模型、互动体验等多媒体辅助技术，拓展了展览的内容和形式；在官方微信公众号中内嵌了普通话语音导览板块，游客可根据实际需求输入相应场景编号，任意听取对应内容的专业讲解，帮助游客更为细致方便地了解展陈内容；并且，公众号中嵌有"上海四行仓库抗战纪念馆网上360度全景虚拟馆"，参观者可足不出户全景浏览纪念馆各展区和部分推荐展项，扩展了纪念馆的辐射人群，丰富了纪念馆的服务模式。

【数字学生画像定制】 2021年，静安区各学校秉承"个性化教育 生态状成长"的办学宗旨，以教育信息化应用标杆校建设为契机，借助信息技术赋能教育个性化深化发展，推进基础教育改革，将学生学习、生活、身体体征、作业、社交、位置信息等各种数据汇聚到学生成长数据中心，经过清洗后建模，构建学生数字画像。从而升级个人评价体系，建设适应未来发展需求的线上线下融合的学习空间，探索个性化教学和成长路径，最终实现挖掘学生潜质、激发学生兴趣、指导学生学习、成就学习价值的目标。

【体育"智信"管理系统建设】　2021年，静安区通过公共体育服务数字化转型升级，打造市民运动健身"一站式"服务新体验。一是通过简单快捷的"静安体育"入口，建设专业的服务体系，全方位全周期服务静安市民。同时，通过大数据分析用户全方位的运动痕迹、健身数据、兴趣爱好等，实现智能引导、场地预订、教练预约、精准推送、赛事报名等功能。二是在使用新一代"区块链＋物联网"智能场馆解决方案的基础上，结合场馆运营服务体系，为场馆方提供统一的运营平台和全面高效的管理服务模式，将各个场馆互联互通，打造"智信场馆群"，实现数字人民币支付功能，促进市民就近就享受高品质健身服务。

【"数智化管控"加梯信息智能系统建设】
该系统实现了"一库储梯、一屏观梯、一端查梯"，推动实现老房加梯全生命周期、全要素的数智治理，为多层住宅加梯情况建立会说话、能预判的活档案。大数据中台针对前期已成功加装电梯的楼组居民，从社区参与、年龄结构等7个维度进行深入分析，形成"群体画像"。数据库以此为依据，在"大数据湖泊"中倒推相似楼组，为居委会和居民区党组织有针对性开展群众动员工作提供"精准靶向"。

【公共停车信息联网数据质量水平提升】
2021年，静安区推动区属停车企业接入市级公共停车信息平台的电子支付功能及错峰停车共享项目的电子签约功能，为广大市民提供更好的停车信息服务。一是实时停车查询，已推进区属272家公共停车场库和89条道路停车场联网接入市级平台及"上海停车"App及小程序，实时传输公共停车领域的基础数据。二是便捷停车支付，已实现164家公共停车场库电子支付功能，目标完成率达204%，充分发挥"上海停车"有关统一结算、在线支付、电子票据的集成作用，市民只要在"上海停车"App及小程序注册开通，即可享受统一支付（含"先离场后付费"的无感支付功能）、取票的一站式便利服务。三是智慧停车共享，已推进11家停车企业使用"上海停车"App错峰共享电子签约功能，共计388个泊位，目标完成率达157%。

【末端智能无人服务建设】　2021年，YOGO

ROBOT自主研发的基于移动机器人的智能楼宇无人配送系统投入使用，在上海嘉里企业中心等地陆续推进，代替人工提供最后一百米外卖或快递的送货上门服务。机器人在高峰时段同时实现自主移动、智能避障，并具备与人共同乘梯的能力，从而打造末端无人配送服务场景，有效缓解高峰期外卖配送压力。智能暂存设备实现了物品存取分离的智能化管理，解决配送末端劳动力紧缺和周转效率低等问题。

四、治理数字化转型

【数据治理】 一是推动静安区各部门数据治理。要求各单位对本单位信息化项目进行梳理，抽取系统库表目录，编制系统数据资源目录，进行数据归集，并根据市统一要求制定数据业务标准。二是开展专题库建设。参加市专题库建设试点，包括市法人综合库楼宇经济专题库建设试点、市自然人综合库标签专题库试点区标签库建设。

【"随申办"静安旗舰店建设与运营】 建设方面，完成静安区内移动政务服务应用整合，上线全市首个"适老化"功能，建设"主题服务"栏目，拓展服务事项"立即办理"功能，配合街镇打造个性化旗舰店。运营方面，完善运营体系，做好日常检查，开展多渠道宣传推广，强化市、区两级联动共营，做好热点宣传。

【"一网通办"静安频道建设】 一是做好公共服务事拓展接入，共计接入114项，同时做好事项接入与统一受理平台操作培训。二是完成电子证照调用配置，完成23个部门、135个事项的电子证照调用配置。三是新建"静安政务智能办"专题，汇聚好办快办、不见面办理等事项，并提供智能申报等功能。四是深化企业专属网页建设，完成数据脱敏展示，上线免登录版和政策体检功能，新开"我的街道""我的园区"等栏目，归集涉企政策14项、通知公告1 936条、问答词条62条，梳理涉企标签12条、证照提醒10项。

【城运平台发现预警能力增强】 一是推进各类视频资源全量接入。按照统一管理标准，整合9 600余路小区视频全量接入城运平台，做好日常区、街镇两级城运平台视频数据的日常应用及维护。对全区2.6万路公共财力建设视频资源进行标签化管理，根据需要实现日常、应急、专项轮巡；试点AI视觉中枢工程，为道路积水、动态垃圾、占用消防通道等10类应用场景提供智能化预警支撑。二是深挖"感知端"应用价值，将智能发现问题处置纳入网格化管理体系，进一步完善全区智能感知报警类案件闭环流程定标、贯标，提高自动发现类案件管理质效。

【城运平台处置指挥能级提升】　2021年，静安区建立健全联勤联动机制，依托"雪亮工程"等项目，对网格内重点事项、突发事件实施"事图联动"，便于现场指挥调度。针对防台防汛、文明创建、市容管理、安全监管、工地管理等重点管理事项，以及校园、公园、菜市场、公交站点等重点区域，实现视频巡检全天候、全覆盖、全场景。为提升即时指挥能力，配备管理、执法人员单兵设备，在城运平台上实现人员轨迹管理、即时呼叫、视频回传等功能，大大提升在防汛防台、突发事件等场景中的应急处置能力。

【城运主题数据库建立】　2021年，静安区基本建成城运主题数据库系统架构，共采集与城市管理相关的基础数据、业务数据约22.7万余条，日均采集物联传感器数据200余万条，日均处理各类工单信息5 000余条，日均处理信息数据1T以上。城运主题数据与社区主题数据库实现共享，为居村数字化管理赋能。同时，支持并鼓励街镇城运中心从涵盖城市建设、公共管理、公共安全、公共服务的"大城运"模式，向涵盖党建、经济、民生、城市、社会、安全、应急等的"全城运"模式转变，并针对基层管理共性需求，集中开发30至50个基于系统基座的算法、轻型应用、小程序、App，在城运平台上供基层单位自行下载使用。

【应用场景建设】　2021年，静安区延续"基座＋场景"路径，将一般事项工单纳入系统基座，采取"揭榜挂帅"方式，为重点、特殊应用打造轻型应用场景，区和街镇两级城运平台已接入各类应用场景72个，在实战中切实发挥了"实用、管用、受用"的效果。区级平台开发并共享使用了疫情防控、民族宗教、生态环境管理、隔离管控、垃圾分类、生命体征等9个应用场景。其中，疫情防控应用场景真正实现"一码到底"，对国内中风险地区来沪人员、入境满14天解除集中隔离人员以及公安下发外省市来沪人员共3类人员信息排摸的闭环管理。

五、数字化环境建设

【数字化转型工作机制建立】　2021年，为落实《关于全面推进上海城市数字化转型的意见》要求，静安区着力完善组织架构和工作机制。成立由区委书记和区长担任组长的静安区城市数字化转型工作领导小组，同时组建了数字化转型工作专班，研究制定静安区 2021 年城市数字化转型年度工作要点，开展城区数字化转型课题研究。

【公共数据治理机制建设】 2021 年，根据《上海市公共数据和一网通办管理办法》，结合市经济信息化委、市大数据中心相关要求，静安区制定发布《静安区公共数据管理办法》和《静安区公共数据安全管理办法》，对公共数据实施统一目录管理，并依托区数据资源管理平台，建立常态化工作机制，推动各部门开展数据资源目录编制、数据归集和开放。

【公共数据资源开放】 2021 年，静安区组织全区 60 余个部门开展数据开放培训，对数据要求、分级分类标准、操作流程、时间节点等做出要求。聚焦卫生健康、交通出行、文化教育、信用服务、普惠金融等数据开放重点领域，完成 135 条数据的

开放工作；鼓励和引导各类社会主体参与公共数据深度利用和价值挖掘，发挥政企数据融合对各行业的赋能作用，形成融合创新生态体系，助力全面推进城市数字化转型。

【首席数据官制度探索】 2021 年，静安区为深化公共数据要素配置，支撑业务融合、技术融合、数据融合，实现跨系统、跨部门、跨业务的协同管理和服务，加速公共数据资源共享开放，探索建立公共数据资源治理首席数据官制度，建立包含区首席数据官—区首席数据执行官—部门、街镇首席数据官—部门、街镇数据执行专员四级联动的首席数据官队伍，提高数据资源管理的领导力、决策力和执行力，加强运用数字化手段，推进城区治理数字化转型，提升治理能力和治理水平。

（朱爱华）

第六章　普陀区数字化建设

概　述

2021 年是中国共产党成立 100 周年和开启全面建设社会主义现代化国家新征程的关键年，也是"十四五"开局之年，普陀区深入贯彻落实市委、市政府《关于全面推进上海城市数字化转型的意见》，按照城市数字化转型"整体性转型、全方位赋能、革命性再造"的工作要求，紧盯全年目标任务，坚持应数尽数、求新求变，打造"海纳小镇"数字化转型示范区，启动"数智普陀"品牌建设，努力形成普陀特色亮点。

在数字基础设施方面，普陀区紧扣《上海"双千兆宽带城市"加速度三年行动计划（2021—2023 年）》工作要求，围绕市政府实事项目、双千兆宽带网络建设、商务楼宇宽带接入整治等重点工作，进一步提升区域信息基础设施建设能级。在经济数字化转型方面，普陀区积极把握数字经济发展机遇，落实"数字新基建""在线新经济"等新兴领域发展要求，抢抓新业态、新模式、新机遇，充分发挥数字要素对区域经济高质量发展的驱动作用。同时，做大做强以智能软件、研发服务、科技金融、生命健康"四轮驱动"的重点产业，加快构建数字驱动为引领的产业新集群。在生活数字化转型方面，推动数字技术与衣食住行游购娱等领域的深度融合，加快形成一批群众最关心、最直接、最受用的生活数字化应用场景，助力曹杨街道打造成为全国首批城市一刻钟便民生活圈试点。在治理数字化转型方面，普陀区认真践行"人民城市人民建、人民城市为人民"重要理念，着力推进"一网通办""一网统管"建设，为普陀区城区治理高质量发展提供支撑。在数字化生态营造方面，普陀区开展了多频次、多角度、多层面的宣传活动，举办 2021 上海数字创新大会、普陀区城市数字化转型应用场景研讨会、普陀区数字化转型暨"数智普陀"启动大会、2021 年普陀区科技节、"海纳策源，数联沪宁"暨"海纳小镇"发布会、第四届长三角国际创新挑战赛数智普陀专场赛决赛等多项活动。

一、数字基础设施

【5G 专项规划编制】 2021 年，普陀区根据《上海市 5G 移动通信基站布局规划导则》要求，会同相关运营商和咨询机构结合上海市综合杆基站建设计划及区内实际需求，经多轮意见征询后编制形成《普陀区 5G 移动通信基站布局规划》。10 月 9 日，市经济信息化委下发《关于原则同意〈普陀区 5G 移动通信基站布局规划〉的批复》，普陀区 5G 专项规划正式获批。此次规划期限为 2021 年至 2025 年，在原有 1 771 个存量通信站址的基础上，规划期内将新增 2 916 个规划站址（含综合杆）。其中，2021 年规划站址 478 个，2022 年规划站址 576 个，远期规划站址 1 862 个。至规划期末，普陀区室外 5G 宏基站将达到 4 687 个。

【5G 基站建设】 2021 年，普陀区继续加快推进 5G 网络基站建设。在市经济信息化委指导和各通信运营商的通力配合下，全区累计开通 5G 室外基站 2 001 个（其中，中国移动基站 725 个、中国电信基站 620 个、中国联通基站 620 个、中国广电基站 13 个、综合杆 23 个）。全年新增 5G 室外基站 663 个，提前超额完成年度目标。在覆盖面方面，普陀区 5G 室外基站总数在中心城区排名靠前，每平方千米 5G 基站数达 35.4 个，每万人 5G 基站数达 15.8 个。在用户感知方面，普陀区移动通信用户感知度测评水平连续多年位列全市前列，经路测，普陀区 95% 以上室外区域已实现 5G 网络 A 类覆盖，基本完成 5G 精品区建设。

【普陀区政务服务中心新大厅启用】 2021 年 10 月 15 日，普陀区政务服务中心新大厅经改造后正式启用。大厅改造工程历时 5 个月，对标"一流政务服务中心"要求，对原有大厅软、硬件进行了全面升级，服务能级和服务水平有了进一步的提升，以"四到、四办"换"四心"为承诺，优化政务服务事项、精简服务流程，用新形象、新服务、新标准，为企业、群众提供更优质的服务。

【公共数据开放】 2021年，普陀区多措并举，全面推进公共数据开放工作。一是根据《上海市2021年公共数据资源开放工作计划》，结合区域实际情况，编制形成《2021年普陀区公共数据资源开放工作计划》，从10个方面明确普陀区公共数据开放的工作目标、具体任务和责任分工，全年共完成188项公共数据集的上传。二是分层次举办不同主题和内容的业务培训，帮助各单位快速掌握数据集上传、分级分类细则编制、应用成果展示等工作的操作要求。三是由区大数据中心牵头组建公共数据开放服务团队，开展数据巡查工作，针对数据名称、文件格式、接口服务、字段描述、隐私保护等内容开展治理优化，确保数据资源100%不为空、100%不重复、100%"可机读"。四是积极对接相关大数据、信用、公共数据等方面的企业，加大重点领域数据挖掘加工，促进政企数据融合，培养公共数据开放生态。

二、经济数字化转型

【两大产业发展】 2021年，普陀区继续高速推进战略性新兴产业和信息产业发展。一是进一步优化产业专项扶持政策。修订《普陀区支持智能软件产业发展实施意见》，制订《普陀区加快发展研发服务产业实施意见》政策及细则。二是加强数据统计分析。2021年，普陀区智能软件产业实现区税7.99亿元，占区税比重9.19%；研发服务产业实现区税6.86亿元，占区税比重7.89%，两大产业合计占区税比重17.08%，较2020年同期提高4.24个百分点。三是发挥产业专班作用。形成两大产业年度发展计划，从产业目标、生态要素、产业政策、招商推介等方面精准把握产业发展脉络，确保既定任务目标按时保质完成。四是营造良好的产业发展氛围。深入园区、企业走访调研，组织开展华东师大科技园智能教育产业创新发展联盟启动大会、首届全球算法实践典范大赛、上海网络安全创新峰会等；形成《普陀区数字经济推动产业高质量发展》《普陀区经济数字化转型的调研报告》两份调研报告。五是全面推进稳增长工作，牵头落实信息服务业、科技服务业数据统计工作，陪同区领导走访调研，排摸9 000余家企业梳理形成待纳统企业107家，挖掘重点企业潜力，提升区域高质量发展绩效。

【科技创新主体培育】 2021年，普陀区加大信息产业科技发展专项资金扶持力度。一是完成高新技术企业认定审核权下放承接，全年共受理240家企业申报，完成首次认定高新技术企业77家，超额完成65家的"比学赶超"目标任务。二是发挥市、区科技政策的导向作用，2个平台分别获上海市专业技术服务平台、上海工程技术研究中心立项，3个研发平台获市科委能力提升项目；6家单位的16个项目荣获2020年度上海市科学技术奖，其中，上化院1人荣获青年科技杰出贡献奖，华师大参与的2个项目包揽全市仅有的2个特等奖；全年共认定技术合同1220份，技术交易金额达72.64亿元，同比增长157.3%，列中心城区第三；19家企业获2021年度上海市软件和信息技术服务业百强、高成长百家荣誉称号；9个高新技术成果转化项目获立项，1家企业获市高转项目自主创新十强、2家企业获百佳企业称号，1人获上海市高新技术成果转化先锋人物称号；503家科技型中小企业完成入库登记；全年普陀区获批市级资金8742.81万元。三是举办"智汇普陀 创业启航"2021年"创·在上海"国际创新创业大赛普陀分赛，231家普陀区中小企业参赛，41家企业获市创新资金立项，涉及市区两级资金868万元，其中区级匹配410万元。

【网络安全产业建设】 2021年普陀区加快网络安全产业建设。一是对接国家、上海市网络安全产业发展部署方向，形成《普陀区网络安全产业示范区规划建设方案》，研究制订《普陀区加快网络安全产业实施意见（征求意见稿）》，申安网络安全产业学院落地，首家上海市网络安全产业示范园获批，并积极推动其申报华东区唯一国家级网络安全示范区。二是完成工业互联网网络安全公共服务平台上线试运行，围绕电力装备、轨道交通等行业领域，提供以"全流程＋信息库＋双安融合"为特色的平台服务，注册用户近7000家，服务企业2500余次。三是推动建设国家工业互联网系统与产品质量监督检验中心，围绕工业互联网领域关键产品及系统开展检验检测、评估及标准研究与制定，重点开展实验室及服务能力建设。

【中以（上海）创新园建设】 2021年，普陀区对标国家级战略，擦亮"金字招牌"。一是对接市科委等，围绕中以（上海）创新园三年行动计划，研究明确年度工作安排。二是推动《普陀区支持"中以（上海）创新园"建设若干政策措施》细化落实，会同园区开展2021年第一批中以专项政策资助，助推企业加快成长；指导支持中以（上海）创新园创新成果孵化加速服务平台、互联网＋智能硬件创新应用合作平台等建设项目实施，助力中以（上海）创新园建设；发挥政策引领作用，支持园区加快新项目引进，累计引进中以合作项目、企业60个。三是会同园区做好科技部、市委办公厅、市科委调研，以及以色列驻华大使访问等工作；共同推进中以创新创业大赛挑战总决赛等活动；指导园区参与第二届全球技术转移大会、2021 品牌巡展等市级活动，举办各类中以项目路演近 30

场。四是协调市科委梳理中以联合研发项目清单，组织开展研发项目落地需求对接，吸引相关项目、企业落户园区。

三、生活数字化转型

【15 分钟生活圈试点】 2021 年，普陀区根据《商务部等 12 部门关于推进城市一刻钟便民生活圈建设的意见》，结合上海建设国际消费中心城市工作，研究制订《上海普陀区推进城市一刻钟便民生活圈首批国家级试点建设实施方案》。在实施方案指导下，查漏补缺、提升品质，更好满足曹杨群众对美好生活的向往。普陀区将曹杨新村街道所辖区域划分为 8 个部分，启动了曹杨新村街道 8 个特色便民生活圈建设。一是聚焦枫岭社区，以电科大厦楼委会为中心点，打造 G20 高科宜业便民生活圈，突显高科宜业特色；二是聚焦兰溪社区，以人民城市客厅·武宁片区为中心点，打造智慧时尚便民生活圈，突显智慧时尚特色；三是聚焦三北社区，以待建人民城市客厅·三北片区为中心点，打造健康宜养便民生活圈，突显健康宜养特色；四是聚焦桂巷社区，以桂巷坊为中心点，打造品质宜学便民生活圈，突显品质宜学特色；五是聚焦金梅社区，以曹杨商场为中心点，打造数字商业便民生活圈，突显数字商业特色；六是聚焦杏梅社区，以人民城市客

厅·桐柏片区为中心点，打造雅致品位便民生活圈，突显雅致品位特色；七是聚焦源园社区，以曹杨新村村史馆为中心点，打造溯源宜游便民生活圈，突显溯源宜游特色；八是聚焦金岭社区，以人民城市客厅·梅岭南片区为中心点，打造便捷宜居便民生活圈，突显便捷宜居特色，实现圈圈有特色，圈圈意无穷景象，让人民群众拥有更多获得感、幸福感。

【数字医疗】 2021 年，普陀区区属医疗机构检验检查通过区级平台按照全市统一规范与市级平台注册、对接、交互，实现了与全市医疗机构间检验检查结果报告及影像的调阅与合理互认，内容涵盖 9 类医学影像检查报告以及 31 项医学检验结果报告，该应用服务系统已覆盖全区 18 家公立医疗机构，影像均已上传至市影像云，累计接入 1 904 台医生工作站。截至 2021 年 11 月，全区人次互认率达到 96.38%，重复率 1.13%，总体情况排名全市前四；区内报告接入率已达到 100%，区内影像接入率达 94.12%。

【数字教育】 2021 年，普陀区建成统一的教育数字基座，包括普陀大学堂、J 课堂学习平台、人力资源管理协同平台、市学籍管理系统、教学质量监控平台、幼儿健康管理平台、财务拨付管理平台、OA 办公管理平台等系统，逐步形成了"专""融""创""跨"的区域教育数字化发展特色，为教育数字化转型奠定了坚实基础。区教育局按照学校数字基座建设标准进行学校数据库、算法和硬件设施改造，升级普陀区幼儿健康与安全管理平台，优化普陀区学生综合素质评价平台，建设普陀区智慧校园安全管理数字化转型项目，开展普陀区"十四五""智能教育"研训项目，从学前教育、基础教育、校园安全、师干训 4 个维度全面进行数字化转型。

【数字养老】 2021 年，普陀区重点聚焦为老年人打造数字养老服务场景，帮助老年人更好地跨越数字鸿沟，享受数字生活红利。一是数字助餐。改变老年人的支付方式，结合老年人敬老卡的支付功能，联合中国银联推出"益卡通"服务和"曹实惠"支付平台，老人只需绑定本人的敬老卡，就能实现网上支付订餐和支付优惠服务，足不出户享受送餐上门。同时，让就餐过程更加智慧，在武宁片区助餐点率先配置"智慧"餐盘系统，能够自动计算每餐价格，并嵌入刷脸支付功能，让老年人体验科技带来的便捷。"智慧"餐盘系统还能实时记录老年人对菜品的选择，通过大数据分析，可以更精准地为老人提供中意的菜品。二是数字出行。街道针对老年人出行叫车难的问题和需求落地"智慧一键叫车屏"，成为全市首批 10 个申程出行"一键叫车"服务进社区的试点街镇之一。老年人仅需通过刷脸或输入手机号，不需要输入起终点，就能够轻松实现叫车。三是数字居家伴护。街道针对老年人居家安全以及精神生活需要，推出了集紧急呼叫功能、实时通话功能、语音播报功能、数据收集功能为一体的"曹杨精灵"。老人如在家跌倒，不需要借助任何硬件，仅需呼唤"曹杨精灵"，即可与居委干部实时通话寻求帮助。老人如想要了解社区最新动态，只需要念出关键词就能听到新闻语音播报和最新鲜的社区资讯。同时，"曹杨精灵"还能实现"打卡"功能，居委能同步知晓老人健康状况，做到重点关注、精准走访。

四、治理数字化转型

【"一网统管"体系建设】 2021 年，普陀城区运行"一网统管"加快推进。建成"智联普陀"综合运营指挥中心，"物联、数联、智联"三位一体的城区数字底座基本建成，接入物联感知设备 11 万余个，在全市较早建成区级"智联普陀"城市大脑，打造形成 46 类 100 余个智能应用场景，全面展现城区整体态势和运营体征，实现"一屏观全域，一网管全城"。

【"1+10+N"城市运行管理平台建设】 2021年，普陀区深化"1+10+N"城市运行管理平台建设，推进区街一体化，完成 10 个街镇基础版建设；区城运中心运用平台指挥调度模块，与区应急、公安、建管、生态环境、消防等部门联合开展液化石油气泄漏事故应急处置演练，与区市场监管局联合开展普陀区食品安全生产安全应急演练，精准化防御、迎战台风"烟花"和"灿都"，发挥区级指挥协调和辅助决策能力，成为城市管理和应急联动处置指挥中心。

【城市态势感知能力提升】 2021年，普陀区城运平台城市体征板块汇聚 126 项数据项，将城市之眼、城市之声、体征发现、普陀气象、普陀交通等作为区平台重点关注内容；完成城区公共安全视频的汇集分发工作，区"一网统管"平台共接入公安视频监控 5 873 路、社区智能安防视频监控 5 544 路、防汛视频监控 46 路。

【社区智能安防建设】 2021年，普陀区对人卡探头进行了抽样检查，抽查结果总体良好，合格率在 98% 以上；对人卡和车卡全量数据进行检查，共检出问题 2 250 个，占总数的 72%，加强整改，并核对剩余点位，确保全量数据无误，为案件追溯提速增效。根据区公安分局统计，自 2020 年 12 月至 2021 年 9 月，普陀区零犯案小区达 96.7%。

【曹杨街道数字家园建设】 2021年，普陀区重点聚焦管理、服务、应急三大方面，打造曹杨街道数字家园。在管理应用场景方面：一是解决高空抛物问题的"曹杨眼"。通过超高清定焦摄像机 + 高智能软件，清晰记录抛物行为。二是为管防加码的"鹰眼"系统，其具有 40 倍超强变焦功能，在常态化功能外，还特别叠加了"违章监测"与"区域入侵"监控项目。三是监管安全的"电子梯控"。对于电梯房小区电动自行车违章入梯、人员违章遮挡梯门、破坏电梯等行为，通过电子梯控系统自动识别劝导并强制停运，有效提升了电梯安全。四是监督垃圾分类的"人工智能"。当识别到不正确的垃圾分类行为或不文明的垃圾堆放行为，自动向行为人进行喊话，第一时间纠正错误分类或堆放行为。五是攻克飞线充电顽疾的"充电宝"四件套。在具备条件的小区内安装智能充电桩、在道路沿线安装"花坛景观"式充电桩、在不具备加装充电桩的区域安装智能充电柜、针对外卖及快递行业从业人员日常高频次使用电瓶车的特点安装换电柜，从而有效解决电瓶车非正常充电的乱象。

五、数字化环境建设

【2021 上海数字创新大会举行】 2021 年 12 月 14 日，2021 上海数字创新大会在上海跨国采购会展中心举行。大会由市经济信息化委、市科委、普陀区政府主办，360 政企安全集团、桃浦智创城、中以（上海）创新园承办。大会以"数智上海 蝶变普陀"为主题，邀请了数字经济领域行业、学术界和政府部门代表，以国际视野和市场眼光，深入展示交流数字经济发展成果，共同探讨数字化转型前沿问题，直击当下数字创新痛点，共话未来数字创新蓝图。

【普陀区城市数字化转型应用场景研讨会召开】 2021 年 1 月 6 日，普陀区召开区城市数字化转型应用场景研讨会，各方共商普陀城市数字化转型大计。区委常委、副区长姚汝林，市数字办负责人陈斐斐，上海交大、同济大学、上海理工的多位专家共同出席。会上启动了普陀区首批城市数字化转型应用场景征集，360、京东、华为和上海联通分别分享了区城市数字化转型重点应用场景。

【普陀区数字化转型暨"数智普陀"启动大会召开】 2021 年 2 月 27 日，普陀区数字化转型暨"数智普陀"启动大会召开在上海跨国采购会展中心召开。会上，普陀区政府与上海报业集团、华为技术有限公司、

中国移动通信集团上海有限公司、北京零点远景网络科技有限公司进行了"1+4"数字化转型合作模型示范签约，普陀区政府与华东师范大学签署了环华师大智能教育科技产业集聚专项合作示范签约。同时，普陀区政府还与经济、生活、治理数字化三大领域的企业代表分别签署战略合作协议，共同加速推进普陀数字化转型。此次会议标志着普陀区在全市率先开启数字化转型，"数智普陀"建设正式启动。

【2021 年普陀区科技节举办】 2021 年普陀区科技节于 5 月 21 日至 28 日举办。此届科技节以"红色引领、数智普陀、转型蝶变"为主题，通过"1+7"板块（即 1 个启动仪式，数智、惠民、科创、青少年、节能、街镇、联动七大板块）在全区开展丰富多彩的科技活动。活动期间，聚焦科技改变生活，举办了城市数字化应用展，区内 30 余家数字产业头部企业围绕数字应用搭建互动体验场景，线下接待量超过 7 000 人次。

【"海纳小镇"发布】 2021 年 5 月 18 日，海纳策源，数联沪宁——海纳解读暨"沿沪宁产业创新带"市长论坛在普陀区举行，"海纳小镇"正式发布。普陀区委书记曹立强为海纳小镇名誉镇长王坚院士授牌。普

陀区委常委、副区长张玉鑫致欢迎辞，并作海纳小镇解读；普陀区委常委、副区长姚汝林作市长论坛发言；普陀区副区长徐树杰主持。来自相关城市的各类机构、商会、企业等120余名代表参会。

【第四届长三角国际创新挑战赛数智普陀专场赛决赛举办】 2021年9月24日，第四届长三角国际创新挑战赛数智普陀专场赛决赛举办。市科委副主任陆敏，普陀区副区长王珏出席。此届创新挑战赛围绕数字家园、数字园区、苏河沿岸数字生活秀带三大赛道，服务区域数字化转型解决创新难题，分别评选最优数字化改造方案，助力打造数字化转型"普陀实验室"。包括国内数字经济领域顶尖企业在内的23份解决方案参赛，3家获胜企业与场景需求方签订了合作意向书。活动现场还成立了"普陀数智学院"，并围绕经济、生活、治理正式面向社会发布了30项普陀数字化需求场景。

（周 玲）

第七章 虹口区数字化建设

概　述

2021年，虹口区完善机制、凝新聚力，为数字化转型提供支撑保障。围绕"坚持整体性转变、全方位赋能、革命性重塑"数字化转型理念，以全面激发数字化转型活力和动力为导向，成立由区委、区政府主要领导担任双组长的区城市数字化转型工作领导小组，由常务副区长担任小组常务副组长，并成立"三组六专班"工作机构（"三组"即综合协调组、统筹推进组、"两网"融合组；"六专班"即高质量发展工作专班、高品质生活工作专班、北外滩区域工作专班、公平接入专项整治

工作专班、"一网通办"工作专班、"一网统管"工作专班）。结合虹口区实际制定《2021年虹口区城市数字化转型重点工作计划》，科学有序推进虹口区数字化转型工作。同时，提高站位、着眼全局，扎实推进各领域数字化转型，深入开展以5G为代表的新一代信息化基础设施建设，推进数字园区、数字航运、北外滩楼宇经济数字赋能与服务创新发展平台、数字家园、数字虹教等重点场景项目建设，全区数字化水平取得阶段性成果。

一、数字基础设施

【千兆城市建设】 2021 年，虹口区加快"双千兆第一区"建设，全区千兆用户合计约 3 万户，千兆网络覆盖率超过 90%；持续推进 5G 基站建设，截至 2021 年底，共完成 1 134 个 5G 基站建设，5G 基站数每万人 14.6 个；完成北外滩区域综合杆基站试点 140 根，重点覆盖北外滩区域和新建重点商务楼宇周边，进一步夯实北外滩区域城市级精品网络覆盖，形成以宏站、小型微站、室分、杆站等各类 5G 通讯设备组成的全方位立体移动信号覆盖体系，为虹口区数字化转型夯实数字底座；落实困难家庭免费升级百兆宽带实事工程，全区 31 535 户上网困难家庭获益，宽带速率免费提升至 100 Mbps。

【新型智能终端部署】 2021 年，为避免为建而建，虹口区基于"二八原则"，以 20% 的费用解决 80% 的问题，按照"问题导向、需求导向、效果导向"逐级逐步开展全区物联传感试点安装，实现全区 40 类 6.1 万个物联应用安装。在 35 幢商务楼宇、产业园区内建设完成 67 台智能取餐柜与智能早餐机等数字化终端。截至 2021 年底，各行政服务中心、各街道社区事务受理服务中心等多个点位已设置 31 台自助终端，其中 2 个窗口能提供 24 小时自助服务。

【市、区两级政务外网升级改造】 2021 年，虹口区完成区级电子政务外网升级改造，构架区政务外网"一网双平面"网络构架，完成区级重点部门政务外网网络备份链路建设，支撑全区政务服务点的网络环境建设。虹口区在全市第一个按照市级要求完成线路升级，后续将加强对改造后的网络链路进行保障。

【电子政务灾难备份体系建设】 2021 年，虹口区制订电子政务灾难备份管理办法，建设灾难备份应急响应机制，推进重点部门应用本地化备份建设工作。在原有政务云基础上，通过向政务云运营商购买云资源的方式，构筑政务系统备份平台；借助区政务云平台双运营商的特点，做到重要信息系统双运营商备份。

二、经济数字化转型

【数字经济发展质量和效益优化】 2021 年，虹口区实现地区生产总值（GDP）1 214.77 亿元，比 2020 年增长 11%。其中，第二产业 68.58 亿元，增加 5.2%；第三产业 1 146.2 亿元，增长 11.4%。区一般公共预算收入执行数 195.02 亿元，同比增加 19.9%。2021 年区一般公共预算收入 155.23 万元，同比增长 30%，其中信息服务业生产总值 12.49 亿元，区级税收 3.53 亿元，同比增长 23.4%。

【场景应用布局】 2021 年，虹口区围绕上海加快"五个中心""四大品牌"建设，立足区位优势和产业基础，形成以金融、航运两大产业为主导，现代商贸、文化创意、专业服务、信息服务四大重点产业为支撑，特色产业为补充的"2+4+X"现代产业体系。航运数字化转型方面，为减少航运运营业务上下游复杂的角色业务协同成本，虹口区结合运用场景业务数据、船舶定位、AIS 追踪服务、数智冷箱物联网等数字化服务手段，构建航运数字化平台，助力航运数字化转型，提升国际航运服务水平。数字园区方面，通过打造孪生园区数据中台，实现园区精细化数字孪生底座，构建园区总览、运行体征、物业运营、产业经济、反向寻车等应用场景，积极推进数字化园区改造，部署智慧园区、园区 BIM 系统等数字化场景，初步形成以点带面的示范引领效应。智慧商圈方面，虹口区以优化供给促进消费为工作目标，通过数字赋能，加快推动商圈、商街、商户、商企数字化转型，实现品牌数字化、客户数字化、供应链数字化、场景数字化和组织架构数

字化，持续打造区域消费特色，不断形成新兴消费热点，引领搭建首发经济平台，综合提升线上线下联动水平。

【在线新经济企业培育】 2021 年，虹口区加强对在线新经济领域企业的支持，鼓励企业持续强化创新引领，激发企业品牌建设内生动力，培育了一大批在线新经济企业，包括潮流时尚、在线教育、厨余垃圾、裸眼 3D、远程医疗、环保建筑、5G 直播背包、动漫产品、精准营销、机器人、生活音乐、工程设计、金融科技、新闻资讯等众多细分行业。积极利用市区两级企业技术中心认定、"四新示范企业"认定、上海市产业转型升级发展专项等各类政策引导，培育一批数字化水平领先，具有引领效应的电子商务标杆企业。推荐上海识装信息科技有限公司、上海高顿教育科技有限公司等重点企业参与商务部电子商务示范企业、数字商务企业综合评价工作；鼓励线上平台与实体商业深度合作，打造智能化、定制化、体验式的商业新业态新模式。同时，将"五五购物节""潮生活节""上海酒节"深度打造成为线上线下联动的节庆活动平台，助力建设上海国际消费中心城市。在"2021 上海全球新品首发季"活动仪式上，虹口区被授予"全球新品首发地建设示范区"。2021 年，虹口区实现社会消费品零售额 437.79 亿元，同比增长 9.8%；通过公共网络实现商品销售额

192.89 亿元，同比增长 2.4%。

【工业互联网平台建设】　2021 年，虹口区支持鼓励行业龙头企业、工业互联网平台标杆企业、示范工业园区参与工业互联网标识解析二级节点建设，解决行业共性需求和企业在数字化转型中的实际问题，促进企业实现供应链协同管理、产品全生命周期管理等多种智能化服务和工业大数据按需共享，催生数据应用新业态、新模式。

依托上海市工业互联网协会平台组织多场线上线下供需对接会议。

【工业互联网专业服务商培育】　2021 年，虹口区聚焦工业互联网关键环节，打造产业创新生态体系，及时掌握企业诉求和数字化转型中遇到的困难和问题，适时帮助提出建议，重点培育工业互联网专业服务商，如上海市工业互联网协会、西门子智能制造创新中心等专业服务商。

三、生活数字化转型

【概况】　2021 年，虹口区以数据采集为基础，以云计算、二维码为技术手段，着力打造智慧经营、智慧运营的生活数字化服务场景，在三角地虹湾菜场先行实施数字化改造试点。同时，结合数字化转型引导社会力量推动典型生活应用场景建设，各单位申报 2021 年度智慧城市资助项目（数字化转型方向）21 个，立项 15 个，包括多伦路数字会客厅、数字家园、生活垃圾管理、历史建筑数字化监测等应用场景。

【"舒心游"场景搭建】　2021 年，虹口区文旅场馆谋求旅游服务数字化转型升级，推进智慧旅游建设。鲁迅故居、左联纪念馆、李白烈士故居、上海犹太难民纪念馆等场馆利用微信小程序、公众号等融合数字化工具，开通入园门票预约和购买、"阅

读建筑"5G+VR 全景导览及讲解、旅游咨询服务等便民功能，实现游客"舒心游"。其中，为充分释放和发挥老建筑的活力和价值，虹口区依托新技术不断推进"建筑可阅读"重点项目，第一阶段整理 150 处建筑介绍及照片，形成嵌入文字和语音介绍的二维码，完成建筑可阅读小程序；编撰上海邮政总局、1933 老场坊、浦江饭店、中共四大纪念馆的建筑可阅读故事，在"上海发布"和"乐游上海"两大微信公众号上发布。第二阶段开通 5G+VR 全景导览体验，在虹口优秀历史建筑和名人故居中，选择建筑外观保存较完整，具有重要历史文化价值的建筑 20 处，在"建筑物语"App 中植入"一楼一故事"，更新全景导览内容，优化项目 App 及 H5 小程序页面，借助 VR 眼镜和平板电脑打造沉浸式

体验，在区旅游公共服务中心（鲁迅公园点位）开设体验区。

【医疗资源有序触达】 2021年，虹口区实现医疗付费"一件事"，电子医保卡进入百姓生活；初步落实"一网通办"部分便民举措；实现多项医学影像检查结果的数据共享和互通互认，降低患者就医成本；完成医疗机构服务能力、新型冠状病毒肺炎疫情数据、群体伤害等应用数据的屏幕展示。区属3家综合性医院、8家社区卫生服务中心的医学影像和报告的互相调阅和互认覆盖率100%，上海市建工医院完成全市首例社会办医参与互联互通互认。

【公共停车信息联网数据质量水平】 2021年，虹口区全区所有公共备案停车场（库）和收费道路停车场均已按要求接入市级公共停车信息平台。截至2021年底，公共备案停车场（库）数据合格质量比为86.27%，道路停车场泊位覆盖率97%，平均数据传输质量为全市中上游水平；共有68家公共停车场（库）电子支付功能接入平台，13家公共停车场（库）完成线上错峰停车电子签约，为市民开车出行提供了便利。

【教育数字化服务体系基本建立】 2021年，虹口区以"国家级信息化教学实验区"建设为契机，构建"数字虹教"平台，通过统一身份认证和数据仓库两大系统，完成20多个区域教与学应用的集成，初步实现应用的统一身份认证、统一管理和数据融合、数据分析；集成全区教育应用系统，为全区师生提供一门式应用服务平台，实现信息统一管理；优化校园网络环境，升级教育城域网出口带宽，保障系统安全、稳定、高速运行；区教育局中心机房使用万兆宽带，各中小学均实现千兆宽带，幼儿园实现百兆宽带，充分保障各校正常教学所需的网络环境；完成城乡义务教育一体化建设目标，实现中小学普通教室多媒体交互教学设备全覆盖；开展在线教学平台普及应用，虹口区共73所中小学校已开展使用。

【"数字家园服务"工程建设】 2021年，虹口区积极推进江湾镇街道数字家园试点工作，推动数据向街道、居民区按需共享，在区城运中心（数据中心）技术支持下，初步完成江湾镇街道数字湾大屏建设，为社区精细化治理和精准化服务提供数据支撑；试点虹湾居民区蔷薇里数字孪生小区"一屏通览""小区画像"建设，实现数字生活、数字服务、数字经济界面数据汇集，完善物联、数联、智联标准化建设；加快新型城域物联专网在社区的深度覆盖，在实施"美丽家园"改造、电梯加装项目过程中，同步实现社区安防、高空抛物监测、垃圾分类、非机动车充电管理等数字化场景应用，对数据标准化接口和数据获取路径方案进行标准化建设项目申报；建立完善街道基础服务数据库，继续深化困难帮扶、居家养老等自然人专题库，将人物标签从 22 个拓展到 70 个，政策标签从 72 个拓展到 108 个，以数据为基础驱动流程再造，精准施策，结合"一网通办"和"一网统管"，变"人找政策"为"政策找人"；以"安全防护、照护服务、健康服务、出行文娱"为主要目标，全面推进居家和社区养老服务创新发展，不断推动传统线下养老服务转型升级；依托街道基础服务数据库、街道城运中心及业务科室数据资源，为老年人群体精准画像，主动匹配目标人群，6 个市民驿站建设应用"智慧为老"App，帮助社区老年人消除"数字鸿沟"，提供更加便利的数字服务，实现"订餐服务一键通""陪医看护一键通""出行叫车一键通"等智慧为老服务。

【养老服务零距离触达】　截至 2021 年底，虹口区"一键通"紧急呼叫热线响应各类服务需求 44.13 万次，为高龄独居困难老人提供紧急援助 317 次、生活服务 63 568 次、主动关爱 346 018 次、信息服务 1 081 次、质量回访 30 206 次、远程健康管理线上服务 110 次；开展养老服务"时间银行"，建成了区总行、街道分行和养老机构服务点三级网络通存通兑；初步实现养老

服务监管数字化转型，32 家有食堂的养老机构实现了"明厨亮灶"全覆盖，并同步传输信息至"虹口乐龄"专屏和属地街道监管部门监控中心，实现养老机构用餐线上"云监管"，全区共 976 位老人享受送餐服务，准时送达率 95% 以上，缓解社区养老"最后一公里"难题；开展长者智能技术运用提升行动，共挂牌认定 112 家公益基地、1 104 名志愿者；推动政府和企业互联网应用的适老化和无障碍改造，至 2021 年底改造率（实现一级标准）达到100%，部分重点企业的网站或移动应用适老化和无障碍改造率（实现一级标准）达到 100%。

【社区"桌面机器人"试点】　2021 年，虹口区按照市级试点要求，启动社区居委"桌面机器人"试点建设。一是安装"云桌面"设备，以"云资源"替代传统电脑主机方式，存储居委工作资料。以弹性容量和安全审计方式，实现居委工作终端优化增效，助力基层数据资源高效安全使用。二是建设"桌面机器人"应用，打造居委电脑端和居委工作人员移动端一体化工具，通过统一账户登录，解决多条线多账号登录问题。基于智能配置台账功能，灵活赋能基层走访和条线反馈；在工作人员移动端，基于政务微信形成个人工作桌面，实现问题发现上报、任务接收处置、精准服务走访等闭环应用。

四、治理数字化转型

【公共数据开发】 2021年，虹口区公共数据开放工作继续贯彻"创新、协调、绿色、开放、共享"五大发展理念，在不断完善数据层、平台层、准备度评估体系的同时，进一步关注数据利用的产出和效果，打通数据开放生态系统的每个环节，构筑智能时代的公共数据基础设施。规范性方面，依据相关法律法规或行业规定，明确不开放数据的合理性，完成虹口区高可用的数据可开放目录编制；开放数据处理方面，按照相关技术标准和要求确保开放数据质量；数据更新及时性方面，做到每季度更新，全量更新；开放数据可用性方面，信用服务、卫生健康、城市建设、资源环境等多个领域数据为全市提供了高可用数据；数据浏览量与下载量方面，平均每条资源都有300次以上的浏览量，100次以上的下载量；此外，为相关学校和科研机构提供公共数据用于学术研究和科学研究共计11项次；已制定并落实与公共数据开放相适应的管理制度、应急制度，并进行相应演练。

【区级综合平台能力建设】 2021年，虹口区打造"一网统管"平台，以线上智能应用驱动线下流程再造，围绕"高效处置一件事的数字底板"，推进"数治虹口""节日保障"和"重大会议"等应用建设。其中

"数治虹口"由"日常监测"和"应急指挥"组成，结合"节日保障""重大会议"，建立指挥和辅助决策研判的大数据平台，实现全区城市日常管理和应急联动处置统一平台，并可个性化配置应用风格，围绕重大活动、重点场所、重点时点等要素，打造实时视频、实时人流、实时力量多维度监测，及时发现问题，防范风险，高效处置。

【"一网统管"应用】 2021年，为进一步夯实"进一网，能统管"，持续强化城市运行"一网统管"应用，虹口区持续推进区城运中心与区公安分局、区市场监管局、区城管执法局、区绿化市容局、区民防办等部门进行对接，一是推进区"一网统管"平台与条线部门市级系统整合，助力全区"综合治理"应用。二是对"综合巡查"事项进行梳理，推进"综合巡查"功能完善。三是基于政务微信，持续优化"综合管理"和"应急指挥"移动端各项功能。

【数字体征看板建设】 2021年，虹口区围绕"数联、物联、智联"全面感知体系建设，基于"一网统管"平台，探索15类具有处置闭环的多合一物联传感应用，在优化物联报警算法策略的基础上，实现报警信息在基层的派单及时处置，形成高效

发现、及时处置全流程闭环管理应用。一是按照市城运中心工作要求，积极推进区数字体征看板建设，并接入全市数字体征体系，实现智能物联、智能视频、实时人口及实时交通等数字体征的一屏应用。二是围绕市试点要求，打造"数字孪生—数字体征小区"试点应用，利用无人机巡查、无人车巡检、电瓶车禁入电梯、虚实融合视频巡察以及消防预案可视化等融合数联、物联、智能手段的线上技术，融合线下分类分级标准化处置流程，聚焦区域、楼宇及重点场所，探索能全区推广应用的数字孪生体征场景。三是围绕区部门及街道个性化需求，基于"城市驾驶舱"推进特色业务场景建设，如打造融合地下空间物联感知闭环处置的民防工程、全区重点楼宇能耗智能分析应用监测等，提升风险预警发现层级。

【"数字虹口"共享应用】　2021 年，"数字虹口"作为市、区大数据级联总门户，由数据交换共享平台、公共算法平台、标签管理平台 3 部分组成，建立国家、市、区、街道、居委五级数据目录体系。一是通过数据共享交换平台实现 34 个政务部门 7 880 张数据资源表汇聚，涉及数据80 亿条。二是结合街道对基础数据的迫切需求，通过数据交换共享平台，梳理街道专门数据目录。在街道目录中，形成 8 个街道专属数据目录和数据库，按照"属

地返还"原则，基于全区统一的政务云环境，实现每个街道涉及资源目录资源属地返还，数据量 320 万条。三是围绕居委数据应用需求，同步推进居委数据基础库、主题库、专题库建设，积极打造居委人口库、居委疫苗查询专题库，并结合桌面机器人试点应用，建立试点居委主题库应用。四是打造公共算法平台中提供多场景的算法应用平台，如针对不同技术能力的人群提供"基础分析""深度分析""探索挖掘"等分析模型，建设政策法规库、典型案例库（12345 热线案例及网格案例）、业务知识库和事项库等。五是推进建设全区统一应用的数据标签管理赋能平台，围绕"人""房""企"3 个维度，打造全链条知识图谱，实现全面画像，并基于街道试点，逐步形成区标准化数据标签，对接市级数据标签试点，形成市区两级统一数据标签体系。六是为各部门和街道提供数据赋能，涉及需求清单 1 120 条，市区接口申请共710 条。

【应用场景打造】　2021 年，虹口区围绕"观管防"工作思路，打造"数说虹口""数治虹口"系列场景，实现 43 个业务场景和 32 个综合场景合计 75 个"一屏"应用。43 个业务场景基于"城市驾驶舱"功能，实现 28 个部门"一张网"可视化应用和跨部门数据融合分析研判，32 个综合场景实现部门和街道特色、重点工作直观

呈现，如"削峰行动""日常监测""小区画像"等。进一步推进"区—街道—居委"三级应用一体化建设，基于江湾、曲阳、嘉兴等街道推进业务场景试点应用建设，打造具有江湾镇街道业务场景特色的"数字湾"1.0、围绕"救助"和"就业"的曲阳1.0、"数字底板一张图"试点的嘉兴1.0等应用，并陆续上线运行。

【"数字孪生"试点】 一是落实市级试点要求。为推进全市数字孪生城市建设，进一步深化"一网统管"工作，根据市城运中心以"一栋楼、一个园区、一个区域"为试点范围的工作要求，虹口区以北外滩街道云舫小区及周边地区作为市数字孪生区域试点，基于城市之感、城市之眼、城市

之声、城市脉搏、城市生态、城市服务6个城市生命体征，通过虚实结合、影像叠加技术，利用无人机巡查、无人车巡检、电瓶车禁入电梯、消防预案可视化等手段，融合线下分类分级标准化处置流程，打造数字孪生试点区域场景应用。二是探索区级试点工作。围绕"规、建、管、用"工作原则，基于江湾镇街道"数字小区"试点建设，推进"数字孪生小区"试点应用。该试点在基于市级实景地图试点基础上，融合虹口区统一空间地理基础资源，汇聚丰富社会资源的"格网"地图，探索打造多地图融合应用的基础支撑，形成全区统一的复合型"孪生城市"数字地图，建立规范标准和接口，为全区各部门及街道提供"孪生地图"技术和应用支撑。

五、数字化环境建设

【专项政策制定】 2021年，为充分发挥北外滩区域示范引领作用并带动全区数字化转型全面发展，虹口区研究制定与发布系列具有创新突破性的政策，包括《虹口区加快推进科技创新中心建设的意见》《关于开展虹口2021年支持宽带网络建设补贴申请工作的通知》等；重点围绕"4+4+X"5G+园区，制定《虹口区固定宽带网络提速券》实施办法。在数据安全方面，面向数据应用，制定区网络安全管理规范文件，对数据使用和管理提出具体要

求；技术层面，引进前沿技术，通过脱敏、过滤等方式实现个人隐私保护，建设全过程可视化监管，实现数据安全管理应用；制订《虹口区公共数据共享开放指南》《虹口区公共数据共享开放导则》《虹口区公共数据安全管理办法》及《虹口区数据管理中心数据运营人员管理办法》，对数据开放环境进行安全改造。

【人才环境优化】 2021年，虹口区对接市"国际人才蓄水池工程"总体布局，积极

推进北外滩国际人才领航站建设，在北外滩企业服务中心增设外国人来华工作许可受理点。按照"一南一北"和"国际人才最先1公里和最后1公里"设计思路，在"北外滩企业服务中心"增设外国人来华工作许可受理点，采取24小时"不见面"线上预约，设专人负责现场接待、咨询办理外国人来华工作许可事项，为区内外资企业、重点领域企业提供"一对一"个性化服务。2021年，共为814名外籍人才办理工作证，促进北外滩地区海外人才、项目、资本向重点领域、重点产业集聚，打造形成外籍人才新高地。

【数字化转型网络宣传】　2021年，虹口区充分发挥政务新媒体力量，通过上海虹口微信公众号、微博官方账号，持续开展数字化转型工作网络宣传。2021年以来，共报道数字化转型相关内容55次，充分展示虹口区各领域的数字化、智能化、网络化带动城区升级、管理增效的新成果，如区民政局、区市场监督管理局联合推出的养老服务数字化专屏，区城管执法局推出的5G无人机巡查等，进一步提高政府数字化转型工作的知晓度。同时，积极运用网络新媒体，"乐活虹口"微信公众号经过5年的运营，累计推送文化、旅游、休闲、购物等图文信息近2 000条，公众号关注者达17 000余人，活跃度逐年提高；开发完成"虹口走透透"智慧旅游信息平台，以

微游打卡、智慧旅游共享、虹口文旅口号及形象IP征集投稿三大主题板块吸引市民游客参与互动，文旅口号及形象IP征集活动共收到投稿220条，并精选出20条进行网络投票。

【荣获"最佳合作伙伴奖"】　2021年11月，在全球智慧城市中国区颁奖典礼上，虹口区获得"最佳合作伙伴奖"。虹口区政府与瑞安新天地集团、明日城市公司共同发布"明日城市引擎"项目。未来，虹口区将进一步与先进企业在数字化转型方面进行探索合作，共同打造全球智慧城市窗口和阵地，支持全球智慧城市大会全球活动，并举办数字化转型体验周活动。

【数据赋能创新场景】　2021年，在市经济信息化委指导下，虹口区探索构建数字赋能平台。一是与明日城市（上海）合作交流中心等共同建设数字化枢纽平台，链接虹口区数字化资源，输出区域内数字化转型成果，提供数字化创新解决方案，不断更新数字产品组合，实现与知识、研究、技术和商业相融合的智慧社区，进一步引导虹口区数字化创新。二是通过世界领先的机器人智能建造技术及可回收3D打印技术，为城市、社区及企业用户提供分布式办公空间及解决方案，引领工作方式数字化转型，以新业态、新模式为商务高质量发展增添新动能，助力打造数字商务新生

态。三是在瑞安企业天地挂牌虹口数字化转型创新基地，全场景开放办公、商业体，与生态伙伴共同推进数字化产业集聚，打造应用标杆，以"价值创造"理念为虹口数字化转型创新发展注入新动力。

【大数据应用标杆案例】 2021年，上海识装信息科技有限公司的"得物实施SQC创新质量管理模式的实践经验"入选2020年度上海市"质量标杆"；杨冰（上海识装信息科技有限公司CEO）获2020年上海在线新经济"年度人物"奖。上海家化与天猫新品创新中心共同打造C2B创新工厂，实现快速反应创新工厂模式，为企业数字化转型探索新路径。

【"一区一特"推进情况 】 2021年，虹口区北外滩作为市级地标，充分发挥优势，向全球汇聚生态伙伴，形成经济、生活、治理三大领域数字化转型联合体。一是着力打造北外滩全景应用场景。通过三维引擎还原城市影像，结合渲染技术，用实景扫描模型，呈现辖区内中国证券博物馆、上海邮政博物馆、上海犹太难民纪念馆等历史保护建筑的外貌及内部结构。针对北外滩历史发展时间线，建设城市展示系统，呈现北外滩街道的"昨天、今天及明天"，打造一张新的"城市名片"。二是打造重点场景。数字滨江管理：随着数字

北外滩微信小程序的完善和提升，通过热点数据、导航需求和地理信息，积极对接滨江精细化管理需求。智慧停车：北外滩区域交通主要依赖三条东西向主干道和地铁12号线，停车场资源有限，智慧停车主要关注如何打通区域内停车场资源。数字文旅：基于北外滩区域丰富的历史文化旅游资源和滨江景观资源，以线上线下互动、虚拟和现实融合的方式，整合活化资源，构建具有北外滩特色的文旅数字化体验新高地。数字商圈：打造线上线下互动体验，分析客群基本属性，绘制客群画像，进一步优化产业布局，提升产业高端服务功能，激活北外滩商圈活力。三是重大项目建设。打造中的"北外滩CIM城市信息模型平台"作为"规、建、管、运"一体化为切入点，汇聚城市、土地、建设、市政、交通、公共设施等多种专业规划和建设项目全生命周期信息，为城市建设开发商、运营商及政府管理部门提供数字孪生技术，更好地支撑城市规划、土地出让、项目立项、设计方案、施工竣工、城市管理、城市运营。已初步建设完成具备"城市全要素模型"的城市数字底板，并积极对接北外滩区域地下管线、轨交、土壤、水文地理等信息模型，形成地上、地下一体化的城市模型。

（张利涛）

第八章　杨浦区数字化建设

概　述

2021年，杨浦区信息化工作以"打造具有世界影响力的国际数字之都"为战略目标，全面推进城区数字化转型，以"长阳秀带"在线新经济生态园建设为引领，围绕数字城市底座、工业数字服务、科创数字生态等领域，打造数字化转型新地标和样板间。

一、数字基础设施

【信息基础设施建设】 2021年，杨浦区推进数字城市底座建设。全年建成5G基站349个，累计开通5G基站（逻辑站）1 850个；落实"为困难家庭免费升级百兆宽带"实事项目，实现升速49 189户，全年计划完成率达111.79%；成立商务楼宇宽带接入市场联合整治工作小组，摸排全区商务楼宇宽带接入情况；对接上海杨树浦城市开发建设有限公司及各运营商，制定滨江区域双千兆年度建设计划；推进科技部"百城百园——智慧城市"建设项目，完成第一年项目绩效评估报告，带动社会投资约400万元；典型案例方面，杨浦区疫情综合监管防控平台完成建设，杨浦区

社区停车示范工程项目进入试运行阶段，卫百辛人才长租公寓智能社区管理平台完

成可行性研究报告，进入实施阶段。

二、经济数字化转型

【软件和信息服务业发展】 2021 年，杨浦区软件和信息服务业重点企业 245 家，产值 728 亿元，其中经营收入过亿元的企业达 53 家，超 10 亿元企业 8 家。杨浦区政府与上海联通合作，建设基于"5G+ 人工智能"的工业互联网协同创新园区项目，在园区内实现全制式网络覆盖、全场景云联网覆盖及"5G+MEC 边缘云"建设，完成智慧楼宇系统及智慧会议系统建设，完成工业互联网公共服务平台建设。在人工智能及大数据产业方面，全年完成 11 家人工智能和大数据企业上一年度 184.1 万元的房租补贴拨付；发布杨浦区 2021 年度人工智能和大数据产业政策；对区内 2019 年度第一批人工智能和大数据创新基地开展

绩效评估；组织发动企业参展 2021 世界人工智能大会，推荐报送 2 家企业重点签约。

【工业互联网协同创新园区建设】 2021 年，在基于"5G+ 人工智能"的工业互联网领域，杨浦区以新模式、新服务和新技术三大应用创新为核心，提升基于"5G+ 人工智能"的工业互联网应用开发及集成服务企业的应用水平和项目实效。已落成两个有影响力的工业互联网平台，完成区内 200 家企业上云上平台，基本建成"核心技术层＋数字技术层＋智能应用层"，以及融合的工业互联网生态圈，着力打造国内工业互联网核心引领区，形成可复制、可推广的商业模式。

三、生活数字化转型

【杨浦区社区停车示范工程项目试运行】 2021 年，杨浦区瞄准控江路街道内"老旧小区多、停车困难、停车矛盾突出"等需求，利用移动互联网、物联网、大数据分析和人工智能分析等技术，启动"智慧停车引导"建设项目，将控江路街道辖区内所有小区的停车位和道路面停车位，以及

商场办公楼停车位信息进行收集、统计、分析，掌握相关实时停车数据、车辆余位信息，对街道辖区内车辆进行合理引导、对街道辖区内停车资源进行合理利用，解决街道小区内车位紧张、停车矛盾突出的问题。平台已完成控江路街道 25 个小区的接入，覆盖 8 条道路面、13 个公共停车场

及 3 个园区停车场，系统已累计超 106 万条停车记录及支付数据，对于前端设备采集数据的上报响应处理时间小于 300 毫秒。

四、治理数字化转型

【国家智能社会治理实验综合基地建设】
2021 年，杨浦区入选国家智能社会治理实验综合基地。基地以杨浦区政府及各职能部门为核心应用主体，以同济大学和依托同济大学的上海自主智能无人系统科学中心、中国（上海）数字城市研究院为核心技术与研究主体，目标与任务包括：运用以人工智能技术为核心的变革性新兴技术，搭建智能社会综合空间与数据实验平台，形成不同智能社会治理的典型应用场景、场景集与综合场景；通过开展系统的社会实验等研究，总结形成智能社会治理的经验规律和理论；通过产学研结合协同创新，建立起技术、政策、社会三者之间的平衡关系，并通过法律法规、制度体系、伦理道德等措施推动技术发展与应用的优化，出台一批智能社会治理的标准、规范和政策措施；通过输出集成解决方案与人员培训，响应智能社会的发展需求，打造智能社会治理的示范和样板，助力国家治理体系和治理能力的现代化建设。

五、数字化环境建设

【信息化应用与推进】 2021 年，杨浦区重点推进城市数字体征、12345 热线的优化升级，把应急指挥、城市专项治理涉及内容利用数字化手段纳入常态管理，实现常态化专项防控，打造城市治理"安全带"；协调推进以区投促办为主的经济运行平台建设，在确保数据安全的基础上，探索利用本地互联网企业数据，实现杨浦区经济的多维、准确呈现；探索构建经济风险监测预警体系，实现对经济风险的精慧预知、精准监管、精确响应；推进精准帮扶、智慧养老等场景建设推广；按照"一区一特"要求，协调推动"长阳秀带"在线经济生态园、长阳创谷科创园、大创智、环同济、滨江、五角场等重点区域特色示范应用场景建设。

【杨浦区城市数字化转型推进大会召开】
2021 年 4 月 15 日，杨浦区城市数字化转型推进大会召开。会议由区数字化办主办，发布《打造上海市数字化转型示范区，全面推进杨浦区城市数字化转型行动方案

（2021—2023 年）》，启动数字化转型合作生态圈。杨浦区政府与运营商企业签署数字化转型战略合作框架协议，复旦大学、杨浦科创集团、五角场街道签署《关于共同推进杨浦"三区联动"城市数字化转型合作备忘录》，发布以城市场景开放、数字新基建、数字新经济生态联盟等为代表的"揭榜挂帅"数字化解决方案应用场景，并成立杨浦区城市数字化转型专家智库。

【中国（上海）数字城市研究院成立】
2021 年 7 月 10 日，中国（上海）数字城市研究院在 2021 世界人工智能大会闭幕式上揭牌成立。该研究院由同济大学牵头，发挥同济大学在城市管理、城市规划、土木与建筑、汽车与交通、电子信息与人工智能等领域的优势力量，汇聚上海、全国、全球城市数字化转型相关学科领域专家学者，建立数字城市理论研究中心、数字城市技术研究中心、数字城市治理研究中心、数字城市文化研究中心四大研究中心，以及数字城市干部培训中心，聚焦超大型城市在数字化转型过程中涉及的基础理论问题、各类产业与相应场景在数字化转型中面临的关键技术问题、政府治理方式与效能的科学升级与完善路径，以及城市数字化转型的文化赋能模式的研究，打造数字城市领域的干部培训与交流平台。研究院创新科研组织模式，打通政产学研用协同创新通道，打造一批数字城市方面的高水平科技领军人才和创新团队。

（白冬辉）

第九章　闵行区数字化建设

概　述

2021年，根据上海市城市数字化转型工作总体安排，闵行区积极落实市委、市政府要求，成立由区委书记、区长担任双组长的区数字化转型工作领导小组，组建经济、生活、治理领域工作专班，统筹推进闵行区数字化转型工作。2021年，闵行区三次召开区委书记专题会，专题研讨区数字化转型工作，确定总体思路、总体架构；召开领导小组成员单位会议，讨论各行业数字化转型的应用场景、实施计划；区数字化办多次组织数字化转型专题培训、专题座谈，开展实地走访调研工作，摸清数字化转型底数现状。全区上下形成条块并进的工作格局，高效推进城市数字化转

型工作。区数字化办结合闵行区实际发展和区域特色禀赋优势，组织制定政策文件，形成第一批数字化转型应用场景清单，加快打造数字化转型示范项目，为数字化赋能区域发展树立标杆。

信息基础设施建设方面，闵行区5G基站、千兆网络覆盖率不断提升，物联感知终端不断增多，大数据资源平台数据共享能力不断提升，信息基础设施建设卓有成效。经济数字化方面，软件和信息服务业产业规模和能级不断提升，区内在线新经济企业、智能工厂、工业互联网平台良性发展，公共数据资源共享程度和利用效益明显提高，对信息产业的拉动效应及社会

信息化的带动效应扩大明显。生活数字化方面，形成了一批符合市级要求、具有闵行特色、群众感受度高的数字生活场景，区内人民生活品质得到有效提升。治理数字化方面，围绕"一网统管""一网通办"建设，统筹推进经济运行、公共安全、市场监督等领域工作，政府"高效办成一件事"的工作效率和服务质量明显提升，全区"一屏观天下、一网管全城"的监管效率和处置能力大幅跃升。

一、数字基础设施

【概况】 2021年，闵行区围绕"云、数、网、端"四大基础能力，着力建成泛在通用、智能协同、开放共享的数字底座。根据"十四五"数字化转型发展等建设目标，加快推进数字基础设施建设，提升宽带下载速率和5G基站、千兆网络覆盖率，扩大新型智能终端部署范围，全面推进数字城市新基建。

【宽带网络建设】 2021年，闵行区科委持续指导、协调和服务区内各大通信运营商，做好宽带网络建设，宽带用户下载速率明显提升。完成"为困难家庭免费升级百兆宽带"实事项目，累计为9.6万户家庭免费升级百兆宽带，超额完成目标任务；加强住宅小区、楼宇和农村地区等光纤网络改造力度，结合"光进铜退"工作，推进光网改造工程，提高光纤网络覆盖率，提升宽带用户下载速率感知度，同时通过楼宇宽带接入市场整治行动，提升楼宇、园区宽带网络品质；协调运营商加大投资，充分挖掘潜力，通过行业技术手段提升用户实际感知的下载速率。

【千兆城市建设】 2021年，闵行区积极推进5G基站、固定宽带等基础设施建设规划，以点带面、融合创新，以速度支撑城市发展。推进5G专项规划编制，完成《闵行区5G基站布局规划（2020—2025年）》编制，并通过专家评审，并报送市经济信息化委审定，至规划终期将建设完成5G基站8334座；提升千兆宽带用户占比，截至2021年底，闵行区固定宽带用户数量约104.8万，千兆用户约8.69万；实现千兆网络接入能力100%覆盖，以"千兆进小区、万兆进楼宇"的标准，推进光纤网络改造工程，加强住宅小区、楼宇和农村地区等光纤网络改造力度，结合"光进铜退"工作，提高光纤网络覆盖率，提升千兆光纤接入能力；超额完成每万人拥有5G基站数量考核指标，全力推动5G基站建设，截至2021年底，闵行区年度新增5G基站1546座，累计建设5G基站4901座，逐步实现闵行区域5G信号全覆盖，重点区域深度覆盖；开展商务楼宇宽带接入整治，通过全量张贴公告、集中约谈、逐个走访等工作方式，多部门形成合力、联合执法，有效整治区内问题商务楼宇 126 幢，并建立常态化管理机制，以"发现一起，整治一起"为原则，持续优化区内营商环境；优化区域信号弱覆盖，根据感知度检测、用户投诉、运营商自测、街镇和人大代表反馈等信息，梳理和排摸出存在局部信号弱覆盖的区域 43 个，通过制定详细的推进计划，以街镇为单位、一小区一方案，组织运营商、街镇、居委和物业形成合力，共同推进住宅小区移动通信信号优化工作；组织开展区域内生产、销售无线电发射设备专项检查自查工作，依托街镇属地管理，排摸、梳理和检查相关企业 34 家，宣传和落实相关监督管理制度，净化区域内无线电设备运营环境；推动信息基础设施与项目工程同步建设，将信息基础设施建设和资源预留标准纳入住宅小区、园区、楼宇等建设规范，实现信息通信配套固网和移网同步覆盖，如在南虹桥前湾主城区、九星城、马桥人工智能试验区、大零号湾等重点区域，组织运营商与相关管理、规划、建设部门进行深入对接，推动将信息基础设施建设纳入其规划，与区域开发同步规划、同步建设；重大活动通信保障能力不断加强，加强第四届中国国际进口博览会、区党代会、春秋季高考、学业考、闵行体育馆大型疫苗接种点等的通信保障。

【新型智能终端部署】　截至 2021 年底，闵行区公共视频图像监控设备共有 14 220 路〔其中高清点位 10 754 路、卡口点位 1 300 路、人脸识别点位 2 057 路、车载（无线）移动视频图像 72 路、高空瞭望点位 16 路、水域瞭望点位 21 个〕，接入智能安防小区微卡口 7 586 个（共涉及 1 481 处）。区内街镇、委办局及区属企事业单位自建视频监控设备 21 967 个；新建各种快递柜、智能取物柜、智慧零售终端等智能末端配送设施 1 080 台，智能取餐柜已完成建设运营 75 台。

二、经济数字化转型

【概况】　2021 年，闵行区通过数字产业化和产业数字化"双轮驱动"，持续放大数字经济辐射带动作用，塑造数字经济新优势。聚焦重要园区、重点企业，大力探索闵行区经济数字化转型路径，打造示范新标杆，以经济数字化形成新供给。

【软件和信息服务业发展】　2021 年，闵行区坚持规划引领、政策扶持、服务保障，大力推动软件和网络信息产业发展。通过推动建设共性化功能平台、推动信息化和工业化深度融合，从产品研发、平台建设、应用场景等方面加强政策鼓励，加速推进产业集聚发展，不断提升产业规模优势，软件和网络信息产业发展取得良好的阶段性成果。一是产业规模不断扩张。2021年前三季度，闵行区软件和信息服务业实现营收453亿元，较2020年同期232亿元上升95.3%，增加值/地区GDP 10.9%。超亿元营收企业营收占比92.25%，营收20亿元以上、10亿元至20亿元、1亿元至10亿元的企业分别有5家、7家和37家。二是产业能级不断提升。在市级信息服务产业基地方面，闵行区拥有紫竹高新技术产业开发区、上海八六三信息安全产业基地和云部落TMT产业园。上海阆途信息技术有限公司、上海钧正网络科技有限公司、上海喜马拉雅科技有限公司等9家闵行区企业入围"上海软件和信息技术服务业经营收入前100家"名单，上海天壤智能科技有限公司、上海播呗网络科技有限公司、上海鲸鱼机器人科技有限公司等13家闵行区企业入围"上海软件和信息技术服务业经营收入前100家"名单。三是新兴领域得到培育。新业态、新模式持续涌现，"互联网+"服务业形成跨界优势，汇集了一批对接商贸流通、知识服务、百姓生活等各领域的新兴O2O服务平台。四是云计算、大数据产业快速发展，涌现出英特尔、上海微创软件股份有限公司等一批软件和信息技术服务业领域优质企业。

【区域在线新经济产业发展】 2021年，作为统筹疫情防控和经济社会发展的有力抓手，在线新经济正为上海释放新动能、开拓新蓝海。闵行区大力发展人工智能、工业互联网、大数据等产业，不断促进信息技术与生产制造、文娱消费、教育学习和流通出行等领域深度融合，发展在线新经济。一是重点在线新经济企业集聚发展，不断引进"科技硬核"企业，闵行区重点在线新经济企业250余家，在线文娱领域有上海喜马拉雅科技有限公司、上海全土豆文化传播有限公司、上海触乐信息科技有限公司、蓝沙信息技术（上海）有限公司等，新型移动方面有途虎养车、哈啰出行、联陆智能等品牌，在线教育领域有一起教育、行动教育等品牌；落户闵行的上海国际新文创电竞中心作为上海市2021年重大项目已开工建设，TT语音、上海合屏网络科技有限公司、桑巴（上海）网络科技有限公司、上海沐瞳科技有限公司、上海拾武网络科技有限公司等一批游戏相关品牌和企业已在虹桥集聚发展。二是依托园区载体，提升在线新经济能级。推动南虹桥积极争取市级在线新经济试点区，将虹桥前湾北部地区产业规划为创新研发区，大力吸引在线文娱、在线展览展示、在线教育、在线研发设计、在线医疗等创新型企业入驻，打造虹桥前湾在线经济产业园，培育闵行区北部区域新经济增长极。

【智能工厂建设】　2021 年，闵行区积极打造"一区、一带、多载体"的人工智能产业布局，积极开展智能工厂的培育建设。启动闵行区智能工厂、数字化车间（智能车间）认定申报工作，择优确定英业达科技有限公司、上海米其林轮胎有限公司等 20 家企业为 2021 年闵行区智能工厂，上海维科精密模塑有限公司、上海新力动力设备研究所等 15 家企业车间为 2021 年闵行区数字化车间（智能车间）。着力推动智能制造诊断服务，认定首批 6 家智能制造诊断服务商，为区内企业免费开展智能制造诊断服务。

【工业互联网发展】　2021 年，闵行区积极打造具有一定行业、区域影响力的工业互联网平台，包括中国船舶重工集团公司第七一一研究所"船舶动力系统设备全生命周期运维服务工业互联网平台"、上海航数智能科技有限公司"纺纱工业互联网平台"、天纳能源科技（上海）有限公司"企业能源管理大数据应用平台"、紫光集团"紫光 UNIPower 工业互联网平台"、上海昊沧系统控制技术有限责任公司"DataStorm"、上海维宏电子科技股份有限公司"NcCloud 维宏云"等。培育优质工业互联网龙头企业，上海电气—西门子能源智慧能源赋能中心落户闵行区，上海

海得控制系统股份有限公司、上海慧程工程技术服务有限公司、数库（上海）科技有限公司等工业互联网服务商加速成长。

【农业农村数字化转型】　2021 年，在市农业农村委指导下，闵行区试点"神农口袋"农业信息管理系统，将全区所有规模化生产经营主体（100 家）全数纳入系统进行数字化监管，信息直报入网率达 98.52%，及时率 97.47%，综合排名在全市前列。同时，开展智能生产物联网示范应用。围绕粮食、蔬菜、果树种植和水产养殖等经营主体开展农业物联网区域应用建设，提升农业生产精准、高效、生态管理水平，打造"闵行区智慧农业管理驾驶舱"。2021 年，闵行区农业物联网建设参与基地共 33 家，其中示范型基地 5 家，标准型基地 28 家。

【公共数据开放平台建设】　2021 年，结合闵行区公共数据归集实际情况和应用具体需求，闵行区进一步完善全区公共数据开放平台建设，为公共数据的交换共享提供技术支撑和机制保障，推进全区公共数据汇聚和共享。一是建设政府数据资源服务库，内容主要包括建设数据交换体系、资源目录体系、标准规范体系、统一管理平台、系统整合系统，基本形成了城市建设、交通服务、劳动就业、生活安全、社会保障等 22 大类共 10 项 API 接口分类、254 项数据集分类。二是建立闵行区公共数据

开放目录，共梳理 42 条开放数据目录，包括交通出行、教育卫生、文化体育、民生服务、科技金融等重点领域，根据实际情况，实时进行数据更新。三是制定公共数据开放标准规范，包括《闵行区人口库数据规范》《闵行区大数据资源平台技术性规范》等基础数据标准规范，加强数据质量源头管理，推进数据有效共享。四是开展闵行区大数据资源平台的建设应用，共发布 12 673 条目录；累计归集入数据湖 32.29 亿条。全区各部门共提交数据共享需求 988 个（2020 年提交 577 个），涉及数据项 28 066 个；已提供数据共享接口服务累计 1 749.67 万次。总有效需求 702 个（涉及数据项 26 316 个），满足 531 个需求。

【重点领域公共数据应用】 2021 年，闵行区公共数据开放工作开展以来，充分利用数据信息在医疗、交通、教育、养老 4 个领域探索应用，打造公共数据开放生态。在医疗领域，依托闵行区捷医平台，基于已有的 210 万电子居民健康卡及电子诊疗数据，为居民提供预约挂号、就诊记录查询，实现在 App 端查看康复护理机构信息、影像图像查询、家庭健康档案授权、慢性病在线处方配药及配送等服务。在交通领域，实现区属 3 家公交公司所属 62 条公交线路实时到站信息查询全覆盖。在教育领域，建设基于大数据的"三级四类"

数字化绩效评价体系，为教育管理决策和教学研究提供支撑；已采集 597 万条学生成长档案，记录学生成长数据、展现学生发展空间、优化小学素质评价等，可为家长提供学生成长档案查询服务。在养老领域，通过康乐福社区为老服务信息平台等服务应用，可为居住在闵行区的老年人提供"生活百事帮"服务，现该平台累计注册会员 17.49 万人、提供服务 114 157 人次、紧急援助救助 225 人次、主动关爱服务 81 545 人次、生活百事帮 5 000 人次。同时，闵行区还整合利用"智慧闵行"各重点领域建设积累的数据，通过"智慧闵行"App、智慧闵行微信公众号、数字电视（IPTV 和东方有线）、"今日闵行"客户端等互动渠道，为企业和百姓实时提供所需的公共服务信息。区档案、人保、民政、公安、市场监管等部门也依托区"一网通办"平台、行政服务中心综合窗口、各自窗口和信息平台为企业、市民提供相关信息查询服务，进一步提升政府数据资源共享力度，打造服务型高效率政府。

【区域大数据技术应用】 2021 年，工信部公示 2021 年大数据产业发展试点示范项目名单，上海共 11 个项目入选，其中有 2 家闵行区企业项目，数量位居全市第二，分别是中国船舶重工集团公司第七一一研究所"基于船舶动力与控制系统大数据创新应用的绿色智能船舶数字化转型项目"和上海飞机客户服务有限公司"国产民机运行监测分析系统";重点培育近20家大数据服务商,包括可提供大数据服务的通用技术或产品服务商,以及提供垂直行业应用或解决方案的服务商等,如天纳能源科技(上海)有限公司、上海极熵数据科技有限公司、数库(上海)科技有限公司、上海万达信息系统有限公司、上海见兴信息科技有限公司、好人生(上海)健康科技有限公司等。

三、生活数字化转型

【概况】　2021年,闵行区以市民感受度为考量,着力解决各类人群生活中的瓶颈难题,通过数字赋能提升就医、教育、交通、社会保障等服务的便捷性,形成8个领域的应用场景链。坚持需求导向、问题导向、效果导向,以点带面形成具有闵行特色的数字生活场景链,以生活数字化满足新需求。

【智慧便民就医应用】　2021年,闵行区打造"便捷就医少等待"场景。以市民感受度为考量,致力优化就诊流程、缩短患者等候时间,闵行区卫健委全面推进"便捷就医少等待"场景建设,打造完善"捷医服务平台",实现包含精准预约、智能预问诊、检验检查信息互联互通互认、医疗付费"一件事"、电子病历卡与推送电子出院小结、互联网医院线上申请与查询核酸检测结果等便捷就医服务,有效缓解"挂号难、缴费慢、排队长"现象,提高医生诊疗效率,改善就医环节的体验。开展医疗付费"一件事"、互联网医院线上申请、查

询核酸检测等智慧便医场景应用建设,截至2021年底,全区通过使用电子凭证、"随申码"、"亲属码"挂号等方式完成结算55.66万余次,诊间支付40.52万人次,信用付276次;区内核酸检测线上预约支付数达79 406人次;互认项目扩充到105个,累计互认人次数超100万次,人次互认率高于92%。

【停车智慧应用试点】　2021年,闵行区共543家公共停车场基本数据已全部接入"上海停车"App;358家实现线上电子支付,16家实现错峰共享线上签约功能;闵行区中心医院、华山医院西院、眼耳喉鼻科医院浦江分院3家开通平台线上停车预约功能;完成全区10 546个道路停车泊位信息全采集及192个泊位智慧停车应用试点。

【智慧教育云平台建设】　2021年,闵行区智慧教育云平台基本完成主体功能建设和全区基础数据治理和汇聚,有序遴选和推

进全区主要教育信息化应用上云管理，理顺数据应用和管理的机制流程，提高数据应用和服务能力。一是基本完成区域教育数字基座主体功能。智慧教育云平台通过"三中台一平台"完成闵行区教育专属混合云建设，形成闵行区教育公共服务统一入口，通过上云改造，推动区域教育应用系统云网融合，初步构建教育公共服务平台。二是基于数字基座探索一批应用上云。在学校网站集群、闵行区智慧教育云办公平台、闵行区智能作业平台等开展部署和应用，累计覆盖294所中小学。其中，网站集群覆盖106所学校，包括48所小学、22所九年一贯制学校和36所中学，均通过网站集群迁移上云，实现了统一门户登录、统一运维管理、统一数据管理等，提升系统运行的稳定性；闵行区智慧教育云办公平台覆盖49所学校，通过构建面向基础教育学校的办公管理平台，融合教育管理、教学管理、教育服务功能实现学校管理数字化，满足各学段学校内部管理应用的共性需求；闵行区智能作业平台覆盖139所学校，包括100所（含多个校区）小学、46所初中、13所高中，小学累计活跃老师人数超过3 500人，教师累计布置各类作业次数超20万次；初高中累计上传学生学情近100万人次。

【"数字家园"试点建设】 2021年，闵行区以居民的生活需求为导向，打造有温度、有归属感的数字家园。区房管局已制定"数字家园"1.0样板方案，在区级层面建成"社区级物业服务、街镇级物业管理、区级物业监管"三级平台，重点聚焦小区物业报修、安全管理、环境卫生、事件处置、自治管理、人员管理、通道管理等数字治理应用场景。项目一期预计接入4个街镇的43个小区，9个应用场景，建立"数字家园"1.0样板。项目在新虹街道、江川路街道、马桥镇3个街镇开展试点建设。其中，新虹街道积极推进社区新型基础设施建设，已完成违停地磁、智能烟感、智能消防栓、高抛智能抓拍、智能垃圾柜、楼道堆物感知等终端设施遍布社区，并接入系统测试，街道范围全覆盖的房屋空间地理信息图已形成，初步完成小区健康画像，小区物业管理工作从人防人管向技防和智慧管理转变；江川路街道对整体转型方案进行了设计，完成了"疫苗智种"场景、智能垃圾监管平台建设；马桥镇完成16个小区的智能感知数据、场景等信息录入工作。

【数字助老无障碍环境建设】 2021年，闵行区积极贯彻落实"数字伙伴计划"，从改造互联网应用、深化为老服务信息化应用、线上线下培训等方面入手，努力让老年人、残障人士在数字化转型中"不掉队"。一是改造互联网应用。闵行区发布《关于开展互联网应用适老化和无障碍改造的通知》，有序推进区内互联网网站、移动互联网应用（App、公众号、小程序）进行适老化和无障碍改造。同时按照《上海市互联网适老化和无障碍设计规范》要求，完成闵行区政府门户网站和"今日闵行"App互联网应用适老化和无障碍改造。二是深化为老服务信息化应用。依托社区综合为老服务中心和科技助老平台，为居家养老对象提供"信息查询""牵线搭桥""主动关爱""紧急呼叫"等菜单式服务。各街镇积极构建15分钟便民服务圈，分别在党群服务中心、邻里中心、商务楼宇及村居等设置"一网通办"自助服务终端，已在古美街道党群服务中心、七宝镇皇都邻里中心等20个人流密集区域设置服务延伸点。三是多措并举开展线上线下培训。吴泾镇在吴泾新村邻里中心开设智能手机教学班，每周三下午开展培训辅导，由华师大学生志愿者轮流参与服务辅导。嘉怡水岸、枫桦景苑等社区发挥区域党建力量，先后组织数场智能手机培训，帮助老人学习如何便捷就医、生活缴费、网上购物等。

四、治理数字化转型

【概况】 2021年，闵行区围绕"一网通办""一网统管"建设，着力提升群众办事体验，简化办事流程，推进一批"好办""快办"服务。统筹推进经济运行、公共安全、市场监督等领域工作，促进跨部门、跨层级、跨区域的数据共享、流程再造和业务协同，以治理数字化营造新环境。

【"一网通办"建设】 2021年，闵行区深化"高效办成一件事"，实现"一件事"基本覆盖高频事项，构建全方位、全覆盖服务体系。加快"随申办"移动端"闵行旗舰店"建设，推动现有政务服务类App统一整合入"随申办"，共完成"企业办事""个人办事""闵行捷医""社会民生"等57个政务服务事项的接入。依托区法人综合库，建设闵行"企业码"，引入社会企业第三方数据资源，汇聚企业法人静态及动态数据，构建企业数据分析模型，通过分色显示二维码，建立对企业的分级分类精细化管理和服务模式，形成重点企业图谱，支撑经济发展、社会治理、政务服务等算法模型仓库。"企业码"场景应用建设涉及51个政务服务事项，6个分级分类监管事项以及9个产业分析模型。完成区市场局餐饮分级分类、区应急局安全监管分级分类2个场景，以及个体工商户开业登记申请功能和区生态局建筑工地夜间施工作业审批结果自助终端扫码打印功能。在七宝镇试点远程帮办服务，通过远程帮办系统，实现200项全市统一事项在居民区就近办理，真正实现家门口就近办事，减少居民群众路途奔波。

【"一网统管"建设】 2021年，闵行区推进"一网统管"建设。一是探索"市民端"智能派单。在七宝、梅陇等街道先行试点，以诉求人画像、一人多诉、多人一诉等专题形式，对市民服务热线数据进行动态多维分析挖掘，受理12345热线转办件共计93 659件。二是深化"移动端"建设，完成区级城运业务系统微信端升级测试，实现案件流程闭环管理。完成城运平台一体化指挥"三屏"联动测试，区、街镇城运中心可发起指挥调度，处置部门通过政务微信进行现场签到、处置反馈，并将处置结果同步展示在大屏端、PC端和智能终端，全区14个街镇835个网格共巡查上报案件828 071件。三是加快"感知端"建设。梳理区城运指标体征，成功实现110接警数、119接警数、12345工单数、交通事故、气象预警、疑似违法建筑等11大类、47项一级指标、106项二级指标体征数据的呈现，并与市城运平台进行对接。

【"市场监管云中心"场景建设】 2021年，闵行区将"非现场监管"逐步升级到"非现场执法"，完成互联网共治、专利信息智能化分析、云监管功能开发，实现区企业码在餐饮分级分类监管、信用分级分类监管执法的落地应用，在食品领域上线非现场执法功能，累计覆盖非现场执法点位45

个，该场景相继获得"2019餐饮安全治理举措创新奖""第一批全国法治政府建设示范项目"。

【"商户工地远程管"场景建设】 2021年，闵行区构建对全区建设管理领域统一管理的"智慧建管"平台，实现对各部门的数据进行采集、可视化、智能告警及治理闭环，结合5G、地图、视频技术、物联网技术，全方位监控工地基础信息、地理位置、工地范围等信息，实现异地远程管理。以闵行区3家在建工地为试点，实现安全帽识别、周界入侵监测等AI应用落地，通过AI智能识别违规行为，形成预警全闭环处置，该场景荣获第四届"绽放杯"5G应用征集大赛区域特别奖。

【"就业服务无缝联"场景建设】 2021年，闵行区通过"就业服务无缝联"场景建设，整合人力资源供需和就业服务信息，实现个人就业需求与企业招聘需求无缝衔接。优化完善"春申人才计划"政策网上申请受理工作模块，实现大部分人才政策项目申报"零跑动"目标；建设"智慧人社——E调解平台"2.0版，加强劳动关系调处数字化场景应用。

【"经济运行一张图"场景建设】 2021年，闵行区基本完成经济社会发展综合数据平台建设，实现战略性新兴产业监测分析、商业监测分析、"4+4"现代产业监测分析、闵行区居民收入监测分析等功能。平台展示数据指标264个，数据8 017条；数据表格133个，数据53 188条；主题应用18个，数据表112个，数据55 122条；文献资料80余篇，发挥了综合数据对经济运行和社会发展的监测、预测、预警作用。

【"龙吴路沿线生态环境智能化治理"场景建设】 2021年，闵行区吴泾镇在市、区城运中心的支持和指导下，针对四类车辆（渣土车、砂石车、搅拌车、垃圾清运车）在行驶过程中污染路面、车容不洁、未平厢平盖等违法行为进行实时监测管控，通过优化智能监控设备布局，实现自动发现、自动判别、自动报警、自动推送，为城市管理全覆盖、全过程、全天候管理提供支撑。已初步打通市、区、镇三级车辆信息端口互联，实时采集违法车辆运营单位、企业法人、实际使用人等信息，初步实现违法现象的自动发现、自动判别、自动报警、自动分发功能，尤其是城管"非现场"执法功能已取得明显成效。

五、数字化环境建设

【概况】 2021年，闵行区坚决贯彻市委、市政府关于城市数字化转型决策部署，开展广泛调研，加强顶层设计，完善推进机制，快速形成数字化转型工作格局。

【调研工作】 2021年，闵行区为推动场景建设，区领导带队走访察看智能工厂、数字赋能示范校等场景的建设进展，组织召开区国有企业、智能化特色平台、应用方、服务商等不同类型企业的专题座谈会。区数字化办组织人员赴市经济信息化委、浦东新区大数据中心和企业服务中心调研学习；与区房管局、区城管局、新虹街道、江川路街道等12家单位进行工作对接；主动邀请施耐德、商汤科技等具备数字化转型服务能力的知名企业品牌进行解决方案沟通；面向企业广泛征集数字化转型场景优秀案例，共收集到52家企业、78个应用案例。为在全区层面统一思想、提高认识，开展区委中心组学习（扩大）会、"科技创新促转型，比学赶超当先锋"专题培训班等活动，对相关委局、各街镇、工业区以及区属公司、园区等单位进行数字化转型集中培训。

【闵行区数字化转型工作领导小组成立】 2021年，闵行区数字化转型工作领导小组成立，小组由区委书记、区长担任双组长，成员包含区委办、区府办、区发改委、区经委、区科委等17家单位。领导小组办公室设在区府办，由分管副区长兼任办公室主任，区科委承担日常管理和协调推进工作，各条线分管副区长按照经济、生活、治理三大领域牵头推进。同时，按照区领导"管行业也要管行业数字化"工作要求，各单位均已组建工作专班，负责各自领域数字化转型工作推进，由区科委牵头建立起专班联络机制。

【政策文件制定】 2021 年，闵行区结合区实际发展情况，制定《闵行区数字化转型"十四五"规划》和《闵行区推进城市数字化转型工作方案（2021—2023 年）》，加快推动数字化转型示范，为数字化赋能区域发展树立标杆。同时，为加快推动闵行区工业互联网创新与融合发展，制定《闵行区推动智能制造与工业互联网促数字化转型行动计划（2021—2023 年）》，持续推进智能制造深入发展。

【闵行区城市数字化转型活动周举办】 2021 年 12 月 10 日，闵行区城市数字化转型活动周主题论坛暨"数以智用 万象更新"DIC 2021 中国数据智能大会举行。会上展示了闵行区在数字化转型各项工作中的突出成果，从行业趋势、前沿观点、先锋案例、机遇挑战等不同维度全方位聚焦数据价值，探索共赢未来的数智化新路径。同时，会上举行了闵行区第一批数字化转型服务商授牌仪式，10 家企业将为全区制造型企业提供数字化转型服务，加快推进闵行区工业互联网赋能实体经济高质量发展。

（马晓倩）

第十章　宝山区数字化建设

概　述

2021 年是"十四五"规划的开局之年，宝山区信息化建设持续提速增能，各项工作取得新成效。一是聚焦"数字科创"战略，开启数字化转型新进程。顶层设计画蓝图。形成"1+1+6"(区城市数字化转型工作领导小组、区数字办、6 个数字化转型工作专班)的工作机制和"1+1+3"(《宝山区关于全面推进城市数字化转型的实施意见》《宝山区推进城市数字化转型三年行动计划（2021—2023 年）》，以及经济、治理、生活三大领域数字化转型三年行动方案)的总体规划。召开全区数字化转型推进大会，聚焦"数字科创"战略，发布数字化转型新场景，形成企业联盟，倡导政府、企业、社会共同推动数字化转型的新模式。场景建设深聚焦。聚焦安全问题，率先推出"社区消防安全评价指标"覆盖全区所有居（村）。聚焦产业发展，打造企业上云"升龙池"，为在地初创优质小微企业提供免费上云服务。聚焦区域环境，建设"创全"智能化系统，构建事件快速闭环联动处置机制。

二是聚焦"数字底座"，开展信息基础设施建设。加快推动数字新基建。5G 逻辑基站建设总量全市前五；高起点编制吴淞创新城信息基础设施规划；完成 6.58 万余户困难家庭的百兆宽带升级工作，完成率达 109.7%；全面开展商务楼宇宽带接入市场联合整治行动，约谈近 50 家单位。加快形成数字底座基础层。区政务外网核心带宽扩容 10 倍，完成"一云"（电子政务云）"一池"（大数据池）"双中心"（科技网、宝之云 2 个数据中心）"三平台"（城运、公共数据共享交换、视频和物联感知数据共享 3 个平台）的技术基础架构建设，初步形成全区"云网数大"基础层。编制《宝山区公共数据管理办法》《宝山区电子政务外网管理办法》，逐步完善全区数字底座制度框架。加强数字赋能。加大数据归集和共享力度，从业务层数据逐步转向视频、物联等智能动态感知数据的共享；加大数据应用效能，构建单用途预付消费卡专题数据库；加大疫苗接种赋能，新开通各类疫苗接种点的网络接入点 50 个；赋能"两张网"建设。区"一网统管"接入场景模块 33 个，"一网通办"数据共享应用量增加 200%。

三是聚焦统筹优化，坚持信息化项目源头管理。项目实施稳中有序。全力推进《2021 年宝山区信息化建设项目实施计划》报批及实施，有序推进新建项目 23 项，完成项目批复 20 项。项目管理稳中有进。出台《宝山区信息化项目建设技术指南》，明确信息化项目统筹建设的技术标准。加强全区信息化项目归口全流程管理，严格把控环节，规范项目建设。全年完成区、镇两级财政资金信息化建设项目归口技术审核 68 项，信息化运维项目审核 21 项，信息化项目验收 90 项。系统整合稳中有优。推动系统整合优化，将 52 个信创改造系统整合为五大系统；持续推动政务服务移动端整合，"随申办"宝山旗舰店新增接入服务 5 项，政务微信、App 新增接入 5 项应用。

一、数字基础设施

【城市数字化底座架构加快布局】 一是实施"聚智工程"。聚焦数据与场景的融合协同，加快建设区数据智能中枢——数据中台。聚焦核心业务和重点工作，精准刻画个人画像、企业画像。启动打造 AI"算法超市"。探索建立区级"AI+视频"算法库，满足业务场景需要。推进赋能"场景应用超市"，辅助各类信息资源和业务功能的下沉落地、服务化封装和调度管理，助力场景应用的定制开发。

二是实施"聚网工程"。加快完成区政务外网 IPV6 地址规划与改造。加快构筑市、区两级协同联动的政务外网实时监测运维管理体系和安全防护体系，提升集约化建设和管理能力。积极推进 5G 网络建设和应用，实现重点产业板块的 5G 网络和千兆宽带深度覆盖，支撑数字化产业布局。

三是实施"聚云工程"。根据宝山区政务应用上云需求，统筹全区各信息系统所需的算力和存储资源，有序推进信创云、城运云建设和优化。运营扩容全区统一的视频图像和物联网平台，充分发挥"雪亮工程""智慧公安"等视频与物联感知数据在场景应用中的价值和作用。同时，以"小投入、大接入"的方式按需扩充，接入社会已建成的感知端数据。截至2021年底，已收到70家单位90个业务系统上云需求，制定了90套上云技术方案，开通了177个业务系统所需的云资源，完成了60个业务系统环境的部署，并将持续推进区内各部门、街镇园区信息系统迁移上云工作，完善区电子政务云体系。

四是实施"亮数工程"。聚焦数据智能链接，推进城市电子地图、二维码、公共数据、互联网数据的汇聚下沉。实现"亮图"，加快绘制城市数字底图，在"一张图"上加快推进城市空间、城市部件、城市运行动态的数字化和图层化并按需向各应用场景开放。实现"亮码"，加快统筹推进全区城市部件的二维码部署，加快启动建设统一的二维码应用共享平台，避免各部门在基础性相同的数据处理上重复建设。实现"亮库"，积极扩充公共数据资源库，对公共数据进行汇聚和治理，并融入公共服务和城市治理全流程。

【"双千兆宽带城市"打造】 宝山区信息化委员会（以下简称"区信息委"）联合中国电信、中国移动、中国联通3家通信运营企业，积极推进家庭宽带免费升级试用活动，依据宽带用户网龄、现有带宽情况，提供电话或短信开通渠道，加快将符合升级条件的宽带用户光纤路由器更换为更高性能的版本，截至2021年底，共为约14.3万户家庭提供家庭宽带增速服务。

宽带提速情况

（单位：个）

序号	街镇	移动新增数	电信新增数	联通新增数	合计
1	杨行	7 993	3 857	2 182	14 032
2	月浦	4 996	2 643	1 434	9 073
3	罗泾	2 037	2 255	644	4 936
4	罗店	8 631	2 374	3 013	14 018
5	顾村	11 692	4 651	7 063	23 406
6	大场	14 915	4 481	3 684	23 080
7	庙行	4 662	3 485	492	8 639
8	淞南	4 370	3 677	1 278	9 325
9	高境	5 555	2 817	1 469	9 841
10	友谊路街道	4 303	5 488	1 025	10 816
11	吴淞街道	3 423	3 155	422	7 000
12	张庙街道	4 536	3 185	912	8 633
总 计		77 113	42 068	23 618	142 799

【新基建大力推动】 一是加快5G建设进度。截至2021年底，共建5G室外基站3 548个，集约化建设信息管线49.6公里，实现外环以内全覆盖、重大板块全覆盖，推进能源生产、视频直播、智慧养老、能源运营等26个5G商业应用创新项目。区内光纤到户全覆盖，实现千兆到户接入能力，家庭平均接入带宽200 M，家庭宽带用户普及率98%以上。新建商务办公楼宇光纤覆盖率达到100%。二是统筹推动数字底座建设。制定《宝山区信息化项目建设技术指南》，统筹全区云、网、数建设技术规范和要求，打造智能弹性的区数字底座。三是大力消除"数字鸿沟"。全力推动为困难家庭免费升级百兆宽带工作，全区已完成百兆宽带升级6.58万余户，目标覆盖率达109.7%，超额完成既定目标。

【专项整治工作集中约谈会召开】 2021年7—9月，市经济信息化委、市通管局协同宝山区信息委、区房管局、区市场监管局召开商务楼宇宽带市场公平接入专项整治工作集中约谈会，重点约谈宝山区近50家商务楼宇。市、区两级通信运营企业共同参会，针对各园区及园区物业是否存在宽带业务排他经营、限制竞争行为、约束限制电信运营企业公平接入行为等进行谈话。通过本次约谈，要求各运营企业自查整改，共同推动宽带公平接入，督促园区尽快打通壁垒，保障园区内企业的合法权益。

二、经济数字化转型

【数字化赋能产业】 一是建设产业互联网标杆。立足已建行业级工业互联网平台和企业级工业互联网平台成果，通过推进"5G+工业互联网"，加快形成工业互联网标杆平台和工业互联网综合解决方案服务商。二是建设数字产业集群。以吴淞十大首发项目为牵引，加快推动区域总部、研发中心等为主的功能性项目落地。加快"数字链"与"产业链"紧密结合，形成规模化数字产业集群。三是建设企业数字化转型样板。以宝钢冷轧厂"黑灯工厂"为示范，加速重点企业数字化转型从单项突破向集成融合转变，打造更多自感知、自优化、自决策、自执行的智能工厂。四是推动产学研一体化。利用区内高校和在地央企多的优势，整合上海大学、宝武中央研究院等科研力量，提升核心技术科研攻关能力，协同推进关键技术产业化。通过数字经济赋能，实现"数字＋科创＋产业"的新联动。

【数字化服务转型发展】 一是服务科创企业。提供精准"科创在线"服务。为进入科创中心的初创优质小微科创企业提供便捷、低价的上云服务。二是吸引科创人才。

推行科创护照，以樱花卡为基础，打通信息共享渠道，提供区内就近服务资源，实现一本护照链接品质服务。三是优化科创环境。以南大智慧城、吴淞创新城为核心，以环上大数字微生态圈、数字街区微生态圈、数字园区微生态圈、数字商业微生态圈、数字田园微生态圈为支撑，推动城市数字化转型"双核五圈"标杆建设，打造数字赋能科创新生态。

【经济领域数字化转型】　推进产业经济数字化转型，实现经济发展提质增效。深化

"一网通办"全程网办场景建设，重点聚焦营商环境领域。推进跨省高频电子证照在政务服务窗口的场景应用。推进"一件事"系统功能开发，实现"3分钟填报、1分钟办结、零材料提交"快捷办理，提供极简易用的办事体验。推进企业上云服务，积极统筹现有云资源，逐步向优质小微科创企业提供便捷、低价的上云服务，帮助企业信息系统入驻"数字大楼"。推进全区产业服务与资源管理平台建设，部署社会经济综合发展平台，提升产业资源的动态管理能力和科学配置能力。

三、生活数字化转型

【生活领域数字化转型】　推进生活数字化转型，实现民生服务温暖、便捷。缩短宝山区人民群众与市中心的心理距离，创造优质、普惠的数字生活新图景。区信息委牵头各通信运营商，协同各街镇园区，加强宣传推进，截至2021年底，已对6.58万户光纤100兆宽带以下的存量家庭免费提速至100兆，使更多群众享受信息化快速发展的红利。深化"社区通""园区通""商圈通"的融合。积极引导、推进大华虎城与龙湖天街等商业载体实施"5G+智能化场景"改造。

【电子证照社会化应用拓展】　为顺应城市数字化转型，推动证照电子化，推动电子

证照在各类场景中的应用，建设了区电子证照库社会化应用管理系统，对接联调市级电子证照数据服务能力。截至2021年，已落实接入区劳动人事争议仲裁院、区图书馆出入扫码亮证核验身份这两大高频生活场景。

【社保卡服务效能持续优化】　梳理出宝山区"一街镇一表"，以居住地所在街镇为单位，下发未申领数据，实现"政策找人"，推动新版社保卡及时申领。完善"社＋银"工作机制，在区社保卡中心与服务银行对接的基础上，建立街镇社银联络群，落实各银行网点与社区网点衔接协同，切实提升服务效率。同时，开展社区、银行受理

网点交叉培训，组织小教员进社区、银行网点组织培训，确保社保卡业务政策口径一致、服务标准统一。2021年已组织开展社保卡业务培训7次，共计220人次。

【数据赋能助力疫苗接种工作】 一是切实落实"深调研"。坚持问题导向、需求导向、效果导向，通过走访吴淞街道等地，梳理疫苗接种精细化管理过程中的实际数据需求，专项研究疫苗数据治理工作，切实为基层精准掌握辖区内疫苗接种情况提供大数据支撑。二是深入研究"快响应"。与市大数据中心、区人口办进行数据对接，迅速完成全区疫苗接种情况的数据统计，形成分析报告，包括区常住人口第一针剂和第二针剂的接种人次、未接种疫苗的人数等。截至2021年底，已在全区疫苗接种点接种新型冠状病毒疫苗5 013 025人次。三是推动数据"多跑路"。推动实时数据动态更新，已着手为基层提供疫苗接种数据库清单，下一步，区信息委、区大数据中心将协同公安部门，共同加强对疫苗接种信息的统计分析，进一步为基层提供更为详细的数据支撑。

【特色应用建设推进】 运用信息化手段，提升产业发展集聚度、城市管理精细度和市民生活便利度，形成一批特色应用，共创"智"联生态。助力城市管理，深入推进"智慧公安"和"雪亮工程"，完成封闭式小区主要进出口"微卡口"（指人脸识别系统、车牌识别系统、Wi-Fi嗅探）全覆盖，助力全区刑事案件数、社区内盗窃类案件数显著下降，破案率大幅提高；助力安全生产监管信息化，建立监管企业基础档案，建成危险化学品重点单位档案库，实现区辖大型食品冷冻库食品存储的智能追溯管理；助力智慧环保在线监管，实现环境监察、污染源24小时在线监控管理；打造智慧交通2.0版，实施交通信号控制系统、交通诱导系统、高峰禁货电子警察系统，实现区域公交电子站牌全覆盖，建成宝山区共享停车公共服务平台。

提升生活品质。助力优化党建引领一站式掌上社会治理平台社区通，实现为民服务"零距离"，各居（村）委提供在线服务，吸引居民在线参与协商议事，有效解决群众提出的各类问题。智慧健康稳步推进，聚焦医药卫生体制改革，建立居民电子健康档案，实施医疗、公共卫生、分级诊疗信息化"三协同"，健康数据质量评价名列全市前茅。"互联网＋家庭病床"推进取得成效。智慧教育再上新台阶，积极推进校园数字化，完成"班班通"工程，部署移动教学实验室。智慧养老开启新时代，"银龄e生活"智能化居家养老覆盖全区各居村，为老年人提供紧急呼叫和52项生活代叫等智能居家养老服务。

【信息系统生僻字改造工作启动】 为切实解决市民群众因姓名中含有生僻字而无法在线办理业务、在线挂号、在线购买保险等实际问题，宝山区根据全市工作要求，开展信息系统改造工作，在排摸全区在用信息系统的基础上，汇集40个信息系统改造需求。后续加快工作进程，制定实施方案，尽快完成全区信息系统生僻字改造工作，推动为群众办实事取得实效。

四、治理数字化转型

【治理领域数字化转型推进】 推进社会治理数字化转型，实现社会治理科学、高效。坚持守牢城市安全底线，以数字化赋能建设"韧性城市"，加快推进基于移动互联网的分布式电动自行车智能充电插座建设，截至2021年底，已建约2 000个充电端口，共完成40 000余次充电，有效降低了宝山区域内由于电瓶车充电导致的消防风险。丰富"一网统管"系统建设，着力解决"大安全"问题，推进建设危险品车辆监管信息系统，打造建筑工地智慧综合监管平台。强化数据赋能基层治理，紧密对接基层对公共数据类别的共性需求，实现数据向基层的"点对点"下沉。

【"创全"工作全力推动】 一是赴营业厅点位检查"创全"工作情况。对照"创全"〔创全国文明城市（社区）〕点位检查测评标准，实地勘察宝山区中国电信、中国联通、中国移动等营业厅内外环境，包括"一米线"设置、控烟落实情况等，根据存在问题提出整改意见和建议，要求各通信营业厅定期排摸，确保"创全"工作不留死角。二是召开"创全"通信工作推进会议。针对吴淞街道等街镇"创全"检查工作中发现的通信架空线及老旧小区网络线路杂乱等问题，在中秋节假期里召集通信运营企业和长城宽带公司，提出整改要求、加强督查协调、推动整改落实。

【社区消防安全评价指标建立】 建立社区消防安全评价指标系统，提升基层消防管理水平。该指标总分设定为100分，分为客观类40分和主观类60分（客观类包括：119警情、12345热线、小区电瓶车充电装置情况。主观类包括：消防设备完好度、社区微型消防站、楼道堆物、违规充电、小区物业安全责任落实情况、小区消防安全宣传落实情况、小区违规搭建相关情况）。根据影响社区消防安全的关键项，区信息委调整评价指标分值权重，新增社区微型消防站日常值守和处置警情的情况10分，为攻坚解决制约基层消防管理水平的瓶颈问题提供抓手。

强化指标评价的"显示度"。用红、黄、绿 3 色在电子地图上分级展示全区村居的月度消防安全评价结果，及时警示高风险区域，推动各街镇提高安全管理的针对性、实效性。通过加快社区消防安全指数的结果运用，实现精准施策、精准整改。截至 2021 年底，共形成 5 期评价指标，作为各街镇加强闭环管理的重要依据。其中，19 个社区 83 条消防安全隐患通过视频通报完成督促整改，并对 13 个社区进行回头看抽查，形成了以评促改、协同管理的良性局面。每月将评价指标详细情况发给各街镇，让街镇了解每个小区每项具体指标的扣分情况，以便于精准施策、整改。

五、数字化环境建设

【区电子政务外网升级健全】 推进全区 OTN 技术对现有光纤链路进行扩容改造，升级优化区政务各部门、委办局、街道、事业单位等接入层的光纤链路。全面开展政务外网组网配置改造的实施。通过技术手段加强区电子政务外网应用安全防护，对网络中存在疑似恶意程序感染的风险进行扫描排查，并及时通知各相关单位，要求其对疑似感染恶意程序的设备进行隔离与处置，并做好设备终端的安全防护，及时升级杀毒软件，强化恶意程序检测与查杀。建立各委办局、街镇（园区）网络安全日常通报机制，截至 2021 年底，已通报 42 家单位 74 起恶意程序感染风险情况并提出处置建议。全力堵住网络安全漏洞，消除隐患。打造弹性、智能、安全的数字底座，铸强数字"硬内核"。

【数据赋能强化】 一是推动数据赋能"两网"建设。积极推动"一网通办"中基于用户分析的网页智能推荐、区级企业专属网页运营服务等场景数据应用；完成区城运"一网统管"平台 74 项数据推送。已向市平台累计上报 890 条数据目录，核心目录增加至 649 条。

二是加强公共数据治理水平。以需求应用为导向，开展走访调研，梳理数据共享需求，形成公共数据下沉清单，制定《宝山区公共数据资源共享应用指南》，赋能基层各项应用；不断扩充公共数据资源库，持续推进公共数据汇聚和治理融入公共服务和城市治理全流程，已接入部门 36 个，发布目录总数 2 701 个，发布数据项总数 4.85 万个，数据汇聚量 20.3 亿条，积极勾勒宝山区数字城市画像；开展"一网通办"高频事项"数源工程"，推动"数源"服务与政务服务对接融合，支撑"一网通办"创新应用；依托"随申码"打造生活数字化大型应用场景，通过打通数据壁垒，实现"活、通、畅"的"数字效应"。

【《宝山区信息化项目建设技术指南》编制】
对云、网等基础设施统一管理，对数据采集、存储、交互、应用、安全等方面全方位管理，对信息系统建设提出整体要求，加强了宝山区信息化项目的统筹把关和建设接入，推进信息系统优化整合、数据共享，加强网络信息安全建设。

【信息化项目全流程规范化管理加强】　围绕"统筹与优化"原则，变"盆景"为"常景"和"长景"，把"颜值"变"价值"。持续加强对街镇信息化项目建设现状及场景资源利用率的整体评估。对项目建设情况开展定期检查和抽查，对于未批先建、没有申报的信息化项目建立通报机制。严格把关单一应用场景以及资源利用率低的应用。

【多个项目通过验收】　由区信息委组织，宝山区行政服务中心统一受办理系统建设（三期）项目、宝山区新时代文明实践中心信息化系统建设项目、宝山社区通3.0版项目、宝山区教育云建设项目、罗店大居图像监控系统工程项目、宝山区农业公共信息化平台项目、宝山区淞宝地区停车诱导系统二期工程，宝山区智慧水务大数据平台（一期）——水务信息资源共享平台项目，宝山道路交通辅助指挥系统项目，宝山区智慧环保（一期）——数据集成平台项目，西泗塘、南泗塘水质提升工程增设智慧感知系统项目，宝山区外语听说标准化考场及模拟考场建设项目、区道路交通管理系统项目、宝山区学校安全中心信息化建设（二期）项目、社会面智能安防建设与智慧公安对接等项目通过专家验收。

【城市数字化转型工作领导小组成立】　宝山区城市数字化转型工作领导小组成立于2021年2月，由区委书记、区长担任组长，区委副书记任常务副组长，2位区分管领导任副组长。领导小组成员由34个相关部门负责人担任。同时，进一步制定和完善《宝山区城市数字化转型建设专项资金管理办法》《宝山区数字化场景开放和建设管理办法》《宝山区公共数据管理办法》等相关制度，加快推动城市数字化转型项目的建设，强化对场景应用和数据资源的全生命周期规范管理。坚持问题导向、需求导向，编制《宝山区全面推进城市数字化转型的实施意见》。

【数字化转型建设日常工作机制建立】　落实2021年城市数字化转型工作部署，挂图作战。建立数字化转型建设例会制度，总结工作亮点和经验，分析存在的问题，确定下一阶段工作任务。建立项目评估机制，定期汇总、评估区数字化转型重点工作和重大项目完成情况。建立交流反馈机制，编制《宝山城市数字化转型简报》。

【城市数字化转型"2+X"专题培训班举办】

2021 年 5 月 27 日至 28 日，宝山区城市数字化转型"2+X"专题培训班举办，区城市数字化转型工作领导小组成员单位及街镇（园区）数字化转型分管领导、区部分国有企业领导 40 余人参加了此次培训。培训班主题聚焦、针对性强，通过系统讲座和多元教学模式，提高领导干部对数字化转型的战略认识，增强运用数字化思维和数字化手段推进各项工作的能力。区委副书记张义在开班动员讲话中指出，数字化趋势对各行各业影响深入、意义深远，必须要抓住数字化转型机遇，理清工作中的重要环节，聚焦各领域高频急难问题，做好顶层设计和数据采集、流通、协同。全区负责数字化转型的领导干部们都要加强学习、深入思考，树立"管行业也要管数字化转型"的理念，将数字化转型作为一项长期和系统工程推进。副区长翟磊要求站在经济社会发展的大趋势下，深刻把握数字化转型建设的重要性、必要性和内在规律，看清大势，坚持问题导向，发挥政府、市场和社会三方力量，聚焦区"数字科创"战略和三大领域整体性转变，推动"双核五圈"和场景建设，做实数字办，实干巧干，深入推进区数字化转型工作。

【宝山区城市数字化转型推进大会举办】

2021 年 7 月 14 日，宝山区城市数字化转型推进大会举办。会上，《宝山区推进城市数字化转型三年行动计划（2021—2023）》正式发布，全面启动数字化转型"双核五圈"示范生态圈建设，建立"数字化转型场景建设生态联盟"，发布 7 个重点应用场景。区委书记陈杰指出，顺应数字化转型发展浪潮，一是加快改革步伐，推动观念革新和流程再造，创造出全新的生产生活形态和城市发展运行方式。二是建立宝山区特色亮点，聚焦生产数字化、生活数字化和治理数字化，用数字赋能科创主阵地建设，推出更多温暖人心的数字化"民生工程"，探索更多基层干部和老百姓爱用、管用的数字化手段。三是开放场景空间，创新场景建设运营机制，搭建各方合作共赢的平台。

市经济信息化委主任吴金城指出，要深刻认识上海进入新阶段全面推进城市数字化转型的重大意义，边谋划边推进，以市场体系、技术体系和治理体系来推动整体性转变；以新市场思维、新管理思维、互联网思维和统战思维来实现全方位赋能；以流程再造来实现革命性重塑；打造更多系统打通、数据融通的超级应用，构建城市、企业、市民的新型关系。全力支持宝山区利用丰富的科创资源、良好的产业互联网基础，加快引进科技型企业，加快推动企业数字化升级，用好场景资源，打造更多数字化转型的新示范、新标杆。

【宝山区城市数字化转型全面调研】 围绕

宝山区建设科创中心主阵地，重点调研经济、治理、生活三大领域的整体性转变。汇总各方共性需求，找准各领域高频急难问题，提出各领域数字化转型的重大项目、重大场景建设等。针对调研中发现的共性问题和典型性问题，有针对性地制定政策举措，切实推动问题解决，实现"1+3+X"的工作任务。

经济领域数字化转型聚焦"数字＋科创＋产业"，重点调研数字产业化和产业数字化、产业链和供应链创新、科技成果孵化与加速形成产业链等方面的数字赋能情况，研究数字驱动产业升级和转型发展。治理领域数字化转型聚焦"一网通办""一网统管"统筹建设，重点调研数字化创新治理范式、打造韧性城市的情况，加强"两张网"建设，推动数字治理落实。生活领域数字化转型聚焦市民普遍关注的养老、教育、医疗、旅行等问题，重点调研数字化推动生活服务更优质、便捷、普惠的情况，研究打造智能、高效的数字化公共服务体系。

【数字化转型标杆示范打造】　在把握新发展阶段、贯彻新发展理念、构建新发展格局、锻造新发展优势的过程中，谋布"双核五圈"建设，聚焦南大未来智慧城、吴淞创新城，建成 2 个富有特色的数字化转型标杆城，在环上大科技园、数字商业、数字街区、数字田园、数字园区领域打造 5

个城市数字化转型示范微生态圈，擘画城市数字化转型标杆示范。积极推进以友谊路街道为试点区域的数字街区微生态圈建设，整合街区内物联感知安防设备，对接街道需求，将"一网统管""一网通办"数据下沉，建成社区服务信息库，建立邻里、教育、健康、创业、建筑、交通、低碳、服务和治理等场景社区，刻画数字街区画像。同时，数字田园微生态圈建设初具雏形，围绕罗泾镇塘湾、海星、花红、新陆和洋桥 5 村联动，启动数字农场和农事在线服务建设，推动农村智慧治理、数业生产和休闲旅游。通过打造标杆示范形成可复制、可推广的经验，实现转型发展"点＋面"的集成效应。

【数字赋能优化营商环境】　一是建立长效机制，推进"场景招商"。牵头起草制定《宝山区推进城市数字化转型三年行动计划（2021—2023 年）》，将全区统筹公共服务场景资源和开放公共服务应用场景相关工作纳入方案中，充分挖掘区数字化转型特色应用场景和数据资源。二是优化市场环境，厚植"兴业沃土"。组织召开区商务楼宇宽带接入市场联合整治工作会议和 2021 年度生产、销售无线电发射设备专项检查工作会议，部署联合检查工作，通过规范市场经营行为、创造公平竞争环境。三是推进惠企服务，提供"精准把脉"。充分对接区内在建项目方案提供方和承建技术公司，为在建和已建场景提供安全稳定、性能优异、便捷快速的网络和政务云运行环境。四是实现数字赋能，打破"信息孤岛"。提升"一网通办"效能，会同区行政服务中心开展"一网通办"高频事项"数源工程"，支撑"一网通办"创新应用。拓展法人综合库，结合区商务委单用途预付消费卡管理工作，推进"企业预付消费卡管理"专题数据库试点工作。

（孙　娇）

第十一章　嘉定区数字化建设

概　述

2021年，在上海市经济信息化委等部门的关心支持下，在嘉定区委、区政府的正确领导下，根据全市总体规划和统一部署，嘉定区数字化建设践行"人民城市人民建，人民城市为人民"重要理念，围绕至2023年初步建成"全域感知、全产增益、全景赋能、全时响应"的数字化发展新高地的目标，基本建成"1+2+3+N"（即基本形成"1"个"物联、数联、智联"的城市数字底座框架，全力推进"2"个城市数字化转型示范样板，聚焦经济、生活、治理"3"个领域，形成"N"个具有显示度、体验度、感受度的数字化转型应用场景）嘉定城市数字化转型整体架构。嘉定区数字化转型总体布局逐渐清晰，以数字底座推动万物智能、以数字经济融合创新发展、以数字生活增进民生福祉、以数字治理打造韧性城市、以数字标杆塑造新城样板，区域特色日趋明显、市民感受明显增强，在各领域都取得了较为优秀的成绩。

一、数字基础设施

【嘉定区信息基础设施建设】　2021年，嘉定区发布《上海国际汽车城5G创新应用总体发展规划》《上海国际汽车城 5G+ 智能网联汽车专项规划》《2020—2021 年嘉定区 5G 信息基础设施滚动规划》，全区累计建成移动通信宏基站 3 973 座，5G 移动通信宏基站 3 336 座，移动通信室内分布系统 2 163 处，其中 5G 移动通信室内分布系统 668 处，基本实现嘉定主城区、嘉定新城核心区域、国际汽车城、智能网联测试区等区域 5G 信号全覆盖；全区在网手机用户总数达 301.2 万户，同比增长 8.5%，其中 5G 手机用户数达 137.3 万户，同比增长 194.63%；"光纤到户"家庭用户覆盖率达 100%，实际在网用户数达 103.9 万户，家庭光纤最高宽带速率可达 2 000 Mbps。

【5G 建设及规划专题工作会召开】 2021 年 7 月 22 日，嘉定区数字办召开 5G 建设及规划专题工作会。嘉定区副区长、区数字办主任李峰出席会议，嘉定区数字办、区规资局、国际汽车城（集团）公司、区内各运营商及相关规划设计单位负责人参加会议。李峰指出，嘉定区 5G 信息基础设施布局滚动规划要结合嘉定新城建设"十四五"规划，围绕嘉定智能网联汽车的特点，充分考虑全域无人驾驶道路开放测试的需求，基于应用需求对基站科学选址；对于嘉定国际汽车城"5G+ 智能网联汽车"等专项规划，要结合国际汽车城智能网联高地的优势亮点，重点突出有实用性、有显示度、有获得感的智能网联领域智慧出

行 5G 创新应用。李峰对区内运营商在嘉定区 5G 建设及城市数字化转型方面做出的贡献表示认可与感谢，并希望各运营商抓住嘉定区城市数字化转型、嘉定新城新一轮发展和嘉宝智慧湾未来城市实践区建设等机遇，充分发挥企业的主体作用积极参与，主动梳理优质应用案例，形成案例清单；嘉定区也将提供充分的空间与平台，为运营商与企业搭建沟通渠道，协同探索，争取在嘉定形成更多的创新应用和示范应用。会上，相关规划设计单位对嘉定区 5G 信息基础设施布局滚动规划、嘉定国际汽车城"5G+ 智能网联汽车"专项规划等进行了介绍，区内各运营商就 5G 建设推进情况及城市数字化转型相关工作推进情况做汇报。

【"为困难家庭免费升级百兆宽带"实事项目】 2021 年，嘉定区科委组建工作专班，区镇联动、政企联动，通过线上线下"组合拳"全力推进"城市数字化转型"落地见效。在提升群众智能生活方面，推动中国电信、中国移动和中国联通三大运营商以"双千兆宽带城市"建设为切入点，以免费升速为民办实事为抓手，助力建设有温度、有科技、有智慧的人文城市。2021 年 7 月，嘉定区提前完成市政府实事项目"为困难家庭免费升级百兆宽带"年度目标，全区超 43 000 户家庭受益。"为困难家庭免费升级百兆宽带"的成功实施，让嘉定区更多家庭享受到信息化快速发展

带来的红利，助力上海"双千兆宽带城市"建设，为城市数字化转型提供支撑。

【高性能云计算基地开建】　2021年，嘉定区"云＋智能驾驶"创新基地启动建设。投入使用后，"云＋智能驾驶"创新基地将成为高性能云计算基地，为算力和研发企业项目入驻提供基础保障。同时，嘉定区也将以创新基地智能驾驶行业定向研发为导向，吸引国内知名汽车制造商、云服务提供商、IT服务提供商、顶尖科研机构等入驻，打造智能驾驶产业聚集地，有力推动嘉定城市交通数字化转型，赋能嘉定汽车"新四化"产业转型发展和智慧城市数字化交通管理。

【政务网络建设】　2021年，嘉定区电子政务建设持续深化。全区电子政务外网已实现区、镇、村三级光纤网络全覆盖，接入单元达2 523个，其中包括行政村150家，社区居委会420家，镇企业178家，各委办局、职能部门及事业单位（包括学校、医院、公安等各条线）1 775家，接入网络用户达25 933名，区智慧政务办公平台用户总数达17 885人，日均在线办公人数约5 900人。智慧政务云计算中心不断完善，建设区智慧政务云计算中心和区智慧政务数据网络中心。"两中心"承载全区各类网络设备2 281台，服务器261台，运行虚拟机240台，政务云主机442台，承载全

区各类业务系统137个。区行政服务中心（大数据中心）共有计算机资源vCPU4 944个、内存10TG、存储空间361TG，基础资源平均使用率达83%。

【嘉定区大数据中心建设】　一是打牢数据支撑改革的硬件基础。根据《上海市电子政务外网建设和运营管理指南》以及《嘉定区推进新型基础设施建设行动方案（2020—2022年）》文件要求，积极推进"一网双平面"建设新型电子政务外网升级改造。政务外网核心和汇聚层区域带宽已达100G，支持IPv4和IPv6双栈技术，实现全网数据流量、视频流量逻辑隔离、独立运行，互为备份，并支持与市级政务外网骨干网的数据平面、视频平面实现千兆互联，为跨部门、跨层级、跨区域的网络互通、数据共享、应用协同提供有力支撑。结合全区XC替代工程，推进建设国产自主可控的XC云与密码安全体系，与现有电子政务云并轨运行，为全区政务数据提供安全可靠的云资源。二是推进数据赋能场景应用。依托市级"数源"工程，选取食品经营许可、公共场所卫生许可等9类高频事项，将行政许可涉及的数据"源头"封装成固定数据接口，实现行政许可申请字段自动获取、系统预填，申请人平均填表时间大幅缩减。加强区级政务数据治理，牵头编制区级资源目录743个，汇聚区级数据量超15亿条，累计形成数据需

求913个，为区发改委、区经委、区城运中心、各街镇提供数据近3900万条。

【"双千兆"应用体验中心揭牌】"双千兆"宽带建设是城市数字化转型的重要基础设施。2021年6月16日，"双千兆"宽带城市体验活动之生活体验首站活动在上海国际汽车城拉开帷幕，上海首个"双千兆"应用体验中心正式揭牌。"双千兆"宽带城市体验活动主要针对重点应用行业及特色应用项目在不同区域开展持续性的体验活动，邀请企业、市民、学生共同参与，推动典型应用成果展示，促进"双千兆"应用发展和产业聚集。

二、经济数字化转型

【虹桥国际数字店播基地启动】2021年5月17日，虹桥国际数字店播基地在南翔正式启动，助力打造国货新品牌。嘉定区副区长李峰出席活动。虹桥国际数字店播基地面积达3000多平方米，集数字人才培训、"上海制造"品牌直播、"新国货"全球首播、网红选品中心、网络新消费品牌孵化为一体，可帮助入驻企业解决缺少专业主播和运营人才的痛点，快速培育新兴消费品牌，助力在线新经济发展，助推嘉定数字化转型。

【12英寸先进传感器研发中试线通线】2021年6月30日，由国家智能传感器创新中心建设的国内首条12英寸先进传感器中试线成功通线。该中试线以国产设备为主，具备晶圆键合、晶圆减薄、干湿法刻蚀、物理和化学气相沉积、原子层沉积、化学机械研磨、湿法清洗、自动化量测等先进传感器和晶圆级3D集成技术的核心工艺能力，同时为国产装备提供验证平台，加速先进传感器产业链国产化。12英寸中试线位于嘉定国家智能传感器创新中心，该创新中心致力于先进传感器技术创新，以关键共性技术研发和中试为目标，联合中国传感器与物联网产业联盟1000家以上产业链各领域代表企业开展共性技术研发，形成"产、学、研、用"协同创新机制，加速我国先进传感器及其相关应用的核心技术发展，推动智能传感、物联网、人工智能等生态体系建设。

【隧道股份上海城建数字产业集团落户】2021年7月12日，嘉定区举行隧道股份上海城建数字产业集团落户揭牌仪式。嘉定区委书记陆方舟，隧道股份党委书记、董事长张焰共同为上海城建数字产业集团揭牌。数字产业集团将面向智慧城市需求，打造包括政府、高校、市场等在内的数字生态圈资源集成平台，加快新兴数字产业创新孵化培育。政企双方将发挥各自优势，在嘉定新城新一轮开发建设中，为各类市场主体提供更广阔的合作空间，推进更多新理念、新项目在嘉定落地实践，携手推动城市向数字时代迈进。

【经济数字化转型工作】　2021年，嘉定区通过座谈会、培训会和宣贯活动等多层次推进区级数字化转型工作。7月14日至16日，分别召开汽车"新四化"领域和高性能医疗设备及精准医疗领域数字化转型座谈会，邀请区内重点数字化转型企业就数字化现状、转型路径、数字化转型项目（应用场景和平台）、遇到的困难问题及相关意见建议等内容进行交流；相关部门多次召开工业互联网政策培训与宣贯活动，邀请行业专家进行工业互联网发展态势与政策体系分析，解读《嘉定区工业互联网创新发展专项支持实施意见》。通过营造良好的企业数字生态环境，为进一步发力经济领域数字化转型提供支撑，助力城市数字化转型。

【百度自动驾驶 Apollo Park 入驻】　2021年，百度 Apollo Park 在上海嘉定国际汽车城正式开园，嘉定区委常委、统战部部长、嘉定区世界级汽车产业中心建设领导小组常务副组长兼办公室主任陆祖芳，市经济信息化委智能制造推进处处长陈可乐出席开园仪式。开园后，嘉定将建设华东地区规模最大的自动驾驶车队，园区内将集合百度自动驾驶研

发中心、无人驾驶运营指挥中心、多源传感器融合标定中心、智能网联云控指挥平台、前沿产品展示中心、产业合作平台、开发者生态社区和科普教育基地等功能布局，融合超过210家车企、硬件及软件供应商、高校、开发者。首批数字化汽车产业合作企业品牌包括威马、新石器、智行者等入驻嘉定，后续还将有更多智慧交通企业汇聚嘉定，共同建设嘉定首个国家级智能网联汽车试点示范区，推动智慧道路和智慧城市建设。

【数字农业云平台建设】　上海数字农业云平台由市农委信息中心、上海市测绘院与嘉定区企业上海左岸芯慧电子科技有限公司联合打造。平台已将全市9个涉农区的规模化农业生产经营主体和农业生产用地纳入动态可视化监管，覆盖粮田、菜田、经作田、果园、水产和畜牧。云平台依托"神农口袋"作为信息直报系统，可采集农业生产过程的播种、施肥、用药、采收和销售等全口径数据，为上海市"一图""一库""一网"夯实数字基底，以即时数据直观反映全市农业生产现状。各规模化农业生产经营主体通过"神农口袋"已累计上报超过740万条的农事记录。

【数字化无人农场产业片区建设】　2021年，嘉定区根据《上海市推进农业高质量发展行动方案（2021—2025年）》，在全市13个"绿色田园先行片区"中，负责打

造"数字化无人农场产业片区"，在外冈镇1.7万亩粮田推进无人农场建设。如在周泾村水稻田里，空中有无人机喷洒农药，田间有植保机和插秧机，各类农事均实现自动化操作，工作人员只需通过操作系统便可以掌控。同时，上海百蒂凯蔬果种植专业合作社已成功创建上海市"机器换人"示范基地，245亩示范基地内，耕、种、收各个环节的综合机械化水平达71.4%。

【档案数据中心产业园区建设】 2021年，嘉加集团针对"红星针厂"地块，发挥自身所具有的物业厂房资源优势，与上海鸿翼软件技术股份有限公司联合打造嘉加鸿翼档案数据保护中心（南翔）产业园，计划通过园区二次开发更新建筑风貌，建设一个以"数据档案保存＋档案实体托管＋档案产业集聚"为核心的档案数据中心产业园区，实现数据从内容到知识，再到智能化的全面提升。此外，园区将联合国家档案局、上海大学等院校机构，设立档案研究实验室，共同探索如何让老档案变成数字资产。

【上海智能汽车软件园落户】 2021年，上海市经济信息化委批准在嘉定区建设以汽车软件产业为主的市级信息服务产业基地，定名为"上海智能汽车软件园"。就此，上海国际汽车城在建设世界级汽车产业中心核心承载区的目标下又走出坚实一步。智能汽车软件园着眼汽车软件领域，加快核心技术攻关，补齐基础软件、高端工业软件短板弱项，利用云计算、大数据、人工智能、5G等新一代信息技术领域优势，引导国内外软件企业在技术、标准、人才、知识产权等领域加强合作。到2025年，初步建成以智能汽车软件、车联网、智慧交通信息服务为主导的、特色鲜明的上海软件新兴产业基地，争取创建国家火炬计划软件产业基地。到2035年，"理念超前、设施完备、服务高质、环境优美"的现代化智能汽车软件园完成建成，将成为全球智能汽车软件创新中心、全国车联网软件产业引领区、上海交通软件信息示范基地。

【德必为城数字营销基地落户】 2021年，德必为城数字营销基地落户嘉定区嘉加德必易园。基地占地约2 200平方米，将搭建6个直播间、30余个数字化生活体验场景，囊括户外、出行、医疗等，供园区白领及周边居民娱乐体验，还将通过数字化加持，让体验场景兼具电商直播、内容生产、社区活动等多重功能，探索创意产业园区内的新业态、新模式和新增长动能。嘉加德必易园已建起AI社区运动场、人工智能餐厅、智能机器人服务队等基础服务设施，同时引进包括社区数字生活基地、直播MCN机构等业态在内的多家相关产业企业。未来，该园区还将进一步探索多样性的创新功能，充分结合数字经济机构发展趋势和社区生活服务需求，运用移动互联、云计算、大数据、人工智能等手段，进一步升级开通无感停车、刷脸支付、机器人餐厅等智能化服务，激发老城区的新活力。

三、生活数字化转型

【"一网通办"政务服务可及度升级】　一是持续扩容嘉定区政务服务中心可办事项。深入推进"两个集中"改革，即企业事项向区行政服务中心集中、个人事项向街镇社区事务受理服务中心集中。2021年，全区"一网通办"政务服务网点新承接了市级下放事项23项，其中个人事项3项、企业事项20项。6月，区建设项目审批审查中心正式挂牌并实体化运作，建设工程领域已有34项主线、38项辅线纳入窗口受理。二是创新设立"政务服务站"。依托15分钟社区综合服务圈，将个人、涉企事项的服务窗口前移至步行15分钟半径的"家门口"。首批174项涉企事项、200项个人事项可在"我嘉·邻里中心"办理，163项事项可在"一网通办"自助终端、移动端实现全程网办，104项事项实现长三角互认通办。"十四五"期间，计划实现"一网通办"功能嵌入"我嘉·邻里中心"，并同步推进"一网通办"入商圈、入园区，不断提升政务服务的可及性和便捷度。三是推动"一网通办"进一步惠及老年群体。多渠道开展"一网通办"长者版普及宣讲，帮助老年人运用智能技术改善办事体验。推出60周岁及以上老年人自助终端"离线码"打印服务，方便没有智能手机的老年人在180天"离线码"有效期内亮码出行。

【跨省通办和长三角"一网通办"打通】　一是设立"跨省通办"专窗和长三角"一网通办"专窗。依托"全国一体化政务服务平台"上的企业新开、变更等业务申请服务，企业工作人员足不入"沪"，即可完成全部申领执照工作。2021年5月以来，嘉定区已向分别开设在湖北襄阳、江苏南京的两家企业发出"跨省通办"营业执照，公司申办新开的全部受理流程均在线上完成。二是开展"长三角"电子证照互认。嘉定区行政服务中心已全面应用市级归集31类长三角电子证照，个人身份证、户口簿、企业营业执照等高频应用证照在交通、人社、农业、卫生等多个领域实现数据互联互通，逐步打通跨省业务链条数据共享堵点，深入推进"两个免于提交"在更大范围的政务服务及社会化生活领域中的应用，实现更大范围长三角电子证照互认场景应用。

【智慧车列交通系统示范线开通】　作为嘉定区远香湖中央活动区"一环三路"智慧交通项目中的重要一项，嘉定智慧车列示范线于 2021 年 6 月 16 日正式开通，定位为全球首套平均运营车速最快、单位时间运量最大的骨干公共交通系统。示范线以沪宜公路（叶城路—陈翔路）的合乘车道作为道路基础进行试点示范，全长约 8.2 公里，经过 22 个交叉路口，在正常交通环境下行车需 20 分钟以上，智慧车列一路绿灯，以 60 公里 / 小时的速度跑完全程，用时不到 9 分钟。智慧车列的运量相当于轨道交通系统，但比轨道交通灵活性更高、出行速度更快。智慧车列交通系统由优化的交通道路系统、道路智能信息化系统、智能乘客服务与中央控制系统、智能网联车辆系统、运营安全保障系统和智能维修保养系统 6 个子系统构成，实现人、车、路深度融合，从而提升出行效率。

【白银路智慧道路品质提升工程完工】
2021 年，经过半年多建设，白银路智慧道路品质提升工程已基本完工，全线恢复通行。作为嘉定新城打造智慧交通高地的重要一环，在白银路上，包括流量、车速、轨迹等各类通行数据，都可以通过摄像头进行捕捉。激光雷达、毫米波雷达对车辆行进轨迹进行精准测量，与视频信号形成互补。相关数据由路边的一体化智能机柜运算分析后，通过发布单元对智能网联车辆进行发布，从而使车辆获取更大的感知范围，对行驶策略进行调整，真正实现车、路、云互通互联的智慧网联交通体系。除

了为智能网联车辆提供更多数据支持外，相关研发部门还搭建了智慧交通数字驾驶舱管理系统，实现道路信息的全息采集，将智慧路口、智能网联、智慧管养等信息用可视化方式实现一屏展示。交通管理部门通过一块大屏，实现包括通行环境提前预警、交通组织优化、信号灯自动切换等城市交通智慧化管理，提升管理效能。此外，白银路还建设了智慧路口、智慧公交驿站、智慧斑马线及智慧显示屏等多个应用场景，提升智慧道路显示度。同时，嘉定新城注重分段打造各具特点的示范路段，创造多功能交通空间，营造现代、简洁、大气的交通环境。

【中国地区第三届自动驾驶公众体验日活动举办】 为进一步让市民了解自动驾驶汽车，2021 年 11 月 27 日，国际自动机工程师学会（SAE）、上海国际汽车城以及百度自动驾驶，在上海国际汽车城 EV-AI 智行港联合举办中国地区第三届自动驾驶公众体验日活动。市民只要下载"萝卜快跑"App，根据软件引导，便可免费试乘，车辆服务时间为每天 9:00 至 23:00。服务覆盖安亭 89 平方公里内的 217 公里道路，推荐上车点约 100 个，涵盖生活住宅区、商业娱乐区、地铁站、公交站等多种出行场景。自动驾驶车辆能够精准识别红绿灯，实现自动避让行人、车辆等功能，乘坐感觉舒适。借助此次自动驾驶公众体验日的契机，让更多市民了

解自动驾驶共享出行"安全、低碳、便捷、高效"的出行理念。下阶段，嘉定区将继续推进示范应用，构建更大范围、更丰富场景、更复杂路况的测试环境，逐步提升面向智能网联汽车、智慧交通和智慧城市的综合服务能力。

【享道 Robotaxi 首发】 2021 年 12 月 8 日，"享道 AI 到"享道 Robotaxi 上线体验日在嘉定汽车城举行。上汽集团宣布国内首个车企 L4 自动驾驶运营平台——享道 Robotaxi 正式启动运营，让用户体验安全、有趣、触手可及的未来出行。当天，享道 Robotaxi 部署首批 20 台运营车辆，用户可通过"享道出行"App 一键呼叫。成功呼叫后，用户可远程定制 Robotaxi 车内环境，包括播放音乐、预设空调温度等，个性化定制出行体验。位于嘉定汽车城的享道 Robotaxi 体验中心同期开业，供广大市民进一步了解自动驾驶出行服务。据悉，享道 Robotaxi 全面整合上汽乘用车、上汽人工智能实验室、Momenta、享道出行等产业链优势资源，将"成熟出行运营经验"与"领先自动驾驶技术"有机结合，以端到端的"智造 +AI+运营"三位一体模式，构建数据驱动、持续进化的生态体系，探索 L4 自动驾驶技术在城市出行场景的运用和创新。

【医学影像领域全国首个独立组网 5G 商用试点落地】 2021 年，联影医疗技术集团有限公司携手上海移动搭建起全国首个独立组网（SA）的 5G 医学影像领域商用试点在上海市嘉定区域影像中心正式落地。专家组从 5G 医疗应用成效、应用数量、商业闭环等方面进行综合考量评议，嘉定区中心医院作为 5G 远程影像诊断的示范点，被评定为 5G 医疗卫生标准行业应用优秀案例乙级单位。"联影—嘉定区域影像中心"借助 5G 技术率先全面升级，为未来各地区（县域）智能影像中心建设提供可参考的方向和可借鉴的路径。影像中心自成立以来，已逐步扩展服务至全区 160 万常住居民及云南、青海两个对口支援县医院，实现区域内基层影像诊断同质化服务。

【"便捷就医服务"场景数字化转型】 2021年，嘉定区响应《上海市"便捷就医服务"数字化转型工作方案》精神，积极推进"便捷就医服务"场景试点建设，切实提升市民就医便捷度和获得感。在药房支付场景中，嘉定区积极推进医保定点药房实现医保卡脱卡支付，经过一年建设，嘉定区已在 125 家定点药房实现医保卡脱卡支付。后续，医保电子凭证还将逐步实现医保查询、医保缴费、异地就医备案等服务功能。在医院就医场景中，在嘉定区中心医院自费卡脱卡支付的基础上，新增医保卡脱卡支付功能，仅通过一部手机就能完成就诊全流程，进一步为市民就医提供便利。患者可通过嘉定区中心医院微信公众号挂号和支付挂号费，带着电子医保凭证直接去诊室就医；就诊完毕手机上立刻显示药费缴付明细，手机支付后可直接在药房出示电子医保凭证完成取药，大幅度节约市民就诊时间。

【商保医疗费用直结平台上线】 2021年，由医院与中国人寿合作搭建的商保医疗费用直结平台在嘉定区中心医院正式上线。该平台实现了医院收付费系统与保险公司理赔系统的直联互通。双方客户信息、理赔数据可实时传输、交换。商保患者无论采用人工收费、诊间付费、自助服务机或医保脱卡支付等方式进行结算，均可同步完成商业保险理赔审核及赔款支付，即患者只需支付扣除医保统筹及商保赔款后的剩余部分，从而实现了商保患者在医院医保与商保的一站式"秒"赔。2021年，嘉定区通过开展分时段预约、搭建远程会诊平台、实现药品目录一体化管理、推进集约化诊疗服务等举措，充分发挥信息技术优势，便捷就医服务逐步向数字化转型，患者就医体验不断改善和提升。未来，嘉定区还将进一步探索构建智慧医院新模式，助力打造数字健康城区。

【"e嘉乐"养老场景数字化转型】 2021年，嘉定区推出"e嘉乐"智慧养老服务，成为老人家中的"智慧管家"，着力解决高龄、独居老人的安全问题。平台系统里详细登记了安装"e嘉乐"设备的老人家庭情况，包括既往病史、慢性病、子女联系方式等，紧急情况下接到老人呼叫后，系统会调取老人资料，在了解老人身体情况后，遵循老人意见帮他寻求帮助。除能与家人一键通话和紧急求助外，"e嘉乐"还涵盖了关爱服务、信息查询、"三甲"医院专家门诊预约挂号、养老管家等服务功能。2021年上半年，平台已经累计服务超过10万人次，其中受理紧急呼叫近1.2万人次，参与"e嘉乐"项目的老年人近4.5万人。作为嘉定区一项普惠性服务，区民政部门前期已针对全区高龄独居老人开展了多轮上门排摸与宣传引导，下阶段，相关部门将根据实际情况，加快实现服务对象全覆盖。

【"智慧餐厅系统"运行】 2021年，嘉定区花园弄社区分餐点正式运营，老人在这里只需"刷脸"就能完成预定和支付。花园弄社区是嘉定区首个使用"智慧餐厅系统"的分餐点，老年用餐人员录入个人头像信息后，便可开通人脸识别功能。只要就餐卡内余额充足，老年人便可通过刷脸进行餐食预订和支付。此外，该分餐点的一周菜谱会提前公布在点餐机上，用餐人员可根据个人口味喜好定制套餐。除刷脸支付，点餐机还配备了微信、支付宝、银行卡等支付方式，满足不同人群的个性化需求。后续还将新增识菜AI系统，为社区全年龄段居民提供数字化便利餐饮服务。

【"学习者中心"建立】 2021年，嘉定一中设计智慧校园系统，依据学生特质进行基于大数据驱动的因材施教，探索如何真正发掘学生潜质，实现减负增效。学校以学生成长为中心，将信息技术与教育教学深度融合，通过线上线下学习空间的再造、逆向设计的精准课堂，改变学生的学习方式；通过学习智库、资源链接、提升教师育人理念等途径形成新课程体系；以核心素养为基础，以数字画像为依据，实现个性化、智能化学生成长评价，从而构建"合作—创新型"人才培养体系。

四、治理数字化转型

【"一网统管"市域物联网运营中心数据接入】 坐落在嘉定区的"一网统管"市域物联网运营中心自正式启用以来，每日产生的数据量超过3 400万条，上海16个区自建的51万个物联网设备以及各委办局可公开数据已全部接入该平台。由物联感知设备生成的数据通过加工处理，能够为10多个行业的100多个应用场景提供物联数据和算法服务，并为城市数字化转型提供从数字基座到应用场景建设的整体解决方案。未来，"一网统管"市域物联网运营中心还将通过布设千万级社会治理神经元感知节点，强化"物联、数联、智联"的底座能力，在更大范围、更宽领域、更深层次支撑城市治理全方位变革，努力构建科学化、精细化、智能化的超大城市"数治"新范式。

【"双智"试点项目建设】 2021年，嘉定区代表上海参与"双智"试点，是全国6个试点区域之一。嘉定区积极推动"双智"试点在安亭落地，打造安亭全域智能网联示范区，创建车路协同应用场景环境，新建开放测试道路三期213个路口，建设道路智能感知配套基础设施等，"双智"试点项目稳步推进实施。

【下立交积水感知系统升级】 2021年，嘉定区城运中心积极配合城市数字化转型，开展下立交积水感知系统升级，实现从自动预警、手动派单到预警、派单、处置结案的全流程自动化闭环管理，"一网统管"平台通过数据抓取对接防汛部门的积水监测、公安部门的"雪亮工程"，对全区81个下立交实现感知监控全覆盖，一旦触发预警，相应信息会通过政务微信自动推送至属地街镇的防汛部门负责人，相关人员能在第一时间赶到现场进行处置，进一步提升全区智慧防汛能力，有效提升突发事件的应急处置能力和城市防范化解风险能力。

【台风天供水安全保障】 2021年，台风"烟花"袭扰上海，嘉定区应用城市治理数字化场景技术，有效保障城市安全有序运行和市民正常生产生活。为应对台风影响，嘉定供水系统搭建了厂站重要点位视频汇总平台，可即时掌握各厂站的生产运维情况，共计接入74条视频线路，形成统一数字化应用场景保障供水安全。供水保障系统监控大屏实时显示制供水能力和水质、生产物耗、工单热线、服务营销等数据信息，工作人员通过分布在全区的21个水质监测点、25个流量监测点和81个压力监测点位的实时数据，可以轻松做到"一张屏"掌控全区的供水情况，通过对自来水水质保持24小时实时监测，确保从水厂通过管网到用户水龙头的用水安全。

【智能建造工地建设】 2021年，住建部在全国首批开展的"智能建造与建筑工业化协同发展"试点7个项目之一的嘉定北金地项目开工，该项目也是上海首个智能建造工地。该项目自研"建筑信息建模技术智能建造"BIM全流程协同管理平台，实现工程管理智能化。智能建造管理平台包含施工进度管理、质量管理、精装工序管理等8项内容，搭建了施工进度、质量总览、人员管理、智能设备等15个模块。参建各方可以通过这一系统，对项目的施工进度、质量、安全以及智能设备的运用进行综合把控，实现工程建设全流程智能化管理。并且，嘉定区已搭建建设工程智慧监管平台，进一步探索智能建造在工程建

设各环节中的应用，持续高质量推进城市治理数字化建设。

【"社区云—智慧报表"工作推进】 2021年，嘉定区坚持问题导向，积极探索"村居减负"数字化转型，努力让基层心无旁骛为群众干实事、解难事，不断提升基层社区治理效能。嘉定区地区办组织相关部门，建立区村居电子台账试点工作专班，制定下发《试行村居电子台账（智慧报表）工作方案》，在前期调研与"社区云"系统优化的基础上，将试点范围扩大到全区120个村居，利用区城运信息系统组织15个委办局、12个街镇和400个村居相关人员进行填报业务培训，明确相关委办局和各街镇的责任，听取各委办局组织开展村居填报工作情况汇报。同时，启动12个"社区云—智慧报表"村居监测点，进一步了解"社区云—智慧报表"工作贯彻落实情况，确保全区"社区云—智慧报表"工作推进。下一步，嘉定区将继续深入推进"社区云—智慧报表"工作，收集村居在填报过程中反映的问题建议，优化信息系统，确保市级先行试点任务做细、做实、做好，实现通过数字化手段助推提升社区治理规范化、精细化水平。

【智能化追溯体系建设】 2021年，嘉定区完成了对区内33家食品生产企业的生产过程智能化追溯体系建设，主要涉及乳制品、

大米、大豆油等产品。市民只需通过手机扫描印有追溯二维码的商品，就能轻松查询到该商品的生产日期、产地、入库时间、检验报告等信息。智能化追溯系统有助于实现消费者与企业的"双赢"，为消费者减少食品安全风险，企业则可进一步审查供应商、监控生产各关键节点、及时掌握出厂检验进度，实现食品质量安全顺向可追踪、逆向可溯源、风险可管控。

五、数字化环境建设

【城市数字化转型工作领导小组成立】
2021 年 1 月，对标市城市数字化转型工作领导小组架构，嘉定区委印发《关于成立上海市嘉定区城市数字化转型工作领导小组的通知》，将区智慧城市建设领导小组等相关领导机制充分整合、归并，健全城市数字化转型工作推进领导机制，统筹推进嘉定区城市数字化转型工作。领导小组由区委书记、区长任组长，相关分管副区长为副组长，成员单位由区发改委、区经委、区商务委、区科委、区公安分局、区卫健委、区教育局等委办局，街镇，上海嘉定新城发展有限公司和国际汽车城等单位共同组成。领导小组下设办公室，设在区科委。办公室下设 4 个工作组，即综合协调组、统筹保障组、两网建设组和新城样板组。其中，综合协调组由区政府办公室和区科委牵头负责，统筹保障组由区发展改革委和区财政局牵头负责，两网建设组由区行政服务中心（区大数据中心）、区城市运行中心牵头负责，新城样板组由上海嘉定新城发展有限公司牵头负责。

【数字化转型行动方案研讨会召开】 2021 年，嘉定区召开《嘉定区城市数字化转型行动方案（征求意见稿）》研讨会。嘉定区数字办、区府办、区经委、区商务委、区农委、区国资委、公安嘉定分局、区行政服务中心、区城运中心、区教育局、区民政局、区建管委、区交通委、区文旅局、区卫健委、区体育局等单位分管负责同志参加会议。嘉定区通过研究编制《嘉定区城市数字化转型行动方案（2021—2023年）》，梳理一批重点应用场景和建设清单，部署一批具有引领带动效应的示范项目和重点工作。研讨会上，各单位就行动方案中总体目标、重点项目和应用场景的科学性、合理性、可行性展开交流发言和深入探讨。

【城市数字化转型大调研工作开展】 2021 年，嘉定区数字办制定《嘉定区推进城市数字化转型大调研工作方案》，围绕经济、生活、治理三大领域，分别由区经委、区科委和区城运中心牵头负责。各牵头单位分别形成各领域专项调研计划，深入基层听取相关职能部门、企业、市民的意见和建议，重点关注管理和服务对象的痛点、堵点、难点和高频、棘难、急需问题。

【城市数字化转型企业座谈会召开】 2021年4月2日，嘉定区数字办召开城市数字化转型企业座谈会，邀请各行业领域重点企业共同参与探讨交流。上海联影医疗科技股份有限公司、上海晶众信息科技有限公司、上海鸿翼软件技术股份有限公司、上海威派格智慧水务股份有限公司、上海新时达电气股份有限公司、上海创飞信息科技集团有限公司、大陆泰密克汽车系统（上海）有限公司等企业参加会议。会上，各方围绕企业在数字化转型方面的发展规划、企业产品和服务应用情况、经验做法、数字化转型中企业面临的挑战、相关意见建议等方面进行了深入的交流沟通。区科委对各企业的经验分享表示感谢，同时对各企业在城市数字化转型方面的工作方向提出了相关建议，也希望区内企业能够积极参与嘉定区城市数字化转型工作中来，后续区数字办将持续开展全面推进城市数字化转型的相关调研工作，聚焦经济、生活、治理重点领域，挖掘和梳理企业在"跨、融、推"方面的优秀应用案例，积极为企业参与区城市数字化转型工作搭建平台。

【数字化转型应用标杆巡展活动举办】

2021年4月26日至28日，嘉定区数字办会同嘉定联通在区政府综合大楼举办数字化转型应用标杆首场巡展。巡展聚焦"5G+智慧医疗"、"5G+智慧园区"、智慧养老、基础设施数字化应用、云市场以及热成像人体测温设备等方面，展示了最新数字化创新应用优秀实践案例，使现场参观者近距离感受到数字化转型创新应用在经济、生活和治理等方面对人民生活的改善。

【嘉定区城市数字化转型座谈会召开】
2021年5月13日，嘉定区数字办召开嘉定区推进城市数字化转型座谈会，区相关委办局，区内运营商及阿里、腾讯、百度、华为等20余家企业参加会议。会上，区数字办介绍了国家、市级层面关于城市数字化转型工作推进的背景思路，嘉定区数字化转型基本情况，以及嘉定区推进数字化转型的工作思路。各企业代表也汇报交流了已建试点示范项目和未来的构建设想。下一阶段，区数字办将进一步搭建平台，会同相关部门与参会企业就希望具体参与的应用场景方案进行沟通探讨。

【城市数字化转型建设推进工作专题会召开】 2021年5月25日，区委书记陆方舟主持召开专题会议，研究城市数字化转型建设推进工作。会议分别听取区数字办（区科委）关于城市数字化转型推进总体情况，以及区经委、区科委、区城运中心关于经济、生活、治理领域数字化转型推进情况的汇报。会议要求，全面推进城市数字化转型是市委、市政府作出的一项重大战略部署，必须深刻把握其"整体性转变、全方位赋能、革命性重塑"的重大意义，系统、全面、整体推进，形成嘉定有特色、有效益的探索实践，各街镇、各部门要主动跨前、各尽其责，共同做好城市数字化转型工作。

【领导干部城市数字化转型专题培训】
2021年6月10日，嘉定区数字办邀请市经济信息化委信息化推进处副处长陈斐斐做城市数字化转型专题培训。区产业部门和各街镇主要领导干部参加现场培训，其他培训人员通过远程直播方式在线参加培训。培训从市级层面对全面推进城市数字化转型工作进行详细讲解剖析，通过直观系统的数据案例介绍上海市全面推进数字化转型的总体考虑与进展情况。通过培训，进一步提升了领导干部对推动城市数字化转型工作的认知和理解，引导领导干部将培训结果应用在实际工作中，聚焦城市数字化转型重点、难点，深入思考，创新方式，合力推进，共同做好嘉定区城市数字化转型工作。

【嘉定新城数字化转型高峰论坛召开】
2021年11月17日，嘉定新城数字化转型高峰论坛在上海汽车会展中心召开。此次高峰论坛以"数字赋能　嘉速转型"为主题，旨在加快推进嘉定区城市数字化转型步伐。中国工程院院士吴志强、市经济信息化委总工程师张宏韬、嘉定区人大常委会副主任宗伟、嘉定区副区长李峰等出席论坛，100余位专家学者、企业代表、区数字化转型领导小组成员单位负责人参加会议。论坛现场发布《嘉定区城市数字化转型行动方案（2021—2023年）》；成立嘉定区数字化转型首届专家委员会，聘请中国工程院党组成员、副院长钟志华，中国工程院院士、上海市人民政府参事、同济大学原副校长吴志强，清华大学校长助理郁鼎文3位专家为嘉定区数字化转型专家委员会首批专家；一批来自经济数字化转型主战场的重点企业进行集中签约；聚焦经济、生活、治理等重点领域城市数字化转型，遴选了一批拟建的数字化转型应用场景，在论坛上以"揭榜挂帅"方式寻求合作伙伴并发布了榜单任务；由19家单位组建的嘉定区数字化转型战略合作伙伴联盟正式成立，力争打造成为助力嘉定数字化转型产业整合、汇聚力量、创新探索的平台。在论坛最后，围绕"AI赋能嘉定创新""企业数字化转型三部曲""有限到无限，打造数字经济新标杆""行业级数据互联互通的安全底座"等主题，各位专家各抒己见，阐述了对城市数字化转型的思考。

【嘉定区第七次党代会发布未来五年奋斗目标】　2021年，中国共产党上海市嘉定区第七次代表大会隆重开幕。区委书记陆方舟代表中共上海市嘉定区第六届委员会，向大会做题为《争当高质量发展标杆 打造上海新城样板 激情谱写嘉定现代化新型城市建设崭新篇章》的报告。报告中提到，未来五年嘉定区奋斗目标包括聚焦高质量发展主题，全力构筑现代化产业新优势；坚定不移做强科创源动力，强化科技资源聚集浓度，提升科技创新策源高度，加快科技成果转化速度；聚焦高能级集聚辐射，全力构建现代化城市新格局；前沿性打造数字孪生城市，构建数字经济发展优势，营造数字生活美好体验，提高数字治理能力水平；聚焦高效能社会治理，全力构建现代化治理新体系；持续迭代升级"三张网"，拓展政务服务"一网通办"，深化城市运行"一网统管"，推动社会治理"一网优服"。

【初创企业孵化】 近年来，嘉定区在改善道路条件、完善基础设施、加强通信环境建设以及数据监管接入等方面都有大量投入。大批高新科技初创企业在嘉定区精心孵化下迅速成长，为区域未来发展注入强大活力。同时，嘉定区积极营造开放包容的创新生态环境，支持企业新产品、新技术、新模式先行先试，让更多的智能网联汽车在开放道路上跑起来、用起来、走到现实中。如上海禾赛科技有限公司只用短短数年便成长为全球领先的3D传感器制造商，背后离不开嘉定区精细化企业服务的强劲助力，从人才政策、基础配套、资源整合、产业集聚等多方面为其成长提供沃土。

【"奋斗杯"第二届上海市青年计算机程序设计大赛决赛举办】 2021年，"奋斗杯"第二届上海市青年计算机程序设计大赛决赛在中国电子科技集团公司第三十二研究所举行。经过现场评审，"'平台＋自治'下立交应急处置系统""'移动端'治理项目方案"两个项目脱颖而出，获得大赛一等奖。中电科数智科技有限公司研发团队带来的"'平台＋自治'下立交应急处置系统"项目，利用物联网感知设备，对城市下立交的灾害隐患进行提前预警、快速处置。该项目1.0版本已经覆盖嘉定区81个下立交，当发现积水后，数字平台会立即通知相关人员前往现场处置。此次"奋斗杯"第二届上海市青年计算机程序设计大赛聚焦数字化转型，不设固定赛题，青年团队可以围绕具体场景，从需求分析、场景设计、解决方案、落地验证4个环节开展设计，共收到83个团队的参赛作品。活动中，市科技团工委与团区委签约共建，未来将有更多科技青年助力嘉定城市治理。

（蒋毅炜）

第十二章 金山区数字化建设

概 述

2021年，金山区积极践行"人民城市人民建，人民城市为人民"重要理念，紧紧围绕"两区一堡"战略定位，落实"南北转型"战略要求，坚持整体性转变、全方位赋能、革命性重塑，统筹推进城市经济、生活、治理全面数字化转型，不断推动经济高质量发展、生活高品质创造，治理高效能实现，持续打响"上海湾区"城市品牌，全力塑造"三个湾区"城市新形象。

基础设施支撑明显提升。5G网络加速优化，累计建设1856个5G基站，已完成重点区域连续覆盖，并推进29个5G示范应用项目开展；推动基础数据平台建设，

汇聚物联感知设备3331个，汇聚视频监控探头22678个；加快推动阿里云和中经云数据中心建设。

经济数字化转型有亮点。建设运营全市首个区级数字化赋能中心——上海湾区数字化转型赋能中心，组建起由20余家单位组成的合作伙伴联盟，通过20余场路演活动和"问榜制"等形式，促成多家区内外企业数字化转型合作；制订并实施数字"绿"化、数字"富"农为双驱动的"一区一特"转型战略，已形成2个化工行业服务平台和8个农业数字化应用场景试点建设；累计完成自评估企业3718家，启动贯标750家，均位列全市第一，累计通过

工信部贯标评定 71 家，位列全市第二。

生活数字化转型有温度。通过"精准预约""智能预问诊""检验检查结果互联互通互认"等方式满足患者就医服务新需求，打造数字化健康医疗服务新体系；深化"福鑫宝"科技平台应用，平台覆盖全区 11 个街镇（金山工业区），整合家政、农副食品供应等区域服务商 149 家，有效满足老年人的日常生活需求，已累计为 232 154 人次老年人提供各项服务；加强数字化文化场馆建设，增加各类优质数字图书、音频资源 47.7TB，全区 14 处不可移动文物"建筑可阅读"上线，实现网上场馆展示、藏品管理、活动预约、观众交流互动等，提升了市民对精品文化获取的便利度。

治理数字化转型有特色。通过"网上办""高效办成一件事"，加快数据汇集共享、业务流程重塑，持续提升企业群众办事体验度；城运平台建设稳步推进，通过危化品管理平台、环境监测管理平台、无人机 AI 管理平台等体现金山区特色的工作，提升金山城市数字治理在全市乃至全国的示范性和影响力，金山"一网统管"建设成果在 2021 数字中国建设峰会上亮相。

一、数字基础设施

【基础通信网络建设】 2021 年，金山区制订《金山区移动通信 5G 基站专项规划》，确保建设有序落地。5G 网络加速优化，累计完成 1 856 个 5G 基站建设，已完成重点区域连续覆盖。围绕工业制造、智慧教育、智慧医疗、智慧旅游、农业生产等方面推进 29 个 5G 具体应用项目，推进 5G 应用创新项目 12 个。加快区内固定宽带用户升速工作。结合"光进铜退""架空线入地"等工作，通过简化业务流程、上门服务等一系列服务举措，共计完成 31 297 户免费百兆宽带升级，完成全年目标的 112%，提前完成 2021 年市政府实事项目"为困难家庭免费升级百兆宽带"实施工作。推进"双千兆带宽城市"建设任务。金山区科委牵头成立了由金山电信局、金山移动、金山联通及相关委办局组成的推进工作小组，协调各委办局、各街镇，村、居委会与运营商建立联系制度，以"进机关""进社区""进村居"等线上线下多渠道宣传服务，提高目标用户知晓率，引导客户办理业务，共计完成升速 53 000 户以上，完成目标的 120% 以上。

【阿里巴巴飞天园区开工】 2021 年 3 月 3 日，阿里巴巴飞天园区项目在枫泾工业区开工建设。项目总投资 180 亿元，新增建设用地面积 243 亩，投产后年综合营收约 41 亿元，预计 5 年内完成项目建设并投产。该项目将促进新一代数字基础设施建设和利用，主要建设数据中心机房、综合用房、配电房等运行及辅助用房，同时关联阿里巴巴集团相关云计算、云服务等业务。近年来，金山区加快推进"新基建"重点项目建设，充分利用信息化全要素、全产业链、全价值链的连接优势，以阿里巴巴飞天园区项目、中经云上海金山智慧科技园项目的建设为依托，构建金山数字化发展新高地，为着力打造"高质量的新兴产业空间"目标提供坚实支撑。

【治理数字化基础底座建设】　2021 年，金山区加快数字政府建设，夯实数字化基础支撑体系，推进与"云、网、数、图"相关的基础软硬件建设。一是强化电子政务云服务能力。建设区政务云管理系统，为各单位业务系统上云提供标准化管理和服务，实现云资源全生命周期管理。统筹政务云资源建设和利用，对政务云进行扩容，首次采用分布式存储建设模式，新增

300T 存储资源。新增"一网统管""法护金企"等 19 个业务系统上云，政务云上已支撑 136 个信息化项目运行。二是推进电子政务外网升级改造。5 月，在全市率先完成电子政务外网升级改造任务，实现业务数据和视频数据双链路保障，建设完成"一网双平面"传输模式，实现业务数据和视频数据双链路保障。实现区级电子政务外网核心带宽达到 100G，部门接入带宽达到 10G。三是搭建区数据资源共享平台和视频共享平台，承接人口库、法人库等市级基础库，建成出租屋人员管理和疫苗接种主题库，汇聚物联感知设备 3 331 个、视频监控探头 22 678 个，为"一网统管""雪亮工程"等重要应用场景赋能。四是推进全区"一张图"建设。金山区与市测绘院合作，建设金山区空间地理库（GIS 地图），包括金山区政务地图、公众底图、暗色底图、最新影像数据、历史年份遥感影像、地名地址、三维白色模型和三维标准模型服务等，为金山区数字化场景提供统一的地图管理和服务。

二、经济数字化转型

【上海湾区数字化转型赋能中心运营】　2021 年 4 月，金山区成立运营了全市首个区级数字化赋能中心——上海湾区数字化转型赋能中心。赋能中心集聚各类社会资源，通过线上公共服务平台和线下应用推

广平台，帮助寻找数字化转型痛点难点，提供数字化转型解决方案，推动服务资源从"大海捞针"到"一网打尽"、服务深度从"隔靴搔痒"到"对症下药"、服务力量从"单打独斗"到"齐心协力"，加速各领

域数字化转型步伐，成为金山数字化转型工作开阔地、资源汇聚地和创新策源地。为加强资源汇聚能力，成立赋能中心合作伙伴联盟，先后引入仪电集团、上海电信研究院、上海联通智能制造研究院、市工业互联网协会、市人工智能协会等近20家企事业单位资源。线上平台已汇聚合作伙伴联盟的500余个App解决方案，遴选出化工产业、高端装备、新型材料、生物医药等10余个行业的100个场景案例，上架30余个云网服务，收集国家、市级、区级3个层面的营商、人才、科技等110余项政策。线下平台为应用推广平台，面向金山数字化转型各类需求，开展政策宣传、展示路演、业务培训、论坛交流、企业调研、诊断服务、需求对接等服务，并探索建立"问榜制"，通过"寻榜、张榜、揭榜、评榜"等环节组织专家深入企业开展现场问诊、跟踪服务。赋能中心已在化工材料、农业发展、纺织服装、智慧教育、普惠金融等领域举办了20余场路演活动和现场问诊，21场政策点对面集中培训，30余家技术服务商进行了专题介绍，共2 700多人次参加。通过活动已有多家企业与服务商开展项目合作。

【"一区一特"转型战略实施】　2021年，金山区根据产业特色，制订并实施以数字"绿"化、数字"富"农为双驱动的"一区一特"转型战略。在推进数字"绿"化方面，主要以金山第二工业区（碳谷绿湾产业园）为特色地标，围绕新材料、化工产业发展，聚焦安全、环保、能耗等领域数字化改造，加快推动产业深度转型。在园区治理层面加紧制订智慧园区（一期）规划建设，通过全面整合园内信息化资源，建立一体化信息平台，全面提高园区安全管理、环保监测和应急处置工作水平；在行业应用层面，打造形成以上海华工安全技术服务有限公司为代表的化工信息安全平台，以上海青鸢网络科技有限公司为代表的化工产业供应链协同的危险品进出场服务平台。在推进数字"富"农方面，聚焦廊下、吕巷中部生态圈特色地标，围绕农业全链条数字化建设，在种植养殖、生产加工、在线销售、数据管理等领域推动一批农业数字化转型应用场景试点建设，探索形成金山区数字农业建设架构体系。推进形成爱娥蔬菜豌豆芽智能生产管理系统、飞易植无人机飞防植保服务平台、松林生态养猪、鑫博海中央厨房等8个农业数字化应用场景，助力农企降本增效，促进农民增收致富。同时，联合廊下镇积极推动农业综合性数字化应用场景的挖掘和建设。

【"工赋金山"行动计划落实】　2021年，金山区推进两化融合，夯实应用基础。结合各镇、工业区企业特点，完善优化指标，强化跟踪考核，每月根据市级通报，督促跟进落实。联合相关服务机构，举办两化融合贯标专场培训，从政策和实施流程上为企业答疑解惑。截至 12 月，累计完成自评估企业 3 718 家，累计启动贯标 750 家，均位列全市第一；累计通过工信部贯标评定 71 家，位列全市第二。充分利用各级专项资金，发挥资金的撬动作用，支持企业数字化转型。2021 年，支持 23 个信息化改造项目和 5 个工业互联网应用项目立项，利用 1 180 余万元财政资金撬动近 5 200 万元社会资本投入企业数字化转型中，涌现出超纤新材料智能生产平台、基于 UDI 追溯的医疗器械领域产业互联平台、高端材料精细化工生产管理工业互联网平台等 5 个重点转型应用场景。

【金山企业服务云平台上线】　2021 年 9 月，金山企业服务云平台在 2021 年金山区科技创新暨高质量发展大会上正式上线发布，并在金山区政府门户网站主页、"一网通办"金山主页同步上线。金山企业服务云平台是金山区在总结疫情期间服务企业经验的基础上主动探索研究"互联网＋企业服务"的重要突破，是深化"放管服"改革的创新实践，是全面推进"一网通办"的重要体现，是"金企服务"数字化转型的关键路径，也是主动优化营商环境的具体举措。金山企业服务云平台以"三个超市"为建设核心，以人工智能技术为依托，集惠企政策、产业供需与企业服务于一体，着力破解政策申报难、市场拓展难、服务

对接难等问题。政策超市设有"今日可申报""猜你可申报""历史申报""在线申报"等功能菜单，供企业分类检索、实时查询、线上申报，已收录拆解政策 300 多条，可供 800 多家规模以上企业畅享政策定向推送精准服务；产品超市设有"企业产品""企业需求""最新发布""金山共享"等功能菜单，供企业线上实时搜寻、线下撮合交易，产品需求库已上线 4 000 多条企业主营产品和原材料需求信息；服务超市设有金企服务、第三方服务、工业企业绩效评价查询、中小微企业认定等功能菜单，供企业线上提交诉求、搜寻服务、认定查询，已有 21 家第三方服务机构入驻，可提供管理咨询、人力资源、科技创新等 44 项专业服务。

【枫泾九丰农场开园】　2021 年 12 月，枫泾新地标九丰农场正式开园。上海枫泾九丰现代智慧农业博览园是金山区重大农业项目之一，由上海枫泾九丰农业科技有限公司投资建设，规划面积约 2 000 亩，计划总投资 12.6 亿元，分三期建设。规划建设包括全环境智能温室、连栋生产温室、冷链物流配送中心、现代农业综合服务中心等亮点工程，集生产、观光、游学、康养等功能于一体，按照"园区景区化"标准建设。全部建成后，可解决就业岗位 1 200 个，年可生产绿色蔬菜 7 500 万斤，旅游板块预计年可接待游客和考察团

体 200 万人次。项目一期已基本建成，总用地 700 亩，总投资 3 亿元，主要包括 10 万平方米全环境智能温室项目、智能生产观光一体化项目以及设施菜田项目。其中，全环境智能温室项目总投资 1.2 亿元，依托大数据、人工智能等信息化技术，将传统的农业操作及经验、知识和技术数据化，打造"智慧农业管理系统""智能化水肥一体化系统"等一系列数字化应用场景，运用数字化技术对农作物进行实时化管理，并在对作物苗情、病虫害等趋势进行科学分析和模拟的基础上，准确进行自动灌溉、施肥、喷洒农药等操作，最大限度优化农业投入，在保质保量的同时，保护土地资源和生态环境，实现智能化、产业化、高效化生产，走出一条用农业数字化转型推动农业绿色可持续发展之路。

【基于 BIM 的项目协同管理平台建设】
2021 年，上海新金山投控集团根据集团核心板块业务发展的实际情况和管控需求，推动业务板块共享应用建设，新建金山区首个基于 BIM 的项目协同管理平台。BIM 协同管理平台包括线上线下两个平台，线上平台为 BIM 协同管理平台，以 BIM（建筑信息模型）+GIS 地图、BIM 模型、前期管理、设计管理、质量管理、安全文明、进度管理、投资管理、智慧工地等为业务模块；通过物联感知技术接入现场视频监控、人脸道闸、环境监测、基坑监测等实时数据，加快核心业务与信息化深度融合，实现项目整体进度动态跟踪，助力集团数字化转型和项目信息化、智慧化管理。在为项目各参建方提供项目数据分析、信息共享、信息交互及协同工作环境的同时，保障了项目信息的完整性。线上平台作为集团多项目管理平台已应用到集团公司承建的房建、市政等 4 个重大项目中，20 多家参建单位共同使用。线下平台为项目服务平台，通过各专业施工图 BIM 模型的构建、碰撞检测、施工方案模拟、动画漫游、4D 模拟、场地布置等，为各参建单位提供协同预留预埋复合定位、可视化进度管理、辅助现场质量管理等现场管理服务，提高深化设计质量和效率，达成辅助施工管理目标，尽可能优化施工方案，节约工期。

三、生活数字化转型

【数字家园为民服务平台建设】 2021 年，金山区石化街道积极探索政企合作工作模式，在梳理形成居民需求清单的基础上，综合居民需求，突出便民利民，通过在社区拓展智能应用场景建设，以发展无接触配送多功能智能箱平台为载体和切入点，加强智能设备及系统后台模块矩阵设计研发，实现开源—开放—可升级的功能组合。

同时，建立智能设施入驻社区的规范管理制度，整合各类资源，建设可推广、可复制的数字家园为民服务平台。完善社区智能末端配送，根据居民需求建设多功能特色智能终端，已在十三村、山龙、东礁三村小区建设了智能快递柜，在卫清路卫零路口、卫零路卫二路口设置2组安全头盔柜，头盔日均借用20余次；在东泉试点建成第一批"1+N"的组合柜，包括快递柜、热餐柜、冷鲜柜、应急柜等，通过主柜＋副柜组合形成多方位场景应用融合，打通社区最后100米便民服务障碍；提升非机动车管理能级，推进住宅小区非机动车充电设施改造和规范管理，改造33个住宅小区非机动车车库（棚），建设107组智能充电设施，并安装监控探头和照明设施，进一步消除安全隐患，提升管理能级；在23幢高层居民楼的46部电梯内安装了电瓶车智能识别系统，阻止电瓶车进入电梯上楼，保障居民安全；试点生活垃圾分类实效智能全程管理，已在山鑫阳光城小区2个点位试点安装6个带有智能芯片的摄像机，通过样本准确识别乱扔垃圾、垃圾滞留等情况，并发出语音提示或警告，取证可实时推送；智能监测垃圾桶的垃圾量，在垃圾桶满溢后及时发出报警，并实时推送建议的处置要求或清运路线。

【初中理化实验操作考试系统建成使用】
2021年5月24日，初中学业水平考试理化实验操作考阅卷工作结束。这标志着投资3000多万元、覆盖全区11所学校考点30个理化实验室的信息化实验操作考试系统建成并投入使用。作为上海市中考改革的重要内容，初中学业水平考试首次实施理化实验操作考试，并依托信息化手段，完成了考务组织、"阅卷"管理、数据汇聚与分析等考试全流程。在金山区财政局、区政务服务办、区教育局相关部门的通力合作下，该系统项目克服了规划难、工期紧、资金少、技术系统复杂等困难，从项目设计立项、资金投入审批到建设实施，仅用时5个多月，顺利实现市教委及国家考试部门对新型考试的相关要求。系统集成了考务组织与管理、考试过程记录与操作数据汇聚、智能阅卷与成绩分析上报、国考级系统安全4个重要模块，经过市考试院和区考试主管部门两轮严格的全流程检验，达到了师生操作体验良好、考试顺利进行、结果安全可靠的要求。该系统的建设与应用是信息技术用于优化实验操作训练、实施实验操作考试的创新探索，为严格规范的国家级考试提供了公平、高效和高质量的考试管理平台，为金山区教育信息化建设与应用进入常态业务打下坚实基础。随着考试操作数据量的增加和项目的运维升级，该系统的智能阅卷模块将继续改善，达到全面覆盖初中理化实验教学、简化人工阅卷干预、优化实验管理的后期目标。

【高龄独居老年人应急呼叫项目建设】
2021年，金山区建成覆盖全区5万余名老年人的"福鑫宝"科技平台。平台整合家政、农副食品供应点等区域服务商149家，"962899"服务热线实现24小时接听，有效满足老年人的日常生活需求，通过应急呼叫项目为老年人提供紧急救助、主动关爱以及各种生活服务，降低了高龄独居老人的意外风险。项目将1 000余名经济困难的高龄、独居老年人列入应急呼叫全覆盖范围，对老年人定期提供主动关爱服务，为老人排解孤独，满足老人的情感需求。平台采用定制话机，老年人遇到紧急状况时，只要通过一个按键，就能联系到"962899"服务专线，工作人员会立即通知紧急联系人，帮助联系110、120实施救援。2021年，福鑫宝累计为232 154人次老年人提供各项服务，其中主动关爱服务213 513人次，信息查询（包含心理辅导咨询、服务项目咨询及生活便民信息查询等）服务631人次，紧急援助服务12 464人次（其中有效救助221人次，救助35起），进行牵线搭桥服务1 076人次。

【文旅数字服务管理平台建设】 2021年，金山区完善文旅公服平台建设。整合区内各类文化和旅游资源，建成酒店民宿、餐饮美食、订票服务、场馆活动、云上浏览、交通出行、金山好礼和领取福利八大功能板块，为市民游客提供在线门票订购、文旅活动报名、线上文旅课堂、特产购物等服务，同时帮助游客掌握最新文旅动态，了解活动信息。平台已上线217家商户，其中30家旅游景区（点）、36家酒店、35家民宿、71家餐饮饭店、12家特产购物商铺、33家农家乐及采摘点。打造金山智游平台，包括1个文旅数据采集平台、1个文旅数据主题库和3个文旅应用平台（数据分析平台、应急指挥调度平台、公共服务平台），并根据游客数量及轨迹大数据的研判，将平台展示体系延展到"A级景区＋市示范村"的范畴，即"9+9"模式，9个A级旅游景区和9个市级乡村振兴示范村（水库村、新义村、和平村、山塘村、待泾村、高楼村、百家村、星火村、油车村）。展示内容涵盖旅游景区（点）的游客以及乡村振兴示范村（乡村旅游）的游客，将季节性网红点也纳入金山智游平台范畴，使游客大数据展示更加科学，为精准推测、精准营销、公共服务、应急处置提供科学依据。

【数字化场馆建设】 2021年，为满足广大读者数字阅读需求，金山区不断加强数字图书馆建设，采购各类优质数字资源47.7TB，利用区图书馆微信平台进行云端共享；启动图书馆古籍数字化第二期工程，完成文献扫描工作，总计加工古籍500册次，扫描页面75 096页次；与喜马拉雅合作，在图书馆内分区域添置34台听读机和

1台朗读亭，朗读资源总数超过3万个，音乐资源总数超9万个，内容包括诗歌散文、唐诗宋词、儿童经典文学选段、外语名篇、红色经典等14大类；建设数字博物馆，通过智慧博物馆平台、720云展览等技术化手段，基本实现网上场馆展示、藏品管理、活动预约、观众交流互动等主要功能；数字化转型工作则实现展馆、文物、展览、活动的智能化管理及对地面文物的巡检保护，增强市民对文化展品的技术、文化、历史背景的普遍认识；开展"建筑可阅读"建设，完成全区不可移动文物"建筑可阅读"二维码制作，借助支付宝App、"上海发布"微信公众号等平台开展金山区14处"建筑可阅读"市级层面的线上宣传，充分利用数字化手段拓宽市民对历史建筑的信息接收渠道，共同探究老建筑背后的故事。

【蒙山路市场智慧菜场建设】　2021年，为实现数字化赋能，上海金山市场有限公司于6月对蒙山路市场进行智慧化升级，打造蒙山路市场智慧菜场，9月改造完成。此次改造新增多种数字化设施，包括AI识别电子秤、客流摄像头、红外无感测温摄像机、智慧水电表、信息发布显示屏、视频监控设备、农药快速检测设施等。蒙山路市场智慧菜场的核心管理系统由阿里本地生活负责建设，通过其旗下的客如云系统，可高度集成数字化硬件设施，收集交易数据、客流数据、水电数据等，并形成分析

图表。管理系统同时具备电子台账登记、农药检测数据登记、价格采集、行业资质资格动态管理等功能，从而实现智慧采集、智慧交易、智慧管理和智慧服务。结合蒙山路市场智慧菜场建设，蒙山路市场还与第三方服务平台达成合作，在美团、饿了么平台同步开展线上业务，11月正式开通服务。蒙山路市场智慧菜场建设对市场经营户而言增加了销售途径，扩大了经营覆盖范围，提高了经营收入；对市场管理方而言，提高了市场在食品安全、疫情防控、水电管理等方面的管理效能；对政府相关职能部门而言，为保供稳价、调控决策提供数据支撑；对金山市民而言，极大提升了购物体验，让市民拎上了"智慧菜篮子"。

【全民健身"相约星期三"场地预约管理系统推出】　2021年，为进一步提升公共体育服务水平，构筑良好的全民健身环境，提高民众参与体育运动的积极性，金山区推动数字化技术与体育深度融合，区体育局推出全民健身"相约星期三"场地预约管理系统，可实现预约场次、预约签到管理功能，为市民参与体育健身提供更便捷的服务。2021年，全区共有23家体育场馆加入该平台系统，共同参与公益开放活动，项目涵盖足球、健身、乒乓球、网球、篮球、羽毛球、游泳、舞蹈、攀岩等。截至12月，场馆累计开放预约1283人

次，成功预约 1 216 人次，签到使用 1 041 人次。

【气象指数保险数字化】 2021 年，金山区气象局联合安信农业保险公司（金山分公司）、金山区农技中心、上海市气象局气候中心，通过大数据和数学模型，对小皇冠西瓜生长期、采摘期的气象数据、种植技术、灾情信息进行融合分析，构建完成小皇冠西瓜气象灾害风险定量预警技术。4 月初完成《金山区小皇冠西瓜指数保险产品》研发落地，4 月中旬在廊下镇、吕巷镇进行试点推广，共计投保面积 430 亩，总保障金额 1 290 000 元。5 月下旬至 6 月上旬，金山区迎来一段阴雨天气，6 月 15 日又现高温高湿情况。上述时段的气象条件达到了起赔标准，金山区气象局向保险公司出具《气象保险指数触发告知书》，并提供了相关气象数据证明。安信农保公司根据

赔偿标准，主动向所有参保农户赔付共计 75 250 元。

【律师视频会见系统建成】 2021 年，为最大化保障法律援助律师会见权利、缓解法律援助律师会见难问题，金山区司法局与区看守所强化协作，深化落实司法部、公安部联合下发的《关于进一步保障和规范看守所会见工作的通知》，结合"我为群众办实事"任务目标，充分利用信息化手段提升法律援助律师会见效率，维护在押犯罪嫌疑人、被告人合法权益。2021 年 8 月5 日，视频会见室正式运行，已完成视频会见 81 件，视频会见地点位于区法律援助中心办公区域。法律援助律师通过预约小程序、人脸识别技术、电子签名等技术，使刑事法律援助案件律师会见实现"最多跑一次"。

四、治理数字化转型

【城市运行"一网统管"建设】 2021 年，金山区城市运行中心不断推进城市运行"一网统管"建设，全面推动金山区治理数字化转型。2 月，建成无人机 AI 管理平台，实现数据可视化展示、实时图像直播、智能分析比对等功能。3 月，优化调整城运网格，形成 37 个边界清晰，责任明确的城运网格。5 月，建成视频会商平台，实现"一

对全""一对一""一对多"的会商方式，统一接入区视频会议系统、"雪亮工程"视频资源、电脑白板、无人机、单兵等 2 万余路视频资源，实现与防汛防台等 5 个应用场景对接。6 月，召开金山区"一网通办""一网统管"专题培训会，由市政府副秘书长、市城运中心主任徐惠丽讲授第一课。8 月，区城运平台项目（一期）方案通

过专家评审，启动项目立项、招标等工作；在朱泾镇、吕巷镇、石化街道3个街镇开展"多格合一"试点工作。9月，基本建成金山AI鑫眼平台，利用视频资源进行智能分析，开发积水检测、渣土车发现等11类算法。10月完成区城运平台项目（一期）招标工作。11月，发动群众开门建设"一网统管"启动仪式举办，在官方微信公众号"i金山"上开通"一网统管"群众参与通道，发布金山区发动群众开门建设"一网统管"调查问卷，广泛征求民意，发动群众参与城市治理。12月，完成区城运平台项目（一期）初步验收工作；初步建成智慧城管综合指挥平台、绿化市容综合监管平台、智慧农业展示平台等10个应用场景。

【基层社会治理数字化转型】　金山区作为上海市第三批开展"社区云"建设的区域，自2020年8月起，按照市统一标准，分步有序推进落实平台建设，连接智能化应用系统，为社区治理、居社互动提供支撑，指导督促各街镇（金山工业区）在"四百"常态化活动和工作中，用好"接待走访""问题处置""会议记录""智慧报表"等"社区云"功能应用。街镇（金山工业区）层面明确"社区云"推进工作管理员，参与培训并开通街镇级账号，确认并保障辖区内居（村）委的网络环境；为居（村）管理人员、工作人员开通账号，督促居

（村）委按时填报并开展相关工作，并对实际使用中出现的问题进行收集汇总反馈，推广使用"社区云"移动端。在及时维护"社区云"数据初始化的基础上，做好居社互动平台日常运营工作，开放党建园地、议事厅和社区公告等栏目，逐步推进社区居民家庭参与使用"社区云"；配合各委办局逐步将面向居民的社区管理、服务项目接入"社区云"，丰富拓展"社区云"功能，为居民提供基于社区的便民服务，如社区警务、物业服务、养老服务、家政服务、家庭医生、法律援助、文化活动等，使"社区云"成为居民生活中不可或缺的一部分。2021年，在"社区云"中新加入换届选举模块，借助信息化手段，科学录入区域内的选民情况，高效、及时、精准的导入换届选举系统，健全换届信息报告制度，完善数据统计功能，优化选民登记信息查重，及时提示选举结果中未经联审人员，善用、活用科技化信息平台。

【危险化学品安全生产风险监测预警系统区级值守平台建设】　2021年，为贯彻落实应急管理部、上海市应急管理局、金山区应急管理局关于进一步保障危险化学品安全生产风险监测预警系统完善和运行的工作部署和要求，切实督促企业落实安全生产主体责任，强化企业安全生产风险排查及应急处置能力的工作要求，金山第二工业区完成危险化学品安全生产风险监测预

警系统区级值守平台建设。根据要求，通过对服务器、存储器、网络等相关硬件设施设备进行升级改造，金山第二工业区安环中心已接入金山区68家实物取证危险化学品企业的预警信号，已具备值守的硬件条件。同时，明确各方工作职责和系统预警信息的处置程序，提升了金山区危险化学品企业信息化、自动化水平，加强了金山区危险化学品安全生产工作，是严格落实安全生产责任制的有效举措和重要保障。

【金山区经济信息管理平台上线】 2021年，为助力"经济治理"数字化，金山区通过建设经济信息管理平台，以信息化手段整合全区招商资源、产业用地、企业综合情况等数据，开展经济运行分析管理和实施工业企业综合绩效评估，构建差别化政策引导机制，优化资源配置，提升经济密度，逐步形成"进高""退低"的产业发展导向，为打造"上海制造"品牌重要承载区提供有力支撑。经济信息管理平台已完成一期和二期建设并通过验收。一期平台打通金山区各委办、相关管理部门在产业经济方面的数据壁垒，形成金山区经济信息大数据体系，夯实数字基础支撑，为金山区各级管理部门提供全域的区域经济统计分析功能，构建起金山区经济运行数字化管理新局面。二期平台深度融合区产业经济日常业务管理，增强平台使用黏性和数据获取的即时性、可靠性，通过信息

化手段提升金山区产业经济日常业务工作效率。

【绿化市容综合监管平台建设】 2021年，金山区为贯彻落实"管行业也要管数字化转型"的新理念、新要求，推进绿化市容行业"一网统管"建设，营造"观全面、管到位、防见效"的智能应用生态。针对绿容条线管理痛点问题，建立"1个总平台+3个子系统"的绿容环卫统一监管平台。1个总平台即综合监管大屏页面，主要汇总绿容条线管理各主要场景及关键数据的分析与展示。3个子系统分别为生活垃圾分类全程监管、建筑垃圾综合监管、美丽街区监管，其中生活垃圾分类全程监管子系统实现从投放、收集、运输、处置全过程监管，建筑垃圾综合监管子系统实现对环卫道路保洁、建筑垃圾渣土运输及倾倒监管，美丽街区子系统通过智能化场景部署提升"美丽街区"百联商圈街区痛点问题的发现和处置能力。平台汇聚了绿容相关各类数据源，从而实现绿容作业所涉及的人、车、物、事件全过程实时监督，形成对环卫作业全流程精细化、智能化、可视化及自动化管理，通过"非现场"督查，借助物联、图像识别等技术，建立智能发现、快速预警、及时反馈、高效处置的"智慧绿容"指挥中心，实现"绿容一张图"，为绿容环卫条线考核管理提供数据支撑，从而进一步提升环卫作业质量，降低环卫运

营成本。

【金山区经济社会综合数据平台建设】
2021 年，为进一步推进城市数字化转型，提升政府治理现代化水平，金山区统计局依据相关工作要求，参照市级综合数据平台框架，结合金山区特点和自身业务需求建设金山区经济社会发展综合数据平台。平台整合区内 23 个部门经济社会发展方面主要指标数据，为区主要领导经济决策提供坚实数据依据和可视化平台，为区统计局全体人员按照不同权限实现数据查询、汇总、生成图表、下载分析图表等功能。一是完善区级经济社会发展综合数据平台板块分类及模块设置，规范统计内部基础数据存储及综合数据标准化管理，对各类统计数据进行可视化展示，实现与市级平台无缝对接；完成经济发展、产业发展各项专题数据开发运用，根据各专业条线需求，不断修改完善数据模块应用；规范数据格式，完成数据导入工作，在线输出统计产品。二是建设 App 手机客户端数据展示，将数据分为经济、社会、文化和生态四大板块，通过个性化标签设置，全面掌握各行业、条线重点企业经济运行状况及发展态势，辅助生成相关经济分析图表，以"数图结合"的形式反映各行业数据和增速，各项数据一目了然；通过对综合数据的有效管理，确保各方数据的完整性、及时性、有效性和一致性，加强各领域经济发展数据共享，为区委、区政府提供一站式、全方位的综合数据服务，为区经济社会管理提供全面高效的数据支撑。

【司法部"智慧矫正中心"创建】 2021年，金山区司法局积极开展"智慧矫正中心"创建工作。建立信息采集室，通过自主矫正终端，实现对证件、人脸、指纹和声纹等数据自动收集，实时上传；部署语音转写设备，在对社区矫正对象进行个别教育时，可将谈话内容实时转写成文字并同步至监管系统；建立远程视频督察系统，对社区矫正监管各环节、各场所实现可视化管理；配置电子定位装置，具有签到、语音播报、信息回复、拍照上传等功能，满足日常对社区矫正对象的监管要求；建设移动监管模块，集成多种社区矫正对象电子定位数据，实时反映信息化核查信息和对象电子定位信息，实现社区矫正对象的实时定位监管。在智能安防系统方面，将社区矫正对象信息接入"雪亮工程"，通过抓拍设备人脸识别，对标注为社区矫正对象的人员进行提示报警，通过与一体化大平台在矫通软件、基站定位数据比对，可真实掌握对象动态，为违规对象处罚提供依据。

【金山城管智慧场景建设】 2021 年，金山区城管执法局积极参与区"一网统管"智慧应用场景建设。项目旨在按照"一网统管"高效处置一件事要求，整合和接入现有系统数据（市级：管执联动、网上督查、网上办案、对象监管库；区级：网上勤务、网上考核、诉件处置），依托区大数据资源平台，开发非现场执法流程和商铺数据采集App，实现多系统整合和互联互通，建设金山区智慧城管运行视图城运大屏、中队中屏，形成跨部门、跨层级、跨区域的协同运行体系。4月，《2021年金山区"一网统管"任务清单》正式将金山区智慧城管综合指挥平台建设项目纳入建设清单；7月，项目得到市城管局支持，同意开放市级系统数据接口；9月，项目参与区政务服务办组织的一评和二评，并最终获评通过；10月，区城管执法局率先在示范区试运行新单兵执法平台，完善"一店一档一码"，全面融入政务服务"一网通办"，积极拓展"随申办"平台下城管执法应用；12月，"随申办"金山旗舰店上线城管行政处罚模块，实现行政处罚电子送达。

五、数字化环境建设

【《金山区全面推进城市数字化转型"十四五"规划》出台】 2020年2月，金山区启动编制《金山区全面推进城市数字化转型"十四五"规划》，先后3次向各部门征集建设计划，5月形成初稿；综合运用调研座谈、专家咨询、意见征集等方式，反复讨论修改，于2021年5月形成衔接稿并报区发改委；6月，对照《上海市全面推进城市数字化转型"十四五"规划（送审稿）》做进一步调整，并于2021年9月由区政府发布。规划提出，要实施数字金山"D-BASE"计划，聚焦城市数字化转型，夯实数字化转型基础，推进数字技术在城市治理、人民生活中的全面应用，保障数字安全，培育壮大数字经济，初步形成具有区域特色的数智湾区。对照《上海市全面推进城市数字化转型"十四五"规划》的主要指标表，结合金山实际，形成涵盖基础设施、数字经济、智慧应用、信息安全4个方面的14个量化指标。部署五大重点任务：即完善基础设施建设，夯实数字化底座；推动经济数字化转型，助力高质量发展；推动生活数字化转型，创造高品质生活；推动治理数字化转型，实现高效能治理；强化数字安全保障，确保高水平防护。通过强化统筹协同、有序推进落实、创新金融支持、推进引才留才、培育市场需求5个方面举措，保障规划任务有效落地。

【《关于全面推进金山城市数字化转型的实施意见》出台】 2021年5月，根据市委、市政府《关于全面推进上海城市数字化转型的意见》，金山区委办、区府办联合印发

《关于全面推进金山城市数字化转型的实施意见》。实施意见明确城市数字化转型总体要求，提出到 2025 年，金山城市数字化转型取得显著成效，数字经济蓬勃发展、数字生活美好普惠、数字治理精细高效，初步形成具有区域特色的数智湾区；提出要坚持整体性转变，推动经济、生活、治理全面数字化转型，提高经济发展质量、城市生活品质和现代化治理能力；坚持全方位赋能，以数据要素为核心，形成新治理力和生产力，以新技术应用为重点，大力提升城市创新能级，以数字底座为支撑，全面赋能城市系统，构建数据驱动的数字城市基本框架；坚持革命性重塑，再造数字时代社会运转流程，重构数字时代社会管理规则，塑造数字时代城市全新功能，重建数字时代城市运行生态，引导全社会共建共治共享数字城市；通过健全组织实施机制、提高专业能力本领、激发市场主体活力、强化示范试点引领、营造浓厚社会氛围 5 个方面，形成政府引导、市场主导、全社会共同参与的城市数字化转型工作格局。

【金山区城市数字化转型推进大会召开】
2021 年，金山区为加快提升区域发展战略显示度，打造具有区域特色的数智湾区，不断提升"上海湾区"城市品牌影响力，助力上海成为具有世界影响力的国际数字之都。5 月 7 日，金山区城市数字化转型推进大会举办。会上解读发布了《关于全面推进金山城市数字化转型的实施意见》，明确了金山区在推进城市数字化转型工作中的总体思路、战略目标、具体路径和保障措施；金山区政府与上海电信、上海移动、上海联通、仪电集团、阿里巴巴（上海）、普华永道 6 家企业签订数字化转型战略合作协议，与中国电信研究院、中国移动上海研究院、上海联通智能制造研究院等 11 家数字化转型相关的研究院、协会、知名企业成立了上海湾区数字化转型赋能中心合作伙伴联盟，进一步促进政府企业相互协同、社会资源总体统筹；会上发布了生态环境、消防安全、防汛防台、安全生产、政务服务、工业互联网二级解析节点、数字孪生等一批数字化转型应用场景案例，为城市精细化治理、改善营商环境、实施产业数字化转型提供了示范；启动湾区科创中心、石化街道数字家园、金山医院、嘉乐股份、群力化工、优月仓储、荣美农业、心意植保等一批涉及农业、传统化工生产仓储、智慧医疗、社区治理的数字化转型场景建设；会上还举办了一个小型科技成果展，"5G+ 远程医疗"、智慧交互机器人、智能巡检、城市运营管理等领域一批智能产品集中亮相，展示了各企业在数字化转型中的应用和成果。

【数字化转型专题培训班举办】 2021 年 7 月 21 日至 22 日，金山区举办 2021 年金山区创新创业培训班暨数字化转型工作推进会，培训班学员来自全区各镇信息化条线相关工作人员。培训活动为期2天，以数字化转型发展为主题，邀请市职能部门领导、相关领域专家，围绕数字化转型发展趋势、经验做法及案例等内容进行专题授课。其间参观松江区海尔卡奥斯COSMOPlat工业互联网创新应用体验中心、青浦中国北斗产业技术创新西虹桥基地、华测导航和华为海思展厅等。通过专题讲座和现场教学结合的方式，进一步了解当前数字化转型发展形势，学习借鉴了先进典型案例，让学员们对工业互联网、数字化转型有了更真切、更直观的感受，为未来建设和应用推广开拓了新思路。

【数字化转型专题"政府公众开放月"活动举办】 2021年，为让社会公众更好了解上海湾区数字化转型赋能中心建设运营情况，增加社会公众知晓度，充分展示赋能中心对金山数字化转型的促进作用，金山区于8月20日在上海湾区科创中心举办以数字化转型为专题的"政府公众开放月"活动，从赋能中心目标定位、架构功能、工作成效3个方面向参会企业介绍赋能中心建设运营情况，并现场演示了赋能中心线上平台。活动中，金山电信、金山移动、金山联通等8家赋能中心合作伙伴获得首批优质合作伙伴奖，并邀请海尔数字科技（上海）有限公司、赛摩（上海）机器人有限公司两家技术服务商，从各自擅长的技术角度对化工安全生产方面的产品和应用案例进行了路演展示，帮助企业解决数字化转型供需信息不对称的难题，此外还就化工企业如何数字化转型、赋能中心平台如何发挥价值以及政府在数字化转型中的作用等企业关心的问题进行了探讨和交流。

（夏雪球）

第十三章　松江区数字化建设

概　述

2021 年，松江区认真贯彻落实市委、市政府关于建设国际数字之都的重大战略部署，以松江新城发力建设为契机，把数字化转型作为提升城市软实力的强大支撑，积极落实松江区城市数字化转型各项工作，规范信息基础设施，推进建设经济领域、生活领域、治理领域等重点场景，营造数字化转型良好氛围。

一、数字基础设施

【规范信息基础设施建设】 2021 年，松江区修订《松江区信息基础设施管理方法》，启动编制松江新城"十四五"信息基础设施专业规划，引领松江新城数字底座建设。全年新增 5G 基站 1 704 个，累计达 4 340 个，排名全市第三；加强弱覆盖区域优化，提升市民网络体验度，完成 45 个 "3+1" 中心、4 个公共交通场所、101 个居民区的信号优化工作；扎实推进 2021 年市政府实事项目"为困难家庭免费升级百兆宽带"工作，累计 5.91 万名用户获得百兆宽带带来的优质网络体验；松江区政府与上海电信、腾讯云签订战略合作框架协议，打造"G60 数字高速公路"；进一步规范信息化项目评审管理，完成 96 个新建信息化项目立项，核定金额 3.72 亿元，核减金额 0.85 亿元。

二、经济数字化转型

【经济领域重点场景建设】 2021 年，长三角 G60 工业互联网平台应用创新体验中心作为上海市工业互联网地标项目已完成建设并投入运营；恒大恒驰智能工厂、海尔卡萨帝智能工厂、AI 赋能中教实验数字化创新平台、乐普云智数字医疗平台、全球多媒体卫星网络星地测控试验创新实验、大专家.com 等特色场景均在推进建设中。

三、生活数字化转型

【生活领域重点场景建设】 2021 年，松江区"为老服务一键通"在两个街镇试点上线，松江区是全市 5 个试点区之一（郊区唯一）；松江区与上海市第一人民医联合推进互联网医院进养老机构应用试点，该项工作走在全市前列；松江区医疗急救中心申报的基于 5G 网络智慧急救系统入围国家工信部、国家卫健委组织开展的"5G+ 医疗健康"应用试点项目，也是上海入围的 8 个项目中唯一一个区级单位项目；"便捷就医"方案完成评审，将打造精准预约、智能预问诊、互联互通互认、医疗付费"一件事"、电子病历卡与电子出院小结、线上申请核酸检测及疫苗接种、智慧急救等重点应用场景；以上海外国语大学松江外国语学校、松江二中、城市科技学校等入选上海市教育信息化应用标杆培育校为契机，构建数字化标杆学校，实施硬件设施数字化改造，强化"云网端数"一体化基础环境，打造数字实验室、感知校园等场景。

四、治理数字化转型

【城市治理领域重点场景建设】 2021 年，松江区进一步提升"一网通办"区级门户、"随申办"区级（街镇级）旗舰店、自助服务终端和线下综合窗口的数字化服务效能；"一网统管"方面，松江区建设城市体征指标体系，完善全区城市治理协同体系，建成全区综合指挥体系；积极探索公安数据在城市治理方面的智能应用，建设一批实用高效非警务类场景；推行"双随机、一公开"监管检查"云监码"，全力打造一流营商环境。

五、数字化环境建设

【数字化转型氛围营造】　2021 年，松江区会同有关部门、有关单位广泛调动社会力量和媒体力量，开展系列宣传活动。7 月，面向数字化转型各专班成员及全区信息主管开展《关于全面推进上海城市数字化转型的意见》解读。12 月，开展松江区数字化转型活动周，设定"1+3+N"的架构，"1"即组织松江新城数字化转型主题论坛，"3"即经济生活治理领域的 3 大领域体验展示活动，"N"即相关支撑机构及企业牵头组织的一些专题论坛。从产业升级、创新赋能、生态参与 3 个维度，通过论坛、研讨、展示、挑战赛、媒体探访等多种活动形式，积极推动政企联动、市民互动以及场景创新。通过此次活动，全面总结松江区城市数字化转型工作阶段性成果，推动形成城市精细化管理、产业高质量发展和人民高品质生活的良好数字化转型氛围。

（曹艳博）

第十四章　青浦区数字化建设

概　述

2021年是"十四五"规划的开局之年。青浦区信息化工作在区委、区政府的领导下，在市经济信息化的关心指导下，聚焦经济、生活、治理领域数字化转型，推动信息产业、信息基础设施发展，建立健全信息安全保障体系，加强信息网络配套建设与推广应用，全面谋划推进"长三角数字干线"建设。广泛推动信息化、工业化深度融合，深化信息技术在各领域的集成应用，引领智慧城市建设；推进信息化应用惠民工程，在智慧健康、智慧养老、智能交通、智慧教育等领域开展信息化惠民项目；做好重点区域信息基础设施规划编制，增强无线城市服务，推进5G网络建设，全面推进保障第四届中国国际进口博览会通信安全工作；完善信息化应急管理机制，推进信息安全战略规划布局，保障信息安全；强化无线电安全保障，做好重要节点、重大活动的无线电安全保障任务。

一、数字基础设施

【5G网络建设】　2021年，青浦区加快建设5G网络，大力推进5G基站在西虹桥、

市西软件信息园等重点区域的优先覆盖，国家会展中心及周边区域实现5G信号全覆盖，以资源共享、融合开放为建设原则，年内新建1 000个5G基站。

【无线电项目管理】　2021年，青浦区探索无线电管理工作模式，利用门户网站、电视台、电梯广告及发放宣传册等形式，开展无线电知识进社区、进学校宣传活动，宣传有关无线电管理法律法规，为社区居民普及无线电管理和频谱资源基本常识，增强社区居民的认知度、认可度；联系市无线电监测站对全区高考考场进行电磁环境监测，在高考前夕对各考场听力考试的收听频率进行考前测试和收听指导；在全区范围内开展2021年度生产、销售无线电发射设备专项检查自查工作。

二、经济数字化转型

【软件和信息服务业集聚提升】　2021年，青浦区全面推进市西软件信息园等开发建设，围绕产业集群与基地创建、开办与项目认定资助、研发投入补贴等方面，加大对各专业领域的扶持力度，鼓励企业在引导和扶持资金的支持下不断加大研发投入，争取更多的技术创新和产品产业化突破，促进软件信息服务业持续快速发展。2021年，全区软件和信息服务业营业收入达757.9亿元，实现税收40.2亿元，同比增长8.9%，42个项目获区软件和信息服务业项目立项。

【北斗导航产业发展】　2021年，青浦区承接市科创中心建设重大战略专项，全力打造北斗导航研发与转化功能型平台。北斗西虹桥基地营业收入达54.7亿元，同比增长40.1%，实现税收2.1亿元，同比增长42.1%。

三、生活数字化转型

【民政领域信息化建设】　2021年，青浦区协助推进"智慧社区""智慧村庄"建设，完善银行卡、交通卡实名制社区一卡通方式，集聚社区公共服务资源、商业资源，向社区居民提供便利智慧服务；开展智慧村庄试点建设应用，从村庄自治管理、公共服务、公共安全、旅游服务等各方面实行智慧试点应用；全面推进新版社保卡换发工作，申领新版社保卡81.2万张、新版敬老卡9 768张；完善"青浦区社会保障卡服务中心"微信公众号服务功能，通过微信公众号发布信息100余条。

【农村信息化建设】 2021年，青浦区完善村民信息化活动室监管平台，加强对活动室硬件设施、使用情况的监管。推进农村信息化信息服务平台建设，建设青浦区村民信息化服务平台，为村民提供信息知识、信息安全、农业信息等服务；优化村民信息化服务点建设方案，开展村民信息化服务点申报、立项评审工作；开展移动互联网应用宣传培训，面向全区居民开展移动互联网应用培训和宣传普及。

四、治理数字化转型

【第四届中国国际进口博览会服务保障】 2021年，青浦区加强统筹谋划，全面推进第四届中国国际进口博览会服务保障和信息化配套项目建设，完成青浦区进博保障服务平台建设，组织协调通信运营商做好通信保障工作。

【信息化应用服务建设】 2021年，青浦区完成青浦区城市运行管理平台（一期）项目建设，进一步提升青浦区"一网统管"管理水平。按照云平台容量提升、服务能力提升、业务承载范围扩大的目标，推动政务云扩容项目建设并试运行；深化视频共享平台建设，推进资源汇聚及数据整合，实现青浦区总平台、网格中心分平台、视频联网公安分平台等互联互通；坚持问题导向，强化数据归集与采集应用，着力打通跨区域、跨部门、跨层级数据壁垒，推进城市运行管理平台系统建设。

五、数字化环境建设

【专项规划编制实施】 2021年，青浦区加强顶层设计，发布实施《青浦区全面推进城市数字化转型工作方案》《青浦区全面推进城市数字化转型调研工作方案》。聚焦经济、生活、治理三大领域，编制《青浦区全面推进生活数字化转型三年行动方案（2022—2024年）》《青浦区推进工业互联网创新发展行动计划（2021—2023年）》《青浦区2021年城市数字化转型工作计划》《青浦区5G通信设施布局规划（2021—2025年）》等系列规划计划，全面推动城市数字化转型工作。

【两化融合建设】 2021年，青浦区完成两化融合管理体系自评估企业1979家，23家企业获两化融合管理体系贯标；开展2020年度上海市大数据产业专项统计工作，30家企业被列入市大数据企业基本名录；完成 2020 年区两化融合扶持项目扶持资金拨付工作，共为 41 个项目拨付扶持资金 290 万元。

【电子政务安全体系建设】　2021 年，青浦区有序实施三级等保专项整治项目，持续提升运维水平，保障政务内外网、政务平台、三大机房等稳定运行。按照《关于全面加强上海市电子政务外网建设的工作方案》要求，完成市、区两级电子政务外网二次升级改造工作，建成市级 100G、区级 40G 至 100G 带宽能力，实现全网数据流量、视频流量"一网双平面"架构。

【电子政务应急预案优化】　2021 年，青浦区充分考虑各种可能的突发事件，补充并优化相应处理措施，持续改进《青浦区政务外网系统应急预案》和《青浦区政府网站系统应急预案》，进一步明确全区各部门突发事件应对职责，规范应对流程，建立健全应急机制，积极构建多重防护结构，逐步完善区电子政务网络与信息安全防御体系，保障基础信息网络和重要信息系统的运行安全。

【信息安全宣传】　2021 年，青浦区组织开展 2021 年长三角生态绿色一体化发展示范区网络安全宣传周、2021 年青浦区网络安全周系列活动。开展网络安全宣传"四进"活动，组织人员或制作展板进机关、进社区、进企业、进学校进行网络安全宣传。

（张　峰）

第十五章　奉贤区数字化建设

概　述

2021年，按照市委、市政府的决策部署，在市经济信息化委的指导下，奉贤区贯彻落实《关于全面推进上海城市数字化转型的意见》要求，聚焦区委、区政府"有限资源、数字化提升无限发展，无限资源、网络化链接无限发展"总体战略和"数字江海"面向全球独立无边界的未来数字之城总体目标，积极推进全区城市数字化转型工作，坚持整体性转变、全方位赋能、革命性重塑，形成全面推进奉贤区"数字江海"城市数字化转型的"四梁八柱"。

一、数字基础设施

【基础设施建设】　2021年，奉贤区内各信息基础设施运营商共新建光缆超过24万芯公里，累计长度401.42万芯公里；光纤到户覆盖24.32万户，累计覆盖155.91万户（端），光纤覆盖百分比100%；新建4G移动通信基站37个、室分微站新型小区站等20个，累计建设4G基站4 687个、室分微站新型小区站等416个；新建5G移动通信基站1 142个，室内覆盖场点数111个，累计建设5G基站3 231个、5G室内覆盖场点数 264 个。全区宽带用户 44.35 万户，其中光纤入户 40.36 万户；移动通信用户共计 144.29 万户，其中 4G/3G/2G 用户 86.38 万户、5G 用户 57.91 万户；全区有线电视数字化，用户数达 17.2 万户，其中互动电视 6.68 万端、高清 6.68 万端；全区高清 IPTV 用户数共计约 24.82 万户。

二、经济数字化转型

【商务数字化转型首批重点项目建设】　2021 年，奉贤区围绕商务领域数字化转型，加快推动一批消费互联网建设。一是辉展供应链服务中心建设项目。项目属于总部基地及生鲜加工、跨境电商供应链服务中心建设项目，目标为加强企业总部经济、供应链服务平台、国际跨境电商平台及进口生鲜加工、产品展示中心等建设，突出节能和智能化管理特点。二是冠通新创万礼汇礼品商城数字化运营管理项目。项目以零售门店为主要服务对象，着眼零售行业经营痛点，在礼品开发、营销工具等方面进行重点设计与研发，建立一套数字化营销方案与标准，同时引入具有很强竞争力的商品品牌，从而整体提升零售门店的经营水平与盈利能力。

【奉贤区产业经济统筹管理平台项目建设】该项目构建 3 个中心，形成有效的产业经济相关数据汇聚采集、业务管理、数据建模、数据治理、数据落图、数据评价和预警，形成长效区域经济数字化管理运维生态。

【震亮彩妆新零售信息化运营服务平台建设】该项目由市场管理系统（前端）、供应链系统（后台）和技术管理系统（保障）组成，平台利用大数据技术，建设智能门店销售系统、网络直播销售系统和智能售卖系统，将美妆产业新零售的多种模式进行整合，促使新零售更加系统化、高效化。

【中翊日化（上美）智能仓储项目建设】该项目实现工厂供应链流程全智能化、数字化，智慧调拨，实现智能出、入库管理，实现人力成本最低化。项目从批次管理、有效期管理、不良品管理等方面灵活掌控库存；车间生产线陆续从人工操作转向全自动产线，AGV 搬运车替代人工搬运，无人叉车实现自动上、下架及后端发货扫码，并提供可视化操作等。

【伽蓝数字化转型标杆场景建设】　该项目实现一瓶一码，通过产品二维码，实现产品溯源功能和生产批次管理，并可查验产品真伪；消费者可通过云店下单、结算，提高复购率；同时，系统将线上线下所有商品库存统一布局，打通所有销售渠道以实现全渠道库存共享、统一调配，形成可视化运营的"一盘货"模式。

【数字江海产业新城数字孪生赋能平台建设】该项目基于"数字江海"园区整体开发全过程的数字化建构形成的多功能全维度数字平台。平台实现"数字江海"对外展示、规划设计、建设开发以及服务运营的精细化管理，全方位赋能智慧规划、智慧建设和智慧管理，动态展现未来城区空间规划、功能布局、开发建设、运营管理、园区招商、综合

服务等数字化功能。

【中和软件智慧数字档案系统软件开发与数字档案服务平台建设】该平台运用数字图像设备管理与数字档案生产线技术、数字图像音视频处理技术、多媒体大数据技术与数字媒质内容管理技术、人工智能和区块链等技术，开发数字档案生产智能自动化流水线系统、数字档案大数据云服务平台系统数字档案云，以及区块链数字档案公证、鉴权、交易平台数字档案链等，实现数字档案全产业链支撑和运营，并进行商务推广应用。

三、生活数字化转型

【概况】2021年，在奉贤区数转办的直接领导和相关委办局的积极参与下，按照市委、市政府《关于全面推进上海城市数字化转型的意见》《上海市全面推进城市数字化转型"十四五"规划》《推进上海生活数字化转型，构建高品质数字生活行动方案（2021—2023年）》要求，结合《上海市奉贤区推进智慧城市建设三年行动计划（2020—2022）》安排，奉贤区围绕健康慧服务、成长全赋能、居住数空间、出行畅体验、文旅智享受、消费新方式、扶助准触达和数字无障碍8个重点领域积极推进生活领域数字化转型标杆场景建设，使市民感受度得到一定的提升。2021年，奉

贤区相继建成区人口健康综合管理平台、"互联网＋医疗"健康惠民服务系统、影像（医技）互联互通互认云平台、区文旅云、区图书馆RFID图书智能管理系统项目、区生活垃圾全程分类智慧监管平台、区劳动争议仲裁远程视频调解覆盖全部街镇等生活领域类信息化项目；启动建设奉贤区公立医疗机构医疗付费和出生一件事建设项目、大卫生健康网系统之基于"一网统管"的奉贤突发公共卫生事件应急防控处置及传染病综合监测功能开发项目、区智慧体育综合监管服务平台项目、"人社E网办"项目、区人事与招聘一体化系统项目、奉贤智慧校园专业业务大系统项目、区智

慧物业、区残联重残无业居家养护志愿者考勤系统、区互联网应用适老化和无障碍改造等项目。

【新型智能终端建设】 2021年，奉贤区物联感知终端接入能力不断加强，全区物联网NB-IoT可连接容量已达3 003万个终端设备。奉贤城市公共安全视频终端数达28 355个，在线率95%；区物联感知终端覆盖南桥镇、奉城镇、海湾镇等共计8个街镇，感知设备总量共计8 655个；新建道路综合杆8个，累计70个；奉贤智能快件箱基本覆盖全区所有住宅小区，共计635个。

【奉贤区人口健康综合管理平台建设】 该项目于2021年10月完成验收。平台通过建设新慢性病一体化管理、结核病管理、呼吸道综合监测信息系统、大肠癌筛查系统等，提升健康管理服务效率，提升居民满意度。同时，平台充分利用各种移动互联网和物联网技术，打通服务居民的"最后一公里"，探索建立区域人口健康管理新模式。平台已与市级疾控平台互连，实现"两级平台、三级联动"的数据管理模式，覆盖区疾控中心、区卫健委、全区8家公立医疗机构和21家社区卫生服务中心。

【"互联网＋医疗"健康惠民服务系统建设】 该项目于2021年10月完成验收。系统在初步探索"区域卫生＋互联网"融合方式、搭建"奉贤卫生"系列应用框架的基础上，进一步深化健康信息化建设，推进智慧医疗、信息惠民、智慧管理。该项目的建设全面整合了奉贤区各级医疗机构的健康服务资源，拓展"奉贤卫生"公众号的可预约范围，增加亲友预约功能；获取"奉贤卫生"的访问情况、用户使用情况、数据协同量、家医服务情况等，对互联网服务运营情况和应用设备进行管控，加强互联网服务的运营监管；通过"家庭医生"App，健全家庭医生在线服务功能，使家庭医生更便捷地为签约居民提供健康服务，提高工作效率。该项目具体建设内容包括：一是"奉贤卫生"建设。主要包括智慧预约拓展，新增妇幼保健服务、免疫接种服务、体质辨识功能、在线签约、延伸处方跟踪查询、慢病管理等，智能导诊新增多媒体互动咨询，并升级个人中心。二是互联网服务运营监管平台建设。主要包括运营基础主体数据库建设、可视化管理和监控子系统建设、运营数据交换子系统建设等内容。三是移动家医建设。主要完善移动签约、慢病管理、妇幼保健、居民查询、居民信息和解约、医疗档案、健康学苑、中医服务、CA认证中心、指标统计、权限和用户管理等内容。

【影像（医技）互联互通互认云平台建设】 该项目于2021年10月完成验收。平台利用云计算、物联网等前沿技术，建设奉贤区医技云平台，接入全区1家三级医院、7家二级医院（含3家二级专科医院）、21家基层医疗机构，实现检查检验数据统一云归档和基于大数据的临床反哺应用。该项目的建设实现以下目标：一是夯实基础，建设全区一体化医技云归档平台。对奉贤区内所有社区医院和二、三级公立医院的影像数据进行统一存储和备份管理，支撑全区各医疗卫生服务机构互联互通。二是深化应用，支撑奉贤云PACS、云LIS、云心电应用迁移。实现基层检查检验应用及存储云端集中管理，全区医技业务、数据、服务、管理标准化和一体化。该项目的建设内容主要包括：一是云归档/存储。实现全区范围的1家三级医院、7家二级医院（含3家二级专科医院）、21家基层医疗机构的检查检验数据（包含放射、内镜、心电、病理、检验等）和影像文件（DICOM、JPG、ECG等）云端存储。二是云医技迁移。为基层医疗机构提供云PACS、云LIS、云心电，将原有区域影像中心系统迁移至云端，在云端实现PACS、LIS、心电的所有功能，实现集中化管理和存储，降低基层医院院内信息化项目采购及维护费用。三是与市级影像平台数据融合，互认共享。平台遵循市级平台数据规范、业务规范、质量控制规范，实现全市影像统一标准。四是跨机构检查检验互联互认服务（面向临床服务）。通过奉贤区医技云归档平台，打造跨机构检查检验互联互认服务、影像数据比对服务、智能提醒服务。实现区域范围内的医生可以随时调阅病人在所有联网医院的既往检查检验资料，做出更合理准确的诊断。

【奉贤区文旅云项目建设】 该项目于2021年9月完成验收。项目在奉贤文化云平台基础上，整合文化、旅游数字化服务资源，实现一站式管理与服务，以文旅数据为核心，实现对公共数据、服务数据、资源数据的分析，掌握用户行为，建立个性化服务机制，实现精细化运营。该项目的主要建设内容包括：一是文化旅游管理平台建设，包括文旅资讯、文旅日历、文化非遗、文化培训、艺术鉴赏、文旅地图、畅游奉贤、积分系统。二是文旅大数据分析平台建设，包括数据分析管理基础支撑、公共文化统计分析、旅游数据统计分析、文化云盒大数据。三是长三角奉贤板块文化旅游一体化平台建设，包括长三角奉贤板块文旅资讯、长三角奉贤板块文旅活动、长三角奉贤板块场馆景点、长三角奉贤板块旅游精品路线、长三角奉贤板块文旅政策。四是文化馆总分馆建设，包括总分馆支撑平台、服务与管理系统。五是图书馆系统升级，包括数据互通、数据应用、数据统一展示。六是文化供需管理系统升级，包括志愿者管理系统、配送统计分析系统、运维管理系统、内容资源库等。

【奉贤区图书馆 RFID 图书智能管理系统建设】　该系统由区图书馆 RFID 图书智能管理系统项目和区图书馆总分馆街镇图书馆 RFID 图书智能管理系统项目组成，于2021 年 1 月完成验收。RFID 系统是奉贤区图书馆管理理念的重要体现，一是实现与上海市及其他区图书馆的流通，实现对图书资料管理自动化，加快书籍清点速度，实现读者自助服务，提高图书流通周转速率，有效发挥图书资料的信息传递功能。二是通过 RFID 设备的使用，改善现有业务流程，实现图书通借、通还，同时减小对图书馆自动化系统的压力，提高工作效率。三是拥有智能机器架位盘点功能，为读者提供更人性化、更便捷的指引服务。四是通过 24 小时城市书房图书馆，将图书馆服务延伸至馆舍以外的区域，提高图书馆的服务效率。系统建设内容涵盖借书、还书、盘点、标签转换及生成和查找、自动分拣和防盗检测等基本操作功能模块。

【奉贤区生活垃圾全程分类智慧监管平台建设】　该项目于 2021 年 10 月完成验收。平台通过深入分析生活垃圾分类各环节难点，充分运用物联网、互联网等新兴技术，打造"监管 +"信息化应用场景，并深度对接"一网统管"，完成"垃圾治理"专题上线。该系统通过多次软件迭代升级、硬件调试运行以及人员操作使用培训，基本实现对生活垃圾全程分类的实时、准确和有效监管，走在全市前列。平台具备八大功能模块，覆盖垃圾分类全流程、全业务、全管理对象，包括全程物流管理、智慧监督管理、业务报表管理、公众互动管理、智能现场检查、数据展示分析、视频管理、基础信息管理，并整合功能到移动端 App作为日常工作开展。同时，以"奉好"公众号、"随申办"公众服务入口，提供政策宣传、分类投放指南、回收企业查询、投诉建议等服务内容。

【奉贤区劳动争议仲裁远程视频调解项目建设】　该项目于 2021 年 8 月完成验收。为解决劳动人事争议数量多与处置难并存的特点，奉贤区仲裁院创新建设远程视频调解系统，区级调解员用视频方式实现对基层各街镇劳动人事争议的远程实时指导和现场实时调解。通过该项目实现以下目标：一是上下联通增强合力。区级层面，在区劳动人事争议仲裁院建设 5 个区级远程调解室，以及远程视频调解主中心、副中心，形成"五室两中心"部署。街镇层面，12 个街镇完成远程调解室建设，并与区级"五室两中心"实现互联互通全覆盖。二是远程指导拉近距离。基层数字调解信息数据会实时传输至区级调解室或调解中心，通过双向呼叫，仲裁员、调解员可在调解室、调解中心进行"一对一"或"一对多"远程协同调解。同时还可根据工作需求实现远程会议、远程培训、案例指导等附加功能。三是大案会审破解难题。对于重大疑难案件或者基层调解方案不统一的案件，区级专职仲裁员可借助远程视频，异地参与指导调解，跨前一步了解案情，从源头提高调解效率，使办案质量与群众满意度大幅度提高。四是信息资源强化监督。调解各环节信息高度数字整合，多媒体音视频资源远程直播、后台储存，使调解过程可溯可控，让"死档案"变成"活资源"，最大限度保证公平公正。同时组建专业团队维护系统日常运行，时刻应对在调解过程中可能出现的卡顿、中断情况，为远程调解做好技术保障。

【奉贤区公立医疗机构医疗付费和"出生一件事"项目建设】　该项目于2021年5月立项，处于建设阶段。该项目主要目标为：一是大力推进业务流程革命性再造，提升奉贤区各医疗机构业务协同能力和服务水平。二是持续深化数据治理攻坚，提升对"一网通办"改革的数据支撑。三是全面提升线下服务能级，推进线上线下集成融合。该项目主要建设内容为：一是支付一件事区级功能开发，包括汇聚轻应用、区级统一服务、"随申办"接入和支付平台服务接入等。二是二、三级医院改造，完成无感支付及医保数据上传相关接口改造，使其满足医保及医疗付费一件事相关政策要求。三是社区医院改造（包括有分院以及无分院），按照上海市医保五期对接要求及上海市医疗付费一件事支付平台对接要求，完成无感支付及医保数据上传相关接口改造，使其满足医保及医疗付费一件事相关政策要求。四是"出生一件事"相关功能开发，包括在线出生服务办理、孕产妇保健系统改造和出生医学证明系统部署调试等内容。

【突发公共卫生事件应急防控处置及传染病综合监测功能开发项目建设】　大卫生健康网系统之基于"一网统管"的奉贤突发公共卫生事件应急防控处置及传染病综合监测功能开发项目于2021年5月立项，处于建设阶段。该项目进一步加强奉贤区突发应急体系建设，提升疾病预防控制服务能力、公共卫生安全保障能力、信息利用与循证决策能力、应急救援和处置工作。具体建设内容包括：一是智能态势感知建设，对各类疫情数据、趋势和研判结果进行集中可视化展示，提供给疫情防控指挥部。二是应急防控掌上通建设，针对疫情相关数据，建立全面数据分析支撑平台对数据进行统计分析，并且实现手机端移动查询决策，让各部门实时掌握各项实时数据，以便最快速做出及时有效的决策分析。三是网格化联防联控平台建设，实现跨部门、跨层级工作机制协调顺畅，增强卫生健康综合管理的监控预警、应急响应和跨领域协同能力。四是公共卫生事件综合管理建设，包括"苗子事件"管理以及应急事件管理两方面内容。五是防控基础支撑平台建设，构建符合公共卫生应急防控要求的"公共卫生主题库"和"公共卫生专题库"以支撑上层应用。并根据市级公共卫生管理规范建立公共卫生管理指标中心，对突发应急各类指标进行统一监管。另外，实现实名认证服务、用户管理、授权服务、访问控制等基础服务。

【奉贤区智慧体育综合监管服务平台项目建设】 该项目于 2021 年 11 月立项，处于建设阶段。该项目根据国家、上海市要求，结合奉贤区体育监管工作实际，在"智慧体育"建设总体目标下，搭建奉贤区智慧体育综合监管服务平台，构建数字体育底座。后续信息化工作均基于大平台进行建设，作为大平台的子系统或子模块。同时，在大平台框架下，建设游泳场所监管系统，利用智慧监管、远程监管和信用监管模式，加强对奉贤区游泳场所的监管，提升对游泳场馆的精细化监管水平，由定期抽查模式转变为常态监管和动态监管，保障市民生命健康安全。具体建设内容包括：一是按照"三整合、六统一"原则，构建体育局大系统，为奉贤区体育局后续信息化项目搭建底座。二是建设动态监管数据库，实现对游泳场所、从业人员、信用监管和全媒体数据的统一组织和管理。三是建设数据共享系统，通过接口形式，实现局内部系统之间信息交换，通过前置机方式，实现与局外部系统的信息共享。四是建设事前信用承诺系统，游泳场所向社会公众发布信用承诺，加强行业自律。五是建设事中动态监管系统，以体育行业信用监管为核心，实现对游泳场所和从业人员的风险档案查询、信用核查，建立风险评估模型，以评估结果为依据，实现分级分类监管；事后对监管结果进行联合奖惩，构建以信用为基础的新型市场监管机制。六是建设事后联合奖惩系统，将日常检查和风险评估结果应用于开放许可审批、精准双随机抽查，并将结果通过奉贤体育官网、微官网、政府网站等向社会进行发布，提高游泳场所安全经营意识。七是建设可视化展示系统，动态展示场所相关信息、场馆信用承诺情况、风险评估情况、在线安全检查情况等数据。

【"人社 E 网办"项目建设】 该项目于 2020 年 12 月通过评审，处于建设阶段。该项目为政务信息系统整合项目，主要目标为：一是采用联通模式整合就业 E 本通二期、人才服务信息管理平台、劳动关系服务管理信息化平台、劳动争议预防调解公共管理平台 4 个项目，实现统一门户、统一用户、统一接入的整合改造目标。二是把就业 E 本通二期和劳动争议预防调解公共管理平台后台系统数据库替换为国产数据库。三是增加大数据分析模块，实现跨系统的数据共享交互。四是增强安全机制，达到符合商业密码要求。

【奉贤区人事与招聘一体化系统项目建设】
该项目于2020年12月通过评审，处于建设阶段。该项目为政务信息系统整合项目，按照标准统一、流程高效协同、充分利用现有资源的原则，采用整体联通模式、局部融合模式，将已有人事管理相关业务整合为3个子系统（即人社局版、主管局和事业单位版、教育局版，3个版本可进行数据交互），3个招聘相关内容整合为3个子系统（即前端应聘者PC端子系统、前端应聘者微信端子系统、后端管理者子系统），最后以联通模式整合成一个人事大系统。二是按照有关规范及要求完成项目的信息技术应用创新改造工作，建立明确的应用系统改造集成机制，确保改造工程有序合规完成。

【奉贤智慧校园专业业务大系统项目建设】
该项目于2021年6月通过评审，处于建设阶段。该项目建设内容包括：一是聚贤幼儿园子项目建设，建设家园互动成长平台、家园共育教养资源库平台，打造智能物联网管理平台，加强幼儿园信息化建设。二是汇贤中学项目建设，打造智慧校园综合管理平台、大数据精准教学平台、英语教学平台，部署办公云桌面。三是明德外国语小学建设项目，从慧管理、慧育人、慧学习、慧活动、慧评价5个方面出发进行建设，实现学生发展的全生命周期管理。四是奉贤中等专业学校建设项目，建设范围包括全面提升教师备课应用环境，配备IDV云桌面电脑、构建学生学习VDI云桌面系统、建设智慧校园平台、建设思政网上课程，加强基础设施建设，提升教学质量。

【智慧物业项目建设】 该项目于2020年11月通过评审，处于建设阶段。该项目为政务信息系统整合项目，将奉贤物业综合管理平台系统与市局"智慧物业"系统进行对接，实现住宅小区智能场景接入和跨部门跨层级联动，让物业监管部门工作更高效、更智慧。该项目主要建设内容为：一是一期平台升级，包括优化首页模块、新增物业招投标模块、优化报表统计模块、新增短信通知提醒模块、新增区局督办案件模块、优化平台基本功能、新增内部通讯录模块、优化待办事项模块等。二是终端大屏展示，包括指标项信息展示、GIS地图联动信息展示、热线投诉数据表现、五查制度统计数据表现、整改单统计数据表现、信息上报展示、智慧物业展示、事件处置展示和要素治理展示等。三是二期功能模块建设，包括智慧物业功能模块、事件处置功能模块、要素治理功能模块和数据接口管理等。四是数据治理，包括市局与区局的数据差异修正和物业基础信息治理等。

【奉贤区残联重残无业居家养护志愿者考

勤系统建设】　该项目于 2021 年 4 月通过评审，处于建设阶段。该项目依据《上海市残疾人居家养护实施方案》及残疾人居家养护补贴标准的调整，依托"随申办"统一平台，结合奉贤区残联的需求，针对服务人员不到岗服务或服务时长不够的问题，提供残疾人二维码生成、下载、签到、签退和后台数据统计等功能，解决奉贤区残联在监管方面的难题，加强服务人员管理，提高服务质量，降低人工成本，确保残疾人能真正享受服务。建设内容包括：一是前端应用建设，主要是基于"随申办"App 的扫码功能，实现识别残疾人二维码、读取残疾人信息、签到签退的功能。二是后台管理，包括账号登录管理、残疾人信息管理及数据统计功能。

【互联网应用适老化和无障碍改造等生活领域类信息化项目建设】　2021 年 6 月，区科委、区民政局、区政务服务办、区残联、区融媒体中心 5 个部门成立改造工作推进小组，对"上海奉贤"门户网站和"美谷奉贤"App 进行适老化和无障碍改造。依托字体放大、高对比度、大指针等为主的无障碍辅助技术，满足老年人、盲人和弱视等人群的特殊需求。已完成"上海奉贤"门户网站和"美谷奉贤"App 适老化改造（一级标准），二者分别于 2021 年 12 月 17 日和 2021 年 11 月 2 日上线运行。预计"十四五"期间实现二级标准。针对视障人士，"上海奉贤"门户网站新增无障碍浏览模式，在该模式下设立无障碍工具条，包含模式快捷切换、指读语音等 15 项功能；设立长者专版，聚焦"简洁、易用"的目标，更贴合老年人的操作需求。"美谷奉贤"App 方面，提供长者专版和无障碍访问专属通道，在首次确认使用者身份后，系统会默认进入无障碍模式或长者专版；无障碍模式提供全程语音导读，支持语音识别输入及一键阅读等功能；长者专版提供大图标、大字体和对比色等。

四、治理数字化转型

【"一网通办"平台建设】　2021 年，奉贤区行政服务中心（政务数据管理中心）根据《2021 年上海市深化"一网通办"改革工作要点》和《奉贤区 2021 年"一网通办"工作要点》，持续深化"一网通办"改革，推进"一网通办"大系统整合升级项目建设；深化网上办事服务效率，2021年，奉贤区"一网通办"网上办理率达 89.3%，全程网办比率达到 86.85%；高效办成一件事方面，全年累计办件 16.2 万件，子办件 40.4 万件，平均子办件 2.49件，累计减少材料近 20.3 万件，减少跑动环节 15.2 万次；2021 年全区开展建设"一业一证"，累计完成 25 个"一业一证"功能开发，累计发证 517 张；电子证照建设卓有成效，全年 650 类电子证照与市级目录同步，累计调用 160 万余次。奉贤区深入挖掘"随申码"长期应用价值，开创"一码通贤城"服务新模式，包括全市首个应用"随申码""入馆—观展—打卡"全流程互动体验式场景；全市首创城管执法"随申码"场景；全市首创公安追逃、人口登记、防疫"随申码"场景；在全市率先升级推出"离线码"。全区共计 79 个"随申码"拓展场景助力疫情联防联控，成为公共场所首道把关口，辅助社区外来人口健康管理。截至 2021 年 12 月 31 日，扫码逾 650 万次。

【"一网通办"平台企业服务开展】 2021年，依托企业专属网页开展常态化服务运营，接入特色企业档案 21 类；政策、通知公告、问答知识库信息数量分别为 91 条、748 条、2 674 条；精准化主动服务工作方面，证照提醒 22 类、精准推送 65 条、政策体检 26 类、免申即享 11 类；优化登录版企业专属网页，增加属地化服务，如"我的街镇""我的园区""我的行业"及"我的互动"；上线免登录版企业专属网页；接入特色应用 7 类；对接标签库，收集 49 类属地化特色标签，标签有效应用率达 100%；奉贤区企业专属网页 2021 年的访问量达

274 952 次，访问企业数为 39 820 家。

【自助终端建设】 2021 年，奉贤区行政服务中心（政务数据管理中心）大力推进自助终端建设。截至 2021 年底，奉贤区部署终端 179 台（包含银行终端 73 台），共计覆盖 136 个终端点位（包含银行点位 38 个），其中包括 11 个 24 小时开放点位。上线事项方面，奉贤区自助终端上线事项数为 1 381 项，其中市统建事项 181 项，区自建事项 1 023 项，跨省通办事项 177 项。自终端上线以来，累计总办件量为 480 722 件。

【"随申办"移动端建设】 2021 年，奉贤区通过线上线下等多种形式推动"随申办"运营工作，汇编奉贤区"随申办"区/街镇旗舰店月度运营报告，整理统计区旗舰店、街镇旗舰店以及各接入应用的访问量，资讯转发量、点赞量等。2021 年，奉贤区"随申办"累计各类入驻机构 856 家，覆盖全区办事、文化、党建、生活、健康、养老、驿站等中心，累计发布各级区、街镇公告、报道、新闻 1 639 篇，活动 115 场，累计入驻（关注）"随申办"市民云的奉贤区用户 241 885 人；完成政务服务移动端整合，将区水务局、交能集团等 24 个单位 55 个政务服务应用整合至"随申办"奉贤旗舰店，截至 2021 年 12 月，访问人次累计达 594 万余人次。

【公共数据整合和归集共享】 2021 年，奉

贤区行政服务中心（政务数据管理中心）根据《2021 年上海市全面深化"一网通办"改革工作要点》《2021 年公共数据与电子证照重点工作计划》《2021 年奉贤区深化"一网通办"工作要点》，全面推进公共数据归集共享。推进区大数据平台（一期）建设：一是对平台功能进行优化，包括软件数据管理子系统、数据治理子系统、运营管理子系统、数据治理子系统、专题数据库、数据服务子系统、运营管理子系统和数据开放子系统。二是探索政企数据融合，结合各部门高频数据需求，采购一批商业数据，推进公共数据和社会数据融合应用。三是初步建成奉贤区公共数据全生命周期安全体系，确保公共数据从采集、归集、治理、共享和开放各环节安全。全年累计完成资源目录编目 2 365 条，基本实现"应编尽编""应归尽归"，编目上报核心业务目录 574 条。在对接市共享交换平台方面，组织区内各部门开展申请，经市相关部门审核通过 364 项数据目录，累计调用数据服务接口 7 860 万次。平台承接市下发基础数据 8 893 万条，涵盖人口库、法人库、办件库、12345 热线、复工复产、全市疫苗接种数据等多种数据。

【电子政务云建设】 2021 年，奉贤区行政服务中心（政务数据管理中心）统筹推进区政务云建设。一是在区政务云一期基础上，推进完成区电子政务云二期建设，

为区各部门提供信创环境，已有 84 个应用系统上云。二是建设区政务云云管平台，实现区已建云的全面纳管。三是完成《奉贤区政务云管理办法（试行）》编制发布。

【电子政务网络建设】 2021 年，奉贤区行政服务中心（政务数据管理中心）根据《关于全面加强上海市电子政务外网建设的工作方案》《上海市电子政务外网建设和运行管理指南》《上海市电子政务外网管理系统对接规范》《上海市电子政务外网安全监测平台技术规范》等文件要求，全力做好全区政务外网建设和管理，确保网络稳定运行，为政务服务"一网通办"和城市运行"一网统管"提供基础网络保障。一是完成政务外网升级改造项目建设，实现核心 100 G 链路带宽，城运、"雪亮工程"、卫生、综治等 40 G 链路带宽，并与市级政务外网割接。二是建成区网络运行管理平台和安全监测支撑平台，其中网络运行管理平台已与市平台对接，安全监测平台正开展对接。三是联合区科委、区民政、区城运中心 4 部门编制发布《奉贤区政务外网建设和运行管理指南》，指导区内条线专网、街镇社区网络建设。截至 2021 年底，政务外网二级接入单位 81 家、三级接入单位 481 家。

【电子政务办公平台建设】 2021 年，奉贤

区行政服务中心（政务数据管理中心）积极推进电子政务办公平台建设和管理，确保平台安全稳定运行，为政务机关日常办公提供有力支撑。一是完成电子政务办公平台升级改造，实现平台的国产化适配和优化，10月国产化平台正式上线启用，为13 000多名用户提供服务；二是推进掌上奉贤项目建设和上线运营，实现政务审批、业务办公和文件办理等工作全流程移动端处置。平台累计用户500多人，并在逐步增加；三是做好日常运维工作，全年提供运维服务近1 000次，平台发送办公邮件3 216 896封，简报513份，收发公文29 002份。

【"一网统管"工作推进】 2021年，奉贤区推进"一网统管"工作领导小组制定印发《2021年奉贤区推进城市运行"一网统管"建设工作行动方案》《奉贤区区、街镇两级城运平台一体化建设指导意见》，形成《奉贤区推进城市运行"一网统管"工作"第三个百日"会战行动方案》《奉贤区推进城市运行"一网统管"工作"第四个百日"会战行动方案》两个阶段性工作方案。截至2021年底，区领导班子成员召开专题工作会议9次，强化22项责任清单；编制区城运专报12期，工作提示54份；召开技术论坛4次，工作推进会4次；构建联动处置模式、夯实四梁八柱，已初步形成"微循环、中闭环和大联动"3种

案件联动处置流转模式。手机端联勤联动系统初步上线，实现政务微信端建群、联勤联动派单和处置闭环跟踪功能；加大城市生命体征汇集力度，数字体征更加丰富，城市晴雨表指标已汇聚54项，其中公安聚焦人口数据共享，水务聚焦泵闸启闭等，形成了二级数据模型；"110"非警情案件、网格工单、联勤联动分配、舆情等均在首屏实现实时对接；聚焦城运中台建设，夯实"观、管、防"工作基础，视频监控已接入2.9万余路，建成算法60种；"网络端"舆情捕捉、"市民端"问题抓取、"感知端"预警反馈、"视频端"智算巡屏初显成效，政务数据、行业数据与社会数据融合共享的工作局面已初步形成。重点围绕三大治理，已初步投入使用场景23个，新建应急管理平台，实现综合指挥功能；初步形成融合通讯功能，为城运平台在突发应急期间及恶劣天气等情况下提供实战功能保障；深化智慧场景建设，强力推进智慧工地、杭州湾安全监管、垃圾治理等多个应用场景的迭代升级；扩展特色应用场景，智慧气象、智慧城管等场景正稳步建设，其中，防汛防台、应急指挥、创建迎检等场景在台风登陆、清明祭扫、创文创卫、疫情防控期间都发挥了实战作用，区领导及相关委办领导多次坐镇区城运平台，平台综合指挥功能得到实战检验。

五、数字化环境建设

【数字经济工作领导小组成立】 2021年，奉贤区坚持数字经济和实体经济深度融合，抓住"数字江海"战略定位和核心目标，把握东方美谷、未来空间等产业发展规律，加快推动数字产业化、产业数字化，实施数字"淘金"工程，做大做强"数字江海"产业集群，全面推动奉贤区经济数字化转型。2021年，奉贤区健全创新工作机制，成立数字经济工作领导小组，下设一办两组，即联络办公室和数字制造工作组、数字商务工作组。数字制造工作组聚焦制造业领域数字化转型，推进工业互联网建设。打造工业互联网标杆园区、智慧园区，对接"数字江海"建设；以智能示范工厂为抓手加快推进数字孪生；增强技术创新和产业转化力度，提升新一代软件信息技术、人工智能和大数据处理等供给水平；聚焦企业技术中心数字化建设；关注产业统筹平台建设管理和提升；完善数字经济重点项目产投全生命周期管理。商务制造工作组聚焦商务领域的数字化转型，推进消费互联网建设。开展智慧商圈、智慧街区、智慧菜场建设；办好东方美谷"一节一会一展"，激活首发经济、品牌经济；发展在线新经济，培育流量型经济为实体企业赋能；打造数字化转型示范场景和标杆企业；支持中小企业上云上平台，推进企业两化融合和企业数字化转型政策宣传资源对接；

高质量发展跨境贸易，加快数字出海。

【区数字化转型工作机制框架构建】 2021年，奉贤区城市数字化转型工作领导小组组建，并设区数字化转型工作领导小组办公室（以下简称区数字化办）。在区数字化办下建立区数字化办工作专班，履行区数字化办日常组织协调和测评考核等管理职能。成立4个领域工作组，分别是区经委牵头经济领域工作组、区科委牵头生活领域工作组、区府办牵头组织区政务服务办和区城运中心具体落实治理领域工作组、区新城推进办牵头具体落实新城领域工作组，4个工作组相互协同、互为促进，整体推进经济、生活、治理和新城数字化转型的规划方案编制和建设。各地区、各部门、区属公司按照"管行业、管区域就要管数字化转型"的要求，成立各街镇、各部门、区属公司数字化转型工作领导小组和工作专班，通过科学制定行动方案，积极开展全方位调研确定场景，依靠工作专班机制推进地区、部门城市数字化转型工作。

【城市数字化转型工作规划、方案和政策制定】 2021年，奉贤区瞄准未来数字城市特征和趋势，由区数字化办组织制定"1+3+1+X"的引领和支撑体系（即1个区数字化转型"十四五"总体规划，经济、生活、治理领域3个数字化转型三年专项行动方案，1个新城数字化转型规划建设方案和X个领域专项促进政策），互为补充，相互衔接，各有侧重，全方位、多维度引领和支撑奉贤区全面推进城市数字化转型工作。

【数字转型配套管理制度制定】 2021年，奉贤区以"问题导向、服务为本、场景驱动"为原则，以"跨行业跨领域跨层级、融服务场景和管理业务、可复制可推广"为标准，推动建立调研、论证、公示、跟踪和评价为主要环节的区级数字化转型场景项目管理制度，以政府引导、市场主导、全社会共同参与为原则，充分依靠市场力量参与场景建设的"揭榜挂帅"。开展各地区、各部门数字化转型干部学习和专业培训，提升运用数字化转型思维解决实际问题的能力；加强宣传报道力度，及时总结推广各方面数字化转型工作经验，营造浓厚的社会氛围。

【开展调研和民意征集】 2021年，奉贤区以"场景引领、以人为本、解决问题"为原则，组织各地区、各部门开展经济、生活、治理和新城建设等场景调研和民意征集工作，找准奉贤区经济、生活、治理和新城建设领域中的痛点、难点、堵点问题和"真实、普遍、有效"需求，初步挖掘100余个可以通过数据打通、资源整合优化升级的数字化应用场景。组建人大、政协数字化特约监督员并加快推动建立数字体验官等机制，进一步完善区级数字化转型场景项目效能评价制度。

（韩宇轩）

第十六章　崇明区数字化建设

概　述

2021 年是"蝶变'十四五'、建设新崇明"的开局之年，也是第十届中国花卉博览会的举办之年。崇明区按照市委、市政府的决策部署，在市经济信息化委的关心指导下，在区委、区政府的坚强领导下，立足新发展阶段，贯彻新发展理念，服务新发展格局，大力推进城市数字化转型，助力崇明区产业经济高质量发展，奋力开创新时代新崇明新征程。

筑牢数字基础设施，赋能数字化转型提质增效。持续推进 5G 基站及相关网络设施、机房建设，优化 5G 信号网络，累计建设 3 006 个 5G 基站，万人 5G 基站个数 39.3。推进实施"为困难家庭免费升级

百兆宽带"，5.3 万户用户完成升级，完成率 108.5%。开展商务楼宇宽带接入、窨井盖、多杆合一等专项整治行动，扫清信息基础设施共建共享共用顽疾，筑牢城市数字化转型信息基础设施环境。

推进经济数字化转型，赋能经济高质量发展。聚焦在线新经济、电商直播等发展需要，依托长兴"海洋家"创客基地、智慧岛孵化器等一批在线数字经济创新创业载体，全力激活数字产业化引擎动力。聚焦产业数字化发展需要，推出"5G+车联网"、"5G+全链接车间"、渔光互补等一批数字化场景，大力激发产业数字化创新活力。聚焦生态产业发展外延需求，打造

"好生活""崇明生态产业交易"等数字平台，促进崇明优质农产品走出去。聚焦稳增长工作要求，加强区内重点数字经济企业走访，圆满完成纳统工作。

推进生活数字化转型，提高人民生活品质。基于崇明区地域广、医疗资源少、分布不均的情况，推动实施医疗精准预约、智能预问诊、医疗付费"一件事"等医疗数字场景，为患者提供高效、便捷、舒适的就医体验。基于崇明区老龄化人口基数大、人居分散、空巢率高等问题，在新海镇推出为老服务场景，解决独居老人发生紧急情况时社区关怀问题。基于崇明区城乡教育资源不均问题，试点推进崇明教育信息化标杆学校建设，利用数字化和现代科技技术推动教育普惠便捷。

推进治理数字化转型，提高现代化治理效能。打造"智慧花博"运营指挥系统，以数据为基，推动票务、交通、应急、气象、智能环卫、智慧食安、医疗防疫、舆情管控等多场景融合应用，实现区域"一网统管"新突破，将智慧花博运营指挥场景打造成崇明城市数字化转型典型案例。推出"智慧防汛监测一张图"场景，将长江潮位、内河水位等防汛重点监测环节集成至一张 GIS 图上，确保监测的及时性、便利性，为指挥决策提供重要支撑。实现"上海花博"入驻"随申办"，拓展长三角"一网通办"崇通专窗建设，推进区域特色高频事项在"崇明—南通"间跨区域通办。

加强数字化环境建设，落实支撑保障措施。成立崇明区城市数字化领导工作小组及办公室，组织开展数字化转型工作调研，梳理形成崇明区数字化转型需求清单，编制《崇明区城市数字化转型研究报告》。聚焦经济、生活、治理数字化转型需求，强化顶层设计，出台崇明区城市数字化转型"1+3+X"政策文件，明确 2020 年至 2022 年崇明区城市数字化转型重点工作任务。

一、数字基础设施

【5G 网络建设】 2021 年，崇明区为打造首个 5G 全覆盖人居生态岛，持续推进 5G 基站及相关网络设施、机房建设，优化 5G 信号网络，持续推进陈家镇、城桥镇等重点区域深度覆盖和重点场景功能性覆盖，依托 5G 高带宽、低时延等优点，高起点、高标准建设世界级网络基础设施，有效缓解崇明地域广、人口少造成的高成本问题，打造多维"千兆城市"先行示范区。截至 2021 年 10 月，崇明区累计建成 5G 基站（逻辑站）2 468 个，700 M 基站 538 个。

【商务楼宇联合宽带整治行动开展】 2021 年，崇明区科委配合区市场监督管理局对万达宽带接入涉嫌垄断的举报线索进行了调查核实，后发现崇明万达等公司在提供宽带接入、语音服务、手机信号覆盖及特殊通信专线等业务过程中不存在垄断、不正当竞争、抬高物价等违法行为。同时，区科委会同区市场监督管理局、区房管局、区建管委、区城运中心等单位对市市场监督管理局下发的本区21家名单内单位均已开展宣传工作，将市经济信息化委下发统一海报张贴全面覆盖。

【"为困难家庭免费升级百兆宽带"项目开展】　2021年1月至9月，为贯彻落实市委、市政府"为困难家庭免费升级百兆宽带"为民办实事项目，崇明区科委积极协同崇明电信、崇明移动、崇明联通等单位推进上网困难家庭宽带升级工作。区科委会同运营商下基层、走社区，在全区200多个村居科普宣传栏内张贴宣传海报，在农村集市、社区广场等处开设宣传摊位，并通过电信集中外呼等方式进行实事项目宣传。同时，在"上海崇明""崇明科普"等官方公众号发布宣传推文，加强百兆普提宣传推广，引导和方便市民在官方微厅或附近营业厅办理免费提速业务。累计完成51 369户免费升级，占全年升级改造工作任务的108.5%。

【政务外网和云平台专家评审会召开】　2021年，崇明区科委会同区财政局组织召开崇明区政务外网OTN网络、区政务云平台等项目专家评审会。专家组指出，区政务外网、区政务云平台是"两张网"公共信息基础设施建设主体工程，是保障"两张网"关键信息系统网络畅通、资源共享、安全可靠的信息基础设施。专家组建议加强政务信息基础设施建设统筹规划，有效加强使用管控力度，合理推进"云、网"资源有序扩容部署，确保财政资金投资绩效。

二、经济数字化转型

【"生态+"数字岛建设】　2021年，崇明区经委坚持建管并举、以管理扶持为重的原则，聚焦5G、软件和信息服务、人工智能、工业互联网、信息安全等新一代数字产业，开展主题招商、行业招商，加强联动对接，积极引导陈家镇智慧岛产业园区、中兴镇C77文化创意园区发展成为崇明区电商龙头园区企业，并与岛上实体企业牵手合作推出"崇明好物"；借助市级平台资源，为崇明实体制造企业和电商直播企业提供合作交流平台，正向引导企业数字化转型促高质量发展，着力打造崇明"生态+"数字岛。

【数字农业管控应用场景建设】　2021年6

月22日，区委常委、副区长吴召忠一行至区农业农村委调研数字农业管控应用场景建设工作。会上，区农业农村委主任宋学梅介绍了前期崇明绿色农业信息化、数字化建设发展的基本情况和建设思路，并就下阶段推进崇明农业数字化转型工作进行了交流汇报。区委常委、副区长吴召忠要求将小场景应用充分整合融入大模块，聚焦优势产业领域，以亮点特色为抓手，从应用、服务、管理等实际需求出发加强优化补缺，推动跨部门、跨体系整合，加强部门联动，加快系统研究，明确责任目标，完善农业数据融合治理，实现数据共享共用。

【崇明绿色农业数字化转型发展】 2021年，崇明区加快打造智慧示范农场，深化探索信息技术在农业领域的适用性与可推广性。区农业农村委先后引进正大、恒大、由由、兰桂骐等农业高新企业品牌来崇明合作，指导和帮助本土农业企业和合作社发挥自身优势做好技术引进与推广创新，共同在蔬菜、林果、花卉、畜牧、水产等领域打造智慧示范农场，已建成现代化智慧示范农场9家，另有4家示范农场项目正在建设中，未来将在水稻、蔬菜、林果、花卉、畜牧、水产等多领域起到引领标杆作用，全面助力加快推进崇明绿色农业数字化转型。

【制造业数字化转型实务培训班举办】 2021年8月13日，为引导制造业企业更快适应数字化转型发展，区经委举办线上数字经济之制造业数字化转型实务培训班，从宏观层面解读国家"十四五"规划对企业提出的数字化转型发展要求，阐述了制造业企业转型升级方向，指导企业掌握理论与方法。各乡镇、园区服务专员及制造业企业经理、技术人员等100多人参加培训。

【"5G+数字化生态渔场"建设】 2021年，渔光互补数字化生态综合产业园落地崇明区陈家镇，其以"绿色、环保、生态、生产、生活"为理念，立足崇明世界级生态岛发展定位，采用光伏发电、AI、"互联网+"和大数据等技术，打造渔光互补、智慧养殖、智慧展馆、智慧餐厅、智慧康养等一批数字化应用场景，将生态养殖与光伏发电有机结合，有效提高区内电网清洁能源供电比例，推进"鱼、电、环保"融合发展，加强渔光互补生态养殖、观光游览、悠闲娱乐等一体化示范建设。同时，实现传统养殖的数字化转型，打通渔场生产、加工、流通全环节，降成本、提效率、增感知，使水产养殖基地成为本地最具影响力的农业观光点和休闲旅游基地。

三、生活数字化转型

【花博会数字化场景应用】 2021年，崇明区科委聚焦"综合安防弱、运营效率低、联动处置难"等管理难点，坚持"应用为要、管用为王"原则，推进花博会智慧运营指挥系统建设。该系统以"花博会园区运营管理系统"为大基座，融合票务、交通、安防等园区管理核心系统，联通花博多个关联子系统，实现园区管理的科学准确预判预警，提升实时反应处置能力，将智慧花博运营指挥场景打造成崇明城市数字化转型的典型案例，打造园区管理"数治"新范式。一是推进票务管理多码合一；二是实现园区供餐便捷精准；三是推进安全监管人技协同；四是实现智慧环卫动态感知；五是实施气象变化精准预测；六是实现医疗防控精准覆盖；七是提供花博管家温馨服务。

【全域旅游数字化转型工作调研】 2021年7月13日，崇明区委常委、副区长吴召忠一行至区文化旅游局调研全域旅游数字化场景建设工作。会上，区文化旅游局局长黄海盛介绍了前期崇明绿色农业信息化、数字化建设发展的基本情况和建设思路，并就下阶段推进崇明农业数字化转型工作进行交流汇报。区委常委、副区长吴召忠指出，城市数字化转型工作是2021年度上海市委、市政府的重要课题，推进崇明数

字农业应用建设体现了崇明数字化应用特色场景，已取得一定的基础和成效。吴召忠要求突出崇明生态旅游特色，推动多旅融合场景建设，发挥后花博效能，充分整合已建资源，拓展应用场景，充分发挥市场作用，构建崇明文旅数字化转型样板。

【市、区两级医疗机构医学影像互认】 2021年，崇明区25家医疗机构按全市统一规范完成与市、区两级平台的注册对接，实现机构间医学影像和报告的互相调阅和互认，接入覆盖率100%，检查项目互认107 088人次。

【"社区云"平台便民服务】 2021年，崇明区民政局持续推进村居电子台账管理系统2.0与"社区云"平台的对接整合工作，依托"社区云"平台开展"走百家门、知百家情、解百家忧、暖百家心"常态化活动，并将线下接待走访和问题处置相关工作情况录入"社区云"平台，进一步拓展"社区云"场景应用，丰富平台功能应用，开展养老顾问、救助顾问、志愿服务、困境儿童关爱、社区文明养宠等工作。

【社区智能回收箱规范建设和运营】 2021年，崇明区城桥镇湄州新村、威尼斯、天赐景城、江海名都等28个点位安装住宅小

区智能回收箱，并持续开展运营维护，定期对投入使用的可回收柜进行检查，发现问题及时解决，满足居民日常投放要求。

【信息化应用标杆校培育实践】 2021 年，崇明区教育局将崇明区实验中学、崇明区东门小学、崇明区莺莺幼儿园 3 个不同学段的学校作为崇明区教育数字化转型先行先试单位，通过建设"5G+ 智慧教学""5G+ 居家生活"数字化转型场景，开展沪滇远程同步课堂教学试点，同时积极响应市教委信息化应用推进部署，保质保量完

成初中、高中学生综合素质评价数据采集任务。

【公共出行数字化转型】 2021 年，崇明区交通委建设完成新增 4 条公交线路的 150 个电子站牌，有效提升公交电子站牌覆盖率。同时，通过"互联网+"模式，在线路定制服务方面分别开通了 e 乘巴士 1 号线、e 乘巴士贤达学院、e 乘巴士工技学校等线路，有效解决了企业运营成本与市民出行需求的矛盾，满足市民快速、便捷的出行要求。

四、治理数字化转型

【"一网通办""一网统管"工作推进会召开】 2021 年 2 月 4 日，崇明区"一网通办""一网统管"工作推进会召开，会议深入贯彻习近平总书记考察上海重要讲话精神，积极践行"人民城市人民建，人民城市为人民"重要理念，以科学管理和群众需求为导向，加快崇明"一网通办""一网统管"建设，着力推动崇明政务服务事项从"能办"向"好办"加"快办"转变，城乡治理从网格化管理向智能化、智慧化的城市运行管理转变，进一步提升全区城乡治理现代化水平。9 月 27 日，崇明区政府召开"一网统管"工作推进会，区委副书记、区长缪京出席并讲话。

【"AI+ 一网通办"专题调研】 2021 年 5 月 31 日，崇明区行政服务中心赴市大数据中心就"AI+ 一网通办"与政务智能办开展专题讨论。市大数据中心派专家参加讨论，双方就项目方案的底层架构搭建、智能预审、电子材料库建设等内容进行了充分的交流讨论，区行政服务中心将通过"业务 + 技术"双融驱动，助力政务中心智能化。

【生态环境保护领域政务服务】 2021 年，崇明区生态环境局持续推进生态环境保护领域政务服务改革工作，努力解决企业、群众办事的"难点、痛点、堵点"，着力营造"改善生态环境"和"优化营商环境"齐头并进的局面。下一步，区生态环

境局将继续推动实现"一网通办"向"好办""快办"升级。对照"一网通办"最新要求，查找短板和不足，规范生态环境政务服务工作，对现有服务事项进行再"瘦身"，强化流程再造，创新服务举措，最大限度方便企业和群众。

【联勤联动工作机制研究】 2021年，崇明区城运中心会同区委政法委、区政府办公室、区公安分局、区市场监管局、区城管执法局、长兴镇等相关部门专题开会研究联勤联动工作机制。区城运中心通报了乡镇联勤联动工作现场会筹备情况以及《崇明区"多格合一"工作实施方案》《崇明区"一网统管"乡镇联勤联动工作实施方案》起草情况。与会部门就现场会筹备工作和工作方案具体内容进行讨论，分别提出修改完善意见。

【区城运中心"一网统管"大平台上线】 2021年，崇明区18个乡镇"一网统管"大平台上线运行，为全区城市运行"一网统管"奠定基础。该系统共包含生态监测、应急管理、交通管理等20个智慧应用模块，与区气象局、区交通委、区市场监管局等多单位联动。其中，"生态监测"模块可实时监测大气环境、水环境质量以及道路、码头、建筑工地扬尘等；"交通管理"模块可监测崇明区各道路的拥堵情况。

【"智慧环卫"系统建设】 "智慧环卫"系统是"智慧花博"的重要组成部分，依托物联网技术与移动互联网技术，对环卫管理所涉及的人员、设备、流程、事件进行实时管理及展示，同时实现对环卫作业效果和卫生环境的全程监控。2021年，已完成"智慧环卫"应用场景在"一网统管"大屏上的部署，并推进公共卫生间、垃圾箱房等相关点位的智能感知设备布设以及相关数据向"一网统管"平台推送。智能感知设备能对相关设施的运转情况进行实时监控，及时发现问题并通过"一网统管"平台安排人员、设备进行处理。

【生态横沙大数据应用】 2021年5月11日至12日，崇明区大数据中心至横沙乡开展调研。此次调研对横沙乡30个职能部门和事业单位及经济小区的数据管理和需求情况进行调查，为下一步数据归集、数据共享、数据赋能做好准备。

【长三角5G·AI赋能农旅产业论坛举办】 2021年12月4日，上海市计算机学会第十六届学术年会暨第二届长三角5G·AI赋能农旅产业论坛举办。会上宣布，上海崇明5G智慧应用产业园项目预计于2023年12月竣工验收，投产后年产值可达10.5亿元，新增就业岗位1 600个。此次论坛以科技助力乡村振兴战略为出发点，以"数字AI赋能农旅产业"为主题，探讨如何借助最新技术手段让农旅插上 AI 翅膀，智慧高效地实现产业融合和跨越式发展。

【城市运行网格化管理工作业务培训会召开】 2021 年，为加快推进城市运行管理工作，落实城市运行"一网统管"，崇明区横沙乡城市运行管理中心召开 2021 年度业务培训会。此次培训旨在使各村居工作站人员能进一步了解与掌握工作标准和操作流程等，高效、有序地处置城市运行管理问题，不断提高城市运行管理信息化、网格化和精细化水平。

五、数字化环境建设

【崇明区城市数字化转型"1+3+X"政策发布】 2021 年 12 月，崇明区发布城市数字化转型"1+3+X"政策文件，明确 2020 年至 2022 年崇明区城市数字化转型重点工作任务，以城市数字化转型为契机，践行"+ 生态""生态 +"发展战略，推动建设世界级绿色低碳高质量发展的生态数智岛。

【崇明区政府与宝信软件签署战略合作框架协议】 2021 年 3 月 2 日，崇明区政府与上海宝信软件股份有限公司签署战略合作框架协议。区委副书记、区长缪京，区委常委、副区长吴召忠，宝信软件党委书记、董事长夏雪松，党委副书记、副总经理王剑虎，副总经理吴劲松等参加签约仪式。吴召忠、王剑虎分别代表双方签署战略合作框架协议。根据协议，双方将本着"平等协商、真诚互信、合作共赢"的原则，践行"智慧服务生态，科技创造价值"的理念，充分发挥各自资源优势，把握发展新机遇，共同推动崇明生态产业升级，推动中国第十届花卉博览会智慧运营，打造"生态崇明""智慧崇明"新名片。

【全面深化"一网通办"和"放管服"改革工作要点】 2021 年 5 月 11 日，崇明区"两张网"领导小组办公室印发《2021 年崇明区全面深化"一网通办"和"放管服"改革工作要点》。2021 年是上海市"一网通办"改革拓展年，市委、市政府要求各区各部门推动更大范围、更宽领域、更深层次的"一网通办"改革，深入推进简政放权、放管结合、优化服务。为全面贯彻市"一网通办"和"放管服"改革工作要点，加快推进改革工作，崇明区政务服务办通过深入调研，结合崇明实际，在充分征求各相关单位意见的基础上，起草了崇明区《2021 年崇明区全面深化"一网通办"和"放管服"改革工作要点》，经区"两张网"领导小组同意予以印发。工作要点确定了 2021 年改革重点工作任务，明确了部门分工和时间节点。

【崇通政务服务合作海门示范点协议签订】
2021 年 6 月 2 日，崇明区政务服务办与南通市海门区政务服务管理办公室举行崇通政务服务合作海门示范点签约仪式。根据协议，双方将在崇通（崇明、南通）政务服务合作的框架下，通过深化两个比邻地区的政务服务协调沟通机制，开展包括涉企事项跨省办理、个人事项跨省办理和跨省互设办事终端机等跨省政务服务合作。

【城市数字化转型推进工作会议召开】
2021 年 8 月 26 日，崇明区城市数字化转型推进工作会议召开，会议由区委副书记、区长缪京主持，区委常委、副区长吴召忠及 24 个部门主要负责同志参加会议。会上，区数字化办介绍了崇明区城市数字化转型推进情况，各参会单位就本部门数字化转型工作推进情况做交流发言。缪京指出，推进城市数字化转型工作对于新时期、新常态、新形势下的崇明发展具有重要意义，各单位要转变观念，加强学习。

【崇明数字化转型工作调研】　2021 年 9 月 24 日，市经济信息化委副主任张英带队赴崇明开展数字化转型专题调研，并与崇明区有关部门开展座谈交流。崇明区委常委、副区长吴召忠参加调研。座谈会上，崇明区有关单位分别就经济、生活、治理等领域的数字化转型推进情况、应用场景建设成效及存在的难点问题进行了汇报。张英指出，崇明区应聚焦生态特色，管行业也要管行业数字化，加强长兴海洋装备业的数字化转型，打造现代绿色农业数字化新场景。同时，结合崇明世界级生态岛建设实际，充分利用数字新技术建设碳中和示范区，并结合崇明区软信产业稳增长工作，加快推动经济、生活、治理数字化转型三化联动，聚焦市场化项目推进建设，积攒长远发展动能。

【崇明产业发展现状调研】　2021 年 9 月 24 日，市经济信息化委总工程师张宏韬带队赴崇明区调研，实地考察崇明智慧岛数据产业园、崇明工业园区、崇明富盛经济开发区、崇明现代农业园区、冠华不锈钢制品股份有限公司等园区和企业，深入了解崇明产业发展现状。崇明区委常委、副区长吴召忠参加座谈，区经委及有关单位负责同志参加调研。张宏韬指出，要抓住崇明建设碳中和示范岛的契机，探索建立契合崇明世界级生态岛发展定位的特色产业体系，实现生态优越、交通便捷、空间集约、产业特色四位一体发展，更好体现"绿水青山就是金山银山"的要求，打造"生态＋""＋生态"产业，促进产业融合发展，发挥场景应用优势，走业态融合之路。

【产业经济发展和数字化转型工作专题调研】　2021 年 11 月 10 日，市 经 济 信息化工作党委书记沈军、市经济信息化委主任吴金城带队赴崇明专题调研产业经济发展和数字化转型工作。崇明区委书记李政、区长缪京、区政府党组成员徐慧泉出席。沈军指出崇明应结合自身优势，聚焦生活数字化转型，加快推进农业等重点领域数字化转型，着力提升群众感受度；积极承接央企落沪，发挥长兴海洋装备产业基地优势，强化土地等资源和政策支持，加快推动海洋重大装备产业集聚发展。吴金城指出，崇明要提高产业规划站位，跳高一步谋规划；推动数字化转型，大力发展"数字＋农业""数字＋文旅""数字＋体育"发展，打造"5G+电商直播"等新模式；充分发挥崇明在人才落户、土地供给、住房配套等方面优势，积极引进标杆性项目，推动产业高质量发展；加强新型冠状病毒肺炎疫情防控，尤其要高度重视船舶修造企业疫情防控工作，守牢发展安全底线，确保各项防控措施落实落细。

【崇明农业科创岛揭榜挂帅大会召开】
2021年12月20日，由市农业农村委、市科委和崇明区人民政府共同主办，以"建设农业科创岛·发展现代新农业"为主题的崇明农业科创岛揭榜挂帅大会举行。来自上海各大科研院所、高等院校的专家学者、高科技企业代表齐聚一堂，为创建农业科创岛出谋划策。崇明发出英雄帖，邀请农业科技领军人才共同参与打造世界一流的"农业科创岛"，首批4个领域的农业科技攻关项目揭榜挂帅签约，开启高附加值生态农业强区的新篇章。

（施　华）

附 录

2021 年上海市信息化建设大事记

1 月

1 月 4 日　上海市举行重大项目集中开工活动。全市 64 个重大项目集中开工，总投资 2 734 亿元，涉及高端产业、科技创新、基础设施和重大民生等领域。这是上海深入贯彻落实习近平总书记重要讲话精神，全面践行新发展理念、服务构建新发展格局的重大举措，为上海"十四五"开好局、起好步注入强劲动力。

1 月 9 日　智能驾驶全出行链创新示范区开园暨百度阿波罗项目签约仪式在上海市奉贤区临港南桥智行生态谷举行。上海市经济信息化委主任吴金城出席仪式并致辞。

1 月 12 日　2021 工业互联网创新发展促经济数字化转型大会举办。工信部副部长刘烈宏发表视频致辞，上海市委常委、副市长吴清出席大会并致辞，市政府副秘书长陈鸣波，工业互联网产业联盟秘书长、中国信息通信研究院副院长余晓晖，市经济信息化委主任吴金城，市通信管理局局长陈皆重，市经济信息化委副主任张英，市人力资源和社会保障局副局长张岚，市通信管理局副局长王天广等出席会议。

1 月 13 日　2021 工业互联网创新发展促经济数字化转型高级研修班举办。市经济信息化委副主任张英出席并致辞，华东理工大学副校长、中国工程院院士钱锋做主旨演讲。

1 月 15 日　市经济信息化委主任吴金城主持召开数字化转型企业座谈会，与盒马、趣头条、掌门教育等企业就新零售、数字内容、在线教育等行业的数字化转型实践进行交流。市经济信息化委副主任张英参加座谈。

1月19日　上海市委常委、副市长吴清带队赴上海电器科学研究所（集团）有限公司调研，重点交流集团在工业互联网等领域建设成果，并详细了解企业在推进数字化转型方面的工作情况。

1月20日　市经济信息化委主任吴金城、副主任张英带队赴市城运中心和市大数据中心开展数字化转型专题调研。市政府办公厅副主任、市城运中心常务副主任徐惠丽，市政府办公厅副主任、市大数据中心主任朱宗尧参加调研。

1月22日　上海市召开以"激发企业创新活力　提升产业链现代化水平"为主题的产业技术创新大会暨上海企业技术中心创新联盟大会。

1月26日　市经济信息化委主任吴金城、副主任张英一行赴上海晶众信息科技有限公司、上海天数智芯半导体有限公司调研座谈，听取关于高精地图、云端智能芯片等人工智能重点领域发展情况的汇报。

1月26日　市经济信息化委主任吴金城带队前往上海市电化教育馆开展教育领域数字化转型专题调研，并听取相关部门、机构、学校、企业关于推进数字化转型工作的情况介绍。市教委副主任李永智参加调研。

1月28日　上海市智能网联汽车及应用标准化技术委员会成立大会在上海机动车检测认证技术研究中心有限公司举行。市经济信息化委副主任张建明出席并讲话。上海市市场监管局副局长朱明，上海市交通委、上海市公安局交警总队、临港集团等单位代表出席大会。

2月

2月2日　第22届中国国际工业博览会"好新闻"座谈会暨三方深化合作备忘录签署仪式举行。第22届中国国际工业博览会组委会办公室副主任、市经济信息化委副主任戎之勤出席座谈会和签约仪式并讲话，组委会新闻部部长、市政府新闻办副主任尹欣，复旦大学新闻学院党委书记、执行院长张涛甫等出席会议，并向获奖新闻记者颁奖。

2月4日　上海城市数字化转型专家咨询会举行。市委书记李强主持会议并指出，全面推进城市数字化转型是上海事关全局、事关长远的重大战略，要深入贯彻落实习近平总书记考察上海重要讲话和在浦东开发开放30周年庆祝大会上重要讲话精神，坚持谋划为先、应用为王、技术为基、制度为要，以整体性转变、全方位赋能、革命性重塑，全力打造具有世界影响力的国际数字之都。

2月4日 市经济信息化委主任吴金城、副主任张建明一行，赴中国铁塔股份有限公司上海分公司调研，现场察看其 NB 机房和监控中心，并就数字化转型开展座谈交流。中国铁塔上海分公司党委书记、总经理张宜军，副总经理赵行明、陶海俊等参加调研。

2月5日 上海生物制药产业创新联盟成立大会在上海汇博中心顺利召开。市经济信息化委刘平总工程师出席并为上海生物制药产业创新联盟揭牌。会议正式通过联盟章程和组织机构名单。

2月20日 上海市政府与地平线集团在沪签署战略合作框架协议。市委常委、副市长吴清，地平线集团创始人兼首席执行官余凯出席并见证签约仪式。市政府副秘书长陈鸣波与地平线集团联合创始人兼首席运营官陶霁雯代表双方签署协议。

2月24日 市经济信息化工作党委、市经济信息化委召开市经济信息化系统 2021 年工作会议。市委常委、副市长吴清出席会议并讲话，市政府副秘书长陈鸣波主持会议，市经济信息化工作党委书记沈军代表市经济信息化工作党委做工作报告，市经济信息化工作党委副书记、市经济信息化委主任吴金城代表市经济信息化委做工作报告。

3月

3月1日 东航集团与中国商飞在沪正式签署首批 5 架 C919 大型客机购机合同，东航集团成为国产大型客机 C919 全球首家运营用户。市委常委、副市长吴清，市政府副秘书长陈鸣波出席并见证合同签署活动。市经济信息化委总工程师刘平、东航集团董事长刘绍勇、中国商飞董事长贺东风等出席。

3月11日 市委常委、副市长吴清赴卡斯柯信号有限公司、上海合合信息科技股份有限公司调研，并与市北高新园区及 6 家代表企业座谈交流。市经济信息化委主任吴金城，静安区委书记于勇、区长王华参加。

3月11日 市经济信息化委主任吴金城带队赴千寻位置网络有限公司、上海晓信信息科技有限公司（晓黑板）调研，详细了解企业技术创新、产品研发、应用落地等最新进展，深入听取关于城市数字化转型的意见建议，回应企业发展诉求。

3月12日 市经济信息化委主任吴金城主持召开经济数字化转型行动方案意见征询座谈会，就上海经济数字化转型行动方案内容与市委研究室、市政府研究室、相关重点区、行业企业和科研院所进行交流。

3月17日 市经济信息化委副主任戎之勤出席由莫斯科市主办的"新冠肺炎与经济：城市应对新的全球挑战"线上多边论坛，就新型冠状病毒肺炎疫情对上海经济的影响以及市政府支持企业抗疫复产的相关政策举措进行交流发言。

3月18日 市委常委、副市长吴清赴上海兆言网络科技有限公司、上海商米科技集团股份有限公司调研并召开座谈会，与大创智示范区及7家代表企业座谈交流。

3月24日 市经济信息化委主任吴金城主持召开"十四五"先进制造业规划专家座谈会，就上海市先进制造业"十四五"规划的内容与政府部门、企业家、科研院所和行业协会开展座谈交流。市经济信息化委总工程师刘平出席，市政府研究室副主任郭宇、市政府发展研究中心副主任严军、上海社科院副院长王振、市工经联副会长史文军、上海电器科学研究所轮值总裁吴小东、联影医疗董事长张强、拓璞数控董事长王宇晗、市集成电路行业协会秘书长徐伟参加座谈。

3月29日 第四届中国国际进口博览会参展商联盟——集成电路专委会、智慧出行及新能源专委会联合成立仪式在国家会展中心（上海）举行。市经济信息化委副主任傅新华出席仪式并致辞，为新成立的两家专委会揭牌。

3月31日 天数智芯公司在沪正式发布其全自研高性能云端7纳米GPGPU云端训练芯片BI及加速卡，市经济信息化委副主任张英出席发布会并致辞。

4月

4月1日 上海市物联网行业协会召开第三届会员大会，选举产生新一届理事会、监事会和秘书长，顺利完成换届选举工作。市经济信息化委副主任傅新华出席会议并讲话。

4月2日 市经济信息化委主任吴金城带队到华勤技术股份有限公司调研，观看了公司展厅、XBD研发中心，与邱文生等公司创始团队进行交流讨论。浦东新区副区长吴强，浦东新区科经委主任徐欣参加调研。

4月7日 2021年上海全球投资促进大会在上海中心举行，面向全球投资者和各界人士，开展嘉定、青浦、松江、奉贤、南汇五个新城的产业招商推介，介绍五个新城战略定位和发展目标，推进"一城一名园"建设。会上，总投资4 898亿元的216个重大产业项目集中签约，还重点推介全市40个特色产业园区和3个民营企业总部集聚区。

4月8日 长三角产业互联网总部基地启用仪式暨上海产业互联网有限公司入驻仪式在青浦西虹桥商务区举行。

4月8日 2021世界人工智能大会北京推介会在中关村召开。会上，大会组委会办公室介绍了整体策划、筹备进展以及上海人工智能产业发展情况，大会承办机构东浩兰生会展集团对参会参展服务进行说明，60余家与会企业、机构反响热烈，共同就参会事宜展开深入交流。

4月10日 工信部在拉萨市召开第四次全国工业和信息化系统援藏工作座谈会，深入贯彻中央第七次西藏工作座谈会精神。市经济信息化委副主任戎之勤出席会议并代表市经济信息化委与西藏日喀则市经济信息化局签署《上海市经济信息化委 西藏日喀则市经济信息化局关于对口支援西藏工作协议》。

4月10日 2021上海首席信息官联盟会员大会暨长三角城市数字化转型高峰论坛举办。本次大会以"城市数字化转型"为主题，由市经济信息化委指导，上海首席信息官联盟主办，市经济信息化委总工程师刘平出席会议并致辞。

4月12日 上海市数字化办召开全面推进城市数字化转型调研工作沟通会，围绕全面推进调研工作，开展进一步动员和工作部署。市数字化办成员、市经济信息化委副主任张英出席会议并讲话，27家相关单位出席会议并作交流发言。

4月14日 长三角机器人产业链协同工作推进会在上海召开，市经济信息化委副主任张建明，普陀区政府党组成员徐树杰，上海电器科学研究所集团党委书记陈平，以及长三角区域合作办公室、江苏省工业和信息化厅、浙江省经济和信息化厅、安徽省经济和信息化厅有关负责人出席。

4月14日 "乐龄申城·G生活"志愿服务活动启动仪式在静安区青少年活动中心举行。上海市委组织部副部长、市老干部局局长杨佳瑛出席活动。市经济信息化委副主任张英出席启动仪式并为首批"数字体验官"代表颁发聘书。

4月15日 市委组织部、市委党校、市数字化办、市经济信息化委共同举办的"领导干部数字化转型专题研讨班"在市委党校正式开班。市委常委、副市长吴清出席本次研讨班并做开班动员，市政府副秘书长陈鸣波做专题授课。市委组织部副部长孙甘霖主持开班式。市经济信息化工作党委书记沈军、市经济信息化委主任吴金城等出席。

4月16日 2021世界人工智能大会筹备通气会在上海世博中心召开。大会秘书处、上海相关区行业主管部门、有关市级行业协会、大会合作企业及机构代表、媒体代表等共计100余人出席会议。

4月16日 第八届中国（上海）国际技术进出口交易会——第三届中国国际服务机器人创新发展大会召开。市经济信息化委副主任张建明出席并讲话。

4月16日 "新一代感知基础设施加速城市数字化转型"主题论坛在上海国际会议中心

举行，市经济信息化委副主任张建明出席论坛并致辞。会上，国内首家"城市物联感知服务中心"揭牌成立，"城市物联感知场景服务平台"启动上线。

4月22日　上海市委常委、副市长吴清，中国工程院副院长钟志华共同主持召开中国工程院院士专家成果展示与转化中心领导小组会议，总结上阶段工作经验，研究部署下一步推进计划。市政府副秘书长陈鸣波、中国工程院秘书长陈建峰出席会议，市经济信息化委副主任傅新华代表领导小组办公室汇报工作。中国工程院院士专家成果展示与转化中心揭牌开馆后，举行了首场学术论坛。中国工程院院士潘云鹤、邬贺铨做主旨报告。市经济信息化委副主任张英主持论坛。

4月22日　上海市集成电路行业协会成立20周年大会暨"长三角集成电路融合创新发展产业联盟"揭牌仪式在上海国际中心举行。

4月23日　上海移动"全光智慧城市全球第一城"发布会在沪举行。国家信息中心信息化和产业发展部主任单志广，市经济信息化委副主任张建明，市通信管理局副局长王天广，上海移动总经理陈力出席活动。

4月28日　"2021第二届中国（上海）工业品在线交易节"在金色炉台·中国宝武钢铁会博中心开幕。市委常委、副市长吴清出席开幕式并宣布交易节开幕，市政府副秘书长陈鸣波主持开幕式。市经济信息化委主任吴金城、宝山区委书记陈杰出席开幕式并致辞，宝山区长高奕奕、中国工程院院士吴志强出席。

5月

5月7日　全国数据交易中心2021联席工作会议在上海召开。北京、天津、内蒙古、上海、江苏、浙江、安徽、山东、湖北、湖南、广东、广西、海南、重庆、四川、深圳16个省、市数据交易机构代表齐聚上海，共同探讨数据交易发展趋势、面临挑战、关键环节解决方案以及协同机制。市政府副秘书长陈鸣波出席会议并致辞，市经济信息化委副主任张英出席会议。

5月8日　市委常委、副市长吴清带队赴京拜访中国通用技术（集团）控股有限责任公司（以下简称"通用技术集团"）总部，重点交流相关发展规划及在沪谋划布局。通用技术集团董事长于旭波接待了吴清一行。市经济信息化委副主任戎之勤参与拜访。

5月11日　市经济信息化委、浦东新区政府、徐汇区政府与小冰公司在沪签署战略合作框架协议。市委常委、副市长吴清，市政府副秘书长陈鸣波，小冰公司董事长沈向洋出席并见证签约。

5月17日 工信部与上海市联合举办的国家信息消费城市行（上海站）暨上海信息消费节在上海国际时尚中心拉开帷幕，活动历时一个月。上海市委常委、副市长吴清致辞并宣布信息消费节开幕，工信部信息技术发展司副司长江明涛代表工信部致辞。

5月19日 大数据普惠金融应用 2.0 签约暨启动会正式启动，市委常委、副市长吴清出席活动并讲话，市政府副秘书长陈鸣波、市地方金融监管局局长解冬、市经济信息化委副主任张英、上海银保监局一级巡视员李虎出席活动并见证。

5月20日 中小企业发展基金浙普（上海）创业投资合伙企业在沪召开成立大会，正式宣告设立。市经济信息化委副主任戎之勤出席成立大会致辞并揭牌。普陀区委常委、副区长姚汝林，上海国盛集团党委副书记姜海涛，国家中小企业发展基金副总经理田家珍等出席。

5月21日 2021 阿里巴巴诸神之战 & 宝马"互联网＋汽车"赛道全球总决赛在上海金桥顺利收官，市经济信息化委副主任戎之勤、浦东新区副区长左轶梅、浦东新区科经委主任徐欣以及金桥管委会、金桥集团、阿里云、宝马集团负责人等出席本次活动。

6月

6月1日 市经济信息化委、上饶市人民政府战略合作框架协议签约仪式举行。市经济信息化委主任吴金城，上饶市委书记史文斌出席签约仪式，此次战略合作既包括产业和信息化领域交流，又包括干部人才培养、党史学习教育等内容，共同服务于长江经济带发展战略，协同推进产业高质量发展。

6月3日 工信部党组成员、副部长刘烈宏一行赴瑞金医院和宝武集团调研。市经济信息化委副主任张建明参加。刘烈宏肯定了 5G 技术在远程诊断、异地协同管控、设备运维诊断、工控安全管理等方面的深化应用，希望上海加强 5G 技术在城市数字化转型、制造业高质量发展和智能制造等领域的应用推广。

6月29日 中国光学光电子行业协会液晶分会和日经 BP 主办的 2021 中国上海国际显示产业高峰论坛在沪举行，市经济信息化委副主任傅新华出席并致辞，中国电子商会会长王宁、中国光学光电子行业协会液晶分会秘书长梁新清出席。

7月

7月8日 2021 世界人工智能大会在上海世博中心开幕。上海市委书记李强出席开幕式并致辞，市委副书记、市长龚正主持。市政协主席董云虎、市委副书记于绍良出席开幕式。

7月10日　以"智联世界，众智成城"为主题的2021世界人工智能大会圆满落幕。大会汇聚1 000余位演讲嘉宾，在线观看总人次达3.52亿，26个上海人工智能产业创新集群项目签约，11个上海数字生活标杆场景发布。在大会闭幕式上，市委副书记、市长龚正为上海市人工智能标准化技术委员会、中国（上海）数字城市研究院揭牌。市委常委、副市长吴清对大会成果进行总结。同济大学党委书记方守恩、校长陈杰等出席。

7月16日　市经济信息化工作党委、市经济信息化委召开季度工作会议，贯彻落实十一届市委十一次全会和市委季度工作会议精神，部署三季度重点工作。市经济信息化工作党委书记沈军，市经济信息化工作党委副书记、市经济信息化委主任吴金城出席会议并讲话。会议由沈军主持。

8 月

8月6日　国家广播电视总局科技司、中国广播电视网络集团有限公司在上海进行的5G NR广播大塔试验完成塔外天线等设备的布放及系统调试，基本完成东方明珠电视塔5G NR广播大塔试验建站工作。建成后的东方明珠电视塔5G NR广播大塔试验设备，可实现对上海市外环区域内的全面覆盖，为5G NR广播大塔试验工作打下良好基础。

8月16日　上海市委、市政府举行经济数字化转型现场推进会。市委书记、城市数字化转型工作领导小组组长李强出席并讲话。市委副书记、市长、城市数字化转型工作领导小组组长龚正主持会议。会上通报了全市经济数字化转型工作推进情况，中国商飞、杨浦区代表做交流发言。

8月17日　上海市政府与中国联合网络通信集团有限公司在沪签署"十四五"战略合作协议。市委书记李强，市委副书记、市长龚正会见中国联通董事长王晓初、总经理陈忠岳一行。市委常委、副市长吴清与陈忠岳代表双方签约。双方将共同围绕提升信息基础设施能级、加快构建高等级计算能力、数字化转型场景应用、数据要素开放共享、数字技术供给能力等方面深化合作对接。

8月18日　上海市政府与宁德时代新能源科技股份有限公司在沪签署战略合作框架协议。市委书记李强会见宁德时代董事长曾毓群一行。市委副书记、市长龚正出席签约仪式。市经济信息化委、闵行区政府、上海交通大学与宁德时代共同签署未来能源研究院战略合作框架协议，临港新片区管委会、临港集团与宁德时代共同签署生产基地投资协议。双方将在新能源领域全面深化合作，推进宁德时代（上海）创新中心及国际功能总部、高端制造基地、未来能源研究院等相关项目落地。

8月20日 上海市政府与中国电信集团有限公司在沪签署"十四五"战略合作协议。市委书记李强，市委副书记、市长龚正会见中国电信董事长柯瑞文、总经理李正茂一行。龚正、柯瑞文出席签约仪式。市委常委、副市长吴清与李正茂代表双方签约。双方共同围绕"双千兆宽带城市"能级提升、新一代信息技术研发与成果转化、城市数字化转型场景应用、信息基础设施保障等方面持续加大投入，深化合作对接。

9 月

9月10日 "IPv6+"创新城市高峰论坛在上海、北京两地顺利举办。本次高峰论坛以"激发网络源力，共筑数智底座，焕新数字之城"为主题，采用两地联动的方式，有300多家企事业单位通过直播平台共同参会。中国工程院院士、推进IPv6规模部署专家委员会主任邬贺铨发布《上海IPv6创新发展白皮书》。

9月28日 由中国信息通信研究院、市经济信息化委和市通信管理局联合主办的首届"光华杯"千兆光网应用创新大赛启动仪式在北京国家会议中心举行。上海市委常委、副市长吴清出席启动仪式并致辞。

10 月

10月19日 上海市政府举行新闻发布会，邀请市政府副秘书长陈鸣波介绍《关于加快推动基础研究高质量发展的若干意见》的相关情况。上海市科学技术委员会副主任朱启高、上海推进科技创新中心建设办公室执行副主任彭崧、市教委副主任毛丽娟、市经济信息化委总工程师张宏韬出席发布会，共同回答记者提问。

10月25日 上海市委举行调研协商座谈会，就全面推进城市数字化转型听取各民主党派、市工商联和无党派人士的意见和建议。上海市委书记李强主持会议并讲话。

10月26日 市经济信息化工作党委、市经济信息化委召开季度工作会议，贯彻落实市委、市政府季度工作会议精神，部署四季度重点工作。市经济信息化工作党委书记沈军，市经济信息化工作党委副书记、市经济信息化委主任吴金城出席会议并讲话。会议由沈军主持。

11 月

11 月 3 日 2020 年度国家科学技术奖在京揭晓。2020 年国家科学技术奖共评选出 275 个项目（人选、组织），上海共有 48 项牵头或合作完成的重大科技成果获奖，占全国获奖总数的 17.45%，连续 5 年获奖比例超过 15%。其中，共有 12 家市级以上企业技术中心单位获奖，累计获奖 13 项，占全市企业参与获奖项目（人）的 85.7%。上海联影医疗科技有限公司、中国建筑第八工程局有限公司获得 3 项科技进步一等奖；上海隧道工程有限公司、光明乳业股份有限公司等 8 家企业获得 8 项科技进步二等奖；上海德福伦化纤有限公司、上海港湾基础建设（集团）股份有限公司获得 2 项技术发明类二等奖。

11 月 25 日 上海数据交易所揭牌成立仪式暨 2021 上海全球数商大会在沪举行。市委副书记、市长龚正为上海数据交易所揭牌并启动全数字化交易系统，工信部副部长徐晓兰、副市长张为分别致辞。市委常委、浦东新区委书记朱芝松为交易所首单交易颁发纪念证书。会上，浦东新区发布促进数商集聚创新发展政策。

11 月 26 日 "G60 星链"产业基地启航仪式在松江区临港松江科技城举行，市政府副秘书长陈鸣波、市经济信息化委副主任刘平出席启航仪式。"G60 星链"产业基地位于松江区临港松江科技城，由松江区、联和投资、临港集团 3 方共同打造，规划占地面积 121 亩、建筑面积约 20 万方，计划总投资约 20 亿元，将建设数字化卫星制造工厂、卫星在轨测运控中心、卫星互联网运营中心，预计于 2023 年投入使用。

12 月

12 月 2 日 上海市委、市政府举行治理数字化转型现场推进会。市委书记、城市数字化转型工作领导小组组长李强出席并讲话。市委副书记、市长、城市数字化转型工作领导小组组长龚正主持会议。市委副书记于绍良出席会议。市委常委、常务副市长吴清通报并部署治理数字化转型相关工作。

12 月 7 日 上海海纳工程院（以下简称"海纳工程院"）在普陀区正式揭牌成立。市委常委、常务副市长吴清为海纳工程院揭牌，市政府副秘书长陈鸣波致辞，市经济信息化委、普陀区人民政府、海纳工程院签署三方合作协议，共同推进海纳工程院建设。同时，中国商飞、金山石化、瑞金医院、华住酒店等一批重点场景共建单位入驻，后续将与海纳工程院共同深化场景建设。中国工程院院士、海纳工程院发起人王坚，市经济信息化委副主任张英，普陀区委副书记、代区长肖文高，区委常委、副区长姜爱锋，副区长徐树杰出席揭牌仪式。

12月20日　市市场监管局、市经济信息化委联合发布《关于推动上海市数字广告业高质量发展的指导意见》。该《指导意见》是国内首个针对数字广告业发展领域的省级政策文件，明确提出将上海建设成为"国际数字广告之都"的目标。

上海市全面推进城市数字化转型"十四五"规划

全面推进城市数字化转型，是践行"人民城市人民建，人民城市为人民"重要理念，巩固提升城市核心竞争力和软实力的关键之举。根据《上海市国民经济和社会发展第十四个五年规划和二〇三五年远景目标纲要》《关于全面推进上海城市数字化转型的意见》，制定本规划。

一、发展基础和面临形势

（一）发展基础

1. 数字基础设施建设全国领先。建成全国"双千兆第一城"，实现中心城区和郊区城镇化地区 5G 网络全覆盖。截至 2020 年底，本市基本实现千兆固定宽带家庭全覆盖，平均可用下载速率超过 50 Mbps，累计建设 5G 室外基站 3.2 万个，室内小站 5.2 万个。国际信息通信枢纽地位增强，通信海光缆容量达到 22 Tbps。推进绿色高端数据中心建设，建成面向公众服务的互联网数据中心 103 个，机柜总量近 14 万架。发布《新型城域物联专网建设导则》，建设 30 余种智能传感终端近 60 万个。

2. 数据资源利用效率明显提升。着力探索公共数据资源开发利用，发布《上海市公共数据开放暂行办法》，截至 2020 年底，累计开放数据集超过 4 000 项，推动普惠金融、商业服务、智能交通等多个产业共 11 个公共数据开放应用试点项目建设。启动国际数据港建设，数据要素市场化配置进程提速。全力推进公共数据归集，累计归集237.7亿条数据。强化数据共享，打通国家、市、区三级交换通道，实现跨部门、跨层级数据交换超过240亿条。

3. 数字经济保持蓬勃发展势头。产业数字化能级不断提升，工业互联网赋能全产业链协同、价值链整合，率先建成标识解析国家顶级节点并辐射长三角，标识注册量突破16亿，打造一批具有全国影响力的工业互联网行业平台。数字产业化持续深化，2020年，集成电路产业规模达到2 000亿元，成为国内产业链最完备、综合技术最领先、自主创新能力最强的集成电路产业基地之一。人工智能产业集聚核心企业1 000余家，获批国家新一代人工智能创新发展试验区和人工智能创新应用先导区。在线新经济快速发展，基本形成以浦东、杨浦、静安、长宁为主产业发展布局的"浦江C圈"，网络零售、网络视听、消费金融等信息消费新业态不断涌现。

4. 数字公共服务体系不断完善。推行政务服务"一网通办"，截至2020年底，接入事项达到3 166个，"随申办"实名注册用户数超过5 000万，基本实现"高效办成一件事"。建成全市统一的社区基础信息数据库和"社区云"平台。搭建上海市综合为老服务平台，梳理形成12个智慧养老应用场景；教育云网融合试点有序推进，疫情期间推进"空中课堂"建设，在线教育服务水平显著提升。推进智慧医疗应用，建成"健康云"平台，实现诊疗信息互联互通互认。推动智慧出行，基本建成"上海停车""一键叫车"等一站式服务平台。

5. 数字赋能城市治理成效显著。按照"三级平台、五级应用"逻辑架构，建立市、区、街镇三级城运中心，实现"高效处置一件事"。打造务实管用的智能化应用场景，重点建设城市之眼、道路交通管理（IDPS）、公共卫生等系统。全市重点工程建设项目应用BIM（建筑信息模型）技术比例达93%。建立实时动态"观管防"一体化的城运总平台，接入了50个部门的185个系统、730个应用；建设高效处置突发事件的联动指挥系统，支撑市城运中心统筹支援、现场决策，实现前线指挥部、后方指挥部、专业指挥部跨地域的联动指挥。

（二）面临形势

1. 数字化将不断催生科技创新新范式。数字化牵引的组合式科技创新加速突破，数字技术的快速发展和广泛渗透，为前沿技术、颠覆性技术突破提供了更加丰富的工具和手段。数字技术与其他技术领域的融合创新，将驱动科技进步和经济社会发展。

2. 数字化将快速孕育经济发展新动能。数据要素对价值创造的乘数效应全面激发，产业数字化和数字产业化"双轮驱动"，对传统经济体系进行全方位、全角度、全链条改造重构，并不断催生新产业、新业态、新模式。各国纷纷将数字经济作为提振经济的关键抓手，全球数字经济领域的竞争和博弈将更趋激烈。

3. 数字化将营造民生服务新体验。数字技术打破了时空界限，带来了生活领域的革命性变革，在线化、协同化、无接触为特点的应用场景不断迭代。运用大数据深度挖掘和智能分析，多元化的服务需求将得以精准发现、精准配置和精准触达，分布式、个性化、共享型的数字服务模式渐成主流。

4. 数字化将带动社会治理新模式。数字时代个人依托社交媒体、网络平台等信息渠道，探讨公共事务、参与社会治理的自觉性、自主性显著提高，互联网成为创新社会治理，激发共治共享的平台，政府、企业、社会组织和个人协同共治模式更加重要。

5. 数字化将构建城市运行新形态。数字化重新定义了城市形态和能力，数字孪生城市从概念培育期加速走向建设实施期，随着物联感知、BIM 和 CIM（城市信息模型）建模、可视化呈现等技术加速应用，万物互联、虚实映射、实时交互的数字孪生城市将成为赋能城市实现精明增长、提升长期竞争力的核心抓手。

二、总体思路

（一）指导思想

以习近平新时代中国特色社会主义思想为指导，全面贯彻党的十九大和十九届二中、三中、四中、五中全会精神，深入贯彻习近平总书记考察上海重要讲话和在浦东开发开放 30 周年庆祝大会上的重要讲话精神，按照整体性转变、全方位赋能、革命性重塑总体要求，将推进城市数字化转型作为推动高质量发展、创造高品质生活、实现高效能治理的重要抓手，加快数字化转型与强化"四大功能"、深化"五个中心"建设深度融合，与提升城市能级和核心竞争力、提升城市软实力紧密衔接，从"城市是生命体、有机体"的全局出发，统筹推进城市经济、生活、治理全面数字化转型，聚焦"数智赋能"的基础底座构建、"跨界融合"的数字经济跃升、"以人为本"的数字生活体验、"高效协同"的数字治理变革，率先探索符合时代特征、上海特色的城市数字化转型新路子和新经验，加快建设具有世界影响力的社会主义现代化国际大都市。

（二）基本原则

——坚持技术与制度"双轮驱动"。按照"数字化转型推进到哪里，技术制度同步驱动到哪里"的原则，以城市数字化转型为创新试验田，鼓励前沿技术和应用的创新实践，加快消除数字化转型的制度门槛，完善包容开放的发展环境，建立适应数字化转型的技术体系、规范体系和政策体系。

——坚持政府与市场"和弦共振"。在政府引导下，调动市场主体的积极性，鼓励市场力量参与和支持数字化转型创新应用，扶持数字化转型领域创新创业。探索市场主体参与社会治理服务新模式，构建多方协同治理格局。

——坚持效率与温度"兼容并蓄"。围绕"城市，让生活更美好"的理念，统筹处理好公平与效率的关系，既以数字化转型提升城市系统的效率，又以市民实际感受为考量，关注"数字鸿沟"问题，构建线上线下有机联动的数字孪生生活空间，提升各类服务的精准性、充分性和均衡性。

——坚持安全与发展"齐头并进"。落实网络安全与信息化"四个统一"的要求，正确处理安全与发展的关系，在推动全方位数字化转型的同时，加快构建数字安全保障体系，运用数字化技术进一步提升城市安全风险防控水平，形成与城市数字化转型相适应的大安全格局。

（三）主要目标

到 2025 年，上海全面推进城市数字化转型取得显著成效，对标打造国际一流、国内领先的数字化标杆城市，基本构建起以底座、中枢、平台互联互通的城市数基，经济、生活、治理数字化"三位一体"的城市数体，政府、市场、社会"多元共治"的城市数治为主要内容的城市数字化总体架构，初步实现生产生活全局转变，数据要素全域赋能，理念规则全面重塑的城市数字化转型局面，国际数字之都建设形成基本框架，为 2035 年建成具有世界影响力的国际数字之都奠定坚实基础。

——形成面向未来的数字城市底座支撑。打造泛在赋能、智能协同、开放共享的城市数字底座，实现基础设施国际一流、数据潜能全面激活、共性平台能级提升，率先建立健全适应数字时代需求的城市公共事业体系。

——构建高端引领的数字经济创新体系。着力推动经济存量增效、增量创新、流量赋能、质量引领，形成转型发展的全新动能，基本建成具有全球竞争力的数字贸易国际枢纽港、世界级数字产业集群、金融科技中心和数字经济创新高地，"上海制造"品牌的数字化竞争力显著增强。

——打造融合普惠的数字生活应用场景。加快形成需求精准响应、服务均衡惠及、潜能有效激发、价值充分实现的数字生活新图景，推动上海建设成为全球数字生活的新兴技术试验场、模式创新先行区、智能体验未来城，让人民生活更有品质、更为便捷、更加幸福。

——强化精细高效的数字治理综合能力。"一网通办"实现从"好用"向"爱用""常用"转变，全方位服务体系基本建成。"一网统管"聚焦"一屏观天下，一网管全城"，推动态势全面感知、趋势智能预判、资源统筹调度、行动人机协同。

主要指标列表

序号	类　别	指标名称	属　性	单位	目标值（2025 年）
1	经济数字化转型	数字经济核心产业增加值占全市生产总值比重	预期性	%	持续提升
2		规模以上制造业企业数字化转型比例	预期性	%	80 左右
3		工业互联网标识注册量	预期性	亿个	100 左右
4		标杆性智能工厂	预期性	家	200 左右
5		普惠金融服务中小微企业覆盖率	预期性	%	15 左右
6	生活数字化转型	生活数字化转型标杆场景	预期性	个	100 左右
7		数字化转型示范医院	预期性	个	50 左右
8		培育信息化标杆校	预期性	个	200 左右
9		新建智能取物柜数	预期性	组	1.5 万左右
10	治理数字化转型	"一网通办"平台实际办件网办比例	预期性	%	80 左右
11		"高效办成一件事"标杆场景数量	预期性	个	50 左右
12		"高效处置一件事"标杆场景数量	预期性	个	35 左右
13	数字化转型基础	固定宽带平均可用下载速率	预期性	Mbps	≥ 120
14		5G 网络移动宽带平均下载速率	预期性	Mbps	500 左右
15		物联感知终端数	预期性	万个	≥ 1 万
16		公共数据开放规模	预期性	亿条	15 左右

三、重点工作

面向数字时代的城市功能定位，加强软硬协同的数字化公共供给，加快推动城市形态向数字孪生演进，逐步实现城市可视化、可验证、可诊断、可预测、可学习、可决策、可交互的"七可"能力，构筑城市数字化转型"新底座"。

（一）完善城市 AIoT 基础设施

集成发展新一代感知、网络、算力等数字基础设施，研究建设城市资源标识解析系统，提供城市资源全面 AIoT 化（人工智能＋物联网）的统一规范，加快实现城市"物联、数联、智联"。

1. 部署全域智能感知终端

按照"统筹规划、统一标准、共建共享"的原则，构建完善"城市神经元系统"，围绕生活、产业、城市需求，推动视频图像、监测传感、控制执行等智能终端的科学部署，实现地上、地下、空中、水域立体覆盖。研究编制城市资源的标识体系、编码目录、解析规则，规范城市资源的数字标识，保障数字城市与物理城市的实时镜像、精准映射。以城市时空底图为基础，全量接入各类智能终端，支持实现物理城市与数字城市的精准交互。

2. 建设立体高速信息网络

以5G、千兆光纤、卫星互联网等建设为基础，加快构建天地一体化覆盖的数字城市信息网络体系，持续提升"双千兆"网络能力。全面推进5G网络深度覆盖，增强用户感知水平。持续提升千兆光纤网络服务能级，加快实现万兆到楼、千兆到户的光网全市覆盖。加快卫星互联网地面设施建设。

3. 打造高端低碳算力集群

建设超大型数据中心、大中型数据中心和边缘数据中心组合的高性能协同计算生态。推动数据中心存算一体集约化布局，加快打造全国一体化大数据中心体系的上海枢纽节点。实施计算增效计划，构建高性能计算体系，构建人工智能加速器体系，推动建设内容、网络、存储、计算四位一体的边缘计算资源池。打造全球数据中心，面向国际数据流通提供公共服务。

4. 推动传统设施智化提升

面向城市更新需求，重点推动能源、交通、物流等传统基础设施数字化转型，优化新能源终端布局，持续推动电力物联网智能化改造；打造面向自动驾驶的智慧道路，试点智慧车列，建设国内领先的车路协同体系；持续完善智慧零售和末端配送设施，推动部署冷链仓储中心、快件仓储中心、转运中心、分拨中心等物流设施的智能化升级。

（二）构建城市数据中枢体系

以"分布式建设、协议互联、协同运营"为原则，构建分布式、多中心的城市数据中枢体系，实现跨行业、跨层级、跨系统数据互联互通，推动公共数据与社会数据融合应用，形成数字城市建设的系统合力。

1. 支持建设行业数据综合运营中心

围绕行业数据汇聚整合，推动建设行业数据综合运营中心，制定行业数据标准，规范行业数据治理，强化对行业数字化转型的数据赋能，鼓励医疗、教育、交通、金融等数据密集型行业和领域先行先试。支持建设行业数据开放利用平台，集成数据汇聚、数据处理、数据交换等多种工具，统一数据接口和调用规则，依托隐私计算、区块链等技术构建可信数据开发利用环境，鼓励探索应用云原生等多种技术架构。

2. 完善公共数据开发利用平台

深化建设"1+16"市、区统筹的大数据资源平台体系，实现数据横向协同、纵向赋能。构建数据服务工具箱，实现公共数据及时、完整归集共享。建设长三角地区政务数据共享平台，支撑长三角跨省通办业务办理。探索实施公共数据授权运营、收益共享，以数据"可用不可见"为前提，建立第三方多元主体对公共数据开发利用机制。建立"技术＋制度"运营合规保障。

3. 构建社会数据流通服务基础设施

面向数据确权、登记、流通、交易等全链条服务，构建以数据交易所为核心的新型数据服务基础设施体系。围绕数据控制权、使用权、收益权，实现数据确权，加强数据合规性审查，形成数据权益的交易、登记和清算机制，提供数据交易的备案统计、信息发布、违约鉴定等服务。

（三）打造城市共性技术赋能平台

围绕城市数字化转型的公共服务需求，以标准化、组件化、平台化方式，提供各类自主调用、灵活配置的公共应用工具和公共技术工具，强化基本共性技术支撑。

1. 丰富城市公共应用工具供给

面向生产生活等各类场景加强随申码、电子证照、电子印章、电子票据等基础应用组件供给。完善随申码功能和标准，推动"多卡并一码"，在医疗健康、交通出行、特殊药品监管等场景，持续拓展深化随申码应用。打造"低代码"开发平台，提供可视化的全民开发工具，提高随申码应用开发效率。建立城市数字身份认证服务体系，为数字空间提供主体、数据、行为的安全可靠保障。

2. 强化数字城市公共技术供给

面向数字城市不同场景的应用功能开发，集约提供大数据、人工智能、区块链、数字孪生等通用技术组件，降低技术开发成本。搭建城市智算公共平台，强化公共算力调度保障，提升人工智能相关技术供给能力。构建区块链开放生态，支持区块链底层平台建设部署，打造一批区块链开放服务平台。建设城市数字孪生平台，集成提供城市全要素数字化表达、动态三维呈现、智能决策支持、模拟仿真推演等。

3. 形成城市数字安全动态防护体系

探索构建弹性主动的数字城市安全防护体系，汇集数字安全能力要素，围绕终端、网络、平台、应用、数据，强化"防御、监测、打击、治理、评估"五位一体的动态防护能力。围绕人工智能、物联网、区块链等新技术的全生命周期，构建新技术风险评估体系，全面促进信息技术应用创新。

四、重点领域

统筹经济、生活、治理领域数字化转型相互促进、相互赋能。经济数字化是新供给、新动能，为高品质生活、高效能治理提供新产品、新服务；生活数字化是新需求、新体验，激发广大市场主体创新活力，催生新业态、新模式；治理数字化是新环境、新能力，为经济和生活数字化转型提供强大支撑。

（一）推动经济数字化转型，助力高质量发展

聚焦"五个中心"建设，激活数字产业化引擎动力，激发产业数字化创新活力，推进科技、金融、商贸、航运、制造、农业等领域深层次数字化转型，推动发展方式整体转变，加快质量变革、效率变革、动力变革。

1. 打造科创新生态

以数字化推动科技创新能级提升，激发全社会科技创新潜力，提升上海全球科技创新中心竞争力。把握产业技术变革及数字化、融合化发展方向，前瞻布局量子通信、神经芯片、DNA 存储等前沿技术，加快研发突破。完善科创设施，建设集成电路、生物医药、人工智能等领域研发与转化功能型平台，推动提升一批重大科技基础设施数字化、智能化水平。打造全球科技资源数据汇聚高地，健全基础研究、应用研究和产业人才评价指标体系。做强科学计算，建设计算科学研究高地，打造科学计算应用枢纽，促进重点领域科学大数据的规模汇聚和分享。

2. 促进金融新科技

以数字化推动金融业效率提升，增强机构服务能级，提升金融服务的便利性和普惠性。开展数字人民币试点，拓展线下和线上支付、交通出行、政务和民生等场景应用。深化普惠金融试点，实施大数据普惠金融应用 2.0 专项工程，普惠金融贷款投放超 2 000 亿元，服务企业数量实现倍增。延展数字金融服务模式，加快金融机构"总分支点"形态重塑，创新指

尖上的金融服务，推动一批"开放银行"试点，发展智能投顾，提升资产交易、支付清算、登记托管、交易监管等关键环节智能化水平，推动金融市场高水平转型。

3. 发展商务新业态

以数字化推动商贸服务优化提升，释放数字化赋能效应。塑造商业转型标杆，打造10家左右千亿级电商平台。升级口岸服务，深化国际贸易单一窗口建设，建设口岸综合性大数据枢纽节点和口岸大数据中心，打造基于数字化多场景融合的一站式业务办理平台，进一步提升通关便利化水平。加快数字贸易国际枢纽港建设，培育"100+"有全球竞争力的数字贸易重点企业，加快原创内容出海步伐。完善贸易生态，健全跨境网络贸易通道，构建跨境电商产业集群，加快"海外仓"共建共享步伐，打响"出海名优"品牌。

4. 打造航运新枢纽

以数字化推动现代航运服务业加速发展，强化对内集聚和对外辐射能力。建设智能海空枢纽，推进智能驾驶船舶、自动化码头、无人化堆场建设，建设高等级航道监测体系，深化江海联运。打造智慧邮轮母港，建设数字孪生机场。升级航运服务体系，创新航运数据应用模式，推动"智慧海事法院"建设和航运金融创新，提升新华—波罗的海航运指数等航运数据服务能力。推动航运全球协同，推进全球航运商业网络（GSBN），加强多平台流程协作和数据互通。

5. 培育在线新经济

以数字化赋能"五型经济"发展壮大，推动品牌、载体、业态"三位一体"融合创新。打响在线新经济服务品牌，重点发展数字文创、新零售、在线设计，加速发展短视频、网络直播等在线文娱，打造"100+"美誉度高、创新性强的在线新经济品牌。厚植创新型经济土壤，打造"张江在线""长阳秀带"等在线新经济生态园，完善在线新经济就业保障体系，营造试错容错的制度环境，培育"100+"掌握核心技术、拥有自主知识产权、具有国际竞争力的高成长性创新企业。推动流量型业态创新，发展多种平台经济，培育"100+"具有行业领先地位、国际竞争力的在线产品和服务。

6. 深化制造新模式

以数字化推动工业化和信息化、服务业和制造业更广范围、更深程度融合，推进制造业提质增效。加快工业互联网创新发展，实施"工赋上海"行动，建设数字孪生企业，打造"100+"示范工厂，促进产业链供应链数字化增智，实现精准固链补链强链。促进平台生态数字化增能，加强龙头企业牵引，建设20个具有行业影响力的工业互联网标杆平台，增强工业大数据、知识图谱和智能算法的供给水平，打造10个新型工业电商平台，10个供应链金融示范。深化实施"一业一策"，促进电子信息、汽车、生命健康、先进材料、高端装备、时尚消费品等行业深度转型。

7. 塑造农业新面貌

以数字化推动农业生产智慧精准。打造数字农业"一张图"，完善农业空间信息基础，加快数字农田建设，加快农业种植、渔业养殖、河流、土壤潜力等信息采集，编制关键要素基本名录。打造数字农业标杆平台，推动农机智能化升级，农技数字化提升，丰富农业知识图谱，打造规模化种（养）、管、收、销全品种、全区域、全过程的生产作业数字化模式，加强"申农码"综合应用。打造智慧示范农场，加快农业机器人的推广应用，打造农业全链数字孪生示范，建成10万亩水稻生产无人农场，3—5个智慧蔬果生产基地，若干个食用菌、蔬菜种苗、花卉园艺等植物工厂。

（二）推动生活数字化转型，创造高品质生活

面向各类人群全周期、多层次的生活服务需求，以数字化提升市民服务体验为切入口，围绕基本民生、质量民生、底线民生三大块面，聚焦实施健康、成长、居住、出行、文旅、消费、扶助、无障碍等八大任务，不断提升各类民生服务的精准性、充分性和均衡性。

1. 优化健康新服务

聚焦就医、公共卫生、体育运动等健康服务，以数字化助力打造更有温度的健康上海。以患者为中心，打造精准预约、智能预问诊、电子病历卡（医保电子记录册）、核酸检测和疫苗接种、智慧急救、医疗信息互联互通互认等重点应用场景，构建涵盖诊前、诊中、诊后全流程数字化医疗新流程。建立全域协同的智慧医疗应急体系，试点打造数字健康城区和未来医院。构建线上线下联动的数字化运动服务闭环，以数字健身地图为载体，整合各类体育健身服务资源，实现公共体育场所"随申码·健申码"一码通行；推进体育场馆和设施数字化升级，为市民提供更多数字化体育服务。

2. 探索成长新空间

以"让人人都有人生出彩机会"为出发点，增强数字化对教育、就业等个人成长各阶段的赋能。以提升师生信息素养、加强家校互动、建设数字校园为重点，变革教学模式、改进学习方式、创新评价方法、强化学生关爱，实现教育更高层次发展。推进数字化就业服务，打造求职者个人数字档案，实现劳动者和用人单位精准对接和匹配。加强技能认定、技能培训、个人创业、灵活就业等领域数字化赋能，向各类人群提供低成本、便利化、全要素、开放式的数字化服务。

3. 打造居住新家园

紧扣"数字家园"主题，围绕人在社区的各类需求，打造人人与共、人人参与的数字化城市基础单元。加快社区新基建，推进社区智能安防、智慧康养等终端设施合理布设。依托"社区云"等数字化平台和线下社区服务机构，强化居民线上获得社会化服务和政务服务的能力，适应消费升级趋势和疫情防控常态化要求。加快社区服务智能化升级，持续优化社区资源配置，满足居民精准化、个性化需求。推动数字赋能绿色人居，将数字技术用于城市更新、绿化布局、生态环境和绿色生活等领域，打造虚实融合的未来空间。

4. 培育出行新方式

围绕市民高效便捷出行需求，构建数字交通新生态、新格局。推进出行即服务（MaaS），以数据衔接出行需求和服务资源，融合地图服务、公交到站、一键扬招、一码通行等既有出行服务系统，实现行前、行中、行后等出行环节的全流程覆盖。加快数字化赋能静态交通能力建设和设施管理，深入拓展全流程数字化停车服务，提升泊位利用效率，在医院、商圈、交通枢纽、小区等场所推进便捷停车示范场景建设。推进基础交通设施数字化，打造智慧高速公路、智慧车站、智慧机场、智慧停车场等新亮点。

5. 引领文旅新风尚

深化"上海文化"品牌和世界著名旅游城市的数字内涵，为市民游客提供便捷、高效的文旅服务和体验。深化文化大数据体系建设，推进文化资源数字化，建设红色文化资源信息应用平台，提升"文化上海云"服务能级，推动媒体深度融合发展。推动文旅数字化服务整体布局、一体建设，以文旅智能中枢"文旅通"为载体，推动文旅"两网"一体融合。建设"随申码·文旅"公共服务平台，实现全市范围内的"一码畅游"。加快图书馆、博物馆、文化馆、美术馆等文旅场馆数字化改造。推动数字景区和数字酒店建设，打造数字旅游标杆场景。

6. 丰富消费新体验

围绕"上海购物"品牌的数字化提升，推动传统商业服务转型升级，加快发展消费新业态、新模式。建设具有示范引领作用的数字商圈商街，建设一批商业数字化示范区，构建社区生活圈末端15分钟智能配送体系。推进实体商业企业数字化创新，拓展基于数据的精准化、个性化服务。支持电商平台整合网络直播、社交媒体、产品供应链以及各类专业服务机构等资源，形成具有特色和影响力的上海网络新消费品牌。推动打造数字化的本地生活服务圈，推进智慧早餐、智能末端配送等场景建设，实现与社区生活的紧密互动。

7. 构建扶助新模式

聚焦城乡低保对象、特殊困难人员、低收入家庭等扶助对象，构建扶助领域个人数字画像，通过数字化进一步摸清底数，实现"人找政策到政策找人"转变。拓展数字技术在残疾人群关爱、妇女儿童监测、慈善公益等工作中的应用和赋能，促进各类需求与供给的有效对接，为扶助对象基本生活提供兜底保障。加快社保经办数字化转型，优化提升服务大厅设施设备智能化程度，推进社保卡跨领域、跨区域应用。

8. 营造数字无障碍新环境

以数字生活全覆盖为导向，让数字化、智能化服务惠及更多群体。优化银发关爱服务，聚焦老年人就医、出行、居家、文娱、学习等需求，搭建综合为老平台，实现各类服务"一键通"，鼓励发展居家"虚拟养老院"新模式，提升服务触达性和精准度。优化数字无障碍环境，面对代际差别、收入差别、教育差别、地域差别等造成的数字化应用能力不平衡，鼓励电信服务向残疾人、农村居民、老年人等特殊群体倾斜，鼓励企业研发适应重点受益群体个性服务需求的数字产品和服务，提升各类公共服务的"数字无障碍"水平。

（三）推动治理数字化转型，实现高效能治理

充分依托"一网通办""一网统管"融合创新的发展优势，聚焦治理的各个领域、各个方面，进一步推动治理手段、模式、理念创新，把制度优势转化为治理效能，不断提高社会主义现代化国际大都市治理能力和治理水平。

1. 构建政务服务新体系

坚持以"一网通办"理念引领公共服务、便民服务优化，全面落实"两个免于提交"。以"一网通办"总门户、"随申办"超级应用为总入口，实现与群众和企业生产生活密切相关的服务全覆盖，面向个人打造从出生到养老的数字服务体系，提供幼有所育、健康医疗、交通出行、学有所教、住有所居、弱有所扶、老有所养等服务场景应用；面向企业打造国际一流营商环境服务体系，提供企业开办、变更、注销等惠企政策，以及普惠金融、综合纳税、专项资金、用工就业等服务场景应用，逐步形成标准化、普惠化、均等化、智慧化的全方位服务体系。打造全市一体化移动协同办公平台。

2. 强化城市运行新韧性

坚持以"一网统管"理念，实现城市运行"高赋能、全覆盖、强监管"，增强城市快速响应效能。推进12345城市运行市民感知系统，一体化智慧应急管理平台，公共卫生突发事件应急处置等重点系统建设。加强交通运行大数据分析，为交通路网规划调整、公共交通路线设置等提供科学决策支持。加强对地表水、大气、土壤等城市生态环境保护数据的获取、分析和研判，加强对危险货物运输监管，提升防汛数字化水平，高效处置道路积水、管控河湖

水质波动等。推进长江禁捕智能管控，为长江区域综合执法提供数据应用、联勤联动支持。深化 BIM 技术在建筑运营、城市基础设施和城市管理等方面应用，实现建筑运行安全管理和全生命周期可视化管控。

3. 提高经济监管新能效

坚持以数字化手段完善市场综合监管和多元共治能力。探索推行远程监管、移动监管等灵活管理模式，加强食品安全、计量、检验检测、特种设备、网络商品交易、广告等数字化场景应用建设，提升监管效能。完善产品质量安全追溯体系，建立便捷、高效、有序的消费者举报监督和诉求处置机制，打造权威的市场监管信息发布与沟通平台。提升经济运行风险监管能力，推动市场监管数据资源体系化、业务运行协同化、业务模式智能化，实现市场主体精细化管理，市场风险实时预警与防范，重大事件及时发现处置。

4. 提升社会治理新成效

以党建为统领，以社区云为依托，赋能居村委自治共治、主动服务、减负增效。加快建设社会治理共同体，推动在线社群、线上议事组织、开放式民调等应用。鼓励开发智能化、普惠化的轻应用，统一移动端入口、统一表单填报、精准推送政策，通过数据多元汇聚和跨层级调度，发挥物业、居民、志愿者等社会自治力量，让"小事不出居委"。丰富市、区、街镇、网格、社区五级治理应用，围绕数据、场景、系统，推动"两网"双向融合、相互协同，实现上下互通、多级赋能。

5. 深化智慧政法新应用

推动公安数字化转型，打造数据要素和应用场景驱动的智慧公安数字化应用体系，完善智能安防、视频图像、通信装备等，支撑数字化防疫、公民隐私保护、新型非接触式违法犯罪打击等。推动法院数字化转型，优化审判执行流程和制度机制体系，建立司法协同机制与信息共享平台，优化诉讼服务和多元解纷"一站式"办理流程和平台。推动检察院数字化转型，全面建成上海检察全流程全息在线办案综合应用体系，提升全流程"一站式"在线办案体验。加强政法系统协同衔接，建设政法系统跨部门信息共享平台，构建公安、检察、法院、看守所、监狱和社区矫正机构等单位间的网上业务办理闭环。

五、重点工程

（一）数据价值提升工程

围绕数据国内通、国际通两个方向，推动上海建设成为具备链接全球、市场活跃、治理完善、生态繁荣的国际数据港。加快发展数据要素市场，建立健全数据交易流通制度，培育规范的数据交易平台和市场主体，发展数据资产评估、登记结算、交易撮合、合规咨询、争议仲裁等市场运营体系。畅通公共数据与社会数据流通渠道，引导产业、健康、交通等领域的一批高价值行业数据进入流通交易市场。推动公共数据开放共享，提高数据要素治理能力，完善数据共享应用场景授权机制，提升公共数据的共享效率。推动提升长三角数据共享、国家数据综合授权和属地返还的共享效率。建立和完善促进公共数据开放和数据资源有效流动的制度规范。推进国际数据港建设，探索数据跨境便利流通机制，开展"正面清单＋安全评估"数据跨境试点。推进国际海光缆、国际互联网专用通道等枢纽设施建设，打造最佳的数据流通网络环境。对标国际建立透明化的数据监管规则，探索构建分级分类的管理模式。汇聚数据智能头部企业，打造千亿级国际数据产业集群。

（二）数字技术策源工程

坚持创新驱动，加强技术攻关纵深部署，强化数字技术协同创新，提高数字技术创新成果转化和产业化水平，打造具有国际竞争力的高端数字产业集群和强大数字赋能体系。提升下一代数字技术攻关能力，聚焦量子信息、类脑智能、神经芯片、DNA存储、6G网络等数字技术重大前沿领域，加快建立新型数字技术协同攻关机制，探索形成政企协同、各扬所长的联合创新模式。提高科学计算基础能力，加强数据驱动计算、新型弹性计算架构等领域基础研究，建设国际一流的人工智能算法基础研究和技术研发平台。畅通数字技术应用渠道，建立集成电路、智能制造、大数据等领域的研发与转化功能平台，推动科学装置、工程化平台、中间试验线、数据标准库等建设。围绕公共服务、工业、自动驾驶、医疗、金融等数字化转型重点领域，推动行业应用算法研发，形成一批具有示范推广效应的算法产品。搭建重点领域检测验证平台，鼓励车联网、物联网、区块链等新技术在城市环境下测试验证，将城市打造成为数字技术应用的最佳"试验场"。加强数字技术人才培养，加强高等院校基础学科和人工智能等新兴学科建设，促进数学、统计学、计算机等学科融合发展，培育高层次创新型领军人才和高技能人才、中青年学术技术带头人。培育以"首席算法师"为代表的复合型人才。打造数字技术实训基地和专业技术人员继续教育基地。

（三）数字底座赋能工程

按照"统一规划、集约建设、创新赋能、安全可控"原则，推进城市数字底座建设，全面提升城市数字化转型的泛在通用性、智能协同性和开放共享性。打造城市数字底座标准体系，坚持标准引领战略，建立统一、开放、可操作的数字底座建设标准体系和评价指标体系，创建数字化转型领域"上海标准"。编制市级统一的数字化建设导则和区级特色化的标准化指导性文件，建立市与区联动、协调推进的工作机制。推动数字基础设施纳入城市空间规划体系，实现规模对接、位置对应。推进城市数字底座实践试点，依托浦东新区和五个新城，先行先试城市数字底座建设和运行，加快推进数字基础设施试点建设，支持物体全域标识、时空 AI、BIM 等技术率先应用推广，积极推动国家和市级数字技术标准运用实践，探索建立基于数字孪生城市的运行感知和态势推演等新型功能，推动试点地区率先构建城市"七可"能力体系。构建城市数字底座运营机制，积极创新市场化运营模式，培育覆盖全领域的专业化服务机构，推动政企协同发力，促进城市数字底座高质量建设和高效率运行，积极推动上海建设运营模式向长三角以及全国推广。

（四）数字规则引领工程

面向政府治理、产业发展和社会运行，加快完善数字时代的法规、制度、标准和政策体系，积极参与全国和国际数字规则建设，努力将数字新规则打造成上海城市软实力的重要组成部分。强化治理数字化转型的制度规范，按照法定程序，研究起草《上海市数据条例》（暂命名）等，梳理调整与城市数字化转型不相适应的地方性法规，研究出台《上海城市数字化转型促进条例》（暂命名）。建立城市数字化转型成效评价机制，探索建立可指引、可评估、可对标、可发布的综合评价体系。探索发布"国际数字之都"发展指数。加强经济数字化转型的制度供给，积极参与数字化转型国际和国家标准制定，创设一批"能用、管用、好用"的地方性数字化标准规范，鼓励企业创设行业性建设导则。优化数字经济市场准入制度，探索数字经济新型监管机制，健全共享经济、平台经济和新个体经济管理规范，探索无人驾驶、在线医疗等监管框架。完善生活数字化转型的规则规范，强化核心价值引领，引导市民树立正确的数字社会道德和伦理观念。加强数字信用体系建设，完善企业和个人信用的数字基础。建立数字社会权益保护机制，积极应对灵活就业、共享用工等新模式带来的潜在社会风险，提升群团组织在数字化社会发展中的桥梁纽带和服务支撑作用。

（五）应用场景共建工程

坚持"以人为本、场景牵引、急用先行"原则，加强全市应用场景建设统筹规划，鼓励多维度、多领域智慧应用场景创新，支持各类市场主体参与应用场景开发建设。加强应用场景建设整体谋划，以上海城市发展战略和目标愿景为导向，绘制中长期场景建设"路线图"。

根据数据安全性、数据可得性、商业模式成熟度等因素，分级分类有序推进应用场景开放。开展应用场景"市民体验评价"，探索建立"用户体验师"制度，持续推动场景迭代升级。有序推动重点领域应用场景建设，做强核心功能类场景，通过赋智增效高效破解制约"四大功能"的瓶颈问题。做精社会民生类场景，分批推进底线民生、基本民生和质量民生领域应用场景建设，形成数字生活新范式。做优城市治理类场景，打造一批破解超大城市治理难点问题的应用场景。探索多元参与的应用场景建设模式，实施应用场景"揭榜挂帅"工程，定期摸排、遴选和发布一批核心场景需求榜单，鼓励市场主体以实验室培育、产学研合作等模式组团揭榜攻关。积极探索政府委托企业运行、政府搭台企业支持等多种合作模式，构建多元主体共同参与的新型合作关系。

（六）转型标杆示范工程

聚焦城市数字化转型，建设"数字孪生城市"示范，探索"未来城市"区域标杆实践，以"数字维度"引领"空间之变"。制定五个新城数字化转型规划建设导引，聚焦新城主导产业方向，引导企业建设数字化车间和智能化工厂。促进新城场景应用赋能，鼓励新城企业加大场景开放力度，发展场景驱动型产业。加强社区信息基础设施和智慧终端建设，提升社区综合服务设施功能和运营管理水平。结合新城城市建设及更新，加快布局 5G 网络、数据中心、物联网感知设施、城域物联专网等数字新基建。推动数字化转型特色功能区域建设，推动张江数字生态园、杨浦"长阳秀带"等区域建设数字经济特色集聚区。围绕未来出行、智慧生活等特色功能，支持各区创建数字应用标杆示范区。推动临港数字孪生城市建设，打造面向国际的创新转型先导区。聚焦虹桥国际开放枢纽、长三角生态绿色一体化发展示范区、G60 科创走廊、G50 数字干线等重点区域，建设数字长三角实践引领区。

六、保障措施

（一）强化统筹协调推进机制

充分发挥上海市城市数字化转型工作领导小组作用，健全统筹协调和推进机制，做好重大政策举措的统筹推进和考核评估，加强跨区域、跨部门、跨层级的组织联动，指导各部门、各区建立相应的领导小组工作机制。形成城市数字化转型专家咨询机制，成立社会化专业研究机构和应用促进中心。坚持"管行业也要管行业数字化转型"，编制各行业数字化转型行动方案，研究出台鼓励扶持行业主体数字化转型的政策举措和创新制度。加大数字化转型资源投入力度，与市级重点转型工作形成有机联动，复制推广，打造符合各自实践的主攻方向和特色品牌。

（二）优化鼓励政策精准支持

优化数字化转型政策环境，聚焦经济、生活、治理数字化转型在制度规范、激励举措、经费投入、数据共享等重点领域的急难问题，全面剖析深层次制度瓶颈问题，全方位激发各类转型主体的活力和动力。强化各级财政资金对数字化转型的保障，统筹利用好各级各类财政专项，加大对重点转型任务的资金投入力度，优化数字化转型重大项目的预算管理机制和建设模式。创新政府和国有企业数字化转型领域的采购体系，建立各类事业单位数字化投入增长机制。实施开放的数字化转型人才政策，推广"首席信息官""首席网络安全官"制度，试点推行"首席数字官"制度，试点设置数字化转型特设岗位，加大引进数字化领军人才力度。

（三）推动多元主体参与共建

发挥市场主导作用，不断培育壮大数字化转型标杆企业和平台企业。依托数字化转型典型场景，支持开展产研对接、创新赛事、实训营等活动，引导市场主体参与数字化转型项目建设和场景运营。发挥国有企业数字新基建主力军优势，开展新型基础设施投资和建设，搭建数字化生态协同平台。进一步整合资源，引导金融资本有效支撑数字化转型，推进设立数字化转型相关基金，推动重点企业在科创板上市。提升全社会数字素养，广泛开展数字化转型技能培训，面向专业技术人员、公务人员等推广数字化培训项目。

（四）深化国际开放合作共赢

提升数字化转型的全球叙事能力，结合"数字丝绸之路"建设，开展国际合作规则先行先试，积极参与数字技术、贸易、税收等国际规则制定，宣传推广上海城市数字化转型的典型经验。围绕技术创新、应用合作、标准体系等重点领域，通过成果测试、技术转移、项目嫁接等多种方式，加大与全球顶级城市和机构的合作共建，打造数字化领域国内大循环的中心节点、国内国际双循环的战略链接。建设"数字上海"生态平台，扩大城市数字化转型国际"朋友圈"，充分发挥中国国际进口博览会、世界人工智能大会等全球顶级展会平台作用，深化全方位的国际合作交流，助力企业走出去、引进来。

（五）完善数字安全发展环境

打造更具韧性的关键信息基础设施。确立数据安全管理规范，加强数据资源全流程安全监测，规范生物特征、用户习惯等信息的采集和使用，推进数据跨境流通安全评估，分类分级保障数据安全。构建新型数字信任体系，运用数字身份、数字认证、隐私计算、联邦学习、区块链、新型密码技术等前沿科技，打造可信数据流通架构，提升数据流通交易的安全性、稳定性和便捷性。建设更具韧性的城市安全底座，强化重点行业、重点领域网络安全等级保护，打造服务产业本质安全的智能监管设施和态势感知平台，增强运行监测和分析预警能力。打击网络违法犯罪活动，健全不良信息发现机制，加大治理力度，深入推进网络安全知识技能宣传普及。

索引

SHANGHAI
INFORMATIZATION

A

B

E

F

G

W

微门户

220

微信公众号

11, 17, 84, 204, 222, 229, 233, 245, 288, 296, 351, 359, 363, 364, 385, 386, 388, 395, 400, 409, 450, 467, 473, 484, 511, 527, 529, 539

网格化管理

448, 452, 562, 564

无线电

4, 16, 19, 29, 30, 49—53, 336, 337, 343—345, 349, 351, 363—365, 392, 481, 501, 538, 539

无障碍建设

432, 446

无线城市

538

无人机

5, 30, 52, 117, 155, 169, 226, 319, 394, 397, 422, 424, 471—473, 508, 520, 522, 528

物联网

2, 5, 7, 21, 24, 40—43, 58—60, 64, 75, 78—82, 94, 96, 100, 103, 104, 113, 124, 130, 160, 161, 164, 167—169, 218, 219, 250, 256, 322, 328, 331, 332, 334, 336, 337, 340, 365, 366, 379, 400, 401, 413, 421, 429, 431, 451, 466, 476, 483, 488, 493, 506, 513, 518, 545—547, 550, 563, 571, 583, 584, 586, 592, 594

伪基站

53

网联汽车

21, 25, 28, 30, 36, 344, 504, 507, 511, 518, 569

X

校园网

78, 204, 206—209, 213, 215—217, 468

新能源汽车

16, 19, 20, 24, 25, 73, 347, 378, 382, 383

Y

一网通办

12, 13, 29, 30, 33, 35, 43, 52, 53, 109, 151, 156, 157, 163, 166, 168, 174, 175, 190, 201—203, 206, 210, 216, 217, 222—225, 240, 242, 252, 256—263, 265, 266, 270, 278, 282—287, 289, 290, 294, 295, 300—302, 308, 310—312, 317, 324, 390, 398, 399, 402, 410, 411, 425, 430—435, 444, 447, 452, 454, 456, 464, 468, 469, 480, 484, 487, 492, 495, 498, 501, 502, 509, 518, 523, 528, 532, 536, 548, 551—553, 558, 562—564, 580, 583, 590

一网统管

12, 13, 29, 35, 36, 43, 109, 119, 151, 166, 204, 224, 225, 227, 262, 263, 270, 279, 280, 282, 286, 287, 289, 292—295, 306, 307, 310, 317—319, 390, 399, 400, 402, 412, 432, 433, 435, 444, 450, 456, 460, 461, 464, 469, 470, 472, 480, 487, 488, 492, 497, 498, 501, 513, 518, 520, 521, 528—532, 536, 540, 544, 547, 548, 553, 554, 558, 562—564, 583, 590

一门式

468

一站式

82, 107, 154, 192, 205, 210, 214, 217, 270, 272, 339, 396, 407, 411, 427, 437, 451, 496, 512, 531, 546, 580, 587, 591

一卡通

85, 195, 218, 239, 539

图书在版编目(CIP)数据

2022上海信息化年鉴/《上海信息化年鉴》编纂委
员会编. —上海:学林出版社,2022
ISBN 978 - 7 - 5486 - 1883 - 6

Ⅰ.①2⋯　Ⅱ.①上⋯　Ⅲ.①信息工作-上海-
2022-年鉴　Ⅳ.①G202-54

中国版本图书馆 CIP 数据核字(2022)第 218083 号

责任编辑　胡雅君　陈天慧
封面设计　汪　昊

2022 上海信息化年鉴

《上海信息化年鉴》编纂委员会 编

出　　版　学林出版社
　　　　　　（201101　上海市闵行区号景路 159 弄 C 座）
发　　行　上海人民出版社发行中心
　　　　　　（201101　上海市闵行区号景路 159 弄 C 座）
印　　刷　上海商务联西印刷有限公司
开　　本　787×1092　1/16
印　　张　39
插　　页　66
字　　数　86 万
版　　次　2022 年 12 月第 1 版
印　　次　2022 年 12 月第 1 次印刷
ISBN 978 - 7 - 5486 - 1883 - 6/Z · 105
定　　价　450.00 元

（如发生印刷、装订质量问题,读者可向工厂调换）

　　美迪科（上海）包装材料有限公司（简称"美迪科"）是专业生产医疗器械灭菌包装、包装材料、消毒器械、医疗器械的企业，也是集研发、生产、销售于一体的国家高新技术企业、上海医疗器械行业协会会员单位、中国医疗器械包装协会理事单位、中国卫生监督协会消毒专业委员会理事企业、上海市高新技术企业协会初始会员单位。公司通过 ISO13485 体系认证及 CE 认证，荣获上海市品牌产品、上海市名牌、国际质量信用 5A 企业、2009 年上海包装行业企业竞争力 50 强的企业、上海安全生产标准化三级企业、2014—2017 年度合同信用等级 AAA 级企业、2014—2017 年度上海市守合同重信用企业、2016 年奉贤区印刷协会销售状元、2016 年奉贤区印刷协会爱心企业等奖项或称号。2016 年建立上海市奉贤区技术研发中心，荣获上海市奉贤区小巨人培育型企业、奉贤区"四新"企业称号；2017 年荣获上海市 2018 年"专精特新"中小企业称号。

　　美迪科研发、生产的多个产品已获得上海市自主创新产品、上海市专利新产品、国家科技型中小企业技术创新基金等多项国家级和市级的科技项目资助。公司现有已授权发明 5 件、实用新型专利 15 件、软件著作 3 件，审核中的发明专利 2 件。

　　美迪科是美国杜邦公司在中国地区的 Tyvek 材料唯一授权经销商和指定加工商；生产的医疗器械、防护服和消毒器械已销售到国内 2000 家"三甲"医院；医疗器械灭菌包装材料及包装已拥有 1000 多家客户，其中境外客户 20 多家。

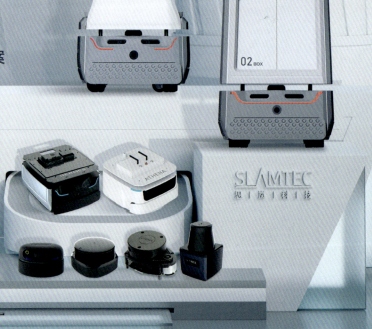

国网上海市电力公司

企业运监大厅效果图

带电作业机器人

鹰眼无人机

国网上海市电力公司为国家电网下属大型国有能源企业，服务于上海市行政区域 6340.5 平方公里的输电、配电与售电，统一调度上海电网，参与制定、实施上海电力、电网发展规划和农村电气化等工作，为上海"卓越全球城市"建设提供更安全、更可靠、更经济、更清洁的能源保障。

公司先后荣获全国"五一"劳动奖状、全国精神文明建设先进单位、全国质量奖、全国用户满意企业、高质量供给服务体系亚洲质量创新奖、全国公用事业领域首家全球卓越绩效奖等荣誉称号；在上海市服务行业政风行风测评"五连冠"的基础上，连续 5 年成为"免测"单位；在全市 30 多个窗口行业社会公众满意度测评中，连续 5 届获得"上海市文明行业"，连续 6 年荣登榜首，连续 13 年获"AAA"企业最高资信等级，连续 7 年保持企业负责人业绩考核 A 级，连续 21 年保持市政风行风和 12345 市民热线绩效考核第一。

截至 2021 年底，公司管辖下属单位 28 家，职工 13162 人，35 千伏及以上线路长度 2.81 万公里，变电站 1220 座，变电容量 18494 万千伏安。全市发电装机容量为 2669.15 万千瓦，最大市外来电 1676.20 万千瓦，夏季最高负荷达到 3268.20 万千瓦，市外来电占比四成。

智慧培创空间站

中国石化上海石油化工股份有限公司

  中国石化上海石油化工股份有限公司（以下简称"上海石化"）是中国石油化工股份有限公司的控股子公司，位于上海市金山区，是中国最大的炼油化工一体化综合性石油化工企业之一，也是中国重要的成品油、中间石化产品、合成树脂和合成纤维生产企业。2021年，上海石化按照"十四五"发展规划以及产业布局，紧紧围绕"价值引领、市场导向、创新驱动、人才强企、洁净低碳、开放合作"六大发展战略，切实树立"向先进水平挑战、向最高标准看齐"的理念，加快转方式调结构、提质增效升级步伐，努力建设成为"国内领先、世界一流"的能源化工及新材料公司，重点在现场安全管控、视频智能分析、设备完整性管理系统等方面开展了一系列信息化项目建设。

  上海石化按照"创新、协调、绿色、开放、共享"的发展战略和总部信息化工作部署，根据企业炼化一体化特征，持续推进两化深度融合。2013年上海石化被工信部评为国家级两化深度融合示范企业，2014年，被工信部选为两化融合管理体系贯标试点单位。2014年12月22日，上海石化两化融合体系完成建立，并试运行。2015年4月25日通过评定并获得两化融合体系证书。2016年，公司被评为中国石化"两化"深度融合优秀实践单位。2017年，公司获两化融合管理体系贯标示范单位称号。2018年，被工信部评为2018年智能制造试点示范，2019年12月《以信息化与工业化融合为核心的智能工厂建设实践》被上海市评为企业管理现代化创新成果一等奖。组织参加2021年中国工业互联网大赛预选赛，以上海区选拔赛团队竞赛二等奖的成绩晋级决赛。

  2021年，公司建设投用的VOCs（挥发性有机物）管理LDAR子模块提升项目解决了LDAR检测效率低、监管监控弱、数据溯源难的行业痛点，有效提升了公司VOCs减排和管理水平，完善了VOCs现代治理体系。在中国石化系统内，首家实现第三方检测、移动应用及管控平台LDAR全域数据整合、智慧通链，具有良好的示范引领效应。以该项目为基础，申报的"石化行业VOCs泄漏检测与修复关键技术的集成开发与应用"项目获2020年上海市科学技术二等奖。

SATC 上海市防伪技术产品测评中心

上海市防伪技术产品测评中心（以下简称"中心"）成立于2004年，属全额拨款事业单位，直属于上海市科学技术委员会。中心下设办公室、质量管理部、测评室、市场部4个内设机构，拥有一支专业技术能力雄厚的检测和鉴定队伍。中心租赁办公及实验用房面积2000平方米，配备国际知名品牌的检测和鉴定仪器。

中心坚持以"诚实守信、科学严谨、公正准确、优质高效、持续改进"为质量方针。作为一家第三方独立检测鉴定机构，中心专门从事防伪技术产品的检测与评估以及相关技术培训与咨询服务。中心坚持司法鉴定客观、独立和公正的原则，为司法诉讼提供司法鉴定服务。中心的司法鉴定业务范围涉及仲裁委员会、市场监督管理局、上海区县法院以及江、浙、皖地区所辖50余家法院。

上海市中医医院互联网医院
让医疗"智慧"更"普惠"

上海市中医医院互联网医院于 2021 年 3 月上线，向市民提供就医服务、健康管理服务、线上诊疗服务等智慧医疗健康服务。2022 年，互联网医院开辟疫情防控的"第二战场"，数字化保障市民医疗健康需求，让医疗"智慧"更"普惠"。

复诊开处方，药品送到家

各大科室医生线上驻守复诊和开具处方，有就诊记录的患者可通过互联网医院获取电子处方并完成配药。同时，在上级部门的支持下，推出"跨院复诊""一老一小""志愿者"代配药服务，可使用医保支付。

专科化问诊，服务有温度

依托线上问诊机制，联合医院特色专科延伸出"新冠康复门诊""面瘫门诊"等功能，打造有温度有质量的中医互联网医疗服务。

舌诊"云"检测，安全又高效

为了提高诊疗效率，实现中医四诊合参，医院推出"互联网＋手机端舌象预检测"功能，采取预先采集舌象模式，弥补线下就诊过程中患者不便摘口罩的不足。

医患云客厅，实现"云"探视

为了不让疫情成为家属探视的阻碍，医院推出"医患云客厅"服务，家属可通过在线语音视频与医护人员沟通，随时了解患者住院期间的情况与需求。

"云中淘"商城，采购更便捷

互联网医院创新打造"云中淘"在线便民商城，住院患者及家属只需手机下单，即可采购常用生活物品，医院安排专人第一时间将下单商品送到病房。

智能汽车创新发展平台
CIV-IP

技术架构

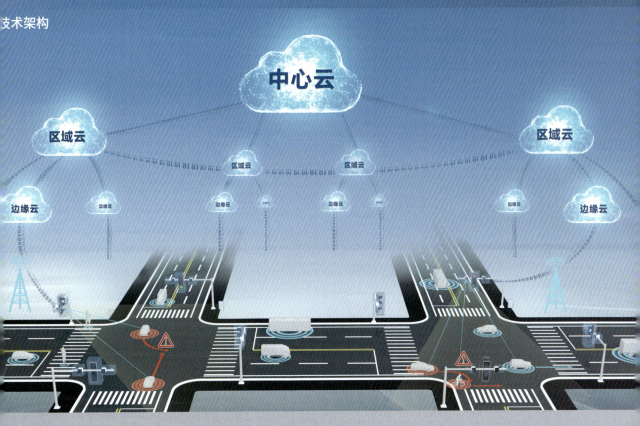

为推进《智能汽车创新发展战略》（国家发改委、工信部、科技部等 11 个部委联合发布）的落地实施，国家发改委于 2021 年 6 月批复上海建设智能汽车创新发展平台，平台承载实体——智能汽车创新发展平台（上海）有限公司（以下简称"平台公司"）于 2021 年 11 月 16 日正式成立。

平台公司依托部市级共建支持，充分发挥跨产业资源集聚优势，推进智能汽车与智慧交通数据统一汇聚、应用与管理，推动智能汽车基础设施统一规划建设标准与运营管理模式，建立多产业协同的生态化创新机制。汇集汽车、交通、通信、人工智能等各类复合型人才，构建完善的"车路云"一体化智能汽车系统技术体系，深度发掘产业化、规模化应用前景，基本形成智能汽车中国标准体系，逐步向长三角区域乃至全国复制推广，推动智能汽车产业做大做强。

公众号二维码

上海亿通国际股份有限公司

E汇达——货物贸易进口资金结算解决方案

E汇达结合上海亿通在进出口数据方面的领先优势联合多家金融支付机构为进口货物贸易客户提供一站式在线资金解决方案;

线上平台不临柜 E汇达平台全程为您提供一站式在线服务,让您足不出户即可完成业务;

极速开户一周完 仅需三个工作日即可完成开户;

汇率锁定不用愁 实时锁汇,降低企业汇兑成本;

跨境出款极速达 付汇最快仅需2小时到账境外收款方。

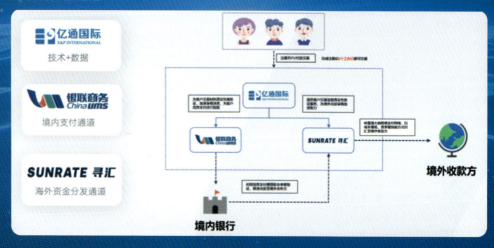

如E结——航贸企业结算管家,让您的结算称心如意

如E结,对接优质资源,打造全新境内在线结算产品,为航贸企业提供从支付结算到对账核销的一站式境内资金结算数字化解决方案,助力企业优化流程,加速发展。

产品特色:

- 全线上、无接触结算核销方式
- 人民币、美元等多币种结算
- 支持各类航贸结算场景

航E贷——航贸企业融资顾问,让您的经营轻松无忧

航E贷,联合优势资源,打造基于海运费场景的融资信贷产品,为有需求的企业提供海运费融资服务,助力企业提升行业竞争力。

产品特色:

- 额度高,最高可达20000万人民币
- 美金融资,利率低至3%
- 平台申请,准入条件宽松
- 线上化操作,方便快捷

海 立 股 份

　　上海海立（集团）股份有限公司（以下简称"海立股份"）的产业领域涉及冷暖关键解决方案及核心部件、汽车零部件。海立股份在全球拥有 35 家以上制造工厂、1.4 万名员工，其核心业务空调压缩机全球排名第三，年产能 3000 万台。

　　海立股份通过建立采购、制造、销售信息化集成平台，来实现供应链整体过程的数字化、可视化、实时信息采集、质量追溯和质量防错，以提高产线的信息化、智能化水平及系统集成和综合管控水平，提高生产效率、优化要素配置、提升制造质量稳定性、降低人工成本，达到行业内数字化领先标准。同时公司通过实施 SAP 业财融合，以标准制定为核心，统一财务核算标准，打通业财交互链路，构建财务业务一体化体系，支撑海立股份"战略＋财务"管控。在产品研发方面，海立股份积极发挥数字化设计及仿真计算等优势，利用 PLM 和研发项目管理系统等信息化平台对开发项目流程、3D 设计、设计仿真及实验室 LIMS 和试制加工 PMS 进行有效管控，推动企业产品研发向数字化智能化发展，以实现快速精准地满足客户需求，为终端用户开发出更高效环保节能的定制化、个性化产品。

获取更多信息

海立股份官网
www.highly.cc

海立股份微信公众号
WeChat official account

上海市信息管线有限公司是根据上海市人大常委会 2000 年 8 月公布的《关于加强本市基础通信管线管理的决定》，经市信息办批准成立，由管线公司专业从事上海集约化信息通信管线建设与运营，对全市基础通信管线建设实行统一规划、统一建设、统一管理的公司。

2000 年 9 月，公司由上海市信息投资股份有限公司投资设立，现注册资本 2.1818 亿元人民币。

公司作为国内首家信息通信基础设施投资建设体制改革的探索者，勇于创新，科学实践，努力探索在政府特许经营的条件下，以市场化的方式投资建设和运营管理城市信息通信基础设施的途径，走过了一条不平凡的发展之路。

截至 2021 年底，公司以集约化建设的方式建成 12000 余沟公里信息通信管道，接入各类商务楼宇、居住小区、移动基站、企事业单位 6000 多处，利用地铁、黄浦江大桥越江隧道等城市基础设施同步建设城市公共光纤网，敷设光缆约 10000 多皮长公里，集约化信息管网已覆盖全市所有区县和主要新城，传输接入网络基本覆盖上海主要商圈和工业园区（开发区）。2018 年开始，公司作为上海市架空线入地和合杆整治工作信息通信架空线入地的总牵头实施单位，承担了全市 13 个区 470 公里的信息通信架空线入地任务，并圆满完成了三年架空线入地建设任务。

目前，公司正以"新基建"发展为契机，围绕上海新一轮智慧城市和五个新城建设，聚焦长三角一体化、自贸区临港新片区建设的重大机遇，紧抓 5G 移动网络、新型城域物联感知网、工业互联网集群、人工智能赋能平台，依托管道和光纤资源优势，与智慧城市新生态和产业链上的各类主体协同合作，巩固提升上海市智慧城市建设"主力军"地位，努力成为上海市新一代信息基础网络建设的开拓者、政务信息服务能力提升的建设者、在线新经济产业新动能的承载者，服务城市数字化转型，支撑经济高速发展。

地　址：徐汇区小木桥路681号12楼　　电　话：021-61325200　　传　真：021-61325300　　邮　编：200032

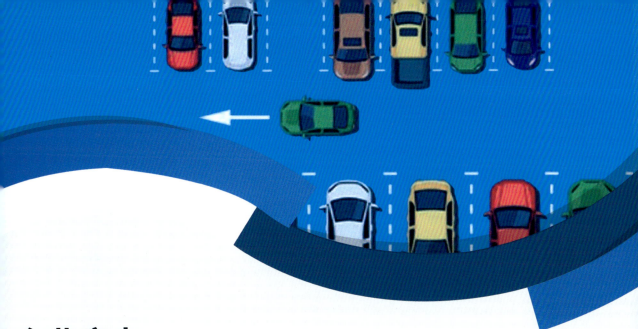

企业实力
ENTERPRISE STRENGTH

　　作为上海首家静态交通领域的市级国企和市级停车信息平台的运营主体，**上海停车信息科技有限公司**具备国资控股、公益性服务、专业化运营等鲜明特点。

　　我们坚持致力于为市民群众提供高效便捷的公益性服务，为市区两级行业主管部门提供决策咨询和区域性停车设施监管服务，为社区和物业提供基于"一网统管"的数字化管理服务，为停车场库提供系统管理解决方案和技术支撑服务。

"上海停车"App 是提供专业医院预约停车的软件

我们的服务
　　配合行业主管部门，承担"上海停车"App 技术运维，提供停车充电、枢纽停车、停车导航、停车缴费、停车换乘、服务公告、错峰共享、停车预约 8 项主要停车行业服务功能。

我们的业务
　　为客户提供智慧停车信息化产品咨询和设计，利用 5G、人工智能、车路协同等新技术，提供公共停车场（库）及道路停车场智慧化建设，改造、运营。

我们的优势
　　提供定制化的服务产品
　　提供因地制宜的服务模式
　　具有丰富的合作资源

关系我们：**service@shtcxx.com**

找车位？付停车费？扫码【上海停车】二维码下载软件，进行手机安装。注册即送500积分

证券代码：831691

与您携手走向信息化的明天！

上海三高计算机中心股份有限公司
电话：+86-21-65635776　E-mail: 3hmkt@shanghai3h.com
网址：www.shanghai3h.com

咨询电话：+86-21-55572217

微信公众号

中核（上海）供应链管理有限公司
China National Nuclear Supply Chain Operation Co.,Ltd.

以客户为中心

为深入贯彻落实党中央"提升产业链供应链现代化水平"战略部署，积极落实国资委"中央企业采购管理提升"要求，构建自主可控、安全高效的供应链体系，发挥产业链"链长"职责，持续提升供应链数字化、智能化水平，中核集团紧抓发展战略机遇期，明确中核（上海）供应链管理有限公司作为"中核集团统一招标和集中采购平台"，承担统一招标、信息系统平台建设与管理、供应商管理工作，并规划"十四五"时期，在现有平台基础上，建设集团公司资源、能力统一调度平台，强化集团资源能力统筹整合、合理配置能力，提升资源、能力使用效率。

主营业务 1 中核集团电子采购平台建设运维

中核集团电子采购平台定位于集团公司统一的采购信息化服务平台，是积极响应党中央、国务院推进供应链创新与应用战略部署的重大举措，是实现集团公司"阳光合规、降本增效"采购管理提升的重要抓手。目前，平台具备采购全流程在线管理、集中采购电商化实施、全电子招标／非招标数智能、供应商全生命周期管理四大功能，构建采购全过程管理和供应商全生命周期管理两全体系。通过联接集团内外相关系统，实现采购与供应链数据的全流程贯通，为建设"安全、自主、高效、可控"的核工业供应链体系提供有力支撑。目前已获得国家电子招标投标系统交易平台认证。

主营业务 2 中核集团一级集中采购实施

作为集团公司一级集中采购的专业实施机构，中核供应链聚焦"大宗、通用、标准化"物资，发挥平台集约化优势，以中核集团电子商城作为实施载体，努力为集团提供阳光规范、高效便捷的一级集采物资供应，服务二级集采高效实施。目前电子商城设有集采专区、乡村振兴专区、员工福利专区和多个定制化专区，提供开架式选品、场景化采购、专区运营服务、冗余物资消纳和数字化仓储物流等服务，致力于集团公司集中采购降本增效，形成核心竞争力，不断强化服务集团主责主业能力。

主营业务 3 招标代理业务

作为集团公司统一招标实施机构，中核供应链致力于成为集团招标业务流程的设计者、标准的制定者、政策的解读者、服务的引领者。中核供应链是集团公司采购文件和招标代理服务企业标准的起草单位、国家招标投标协会 AAA 级信用企业，在北京、成都、福建、甘肃等多地设立分支机构，能够为客户提供工程建设、机电国际、政府采购、涉军涉密等各类优质的招标代理服务，为招标人遴选优质供应商保驾护航。

主营业务 4 采购委托及咨询服务

为服务客户聚焦主责主业，发挥公司集约化管理和专业化发展优势，中核供应链为集团内外客户提供量身定制的委托采购服务，提供全生命周期的采购管理服务、项目制一站式的采购服务。同时，中核供应链通过多年积累的核工业采购经验和数据，为客户提供多种形式的咨询服务，包括采购制度体系建设、采购流程优化、采购合规咨询、采购管理培训和监督检查等，切实服务客户提升采购效率、控制采购成本、保障供应安全，防范采购风控。

主营业务 5 供应链金融服务

为解决产业链末端中小企业融资难、融资贵问题，在集团公司统一指导下，中核供应链联合中核财务打造中核集团供应链金融服务系统。已上线"核财信"——应收账款电子债权凭证，"核财票"——线上化承兑电子票据服务，"核财函"——电子保函三款产品，并具备"一键还款"及"自动清分"功能。中核供应链将坚持发挥平台优势，搭建一座对内连通集团成员单位、对外衔接金融机构的桥梁，提供一揽子金融解决方案，降低产业链末端中小企业融资成本，精准补齐供应链短板。

地址：上海市徐汇区桂林路 396 号 3 号楼 3、4 楼
电话：021-61592000
网址：www.cnsc-sh.com

环玺信息科技（上海）有限公司

环玺信息科技（上海）有限公司成立于 2007 年，是一家专注于网络安全的企业。公司以 GlobalSign 品牌为依托，引进了中外多种网络安全产品和认证解决方案。一直是网络安全行业内备受客户信赖的网络安全服务提供商。

环玺信息科技（上海）有限公司致力于为各行各业的客户提供数字证书、网络安全、身份认证、电子签章、数据保护等服务，客户群体覆盖政府、教育、金融、电商、零售等各个行业。

在互联网和物联网快速发展的大背景下，公司已经成为一个以数字认证为基础的综合性信息安全服务机构。作为公众信任服务行业的领头羊，"让越来越多的人，安心地享受互联网的便利"是我们的企业使命，"让互联网更可信"是我们的企业目标，我们是值得您信赖的 SSL 证书供应商。

 **GlobalSign 全球著名 CA 机构**

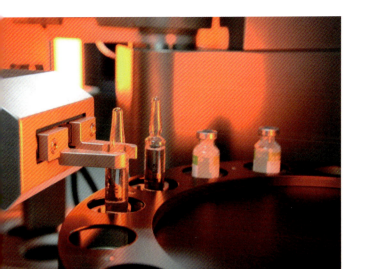

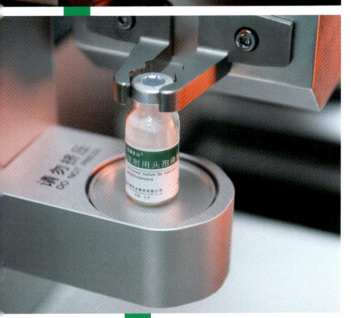

上海市卫邦机器人有限公司

上海市卫邦机器人有限公司（以下简称"卫邦"）于 2014 年在上海创办，为深圳市卫邦科技有限公司全资子公司，是专业从事医院静脉配液系列机器人产品及调配中心相关配套设备的研发、制造、销售及售后服务的科技公司。开创了国内医用机器人自主研发和生产制造的先河，智能静脉用药调配机器人 WEINAS 的诞生，解决了困扰临床几十年的自动化配药问题，既给医护人员提供了职业保护，又给医疗机构创造了新的服务模式和业态，为中国医用服务类机器人的实际开发应用树立了成功典范。

成功案例：

自 2016 年上海交通大学医学院附属仁济医院开始临床应用以来，机器运营表现优越，切实地解决了很多临床的问题，得到国内大型"三甲"教学医院的高度认可，继而卫邦在北京、上海、广东、四川、新疆、湖北等地均推广了该项临床应用，并且近期和泰国的拉玛医院、瓦吉拉医院等进行了商务会谈。未来卫邦将持续为国内外各地的医疗机构提供静脉药物调配的综合解决方案。

✉ info@weibond.com

🌐 www.weibond.com

📞 021-50125973　18121349269

📍 中国（上海）自由贸易试验区金沪路 334 号 1 号楼 3 层

上海博坤信息技术有限公司

Shanghai Bokun Information Technology CO., LTD

上海博坤信息技术有限公司长期专注
城市地下空间和基础设施的信息化建设，擅长
地理信息系统、三维模拟仿真、大型数据共享
术，为城市建设管理提供以"智慧设计"
慧施工"和"智慧运
为主题的信息化服

基于BIM的轨道交通运维管理平台应用切实有效的BIM技术，
充分利用既有信息资源，将BIM成果运用到轨道交通的运维管理过程中，
强化对轨道交通的全生命周期管理，
通过此管理平台衔接、闭合设计、建设、运维环节，
在做好轨道交通信息化管理的同时，
持续收集汇聚结构、环境、设施设备、交通状态等信息，
构建数字化、可视化、一体化运维管理平台。

博坤地下管廊智能监控运维管理平台
融合了GIS/BIM、物联网、大数据等
技术手段。
具有集中指挥调度、监控管理、数据管理、安全报警、
应急联动和综合处理等功能，各系统集成为
相互关联和协调的综合平台，
能全面感知和管理管廊运作的各环节，
并根据管理需求和技术发展，
满足管廊运营的各项需要。

轨道交通工程建设可视化协同管理平台是以先进的管理理念和方法为指
以信息化应用重塑工程建设管理流程为核心，依托BIM技术建立工程单位各管理层
各部门，全员实时参与、信息共享、相互协作的一体化多业务管理平
可实现工程建设管理由传统的经验管理向科学管理、流程化管理转
有效增强以业主为核心的业务管理能力，有效控制工程建设的进度、质
安全和支付风险，保障工程建设目标顺利实现，提升精细化建设管理水

上海仪电
物联网专家

上海南洋万邦软件技术有限公司

　　上海南洋万邦软件技术有限公司是云赛智联股份有限公司（上海 A+B 股上市）全资子公司，上海仪电（集团）有限公司三级企业。南洋万邦始终坚持"让用户的信息系统更有价值"为公司核心理念，致力于为政企客户提供以云计算、大数据、人工智能为核心的新一代信息技术服务。公司业务涵盖政府、企业数字化转型咨询规划、公有云 / 政务云管理服务、大数据平台建设 / 运营及应用创新、以人工智能和工业物联网为引领的行业创新解决方案、信息安全、运维保障、IT 培训认证等信息化建设的各个阶段。

　　南洋万邦本部设在上海，员工总数超过 650 人，2021 年全年实现销售收入 15 亿元。公司在华东、华南和香港地区设有 8 个子公司，在服务于政府、国企、民营及境内外资客户的同时，还可以为境外的中国企业，提供以云计算为主的信息化建设和保障服务。

　　经过 30 年的发展，南洋万邦已经成为微软、华为、阿里、腾讯、Adobe、Veritas、VMware、亚信、Dell 等国际领先 IT 厂商的重要合作伙伴。公司先后荣获两届中国计算机用户协会"中国信息化首选服务商"、全国十大安全方案商、2018 年中国互联网大会云计算管理服务领军企业、两届中国软件行业最具影响力企业、中国数字化最具影响力企业、中国数字政府领军企业奖、中国大数据技术应用领军企业等荣誉称号。南洋万邦是上海市文明单位、高新技术企业、上海市科技小巨人企业、上海市软件企业百强，先后承担多项上海市发改委、国资委、经信委、科委科研项目。公司拥有信息系统建设和服务能力三级（CS3）、电子与智能化二级施工资质；通过 ISO9001/20000/27001 标准化管理体系、ITSS 三级、国家信息安全风险评估 / 信息系统安全集成 / 信息系统安全运维等三级认证。

　　南洋万邦以"打造国内领先的新一代信息技术服务提供商"作为公司发展目标，以最终用户为中心，以推动云计算、人工智能、大数据创新应用为己任，致力于帮助客户以积极、稳妥、开放、高效的方式分享云计算革命所带来的效率和效益的提升。

　　我们的愿景：让用户的信息系统更有价值！

南洋万邦办公大楼

万雍科技 VANYTECH

About us
关于我们

　　上海万雍科技股份有限公司成立于 2005 年，是一家专注于为客户数字化转型提供网络安全产品、网络安全运营服务、信息化软件和服务的"专精特新"高新技术企业。

　　安全产品包括网页防篡改软件、勒索病毒防护软件、主机安全监测系统、人脸生物特征保险箱、网站资源访问控制系统、webvpn 等一系列网络安全和数据安全产品。网络安全运营服务为客户提供全生命周期的"管家式"安全运营服务。通过安全规划、安全咨询、安全评估、安全集成、安全运维、安全培训等元服务，实现全生命周期管家式立体化的安全运营服务。信息化软件和服务为行业客户提供统一消息中心平台、统一人像库平台、数字会议管理系统、华亭湖移动校园平台、体育场馆预约系统等数字化软件和服务。

　　万雍科技多年来为医疗、教育、金融、企业等多个行业提供全方位产品及服务，为企事业用户数字化转型提供创新场景，并提供全方面的安全保障。

　　万雍，助力客户实现安全的数字化转型！

电话 :021-3461-9927

网址 :WWW.VANYTECH.COM

地址 : 上海市徐汇区宜山路 829 号 2 号楼 6 楼

我们的社会责任

上海市委网信办网络安全技术支撑单位

上海市通信管理局网络安全支撑单位

上海市信息安全行业协会理事单位

上海市信息网络安全管理协会理事单位

上海市软件协会理事单位

上海市信息网络安全管理协会等保专委会成员

上海市信息网络安全管理协会 APP 专委会成员

上海市信息安全行业协会安全服务推荐单位

主营业务

 ## 网络安全产品

| 生物特征保险箱 | 万雍网页防篡改系统 | 网评员系统 |
| 盾垒主机安全监测系统 | | 资源统一发布平台 |

 ## 网络安全运营商

　　以确保用户单位网络安全为目标，通过**安全规划、安全**询、**安全评估、安全集成、安全运维、安全培训**等手段，帮用户单位信息管理部门组织、协调软件系统提供商、运维外商、硬件生产厂家、传统集成商等各类供应商，进行统筹全面的安全专项管理。

 ## 信息化产品

| 移动校园管理平台 | 消息中台 |
| 统一人像库平台 | 数字会议管理系统 |